Corporation Intellectual
Property Management

公司知识产权管理

思路与策略

Ideas and Strategies

袁真富 著

清华大学出版社
北京

本书封面贴有清华大学出版社防伪标签，无标签者不得销售。
版权所有，侵权必究。举报：010-62782989，beiqinquan@tup.tsinghua.edu.cn。

图书在版编目(CIP)数据

公司知识产权管理：思路与策略/袁真富著.—北京：清华大学出版社，2023.5(2025.7重印)
ISBN 978-7-302-62525-4

Ⅰ.①公… Ⅱ.①袁… Ⅲ.①公司－知识产权－管理－研究 Ⅳ.①D913.404

中国国家版本馆 CIP 数据核字(2023)第 020237 号

责任编辑：李文彬
封面设计：傅瑞学
责任校对：欧 洋
责任印制：曹婉颖

出版发行：清华大学出版社
网　　址：https://www.tup.com.cn, https://www.wqxuetang.com
地　　址：北京清华大学学研大厦 A 座　邮　编：100084
社 总 机：010-83470000　邮　购：010-62786544
投稿与读者服务：010-62776969, c-service@tup.tsinghua.edu.cn
质量反馈：010-62772015, zhiliang@tup.tsinghua.edu.cn

印 装 者：三河市君旺印务有限公司
经　　销：全国新华书店
开　　本：170mm×240mm　印　张：32.75　字　数：660 千字
版　　次：2023 年 5 月第 1 版　印　次：2025 年 7 月第 4 次印刷
定　　价：168.00 元

产品编号：057991-01

序

日前在赴桂林参加"第十一届中国高校知识产权人才培养研讨会"的往返航班上与会议的余暇，读了真富即将出版的最新力作《公司知识产权管理：思路与策略》。真富让我再为他的这本新书写个序，因而我得以先睹为快，一览书稿；而开卷入胜，精彩纷呈。

这本新书分绪论、知识产权资产管理、知识产权业务嵌入、知识产权价值实现、知识产权风险控制、知识产权组织管理六编，共18章计43万余字；荟萃了作者十八载来日积月累、厚积薄发的行业观察思考和教学心得体会，凝聚着作者多年来潜心研究企业知识产权管理之基本思路与运用策略的系列成果。一方面，提纲挈领，画龙点睛，展示出作者丰富的研究成果和实践积累；另一方面，旁征广引，博采众长，链接着200多位企业知识产权经理人的经验之谈及思想火花。本书着眼于企业的知识产权管理思路，着力于企业的知识产权经营策略；前者是提纲挈领的企业知识产权管理战略思维，后者是纲举目张的企业知识产权经营战术大全；企业知识产权经营管理须提纲挈领尔后纲举目张，提纲挈领藉以高瞻远瞩，纲举目张藉以真抓实干。本书深入浅出，举重若轻，且作者匠心独运，多有创新。譬如书中有作者独树一格而精心挑选、整理、汇集的456个企业知识产权管理的关键词或知识点，画龙点睛，逐一品读与细加咀嚼或就其味无穷。

本书以法为本，依商为用，经营管理，法商相融。知识经济时代越来越凸显以知识产权来"经济"经济的时代特点，当代企业经营管理已经既躲不开知识产权，也离不开知识产权。企业知识产权的经营管理自当提纲挈领，纲举目张，进退有据，兼备攻防。而知识产权究竟姓法还是姓商？我国学界以及业界一直见仁见智，争论不休，近年来更似乎是针锋相对，愈演愈烈。真富与我的观点应当相近，始终认为知识产权应当姓法又姓商，法商融合，相辅相成。知识产权具有权利法定与商缘天生的双重特质：一方面没有法律就没有知识产权；另一方面没有商业就无须知识产权。知识产权"为了姓商才姓法，姓法为了更姓商，商是目标法桥梁，商是本源法具象"。即使对于知识产权法商的最突出表现形式即知识产权诉讼仲裁来说，也是"法律身后尽商业，案件背书是博弈，醉翁之意不在酒，讼争本质是商战"。在知识产权领域，法庭往往是市场竞争的延伸，诉讼常常是商业博弈的别名。所以当代企业需要知识产权经营管理，需要"为了姓商才姓法，姓法为了更姓商"的知识产权精细化经营管理。真富的这本理论已论理、实务更务实的《公司知识产权管理：思路与策略》，或可作为当代企业知识产权经营管理之行动指南和葵花宝典。

记得还在2005年2月于上海大学召开的"第一届中国高校知识产权人才培养研讨会"上,当年真富提交与发言的论文题目就是《知识产权教育:法学传统与管理思维》,该文开头就说:"2004年8月,陶鑫良教授在上海大学延长校区举行的知识产权学科会议上,倡导和主张开设面向知识产权实务的课程,让法律制度与法律实务结合起来。作者决定迎接挑战,主动承担了《知识产权经营管理》的课程设计和教学尝试。"早年我的确曾在上海大学知识产权学院提倡与力推知识产权经营管理类课程,是真富一马当先,身体力行,大胆冲刺,奋力深耕。据我观察与记忆,真富应当是我国高校最早进行知识产权经营管理人才之系统教学的先驱者,属于第一批吃"知识产权法商融合人才培养"之螃蟹的人。如自2004年起屈指数来,真富"呕心沥血十八载,知产管理企业篇,千锤百炼磨此剑,于今又见新书来"。在前年刚出版了知识产权律师执业思维与办案逻辑之《诉讼方法论》后,今年又出版了这本集企业知识产权管理经纬之大成的《公司知识产权管理:思路与策略》。

知识产权的精髓在于不断深入应用,企业知识产权经营管理也正在与时俱进地逐步深化。春种秋收,春华秋实,愿真富的这本好书开枝散叶,果满天下,继往开来,厚积薄发。

陶鑫良
上海大学知识产权学院名誉院长、教授,中国法学会知识产权法学研究会副会长
2022年9月5日

目录

第1编 绪 论

第1章 重塑对待知识产权的观念 / 3

第1节 当下的知识产权景象 / 4
　　一、知识产权依赖度日益提升 / 4
　　二、知识产权竞争力日渐显现 / 6
　　三、知识产权的价值不断彰显 / 8
　　四、知识产权诉讼爆炸式增长 / 11
　　五、知识产权国际竞争白热化 / 13

第2节 知识产权的观念革新 / 15
　　一、从权利保护到经营管理 / 15
　　二、从防御侵权到战略规划 / 16
　　三、从法律资产到策略资产 / 17

第2章 揭开知识产权管理的面纱 / 18

第1节 知识产权管理目标 / 19
　　一、确保资产权利化 / 19
　　二、获得业务自由度 / 19
　　三、提升业务竞争力 / 21
　　四、管控知识产权风险 / 21
　　五、实现知识产权价值 / 22

第2节 知识产权管理的体系架构 / 24
　　一、以权利类型为中心 / 24
　　二、以价值阶层为中心 / 25
　　三、以发展阶段为中心 / 26
　　四、以流程管理为中心 / 27
　　五、以业务嵌入为中心 / 28
　　六、以行政支持为中心 / 28

第 3 节　知识产权管理的知识谱系 / 29
　　一、知识产权管理的知识背景 / 29
　　二、知识产权管理的内容主线 / 31
　　三、知识产权管理的观察视角 / 33

第 2 编　知识产权资产管理

第 3 章　打造知识产权工具箱 / 39

第 1 节　知识产权资产储备 / 40
　　一、各有千秋的知识产权储备 / 40
　　二、知识产权储备的路径选择 / 42
　　三、以终为始的知识产权储备 / 45

第 2 节　知识产权所有权架构 / 47
　　一、知识产权所有权不同架构的价值 / 47
　　二、知识产权所有权的架构模式 / 48
　　三、知识产权所有权架构的影响因素 / 49
　　四、知识产权所有权架构的驱动力 / 50

第 3 节　知识产权成本管理 / 52
　　一、知识产权的成本分析 / 52
　　二、知识产权产出的成本控制 / 53
　　三、知识产权存续的成本控制 / 54

第 4 章　专利布局的维度与方法 / 56

第 1 节　专利布局的本质 / 57
　　一、专利布局的内涵 / 57
　　二、专利布局的类型 / 59
　　三、专利布局的价值 / 60
　　四、专利布局的决策 / 60

第 2 节　专利布局的维度 / 62
　　一、技术维度 / 62
　　二、产品维度 / 63
　　三、类型维度 / 64
　　四、时间维度 / 67
　　五、地域维度 / 68
　　六、数量维度 / 70
　　七、质量维度 / 72

　　　　八、竞争维度 / 73

　　　　九、标准维度 / 74

　　第 3 节　专利布局的模式 / 75

　　　　一、特定的阻绝与回避设计 / 75

　　　　二、策略型专利 / 75

　　　　三、地毯式专利布局 / 77

　　　　四、专利围墙 / 77

　　　　五、包绕式专利布局 / 78

　　　　六、堡垒式专利布局 / 79

　　　　七、组合式专利布局 / 79

第 5 章　基于防御的商标布局 / 81

　　第 1 节　商标布局的维度分析 / 82

　　　　一、标识维度 / 82

　　　　二、商品维度 / 85

　　　　三、时间维度 / 91

　　　　四、地域维度 / 94

　　第 2 节　核心商标的势力范围 / 97

　　　　一、核心商标辐射的范围 / 97

　　　　二、商品指定的防御层级 / 99

　　　　三、将程序进行到底 / 101

　　　　四、商标"撤三"的困境 / 102

第 6 章　知识产权审计与维护 / 103

　　第 1 节　知识产权审计方法 / 104

　　　　一、知识产权审计：内涵与价值 / 104

　　　　二、知识产权审计的主要环节 / 109

　　第 2 节　知识产权资产标引 / 111

　　　　一、专利资产标引 / 111

　　　　二、商标分级标引 / 116

　　　　三、商业秘密标引 / 119

　　第 3 节　知识产权资产维持 / 122

　　　　一、确保 IP 维持体系运转 / 122

　　　　二、定期淘汰知识产权资产 / 124

　　　　三、商标维持的合规管理 / 126

第3编　知识产权业务嵌入

第7章　技术研发的专利管理 / 129

第1节　研发环节的专利事务嵌入 / 130
一、研发环节：360度专利管理 / 130
二、研发风险管控的专利事务 / 131
三、研发过程支持的专利事务 / 133
四、研发成果保护的专利事务 / 133

第2节　基于研发风险管控的专利事务 / 134
一、贯穿研发的专利风险排查 / 134
二、后续开发的专利风险识别 / 135
三、专利回避设计 / 137
四、成果产出的权利归属 / 140

第3节　基于研发过程支持的专利事务 / 144
一、研发记录 / 144
二、专利分析 / 145
三、专利导航 / 153
四、发明人奖酬 / 155

第4节　基于研发成果保护的专利事务 / 158
一、技术交底撰写 / 158
二、专利挖掘 / 162
三、专利筛选 / 167
四、专利与技术秘密比较 / 169
五、专利撰写质量管理 / 171
六、防御性技术公开 / 179
七、专利申请合规管理 / 181

第8章　品牌设计的商标管理 / 184

第1节　品牌设计的合规性 / 185
一、品牌设计的法律考量 / 185
二、商标注册的条件 / 185
三、商标回避：变化构成要素 / 187

第2节　商标的显著性问题 / 188
一、商标显著性的强弱分类 / 188
二、商标显著性不是问题 / 191
三、弱显著性商标的劣势 / 193

第 3 节　法律视野中的商标形象 / 194
　　一、文字商标还是图形商标 / 194
　　二、文字商标独特设计的法律优势 / 195
第 4 节　商标申请的合规管理 / 197
　　一、规范商标申请 / 197
　　二、远离驰名商标 / 200
　　三、恶俗商标的风险 / 200
第 5 节　商标申请：与研发同步 / 201
　　一、商标检索：必经的程序 / 201
　　二、商标申请启动的时机 / 203
　　三、小心商标抢注的风险 / 203

第 9 章　供应链上的知识产权管理 / 206

第 1 节　制造环节的知识产权管理 / 207
　　一、自主制造的知识产权风险管理 / 207
　　二、委托制造的知识产权风险管理 / 213
第 2 节　采购环节的知识产权管理 / 216
　　一、采购环节的知识产权风险识别 / 216
　　二、采购环节的知识产权风险管控 / 217
　　三、供应商安全管理策略 / 218
　　四、商标印制的规范管理 / 221
第 3 节　物流环节的知识产权管理 / 222
　　一、物流安全与假货管控 / 222
　　二、物流管控与海关保护 / 222
　　三、物流环节与商标认证 / 223

第 10 章　销售链上的知识产权管理 / 224

第 1 节　市场营销的知识产权管理 / 225
　　一、广告营销的风险管理 / 225
　　二、专利标识的标注合规 / 230
　　三、商标标记的标示合规 / 233
　　四、埋伏营销的商标风险 / 235
　　五、商标名称通用化的风险 / 238
　　六、商标使用的标准化 / 242
　　七、广告宣传的证据考量 / 243

第 2 节　销售环节的知识产权管理 / 245

　　一、支持销售的知识产权风险排查 / 245

　　二、试验/试用的法律风险 / 247

　　三、赠品上的商标管理 / 249

　　四、产品翻新的风险管理 / 250

　　五、经销商的知识产权管理 / 251

　　六、面向客户的知识产权管理 / 255

第 3 节　贸易环节的知识产权管理 / 257

　　一、出口的知识产权风险管控 / 257

　　二、平行进口贸易的商标问题 / 260

　　三、挖掘利用专利剩余市场 / 264

第 4 编　知识产权价值实现

第 11 章　知识产权价值利用 / 269

第 1 节　知识产权价值观察 / 270

　　一、知识产权的价值属性 / 270

　　二、知识产权的价值转型 / 271

　　三、知识产权的价值层次 / 273

　　四、知识产权价值可视化 / 277

第 2 节　知识产权运营体系 / 282

　　一、知识产权运营基础 / 282

　　二、知识产权运营形态 / 285

　　三、知识产权运营主体 / 292

　　四、知识产权运营服务 / 297

第 3 节　知识产权金融模式 / 298

　　一、知识产权出资 / 298

　　二、知识产权质押 / 300

　　三、知识产权信托 / 302

　　四、知识产权证券化 / 303

　　五、知识产权保险 / 305

　　六、知识产权投资基金 / 307

　　七、其他知识产权金融模式 / 308

第 4 节　知识产权增值策略 / 310

　　一、知识产权资产增值策略 / 310

　　二、公司及其业务增值策略 / 313

第12章　知识产权交易管理 / 320

第1节　知识产权许可交易的流程管理 / 321
　　一、确定许可目标 / 321
　　二、确定许可标的 / 323
　　三、确定许可框架 / 326
　　四、开展营销活动 / 331
　　五、确定许可对象 / 333
　　六、进行许可谈判 / 335
　　七、签订许可合同 / 336

第2节　知识产权交易的尽职调查 / 337
　　一、知识产权交易尽职调查概述 / 337
　　二、专利交易尽职调查项目 / 339
　　三、商标交易尽职调查项目 / 343

第13章　知识产权许可合同 / 349

第1节　知识产权合同管理概述 / 350
　　一、合同起草 / 350
　　二、合同条款 / 353
　　三、合同审核 / 357
　　四、合同监督 / 359

第2节　许可合同通用条款解读 / 361
　　一、许可合同起始部分 / 361
　　二、许可合同执行保障 / 363
　　三、许可合同违约责任 / 369
　　四、许可合同终止规定 / 370
　　五、许可合同其他规定 / 371
　　六、许可合同结尾部分 / 374

第3节　许可合同商务条款解读 / 375
　　一、许可内容 / 375
　　二、许可对价 / 378

第5编　知识产权风险控制

第14章　商业秘密风险管理 / 385

第1节　商业秘密的员工管理 / 386
　　一、员工入职前后 / 386

二、员工工作期间 / 386
　　　三、员工离职前后 / 387
　第 2 节　商业秘密的合同管控 / 388
　　　一、保密协议 / 388
　　　二、竞业限制协议 / 389
　　　三、脱密措施 / 389
　第 3 节　商业秘密的安全防范 / 390
　　　一、环境安全管理 / 390
　　　二、硬件安全管理 / 390
　　　三、涉密文件及载体安全 / 391
　　　四、信息系统的安全防范 / 392
　第 4 节　对外往来的安全管理 / 393
　　　一、信息披露审查 / 393
　　　二、对外往来管理 / 394
　　　三、外来人员管理 / 394

第 15 章　面向 IPO 的知识产权审核 / 395

　第 1 节　从 IP 到 IPO 的合规管理 / 396
　　　一、IPO 的知识产权要求 / 396
　　　二、面向 IPO 的知识产权风险防范 / 397
　第 2 节　面向科创板的知识产权审计 / 401
　　　一、知识产权储备的有效性 / 401
　　　二、知识产权资产的独立性 / 403
　　　三、知识产权权属的清晰性 / 405
　　　四、与主营业务的相关性 / 406
　　　五、核心技术的依赖性 / 407
　　　六、创新能力的可持续性 / 409

第 16 章　知识产权诉讼管理 / 412

　第 1 节　知识产权诉讼概述 / 413
　　　一、诉讼背后的商业考量 / 413
　　　二、争议解决的路径选择 / 415
　　　三、诉讼案件分级管理 / 418
　　　四、公司如何管理律师 / 419
　第 2 节　诉讼决策：原告方视角 / 420
　　　一、评估能否提起诉讼 / 420

　　　　二、确定侵权诉讼被告 / 422
　　　　三、把握诉讼提出时机 / 423
　　　　四、确定侵权诉讼事由 / 424
　　　　五、决定案件管辖法院 / 425
　　　　六、如何主张侵权责任 / 426
　　第 3 节　诉讼防御：被告方视角 / 427
　　　　一、应对诉讼的商业逻辑 / 427
　　　　二、诉讼防御的程序利用 / 430
　　　　三、寻找侵权抗辩的事由 / 432
　　　　四、反击对方的侵权指控 / 433
　　第 4 节　知识产权诉讼调解 / 435
　　　　一、诉讼调解的优势 / 435
　　　　二、诉讼调解的达成 / 437

第 6 编　知识产权组织管理

第 17 章　公司知识产权管理架构 / 443

　　第 1 节　知识产权管理架构模式 / 444
　　　　一、单体公司知识产权管理架构模式 / 444
　　　　二、集团公司知识产权管理架构模式 / 447
　　　　三、矩阵式知识产权管理结构 / 449
　　第 2 节　公司知识产权部门 / 452
　　　　一、知识产权部门的职能 / 452
　　　　二、知识产权部门的地位 / 455
　　　　三、知识产权部门的预算 / 457
　　　　四、知识产权部门能见度 / 459
　　第 3 节　知识产权经理人 / 461
　　　　一、知识产权经理人的培养 / 461
　　　　二、知识产权经理人的素养 / 464
　　　　三、知识产权经理人的思维 / 466

第 18 章　公司知识产权组织协同 / 469

　　第 1 节　管理层的知识产权价值观 / 470
　　　　一、公司管理层：决定知识产权地位 / 470
　　　　二、重塑管理层的知识产权价值观 / 470

第 2 节　知识产权管理的内部协同 / 473
　　一、职能/业务部门的知识产权责任 / 473
　　二、知识产权工作的跨部门协作 / 477
第 3 节　知识产权管理的外部协同 / 482
　　一、知识产权生态系统的结构 / 482
　　二、知识产权生态系统的互动 / 484
第 4 节　公司知识产权的文化认同 / 486
　　一、知识产权文化结构 / 486
　　二、知识产权物态文化 / 488
　　三、知识产权制度文化 / 489
　　四、知识产权行为文化 / 492
　　五、知识产权心态文化 / 493

主要参考文献 / 496

IP 关键词索引 / 497

后记：平凡之路 / 506

第1编
绪论

【导读】

◇ 在创新与竞争的趋势之下,应当重塑对待知识产权的观念。知识产权并不只是一种单纯的法律权利,而是一种可以广泛运用的竞争工具和商业策略,可以成为增强公司技术能力、竞争能力和获利能力的法律筹码。知识产权不仅是一种法律资产,更是一种商业资产和策略资产。

◇ 公司知识产权管理目标包括确保资产权利化、获得业务自由度、提升业务竞争力、管控知识产权风险、实现知识产权价值等。基于这些目标,本书将从知识产权资产管理、知识产权业务嵌入、知识产权价值实现、知识产权风险控制、知识产权组织管理五个方面,揭开公司知识产权管理的面纱。

第1章　重塑对待知识产权的观念

❖思维导图

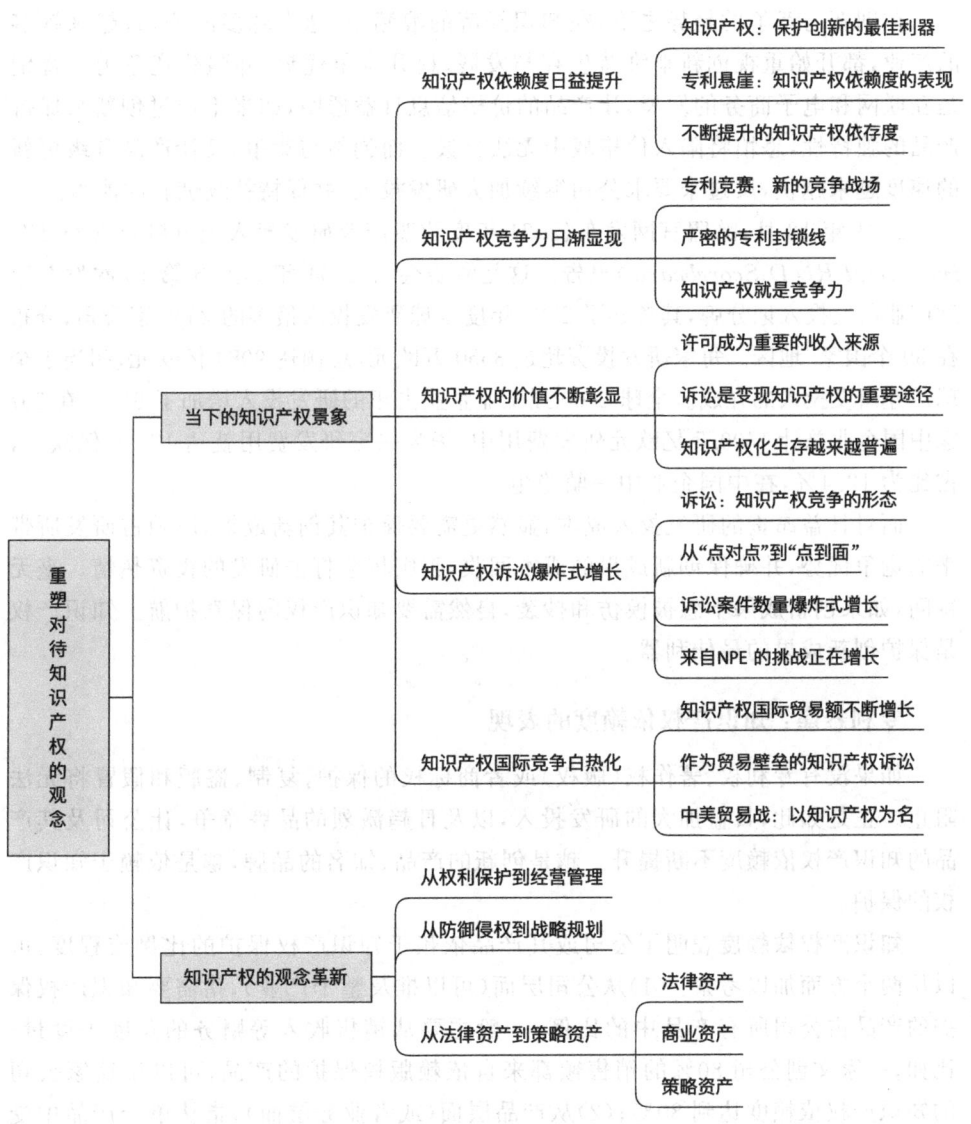

第 1 节 当下的知识产权景象

一、知识产权依赖度日益提升

知识产权：保护创新的最佳利器

在创新与竞争的趋势之下，在知识经济的浪潮中，越来越多的公司，越来越多的产业，都开始重视创新来维持生存与发展，提升竞争优势，并强化竞争力。特别是互联网和电子商务的发展，让产品的价格信息日益透明，如果不透过创新来保持产品的独特性，恐怕将陷入价格战中无法自拔。而创新与竞争，又让产品升级更新的速度越来越快，反过来要求公司继续加大研发投入，并保持持续创新的能力。

2021 年 12 月，欧盟官网发布《2021 年度欧盟产业研发投入记分牌》(2021 *EU Industrial R&D Scoreboard*)报告。这是欧委会自 2004 年起连续第 18 次发布年度产业研发投入记分牌，其考察了 2020 年度全球研发投入最多的 2500 家公司，分布在 39 个国家/地区。每家研发投资超过 3650 万欧元，总额达 9089 亿欧元，相当于全球产业研发投入的九成。全球 2500 强工业企业去年的研发投入增加了 6%。在 597 家中国企业总计 1409.5 亿欧元研发费用中，华为一家研发费用就达 174.6 亿欧元，占比为 12.4%，在中国企业中一骑绝尘。

面对日益昂贵的研发投入成本，显然更需要保护其创新成果，以独占研发所带来的竞争优势，并确保创新成果的成本回收，否则将会打击研发的投资热情。毫无疑问，如果创新成果不想被模仿和抄袭，自然需要知识产权的保驾护航。知识产权是保护创新成果的最佳利器。

专利悬崖：知识产权依赖度的表现

如果没有专利权、著作权（版权）或者商标权的保护，复制、盗版和假冒将无法阻止。正是如此，日益加大的研发投入，以及日趋激烈的品牌竞争，让公司及其产品的知识产权依赖度不断提升。越是创新的产品、知名的品牌，越是依赖于知识产权的保护。

知识产权依赖度表明了公司或其产品依赖于知识产权保护的比例或程度，可以从两个方面加以考察：(1)从公司层面(可以推及整个产业)，指需要知识产权保护的产品占公司所有产品中的比例，一般主要从销售收入等财务的角度去度量。比如，一家文创公司 80% 的销售额都来自依赖版权保护的产品，可以说这家公司的知识产权依赖度达到 80%；(2)从产品层面（或者业务层面），指从单个产品中受知识产权保护的部分所占的比例。比如，一台设备中有专利或商业秘密保护的部分(零件价值或许可成本)占到整台设备售价的 50%，可以认为该产品的知识产权依赖度达到 50%。

具体到行业和公司，专利悬崖就深刻地表现了制药行业对于专利的依赖性。**所谓专利悬崖**，是形容因专利保护到期而导致药品销售额或利润如同从悬崖跳下一般锐减的情形。一旦专利药有仿制药的竞争，定价权就会被削弱，销售量也会流失。辉瑞公司一款全球最赚钱的药物 Lipitor（立普妥）于 2011 年美国专利到期后，在两年内销售额下降 75%。没有专利保护，仿制药厂卷走了辉瑞公司立普妥的滚滚财源（图 1-1）。

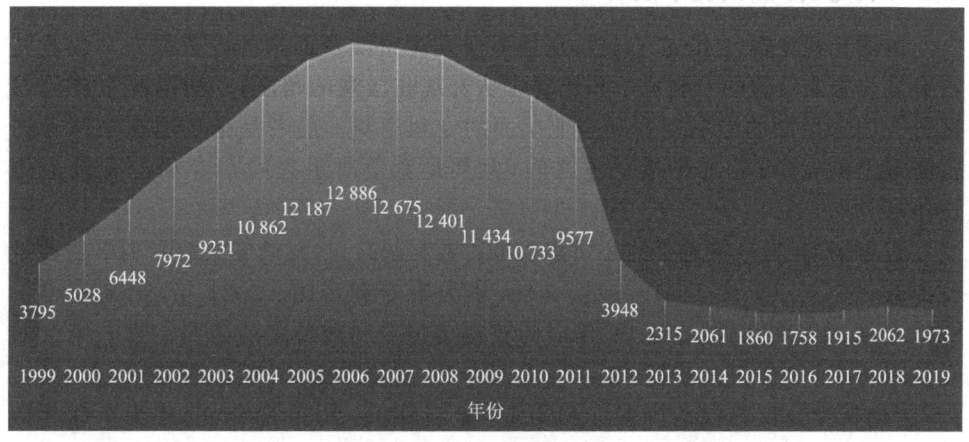

图 1-1　辉瑞 Lipitor 历年销售额（单位：百万美元）
来源：医药魔方 NextPharma

不断提升的知识产权依存度

2019 年 9 月，欧盟知识产权局（EUIPO）和欧洲专利局（EPO）联合对知识产权（IPR）密集型产业为欧盟经济作出的贡献进行评估，并发布经济绩效报告。**知识产权密集型产业**是指人均知识产权使用率高于平均水平的产业。2014—2016 年，知识产权密集型产业创造了欧盟经济总量（GDP）的 45%，价值 6.6 万亿欧元。其中，商标密集型产业占欧盟 GDP 的 37%（5.4 万亿欧元）。

2022 年 3 月，美国专利商标局（USPTO）发布的《知识产权与美国经济：第三版》表明，2019 年美国知识产权密集型产业对 GDP 的贡献约为 7.76 万亿美元，占美国国内经济活动或产出的 41%。而对标准普尔 500 家上市公司市场价值的测算表明，知识产权等无形资产价值占比已经由 1985 年的 32% 上升到 2010 年的 81%。

在当前科技创新日新月异，知识经济席卷全球的背景下，知识产权制度对创新驱动、经济转型的引领和支持作用日益凸显。中国经济从发展的速度来看，已经从高速增长转变为中高速增长；从发展的水平来看，正在从中低端水平向中高端水平迈进；从发展的模式来看，正在从粗放型发展向创新驱动发展转变。在这个转变过程中，知识产权恰是能够有效解决当前我国制造业发展面临的产能过剩、竞争加剧、效率低下、能力不足等突出问题的重要因素，在推动产业创新成果保护、附加值提升等方面发挥重要作用。在我国,知识产权依赖度较高的八个产业(信息基础、软件和信息技术等)增加值在 2004 年占全国 GDP 的比重为 8.6%,到 2015 年则增长至 12%。这充分印证了我国实体经济发展对知识产权的依存度越来越高。①

二、知识产权竞争力日渐显现

专利竞赛:新的竞争战场

所谓**专利竞赛**(Patent race),是指由研发竞争演变而来的以获取专利权及其占有量为主要目的的专利竞争和比赛。从宏观和微观的角度,专利竞赛主要可以区分为国家层面的专利竞赛和企业层面的专利竞赛。前者是指各国在全球专利占有量上的竞争;后者是指企业之间,尤其是竞争对手之间在专利占有量上的竞争。②

近年来,互为竞争对手的公司都在抢占专利制高点,数量庞大的专利申请数量支撑起一个又一个像 IBM、三星、佳能、华为等专利帝国。2021 年,IBM 获得了 8682 项美国专利,已经连续 29 年成为获得美国专利数最多的公司。排名第二的是三星电子,该公司共获得 6366 项美国专利,佳能以 3021 项位居第三(表 1-1)。《华为创新和知识产权白皮书》(2020 年)显示,截至 2020 年年底,华为全球共持有有效授权专利 4 万余族(超 10 万项),90%以上专利为发明专利。专利已成为新的竞争战场。

表 1-1　2021 年美国专利授权排行榜前 10 强　　　　　　　　　单位:项

2021 年排名	公司名称	2021 年授权量	与 2020 年排名变化
1	IBM	8682	0
2	三星电子	6366	0
3	佳能	3021	0
4	台积电	2798	2
5	华为	2770	4
6	英特尔	2615	−1
7	苹果	2541	1
8	LG 电子	2487	−1
9	微软	2418	−5
10	高通	2149	0

---

① 贺化:《加强知识产权保护运用,促进实体经济健康发展》,第八届中国专利年会主旨发言,2017 年 9 月 5 日。
② 袁真富:《中国专利竞赛:理性指引与策略调整》,《电子知识产权》2006 年第 11 期。

有时候,依靠研发和申请专利,已经赶不上专利竞赛的步伐。因此,2011年8月中旬,谷歌花125亿美元收购了摩托罗拉,这意味着它将掌管摩托罗拉当时1.7万个已授权和7500个申请中的专利——这笔宝贵的知识产权财富,将能帮助安卓抵御来自其他科技巨头的专利诉讼。谷歌CEO拉里·佩奇倒是直言不讳,谷歌就是奔专利而去。**李开复**对此评论说:"市场的竞争不再仅仅是谁有最好的产品,而是谁有最多的专利。"

严密的专利封锁线

各个行业日益增长的专利申请数量,已经筑起了严密的**专利封锁线**,布下了可怕的专利地雷阵。集合在一家之手的规模庞大的专利权,可以为公司谋取商业优势,提供交易筹码,构筑起行业的市场准入门槛,甚至成为其压制竞争对手发展壮大的地雷阵和紧箍咒。过度密集的专利还可能形成所谓的"**专利丛林**"(patent thicket)——它是指相互交织在一起的专利权组成了一个稠密的网络,公司要推出新产品或获得自由竞争的机会,都必须获得大量的专利权人的许可,就像穿越丛林一般。

Robert Barr(时任思科公司专利副总裁)早在2002年就指出:"为了对付无意的和有时不可避免的专利侵权,唯一的办法就是每年自己申请成百上千的专利,以至于我们能够将其作为交易筹码带上交叉许可的谈判桌。换言之,在我们这个行业,针对他人的大量专利权,唯一的理性反应就是加入到申请专利权的队伍中去。"发明大王爱迪生早已指出:"在这些专利中真正有实用价值的还不到1/10,其余的只是用作保护罢了……只是用来防卫旁人侵占别的专利而已。"

知识产权就是竞争力

在知识经济时代,知识产权既是权利,也是"权力",更是"货币"。谁掌握了更多的专利技术,特别是核心专利技术,谁就拥有更多的市场话语权,也拥有更多的利润获取能力。美国《商业周刊》早在1992年就运用专利统计分析的方法为世界上创新实力最强的200家大公司排定座次,其统计研究结果认为,公司获专利权的数量越多,竞争力就越强。[①]

事实上,除了竞争环境的变化,知识产权本身的战略价值,也逐渐获得公司的认可。比如,专利成为科创板上市公司表彰自己创新能力和成长潜力的重要符号,专利成为大股东通过许可使用优先获取公司利润的重要杠杆。凡此种种,专利的价值日益超越了法律,超越了经营管理,而上升到公司战略的层次,成为真正意义上的核心竞争力。

考虑到知识产权已经成为参与国际竞争的战略性资源,许多国家开始把知识产权战略作为提升核心竞争力的重要发展战略。日本提出了"**知识产权立国**"战

---

① 郭豫榕:《从日本专利战实践看我国企业的专利战略》,《现代情报》2000年第1期。

略,在 2002 年完成了《日本知识产权战略大纲》的制定工作,随后又通过了《日本知识产权基本法》,主要从创造、保护、利用、人才四方面来推进战略实施。2008 年,我国发布《国家知识产权战略纲要》,此后又提出知识产权强国建设。2009 年,韩国国家竞争力强化委员会审议通过了该委员会与政府 13 个部门联合制定的《知识产权强国实现战略》,立志成为 21 世纪的知识产权强国。

三、知识产权的价值不断彰显

知识产权许可成为重要的收入来源

专利许可费是高通公司的主要收入来源,在全球大概有 300 多家公司接受它的专利许可。从高通年报披露的信息来看。2000—2019 年的 20 年时间,高通的 QTL(技术许可)部门的收入高达 811 亿美元。苹果公司不满高通的专利收费政策,2017 年曾停止向高通付费,但在与高通打了两年专利诉讼官司后,最后在 2019 年重新和高通达成和解。苹果公司与高通在诉讼中披露的资料显示,苹果公司在 2010—2016 年,支付给高通的专利许可费就高达 72.3 亿美元,平均每年超过 10 亿美元。来自华为、VIVO、OPPO、小米等中国手机公司的技术许可收入占到了高通 QTL 部门收入的六成以上,中国企业早已成为高通的重要收入来源。① 由于

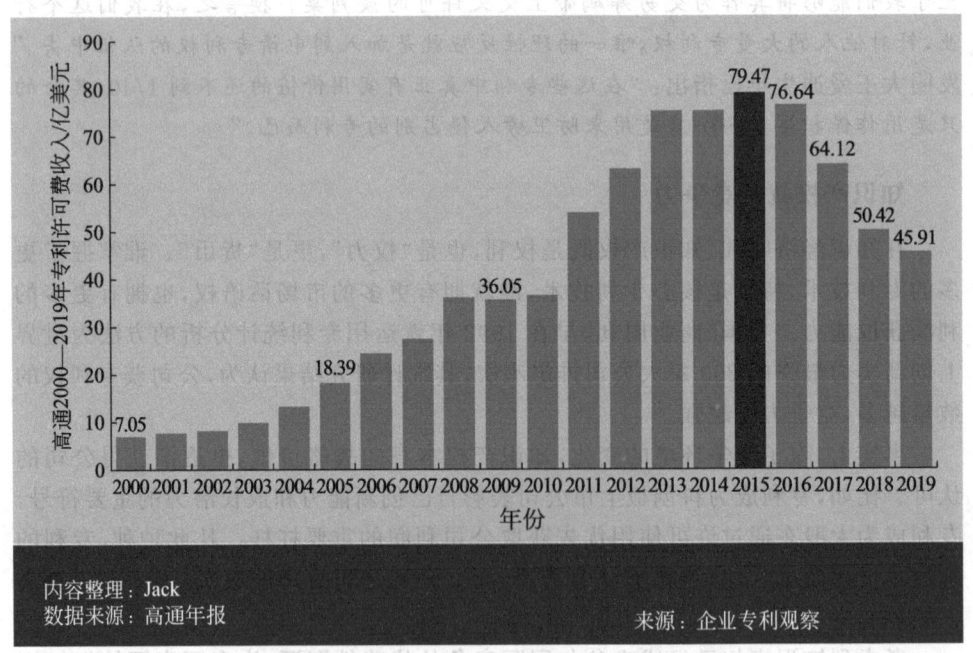

图 1-2 高通 2000—2019 年专利许可费收入

---

① 黄小莺:《20 年,811 亿美元专利许可费!高通:嗜血的专利巨魔》,《知产时事》2020-08-01。

高通强硬的专利许可政策,其专利收费被业界诟病为"**高通税**"(图 1-2)。有人统计过,酷派集团有限公司 2007 年至 2016 年上半年,估计仅支付给高通公司的专利许可费就超过其净利润的 186%;更是达到其缴纳所得税的 7 倍。[①] 类似高通这样的公司被誉为"**知识产权专卖店**",即以专利等知识产权许可为其主营业务的公司。

吉利汽车在 2018 年发布的公告称,同意向吉利控股授予知识产权,吉利控股获准将知识产权分授权予宝腾集团(吉利控股收购的马来西亚汽车公司),于许可期限内于许可地域从事许可车型设计、开发、生产、销售、推广及分销,知识产权的总许可费用为 13.44 亿元。虽然这笔交易是关联交易,但也体现了知识产权的价值。

在中国,2021 年中国音乐著作权协会(以下简称音著协)年度著作权许可费收入达到人民币 4.42 亿元,在 5 年间年度许可收入实现翻番(图 1-3)。自 1992 年成立以来,音著协为词曲著作权人历年收取的著作权许可费总额突破 30 亿元大关,截至 2021 年年底已达到人民币 30.3 亿元。

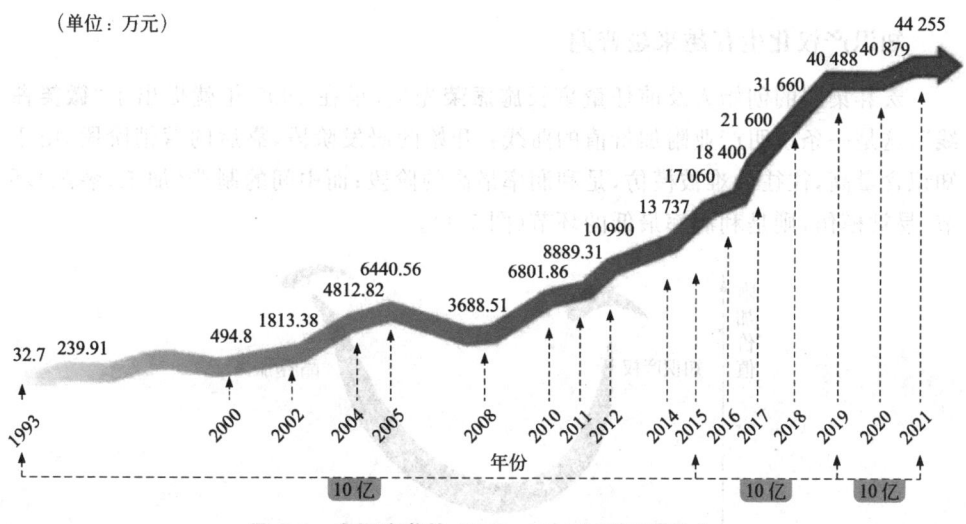

图 1-3 中国音著协 1993—2021 年许可费收入

诉讼是变现知识产权的重要途径

20 世纪 80 年代中期,美国德州仪器公司濒临破产。为了改善财务状况,它迅速发起专利侵权诉讼,获得 3.91 亿美元赔偿;同期,它连续发起多个专利侵权诉讼,几年内获得 40 多亿美元的专利许可费。有些个案获得了巨大收益。例如,1999 年 5 月,韩国现代集团向德州仪器公司屈服,签约支付该公司 10 多亿美元专利许可费。这些诉讼拯救了德州仪器公司的命运,使之从破产临界状态回到盈利

---

① 李小刚:《论公平合理的专利许可费标准》,北京大学科技法研究中心网站,2017 年 3 月 12 日。

丰厚的健康状态。此即所谓知识产权变现,即通过许可、诉讼等方式将知识产权转化为现金或利润。

2009年4月15日,浙江省高级人民法院宣布,正泰集团股份有限公司与施耐德电器集团专利侵权纠纷案达成庭外和解,天津施奈德向正泰支付补偿金1.5亿余元。此外,正泰与施耐德还达成一系列全球和解协议。此前的2007年9月,温州市中级人民法院作出一审判决,判处施耐德公司向原告温州正泰集团支付3.3亿余元的赔偿,并勒令其停产侵权产品。这个判赔纪录在中国专利诉讼领域保持至今。

考虑到多数公司并不会主动缴纳知识产权使用费,这使得诉讼成为知识产权变现的一种途径。号称以"视觉内容"进行生产、传播和版权交易为核心的互联网科技文创公司——视觉中国,就是挥舞版权诉讼大棒的"典范"。通过检索裁判文书收录网站Openlaw的数据显示,与视觉中国关键词有关的法律诉讼,2018年全年共有2968起,2017年更是达到了5676起,也就是说,这两年平均每天视觉中国就有15.6起官司要打。当然,这种商业维权模式也受到普遍的质疑。

知识产权化生存越来越普遍

宏碁集团的创始人及前任董事长**施振荣**先生,早在1992年就提出了**"微笑曲线"**,这是一条说明产业附加价值的曲线:开始的研发阶段,靠后的营销阶段,由于知识含量高,往往最难被模仿,是利润率最高的阶段;而中间的制造(加工、装配)环节,易被模仿,则是利润率最低的环节(图1-4)。

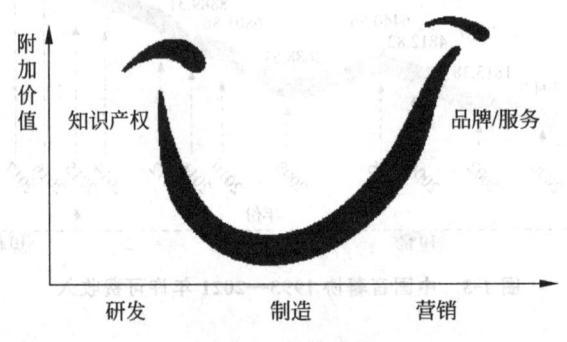

图1-4 微笑曲线

微笑曲线也充分表达了知识产权对于公司价值创造的作用。附加价值较高的研发和营销环节都与知识产权密不可分,可以说正是专利、商业秘密、商标等知识产权,保护和提升了研发成果的价值,创造和强化了品牌营销的威力。越来越多的公司放弃利润较低的制造环节,专注于附加值较高的研发和营销这两大主轴。

不仅如此,传统的研发营利模式也正在发生变迁。从研发到收益的传统模式往往体现为基础研究→应用研究→专利获取→生产商品→销售商品→赚取利润。但新的研发营利模式却省略了生产/销售商品的环节,直接透过专利许可、转让或合资等经营模式赚取收益:基础研究→应用研究→专利获取→专利经营→赚取利润(图 1-5)。① 美国高通公司就是此种模式的代表,这种榜样的力量在市场和竞争中迅速传递,越来越多的公司开始放弃利润较低的生产环节,专注于附加值较高的创新和营销。

图 1-5　研发营利模式的变迁

四、知识产权诉讼爆炸式增长

诉讼：知识产权竞争的形态

竞争对手之间经常爆发**知识产权诉讼战**,尤其是**专利战**。知识产权因其保护对象无形性的特点,容易成为攻击对方的工具,特别是那些手握数以千计专利的公司,总可以找到覆盖竞争对手业务或产品的专利。

因此,诉讼同样是知识产权竞争一种形态,特别是发现"**杀手级专利**"(即可以指控对方主营业务或核心产品侵权的专利或专利组合)时,这种诉讼更具有攻击力,可以极大地提升自己的市场话语权或竞争优势,即使不能将对方的产品赶出市场,至少也可以收取不菲的使用费,提高对手的产品成本。

从"点对点"到"点到面"

知识产权的竞争形态表现在诉讼上,早期以"点对点"为其代表,即两家竞争对手直接近身肉搏,相互开展诉讼攻防。发展到现在,诉讼从点到线已成为常态。公司发动的诉讼攻击往往不再限于竞争对手本身,有可能上攻竞争对手的供应商、生产商,直接掐住对方的脖子;也可能下攻销售商、甚至终端用户,切断对手的销售渠道。

知识产权诉讼完全有可能把整个供应链都卷进来(从点到线),甚至在整个产业形成专利混战(从线到面),就像当年智能手机大战一样。根据一家致力于专利诉讼数据分析的创业公司 Lex Machina 的一项研究,自 2006 年以来,与手机有关

---

① 参见张志成、刘晓慧:《跨国公司知识产权战略研究及评析》,载郑胜利主编:《北大知识产权评论》第 2 卷,法律出版社 2004 年版,第 250～286 页。

的诉讼每年增长约25%。而仅2011年8月,这一领域就出现了294起专利诉讼。其中,苹果公司被卷入到97起专利诉讼中,而与摩托罗拉移动有关的则有38起。[①]

诉讼案件数量爆炸式增长

"**诉讼爆炸**"是美国学者奥尔森在《诉讼爆炸》一书中提出的。顾名思义,所谓诉讼爆炸,不仅因为诉讼数量多、体量大,已经超过民事诉讼制度的负荷,还因为诉讼及其运作机制已对社会生活产生了深刻影响。中国知识产权诉讼的发展速度,也可谓进入了诉讼爆炸的时期。2021年,我国法院新受理一审、二审、申请再审等各类知识产权案件642 968件。其中,我国地方各级法院新受理知识产权民事一审案件550 263件,同比上升24.12%。在新受理的知识产权民事一审案件中,著作权案件36.05万件,商标案件12.47万件,专利案件的3.16万件,竞争类案件0.84万件,技术合同案件0.4万件。2021年,地方各级法院新受理知识产权民事二审案件49 084件,同比上升14.22%。

虽然我国每年知识产权案件总量相对而言并不多,除了在2013—2015年有过短期盘整,每年的增长速度都非常快。统计数据显示,我国知识产权民事一审案件由2009年的3.06万件,大幅攀升至2021年的55.03万件。事实上,知识产权案件的急剧攀升有经济转型发展、法律意识增强等多方面的因素推动,但也与同期中国专利授权量、商标注册量的快速增长成正相关的关系。

目前,中国已经全面建立起知识产权惩罚性赔偿制度。所谓**惩罚性赔偿**,是侵权人给付给被侵权人超过其实际受损害数额的一种金钱赔偿。我国在知识产权立法上率先确立惩罚性赔偿规则的是2013年修订的《商标法》,其后,《反不正当竞争法》(2019年修订)、《专利法》(2020年修订)、《著作权法》(2020年修订)等均增加了惩罚性赔偿条款。《民法典》规定了知识产权惩罚性赔偿制度,标志着惩罚性赔偿在知识产权领域实现"全覆盖"。最高法院及各地法院已经作出了不少惩罚性赔偿判决,在"卡波"技术秘密惩罚性赔偿案中,最高人民法院知识产权法庭二审判决,以顶格5倍计算适用惩罚性赔偿,被告安徽纽曼公司赔偿经济损失人民币3000万元。[②] 惩罚性赔偿制度的确立,以及法定赔偿上限提高到人民币500万元后,将刺激一些权利人发起诉讼的欲望。

来自NPE的挑战正在增长

2003年,美国联邦贸易委员会在《促进创新:竞争与专利法律政策之间的适当平衡》报告中,明确地提出**NPE**(non-practicing entities)一词,用以指代那些持有专利却不从事专利实施活动的主体。intellectual ventures(高智发明)、interdigital、

---

① 《今年8月全球手机相关专利诉讼达294起》,http://www.sina.com.cn,2011年9月11日。
② 最高人民法院(2019)最高法知民终562号判决书。

acacai 等都是赫赫有名的 **NPE**。NPE 本身不实施相关专利,而是主要通过专利许可、诉讼等活动来获取利润。显然,NPE 使得专利诉讼变成了一项商业工具,同时,也大大增加了公司经营的知识产权风险。

NPE 是一个中性的表达,但经常与专利流氓(patent troll)[①]混在一起,事实上专利流氓比 NPE 这一称谓更早出现,主要用来称谓那些发起挑衅性专利诉讼的公司。1999 年,时任英特尔首席法律顾问助理的 **Peter Detkin** 首次提出了 patent troll 的概念,即"那些从他们并不实施、没有意愿实施而且多数情况下从未实施的专利上试图获取大量金钱的人"。

专利流氓后来就指称那些从其他权利人手上购买专利,但并不制造专利产品或者提供技术服务,但有目的向某些公司(可称为大肥羊公司)起诉侵权,并索要赔偿以此牟利的一类公司。他们的商业模式很简单,可以"赤裸裸"地表达为"making money via patents solely"。这些公司主要的工作就是找一些公司要赔偿、要许可费,如果满足不了他们的要求,他们就起诉。有学者认为,专利流氓主要是利用低价值专利和现有专利诉讼制度的缺陷,对实体生产厂商进行讹诈的行为,是投机性地使用 NPE 这一形式的行为。[②]

近年来,中国的高技术行业持续发展,专利侵权赔偿力度持续加大,都可能使中国成为 NPE 尤其是专利流氓的理想市场。在相对较高的原告胜诉率、相对较短的审判周期和较低的诉讼成本等因素影响下,NPE 在中国的活动可能会进一步活跃。[③] 一项调查结果显示,美国公司每年用于专门应对专利流氓诉讼的费用约为 290 亿美元。[④] 因此,专利流氓更值得警惕。

五、知识产权国际竞争白热化

知识产权国际贸易额不断增长

在 WTO 统计分类贸易数据中有一笔 charges for the use of intellectual property(知识产权使用费),[⑤]这间接代表了国家的科技软实力。2009—2018 年,在各国知识产权使用费出口额排行榜中,美国以 12 197.69 亿美元知识产权使用费出口额位居榜首,表明美国强大的知识产权实力,也彰显了知识产权的价值。

我国 2018 年的知识产权使用费出口额为 55.6 亿美元,不足进口额 355.9 亿

[①] patent troll 的中文翻译可谓让人眼花缭乱,除了"专利流氓",还有专利臭虫、专利地痞、专利蟑螂、专利魔头、专利投机人、专利渔翁、专利怪客、专利恶魔、专利恶鬼、专利巨鹰等,但无一不体现了对 patent troll 的贬抑,甚至厌恶。

[②] 漆苏:《非专利实施主体研究》,《知识产权》2019 年第 6 期,第 50~57 页。

[③] 同上文。

[④] "专利大战催生无限商机—诉讼信息行业走俏市场",http://www.cqcb.com/tech/2012-07-28/1250658.html,2012-07-28。

[⑤] 知识产权使用费分为五项:特许和商标、研发成果、复制或分销计算机软件、复制或分销视听及相关产品、其他知识产权等的使用费。

美元的1/6,知识产权使用费贸易赤字达到300亿美元;2009年—2018年,我国知识产权使用费出口额翻了11倍多,进口金额翻了3倍多。2021年知识产权使用费进出口总额达到3783亿元人民币,其中出口760.2亿元人民币,同比增长27.1%。这显示我国在经济转型升级中对技术的强烈需求,也表明了我国对国际先进技术的价值尊重。

作为贸易壁垒的知识产权诉讼

　　知识产权诉讼已经成为发达国家维护自己市场的重要手段。我国从1986年遭遇美国第一起"337调查"以来,被调查案件数量逐步扩大,遭遇贸易壁垒的公司数量不断增加,连续多年成为公司被调查最多的国家。2002—2021年,涉及中国企业的调查总数高达266件,占全部调查总量的1/3左右(表1-2)。在过去20年中,中国企业涉诉美国337调查产品多种多样,涉案绝大多数的案由是专利侵权。2021年337调查涉及中国企业的产品包括集成电路产品、罐装容器开启装置、便携式电池启动器、墨盒、LED景观照明设备、高效甜味剂、休闲鞋、具有纳米结构的硅光伏电池、植绒拭子、光学外壳和组件、笔记本电脑、台式机、服务器、移动电话、平板电脑、儿童床和婴儿车、视频处理设备、数字智能电视。

表1-2　2002年—2021年中国涉案美国337调查数量以及比率汇总

年份	全球总数/件	涉及中国企业的调查数量	中国企业涉案调查所占百分比/%
2002	17	5	29.4
2003	18	8	44.4
2004	26	10	38.5
2005	29	10	34.5
2006	33	8	24.2
2007	35	10	28.6
2008	41	11	26.8
2009	31	8	25.8
2010	56	19	33.9
2011	69	16	23.2
2012	40	13	32.5
2013	42	14	33.3
2014	39	13	33.3
2015	36	8	22.2
2016	54	18	33.3
2017	59	22	37.3
2018	50	19	38.0
2019	45	22	48.9
2020	48	19	39.6
2021	51	13	25.5

来源:冉瑞雪等:《2021年度中国企业应诉美国337调查综述》。

中美贸易战：以知识产权为名

西班牙皇家埃尔卡诺研究所网站在 2019 年刊登的题为《中华人民共和国的 70 年》的文章指出，2019 年 10 月 1 日是中华人民共和国庆祝成立 70 周年的日子。中国崛起为当今世界强国之一，是这个时代最重要的事件之一。为了对付作为第二大经济体的中国，近年来发达国家已经找到了新武器——知识产权。中美领导人会晤，常常离不开知识产权保护的议题。日本更是在国内和国际上不断制造各种"中国知识产权威胁论"——这种威胁不是因为中国知识产权太强大，而是因为中国侵权太严重。

2017 年 8 月，美国启动单边色彩浓厚的"301 调查"，无视中国多年来在加强知识产权保护、改善外资营商环境等方面的不懈努力和取得的巨大成绩，对中国作出诸多不客观的负面评价，采取加征关税、限制投资等经贸限制措施，挑起中美经贸摩擦。知识产权成为中美贸易战的重要谈判议题。从国际国内两个大局来看，知识产权保护既是国际经贸体制的"标配"，更是中国创新发展的"刚需"，这也表明了知识产权在国际贸易中日益重要的地位。

第 2 节　知识产权的观念革新

农业经济时代一去不返，工业经济时代渐行渐远，知识经济时代方兴未艾。在知识经济时代，公司财产价值的重心逐渐由有形的物质资产转向无形的知识产权，知识产权日益显示出不可替代的重要性和蓬勃发展的生命力，开始登上举足轻重的位置，而且被提升到国家战略的高度，与科教兴国战略并驾齐驱，为科技创新活动保驾护航。

经过 40 年左右的积累，我国专利申请总量与商标注册总量均已走在世界前列，跻身于专利大国与商标大国之林，正朝着专利强国和品牌强国的方向努力。在这个努力奋进的过程中，如果单纯追求数量增长，一味关心权利保护，将难以达成专利强国和品牌强国的梦想，难以适应建立创新型国家的战略需要。

因此，公司需要跨越知识产权的发展模式，培育知识产权的战略思维，从知识产权保护的传统观念转向知识产权经营的现代理念，从知识产权的侵权防御阶段提升到知识产权的战略规划层次，尤其要以知识产权经营利用为重心，把知识产权从法律资产的桎梏中解放出来，释放出商业资产的活力，进而发展到策略资产的境界，使之成为公司发展壮大的护身符和核动力，成为公司创造利润的发动机和加速器。

一、从权利保护到经营管理

多年来，受制于发达国家的贸易报复和外交压力，以及跨国公司的侵权指控和诉讼威胁,无论是作为宣传喉舌的媒体,还是作为创新主体的公司,对待知识产权多半陷入"保护"的狭隘观念。然而,从保护的角度观察知识产权,是非常消极、被动的观念和举措,忽视了知识产权的经济意义,更弱化了知识产权的经营管理。仅仅大力倡导知识产权保护的观念无助于培育知识产权的运用能力,必须将传统的知识产权"保护"观念改造为知识产权"经营"观念,将知识产权与技术研发方向、公司经营活动、产业结构升级等相结合,开启知识产权创造价值的新局面。

IBM一向被视为经营知识产权的成功典范。在1993年,IBM的专利授权收入只有2亿美金,经过新任CEO全力调整公司策略后,专利授权收入大幅增长,是首批将知识产权视为独立收入来源的公司之一。2017年,IBM从其授权业务中创造了约12亿美元的收入。目前,透过专利授权、商标许可等知识产权经营模式而直接获得收益,已经成为公司在知识经济时代新的营利方向。

事实上,许多成功的企业,尤其是跨国公司,早已意识到,知识产权并不只是一种单纯的法律权利,而更是一种可以广泛运用的竞争工具和商业策略,可以成为增强公司技术能力、竞争能力和获利能力的法律筹码。因此,围绕知识产权的组织协同、信息分析、经营策略、风险管理和战略规划,已是许多公司经营管理的重要内容。美国特尔菲(Delphi)研究和咨询集团曾经报告说,75%的受调查的商业公司都将知识产权管理视为新的公司战略问题。[①]

二、从防御侵权到战略规划

大多数公司开展知识产权管理的首要考虑,就是建立自己的侵权防御体系,即避免自己的技术或品牌流失,并防止侵犯他人的知识产权。我国的专利申请数量虽然节节攀高,但多数公司还处于累积专利数量,规避侵权风险的防御阶段。

不过,当公司度过防御阶段的被动之后,需要对内部的知识产权,从财务和技术层面逐项审查稽核,借此了解、评估现有知识产权是否切合产品市场需求,有价值的知识产权是否妥善运用,策略性的专利技术是否已经占有等现在以及未来攸关公司竞争力优劣的核心议题,进而作出知识产权存留或淘汰的决定。美国陶氏化学公司就成功地将知识产权管理与公司商业运作结合起来,根据不同专利对于公司价值创造的贡献差异,采取了区别对待的经营策略与管理措施。在1994年,陶氏公司立即从有效地知识产权管理中获得了金钱的回报,不仅节省了4800万美元的维护费用,还带动许可使用费从2500万美元开始以60%的速度增长。[②]

从知识产权的发展模式来看,我国公司的眼光不能拘束于侵权防御的低层次发展阶段,而应该逐渐过渡到更高一级的知识产权发展阶段,以提升知识产权质

---

① [美]凯文·里韦特、戴维·克兰:《尘封的商业宝藏——启用商战新的秘密武器:专利权》,陈彬、杨时超译,中信出版社2002年版,第11~12页。

② [印]甘古力:《知识产权:释放知识经济的能量》,宋建华、姜丹明、张永华译,知识产权出版社2004年版,第353页以下。

量、获得知识产权利润、规划知识产权战略为目标，让知识产权开启公司的财源渠道，协助公司的战略发展，从而避免盲目追求数量提升，却忽视质量控制，忘记目标所向的情况发生。只有如此，公司才能认识到自主创新获取知识产权的经济价值，才能领会到自主创新获得知识产权的战略意义，从而激发自主创新的潜力与活力，增强知识产权的意识和认识。

三、从法律资产到策略资产

知识产权原初的意义乃是通过法律保护权利人支配知识资产，进而排斥他人利用的权利。所以，知识产权作为法律框架中的财产权利，本质上是一种**法律资产**，即通过专利授权、商标注册等方式将公司的知识资产变成受到法律保护的权利资产。作为法律资产，一方面可防止他人侵夺自己的知识资产，一方面可防止自己侵犯他人的知识产权。但法律防御层面的知识资产是消极的、静止的，它本身并不是目的。只有当知识产权能够为公司创造利润的时候，知识产权才是有用的资源。这时，知识产权从法律资产的桎梏中，释放出商业资产的活力，不再固守防御公司侵权风险的使命，转而培植公司获取利润的根基。

作为**商业资产**的知识产权，系通过转让、许可、融资等方式为公司获得利润或其他商业利益。商业资产的定位固然提升了知识产权的地位，但更具战略意义的行动是将知识产权继续升格为策略资产，通过结合知识产权的布局规划与公司发展的战略安排，发挥知识产权的核武器威慑作用和核潜艇战略价值。此时，知识产权作为**策略资产**，是利用知识产权实现公司的策略性目标或发挥战略性作用。比如被当作讨价还价的谈判筹码、反击对手的秘密武器、广告宣传的快捷途径、吸引投资的核心资源、垄断市场的法律盾牌，甚至是驱逐竞争对手的商业工具。

一些大公司正是将知识产权作为策略资产，让自己成为业界的巨擘。它们不仅只靠专利、版权、商标、商业秘密等知识产权的发展来获得眼前利益，巩固既有市场；而且更能利用知识产权优势来领导明日的技术发展，创造未来的市场空间。比如微软公司的 Windows 操作系统在软件市场具有无与伦比的影响力，透过知识产权的保驾护航，Windows 不断升级换代，推陈出新，不但引领了产品发展方向，掌控了用户使用需求，而且逐渐甩开竞争对手，垄断了今天的市场，培育了明天的用户。

第 2 章 揭开知识产权管理的面纱

◈ 思维导图

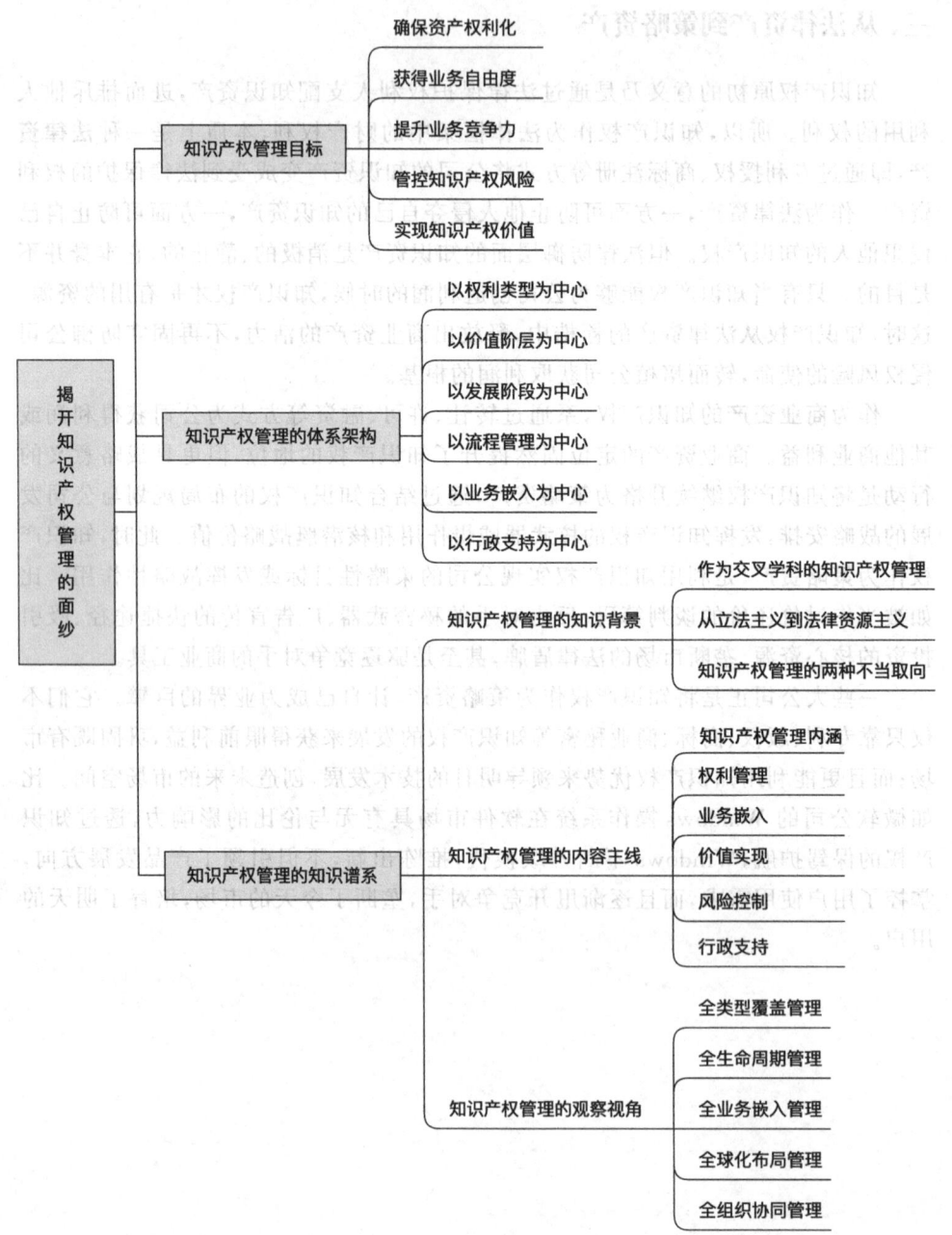

第 1 节 知识产权管理目标

当下,知识产权已经成为公司重要的经营资源、战略资源和竞争资源,构成了公司核心竞争力的重要组成部分。知识产权不仅在一个国家中的地位不断提高,而且是公司参与市场竞争并获得竞争优势的战略武器。公司**知识产权管理目标**,可以从确保资产权利化、获得业务自由度、提升业务竞争力、管控知识产权风险、实现知识产权价值等方面进行定位。

一、**确保资产权利化**

公司的无形资产如果没有穿上知识产权保护的外衣,要么可能成为人人可用的公共资产,就像空气和阳光一样;要么可能花落别家,被人家夺走知识产权。知识产权大家族中的专利、商标等资产只有通过申请或注册,以法律授权的方式固定下来,才能形成受法律保护的知识产权,从而形成独占使用的市场竞争力和优势地位。如果没有通过法律的方式将其转化为知识产权,公司在面对竞争对手或其他公司的仿冒利用时将无法获得法律意义上的保护,存在知识资产流失的风险。因此,所谓**资产权利化**,是指将技术成果、商业标识等知识资产透过专利申请、商标注册等方式,固定为受法律保护的知识产权。

知识资产的权利化不仅仅是专利申请、商标注册等程序性的事务,其背后还蕴含了诸多策略性的考量。比如,如何选择最优的知识产权保护方式,申请专利还是作为技术秘密保护?如何将方法专利转换成产品专利来撰写,避免被侵权时维权或举证困难?如何提升专利撰写的质量,提升回避设计的难度?

虽然各类作品的取得并不依赖于类似专利或商标的申请或注册程序,但是,正是由于版权以作品完成为产生条件,使得版权资产的权利归属以及是否拥有完整的版权,变得更不具有确定性。因此,从一开始就要重视版权与公司的归属关系,通过版权作品登记或合同约定等方式强化版权资产的确定性。

二、**获得业务自由度**

所谓**业务自由度**,是指在公司成长或其业务发展的过程中,不受竞争对手或第三方的知识产权阻碍或牵制。有的公司在寻求品牌延伸、跨界发展时,发现自己的核心商标已被他人跨类抢注,无法使用知名的品牌(商标)进行品类延伸及多元化经营;有的公司发展刚有起色,准备大展宏图时,就被专利巨无霸、竞争对手、NPE的专利威胁,甚至被其专利扼杀;有的公司刚刚进军海外市场,就遭遇竞争对手的知识产权诉讼攻击,难以招架。

保证业务的自由度是知识产权管理的核心目标之一，无论是打造属于自己的专利组合（patent portfolios），还是进行商标注册的布局规划，或者是进行FTO检索，都是确保业务自由度的方式，可以说知识产权的重要价值就是给予公司在商业世界的行动自由。构建专利组合可以获得与竞争对手谈判和竞争的筹码，获取平等参与市场竞争的机会；进行商标布局可以防止他人抢注，从而干扰品牌发展；FTO检索可以未雨绸缪，防患于未然，避免产品刚刚发售就引来侵权指控。

随着知识产权对公司研发、生产、采购、销售、营销等业务的渗透日益深入，知识产权带来的风险对公司业务经营的影响也日益增加，甚至会带来停产、破产的危险。曾是世界第三大的纸尿裤生产商美国PARAGONG公司，就被一宗专利侵权案的赔偿压垮了。法院判决其对宝洁公司（P&G）及金佰利公司（KIMBERLY CLARK）公司的专利构成恶意侵权，赔偿4.2亿美元，而如此巨额的赔偿，仅仅是因为仿造了对方纸尿裤的一条松紧带的制造工艺。[①]

◇案例：安心油条的商标故事

2008年1月，百胜公司旗下的肯德基在全国范围内以三元一根的价格，同步推出"安心"油条。这一极具本土化特色的产品上市后，引起了不少媒体及消费者的关注。其实，在油条之前，洋快餐的中国烙印就已经很明显，早在2002年，肯德基就推出了海鲜蛋花粥、香菇鸡肉粥两款极具中国本土特色的早餐粥，悄悄拉开了洋快餐中国化的大幕。

不过，很快就有媒体提醒肯德基可能涉嫌商标侵权。我国现行的商品分类表中并没有明确列出油条，但是从商品分类的原则看，油条应该属于商品分类第30类3007类似群，该类似群的商品包括馒头、火烧、饺子等。而在第30类进行商标查询可以发现，"安心"商标是武汉安心食品工业有限公司于1996年5月20日申请，1997年8月14日核准的注册商标，核定使用的商品为粥、盒饭、面条等，在商品分类中属于第30类的3007、3009两个类似群，注册号为1078283。该商标有效期截止于2007年8月13日。

虽然武汉安心食品公司的"安心"商标已经过了商标专用权的期限，但是根据商标法有关续展的规定，武汉安心食品公司仍然可以在期满后6个月的宽展期内（即在2008年2月13日前）提出该商标的续展申请。看起来，肯德基似乎有陷入商标侵权旋涡的危险。

[①] 好孩子集团，《"好孩子"实施知识产权战略的实践和体会》，http://www.100ipu.com/TmpFile/EEditor/ContentFile/10/1004/news/200503/14/100527.asp，2005-03-24。

不过，肯德基中国公司很快就向媒体作出回应："肯德基推出'安心'油条之前进行过审慎调查，查询得知'安心'商标已于2007年8月13日到期，不再是一个有效的注册商标；同时还查证得知，'安心'商标原权利人'武汉安心食品工业有限公司'早在2002年5月被当地工商局吊销营业执照。肯德基已经向国家商标局提交了新的商标注册申请，目前使用'安心'商标没有侵权。"①

事实上，在市场部门将油条命名为"安心"后，百胜的法务部门就查询并评估过这个商标的合法性，当时法务部门给出的审慎意见是使用这个商标有法律障碍，但在市场部门的坚持下，法务部门进一步进行了详细的调查。幸运的是，武汉安心食品公司在2002年即已被吊销营业执照。最后"安心"商标因无人续展注册，被百胜公司重新提交了商标注册申请。

三、提升业务竞争力

知识产权最具魅力的地方可能在于它能够帮助公司建立竞争优势。毫无疑问，知识产权可以建立市场进入的障碍，当你取得专利之后，就把竞争对手阻挡在外面，它不能再使用这项技术。反过来，当遇到竞争对手的专利攻击时，可以拿出自己拥有的专利，作为竞争防御的筹码，与其协商谈判，进行交叉许可，以化解专利危机。

知识产权可攻可守。攻则自己免费用，别人花钱用；守则自己可以用，别人不能用。垄断是知识产权的本质特性，公司借助知识产权，尤其是专利权，可以占领技术高地，获得竞争优势。如果公司能够将知识产权与自身业务相结合，更能释放知识产权的商业活力，提升公司的竞争力。**郭世栈**先生（曾任华为公司法律部部长、知识产权部部长）认为，公司的竞争对手可以分为领先型对手、同级型对手和追随型对手。相应地，可以通俗地将公司知识产权竞争战略总结为"**防住上家、限制对家和压住下家**"。

提升业务竞争力的知识产权策略有很多，比如，将产品的创新点作为营销的卖点，并申请专利加以保护，此即所谓**卖点专利**，将公司的创新优势转为专利优势，让竞争对手无法模仿；针对性地进行专利分析，从而在产品研发时避开他人（尤其是竞争对手）的专利保护范围，此即**专利回避设计**；利用知识产权建立市场准入门槛和竞争障碍，甚至通过知识产权打击竞争对手，排除同行的同质竞争和过度竞争。

四、管控知识产权风险

随着中国公司专利、商标等知识产权的海量申请和海量储备，使得行业内外的

---

① 《肯德基回应：安心商标早已过期》，http://www.sina.com.cn，2008年1月25日。

知识产权风险急剧上升。有报道认为,小企业比以往任何时候都更容易成为专利超级公司的"人质"。风险投资公司 DJF Esprit 的合伙人 Nic Brisbourne 说:"小企业实在很难了解其所在领域存在着哪些专利。许多专利十分广泛。专利已经成为经商的一项成本。"①从广义上讲,确保资产权利化、业务自由度和提升业务竞争力,在某程度上都是在控制知识产权风险,这是知识产权管理最底层的价值目标。

管控知识产权风险应当贯穿于公司全流程管理的每个环节。建立从申请、确权、维护、保护的知识产权全过程管理体系,保障技术成果、商业标识的权利化,防范成果流失、侵权纠纷等法律风险。比如,控制商业秘密的泄露风险,处理知识产权的侵权危机等;建立知识产权与研发、生产、采购、市场、销售、投资等业务环节的知识产权管理工作流程,控制各个业务环节的法律风险。比如,防止研发创新的知识产权风险,规避市场营销中的商标名称通用化风险等。

◇**案例:柯达的专利灾难**

1990年,一纸美国法院判决曾让柯达公司陷入了巨额赔偿的专利灾难。当时柯达公司因为其制造的快速照相机,被宝丽来公司指控侵犯了7项专利权,这场源自1976年的专利诉讼,经过长达14年的法庭斗争,柯达还是被法院判决赔偿8.73亿美元的损失(在1991年,柯达同意加上判决后的利息,总共支付给宝丽来9.25亿美元),而且需要被迫关闭资产为15亿美元的生产设备,解雇700名工人,回收售出的1600万架快速照相机。再加上律师费用,柯达总共损失了30多亿美元,从而缔造了美国商业史上最惨重的专利侵权灾难。

回想当初,柯达向纽约一家律师事务所咨询有关该产品的专利风险时,得到的书面意见上却写着"不要因为存在潜在侵权危险而故步自封,不敢越雷池一步"。

——摘自[美]凯文·里韦特、戴维·克兰:《尘封的商业宝藏——启用商战新的秘密武器:专利权》,中信出版社2002年版,第93~96页。

五、实现知识产权价值

知识产权价值至少包括法律价值、商业价值,甚至技术价值。所谓**法律价值**,是指从法律保护的角度发挥知识产权打击侵权、清扫市场和垄断使用的价值。而**商业价值**则不限于许可收益、质押融资、免税减税等金钱上的获益,利用知识产权协助支持公司的业务发展,塑造公司的创新形象,巩固提升公司的竞争优势,都是

---

① 英国专利问题或将扼杀科技新兴企业,中国保护知识产权网(http://www.ipr.gov.cn/guojiiprarticle/guojiipr/guobiehj/gbhjnews/201108/1246593_1.html),2011-08-17发布。

商业价值的体现。而**技术价值**，主要是透过专利、技术秘密等技术类知识产权的交易或利用，提升公司的技术创新能力，增加公司的技术储备。

宋柳平（华为公司高级副总裁，2016年）指出，要让知识产权为公司带来垄断能力、变现能力和交换能力，这就是知识产权价值实现的目标。以专利为例，所谓**垄断能力**，是指公司能借助专利垄断产品或技术，进而独占市场或让竞争对手无法绕开技术障碍。所谓**变现能力**，是指可以通过专利转让、许可、质押或实施等商业运营，为公司带来现金价值。所谓**交换能力**，是指公司可以借助专利与竞争对手或其他机构进行资源交换，以获得商业利益或降低成本支出。

◇专栏：消除知识产权管理的误区

误解1：知识产权管理是面向高新技术的

有的公司误以为只有高新技术的行业才需要知识产权管理，而传统行业并没有这方面的需要。这种误区主要是把知识产权等于专利，又把专利看作非常高深的东西。其实，知识产权是一个集合了专利、商标、版权（著作权）、商业秘密等权利的大家族，而专利也不代表高科技，一些微小的创新都有可能给予专利权。

无论是跨国公司，还是中小企业，无论是高新科技行业，还是传统制造行业，都拥有各种知识产权资产，并都有可能遭遇各类知识产权问题，甚至知识产权危机。因此，任何公司都需要知识产权管理，只是需要的程度不同而已。

误解2：知识产权管理是一个复杂的系统

有的公司误以为知识产权管理是一个相对复杂的系统工程，只有大公司才能撑起这样复杂的体系。但是，知识产权管理也可以从简单做起，从细节做起，而不是从战略上开始。把最初的专利申请和商标申请做好做实，就是最基础的知识产权管理。如果一开始的专利和商标申请就没有规划好，或许会严重影响后来发展的业务自由。因此，一些创新型的中小企业已经从一开始就聘请知识产权专业人士，来帮助其可持续地成长。

事实上，知识产权的管理体系也是跟随公司的发展而不断扩展的。对初创期的公司而言，知识产权可能只是意味着一些事务性的工作，比如提交专利申请、商标申请等。对于成长性的公司，知识产权可能变成一种策略性的工作，比如开展专利布局、供应链的知识产权控制。对于成熟期的公司，知识产权可能又增加了商业运营的内容和风险管理的工作，比如专利许可、诉讼攻防等。可见，知识产权管理并不总是由复杂的内容所构成。

误解3：开展知识产权管理的成本太高

在某种程度上，知识产权并非短期业务，长期投资才能成功。有的公司担心知识产权管理的成本比较昂贵,误以为只有财力雄厚的大公司才需要知识产权管理,才能负担得起知识产权管理。但知识产权不仅是大公司的食粮,也不是小公司的毒药。

尽管经营知识产权、管理知识产权,需要一些成本开支,但只要采取有效的措施,比如通过专利筛选程序、专利淘汰机制等手段进行成本控制,你将会发现,知识产权管理其实并不像想象的那么奢侈,它不仅仅是富人的金钱游戏。更何况,版权、商业秘密的保护并不需要类似专利申请的官费或代理等成本支出。

误解4:开展知识产权管理为时尚早

一些公司承认知识产权及其管理的重要意义,不过,又认为自己暂时还不需要开展知识产权管理。因为这些公司认为自己没有知识产权,或者自己知识产权太少。事实上,中小企业也可以拥有核心的或有价值的知识产权,这种情况日益增多。

在知识产权服务越来越发达的时代,知识产权管理不仅需要专业的知识和卓越的见识,更需要的是企业家清醒的意识。随着知识经济的到来,公司对知识产权的依赖度日益提高,知识产权也日益成为公司最具商业价值的资产之一。不要继续无视、漠视或者轻视知识产权及其管理,现在就行动起来,防止因为疏忽知识产权的管理,而导致不可预测的损失。

第2节 知识产权管理的体系架构

知识产权管理的知识体系没有固化的结构,但适宜的结构可以包容更加丰富的知识内容,提供更加独特的研究进路。近年来,知识产权管理类的著作汗牛充栋,但在知识产权管理体系结构上的创新与突破,仍然需要不断努力。结合已有的研究成果,兹简要总结或介绍一些知识产权管理研究的体系结构,以对后续研究者有所助益。

一、以权利类型为中心

众所周知,经过几百年的演进,知识产权的类型日益丰富,但专利权、商标权、著作权和商业秘密权仍然是其中最为核心的权利。由于不同类型的知识产权各具特色,各有个性,目前部分知识产权管理类著作,就是按权利类型分别展开其中的管理内容。不过,此种进路之思维易受困于知识产权法学思维之窠臼,不易与公司经营与管理实践相契合。因此,一些知识产权管理著作在以权利类型为中心展开叙述后，又会单列一些知识产权资本运营、价值评估、战略管理等专题论述。[1]

二、以价值阶层为中心

1994 年 10 月，Thomas A. Stewart 在《财富》(Fortune)杂志发表了一篇有关知识资产的文章，讨论其对于公司的价值。随后一个被称为知识资产管理群（Intellectual Capital Management Group，ICMG）的组织成立，ICMG 的主要目的就是希望能发展出一套有效管理公司知识资产的系统。结果他们整理出一套能有效管理公司知识产权发展的应用模式，并称为**"价值阶层"**（value hierarchy）理论，其主要内容是将公司知识产权管理分为防御布局、管理成本、获取价值、整合机会、愿景规划 5 个层级，详见表 2-1。

表 2-1 公司知识资产管理的价值阶层体系

层次	定位	主要目标
防御布局 (Defense)	形成法律资产	主要以发展专利数量为任务，防止陷入侵权困境
管理成本 (Cost Down)	法律资产成本管理	期待以有限的经济资源，获得数量更多、质量更高的知识产权
获取价值 (Profit Making)	成就商业资产	透过授权利用，实现知识产权的商业价值
整合机会 (Integration)	整合策略资产	透过知识产权协助公司发展策略的定位，以及作为商业谈判时的有力工具等
愿景规划 (Vision)	运用策略资产	发挥知识产权的作用，创造、扩散其领导技术发展、协助产业调整、创造市场空间的战略影响

价值阶层就像一个金字塔，每一层都代表着一个不同的预期值，这个预期值是希望他们的知识产权对公司目标所做出的贡献。关于价值阶层的五个层级及其定位、任务和行动，被系统地记录在《董事会里的爱迪生》（Edison in the Boardroom）[2]一书中，对于公司知识产权管理的战略思维与发展思路，它将提供一个全新的视角或理念。

如果将前述价值阶层浓缩一下，则可以勾勒出知识产权保护、知识产权经营、知识产权战略三个发展模式，保护主要从知识产权风险预防的角度，经营主要从知识产权价值创造的角度，战略主要从知识产权长远规划的角度，来阐述知识产权管理的内容。

---

[1] 冯晓青：《企业知识产权战略》(第 4 版)，知识产权出版社 2015 年版；王黎萤、刘云、肖延高主编：《知识产权管理》，清华大学出版社 2020 年版。

[2] [美]苏珊娜·S.哈里森、帕特里克·H.沙利文：《董事会里的爱迪生：领先企业如何实现其知识产权的价值》(第 2 版)，何越峰主译，知识产权出版社 2017 年版。

三、以发展阶段为中心

知识产权管理四阶段说

Alder 和 Winograd[①]考察了公司的知识产权管理及其政策演化,总结出公司知识产权管理四阶段说,即忽视阶段、警觉阶段、敏感阶段、混合阶段。

——忽视阶段:知识产权在公司经营中是被忽视的。

——警觉阶段:公司知识产权工作开始为公司的发明创造提供法律权利的确认服务,知识产权是法务部门的本职工作。

——敏感阶段:公司开始建立专利评审机制,有选择地开展专利申请,重视商业秘密的合同和司法保护,适时开展公司专利位势评估,必要时进行知识产权许可。

——混合阶段:知识产权有机会成为公司业务发展策略,项目选择和项目管理的评价指标,研发人员与知识产权管理人员紧密合作,知识产权被许可主要是为了学习和比较,知识产权许可前进行了技术和市场的评估,公司建立了严密的商业秘密保护制度和流程。[②]

知识产权管理五阶段说

徐迎春女士(沐瞳游戏法务总监,2017 年)从专利权获取和运用的成熟度,把公司知识产权(专利)工作的发展阶段粗略地分为 5 个阶段:初级阶段、进阶阶段、跃进阶段、成熟阶段和收获阶段。

——初级阶段:公司仅仅有初步的知识产权意识,很多情况下没有专门的知识产权部门,而是由相关部门的人员兼职负责;专利申请或其他类型的知识产权活动也仅仅是为了满足公司某些方面的基本需求,如申报高新技术企业资质、申请政府扶持资金等。

——进阶阶段:处于这一阶段的公司一般建立了拥有少量专职人员的知识产权部门;专利申请量相对于第一阶段有较大幅度增长;慢慢开始建立包括对研发人员的激励等各项知识产权制度和管理流程;逐渐萌生制定公司知识产权总体战略的意识并开始尝试知识产权初步战略的制定。

——跃进阶段:知识产权部门壮大;随着政府的支持和自身的主客观需要,专利申请量,尤其是本国申请量呈爆发式增长;对研发人员的创新激励增强,甚至将专利申请量作为研发部门的考核指标之一;看重专利申请量排名,甚至作为对外宣传的重要内容;对已经制定的知识产权制度进行调整,优化各种管理流程;意识到专利质量的重要性,并开始将工作重心由着重追求专利数量向同步提升专利质量转移;加强内部知识产权管理人员的能力提升,并对研发人员进行相关知识的培

---

① Paul Adler and Terry Winograd (eds.). Usability: Turning Technologies into Tools. Oxford, 1992.
② 肖延高等:《知识产权管理:理论与实践》,科学出版社 2016 年版,第 102 页。

训；意识到需要根据公司自身情况定位知识产权战略和发展方向并践行之。

——收获阶段：知识产权部门和人员稳定，具有较高的专业能力和素养；具有成熟的知识产权管理制度和流程；知识产权管理的策略和方式良性循环，知识产权已经内化为公司经营的要素之一；知识产权工作持续以公司的商业经营为导向，通过知识产权获得商业上的助益；部分公司直接通过知识产权获得营收。

在公司知识产权工作的实际发展过程中，很多并不是能够严格清晰地按照上述5个阶段予以区分，往往在同一时期会存在发展阶段的交叠，比如有些公司可能会没有初级阶段，而直接是以融合的初级阶段和进阶阶段起步。[①]

四、以流程管理为中心

流程管理的叙事结构是许多知识产权管理类著作常用的研究进路，并且往往以专利权、商标权等权利为核心，依次展开其流程管理的内容。知识产权的流程管理，最典型的结构就是按照知识产权创造/取得、运用、保护等模块展开阐述，[②]进一步拓展开来，大体上历经研发设计阶段、权利申请与确权阶段、实施与利用阶段、审计与维护阶段，直至权利保护阶段，当然具体的阶段划分各有变化，各有千秋，但核心的主线脱离不了知识资产的权利化、权利经营利用以及防范侵权与维权等内容。

以公司的商标流程管理为例，其管理内容模块可以作如下设计（表2-2）：

表2-2　公司商标的流程管理

内容模块	主要内容
商标设计的风险控制	• 商标设计的法律要求 • 商标设计的检索分析 • 商标设计与保护强度 • 商标设计与全球化战略 • 商标设计的侵权风险 • 商标设计的权属风险
商标注册的整体规划	• 注册商标的挖掘 • 组合商标注册申请策略 • 使用商品项目指定策略 • 商标注册的整体规划 • 核心商标的注册方案 • 商标反抢注策略运用 • 商标国际注册规划

[①] 徐迎春：《立体型专利质量控制》，载柯晓鹏、林炮勤主编：《IP之道》，企业管理出版社2017年版，第119～126页。

[②] 安雪梅主编：《知识产权管理》，法律出版社2015年版；朱雪忠主编：《知识产权管理》（第3版）（总论部分），高等教育出版社2022年版。

续表

内容模块	主要内容
整合业务发展与商标管理	• 产品开发与商标管理 • 业务拓展与商标管理 • 防御性的商标管理 • 驰名商标认定与保护
品牌营销与商标规范	• 广告营销与商标侵权控制 • 注册商标使用规范 • 注册商标标记使用 • 商标视觉形象(CI)管理
投资交易的商标风险	• 商标交易利用类型 • 商标交易风险分析 • 商标尽职调查 • 商标价值评估 • 商标合同风险控制 • 合资合作的商标风险管理 • 公司IPO与商标风险控制
商标权利维护	• 商标续展注册 • 商标异议处理 • 商标争议处理 • 商标注册公告监控
商标管理执行	• 商标管理制度完善 • 商标管理流程优化 • 商标管理与员工培训 • 商标档案管理

五、以业务嵌入为中心

所谓业务嵌入是公司研发、生产、采购、市场、销售、售后、技术支持、投资合作等业务环节与知识产权(部门)的资源整合,以及相互间的流程管理及风险控制。至少在当前,知识产权在公司内部大多居于支持性的地位。公司业务链的主要环节,常常包括研发、生产、采购、供应、营销、销售、技术支持、投资合作等诸多环节,知识产权应当与公司业务链进行有效的整合,真正发挥控制业务风险、保护竞争优势的支持作用。

前述的业务嵌入总体上还是知识产权与业务链的相对宏观的整合,针对一些特定产业或领域,可以从产业链上的环节或细节入手,进行更为具体的"嵌入",层层剥开各种可能的知识产权管理问题。

六、以行政支持为中心

知识产权管理不能脱离公司的行政体系而独立运转,因此,仍有必要从行政支持的角度,观察公司知识产权管理的运行。所谓**行政支持**,是公司管理层、人事、行政、法务、财务、信息安全等行政支持部门对知识产权(部门)的资源整合及支持。

应当根据公司的组织架构进行知识产权的行政支持体系分析,并确认相应的岗位职责。同时,应当建立或完善知识产权的组织保障、制度保障、预算保障、专业技能培训、人才支持、知识产权信息管理系统等支持体系。必要时,可以将知识产权管理纳入绩效考核体系,将技术提案、专利申请量、专利授权量、实施效益等纳入各相关部门的绩效考核体系,推进公司的知识产权管理工作。

当然,还有其他可资借鉴的研究进路,比如周延鹏先生从智慧财产的智慧资本化、产业结构化及资讯网络化等角度,开启了智慧资源规划的金钥匙,[1]这里不再作介绍。

第3节 知识产权管理的知识谱系

一、知识产权管理的知识背景

作为交叉学科的知识产权管理

随着知识产权事业的发展,知识产权涵盖的内容与范围已经远远超越法律层面,而越来越广泛地触及更多的领域。知识产权在与法学、管理学、经济学、信息科学等学科的交叉与融合过程中逐渐发展,在当前,至少知识产权管理与知识产权法学已经有并驾齐驱、相得益彰的趋势,以至于有学者,甚至知识产权经理人呼吁将知识产权管理独立为一门学科来发展。

不过,在知识产权与管理学的知识整合中,仍然强调"法律为体,管理为用"。知识产权的管理思路很大程度上是建构在法学分析的基础之上,如果没有知识产权法律知识的背景,很难进行知识产权经营管理的运用,特别是难以开展知识产权细节上的管理活动。因此,作为知识产权领域的一个重要分支,知识产权管理是一个整合法学、管理学等多门知识的交叉学科。

从立法主义到法律资源主义

法学界都已经在思考,法学从立法主义(立法论)转向法律适用主义(解释论)的时刻,是否已经到来?[2] 在法律体系已经蔚然大观的当前,法律适用比不停立法重要得多。其实,不仅仅是法律适用——这主要是法官或律师的考量,法律作为资源的价值同样值得关注。比如,国际优先权是专利法和商标法上一项重要的制度,

---

[1] 周延鹏:《虎与狐的智慧力——智慧资源规划9把金钥》,天下远见出版股份有限公司2006年版。
[2] 黄卉:《法学通说与法学方法——基于法条主义的立场》,中国法制出版社2015年版,序言。

用于协调专利商标的国际申请问题,但它也可以成为制药公司延长专利保护期的策略手段。

根据我国专利法的规定,申请人自发明或实用新型第一次提出专利申请之日起 12 个月内,可就相同主题再次提出专利申请,并可享有优先权。优先权的法律效力除了排除优先权日和实际申请日之间公开的相同技术或专利申请影响发明创造的新颖性外,还因专利的保护期限自实际申请日起算,要求优先权的专利申请可使其保护期限延长了不超过 12 个月的时间,即优先权可使专利保护期限顺延了在先申请的申请日至在后申请的申请日之间的时间段。[①] 此即"**优先权期限延伸策略**"。

可以说,在知识产权领域,已经从立法主义,转向法律适用主义和**法律资源主义**。我们既要保障知识产权法律在实践中的准确实施,也要把知识产权、知识产权立法及其适用作为一种法律资源或行动策略加以运用。

知识产权管理的两种不当取向

近年来,有关知识产权管理的著作逐渐面市,其中一些不乏是教材的体例。然而,正如笔者在《知识产权教育:法学传统与管理思维》[②]一文中所批评的,一些知识产权管理著作存在着比较明显的缺陷,典型的可以归纳为两种类型:

——知识产权"假"管理

这种著作其实是"法学教材型"或"知识普及型",往往挂着管理的"羊头"卖着法律的"狗肉"。有的号称知识产权管理的著作,却连一些涉及知识产权管理的核心术语,比如专利挖掘、专利筛选、回避设计等类似的术语,都难以找到。

我们并不反对在知识产权管理中涉及知识产权法律知识,但知识产权管理的使命不是重述法律知识,而是把法律知识运用到公司管理中去。比如,对待"知识产权的地域性",在法学教材上,我们多是作为知识产权的特征来阐述,但在知识产权管理中,我们应该从全球化的知识产权布局,或者抓住海外剩余市场(指在知识产权人未获得权利的市场,从事相关产品或技术的制造、使用等)的角度来讨论。

——知识产权"空"管理

这种著作充斥着"伟大的空话""正确的废话",对知识产权管理的概念、类型、特征、功能、意义、原则、要求、体系之类的问题,浓墨重彩,滔滔不绝,但往往"空对空",不知所云,不得要领,读毕难有收获,难有启发。

我们并不反对理论阐述,但理论必须关照现实,指导实践,特别是对于知识产权管理这门面向企业、面向实务、面向细节的课程,如果上不着天,下不着地,恐怕存在合理性怀疑。与其大谈特谈知识产权管理的功能、原则等脱离实践、欠缺实操的理论概念,倒不如告诉读者如何开展专利布局,如何辨明专利许可风险等具体知

---

① 邓声菊、朱俊英、何黎清:《专利药品保护期的延长策略》,《中国发明与专利》2009 年第 6 期。

② 袁真富:《知识产权教育:法学传统与管理思维》,载陶鑫良主编:《中国知识产权人才培养研究》,上海大学出版社 2006 年版,第 236~247 页。

识和现实经验。考虑到国内较多教材(不限于知识产权)总是纠缠概念、特征、意义等问题,而忘记了教材所应承载的"学以致用""授人以渔"的使命,本书这种有些功利性的主张,或许更应值得重视。

二、知识产权管理的内容主线

知识产权管理内涵

朱清平把知识产权管理定义为:"一种对知识产权各方面的宏观调控和微观操作进行全面系统的协调的活动。"[①]该定义过于抽象,以至于让人无从看清知识产权管理的真实面目。栾春娟、刘琳琳认为,"知识产权管理,是包括知识产权战略制定、法律政策设计、成果转化与科技创新等一系列管理行为在内的庞大的系统工程"。[②] 显然,知识产权管理可以宏大叙事,从国家战略的角度纵横开来,从行政管理的角度拓展开来,但也可以是面向公司管理的法律实践,是一种指导发展思路、关注操作细节、重视实证研究、擅于案例解读的中微观研究。

本书所称的**知识产权管理**,简言之是指运用组织内外资源实现知识产权目标,或通过知识产权活动达成组织目标的一种实践,是一套系统的、明确的、可复制、可借鉴的思想、思维、工具和方法、制度等的统称。知识产权管理将围绕知识产权的组织协同、信息分析、经营策略、风险管理和战略规划,探讨如何通过知识产权增强公司技术能力,支持公司业务发展,防御公司侵权风险,坚固公司的利润根基,增强公司的竞争能力,从而通过加强知识产权的经营管理,促进知识产权的转化实施,使知识产权真正成为"浇在智慧火花上的利益之油",源源不断的激发自主创新、原始创新的潜力、动力和活力。

面向公司的知识产权管理,可以从多重视角或多个层次切入进去。当然,不同的视角或层次,可能在某些方面存在交叉或重合,但由于视角或重点的不同,反而可以让大家更加全面深入地了解知识产权管理的内涵。围绕知识产权的经营策略、风险管理、战略规划以及组织实施,公司知识产权管理的工作内容可以归纳为权利管理、业务嵌入、价值实现、行政支持四大版块,考虑到风险控制虽然贯穿这四大版块,但仍有专门强调的必要。本书基于前述内容主线,将主体内容分为知识产权资产管理、知识产权业务嵌入、知识产权价值实现、知识产权风险控制、知识产权组织管理五编。

权利管理

所谓**权利管理**,是以知识产权的申请确权、资产维护、规范使用、权利保护等为

[①] 朱清平:《知识产权管理学科初探》,《发明与创新》2003年第4期,第36~37页。
[②] 栾春娟、刘琳琳:《知识产权管理学科建设研究》,科学出版社2018年版,第1页。

其管理内容。比如,维持专利权的年费缴纳管理,竞争对手侵权的信息监控等。权利管理的主要目标是保障公司成果的权利化,储备知识产权资产,确保知识产权活动的合规性,并对外开展打假维权,实现知识产权资产保值。从公司的角度看,知识产权的权利管理更多属于资产储备与资产管理的范畴。

业务嵌入

所谓业务嵌入,是公司研发、生产、采购、市场、销售、售后、投资合作等业务环节与知识产权(部门)的资源整合,以及相互间的流程管理及风险控制。比如,市场部门命名的品牌名称在投入使用前应当经过商标合规性的风险评估。业务嵌入的主要管理目标是优化知识产权的工作流程,控制公司各个业务环节的法律风险,实现公司业务环节知识产权策略与风险的过程化管理。必须让知识产权与公司业务链更好地嵌入与融合,更好地支撑和保障公司发展和业务自由,体现知识产权价值,提升知识产权话语权。

价值实现

所谓价值实现,是以知识产权的法律价值、财产价值、信息价值、商业价值、竞争价值等各类价值的利用及实现为其管理内容,包括权利实施、交易、运营、融资、质押、信托以及战略布局等。比如,如何制定严密的许可合同,保障专利许可利益的实现。知识产权价值实现及价值管理的主要目标,是促进公司的知识产权从法律资产转化为商业资产,实现知识产权资产增值。

风险控制

所谓风险控制,是公司基于风险管控的目标而采取的与知识产权相关的各种策略与行动。风险的核心含义是"未来结果的不确定性或损失"。知识产权风险既包括知识产权或其业务本身的风险,比如专利被宣告无效的风险、商标申请驳回的风险;也包括基于知识产权问题给公司带来的各种风险,以及公司业务环节可能存在的各种知识产权风险,比如主营业务侵犯专利权造成的 IPO 风险、公司电脑使用盗版软件引发的诉讼风险等。事实上,作为知识产权管理的主要对象,风险无处不在,贯穿于公司的业务链和价值链,潜伏在公司的各个环节和各个流程。知识产权风险控制与权利管理、业务嵌入等方面相互交织,难以割离。

行政支持

所谓行政支持,是公司管理层、人事、行政、法务、财务、信息安全等职能支持部门对知识产权(部门)的资源整合及行政支持。比如,人力资源部在员工离职面谈时应当加入知识产权相关的内容。知识产权一旦提升要战略高度,就需要公司人、财、物等全要素的系统化管理。行政支持的主要管理目标是要理顺知识产权的职责体系,协调公司内部部门之间的分工配合。

◇业界声音

赵杰(比亚迪股份有限公司知识产权及法务处总经理,2021年)撰文谈道:"作为一家制造型企业,比亚迪的业务链包括前期的技术研发/产品开发、中期资源采购和产品生产以及后期销售。根据各个节点的业务类型,比亚迪采取不同的知识产权风险管理策略:在前期研发阶段,设置专利分析以及规避设计的风险管控模式;在中期采购阶段,采用供应商知识产权担保的风险管控模式,避免因供应商带来知识产权侵权风险;在后期销售阶段,通过知识产权诉讼进行维权或通过许可方式获得授权许可。涉及技术许可合同时,通过对许可范围等内容的具体审查,避免落入专利许可条款的法律陷阱,进而规避相应的知识产权风险。"

——摘自赵杰:《比亚迪基于绿色战略发展的知识产权合规管理实践》,《深圳法治评论》2021年第3期。

三、知识产权管理的观察视角

全类型覆盖管理

知识产权管理要实现**知识产权类型"全覆盖"**,应当全面关注专利、商标、著作权(包括软件)、商业秘密,甚至域名等各个类别的知识产权问题,包括权利的申请确权和风险控制。对于公司管理者而言,无论哪类知识产权,或许可以有所偏重,但都不可忽视,任何小权利都可以发挥作用,也可以带来风险,或许一张手机的图形界面也能带来2000万元人民币的著作权侵权索赔。

具体到每个权利在各个环节的管理,也是一项复杂的工程。以知识产权的申请布局为例,可以围绕商标申请,从商标标识、产品线、应用场景、市场区域、竞争对手等维度进行商标布局;可以围绕专利申请,从技术、产品、类型、时间、地域、数量、质量、竞争和标准等维度进行专利布局。

全生命周期管理

对知识产权管理而言,基于生命周期的管理有两种情况:一是知识产权全生命周期的管理;二是产品全生命周期的知识产权管理。

——**知识产权生命周期管理**

知识产权生命周期管理是围绕知识产权(尤其是专利和商标)的创造、取得、运用、维护、保护及淘汰等环节开展的过程管理,这也是知识产权的法律生命周期管理。以专利为例,其典型的全生命周期包括技术研发—技术交底—专利撰写—专利申请—专利审查—专利组合—专利维持—专利放弃等。其对应的专利管理工作可以例示如下:

- 技术研发:通过专利检索,避免重复研发等。
- 技术交底:发明评估与筛选、专利挖掘、防御性公开等。
- 专利撰写:专利文件质量管理等。
- 专利申请:专利分级标引,专利申请时机、类型、区域等策略选择等。
- 专利审查:专利审查意见答复、专利分案等。
- 专利组合:基于产品线、技术标准等构建专利池或专利包。
- 专利维持:专利年费管理、专利无效应对、竞争对手监控、专利运营等。
- 退出和放弃:专利转让、专利淘汰放弃等。

——产品生命周期知识产权管理

产品生命周期一般包括 5 个阶段:引入期、成长期、成熟期、衰退期、终结期。**产品生命周期的知识产权管理**,是指将知识产权管理与产品生命周期同步契合,通过匹配知识产权管理资源,控制知识产权风险,实现知识产权价值。公司在进行产品或技术研发时,就应当同步进行商业秘密保护、专利检索分析、内部专利挖掘、知识产权申请或布局。当产品投向市场时,公司最好已经取得相应的专利或商标等知识产权,在知识产权的保驾护航下,增加了竞争对手的市场进入难度,将竞争程度降到最低,最大化地延缓竞争者进入市场时间的同时,最大化地维持产品的成熟期,以使公司获得较多的超额收益,最大化知识产权的价值。

全业务嵌入管理

全业务嵌入管理也有两个方面:一是在公司的研发、采购、生产,到市场、销售及投资等业务链中嵌入知识产权管理事务;二是整个公司的所有业务单元(或事业单元)都应当嵌入知识产权管理。如果能做到业务链上嵌入知识产权管理,通常公司也会有意识对所有业务单元都嵌入或加强知识产权管理。

全业务嵌入管理要求公司知识产权管理渗透和注入到公司经营的每一寸肌体中,降低各类知识产权潜在风险,为公司运营安全和业务自由提供支持和保障,增强知识产权管理对公司核心竞争力的贡献度和影响力。一个全业务链上的知识产权管理,始于研发。基于控制各个业务环节的法律风险的角度,兹初步展示一下业务链上的知识产权管理内容:

——研发环节:从概念、计划、开发等阶段,开展专利布局规划、专利检索、专利挖掘、专利筛选、专利申请、专利回避,乃至商标储备等工作,以及进行知识产权权属管理等。

——采购环节:采购物品的知识产权风险调查、知识产权担保或承诺等。

——生产环节：加强商业秘密保护，专利标识和商标标识印制合规管理等，分散供应商确保知识产权产品的生产安全性。

——物流环节：加强物流环节的运输安全，防止假货混入或调包。

——市场环节：加强广告的版权风险管理、商标风险管理、知识产权证据管理等。

——销售环节：经销商的商标使用合规管理，知识产权侵权的监控等。

——售后环节：加强侵权商品维修或投诉的及时反馈等。

全球化布局管理

全球化布局管理是指基于全球化产业分工和市场发展的需要，以全球化的视野进行知识产权申请布局及资源配置。知识产权，尤其是专利权和商标权具有强烈的地域属性，如果要参与国际竞争，就必须考虑知识产权的全球化布局。无论是通过马德里途径申请商标国际注册，还是通过PCT途径申请海外专利，都是知识产权全球化的重要路径。

中国公司走向海外市场，知识产权是不可或缺的重要因素，因为海外竞争对手可能会用知识产权来阻击你的进入。曾经业内专家戏称：在海外有没有被诉专利侵权，才是公司走向国际化的标志。当然，全球化的视野并不是要求一定要在所有国家布局知识产权。知识产权的全球化布局依然要遵循"市场在哪里、IP申请去哪里"的原则。**刘翰伦**（北京人工智能专利产业创新中心总经理，2019年）指出："在国际化专利布局的过程中，最需要关注的两点就是你的市场在哪里，你的竞争对手在哪里。一个重要的专利策略是看竞争对手在哪里，做好防御工作从而间接地保护自己。所谓你的竞争对手在哪里是指你的竞争对手的市场在哪里，生产地在哪里。"[①]

全组织协同管理

全组织协同管理是指公司内部各个部门，包括核心业务部门和职能支持部门都应当担负起知识产权管理的职责，分工配合，相互协作。从组织建设的角度，公司应当明确内部各个部门的知识产权管理职责，根据发展阶段而配置相应的知识产权管理机构——可以是独立的知识产权部门，也可以由法务部门或研发部门管理IP业务。从制度建设的角度，公司应当设计知识产权管理各种制度，并配套相应的操作流程和审批程序，保障各部门的知识产权职能的落地实施。当然，全组织的协同管理要求公司对知识产权进行全要素的投入，包括人（知识产权管理人员）、财（知识产权资金预算）、物（办公场地及物质保障）等多方面的保障。

---

① 裴宏、李思靓：《AI专利布局要有全球化视野》，《中国知识产权报》2019年2月27日。

比如,当公司设定了年度专利申请的数量指标:一方面应当将数量指标分配到每个技术部门,并成为技术部门甚至研发人员年度考核的一部分;另一方面,也要通过专利 KPI 的考核,建立奖励与处罚的机制,如在每个发明专利的申请阶段即奖励发明人 5000 元人民币,在发明专利授权后再分别奖励发明人与知识产权团队。如此,才能让技术部门有意愿配合或支持知识产权部门的专利撰写及专利申请工作。

第 2 编
知识产权资产管理

【导读】

◇ 秉持"以终为始"的理念,围绕专利权、商标权、著作权、商业秘密权等权利类型,开展知识产权储备,打造知识产权工具箱。公司应当进行合理的知识产权所有权架构(权属安排),并在长期投资的理念之下,关心投资于知识产权的成本控制。

◇ 专利布局和商标布局都是一种有目标、有计划、前瞻性、系统性的知识产权资产储备,可以从各个维度策略性地展开。相对而言,专利布局更具有战略性和竞争性,而商标布局更担当着防御性的使命。

◇ 知识产权审计可以帮助公司识别不同知识产权的价值,并进行相应的决策和行动,比如进行专利资产标引、知识产权淘汰。必须确保公司的知识产权维持体系正常运转,避免遗忘宝贵的知识产权财富。

第3章 打造知识产权工具箱

❖ 思维导图

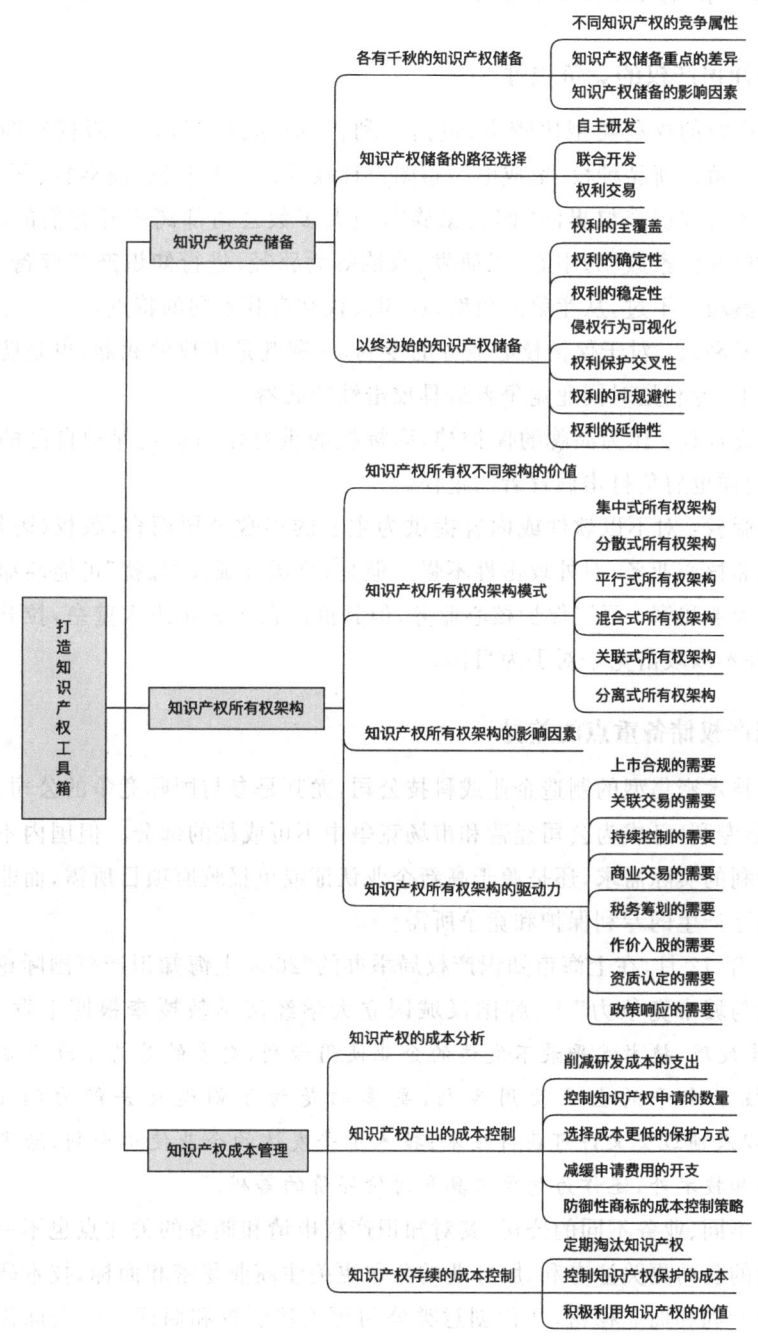

第1节 知识产权资产储备

一、各有千秋的知识产权储备

不同知识产权的竞争属性

知识产权的权利类型比较多,包括专利权、商标权、著作权(版权)、商业秘密权、商号权、植物新品种权、集成电路布图设计权等。但专利权、商标权、著作权、商业秘密权才是知识产权界的"四大家族",绝大多数公司都离不开它们的保护,因此,应当以"四大家族"为中心,以研发、收购等为路径,进行**知识产权储备**,打造**知识产权工具箱**。不过,从竞争的角度,这四大权利有其不同的特点:

——专利权:对于保护核心业务的专利,专利既是进攻的武器,也是防御的城墙。总体上,专利是对同业竞争者最具攻击性的武器。

——商标权:作为品牌的保护神,商标权的重要作用就是保护自己的品牌竞争优势,同样也肩负打击假冒者的重任。

——版权:对不以软件或内容提供为主业的多数公司而言,版权(著作权)覆盖的都是非核心业务,对外攻击性不强。但是,公司被版权"骚扰"可能性却更大。

——商业秘密:可以保护核心业务,但其价值在于高筑进入壁垒,拉开竞争差距,往往并不以攻击竞争对手为目标。

知识产权储备重点的差异

对于技术密集型的制造企业或科技公司,尤其是参与国际竞争的公司,知识产权(尤其是专利)已成为公司经营和市场竞争中不可或缺的部分。但国内不少中小企业对专利的实际需求,还是源于高新企业认证或申报政府项目所需,而非市场经营竞争实际产生的专利保护和竞争所需。

2004年12月,在上海市知识产权局举办的"2004上海知识产权国际论坛——知识产权与城市竞争力"上,韩国汉城国立大学经济学教授**李根**博士发言指出:"经过调查发现,技术水平最不发达的企业使用专利,更多的是为了改进企业的形象;中等技术水平的企业使用专利,更多的是为了创造反击能力(retaliatory power),以及通过交叉许可获得技术;技术水平发达的企业使用专利,除了保护他们的产品和技术外,还作为竞争工具和讨价还价的筹码。"

行业不同、业务不同的公司,其对知识产权申请和储备的关注点也不一样。比如制造业的公司更关注专利,服务业的公司更关注商业秘密和商标,技术研发类公司更关注专利和商业秘密,文化创意类公司更关注版权和商标。而全球化公司关注全球专利布局与品牌保护,多元化公司关心商标注册的跨类保护,专业化公司更集中于某类知识产权的获取、组合与垄断。

对于同类别的知识产权资产,对不同的公司也意义不同。就版权资产而言,以内容产业为核心的动漫公司,显然其最核心的版权资产是其动漫作品、动漫角度等。而以健康产业为核心业务的公司,其版权资产尽管也有不少,比如产品包装图案、宣传作品、办公软件与数据库等,但其重要性通常不能与动漫公司的核心版权资产相提并论。

专利储备:科技公司的战略资源

专利储备是根据专利分析的结果、围绕产业规划所确定的重点领域,开展与产业发展相关的核心技术专利、关键零部件专利、公司核心专利及专利组合的储备,其目的是通过关键、核心技术专利的获取,确保产业技术安全,提升产业的竞争优势。[①]

公司通过专利培育、专利组合以及专利收储,进行专利储备的重点主要在于:(1)核心业务的核心技术专利;(2)面向未来布局的核心技术专利;(3)能够与基本或核心专利形成专利组合的专利;(4)构建"专利池"所需要的专利;(5)其他有储备价值的专利。

知识产权储备的影响因素

早在 2002 年 2 月 28 日美国联邦贸易委员会(FTC)举行的 Business Perspectives on Patents: Hardware and Semiconductors 研讨会上,思科公司副总裁、全球专利顾问 **Robert Barr** 先生揭露了思科追求专利储备的原因:

"思科创办于 1984 年,于 1989 年上市。在 1984—1993 年这前十年中,公司仅仅申请了一项专利。在 1994 年,公司已经发展到年收入超过 10 亿美元的规模。刺激这种增长的因素,显然不是来源于专利,而是依赖于竞争和公开的、非专有接口(open, nonproprietary interfaces)。不过,在 1994 年,公司开始出台一个计划,以获得更多的专利。我们这样做是出于防御的目的,以在与拥有众多专利的更老牌的公司进行交叉许可时,提供谈判的交易筹码……。1994 年我们申请了 6 项专利,以后逐年增加。现在,每年申请 700 多项。"[②]

现在,越来越多的公司都开始重视知识产权的资产储备,一些初创的科技公司也开始考虑如何储备更多的知识产权资产。当然,知识产权资产储备目标及储备规模,受到诸多因素的影响,其中不乏前述思科公司的考量:

——专利密度。**专利密度**可以从多个维度进行测量,如每万人或人均拥有的

---

① 国家知识产权局编制:《专利导航试点工程工作手册》(第一版),2013 年 9 月。
② "report 的发言",详见:http://www.ftc.gov/opp/intellect/barrrobert.doc,2004 年 4 月 6 日访问。

发明专利数量、每亿美元 GDP 的发明专利数量,或平均企业拥有的专利数量等。如果一个行业的专利密度越高,身处其间的公司自然也会追逐更多的专利申请,以累积专利筹码,突破专利封锁。通信行业就是一个专利密度极高的产业,所以像华为、中兴这些领头羊拥有的专利数量都以万件计算。

——诉讼活跃度。如果一个行业的知识产权侵权诉讼十分频繁,也会影响到公司提升知识产权的资产储备水平。

——交易活跃度。知识产权交易越活跃,知识产权的价值变现能力就越强,当然也会更加刺激公司进行知识产权资产储备。

——保护强度。知识产权的司法保护及行政保护越强,公司投资知识产权的意愿和信心就更高,从而促进知识产权的申请和储备。

——竞争程度。竞争越充分的行业越重视知识产权储备,因为在缺乏垄断优势的情形下,知识产权就是公司参与竞争的重要资源和垄断权力。而竞争对手的专利布置情况,也是影响公司专利发展目标的重要因素。

——预算限制。无论是研发还是收购知识产权资产,在微观上,公司都必须结合自身的经济实力和预算空间,来制定专利、商标等资产的发展目标。

——竞争防御。在遭到竞争对手的专利攻击时,为了避免无力招架的窘况,公司必须进行知识产权布局,尤其是储备**专利筹码**(在对抗或竞争中可以凭借的专利资源),应对不时之需,随时随地可以打响诉讼反击战,增强交易谈判的能力。

——科技含量。公司产品的科技含量越多,研发投入往往也越多,知识产权依赖度往往也越高,因而也更热衷于专利资产的储备。

——技术实力。专利技术,尤其是发明专利的技术开发,需要公司具有相当的技术实力,甚至技术优势。有技术实力,才有开发和储备专利的能力。有的公司专利储备的要求和实际研发的能力之间存在偏差,导致研发能力满足不了专利储备的战略要求。

——融资需要。为了吸引风险投资的进入,知识产权储备(包括布局)可能会比公司的实际需求更广泛。比如,有的公司主要偏重于某个产品的技术研发,但基于融资需求,对外宣称建立产业链、打造了生态圈,必然要求在这些领域都要体现知识产权,否则无法有效说服投资人,甚至带来负面影响。

——其他商业考虑。不排除有的公司申请和储备专利是出于打击对手或提升形象的考虑。比如,有的公司申请了大量的质量低劣的专利,目标可能只是在于显示研发实力,便于向投资者交差。

二、知识产权储备的路径选择

自主研发

知识产权的资产储备,当然离不开数量的累积上升。从规划的角度,累积公司知识产权数量,可以有多种渠道,最基本的方式是"自力更生",自行研发。对于研发资源不足的公司,或者打算迅速在专利数量上崛起的公司,此时可能更需要借助联合开发、技术转移、公司并购等方式,来快速提升公司专利、商标等知识产权累积的速度和规模。

自主研发技术、设计品牌当然也有诸多知识产权管理的事务。比如,为了避免重复开发,保障研发成果能够取得专利,公司最好在自行研发之前,以及在研发过程中,开展专利信息的检索分析,看看是否已有相同内容的专利存在。诸如此类,不胜枚举。

联合开发

随着知识的积累和技术的进步,技术越来越多样化,技术越来越复杂化,技术的困难度也越来越高,发展新技术所需要投入的资金也大幅攀升,而在竞争者威胁、产品生命周期缩短、技术变迁迅速等严峻的挑战之下,公司在高度竞争的环境和有限资源的限制下,如何利用较少的资源去达成更多的目标,分担越来越高的经营风险,成为公司经营者的重要关注议题。

因此,公司之间借研发合作或技术转移,以分担风险或获取新知,累积技术储备和专利数量,已成为不可阻挡的趋势。透过研发合作来提升专利数量,主要有两种典型的方式:委托开发和合作开发,两者可以统称为**联合开发**(表3-1)。

表3-1 联合开发的典型方式

形式	含义	说明
委托开发	公司委托他人根据其要求,进行研究开发	委托人主要提供资金或物质条件,并不参与具体的研究开发过程。研发风险一般由委托人承担,也可约定由委托人与受托人分担
合作开发	公司与他人合作,共同进行研究开发	合作各方都参与具体的研究开发过程,但可能各有分工。研发风险通常由合作各方共同承担

公司与他人合作开发时,如果没有约定发明创造的权利归属,则该发明创造所衍生的专利申请权和专利权,将由合作各方共同享有。而在委托开发中,如果没有约定发明创造的权利归属,该发明创造所衍生的专利申请权和专利权,将由实际完成的受托人享有。作为委托人的公司尽管支付了不菲的代价,但结果只是享有一定范围的使用权,并不享有研发成果的所有权。为了避免在联合开发中产生知识产权的权属纠纷,公司最好事先通过合同明确约定知识产权归属,否则可能难以享有或难以完整享有联合开发成果的知识产权。

权利交易

2011年,谷歌公司(Google)出资125亿美元现金收购摩托罗拉移动,是Google收购史上最大的一笔交易。在宣布收购摩托罗拉移动消息之后,谷歌CEO**拉里·佩奇**(Larry Page)第一时间在公司的官方博客中发表声明,125亿美元现金收购摩托罗拉移动是为了摩托罗拉的专利和知识产权。"在通信技术、产品领域和知识产权开发领域,摩托罗拉有着80多年的创新历史,这些创新推动着我们今天所享受到的移动计算的发展。……我们收购摩托罗拉就是希望通过强化自身的专利实力来提升市场竞争力,这有利于我们抵御来自微软、苹果和其他公司的诉讼威胁。"

自从推出Android操作系统获得手机厂商的热捧后,谷歌成为微软、苹果的眼中钉、肉中刺。微软、苹果等公司联合起来对Android发动专利攻击,苹果对HTC和三星等Android手机厂商发起诉讼。谷歌遭遇竞争对手的起诉,最大原因在于自身未能构建属于自己的专利组合。在收购摩托罗拉移动后,谷歌将拥有该公司的1.7万项专利,以及另7500项正在申请中的专利。美国专利咨询公司General Patent董事长兼CEO**亚历山大·普特拉克**表示,摩托罗拉的专利组合将对那些想要起诉谷歌及其合作伙伴的公司起到震慑作用。

在全球化的背景下,市场竞争日益激烈,国际分工日益细化,即使是跨国公司也无力在每一项技术领域维持领先的优势,而透过技术转移的行为来获得更高品质与更多样化的新产品,以维持该产品的市场占有率与竞争力,成为上至跨国公司,下至中小企业的有效选择。当然,交易的对象不限于与技术有关的专利或技术秘密,任何类型的知识产权都可以透过交易获得。

进行知识产权资产储备,当然要获得知识产权的所有权,至少必须取得其使用权,因此,通过交易进行储备主要体现为:

——**知识产权受让取得**:通过购买(或赠与)的方式受让他人的知识产权所有权。可以购买单一的专利,也可以购买专利包(专利组合),具体情况视公司的需求。

——**知识产权许可使用**:通过许可或交叉许可,获得他人知识产权的使用权,甚至是独占的使用权。

——**知识产权并购**取得:包括对公司的整体收购,或对其业务部门的收购,从而连带取得对应的知识产权资产。

——**知识产权出资入股**:权利人以其知识产权作价出资入股,成为公司的股东,或者与公司共同设立一个新的企业,也可以视为一种特殊的知识产权资产储备途径。

◇ **案例：九阳购买的专利筹码**

九阳股份在对苏泊尔电器的实用新型专利侵权诉讼中，一审得到了 540 万元人民币的侵权赔偿额，并获得了二审法院的支持（山东省高院（2014）鲁民三终字第 210 号到第 224 号）。在查阅本系列豆浆机专利侵权案涉案专利法律状态时发现，该件具备良好侵权可视度及专利稳定性的实用新型专利并非来自权利人的"自主研发"，而是来自一次专利转让，从原权利人"东莞市步步高家用电器有限公司"转移给九阳公司。该专利转让的背景，是源于九阳公司对原权利人的企业收购，还是一次单纯的专利交易，或者有其他内幕故事，尚不得而知。但这充分证明，即使在目前尚不十分发达的中国专利市场上，还是能够通过专利收购，快速取得企业所需的强悍的专利筹码的。企业知识产权资产管理的视野，也许要从所谓"自主知识产权"的积累，更多转向对于专利交易市场的深入挖掘和利用。

——摘自柯晓鹏：《从豆浆机侵权门管窥企业专利运用和保护》，载柯晓鹏、林炮勤主编：《IP 之道》，企业管理出版社 2017 年版，第 177～182 页。

三、以终为始的知识产权储备

为了构建一个执行有力的知识产权工具，公司需要秉持"**以终为始**"的理念，即从开始就要考虑到最终的结果，以结果为导向，思考如何从头做起。正所谓"凡事预则立，不预则废"，可以从以下几个方面进行策略性的储备和前瞻性的安排。当然，这需要综合考量成本支出、工作繁复度以及竞争必要性等因素。

权利的全覆盖

知识产权类型全覆盖是指对公司的产品或业务进行知识产权各个类型的全面保护，它可以使公司拥有更加丰富的维权武器。比如，同一个产品可以从发明、实用新型和外观设计等角度进行全面的专利覆盖；商标注册要做到覆盖更多的标识，不仅仅是主打的品牌，包装上的有一定识别性的装潢图案也可以申请商标注册。有的仿冒人为了规避法律责任，会有意识地避开使用权利人的主打品牌，但基于仿冒的需要仍然会使用权利人的包装装潢或产品形状，如果这些包装装潢图案有注册商标，或产品形状有外观设计专利，维权会更加顺利和方便。

权利的确定性

知识产权确定性是指取得的知识产权具有相对确定的权利凭证（如注册商标）或保护范围，它能使公司维权的权利基础更加确定。一些公司在维权时不得不援引《反不正当竞争法》第 2 条、第 6 条来打击竞争对手，但是实践表明，反不当竞争案件的审理难度往往远高于商标侵权和著作权侵权案件,甚至专利案件。如果能够把请求反不正当竞争法保护的标识、形状等对象,用权利基础更确定的注册商标或外观设计专利等保护起来,可能维权更容易,结果预期更确定。对于包装上比较简单的图案,申请商标注册也更容易保护,因为以作品去主张版权保护,极有可能被法院认为不具有独创性,无法给予版权保护。

权利的稳定性

知识产权稳定性是指取得的知识产权具有稳定性,能经受住专利无效、商标无效等挑战,它使公司维权的权利基础更加牢固。比如,在撰写专利时要考虑专利无效的可能与应对,要考虑独立权利要求与从属权利要求的架构。申请商标也要考虑显著性、合法性等问题,以免后患无穷。比如,上海一个服装品牌申请注册的商标为"MLGB",虽然注册成功,但后来又被他人以该商标系网上骂人的脏话,有不良影响为由请求无效,最终该商标被宣告无效。

侵权行为可视化

侵权行为可视化是指侵权行为容易被发现、被证明,实现侵权行为可视化的目标是让公司维权举证更容易。**柯晓鹏**先生(时任NXP大中华区知识产权总监)指出,一个不具备侵权可视度的创新技术方案,即使符合专利法所要求的三性,也不是一项好的法律投资。良好的侵权可视度,意味着专利权利人可以以合理成本,获悉并鉴别市场上的侵权方案,并能最终向法官证明侵权事实。[①] 因此,在申请专利时,就需要权利人考虑:第一,将来谁会使用此项专利?第二,如何发现他人正在侵权使用?第三,对侵权事实能不能取证、举证?

权利保护交叉性

知识产权保护交叉性是指同一对象同时享有不同知识产权的保护,它可以让公司维权的选择更加多元化。比如,公司在商标设计之初,应当考虑多项权利重叠保护,例如图形化的商标标识可以同时申请注册商标和获得版权保护;而独特性的产品设计可以申请外观设计专利,也可以作为反法中的特有包装、装潢保护。通过交叉性的权利保护,可以为公司在具体的案件中提供更多的维权选择。

权利的可规避性

要防止知识产权的可规避性,目标是使得侵权者逃避侵权更加艰难。专利侵权诉讼最容易触发回避设计,由于专利权利要求书写欠妥当,更易出现这种权利规

[①] 柯晓鹏:《从豆浆机侵权门管窥企业专利运用和保护》,载柯晓鹏、林炮勤主编:《IP之道》,企业管理出版社2017年版,第177~182页。

避的现象,最后导致针对之前的侵权产品可能维权成功,但并不能有效遏制被告经过简单规避后继续销售类似的产品。

权利的延伸性

权利的空间延伸性目标,是使公司维权空间更广阔。一方面,公司的知识产权储备布局可以向上下游延伸。**沈剑锋**(现任传音知识产权总监)认为,当今的知识产权竞争已经不是单个公司的竞争,更多的是产业链、生态圈的竞争。在这个背景下,维权诉讼的眼界应当突破直接的竞争对手。比如,供应链的专利布局,专利"向产业链上下游延伸",将上游供应商与下游客户的一些产品或技术纳入到自己的权利覆盖之下,当专利战爆发时,你可以通过打击竞争对手的供应商来打击它。另一方面,公司的知识产权储备布局可以向海外延伸。许多跨国公司的知识产权诉讼战都是全球性的"世界大战",竞争对手在美国起诉你侵犯专利权,你可能在韩国起诉竞争对手侵犯专利权,因为你在韩国的专利布局能够覆盖竞争对手的业务。

第 2 节 知识产权所有权架构

一、知识产权所有权不同架构的价值

公司知识产权所有权架构是指母子公司(或股东与公司)之间如何设计分配知识产权资产的所有权,以适应公司整体的管理结构、研发体系以及知识产权管理水平,同时依据公司在经营发展中的需求合理调整公司知识产权资产的权属安排。

合理的知识产权所有权架构,有利于实现资源优化组合,提升公司的整体竞争力,反之将会让公司陷入法律和商业风险之中,给投资者造成巨大损失。知识产权所有权架构的隐蔽性容易让投资者忽视这一判断因素,最终造成无法挽回的损失。当然,知识产权所有权安排在哪一方(公司手中还是股东手中,集团总公司手中还是子公司手中),并无对错之分,只有立场之分,就看你站在哪一方立场来看待知识产权及其背后的商业利益。上市公司承德露露的股权与知识产权两次交易,就揭示其中隐秘的利益问题。

◇案例:承德露露的两次交易

2001 年,万向三农击退新疆德隆和中粮集团,拿到上市公司承德露露 26% 的股权,成为仅次于露露集团持股比例的第二大股东。2006 年 3 月,承德露露以自有资金 3.19 亿元定向回购露露集团持有的 12 101.4 万股国家股(占总股本的 38.9%),并予以注销,与露露集团解除关系。而万向三农公司凭借持有的 8088.6 万股,占总股本的 42.55%,一跃成为公司第一大股东。然而,承德露露同样没能取得其核心

业务品牌"露露"的商标所有权。尽管露露集团退出了股东地位,却在商标等知识产权问题上牢牢地束缚了承德露露。

理所当然的交易就发生了,2006年11月,承德露露向露露集团购买了后者持有的"露露"商标共计127件、专利73项及域名、条形码等无形资产,这笔交易的价款是3.01亿元人民币。通过这次交易,承德露露才彻底摆脱了露露集团的控制。

公司知识产权所有权架构模式是母子公司对知识产权的所有权归属及其管理权限划分的具体表现形式。受制于各种因素的影响以及公司自身的经营发展需求,不同公司采取的知识产权所有权架构模式也是千差万别。但是按照对知识产权资产的权属及管理方式,可以分为集中式、分散式、平行式、混合式、关联式和分离式6种类型(如下所述)。

二、知识产权所有权的架构模式

集中式所有权架构

在集中式所有权架构下,母公司控制其全部子公司知识产权资产的所有权。在这种模式中,知识产权资产由母公司统一管理运营,子公司在母公司的授权下使用知识产权。在中国的绝大多数外资公司,都是集中式的所有权架构模式,其在欧美的公司总部在中国申请和拥有专利、商标等知识产权,但其旗下的中国子公司几乎没有专利或商标申请。

分散式所有权架构

在分散式所有权架构下,母公司不享有任何知识产权资产的所有权,而各子公司对其生成的知识产权资产各自享有所有权,并进行独立管理。分散式所有权架构模式的形成,往往是因为母公司是一个单纯的控股或管理公司,并不进行实际的生产或运营。

平行式所有权架构

在平行式所有权架构下,母子公司对其生成的知识产权资产各自享有所有权,各自独立管理。海航集团在商标所有权架构设计上即选择了平行式架构。知擎者商标大数据平台检索结果显示(2019年10月20日),海南航空控股股份有限公司作为母公司拥有95件有效注册商标,其旗下子公司,例如海航集团有限公司、北京首都航空有限公司的有效注册商标则分别为338件和96件。

混合式所有权架构

在混合式所有权架构下,母公司对其生成的知识产权资产各自享有所有权,但母子公司的知识产权资产均由母公司进行集中管理。采用混合式所有权架构模式的,很大程度上由于子公司没有专业的知识产权管理团队;或者子公司基于政策响应等原因须拥有独立的知识产权资产,而不得已将集中式的所有权架构模式调整为混合式的架构模式。

关联式所有权架构

在关联式所有权架构下,由同一母公司控股的子公司拥有知识产权资产,其他子公司(关联公司)则依赖使用该子公司的前述知识产权资产。比如,有的股东最初将所有的知识产权资产都打包注入其控制的一家上市公司,此后又由成立了若干新的公司,但都使用来自上市公司的知识产权资产——通常该上市公司在其不经营的其他领域闲置的商标资产。

分离式所有权架构

在分离式所有权架构下,母公司保留拥有知识产权的所有权,但子公司拥有知识产权资产的管理权,包括运营和对外许可等权利,亦可理解为知识产权资产的所有权与使用权相分离。比如,夏普与富士康成立了一家名为"ScienBiziP Japan"的合资公司,夏普拥有合资公司51%的股权,虽然知识产权的所有权仍然归属于夏普,但是由这家合资公司进行管理。

三、知识产权所有权架构的影响因素

公司股权结构的集中性

一般情况下,公司集中的股权结构也会影响公司的知识产权权属结构。在集中的股权结构下,由于母公司对子公司可以实现直接控制,无论选择集中式所有权架构还是分散式所有权架构,都不会影响公司知识产权资产的稳定性。

公司研发体系的分散性

有的公司之所以在知识产权的所有权架构上呈现出分散的状态,其实和公司(集团)研发体系的分散性有关。母公司和子公司都拥有自己的研发部门,如果母公司没有强势的知识产权管理团队,对于研发成果的专利申请,大多会各自选择代理机构以各自的名义申请,从而造成知识产权所有权架构的分散性。当然,这也表明母公司对于知识产权的重要性尚未足够了解,进而没有集中控制的欲望。

公司管理能力的限制性

知识产权管理牵涉到非常专业的知识、经验和技能。很多集团公司的子公司所创造的专利、商标等知识产权资产数量较少,一般不会设立独立的知识产权管理部门,甚至没有专门的知识产权管理人员。为了更好地管理子公司的知识产权资产,就可能交由母公司专业的知识产权团队统一管理。

四、知识产权所有权架构的驱动力

上市合规的需要

根据证监会2009年发布的《首次公开发行股票并在创业板上市管理暂行办法》第14条规定,发行人在用的商标、专利、专有技术、特许经营权等重要资产或者技术的取得或者使用存在重大不利变化的风险。因此,当公司寻求上市时,如果其公司核心业务的知识产权所有权还掌握母公司或股东手上,势必影响公司知识产权资产的完整性和独立性,上市之路极有可能因此被否决。此时,知识产权所有权架构必然要根据合规要求进行调整,将知识产权所有权转移到拟上市的公司手中。

在2007年,江西天施康有限公司因其"康恩贝"商标的使用依赖于关联方而导致上市失败,由于肠炎宁产品为公司第二大主导产品,为发行人报告期内主要收入增长的来源,而该产品使用的"康恩贝"商标所有权却属于公司股东康恩贝集团间接控股的康恩贝医药销售公司,后因公司主要产品商标使用权与股东存在关联和依赖关系,最终导致公司上市被否。[①]

关联交易的需要

关联交易就是公司关联方之间的交易,它是转移关联方公司利润的重要途径。母公司可以透过知识产权转让或许可,实现从其有控制权的子公司低成本地转移走利润。特别是知识产权资产价值具有不确定性,且估值信息不对称,更容易成为关联交易转移利润的商业工具。只有将知识产权的所有权安排在母公司,才有可能进行前述关联交易的安排。五粮液集团作为母公司即利用其拥有的若干商标权,向其子公司五粮液股份(上市公司)收取了数以亿计的商标许可使用费。

持续控制的需要

对于合资公司,特别是与外方合资的公司,知识产权不仅是关联交易的工具,更是外资公司作为股东持续控制合资公司的策略安排。很多合资公司的业务发展依赖于外方股东的品牌和技术,而这些品牌和技术的知识产权,以及后续改进和开发的知识产权,都牢牢掌握在外方股东手中,使得外方股东可以持续地控制合资公司的生产经营等重要决策。

商业交易的需要

在多样化的商业活动中,知识产权有可能需要适应不同的要求。比如,在有的

[①] 何放:《IPO怎能忽视IP:拟上市企业的知识产权风险预防与应对》,金杜研究院,2019年10月2日。

项目招标中,会要求投标公司拥有独立的知识产权,或者虽然没有这个强制的要求,但拥有专利或驰名商标之类的知识产权资产,仍能为投标公司加分。一些大型商场或大型电商平台,对于入驻的品牌也有知识产权确认的要求。例如,京东商城对于企业入驻除了要求常规营业执照等材料以外,还要求提供品牌资质材料。在安卓商店等应用平台上架应用商品时,也需要提供相应的软件著作权权属证明。此时,在知识产权所有权的架构上,就需要为投标公司或入驻企业配置相应的知识产权资产,以便利其开展商业活动。

税务筹划的需要

知识产权税务筹划则是以知识产权作为策略工具,在集团内外或公司之间进行知识产权交易,利用国内或国际税收优惠政策等规定减少公司税负。国内涉及知识产权的税收政策有技术转让所得减免、研发费用价计扣除、"四技收入"增值税减免等。这些政策的满足条件可能都需要公司或者交易方拥有相应的知识产权资产。

国际税务筹划对于知识产权资产的利用更为广泛。公司往往利用东道国对知识产权交易的税收优惠措施(如税收豁免、抵减等)、税收协议中有关知识产权许可费预提税的优惠以及区域经济同盟(如欧盟)中的特殊规范进行税务规划。"双层爱尔兰荷兰三明治"投资结构正是基于爱尔兰和荷兰的避税政策所设计的。谷歌公司曾将某些知识产权资产转移到爱尔兰和荷兰,后通过一家爱尔兰公司和一家荷兰公司,将从全球化经营中获得的利润转移到税收友好的百慕大群岛。[①]

作价入股的需要

有的公司在设立子公司或与其他合资时,主要是以其知识产权资产出资,作价入股。比如,双方约定以某一核心专利或专利组合作为产业化的投资对象时,该专利或专利组合必然会转移到投资的公司手上。当然,有的公司不愿意以货币出资,只是以知识产权作为出资工具,占有一定比例的股权,其转移到投资公司的知识产权并非核心品牌或核心专利。

无论如何,以包括知识产权在内的非货币资产出资,通常都应当办理所有权转移手续,在完成评估、验资等手续后,权利人需要将知识产权所有权转移至投资的公司名下,此时,知识产权所有权的架构也必然发生调整。

资质认定的需要

认定为高新技术企业有利于提升公司品牌形象、提高市场价值及资本价值,公司更可以享受税收优惠政策。认定高新技术企业要求拥有对其主要产品(服务)在

---

① [美]威廉·J.墨菲、约翰·L.奥克特、保罗·C.莱姆斯:《专利估值——通过分析改进决策》.知识产权出版社2017年版,第279页。

技术上发挥核心支持作用的知识产权所有权。因此,申请高新技术企业成为知识产权所有权架构安排的重要驱动力。

事实上,高新技术企业的资质还可以成为获得其他项目支持的重要条件。比如,上海市开展的科技小巨人(培育)项目,该项目采取事前立项事后补助的方式,在取得成果并通过验收评估后,补助额度最高达300万元,其申请主体必须为高新技术企业。可见,知识产权所有权安排是取得很多项目支持的间接影响因素。

政策响应的需要

中国几乎各个省市都曾出台有专利资助政策,在一省之内更是从省、市、县到各个开发区、高新区等,都层层给予专利申请或运用等方面的财政补贴或支持。但这些资助政策几乎都要求当地的公司拥有知识产权所有权。例如,上海市徐汇区开展专利补贴项目,对国内发明专利授权补贴、国外发明专利补贴,申报条件中即要求申报主体为发明专利权人且是第一专利权人。另外,一些开发区在引进企业入驻时,专利等知识产权资产的数量申请也会成为入驻的隐形要求。

在中国各地与知识产权直接或间接相关的政策如此众多的现实背景下,为了让其分散在各地的子公司能够享受到当地的资金补助或政策优惠支持,集团公司只能放任各地子公司以其各自名义申请专利、商标等知识产权,而无法做到集团总部集中管理知识产权资产,尤其是集中拥有知识产权所有权。不过,专利资助政策将逐渐退出舞台,或许会影响一些公司的知识产权所有权架构决策。[①]

第3节 知识产权成本管理

一、知识产权的成本分析

一些公司对知识产权存在偏见,是因为知识产权无法及时带来收益。需要理解的是,知识产权不同于其他的投资产品,它是一种长期投资,并非短期业务。如果对知识产权采取急功近利的态度,在短期内它的确会成为一种财务上的负担。当然,无论是财力雄厚的跨国公司,还是势单力薄的中小企业,都应当关心投资于知识产权的成本控制,否则知识产权只会成为公司的负担,甚至是负债。

知识产权的成本产生于很多环节,比如,从自主开发专利的角度,在专利的研发、申请、维持、利用、保护等环节,都会发生成本的支出。如果把视野扩展到公司与外部的专利交易,还将在专利的许可、转让、价值评估、尽职调查等环节产生费用的问题。知识产权储备的成本主要可以分为官方费用(以下简称官费)与非官方费

---

① 袁真富、刘淑均:《公司知识产权所有权架构模式及其策略安排》,《中国市场监管研究》2021年第9期。

用(以下简称非官费)两大类别:

官费,是指支付给官方机构(如国家知识产权局、人民法院等)的费用。官费既包括知识产权授权主管部门(国家知识产权局)的收费,也包括海关的备案费用、法院的诉讼费用等项目。由于诉讼的发生是小概率事件,因此国家知识产权局等授权主管部门的收费是知识产权最主要的官费构成部分。

非官费,简单地讲,是指官费之外的开支。非官方费用的构成更是复杂,既可能来自公司的管理活动,比如专利和商标的监控费用;也可能来自对外交易活动,比如知识产权转让和许可费用;还可能来自知识产权相关的服务活动,比如专利代理费用、商标代理费用等(表 3-2)。

表 3-2 专利管理中常见的非官费类型

非官费类型	说明
研发投入	为开发专利技术而投入的设备、资金等
交易费用	在专利转让、许可、融资等业务中,会发生广告宣传、中介服务、协商谈判等交易成本
代理费用	委托代理专利申请、应对专利诉讼、反击专利无效宣告请求、进行专利争议仲裁等,都涉及代理费用的支出
信息成本	在研发过程中进行专利检索分析、在交易过程中进行专利尽职调查等信息收集分析的费用
管理费用	公司内部对专利进行稽核、归档、监控等管理费用
……	

二、知识产权产出的成本控制

削减研发成本的支出

目前,一些政府部门已经出台很多激励创新的政策措施,并提供研发创新或成果转化的基金、补贴等资金支持。公司可以积极了解政策,争取获得政府的资金支持,以减少研发成本的支出。此外,从成本收益的角度来看,合作开发或有偿引进他人的技术有时可能比自主研发创新支出更少。与独立研究或重复研究,还不如用相对较低的成本买过来,把精力和金钱都用于技术改进创新上面。

控制知识产权申请的数量

首先,要明确知识产权申请目标,除非为了某些特定的战略考虑,应该紧紧围绕现有的产品经营和市场需求,量力而行,按需申请。其次,要建立专利筛选机制,控制专利申请的数量。此外,可以依法合并数项专利申请,节省专利成本。

选择成本更低的保护方式

对一项技术而言,比专利成本更低的保护方式,通常是商业秘密,对软件而言也可能意味着采取版权保护。需要注意的是,商业秘密保护比专利保护成本更低,主要是因为商业秘密的获得不需要申请授权,不需要缴纳官费。但是,商业秘密需要持续不断地维持秘密性,才能保持其权利和价值,面对无孔不入的商业间谍,以及一些不诚实的内部员工,要做到这一点,也需要花费不少的管理成本。

减缓申请费用的开支

公司可以根据《专利费用减缓办法》,请求国家知识产权局减缓缴纳相关申请费用。另外,可以争取地方政府的专利申请资助补贴(将逐渐取消),降低自己知识产权储备的成本。

防御性商标的成本控制策略

有的公司甚至考虑对进行商标**全类注册**,将同一件商标在所有 45 个商品或服务类别中予以申请注册,从而杜绝他人对同一商标的注册使用。利用《商标法》第 30 条①的法律资源,可以节省不少注册费用。因为每一个类别的每一个群组下面,都存在大量的商品或服务项目,如果你想把同一类别的所有或大部分商品或服务项目都指定为商标的使用项目,那么,这要花费不菲的金钱。类似商品是一个比较含混的概念,按照尼斯协定,所有商品(包括服务)被分成 45 个类别,但同一类别的商品未必就是类似商品,而不同类别的商品也有可能构成类似商品。不过,通常情形下,同一类别同一群组的商品应该是类似商品。因此,商标申请人不需要把所有的商品项目都指定到,而只需在同一群组选择 1 个或几个代表性商品项目,即可阻止他人在该群组的其他商品上申请注册相同或近似商标。

三、知识产权存续的成本控制

定期淘汰知识产权

可以通过专利稽核、商标审计等,定期进行**知识产权淘汰**,放弃或删减不必要的、无用益的知识产权,以节约维持知识产权的开支。大部分庞大的、拥有上千个专利或商标的公司都有很大的删减空间。专利淘汰的方式,可以通过书面声明放弃,也可以不缴专利年费消极放弃。一般而言,公司多采取不缴年费的方式。而注册商标在有效期内的维持并没有官费成本,因此公司一般都选择以到期后不续展的方式淘汰不需要的注册商标。苏泊尔公司自 2019 年以来的 3 年时间,在年度专利申请量 3000 项左右的同时,及时进行有效专利的资产评估,通盘考虑放弃 600 余项专利,为公司节省了不必要的开支。

---

① 《商标法》第 30 条规定,"申请注册的商标,凡不符合本法有关规定或者同他人在同一种商品或者类似商品上已经注册的或者初步审定的商标相同或者近似的,由商标局驳回申请,不予公告。"

控制知识产权保护的成本

选择合适的保护方式,可以节省一些保护成本。保护知识产权最典型的公力救济方式是行政查处或司法诉讼。一般情形下,通过行政机关查处侵权,简便、快速,费用低,因此行政查处所付出的成本比司法诉讼要小一些。

积极利用知识产权的价值

把闲置的知识产权或对核心业务没有影响的知识产权,向外转让或发放许可,通过获得转让费或许可费,来冲抵知识产权维持的费用开支。《华为创新和知识产权白皮书》(2019年)显示,自2015年以来华为公司获得交叉许可后的知识产权净收入超过14亿美元,付费方涵盖美国、欧洲、亚洲公司。**杨洁静**[紫光展锐(上海)科技有限公司法务部部长,2021年]指出:"公司做知识产权时需要关注两个方面:一是降本;二是增收。知识产权部门若不能设法将知识产权由成本转变为收益,就很难获得公司管理层的认可和支持。"

第4章 专利布局的维度与方法

❈ 思维导图

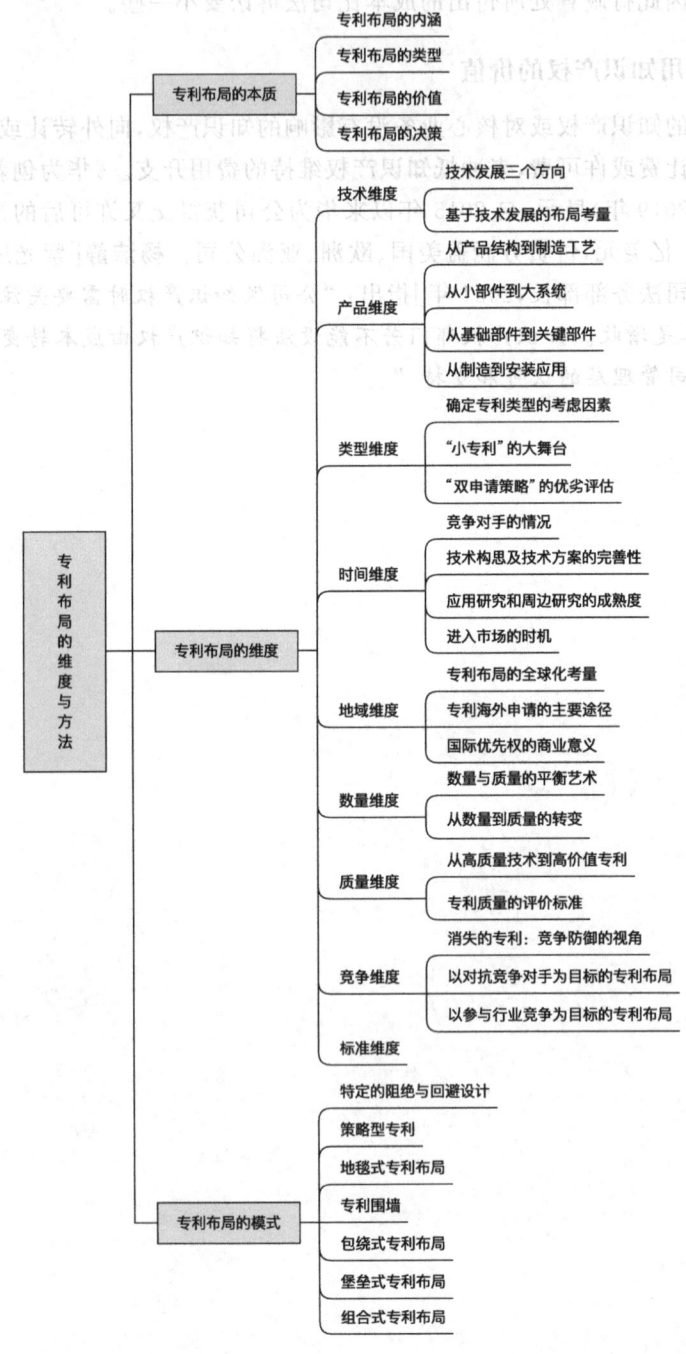

第1节 专利布局的本质

一、专利布局的内涵

专利布局：系统性的规划

专利布局是对专利申请的周密规划和统筹安排,进行有策略的专利部署。专利布局通常以数量为基础,以专利挖掘和专利组合为手段。狭义上讲,**专利挖掘**是从创新成果中提炼出有价值的可专利化的技术方案,是对创新点的发现和梳理,并在数量上积累出专利规模,但专利数量并不能完全代表专利布局的成果,有时数量甚至都不是专利布局的目标。

专利挖掘的重点在于"掘",主要基于已形成的创新成果,发现、提炼、扩展、判断可申请专利保护的技术创新点,避免技术成果的流失。而专利布局的重点在于"局",出发点是"有目的地申请一系列专利",通过专利组合使专利与专利之间相互连接、互相作用,既有"聚焦点",又要"观全局"。

可见,专利布局本质上是一种前瞻性、系统性的专利规划。专利布局可以让专利有序地产出,否则专利就会以相对散乱的、随机的方式产出,专利资产相对也会比较混乱。赵杰(比亚迪股份有限公司知识产权及法务处总经理,2021年)指出:"单件专利申请,或没有相互关联性的散点式专利申请,都无法对知识产权形成严密保护。"

与专利组合的关系

作为专利布局的两大手段,专利挖掘在后面的章节将有充分的介绍,这里再简介一下专利组合。**专利组合**是依照技术上的关联性,围绕不同功效,对专利进行结构和数量上的集合,重在"叠加"和"互补"。与单个专利相比,专利组合保护范围更大、维权作用更好,难以规避和替代,对产业技术安全的保障作用明显,更有利于形成竞争优势。专利组合将相互联系又存在显著区别的多个专利进行有效组合而形成的一个专利集合体,它是专利布局的载体以及实现专利战略价值的工具。

专利组合包括两个方面:一是将产业链或产品链中各技术节点的技术、工艺和关键零部件,通过专利申请加以保护,形成围绕产业链、产品链的专利组合,对产业链和产品链的主要技术节点进行全方位保护。二是在对关键技术、工艺和零部件进行专利保护的同时,对相应的外围技术、工艺也申请专利,有条件的还可以对配套技术申请专利,以形成对核心技术的全方位保护。[1]

---

[1] 国家知识产权局编制:《专利导航试点工程工作手册》(第一版),2013年9月。

常见的专利组合模式有：

——基本专利＋外围专利组合：将覆盖创新成果核心和关键技术特征的基本专利与各类优化改进、技术结合、应用扩展、产业链上下游等外围专利进行组合，并可根据技术的发展演进、产品的升级换代、市场需求和竞争环境的变化等对组合中的专利进行更新、对组合的规模和结构进行调整。

——基本专利＋后续专利组合：在技术演进过程中，公司可以不断挖掘后续专利，与早期专利形成组合，以获得技术的延续保护，即使在基本专利过期后，依然能够通过后续专利实现对技术的控制。①

如果多个公司将某一技术领域或某一产品的专利进行组合，即可形成所谓**专利池（patent pool）**——"两个或两个以上的专利权人达成协议，相互间交叉许可或共同向第三方许可其专利的联营性组织，或者是指这种安排下的专利集合体"。②专利池的构建可以起到技术整合、减小交易成本、避免高成本的侵权诉讼、促进技术扩散的作用。当然，不在专利池内的公司由于需要取得专利许可，可能会相对处于竞争上的劣势。

如何打造专利组合

公司的专利布局管理工作，很大程度上就是维持自身各种专利组合的过程。打造拥有自身优势的专利组合，需要基于足够的专利信息分析，包括了解自身的产品技术和专利、了解竞争对手的产品和专利、了解行业的过去与现在并最大限度地尝试预测未来。申请专利什么的专利，打造什么的专利组合，更多地是基于知己知彼及未来判断的主动商业决策，这需要专利布局管理与研究开发、商业活动形成有机的互助合作机制，相互提供和共享技术、商业和专利情报。

苹果公司滑动解锁专利，解决了智能手机的解锁问题。但随着技术的快速发展，旧的技术方案总会被新的，甚至成本更低、更高效的技术方案代替。在滑动解锁出来之后，指纹解锁、手势解锁、声控解锁等解锁方案很快就应运而生，从各个角度发展了智能手机解锁问题的解决方案。③

假设这些智能手机解锁的解决方案所申请的专利，都落在苹果公司的手中，那将是一个强大的专利组合，尽管在事实上这些解锁的专利都分散在各家公司，但这种假设的思路正是专利布局的方向，因为专利组合的重点就是要解决相同或耦合的技术问题，朝这方向去思考，就成功了一半。在某些行业、某些产品上的确实现了基于专利组合布局的技术垄断。

---

① 国家知识产权局保护协调司等编制：《海外专利布局实务指引》，2014年。
② 詹映、朱雪忠：《标准和专利战的主角——专利池解析》，《研究与发展管理》2007年第1期，第92～99页。
③ 佑斌：《专利分析与企业专利组合布局管理》，佑斌，2017-03-12。

二、专利布局的类型

如果按照公司的发展目标和业务战略来看,从相对宏观的角度,专利布局的模式可以分为四种类型:保护性专利布局、竞争性专利布局、运营性专利布局和防御性专利布局。

——**保护性专利布局**。针对公司自身的技术创新成果进行专利申请保护,特别是借助专利保护公司有比较优势、有独特亮点的技术成果。

——**防御性专利布局**。通过专利布局来防御专利风险或获得谈判筹码。比如回避设计布局专利来规避专利侵权,或者在目标市场布局专利,争取交叉许可的机会,防御对方的专利攻击。这类布局模式主要适用于技术比较弱势的公司。

——**竞争性专利布局**。面向竞争对手或者潜在竞争对手,通过专利布局去追赶甚至遏制对方。这类布局模式主要适用于技术实力较强的公司。

——**运营性专利布局**。以专利转让、许可等作为目标进行专利布局,将专利变成直接创造价值的资产。这类布局模式常见于技术行业领先的公司或以专利运营为主业的公司。

◇**专栏:基于专利分析的专利布局**

结构/功能矩阵图是非常好的专利分析工具。具体操作时可以将竞争对手的产品的结构分解开,作为矩阵的纵坐标,然后将产品要实现的功能逐一列出作为横坐标(图 4-1),以非常直观的方式来呈现竞争对手的专利申请概况。

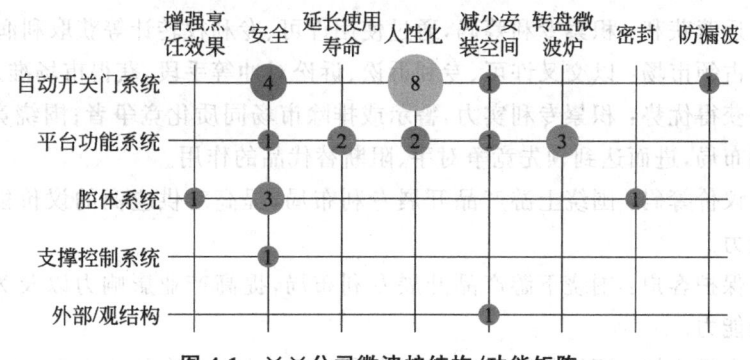

图 4-1 ××公司微波炉结构/功能矩阵

以国外××公司的微波炉产品(笔者所在公司的竞品)为例,其结构可以拆分为自动开关门系统、腔体系统等。对应地,这些结构实现的功能包括了增强烹饪效果、延长使用寿命、减少安装空间等。在我们检索到该公司的微波炉相关专利,并详细解读了其技术内容后,将其数目一一列入结构/功能矩阵图相应的矩阵节点中。

这样就得获得了一张竞争对手竞品的结构/功能矩阵图。

在图4-1中可以清晰地看出竞争对手的技术优势点和薄弱点。在技术优势点（如图中基于人性化设计的自动开关门系统），竞争对手通过部署大量专利重兵把守；而在技术薄弱点（如图中基于防漏波的腔体系统设计），竞争对手的专利申请少甚至处于完全没申请。

这样，我们后续的技术开发和专利布局就有了方向，比如可以考虑主要集中布局两个方面：

1. 竞争对手重兵部署的专利区域，这些区域一般是行业的热点研发区域，我们也需要重点研发、专利布局，从而占有一席之地；

2. 竞争对手忽视的薄弱区域，我们也要重点布局，以在未来形成我们产品的差异化优势，至少可以获得与竞争对手在未来进行交叉许可的谈判筹码。

——摘自：付饶：《在美的，我们如何做专利布局》，载柯晓鹏、林炮勤主编：《IP之道》，企业管理出版社2017年版，第51～60页。

三、专利布局的价值

专利布局作为一系列专利申请的规划与集合，自然也肩负专利申请本身的价值目标，但专利布局价值目标的最大特性是"战略性"，不是为了专利而申请专利，而是要让专利更有价值，更能服务于公司的经营发展战略。

——保护创新：保护自身核心技术研发成果，维护、巩固和提升市场地位和竞争优势。

——运营获利：积累专利筹码，通过使用许可、专利权转让等获取利润。

——占领市场：以交叉许可、专利诉讼、诉讼对冲等手段，获得市场准入机会。

——获得优势：积累专利实力，警示或排除市场同质化竞争者；围绕竞争产品开展专利布局，进而达到领先竞争对手、阻断替代品的作用。

——议价筹码：围绕上游产品开展专利布局，提高对供应商的议价能力及风险控制能力。

——保护客户：围绕下游产品开展专利布局，提高产业影响力以及为客户保驾护航的能力。

——主导市场：围绕技术标准开展专利布局，并将自有核心专利纳入标准中进而实现市场主导地位等。

四、专利布局的决策

进行前瞻性、系统性的专利布局，必然要经历一番谨慎而规范的决策。从理想

的角度,专利布局的决策与执行大致应当经历如下环节:

——遵循以终为始的观念

专利布局不是简单的创新保护问题,还有如获取制衡、反击竞争对手的筹码、避免被竞争对手攻击的恐怖式平衡等考虑因素。应当遵循"以终为始"的观念,在布局之初即要清楚专利布局的终极目的,是获取专利的主要目标是进攻、防御还是运营。

——研判内外环境或条件

外部环境:行业整体发展和竞争对手状况,包括技术演进趋势、行业市场竞争情况、知识产权法律环境、行业专利分布与发展状况、主要竞争对手的专利申请情况等。在专利布局前应做好现有技术的检索工作,并有的放矢。

内部条件:公司的产品和市场规划、研发能力和研发投入、技术优势及专利定位、产品特征、专利储备情况、资金预算、专利撰写能力等。

——制定专利布局规划

围绕公司的经营战略目标,确定专利布局的方向及侧重点,包括专利数量和质量的规划、专利布局的重点在哪里、资源投入以及各个部分占比等。合理设计专利发展目标,把有限预算放在重点业务领域,系统规划专利组合,为竞争对手设置经营障碍,防止回避设计,并获得市场机会和竞争优势。具体操作上,要做好任务分工和时间安排,建立专利清单点检表,定期点检,确保专利布局方案按计划实施完成。这可以视为专利布局的策划阶段。

——策略地获取目标专利

根据专利布局的目标和规划,通过在目标技术或产品领域自主或联合研发,借助专利挖掘与有效组合,从申请时机、申请地域、申请类型、保护范围等维度获取目标专利,必要时通过受让、并购等途径快速占领专利高地。这可以视为专利布局的执行阶段。

——进行专利布局核查

经过专利布局的策划和执行,还得定期或不定期地进行专利布局核查,评估实施的效果,进而加强督促或作出调整。**李伟**(时任深圳超多维光电子公司知识产权总监,2017年)说:"我们每个季度会把以往的专利布局重新做一个梳理,很多专利你布局的时候规划得非常好,但是从专利申请到最后授权获得,多少都会发生比较大的偏差,如果你定期进行一个总结,会发现原来几个很重要的关键点,从最后授权角度来说虽然申请了,但是当时做得可能不太好,你可能需要其他的方式去完善。"

◇经验:专利布局的基本要求

企业专利布局的基本要求要具备这四点:第一是有目标,第二是有计划,第三是有方法,第四是有效果。首先要有目标,专利布局不能基于专利目标本身实现,所有专利布局都要围绕整个公司的战略和市场策略来实现的。基于这个目标,可能就三个方面：一是保护自身的发明创新；二是形成制衡对手的能力；三是获取一定的许可收益，或者能够给竞争对手造成诉讼的压力。其次要有计划，我们要有计划展开相应的工作。再次要有方法，包括专利挖掘的方法和专利布局的方式等。从企业全局的角度来看，不仅仅是专利布局的方法，更多还有专利案源的因素，有了良好的专利案源，产生有价值专利的机会才会比较大。最后是要有效果，这些专利的布局是有价值的，而且能从商业角度实现。

——李伟：《科技企业专利布局管理》，2017 东方知识产权俱乐部（OIPC）年会主题发言，2017 年 11 月 11 日。

第 2 节　专利布局的维度

一、技术维度

技术发展三个方向

技术的纵向发展：一项技术的水平总是相对于某一时间而言的，技术的发展总是向其极限性能方向发展。比如成本的不断降低、使用性能的不断提升、安全性的不断提高、可靠性的不断提升等。比如液晶显示器屏幕清晰度的不断提升，使用寿命的不断延长等。当一项技术达到某一极限时又有新的替代技术产生，比如现在液晶电视屏幕逐渐取代了传统的电视屏幕。

技术的应用方向：一项技术总是由已知领域向未知的应用领域渗透，不断地开发出技术的新用途，就如同一棵大树不断生长出新的枝蔓。

相关技术与材料的发展：一项技术不是孤立的发展，而是处于一个相关技术群中，技术与技术之间有着广泛的横向联系。一项技术的发展需要相应的工艺、制造技术和材料技术的支持。相关技术的发展会推动主导技术的发展。例如，在微电子行业中，开发一项新产品要涉及 40 多种材料的电子、化工、机械等许多行业的技术。

基于技术发展的布局考量

沿着技术发展的主要方向，公司在取得研发成果后，需要进一步考虑：

——技术上有无改进的可能，改进的方向在哪里？

——发明可能涉及的应用领域，可能开发的新产品、新用途有哪些？

——支持该项发明实施的相关技术和材料的发展，有无改进的可能，改进的方向和途径为何？有无替代材料？[1]

---

[1] 戚昌文、邵洋等编著：《市场竞争与专利战略》，华中理工大学出版社 1995 年版，第 162～164 页。

◇案例：围绕 NFC 技术的多维度布局

对于 NFC 技术，从纵向而言，可以围绕其数据传输的稳定性、可靠性、加密性和速度要求，需要对各种改进方案进行专利组合；从横向而言，可以围绕其芯片技术、识别终端、信息提示技术等进行专利布局，而围绕各种应用场景，例如移动支付、仓储管理、物联网构建、智能家居等可以进行枝蔓结构布局（图 4-2）。

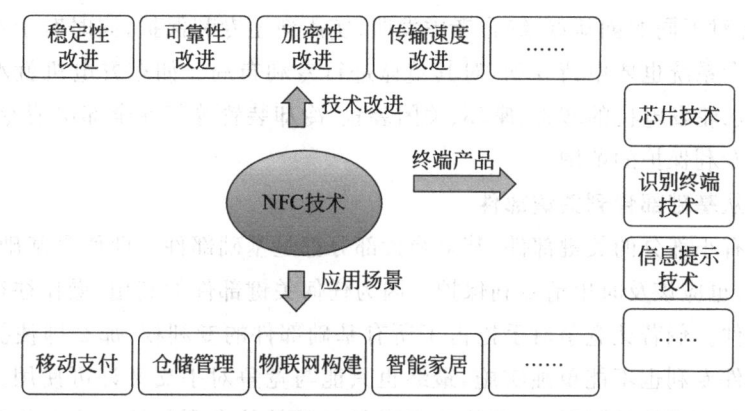

图 4-2 基于不同技术维度的专利组合的构建

——摘自马天旗主编：《高价值专利培育与评估》，知识产权出版社 2018 年版。

二、产品维度

公司投入专利的资源总是有限的，针对不同的产品需要制定不同的专利布局规划，或者根据产品的重要度、成熟度、原创性、贡献率等因素，有所选择地针对某类或某些产品进行专利布局规划。对于市场份额高、销售额较大、市场竞争优势明显、市场成长空间广阔的产品，可以集中投入资源进行专利申请和布局，从核心部件到产品应用，从产品到方法，持续构建专利组合，不断提高专利密度，既要保护自己的核心技术，还要注重防御竞争对手的改进甚至专利攻击。比如制造一台发电机，可以从产品结构、制造工艺、主机、辅机、控制设备等多方面申请发明、实用新型、外观设计专利。[①]

——从产品结构到制造工艺

对于产品结构方面的创新，要及时申请专利保护，针对核心结构，应当申请发明专利保护，其他结构设计可以综合运用申请发明专利和实用新型专利进行保护。

---

① 上海大学 2014 级知识产权研究生董婕对本小节以下内容有贡献，特此感谢。

在保护产品结构的同时,还要重视对其制造工艺的保护。由于有些工艺方法涉及关键技术诀窍,如果采取保密措施,外人也无法获知,这些诀窍就应当采用技术秘密的手段予以保护。对于一般的制造工艺方法,不容易保密,易看易学的方法,也应当及时申请发明专利保护。

——从小部件到大系统

每一个系统都是由无数的小部件组成的,因此每一个小部件的创新集合起来,就是一个大系统的创新。因此哪怕创新的部件很小,也应当予以重视,及时申请专利保护,针对不同的创新点,综合考虑发明、实用新型专利保护;同时对于各部件构成的整个大系统也要申请专利,对其整体进行专利布局。如东方电机就水轮发电机和组成水轮发电机的转轮、座环、关闭装置、冷却装置等部件全部申请专利,这样就扩大了专利保护的范围。

——从基础部件到关键部件

系统有小部分的关键部件,其余绝大部分都是基础部件。即使是基础部件,只要有创新,也应该及时申请专利保护。因为任何关键部件的利用、操作往往都依赖于基础部件。倘若让竞争对手抢占了所有基础部件的专利权,那么即便拥有再好的关键部件专利也不能单独实施,最终也只能与竞争对手交叉许可使用。因此在重视保护关键部件的同时,也不能放弃对基础部件的专利保护。此点与理论层面的包绕式专利布局策略有异曲同工之妙。

——从制造到安装应用

不只是在制造过程中可以有专利产生,而且在安装应用过程中也可以有创新,也能产生专利。东方电机对其设备安装方法的改进,调试技术、方法的创新、改进,安装工具的改造创新等也都申请了专利。对于外围技术的创新,也应当与核心专利一起申请专利保护。这样即便核心技术专利到期后,这些直接关系核心专利应用的外围技术专利也能发挥极其重要的作用,维持公司产品的主导地位,为公司带来专利许可收益。

三、类型维度

确定专利类型的考虑因素

发明、实用新型、外观设计三种类型的专利有各自不同的特点,不同的优势和劣势,在选择申请的专利类型上也需要考虑合适的布局策略,在时间、成本和收益等方面寻找一个恰当的平衡点。比如,在产品涉及多个创新点时,可根据成果的形式和技术含量,采用以发明为主、以实用新型和外观设计为辅的专利保护模式。影响专利申请类型选择的因素主要有保护对象、授权条件、授权时间、保护期限、保护成本、国际申请或商业需要等,详见表4-1。

表 4-1　不同类型专利及商业秘密的比较

类型	保护对象	保护期限	优点	缺点
发明	产品、方法或者其改进	20 年	保护时间长，技术含量高	授权要求高，审查时间长
实用新型	产品的形状、构造或者其结合	10 年	授权要求低，审查周期短	保护时间较短
外观设计	产品整体或局部的形状、图案或者其结合以及色彩与形状、图案的结合	15 年	授权要求低，审查周期短	保护范围较小、保护时间较短
商业秘密	技术信息和经营信息等商业信息	无期限直至被公开	保护期限长	保密难度高、保护难度大

——专利保护对象不同的考虑

不同专利类型保护的对象有一些差异。如果涉及产品的结构，则可以申请发明或实用新型，如果涉及产品的配方、制造方法，则只能申请发明而不能申请实用新型。

——专利授权条件不同的考虑

发明专利的授权条件要求更高，特别是在创造性方面相对于实用新型专利要求较高。要考虑申请发明专利还是实用新型专利时，必须评估技术成果是否符合发明专利的创造性要求。

——专利授权时间不同的考虑

发明专利由于需要实质审查，通常比实用新型和外观设计专利的授权周期更长。如果公司急切地需要用专利权来为产品上市保驾护航，那么申请实用新型或外观设计专利可能是优先选项（或者考虑实用新型与发明专利同日申请）。

——专利保护期限不同的考虑

发明专利的保护期限为 20 年，外观设计专利的保护期限为 15 年，实用新型专利的保护期限只有 10 年。如果是核心的发明，或新产品、新技术的生命周期比较长，基于保护期限更长久的考虑，可以优先考虑发明专利的申请。

——专利保护成本不同的考虑

发明专利的授权成本更高，无论是专利代理费，还是缴纳的申请费、年费等官费。在侵权诉讼中，发明专利通常花费的诉讼成本也更高。因此需要评估成本对于专利申请类型的影响。比如，对于外围技术，结合成本因素，可采用以实用新型和/或外观专利为主、以发明为辅的组合。

——专利国际申请的考虑

有的国家并没有实用新型专利这个分类，因此，一些公司为了国际申请的便利，考虑到今后进入其他国家的可能性，往往更喜欢申请发明专利。

——适应商业需要的考虑

申请什么类型的专利，有时还有商业形象或市场需要有关。通常，拥有较多的发明专利更能给外界(包括风险投资人)一种创新能力强的印象。在有的招标项目中,投标人的发明专利会得到更多的评分。

"小专利"的大舞台

必须打破理解上的误区——发明专利一定比实用新型专利和外观设计专利的保护效果更好。事实上,高品质的实用新型专利一样可以起到"以一当十"的效果,外观设计专利申请在保护产品形状和造型的卖点上,作用更不可忽视。可以说,发明专利可能代表更高的技术创新质量,但未必是保护产品的最佳选择。

——**就同一创新成果而言,申请实用新型专利比申请发明专利更为稳定。**

有律师对北京市高级人民法院 2012 年审结的发明及实用新型专利无效案件终审判决,进行初步考察后发现,无论哪种类型的专利,创造性问题都是专利无效案件中的焦点,而创造性问题也是最容易导致专利被宣告全部无效的理由。就所统计的案件而言,发明专利终审被宣告全部无效或部分无效的比例均高于实用新型专利。[①]

——**实用新型和外观设计专利比申请发明专利授权速度更快,更能快速支持新产品的上市销售。**

虽然我国在加快发明专利的审查周期,在一些地方成立的专利保护中心,还提供专利快审查、快保护的服务,但总体上讲,发明专利因为要实质审查,其授权程序和授权要求更高,因而审查授权时间相对于实用新型和外观设计专利通常更长一些。如果一些新产品急于上市,更快能够获得的实用新型和外观设计专利反而更能及时提供保驾护航、打击仿冒的重任。

"双申请策略"的优劣评估

《专利法》第 9 条第一款规定:"同样的发明创造只能授予一项专利权。但是,同一申请人同日对同样的发明创造既申请实用新型专利又申请发明专利,先获得的实用新型专利权尚未终止,且申请人声明放弃该实用新型专利权的,可以授予发明专利。"因此,对同一个技术方案,在满足相关条件时可以同时申请实用新型专利和发明专利,在授予发明专利权之前,须放弃已授权的实用新型专利权,且称为发明专利与实用新型专利的"**同时申请策略**"或"**双申请策略**"。

在"双申请策略"下,实用新型授权要求相对低,时间短,获得授权后可以提前受到保护,快速打击侵权。待发明专利授权后,保护期限更长,更有"专利含金量"。

但是,同一申请人同日(仅指申请日)对同样的发明创造既申请实用新型又申请发明的,一般对已经获得专利权的实用新型所对应的发明专利申请不仅不予优先审查,而且还将进行延迟审查,延迟期限通常为 4 年。换言之,在"双申请策略"

---

① 孟璞:《发明专利与实用新型专利稳定性的对比研究》,《中国专利与商标》2014 年第 1 期,第 31~38 页。

下的发明专利授权将极大地推迟,对于那些希望快速累积发明专利数量,以助推科创板上市或有其他目的的公司而言,这其实是一个重大不利的策略。

四、时间维度

专利申请的时间或时机,也是公司专利布局的重要考量因素。我国实行专利申请在先原则,原则上谁先提交专利申请,专利权就授予谁。不要错失专利申请时机,让自己的研发成果付之东流。专利申请的时机一般考虑四个方面:

——**竞争对手的情况**。做好专利申请前的专利分析,要充分考虑主要竞争对手的状况和行业研发投入的情况。如果公司竞争对手较多,技术竞争激烈,则应当尽快抢先申请专利。有的技术和产品可能需要长时间的持续研发,但可以在 idea 的阶段,就尽快申请专利,抢占更早的申请日。

——**技术构思及技术方案的完善性**。如果公司的技术成果尚未成熟,过早申请可能会影响专利申请文件的周延性,导致公开不充分或者保护范围不当等问题。或者考虑透过国内优先权制度,先抢占一个申请时间,然后及时进行完善和丰富,在优先权期间(12 个月)内再次提交申请。①

——**应用研究和周边研究的成熟度**。要考虑公司基本发明与外围研究成果的协调,防止单纯申请基本专利而被竞争对手开发外围专利限制本公司。

——**进入市场的时机**。为保证专利申请的新颖性,最迟应该在产品发布、上市销售或对外公开(如参加展览)前提交专利申请。有时公司会根据产品发布或公开的时间来选择申请时机(尤其是外观设计专利申请),避免产品信息提前暴露。

◇案例:苹果 iPod 外观设计专利申请时间与产品发布时间

将苹果不同时期 iPod 典型产品的专利申请时间和产品发布时间做一个对比,可以看出,大部分产品的外观设计申请均在对应产品发布前提交,且时间间隔不超过 1 个月,这一规律与通常发明专利申请的规律呈现出明显的区别。

通常发明专利申请的策略都是在产品生产或投放市场前 1 年左右的时间进行申请,但是申请外观设计上时不可习惯性地复制发明专利的申请策略。产品外观并不只是简单地将图纸上设计好的产品付诸生产,还要考虑产品模具的设计和最终开模能否获得质量可靠的成品,实际生产中时常会因为无法加工成形对应模具或者是成品质量不达标的情况而反复修改设计。

除了生产方面的影响因素,相较于技术方案而言,外观设计更易于被模仿,对

---

① 国内优先权是指申请人自发明或者实用新型在中国第一次提出专利申请之日起 12 个月内,又向国务院专利行政部门就相同主题提出专利申请的,可以享有优先权。关于国内优先权的策略性利用,可以参见:李强、张灿铭、杨泽奇:《国内优先权使用的七种情况》,IPRdaily,2017-04-20。

于苹果而言,一个产品能否在投放市场后引领时尚,进而占领市场,确保设计方案不会泄露就显得尤为重要。如果外观设计提前很早进行申请,会产生很多不确定因素,其中一个因素就是授权时间的不确定性,如果因为突发情况导致产品发布时间推迟或者是专利获得授权而在产品发布前公开,都会造成不可估量的损失。

虽然该策略表面上看显得有些保守,但是该策略有两个明显的优势:第一,产品设计提前泄露的风险得以降到最低;第二,外观设计保护期限尽可能长(保护期自申请日起)。也许对于苹果而言,最保险的才是最需要的。

——摘自林志峰:《"世纪大战"的美丽刺客——苹果外观设计专利分析》,《中国发明与专利》2012年第11期。

五、地域维度

专利布局的全球化考量

面对全球众多的国家或地区,并不一定都需要进行专利申请布局,否则其中的花费会让人承受不了,尤其是对于中小企业。决定专利海外申请的首要考虑,即是你的市场在哪里。当然,考虑市场区域时不应只局限于目前的发展状况,还应着眼于将来的业务拓展。有时候,产品生命周期及各国专利审查授权周期长短也会影响专利布局区域的决策。

根据预算的充裕程度,结合产品市场和资源全球配置等情况,可以考虑以下区域的专利申请布局:

——**公司主要市场或未来潜在市场**。公司可以列明产品出口国(地区)的清单,并依据其产品种类和性质、市场规模的大小等因素,有重点地选择专利申请地。美国历来即是通信行业的专利必争之地,大概和美国是全球专利申请高地、专利交易高地和专利诉讼高地有关。

——**竞争对手主要产品所在海外市场及竞争对手活动区域**。成绪新(时任华为公司知识产权部副部长,2016年)表示:"专利是用来打别人的,因此,专利布局是找敌人的必经之路,而不一定是自己的市场,欧洲、美国是敌人(竞争对手)的老巢,就应该去那里申请专利。"

——**技术授权或潜在授权地区,包括国际技术交易市场**。专利布局可以方便在这些区域进行技术授权或交易。特别是在获得开创或革新性技术,并预计未来可收取许可费的情况下,更要广泛考虑专利布局区域。

——**生产制造大国或地区**。即使这里不是主要市场,也有可能是重要的制造基地。

——**研发活动活跃的市场**。如果公司的研发放在这些区域,仍然需要布局专利。

——市场规模较大的重点区域。包括中国、美国、欧洲（英国、德国）、日本、印度、加拿大、澳大利亚等，可能都是重点市场区域，一旦公司做大做强，都避免不了进军这些市场。当然，如果你的产品存在区域性，比如只在东南亚销售，那么面向东南亚国家重点布局。

——专利保护力较强或诉讼较多的市场。

——国际著名会展中心所在地。主要是避免他人在该地针对你的参展，进行展会维权。

——在海外有商业谈判、兼并重组、参展、融资、上市等规划的区域。

——期望以专利申请扭转弱势不利局面的区域。

……

◇经验：专利布局的考量因素

在具体实践中，专利布局的国家和地区不仅要匹配产品销售和市场宣传推广计划，还要综合考虑产品的生命周期、不同国家和地区的知识产权制度存在的差异（例如不同的知识产权保护力度）等因素。例如，在声学领域不同类型专利及国家（地区）的申报过程中，我们就发现：巴西的专利申请周期长且对知识产权的保护力度较小，因此尽量不在巴西布局专利；而印度的专利审查通常参照美国和欧洲标准，出于专利申请成功率和成本考虑，主要布局基础专利和外观设计专利；而对于生命周期较短的产品对应的功能和技术，原则上只在中国进行申请。

——摘自李兵(万魔声学科技公司法务总监)：《从零开始做知识产权》，载柯晓鹏、林炮勤主编：《IP之道》，企业管理出版社2017年版，第6～11页。

专利海外申请的主要途径

《巴黎公约》途径：申请人在首次提出本国国家专利申请后12个月（发明或实用新型）/ 6个月（外观设计）内可直接向其他《巴黎公约》成员国的专利主管机关提出申请，并可要求享有优先权。其优点是可更灵活地提出申请，但缺点是须用不同语言提出专利申请，在申请国家较多时显得时间紧、任务重。我国于1985年3月加入《巴黎公约》，截至2021年11月，《巴黎公约》已经涵盖世界上178个国家。《巴黎公约》途径通常适用的情形有：

——仅需要在很少的国家寻求专利保护；

——公司在某国迫切需要明确专利权；

——产品已经在某国上市或即将上市，迫切需要明确专利保护；

——产品已经或即将在某国被仿冒，迫切需要专利权遏制仿冒；

……

PCT 途径：申请人在国家申请提出后 12 个月内可以按照专利合作条约（PCT）的规定提交国际申请。通过 PCT 途径递交一项国际专利申请，可以向多个成员国申请专利，PCT 体系包括国际阶段（提出国际申请、国际检索、国际公布、国际初步审查）和国家阶段（选定国家的专利审查程序）。中国国家知识产权局可以受理 PCT 申请。PCT 途径的优点是简化了专利国际申请的手续，仅需提出一份申请，免除了分别申请的麻烦。我国于 1994 年 1 月加入 PCT，截至 2022 年 4 月，PCT 成员已达 156 个。PCT 途径通常适用的情形有：

——需要在海外多国进行专利布局；

——产品的研发计划、销售计划或专利申请战略计划待定；

——专利申请文件在申请过程还有可能需要进行修改、调整等。

须注意的是，PCT 途径不适用于外观设计专利的国际申请。2022 年 5 月 5 日，《工业品外观设计国际注册海牙协定》在中国正式生效。通过海牙体系，提交一份国际申请，最多可以在 76 个缔约方，共 93 个国家中获得工业品外观设计专利保护。

国际优先权的商业意义

《巴黎公约》规定了专利和商标申请的**国际优先权**（又称"**外国优先权**"），即一个成员国国民在第一个成员国第一次就发明、实用新型提出专利申请后 12 个月内，或就外观设计、商标第一次提出申请后 6 个月内，又在第二个成员国就同样的发明、实用新型专利或外观设计、商标提出申请的，以其在第一个成员国的申请日作为申请日。作为《巴黎公约》的成员国，我国专利法及商标法都规定有国际优先权制度。

国际优先权给了申请人相对充足的时间（发明或实用新型专利是 12 个月，外观设计或商标是 6 个月），保证申请能够做好国外申请的准备工作。但优先权的意义远非如此简单，它还有助于商业上的考量。有了优先权的保护，你不必忙着一起向所有目标国家提出专利或商标申请，而是可以先向一个国家（通常是本国）申请，然后按兵不动，因为有 12 个月或 6 个月的时间，让你仔细考虑这个专利/商标是否值得授权或注册，是否需要多国申请，应该在哪些国家申请等细节问题，等这些决定都成熟后，再行向其他国家提出必要的专利/商标申请。

六、数量维度

数量与质量的平衡艺术

知识产权储备都涉及数量与质量的平衡问题。总体上看，数量累积是基础，质量提升是关键。知识产权数量累积，是知识产权管理、运用和保护的基础和前提。事实上，知识产权的竞争最突出地表现就是知识产权数量的竞争。创新型国家的构建,国家知识产权战略的实施,都需要知识产权数量的增长和知识产权总量的积累作为铺垫和基础,否则都是"空中楼阁""无米之炊"。具体到公司,也需要知识产权数量达到一定规模,才能更加游刃有余地制定和实施知识产权战略。

放眼全球,即使是一些专利大户,也仍然在数量累积上毫不懈怠。IBM作为美国专利授权榜的长期霸主,在2021年仍以8682项美国授权专利位列第一。三星电子以6366项美国专利,继续稳固在第二的位置。其他前10的公司还包括佳能、英特尔、苹果、LG、微软和高通,其美国专利授权量均在2000项以上。这些专利帝国构建了庞大得令人惊叹的专利组合。

当然,知识产权数量增长最好应当服务于知识产权组合优势和规模优势的能量发挥。Wagner的研究认为,以单项专利为主导的时代已经过去,在新的专利世界中整体(专利组合)的价值将远远大于局部(单项专利)价值之和,不断扩张的专利申请活动正是公司普遍实施专利组合战略的必然结果。

从数量到质量的转变

从专利发展的一般情形来看,多数公司在起步时,都是先追求专利"数量"的增加,然后再讲究专利"质量"的提升,从"以量取胜"进阶到"以质取胜"。通常而言,在专利数量的累积上,小微企业应当积极申请,实现专利从无到有的数量突破;中型企业可以跟随行业领导者,实现专利从有到多的规模转变;大型企业由于已经拥有足够数量的专利,可以实行从多到精的战略转变,尤其是布局可以打击或遏制竞争对手的核心专利。

如果去观察一些大公司连续几年的专利申请状况,可能会发现,有的公司的专利申请出现了逐年减少的趋势。在飞机制造领域声名显赫的波音公司,1992—1997年的专利申请与核准量,就显示了这样的趋势(表4-2)。

表4-2 波音公司的申请与核准量统计(1992—1997年) 单位:项

	1992年	1993年	1994年	1995年	1996年	1997年
提案	607	398	375	335	359	226
美国申请	149	134	106	273	212	141
美国核准	197	120	83	100	106	102
国外申请	52	52	36	87	101	200
国外核准	175	100	62	48	51	31

由于波音公司20世纪90年代中期在航空机生产事业上几成垄断、独占的大企业,市场上鲜有竞争对手,故在知识产权的维护策略上,倾向于降低成本及大量授权的作法。由此不难看出,知识产权对于公司营运、永续经营与市场竞争策略的助益,不少大公司几乎都采取类似的模式:先累积公司的无形资产,再利用知识产权组合(portfolio)限制或影响竞争对手的市场竞争力,待取得一定市场优势后,即

可确保公司的永续经营与发展。不过,波音公司内部虽逐渐降低专利的提案,却日益重视专利申请的品质。①

美国的 Dell 公司在 1987 年仍须每年缴纳其年营业额 4% 的权利金给 IBM 作为使用后者专利权的代价,其后该公司分析其使用的 IBM 专利技术内容后,针对这些专利进行重点开发自有专利,终于在 7 年后以 43 项美国专利与当时在全球拥有 2 万多项专利的 IBM 公司达成专利交互授权;这可说是以小博大的经典之作。②由此可见专利质量的重要性,有用的专利并不在于数量多少,关键是在关键产业的关键位置,能够掐住竞争对手的咽喉。

七、质量维度

从高质量技术到高价值专利

2016 年 12 月国务院印发的《"十三五"国家知识产权保护和运用规划》,要求"促进高价值专利的实施"。何为高价值专利?有学者则从技术价值、法律价值、市场价值、战略价值、经济价值五个方面定义高价值专利。③ 其中技术价值是基础、法律价值是保障、市场价值是核心、战略价值是目的、经济价值是体现。判断一项专利是不是高价值专利,主要从以上几个维度来分析,简单来说具有一定的技术含量、法律保障全面而稳定、拥有广阔的市场或潜在市场、在布局上有一定的战略意义、在专利运营中具有一定的经济价值的专利就是高价值专利。④

万变不离其宗,**高价值专利**即技术价值、法律价值和商业价值都比较高的专利,但商业价值的高低是高价值专利的主要考量因素。因此,从狭义上讲,高价值专利就是指具备较高商业价值的专利。高价值专利具有技术价值高、稳定性高、保护范围大、市场价值大等特点,是专利侵权诉讼中的常客。

高价值专利应当以高质量专利为基础,而高质量专利又离不开高质量技术的支持。从高质量技术到高质量专利,再到高价值专利,分别历经技术研发、专利申请、专利运营等多个阶段,层层推进,环环相扣。高质量技术关注的是专利的技术质量,高质量专利关注的是专利的法律质量,高价值专利则更关注专利的商业质量。因此,培育高价值专利的路径,应当先从高质量技术抓起,从高质量专利做起。考虑到商业价值的评估往往具有滞后性,通常难以在专利布局时作出准确的评价,因而在专利申请或布局时,主要关注如何撰写或取得一个高质量专利。

专利质量的评价标准

专利质量是指一项专利技术水平高,撰写质量好,能够经得起审查、无效和诉

---

① 参见方裕盛:《飞行器大宗——波音公司》,《智慧财产权管理季刊》1998 年第 16 期。
② 田正人:《关于"智慧财产权管理"的几点省思》,《智慧财产权管理季刊》1996 年第 8 期。
③ 马天旗:《高价值专利的定义》,《专利分析师》2018-01-19。
④ 王慧:《高价值专利是否高价格》,https://new.qq.com/omn/20180309/20180309G12J8N.html,2018-03-09。

讼程序考验,具有较大市场价值的情况。[①] 相比于专利审计阶段的专利价值评价,在专利申请和布局阶段,专利质量的评价指标显然要窄得多,但也可以从技术、法律和商业(经济)三个层面进行评估。比如,在技术层面,专利技术是否成熟,专利技术是否易于实施,竞争对手能否回避专利,是否存在替代专利的技术等;在法律层面,专利授权是否稳定(即是否存在无效的可能性),专利保护范围是否足够,专利是否受其他专利的牵制等;在商业层面,专利是否能够产业化,是否存在市场需求,能否增加产品的价值,实施成本是否可以接受,是否符合产业政策等。

法律层面的专利质量,主要体现在专利申请文件的质量上,这是在整个专利生存周期中影响专利实施和影响专利价值的关键因素,因此提升申请文件的质量,是保障专利质量的重要措施。一个高水平、高技术含量的技术方案,只能由高水平专业人员撰写出高质量的专利申请文件,才能发挥更好的垄断性的商业价值。如果一项所有竞争对手都要用到的技术,搭配了非常差的专利申请文件,只能保护单一的模式,其他的技术变化都不在专利保护范围内,则是缺乏品质的专利。简言之,专利申请文件不仅可以决定专利保护范围的大小,而且可能影响专利的有效性。

八、竞争维度

消失的专利:竞争防御的视角

专利布局的竞争维度是指把竞争思维融入专利申请布局中去。专利布局的最低限度的目的,是应当能够获得足以覆盖自身产品的专利权利,以防止他人进行仿制,为自身产品争取更大的获利空间。如果通过专利布局还能阻碍竞争对手的发展,或者干扰竞争对手的视线,更是一种面向竞争策略的专利布局方式。当然,基于竞争防御而申请的专利,大多并不使用,即使授权之后也躺在抽屉里,成为"**消失的专利**"。

以对抗竞争对手为目标的专利布局

从竞争对手(产品、市场、专利等)的角度出发开展专利布局,获取竞争对手所需专利作为自身筹码,以实现迫使竞争对手主动和谈以及阻止竞争对手进入市场等目的。通常可以根据竞争对手的产品特点、市场分布和规划情况、研发资源重点投入方向以及专利布局状况、在细分市场和细分领域中寻找能够遏制和威胁对方产品发展甚至占据领先地位的专利部署点。基于此种目标的专利布局规划有:

- 在自己申请的核心专利周围布局申请替代性方案,防止竞争对手在核心专利四周开发,将自己的技术领域以及相关市场与竞争对手进行隔离。

[①] 宋河发、穆荣平、陈芳:《专利质量及其测度方法与测度指标体系研究》,《科学学与科学技术管理》2010 年(总 31 期)第 4 期,第 21~27 页。

- 围绕竞争对手的核心专利,从不同的实现方案、效果、成本、应用等角度进行纵向和横向的扩展,设计大量的外围专利,进行专利包围。
- 围绕竞争对手技术特点、产品方案的产业化实现或产品的升级设置的改进性、支撑性专利。
- 针对竞争对手未来的技术发展方向和产品拓展方向铺设前瞻专利;或站在行业制高点,预埋与竞争对手技术或产品发展趋势相关的重要基础性专利,以蛙跳式对抗竞争对手专利围剿。

以参与行业竞争为目标的专利布局

公司应重点关注技术和产业的发展趋势以及潜在的市场需求,跟踪技术领先者和产业主导者的研发动向,从中发掘未来行业核心技术或可能会被提议纳入标准的技术。基于此种目标的专利布局规划有:

- 围绕目标市场进行专利布局。
- 检视自身研发成果中可能对产业进步产生重要影响的共性技术,或可能引领产业发展和市场需求的技术,部署相关专利。
- 适当向上下游扩展,通过产业链专利布局增强整体保护效力。
- 跟随产业主导者/技术领先者的技术发展趋势或关键技术,布局跟随型专利。
- 分析技术标准中关键性能或功能要求,布局实现该性能的不同技术方案或路线专利,构成潜在隐性必要专利。[①]

九、标准维度

当前,在移动通信、数字电视等领域,标准与专利相结合已发展为不可避免、不可逆转的趋势。专利申请布局时还要争取自身申请的专利可以成为标准必要专利。公司可以围绕标准的制定或发布,尽可能针对性地进行专利布局。比如,标准中规定了一种信令的功能需求,公司可以策划一个实现这种信令的硬件装置来申请专利;再例如标准中规定了某个装置应该有某一个性能指标,公司可以策划一个对这个性能指标进行调节的方法或系统。

一些公司已经将专利战略提升为专利标准化战略,以期为公司的长远发展提供战略支持。**专利标准化**是一种将专利战略与技术标准紧密结合起来的战略模式,它将专利技术纳入技术标准之中,并通过标准的制定与实施,获得专利许可收益或有利的市场竞争地位,如向实施标准的公司发放专利许可,或者借事实标准垄断专利使用排斥竞争。

---

① 国家知识产权局保护协调司等编制:《海外专利布局实务指引》,2014年。

株式会社崛场(Horiba)公司对于获得的专利,为尽力争取使其成为国家或世界标准,还向我国国家环境保护总局做工作,希望成为中国的标准。株式会社崛场(Horiba)公司认为,宁肯放弃独占权利,也要成为标准,因为从占领市场角度看,公司并不吃亏。[①]

第3节 专利布局的模式

1999年,瑞典Chalmers大学工业管理与经济学系Ove Granstrand教授提出了特定的阻绝与回避设计、策略型专利、地毯式专利布局、专利围墙、包绕式专利布局、堡垒式专利布局、组合式专利布局6种专利布局模式,[②]并被大家广泛引用。美的集团的付饶先生结合自身的经验就这些专利布局模式进行了探讨。[③] 通过进一步扩展,本书将其拓展为7种专利布局模式。

杨斌先生从竞争力视角,阐述了扩展布局法、迁移布局法、替代布局法、特征替换布局法、阻击布局法、迷惑布局法、发明改进布局法、散点布局法、交错布局法等9种专利布局方法,进一步将前述专利布局模式进行了实践应用。[④]

一、特定的阻绝与回避设计

所谓**特定的阻绝与回避设计**(ad hoc blocking and inventing around),是用一项或少数几项专利来保护某特定用途的发明,但是竞争对手很容易透过回避设计来避开专利的保护范围(图4-3)。

二、策略型专利

所谓**策略型专利**(strategic patent),是一个具有较大阻绝功效的专利,是某特定产品领域所必须之技术或是路障型专利等,其特点是阻碍性高(图4-4)。这种专利申请通常是技术领先型。例如,与工业标准有关的基础专利往往就是一种策略型专利,如高通公司掌握CDMA的基础专利,这就使得即便是WCDMA/TD-SCDMA/CDMA200的3G通信标准,都无法避开它所拥有的基础专利。[⑤]

[①] 参见姜颖、赵国红、姜丹明:《走出去扩眼界—转观念促创新》,载《知识产权》2003年第1期,第18~24页。

[②] Ove Granstrand. The economics and management of intellectual property: towards intellectual capitalism[M]. UK/Northampton: Edward Elgar Publishing, Inc., 1999.

[③] 付饶:《在美的,我们如何做专利布局》,载柯晓鹏、林炮勤主编:《IP之道》,企业管理出版社2017年版,第51~60页。

[④] 杨斌:《专利布局设计方法浅析》,载《2014年中华全国专利代理人协会年会第五届知识产权论坛论文集》,2014年。

[⑤] 袁建中:《企业知识产权管理理论与实务》,知识产权出版社2011年版。

| 公司知识产权管理：思路与策略

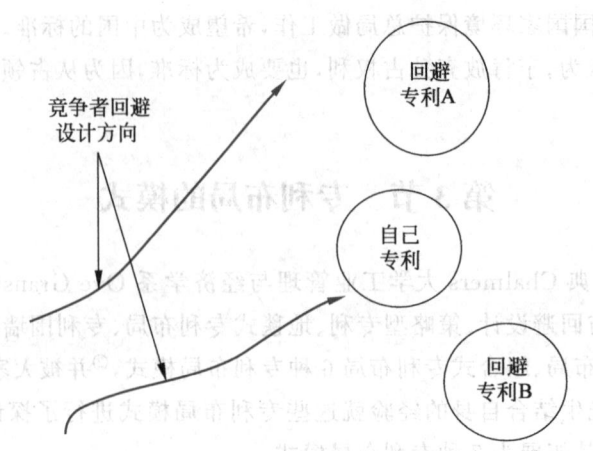

图 4-3　特定的阻绝与回避设计

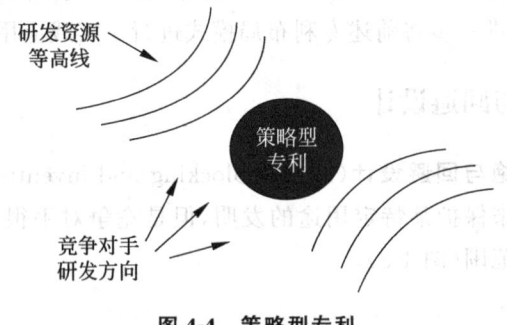

图 4-4　策略型专利

◇ **经验：策略型专利布局**

　　有时候，研发的方向无论如何调整，技术如何做规避设计，总有一些绕不开的技术峡谷，如果我们能适当在这些峡谷里放些策略型的专利，就可能起到一夫当关，万夫莫开的效果。例如美的家喻户晓的蒸汽洗抽油烟机，其要实现烟机内部的蒸汽洗功能，肯定要有特定的结构（如水杯）将水引入蒸汽发生器，那么盛水的水杯除了单独作为配件放置于烟机外部外，还有一种方式就是嵌入烟机体内。虽然我们第一代的产品是将水杯作为单独配件设置的，但一开始我们就有意不只申请了水杯外置型的专利，还将水杯嵌入烟机体内的方案也作为策略型专利进行了申请。在后来，我们无意间发现竞争对手果然窥探到了我们的产品技术，并有意进行了规

76

避设计,而且规避的思路而我们早已申请的方案(水杯内置)毫无二致,虽然煞费苦心但终究还是落入了我们的策略型专利布局的保护范围之内。
——摘自付饶:《在美的,我们如何做专利布局》,载柯晓鹏、林炮勤主编:《IP之道》,企业管理出版社 2017 年版,第 51~60 页。

三、地毯式专利布局

如果没有绝佳的策略型专利,可以形成类似"布雷区"的方式作**地毯式专利布局**(blanketing and flooding)(图 4-5)。这类专利申请采取海量申请的策略,以大量申请阻绝对手进入。特别是在新兴技术的布局上,由于技术发展趋势不是很明朗,所以需要尽量多的在各个研发方向布局专利。有点类似"宁可错杀一百,也不放过一件"的布局策略。①

比如,在目前热门的智能家电领域,其走向究竟是以整体节能的方向为主,还是以单机智能方向为主,还是家电的互联互通方向为主,在目前都还不是很清晰。所以现在就有必要在各个方向多布局专利,尽量占住坑位,以免在智能家电时代真正到来时成为产业的配角。②

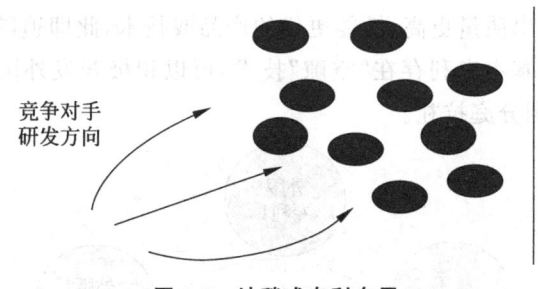

图 4-5 地毯式专利布局

四、专利围墙

所谓**专利围墙**(fencing),是利用系列式的专利来形成竞争对手研发进路的阻碍,当许多不同的技术解决方案都能达到类似功能的结果时,就可以考虑专利围墙的布局模式(图 4-6)。

以抽屉式洗碗机的传动机构为例,如果只申请最优化的齿轮齿条传动方案,而放弃皮带轮传动、螺纹螺杆传动等传动效果差一些的技术方案,那就很容易被竞争对手回避掉。例如,竞争对手可以采用技术效果稍差一些的螺纹螺杆传动方案来

---

① 袁建中:《企业知识产权管理理论与实务》,知识产权出版社 2011 年版。
② 付饶:《在美的,我们如何做专利布局》,载柯晓鹏、林炮勤主编:《IP 之道》,企业管理出版社 2017 年版,第 51~60 页。

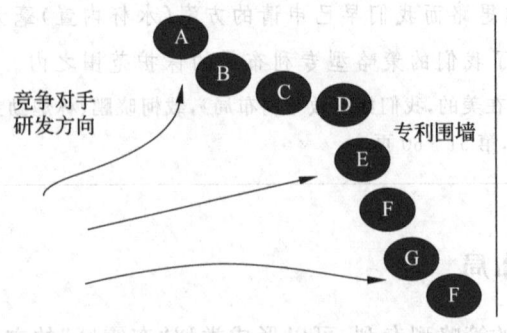

图 4-6　专利围墙

做同类型的产品(这样的效果差异很可能消费者不易直观感受到),并获得不错的销售业绩,导致我方市场订单的流失。①

五、包绕式专利布局

包绕式专利布局(surrounding)是以多个小专利包围住竞争对手的重要专利,这些小专利本身的价值性或许不高,但其组合却可以阻滞竞争对手重要专利有效的商业使用(图 4-7)。比如在别人的专利范围里面挖洞,在别人的专利上做进一步的改造、完善,创造出质量更高、性能更优的产品或技术,此即追随型专利策略。如果发现竞争对手的基本专利存在"空隙"技术,可以积极开发外围技术构建自己的专利网,与基本专利分庭抗礼。

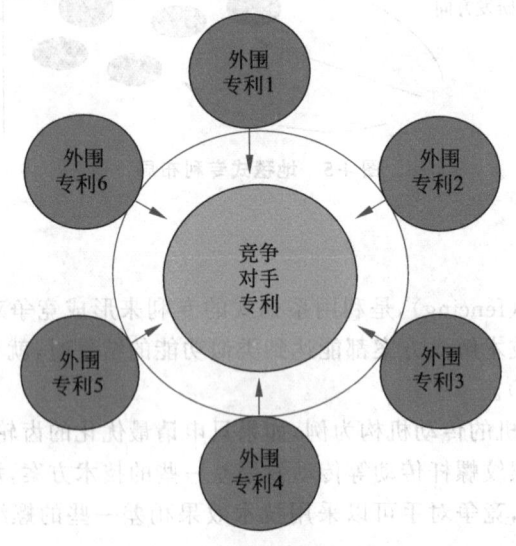

图 4-7　包绕式专利布局

---

① 付饶:《在美的,我们如何做专利布局》,载柯晓鹏、林炮勤主编:《IP之道》,企业管理出版社 2017 年版,第 51～60 页。

以微波炉为例,日本公司就在美国原创微波炉专利的基础上,申请了大量与蒸汽、烧烤功能相对应的改良型专利(实践技术效果甚至可能还优于前者),从而逐步把控了行业的技术主导权。

六、堡垒式专利布局

技术开创者透过"专利布局"的构筑规划,将重要的核心技术(基本专利)进行层层的专利保护,建构起不易攻破的"专利堡垒",此即**堡垒式专利布局**(fortress)(图 4-8)。例如一项化学领域的发明,将其分子设计、几何形状、温度或压力条件等范围之变化都申请专利保护,如此操作,通过在基本专利的周围开发许多外围专利或改进专利,使基本专利获得更强大的保护范围,防止别人抢占基本专利外围的技术发明,蚕食自己的市场。①

如果把基本专利比作恒星,那么这些小改进或外围的专利就可看作围绕这项基本专利的卫星专利,因此也可以称之为"**卫星式专利布局**"。事实上,这种专利布局模式就是包绕式专利布局模式的反向操作。

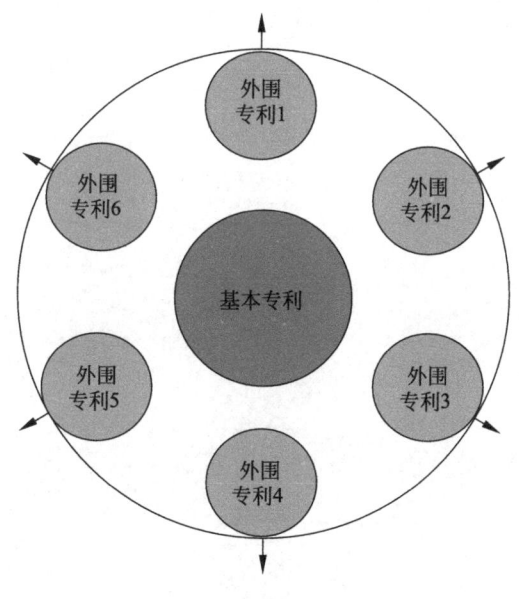

图 4-8 堡垒式专利布局

七、组合式专利布局

所谓**组合式专利布局**(combination),是综合各种专利布局的方式来组合形成

---

① 袁真富:《专利经营管理》,知识产权出版社 2011 年版,第 145~149 页。

如网络般的布局模式,借以强化技术保护的强度或成为谈判有利的筹码(图 4-9)。比如,回避设计+再发明策略,即为组合式专利布局。

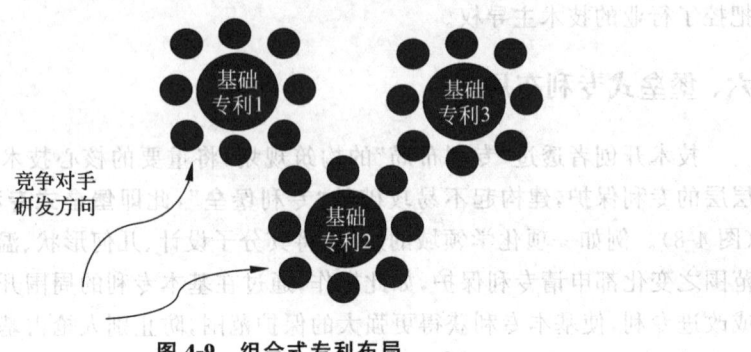

图 4-9　组合式专利布局

第 5 章 基于防御的商标布局

❖思维导图

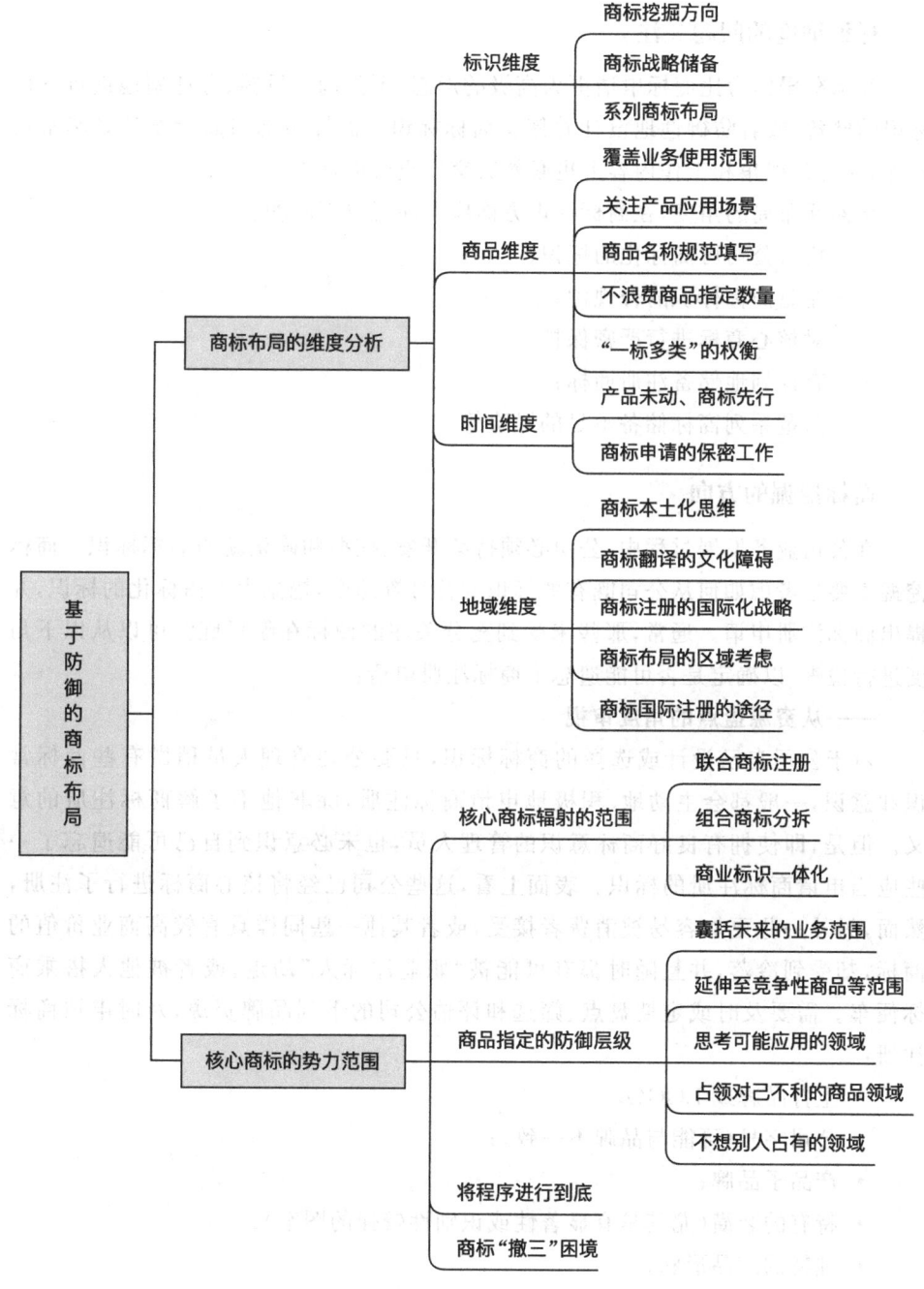

第1节 商标布局的维度分析

一、标识维度

标识维度的问题关注

商标布局作为比商标申请更为高级的形态，更强调有目标、有计划地进行商标标识的储备，或者防御性地设计并储备商标标识。商标布局与商标设计必然密切相连，在观察视角和工作内容上也必然有交叉重合的地方。

从商标布局的角度，在商标标识方面应当注意以下问题：

——覆盖公司可商标化的标识；
——注意商标标识的合规性；
——对核心商标进行严密保护；
——有计划地储备注册商标；
——防范系列商标储备不足的风险等。

商标挖掘的方向

在公司业务发展过程中，公司必须持续开发、挖掘和确认新的商标标识。**商标挖掘**主要是考虑如何从公司既有的标识或符号资源中，挖掘出可商标化的标识，并提出商标注册申请。通常，那些未受到充分关注的商标在哪里呢？可以从以下角度进行检查，以确定是否可能遗忘了商标注册申请：

——从资源盘点的角度审视

对于公司自己设计或选择的商标标识，只要公司管理人员稍微有些商标常识和意识，一般都会主动地、积极地申请商标注册，除非他不了解商标注册的意义。但是，即使拥有良好商标意识的管理人员，也未必意识到自己可能遗忘了一些应当申请商标注册的标识。表面上看，这些公司已经将核心商标进行了注册，然而，另外一些更加容易被消费者接受，或者其他一些同样具有较高商业价值的商标，却受到冷落，并且随时都有可能被"职业注标人"劫走，或者被他人搭乘商标便车。需要及时或定期盘点、筛选和评估公司的下列品牌资源，及时申请商标注册：

- 主打品牌或LOGO；
- 公司字号（可能与品牌不一致）；
- 产品子品牌；
- 特有的装潢（尤其是有显著性或识别性较强的图案）；
- 独特的产品形状；

- 品牌或字号的外文名称；
- 品牌的拼音；
- 简短的广告语；
- 产品的特有型号；
- 境外并购或收购而来的品牌等。

——从符号延伸的角度审视

当年索尼公司与爱立信公司合资推出的手机品牌"索尼爱立信"，在国内就被人在电子产品上申请注册了"索爱"，并且经过一系列诉讼后，"索尼爱立信"并没有追回"索爱"商标。可见，公司被抢注的商标，极有可能并不是公司并不使用，但又与其品牌密切关联的符号，比如：

- 品牌的简称，如哈尔滨啤酒简称"哈啤"、广州本田简称"广本"；
- 品牌的别称，如辉瑞公司的万艾可被媒体称为"伟哥"；
- 品牌被分拆成后的标志，比如"文字＋图形"的商标，各个构成要素完全可以分开使用；
- 调换品牌文字顺序形成的新的品牌，类似"安途"与"途安"品牌的关系等。

商标注册的战略储备

2021年，我国商标注册申请量为945.1万件。截至2021年年底，有效注册商标量为3724.0万件，同比增长23.4%。这些"大数据"的背后，不仅显示了中国商标申请量的野蛮增长，而且也暗示了商标申请注册的障碍也越来越多。

既然在数以百万计的商标申请丛林中，设计与选择心仪商标的空间越来越小，难度越来越大，那么更要提前规划，根据公司自身的业务范围、产品定位、品牌属性、产品特质、发展趋势等，有针对性地持续"设计"新商标，并提交商标注册申请，此即**商标储备**。尤其是对于那些不喜欢使用单一品牌名称的公司，商标"研发"和注册储备更应当作日常事务，常抓不懈。

商标储备与防御商标、联合商标的注册具有不完全相同的目标。**防御商标**是在不相同或不相类似的商品上注册自己的商标，以防止他人在前述商品上注册。**联合商标**是在相同或类似的商品上注册与自己注册商标(实际使用的主打品牌)相同或近似的商标，以防止他人进行前述注册。防御商标和联合商标本质上都是以防御他人使用为目的，而商标储备则是基于商业持续性发展的考虑。

◇**业界声音**

陈立思(旺旺集团知识产权经理，2019年)谈道："现在要申请一个新的商标，确保它完全能够拿下来的概率很低，所以我们有一个商标库，会提前进行适当的

"囤积",确实有它的必要性。商标一定要先行,产品还没有出来,产品经理人会把他想的五到十个商标发给我们,我们一个一个查,挑一个最没有风险的商标,如果都有风险,那就换一批,要确保产品在上市时它的品名不会出现重大的侵权风险。如果实在是找不到,就建议他从商标库里面挑选已经注册完成的商标。"

——来源:2019年松江区企业总裁知识产权高级研修班演讲发言。

系列商标的储备布局

对于那些喜欢在一系列商标中尽力保持一个固定识别特征的公司,商标储备或布局的迫切性,更是刻不容缓。苹果公司对头文字"I"的商标有着强烈的偏好和执着的追求,仅在中国就已经申请注册了 IMAC、IPHOTO、ITUNES、IBOOK、IMOVIE、IPOD、IDVD、IPHONE、IWORK、ILIFE、IPAD 等商标,俨然一个"I"打头的商标大家族。尤其是其中的 iPod、iPhone、iPad,更是苹果时尚电子产品中的"三剑客"。纽约 Kramer Levin Naftalis & Frankel LLP 的合伙人**约翰-丹尼尔**(John Daniel)说:"'I'前缀是苹果一直正在开发的,如果失去它,苹果公司将是不幸的。"

苹果公司 iPod、iPhone、iPad 等 I 字母打头的系列商标成名以来,大约带领了风潮,至少形成了某种刺激,很多公司都开始玩起**系列商标**(其实有时更像是系列产品名称),即拥有相同前缀或后缀的一系列产品的不同商标,比如腾讯公司此前似乎在打造"微"系列:微信、微视、微云、微……(不过,"微博"应该不算是它的系列品牌)。但很不幸,这种商标策略很容易遇到麻烦。偏好系列商标也会埋下了不少商标隐患,因为以某个字打头或结尾的商标不可能全部被你收入囊中,更不可能在全球所有国家都成功预先注册。事实上,系列商标的打头或结尾的字(或字母),或许给那些以抢注册商标为业的商标刺客指明了行动的目标,他们可能正在努力挖掘下一个商标,然后坐等你上钩。

苹果公司在中国的 iPad 之争已经家喻户晓,恕不复述。而只需百度一下,就可知道腾讯的"微信""微云",都惹上了不同程度的商标麻烦。还好,这两位都是财大气粗的"土豪",只要能用钱解决的问题,可能都不是问题,苹果公司先后花了365万美金和6000万美金,在中国买回了 iPhone 和 iPad 商标。

◇案例:"余额宝"之后的商标问题

阿里巴巴集团 2013 年 6 月 17 日推出互联网金融重磅产品"余额宝",大红大紫,一鸣惊人,这也让"××宝"系列也风靡一时。在余额宝之后,媒体一直传言阿里巴巴将推出"余额宝"的姊妹篇"定期宝"。事实上,阿里巴巴虽然在第36类金融等领域申请了"支付宝"(2004年11月)、"积分宝"(2011年4月)、"余额宝"(2013年6月)、"现付宝"(2013年10月)等"××宝"商标,但还有很多"宝"类商标,阿里巴巴并没有抢到,尤其是"定期宝"。

反而是东方财富信息股份有限公司,应该是在"余额宝"的刺激下迅速推出了类似的互联网金融产品"活期宝",更是在"余额宝"的刺激下,申请并储备了一大批"××宝"商标。在2013年6月20日它提交了"活期宝"商标申请(晚于余额宝两周左右),次日又提交了"定期宝"。2013年7月18日,东方财富信息公司更是一鼓作气,当天一揽子申请了"信托宝""债券宝""指数宝""新股宝""期货宝""港股宝""美股宝""现货宝""私募宝"等众多"宝"类商标。

看起来,东方财富信息公司在金融领域的商标储备方面,后来居上。阿里巴巴自2004年11月在第36类金融等领域申请"支付宝"后,绵延了八九年,才陆续吃进了"积分宝""余额宝""现付宝"等几只屈指可数的"××宝"商标,似乎并没有"××宝"储备或布局的系统计划。虽然阿里巴巴集团在2013年6月的"余额宝"商标申请先于产品上市,勉强遵循了"产品未动,商标先行"的原则,不过,阿里巴巴似乎就此停顿了同类金融产品的商标申请,直到10月才如梦惊醒似地衔走了一只"现付宝"商标申请。

而东方财富信息公司旗下天天基金网在2013年6月26日推出余额宝竞争产品"活期宝"之后,又在同年8月21日正式上线"定期宝",不仅在金融产品类型创新上快了阿里巴巴一步,更是发挥了商标储备的效用,堵住了阿里巴巴类似产品取名为"定期宝"的可能性,虽然诸多媒体都在用"定期宝"之名,猜测阿里巴巴在2014年春节后可能推出的新金融产品——最终阿里巴巴启用了"余额宝2号"来回避这个商标问题。

——摘自袁真富:《商标的战略储备》,《中国知识产权》2014年第2期。

二、商品维度

商品分类表的基础知识

作为区别商品或服务来源的一种标志,每一个注册商标都是指定用于某一商品或服务上的。如提到五粮液,人们会想到白酒;提到奔驰,人们会想到豪华轿车;提到学而思,人们会想到教育培训等。应该说,离开商品或服务而独立存在的商标是不存在的。我国《商标法》第22条第一款规定:"商标注册申请人应当按规定的商品分类表填报使用商标的商品类别和商品名称,提出注册申请。"《商标法实施条例》第13条第一款更进一步规定,"申请商标注册,应当按照公布的商品和服务分类表填报"。

我国的商标申请应当根据《类似商品和服务区分表》所规定的类别进行申请。《类似商品和服务区分表》是基于1957年6月15日由尼斯外交会议达成的《商标注册用商品和服务国际分类》(尼斯分类)所制定的。我国于1994年加入尼斯协定。根据《类似商品和服务区分表》,所有商品和服务被分成45个类别,其中第1～34类为商品类别,第35～45类为服务类别。

目前世界上已有130多个国家和地区采用此分类表。尼斯分类表一般每5年修订一次,一是增加新的商品,二是将已列入分类表的商品按照新的观点进行调整,以求商品更具有内在的统一性。根据世界知识产权组织的要求,尼斯联盟各成员国将于2020年1月1日起正式使用《商标注册用商品和服务国际分类》(即尼斯分类)第十一版2020文本。

根据商标检索、审查和管理工作的实际需要,我国商标局对《商标注册用商品和服务国际分类表》中的同类商品和服务进行了划分,即在原分类的基础上将每一类的商品和服务划分为若干个类似群,从而形成了《类似商品和服务区分表》。

该表的商品类似划分的原则是:以商品的功能和用途为主要依据,兼顾商品的生产部门、销售渠道和消费习惯;该表的服务类似划分的原则是:以提供该服务项目的目的、方式和对象为主要依据。根据这样的原则,国际分类表中的每一类商品或服务,都被划分成几个、十几个甚至几十个类似群组,每个类似群组的商品或服务就构成了类似商品或服务。

覆盖业务使用范围

在申请商标注册时,必须指明具体的商品名称和服务项目(表5-1第3层的商品或服务名称)。在整个商标注册工作中,商品名称或服务项目的指定是中心环节之一,它决定了注册商标保护的范围。需要注意的是,在根据商品分类表填报使用商标的商品类别和商品名称时,类别标题名称和类似群组名称(表5-1中的第1、2层),如2907奶及乳制品,4301提供餐饮、住宿服务,不得用作商标注册时填报的商品或服务项目名称。[①]

商标注册的指定使用商品或服务项目,不是胡乱指定的,这里应当有一个系统性的考虑与规划。为了有效地防止他人的傍名牌活动,从商标注册申请开始,就要考虑编织一张坚实的保护网,比如做好联合商标注册、商业标识一体化等规划,这里主要从指定商品项目的角度,再来审视这一问题。

商标指定使用的商品项目首先应当覆盖公司现有业务使用的范围,这是商标注册最基本的考虑。商标指定使用的项目必须首先覆盖自己正在经营的商品或服

---

① 参见国家工商行政管理局商标局:《关于申请商标注册不再允许填报商品和服务类似群名称的决定》(商标〔1996〕7号)。

表 5-1　商品和服务分类表层次

层次		说明	示例
1	类似商品和服务类别	用"第……类"表示,全表共有45个类别,其中前34类为商品分类,后11类为服务分类	第45类:法律服务;为保护财产和人身安全的服务;由他人提供的为满足个人需要的私人和社会服务
2	类似商品和服务群组	用4位数字和相应的名称表示,数字中,前两位表示所属的类别,后两位表示类似群组号	第45类总共包含下列群组: 4501 安全服务 4502 提供人员服务 4503 提供服饰服务 4504 殡仪服务 4505 单一服务 4506 法律服务
3	类似商品和服务项目名称及编号	名称在前,编号在后,并由6位数组成;前端有"C"字标注的编号,表示该商品和服务项目名称及编号未在《商标注册用商品和服务国际分类》中列入,但属我国常用的	"4506 法律服务"这一群组包括以下具体的服务项目: 调解450201,仲裁450205,知识产权咨询450206,版权管理450207,知识产权许可450208,知识产权监督450209,法律研究450210,诉讼服务450211,计算机软件许可(法律服务)450212,域名注册(法律服务)450213,替代性纠纷解决服务450214

务,不要让指定使用的商品或服务项目与自己的业务范围发生错位,这可能会导致侵权危机。必须要注意的是,你的业务范围可能分布在商品分类表的多个类别,不要顾此失彼。比如,一家做网络游戏的公司,不能仅仅把商标注册在第9类的"计算机游戏软件"商品上,还要注册在第41类的"在线游戏"服务上。当然,从防御性的角度,商品指定还要考虑到未来的业务范围、类似的或竞争性的商品等,后面再行阐述。

关注产品应用场景

在商品分类表上的商品(或服务)名称是抽象的,必须结合具体的产品应用场景进行分析,从而评估商品类别的选择、商品项目的指定是否恰当。比如,有人说准备创业卖"饭团",听起来似乎应该指定在商品分类有中的第30类的"3007方便食品",但是他实际的应用场景并不是在超市销售饭团,而是在地铁站边租个小摊位卖饭团,并且会提供简易的桌椅供顾客临时就座,这就可能要归入第43类的"提供餐饮服务"。

由于互联网和智能手机的普及,软件的应用场景已经渗透到各个行业,开发一款应用软件(App)更要谨慎评估其业务的商品分类。在"滴滴打车"案[①]中,原告睿驰公司认为,被告小桔科技公司的"滴滴打车"服务包含第35类替出租车司机推销、进行商业管理等性质的服务;包含第38类电信通讯服务,将乘客的信息进行收集,通过网络传递给司机,乘客与司机之间通过聊天确认交易。但一审法院认为,被告小桔科技公司的滴滴打车软件属于第39类的提供"运输服务,运输经纪"服务。法院认为,划分商品和服务类别,不应仅仅因其形式上使用了互联网或移动通讯业务产生的应用程序,就机械的将其归为38类服务,应从服务的整体进行综合性判断,认定滴滴打车的本质服务是运输服务。这为公司开发应用软件,结合应用场景界定其申请商标的商品类别提供了指引。当然,反过来看,从防御性的角度,申请商标注册时其商品指定范围不能仅仅局限于其实际应用场景。

需要注意的是,产品应用场景可能是动态变化的。必须适时审核,因应业务变化而不断调整商标注册的商品范围。比如,视频网站首先为消费者所接受的功能为视频点播功能(第38类),但随着时间的推移,除了视频点播功能之外,还提供与影片相关的热点及新闻资讯、替他人播放付费广告功能、提供在线游戏服务、提供网上商城等。此时,产品的应用场景相对最初上线时已广泛扩展,应当及时跟进,评估商标注册是否覆盖到这些业务。

商品名称的规范填写

一般说来,一个商品在商品分类表中有正规名称时,应使用分类表中的规范名称。人们日常生活中约定俗成的商品称谓,在申请商标注册时是不允许使用的。如"家用电器",因为它包括的范围过大,涉及商品分类表中至少5个类别的商品。例如第7类的洗衣机、家用电动碾磨机;第8类的电动刮胡刀;第9类的电熨斗、电热卷发器;第10类的电动按摩器;第11类的电冰箱、电热水器等。诸如此类的情况还有"塑料制品""皮制品"等。

不是所有的商品或服务,都能在商品分类表上找到对应的项目。如果公司需要使用申请商标的商品或服务,在商品分类表上确实没有对应的商品或者服务,那么,可以先寻找能够涵盖该商品或者服务的商品或服务项目,如果仍然没有合适的,可以寻找与该商品或者服务最相近的类别及项目,并同时将公司的该商品或服务名称直接提出申请。商标局一般在收到申请之后会通过商标申请中的补正程序要求申请人说明或修改,也有直接通过的情形,但大多数情形下会经过补正程序来确定新的商品或服务项目能否通过。

比如,在商品分类表中没有"爆破片"这个商品项目时,可以直接在第7类指定使用"爆破片",商标局会根据情况发补正通知书给申请人,最终申请人指定使用的

---

① 北京市海淀区人民法院(2014)海民(知)初字第21033号民事判决书。

商品名称修改为"爆破片（机器部件）"，并通过了商标审查；再如，商品分类表第 7 类中只有"机器人（机械）"，后面也是经过补正程序，将申请人需要指定使用的商品项目确定为"家用机器人（机械），排爆机器人（机械）"；又如，在商品分类表中没有"手机保护壳、电脑保护袋"等项目时，申请人则直接提交了"手机保护壳、电脑保护袋、平板电脑保护壳"等项目并通过审查。当然，商品分类表会与时俱进，在后续的修订版本中不断更新或增加商品或服务项目，以满足商业发展和产品创新的需求。比如，在 2014 版的商品分类表中就新增了一项"便携式计算机用套"。

不浪费商品项目的指定数量

如果检索一些商标的注册情况，可以发现，有的注册指定使用的商品和服务项目很多，而有的又很少，甚至只有 1~2 个商品或服务项目。按照目前的收费方式，每件商标注册申请在同一类别之下，指定使用 10 个商品（或服务），官方收费是 300 元（不包括代理费，电子申请还有价格优惠）；10 个以上商品，每超过 1 个商品，每个商品加收 30 元，而指定不足 10 个商品，即使只有 1~2 个商品，收费也是 300 元。毫无疑问，指定使用的商品数量过少，浪费的是申请人的注册费用。

如果你现在发现自己的商标注册没有指定到 10 个商品或服务项目时，能不能要求增加呢？不能！根据《商标法》第 23 条的规定，"注册商标需要在核定使用范围之外的商品上取得商标专用权的，应当另行提出注册申请"。也即你至少得再花一笔申请注册的费用。

了解了这一点，在将来申请注册商标时，即使自己实际经营的商品或服务项目不足 10 个，甚至只生产一种商品或只提供一种服务，也应当尽可能地指定满 10 个商品或服务项目，以覆盖公司将来可能经营或提供的商品或服务，以及与公司现有或将来产品相类似的商品或服务，因为这样做并不增加额外的费用。

退一步讲，即使公司指定满 10 个项目，其中有的商品或服务，公司永远都不会去经营，但这样做仍然会有好处，至少你在这 10 个项目上阻止了别人使用与你相同或近似商标的可能性，从而保证了你商标相对而言的独特性。注册商标时指定使用商品就好比卡位，如果你没有卡住位置，就只能眼睁睁地看着别人坐下了。

《商标法》第 30 条规定，"申请注册的商标，凡不符合本法有关规定或者同他人在同一种商品或者类似商品上已经注册的或者初步审定的商标相同或者近似的，由商标局驳回申请，不予公告"。充分利用这个法律资源，可以节省不少注册费用。因为每一个类别的每一个群组下面，都存在大量的商品或服务项目，如果你想把同一类别的所有或大部分商品或服务项目都指定为商标的使用项目，那么，这会花费你数额不菲的金钱。

类似商品是一个相对模糊的概念，按照《尼斯协定》，所有商品（包括服务）被分成45个类别,但同一类别的商品未必就是类似商品,而不同类别的商品也有可能构成类似商品。不过,通常情形下,同一类别同一群组的商品应该是类似商品。因此,商标申请人不需要把所有的商品项目都指定到,而只需在同一群组选择1个或几个代表性商品项目,即可阻止他人在该群组的其他商品上申请注册相同或近似商标。

◇案例：雅虎商标之争

1996年6月4日,美国雅虎公司(YAHOO!)在商品分类第9类上向商标局申请"雅虎"商标,后被商标局核准(注册号为1060182)。不过,这枚注册商标所指定使用的商品范围,却仅仅局局限于第9类中的"计算机外部设备、通讯设备"两个商品,正是这一点给苏州易龙电子有限公司同在第9类上申请"雅虎"商标制造了机会。

1997年5月19日,苏州易龙公司在第9类的"电视机、镭射唱盘、镭射影盘、磁带录音机、收音机、录像机、自动广告机、扬声器音箱、半导体、自动投入硬币启动的娱乐机器"10项商品上,也提出了注册"雅虎"商标的申请(注册号为1207545)。苏州易龙公司事后声称其"雅虎"商标来自明代苏州著名文人唐伯虎,"因其儒雅风流,时人谓之雅虎"。而现代名画家张大千之弟张善子在苏州驯虎、观虎、画虎,苏州人因此称他画的虎为"雅虎"。

1998年9月,美国雅虎公司在易龙公司的"雅虎"商标初审公告期间,提起了商标异议。尽管两个"雅虎"商标申请注册在同一商品类别(第9类),但商标局以及后来复审的商标评审委员会,都否定了两个商标所指定使用商品属于类似商品的可能性,最终苏州易龙公司申请的"雅虎"商标得以核准注册。

2001年3月,美国雅虎公司在商品分类第2类上申请注册的雅虎商标(注册号为2023963),表明它从这个案子中吸收了教训。在商品分类第2类"颜料,清漆,漆,防锈剂和木材防腐剂,着色剂,媒染剂,未加工的天然树脂,画家、装饰家、印刷商和艺术家用金属箔及金属粉"这一类别中,共有7个类似群组,即0201染料,媒染剂(不包括食用);0202颜料(不包括食用、绝缘用),画家、装饰家、印刷商和艺术家用金属箔及金属粉;0203食品着色剂;0204油墨;0205涂料,油漆及附料(不包括绝缘漆),陶瓷釉;0206防锈剂,木材防腐剂;0207未加工的天然树脂。而每一群组下面又包括为数众多的商品项目。但美国YAHOO!公司在第2类申请注册的雅虎商标,在7个群组中各选择了1~2个商品项目作为指定使用商品项目,累计共12个。

——摘自袁真富:《雅虎之争的启示》,《中国知识产权》2012年第8期。

从"一标一类"到"一标多类"

2013 年修订的《商标法》对我国的商标注册制度进行了较大的调整,其中之一即是将修订前《商标法》规定的"一标一类"申请原则,修改为"一标多类"申请原则。所谓**一标一类**,是指商标注册申请人在不同类别的商品上申请注册同一商标的,必须按商品分类表的分类分别提出注册申请。而所谓**"一标多类"**,是指同一申请人在一份申请中可以对不同类别的商品申请同一商标。修订后《商标法》第 22 条第二款明确规定:"商标注册申请人可以通过一份申请就多个类别的商品申请注册同一商标。"

《商标国际注册马德里协定》和德国、英国、美国、俄罗斯等国家的商标注册申请制度都是采用的"一标多类"原则。我国商标法与国际接轨,采用"一标多类"的模式,有以下优点:

——由于可以合并多个类别的同一商标申请,可以减少商标注册申请量。

——可以减少商标审查量,加快商标审查速度,提高行政效率。

——可以减少商标注册申请人在商标申请以及后续商标变更、转让、续展等程序上的工作量。

——可以节省商标行政管理费用支出。由于商标注册数量的减少,可以减少《商标公告》印刷、发行等行政管理费用。但商标申请人的申请费用似乎并未随之减少,目前商标局的收费标准仍然是按类别收费,与此前并无差异。

作为商标申请人及权利人,公司是否要顺应潮流,以后申请商标也采用"一标多类"呢?其实,"一标多类"可能带来的麻烦也不少,比如:

——驳回申请几率增加。在"一标一类"的情形下,商标申请都容易因为与在先商标申请或在先注册存在商标近似或商品类似的问题,而被驳回申请。在"一标多类"的情形下,可以想见,由于一件商标申请指定了更多的类别和更多的商品项目,显然更容易遇到商标注册的障碍,其被驳回申请的几率大大增加。与其等到将来分割商标申请,还不如从一开始就一标一类。

——商标转让更加麻烦。在"一标多类"的情形下,如果公司只在一个类别使用商标,其他类别并不使用,而想将这些类别的商标注册转让给其他人时,可能会比较麻烦,因为"一标多类"申请的商标仍然只是一件商标,而不是多件商标,而一件商标显然不能分割转让。

——商标管理也会复杂化。由于一件注册商标横跨了多个类别,使得商标统计和档案管理相对更加复杂一些。

三、时间维度

先来后到:商标注册的基本规则

我国商标法贯彻的是商标注册保护原则,在一般情况下,商标只有经过国家知识产权局商标局注册核准后,才能享有商标专用权,得到法律最周全的保护。根据《商标法》第31条,"两个或者两个以上的商标注册申请人,在同一种商品或者类似商品上,以相同或者近似的商标申请注册的,初步审定并公告申请在先的商标;同一天申请的,初步审定并公告使用在先的商标,驳回其他人的申请,不予公告"。可见,即使你提出商标注册的申请,如果在时间上落后于别人,同样可能失去获得商标注册的机会,因为我国商标法上采取的是**申请在先原则**,在同一种商品或者类似商品上,谁先提出商标注册申请,就先给予谁商标权。

作为最基本的商标保护规则,公司一旦选取或设计完成了一个品牌,应当立即想到商标注册,及时申请,不要迟疑或者等待,否则会被他人抢占先机。不少公司因忽视商标的及时注册,而备尝苦果。当然,很多公司可能根本就没有意识到要在品牌投入使用前,应该先去申请注册商标。等到发生纠纷后或者风险迫近时,才回过头来后悔当初没有注册商标。

虽然公司的商标被他人抢注后,可以借助商标法、反不正当竞争法等法律资源予以救济,但毕竟耗费时日,牵扯精力,有时甚至影响到公司的生存和发展。因此,避免上述情形的最佳捷径是商标先注册后使用(甚至在公司成立前委托他人代为申请并暂时代为持有),以免一不小心被他人捷足先登,先注册了自己正在使用的商标。

◇事件:华为公司申请注册姚安娜商标的缘由

2021年2月,华为公司在内部心声社区发布《关于公司代理姚安娜商标注册的几点说明》。说明称,"社会上有些公司或个人恶意抢注姚安娜商标,我们不得为之","任总是第一次公权私用,为此向全体员工道歉"。这份关于公司代理姚安娜商标注册的说明指出:

1. 姚思为是任正非女儿,姚安娜是她的艺名。

2. 社会上有些公司或个人恶意抢注姚安娜商标,我们不得为之。若自己不注册,商标会被持续地恶意抢注,有许多不利的地方。根据中国商标法的规定,中国大陆公民必须用公司名义或持有个体工商营业执照才可申请注册商标,姚安娜刚毕业,还没有注册自己的公司。因此,任总委托知识产权部代理注册,以后再转让给姚安娜的工作室,费用由她支付。

3. 任总是第一次公权私用,为此向全体员工道歉。

近日,天眼查App显示,华为技术有限公司新增多条"姚安娜""姚思为""YAO ANNA""YAO SIWEI""Annalbel Yao"的商标信息,国际分类涉及教育娱乐、机械设备、科学仪器等,申请日期为2021年1月25日,目前商标状态显示为"商标申请中"。

此前,1月14日,微博认证账号"天浩盛世娱乐"宣布姚安娜出道,对姚安娜加入"天浩盛世"表示欢迎。随即,姚安娜也转发微博称,对于自己的一份特殊的生日礼物,未来同行,不负热爱。

——来源:《华为注册姚安娜商标,任正非道歉》,澎湃新闻,2021-02-04。

产品未动、商标先行

套用"兵马未动,粮草先行"的古训来表达商标注册的规划,那就是"产品未动,商标先行"。也即,公司在产品没有推出市场前,应当先行申请注册商标保护,以免被他人抢先申请注册,或者事后发现与他人在先的注册商标发生了"撞车"。2021年,我国商标注册申请量945.1万件,商标局平均每天能收到约2.59万件商标申请,可见商标申请的竞争十分激烈。

强调"产品未动,商标先行",并不只是为了防止他人的抢注,还有其他的考虑。有的公司商标意识比较淡薄,常常在其商标未获得注册保护时,就投入大量的人力、物力、财力宣传推广其商标,没有意识到这里面蕴含的商标风险问题。商标要得到商标局的核准注册,需要满足很多条件,包括实质和形式的条件,由于法律上的障碍,不是每件商标申请都能顺利获得商标注册。如果产品和品牌已经推广出去了,但商标最后却没有被核准注册,那么就会陷入比较尴尬的窘境。

当然,在先使用的商标现在也可以得到有限的保护。根据2014年实施的新《商标法》第59条第三款规定:"商标注册人申请商标注册前,他人已经在同一种商品或者类似商品上先于商标注册人使用与注册商标相同或者近似并有一定影响的商标的,注册商标专用权人无权禁止该使用人在原使用范围内继续使用该商标,但可以要求其附加适当区别标识。"因此,即使他人抢注了你的商标,你仍然可以在原使用范围内继续使用该商标。

不过,需要当心的是,等到商标注册人来起诉你商标侵权时,你能否对在先使用商标的事实,提供符合法律要求的使用证据,恐怕并不容易。可以说,多数公司都没有商标档案管理的意识,即使有商标档案管理,其保存的证据能否固定明确的使用时间?能否清楚地表明商标标识及其对应的商品或服务项目?能否证明商标曾经在商业活动中使用过?总之,要最终得到法院的认可,你提供的使用证据要满足诸多法律上的要求,并经得起对方的质证。

商标申请前的保密工作

公司在申请商标注册时,除了具有商标注册意识,还要注意保守商标申请的秘密。比如,对正在委托办理的商标申请事宜,不要随意向无关的人员透露,以防言者无意、听者有心,别人可能利用时间差,先期办理注册申请而导致你的商标申请被驳回。如果公司的商标尚未注册,就想把带有商标的产品拿到展览会去参展,我们建议对此也要保持足够谨慎的态度。对待媒体采访,更要保护好自己商标未来的注册规划信息,否则这种传播的广度和深度是公司不能承受的。

特别是在产品推出之前,这个产品将来会以什么样的品牌上市,这些信息都不要轻易对外散布。有时公司员工并非有心泄密,而是在外聊天时,不小心走漏了风声,而自己还没有意识到可能带来的严重后果,所以经常开展员工商标培训或教育,强化员工的保密意识是大有裨益的。

四、地域维度

商标的本土化思维

很多国际品牌并不愿意每到一个国家,就使用一个当地语言的商标,这有很多的原因,比如,有损于全球商标形象的一致性,无助于跨越国家或地域的品牌识别和认同。但是,语言的隔阂终究无法阻挡商标(当然主要是文字商标)的本土化翻译,甚至不需要这些商标所有人的官方翻译,消费者、使用人、经销商(甚至是在当地的子公司)都有可能命名或促成一个本土化的名称。

如果公司不去顺应民意,把当地语言的商标注册下来,那么自然会有人帮你完成这件"大事儿"。就像当年 Saab 进入中国市场后,大家习惯称其为"绅宝",可是当通用欲把 Saab 推向中国市场时,却意外地发现已经有公司在汽车上注册了"绅宝"名称。因此,Saab 只好将中文名称无奈定为"萨博"。

知名的越野车品牌"LAND ROVER",曾在中国大陆被翻译成"陆虎"。吉利公司曾申请并获得了经过艺术设计的中文"陆虎"商标,核定使用商品为"摩托车,陆地车辆发动机,小汽车,汽车车身,运货车"等。LAND ROVER 品牌所属的英国路华公司经过 10 余年的诉讼战,才最终夺回了"陆虎",但 LAND ROVER 更多地被翻译为"路虎"。同样的道理,中国公司到海外发展业务,恐怕也难逃此当地语言版本的商标被抢注的"厄运",因此,也必须重视外文名称的商标申请,甚至在本国也要当心英文或拼音商标被他人抢注。

商标翻译的文化障碍

国内的"帆船"地毯在出口中遭到很大障碍,因为帆船英文"Junk"除了帆船的意思外,还有垃圾、破烂的意思。上海的白象电池也曾有同样遭遇,因为其英文商标"A White Elephant",在英美人的观念里是无用的废物。天津一家进出口公司将其产品闹钟的商标"金鸡"译为"Golden Cock",但不幸的是,Cock 在俚语中有"男性生殖器"的含义。不雅的联想迫使该公司在媒体上作出如下更正:

Change of Brand Name

It is hereby notified that the brand name of the Alarm Clocks made in/exported from Tianjin China has been from date changed to be.

"GOLDEN ROOSTER"
To supersede the original "Golden Cock"...①

这其实是一个语言和文化的问题。许多外国公司也遭遇了不少类似的笑话。福特公司曾经把它最畅销的"慧星"牌(Comet)汽车以"卡林特"(Caliente)之名销售到墨西哥时,却一直滞销,直到后来发现 Caliente 是当地称"妓女"的俚语。通用汽车公司出产的雪佛兰·诺瓦(Chevrolet Nova)汽车,曾经一度在墨西哥和一些西班牙语国家无人问津。后来调查发现,西班牙语中的 Nova 是两个单字,意思是"不走","诺瓦"牌汽车被讲西班牙语的人看成"不走"牌了。而实际上,英语中的 Nova 是"新星"的意思。

由此可见,商标选择或设计得考虑一下语言的差异。如果你的业务定位将来是"冲出中国,走向世界",毫无疑问,你的英文商标最好不要用拼音,否则会遇到推广的难题。②

商标注册的国际化战略

在经济全球化的浪潮之中,公司面对着新的机遇,也存在新的挑战,要发展、要壮大,就必须竞争国际市场,而商标又是公司参与市场竞争的锐利武器。在日益全球化的今天,"Made in China"应该不仅仅是价格低廉和质量粗糙的代名词,也不应该是低成本劳动力聚集的"血汗工厂"的象征,它需要更多中国公司创造的国际品牌和注册的跨国商标的支持,以获得品质优良的赞誉。富有远见卓识的中国企业家,应该把商标注册的国际化战略,视为公司未来国际化发展的法律盾牌。

世界知识产权组织(WIPO)的马德里商标国际注册体系是该体系成员国公司进行商标国际注册的重要途径。WIPO 发布的马德里体系年鉴显示,2020 年,中国以 7075 件位居提交马德里申请数最多的国家或地区第三位。

不过,中国申请人 2020 年 7075 件的商标国际申请量,与当年中国国内商标申请 900 多万件的总量相比,自然有些反差强烈。虽然马德里体系不是中国公司在国外申请商标的唯一途径[公司可以根据《巴黎公约》等国际公约的规定,到外国或地区性组织(如欧盟)直接申请商标],但仍然可以看出,中国公司的海外商标注册规划并不十分积极。

商标布局的区域考虑

考虑到成本的因素,面对全球众多的国家或地区,并不一定都需要进行商标注册。和专利布局一样,决定商标注册国家或地区的首要考虑仍然是你的市场在哪

---
① 朱亚军:《商标命名研究》,上海外语教育出版社 2003 年版,第 87 页。
② 袁真富:《商标国际化的障碍》,《中国知识产权》2013 年第 8 期。

里。为避免抢注的风险,商标注册申请应当领先于海外市场拓展的步伐。

一般来说,产品出口国、制造地国、商标授权地区,都是可以考虑申请注册商标的区域,特别是在那些重点市场国家、仿冒及抢注严重的国家,更是迅速注册的优先选择,这和专利布局的地域选择异曲同工。当然,公司应当分清轻重缓急,视具体情况,分期分批地、循序渐进地进行境外商标注册。

商标国际注册的主要途径

公司想要到国外申请注册商标,可以逐一到各国注册,也可以通过马德里体系进行国际注册,或者通过地区性的注册体系,比如欧洲共同体商标注册体系,进行国外商标注册。各种注册途径各有优劣,公司可以根据具体情况选择适当的商标国际注册途径。

——**逐一国家注册申请**,即分别向各国商标主管机关申请注册商标。逐一国家注册这种途径的缺陷是显而易见的,因为它需要按各国具体法律程序(包括书件、语言等)办理相关事宜,加之各国的程序要求不完全相同,有的国家还要求申请人对相关材料进行公证、认证等,自然而然,这种途径的商标注册需要的时间较长,费用较高,而且程序烦琐,让商标申请人不断地重复劳动。当然,如果你只是想去有限的几个国家或地区,提出商标注册申请,上述缺陷并不明显,可能反而比其他注册模式更加简便和灵活。

——**马德里商标国际注册**,指根据《商标国际注册马德里协定》(以下简称《马德里协定》)或《商标国际注册马德里协定有关议定书》(以下简称《马德里议定书》)的规定,在马德里联盟成员国间所进行的商标注册。《马德里联盟》是指由《马德里协定》和《马德里议定书》所适用的国家或政府间组织所组成的商标国际注册特别联盟。截至2022年4月,马德里联盟共有111个成员国。

——**欧盟商标(EUTM)注册**,是欧盟知识产权局(EUIPO)根据《欧洲盟商标条例》进行注册的在欧盟范围内有效的商标。欧盟商标最显著的特色之一是它的统一性,欧盟商标及其注册申请在整个欧盟有效,商标申请及其相应的注册会自动延伸至所有成员国。欧盟商标的保护期为10年,可续展,每次续展保护期为10年。

◇ **专栏:马德里商标国际注册的优点**

马德里商标国际注册具有很多优点:

——一种语言。自2008年9月1日起,马德里商标国际注册申请人可以任意选择法语、英语或西班牙语作为申请语言(我国申请人可以选择法语或英语)。因此,指定多个国家保护时,不需要翻译成多国语言,可以节省不少翻译的精力和费用。

——手续简便。商标申请人仅通过向主管局提交一份申请,即可以指定向多个国家(当然必须是马德里联盟缔约方)申请商标注册保护,相对逐一国家注册而言申请手续非常简便。

——费用较低。一份国际注册申请可以要求在多个国家注册保护,顺利的情况下,省去了去各国逐一申请商标的代理费,极大地节约了注册成本。同时,商标申请人缴纳以瑞士法郎计算的统一规费,或根据"议定书"再缴纳单独规费,而无须逐一向每一个指定保护的国家分别交费。从数额上看,国际注册费大大低于分别向每个国家申请注册的费用。

——时间较快。从国际注册日起,如果被指定国家在规定的期限内没有向WIPO国际局发出初步驳回通知(依照《马德里协定》为12个月,依照《马德里议定书》为18个月),该商标将在该指定国自动得到保护。不过,我国2014年新《商标法》对商标核准注册提出了期限要求,在中国申请商标如果没有异议程序的阻拦,只需要1年左右的时间即可拿到商标注册证,因此,马里里商标国际注册的这个时间优势至少在中国已经不明显,甚至没有了。

但马德里商标国际注册也有一些缺点,比如,要求申请国际注册的商标须在(原属国)国内已经申请或已经注册;马德里注册仅有国际局统一颁发的一份注册证明,效力类似于国内的受理通知,一般无注册证;自马德里商标国际注册之日起5年内,若某国际注册的基础注册被撤销或宣布无效或其基础申请被驳回,那么该国际注册在所有被指定缔约方都不再予以保护,此即所谓"中心打击"原则。

第2节 核心商标的势力范围

一、核心商标辐射的范围

联合商标:既要李逵也要李鬼

Facebook虽然未进入中国市场,却已通过商标布局来预防傍名牌。2006年3月—2011年4月,Facebook一共注册了60余件商标,包括"THE FACEBOOK""FACEBOOK""F"等,涵盖社区网络、照片分享、软件、搜索引擎、电子杂志、游戏等类别,有趣的是,甚至男女服装类别也注册了。更有趣的是,尽管Facebook没有官方中文名称,Facebook却在中国注册了可能的中文音译名称,包括"飞书博""飞思簿""菲丝博克""脸谱""面书""脸书"等,以至于有网友评论说:没有注册"非死不可"吧?[1]

中国公司也同样如此。小米公司在商标布局方面不遑多让,不仅大量注册了与"Mi""米"相关的商标,如黑米、紫米、大米、爆米花、米线、米粉、虾米等,还注册

---

[1] 袁真富:《难以阻挡的商标傍傍族》,《中国知识产权》2012年第10期。

了大麦、小麦等粮食名词,构成了一座严密的商标防御堡垒。这样一来,不仅扩大了自己的商标权范围,而且可以防止别人采取乔装打扮的手法,居心叵测地使用与其知名商标相近似的文字和图形。此即所谓"**联合商标**"(associated mark)策略,即同一商标权人在相同或类似商品上,申请注册一批和自己真正使用商标(正商标)相近似(甚至相同)的商标。

当然,在商标法上一个注册商标本来已有权排除他人在同一种商品或类似商品上注册或使用的与之相近似商标。但有的公司还是愿意进行联合商标的注册,原因在于,联合商标的注册可以直接排斥相关近似商标的注册使用,但正商标(受联合商标保护的商标)却未必一定能够发挥这个效用。

组合商标分拆

对于文字+图形或者其他要素组合而成的组合商标,建议在整体注册申请的同时,也把各个相对独立的构成要素(比如图案、文字部分)分别提交商标注册。对于核心商标(品牌)尤其如此,如此操作,即使组合商标整体因其中一部分构成要素存在在先申请或在先权利等障碍,另外分拆出来的部分也不会受到影响。当然,这样一来,一件商标申请可能就变成了三件商标申请,甚至更多,相应地,官费和代理费都要翻倍。

反过来,组合商标在制止他人商标申请时首先考虑的是"整体比对",即两个商标在整体的视觉观感上是否相同或近似,显然构成要素越多,别人经过减少或替换某些构成要素后,整体近似的可能性就越低。所以,建议组合商标的构成要素分拆注册,以更大程度上打击"抢注"。

事实上,组合商标分拆并非只有提高注册成功率或制止他人"抢注"的功用。有的公司根据实际情况,比如空间有限,在某些产品位置无法标识组合商标的整体,而只能有所割舍,仅仅标注图案或者文字部分,此时组合商标分拆后注册,有利于公司灵活使用注册商标。在商标保护阶段,组合商标分开注册还有更大的妙用。相对于组合商标,分拆部分的商标由于构成要素更少,还扩大了商标的保护范围,更有利于商标近似的确认。

商业标识一体化

在选择文字商标时,最好商标名称与公司名称中的商号(字号)保持一致。将商号用作商标申请注册,或将商标作为商号登记,这是现代公司普遍采用的做法。如日本的"日立""丰田",德国的"拜耳"等。当然,一家公司可能拥有多个商标,不可能每个商标都与公司商号一致,因此只能做到主商标与商号一致。

域名既可以使用英文,也可以使用中文,因此,自己的商标也要与域名保持一致。由于商标的名称可以在以.com、.cn、.org、.net 或者.中国、.公司和.网络等结尾的多种顶级域名下注册使用,因此,如果你财力允许可以都注册下来,但我们认为域名并不像商标，其标识来源的作用并不强烈，很多人在网上找寻网站是通过搜索关键词或通过链接，而不是通过键入网址（域名），所以，注册一个或几个就可以了。对公司最关键的事情可能是，如何让用户在 Google、百度上非常轻松地找到自己的网站。

商业标识一体化，主要是强调商标、商号、域名等标识的一致性。这不仅可以起到商标、商号同时宣传的广告效果，更重要的是还可以得到商标、商号、域名等有关法律的多层次、全方位的保护，有效防止他人把你的商标用作其产品商标、企业名称或者域名。在实践中，已有公司有意识地注意到这一点。**李兵**（万魔声学科技公司法务总监）指出："商标尽量确保与企业字号和域名一致，例如，万魔声学科技有限公司的商标为'1MORE'，企业英文名称为'1MORE Inc.'，域名为'www.1more.com'；中文商标为'万魔'，企业中文名称为'万魔声学科技有限公司'，这些商标、域名和企业字号都具有高度的统一性。"[①]

二、商品指定的防御层级

在当前跨界经营日益普遍、互联网应用场景全面渗透的背景下，商品的分类保护至少可以区分为 4 个梯度，依次是使用范围、发展范围、排斥范围和垄断范围。其中：使用范围包括覆盖公司现有业务使用范围及产品应用场景；发展范围包括囊括公司未来发展的业务范围，并从衍生品等角度思考商标可能应用的领域；排斥范围包括公司自己暂不发展但与现有业务存在类似的、关联性或竞争性的商品，以及占领对己不利的商品领域；垄断范围是指不想别人占有的领域，即使这些领域不在以上范围之内。发展范围、排斥范围和垄断范围属于申请商标注册时商品指定的防御层级。

囊括未来的业务范围

商标注册指定使用的商品项目除了覆盖现有的业务范围，首当其冲的就是要囊括公司未来可能发展的业务范围。这需要考量公司的业务发展战略规划，以及可能延伸的产品类别。否则，一旦新的业务发展起来，公司还想继续沿用已有的知名商标时，可能在新业务涉及的商品上该商标已经被其他人抢先注册了。如果公司已经有长远的发展规划，对于未来有明确要开拓的经营范围，可提前通过商标注册覆盖其中的商品或服务。如果不及时把自己的商标注册在将来要发展的产品上，嗣后想注册时，可能已被他人抢先注册了。

思考可能应用的领域

在商标标识有可能会应用到的领域进行商标注册，也是值得考虑的方向。这

[①] 李兵：《从零开始做知识产权》，载柯晓鹏、林炮勤主编：《IP 之道》，企业管理出版社 2017 年版，第 6～11 页。

个层级的防御最不好琢磨,因为这是从商标标识本身的形象或内涵去思考:它适合用在哪些领域?对于打算从事衍生品授权的动漫或游戏行业,这种思考尤其重要。比如游戏商标"泡泡堂",除了应该在服装、文具、玩具、图书等常见的衍生商品上注册,这个商标名称用在代泡茶叶商品、中药饮片,甚至咖啡厅、洗浴中心似乎也颇为贴切。

◇ **专栏:角色名称商标化的前瞻考虑**

对于影视动漫产业而言,其动漫形象、角色名称等品牌的价值运用,并不完全体现于影视动漫作品本身,而更主要体现在玩具、文具、图书、食品等衍生品上。因此,如果在影视动漫角色命名确定之前,不好好检索一下是否已有他人在先申请商标,可能也会落得"为他人作嫁衣裳"。

国产原创系列动画片《喜羊羊与灰太狼》,自2005年6月推出后,陆续在全国数十家电视台热播,甚至拍成电影放映,风靡一时,至今仍是小朋友们的挚爱。但它塑造的"喜羊羊"动漫品牌,早在2005年6月以前,就在第29、30类等食品、咖啡相关的类别上,被他人捷足先登申请注册了"喜羊羊"商标。《喜羊羊与灰太狼》的出品人无法状告他们恶意抢注商标,既已"为他人作嫁衣裳",就只能抱持一种为社会作贡献的心态了。

——摘自袁真富:《为他人作嫁衣裳》,《中国知识产权》2013年第9期。

延伸到类似的、关联性或竞争性的商品

商标还应延伸注册到公司认为会在业务上产生混淆的类似商品,或具有关联性、竞争关系的商品项目上。尽管注册商标的保护可以延及到类似的商品或服务上,但是这些关联性或竞争性的产品是否构成类似商品?以及你所认为的类似商品到底是否类似?商标行政部门的观点完全可能与你的想法不一致。

占领对己不利的商品领域

把商标注册在对品牌声誉不利的商品或服务,在中国更要引起重视。在很多职业注标人特别偏好卫生巾、避孕套之类商品的背景下,这种考量尤其必要。微软公司在许多领域注册了商标,但就是没有卫生用品,可能微软并不在乎这个,但有人很在乎。曾有人经过精心选择,就决定在面包食品类和妇女卫生用品类申请注册"微软"商标。

不想别人占有的领域

有的公司不惜重金在45个类别商品上全部注册商标,因为即使是驰名商标,也很难保证能够在所有类别拦住别人的商标注册。永丰公司在糖果、巧克力等上面申请注册"空中客车 AIRBUS 及图"商标,生产飞机的空中客车公司为此打了数年官司尽力阻拦,最终还是以失败告终。当然,注册商标这么大包大揽,是需要真金白银的。不是每个商标,包括核心商标,都需要这么强势的防御注册策略,要量力而行,量体裁衣。尤其要注意的是,注册商标在指定的商品(或服务)上连续三年不使用还有被撤销的风险。①

三、将程序进行到底

根据《商标法》,对驳回申请、不予公告的商标,商标申请人不服的,可以申请复审,对复审决定仍然不服的,还可以继续向法院起诉。不少商标申请的经历似乎提供了一种启示:如果你有心仪的商标,即使被商标局驳回申请,也不要轻言放弃,应该抓住商标法给予的程序救济机会,也许商标局驳回的商标申请,在驳回复审时却加以肯定,即使商标评审部门在复审时给予否定,法院却有可能肯定你的努力。

在 2020 年,因商标申请驳回复审而被诉至法院的案件有 9500 件,其中商标评审部门败诉的案件数量为 2594 件,败诉率高达 27.3%。由此可见,将程序进行到底,商标申请人极有可能赢在最后。

事实上,不仅仅是**程序用尽**,有时对心仪的商标反复申请也有可能"有志者,事竟成"。具体到一个特定的商标,当年因为有在先权利的障碍而被驳回,今年却已经不存在这个问题。

◇案例:小肥羊的商标申请

2004 年 11 月 12 日,国家工商总局认定内蒙古小肥羊餐饮连锁有限公司(以下简称内蒙古小肥羊公司)的商标"小肥羊"为驰名商标。这引起了陕西、河北、江苏等地 4 家小肥羊企业的激烈反应,它们联合在北京召开新闻发布会,请求国家工商总局收回"成命",理由是"小肥羊"是通用名称,不得作为商标注册。据说"小肥羊"是内蒙古等地不蘸调料涮羊肉火锅吃法的通用名称,是当地一种传统饮食方式,还有另一种说法在当地统称小羊羔为"小肥羊"。

其实,早在 1998 年 12 月,西安小肥羊烤肉馆就开始使用"小肥羊"作为字号和服务标识,并在 2000 年 10 月分别以"小肥羊"及图,向商标局申请注册商标。但商标局只核准注册了图形商标,没有核准"小肥羊"文字商标。廊坊小肥羊也在内蒙古小肥羊公司注册之前就曾申请注册"小肥羊"商标,但商标局以"直接表示了服务的内容和特点"为由将其驳回。

后来,内蒙古小肥羊公司向商标局申请注册"小肥羊及图"商标用于餐饮饭店

---

① 袁真富:《核心商标指定商品的 6 个层级》,《中国知识产权》2011 年第 12 期。

服务上时,商标局在 2001 年同样以"直接表达了服务的内容和特点"为由驳回申请。不过,内蒙古小肥羊公司提出了驳回复审,商标评审委员会最终认定"小肥羊"不是通用名称,核准了商标注册。

——摘自袁真富:《将程序进行到底》,《中国知识产权》2013 年第 12 期。

四、商标"撤三"的困境

如果大量挖掘商标标识进行申请注册,再加上联合商标或防御商标策略,尤其是多类别或全类别注册,必然会带上大量的注而不用的商标。事实上,商标标识也是一种符号资源,任何公司不应当不合理地大量占有,特别是恶意囤积。只不过,不少公司进行防御性的商标注册,只是一种防止商标抢注或保障业务自由的权宜之计。

但是,这里面临着一个无解的难题。根据我国《商标法》第 49 条第二款的规定,注册商标没有正当理由连续 3 年不使用的,任何单位或者个人可以向商标局申请撤销该注册商标(俗称**商标"撤三"**)。而根据《商标法实施条例》第 67 条的规定,可以对抗撤销商标注册的连续 3 年不使用的正当理由只包括:(1)不可抗力;(2)政府政策性限制;(3)破产清算;(4)其他不可归责于商标注册人的正当事由。

既然是防御性的商标注册,通常是不会在其指定的商品或服务上实际使用的,而且不符合所谓"正当理由",因此,"撤三"的困境始终如影随形,是公司无法避免,甚至难以破解的问题。唯有以下"点拨"可供参考:

——防御性的商标注册本来就是卡位,先卡住了,人家可能就懒得来烦你了,毕竟申请"撤三"也要花费精力的。你不可能倒霉到每个防御性的商标注册,都会有人来挑战。

——把注册商标的有效期当作 3 年,而不是 10 年,也即每 3 年申请一次商标。显然,这对全类别特别是全商品注册,成本压力不是一般的大。所以,你得选择哪些核心商标在哪些重要的商品上,需要执行这种"3 年一申请"的策略。

——在防御性注册的产品类别上,寻求商标许可使用的机会。考虑到目前跨界使用、联名销售的潮流,完全可以将防御性的注册商标用于跨界使用、联名销售的许可使用中。此外,对于工业产品,防御性的商标许可使用,虽然增加了商标使用的产品类别与领域,但并不会冲淡商标与特定产品之间的紧密联系。当然,对于个人消费类产品则要保持谨慎,即使"茅台"有在服装上注册,也不应该为了维持商标注册而许可他人使用"茅台"衬衫(除非是生产少量赠品)。

第6章　知识产权审计与维护

❖ 思维导图

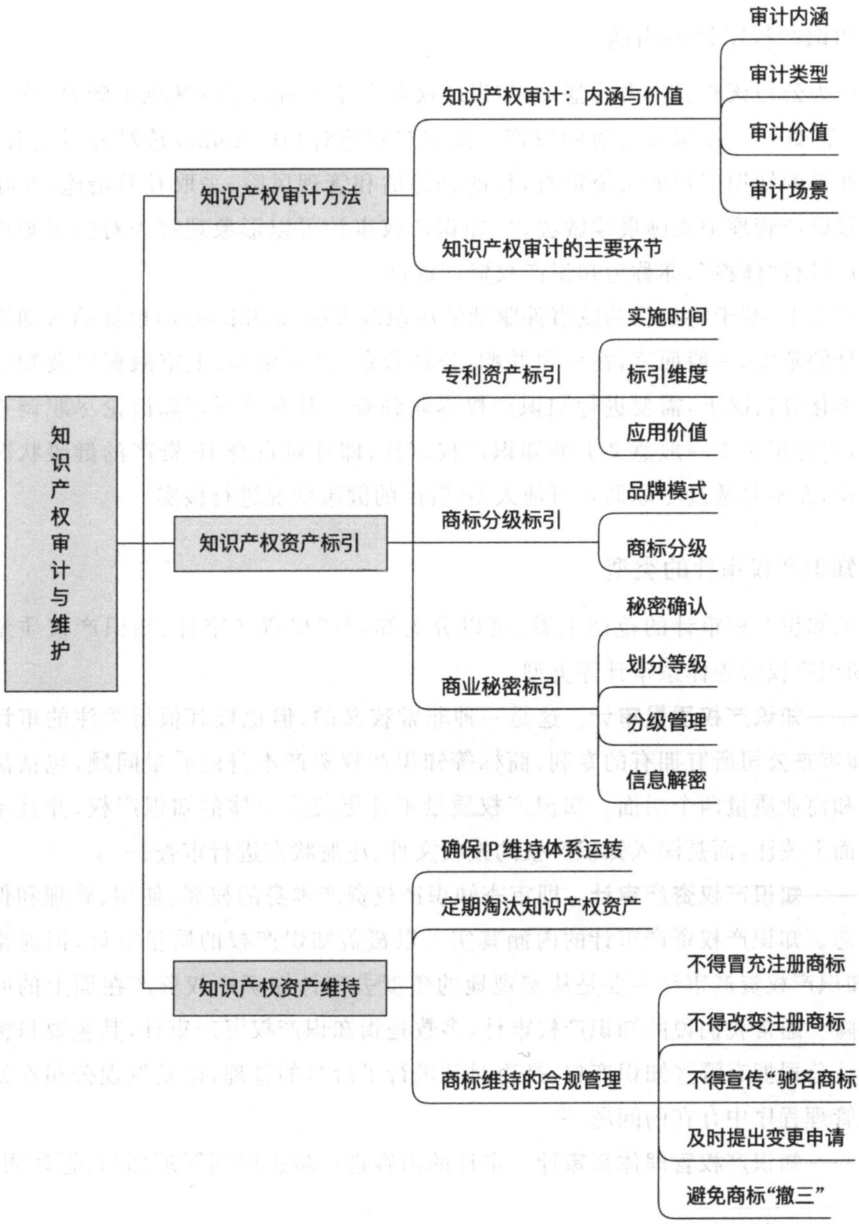

第1节 知识产权审计方法

一、知识产权审计：内涵与价值

知识产权审计的内涵

作为公司核心竞争力的基础，知识产权资产在不断积累的基础上既要"管"好、也要"理"好——保留有价值的资产。**知识产权审计**（IP Audit）是对公司拥有、使用或获得的知识产权的系统审查，目的是评估和管理风险、采取补救措施，并在知识产权资产管理中实施最佳做法。[①] 知识产权审计可以形象理解为对公司知识产权资产进行"体检"，亦称为知识产权资产盘点。

广义上，基于特定目的或事件驱动的尽职调查（due diligence）也被纳入知识产权审计的范围，一般而言，在公司并购、公司合资、许可贸易、上市融资以及知识产权资本化等情况下，需要进行知识产权尽职调查。但本章不打算讨论尽职调查的问题，仍然聚焦于一般意义上的知识产权审计，即针对自身 IP 资产的健康状况进行体检，而不是透过尽职调查对他人 IP 资产的健康状况进行核实。

知识产权审计的类型

从知识产权审计的范围上看，可以分为知识产权资产审计、知识产权质量审计、知识产权管理体系审计等类型：

——**知识产权质量审计**。这是一种非常狭义的，但也极其值得关注的审计分支，即审查公司所有拥有的专利、商标等知识产权资产本身的质量问题，包括法律质量和商业质量两个层面。知识产权质量审计更关注个体的知识产权，并且不只是在面上关注，而是深入知识产权的授权文件、注册状态进行审查。

——**知识产权资产审计**。即审查知识产权资产本身的权属、使用、管理和保护等状态。知识产权资产审计的内涵其实可以覆盖知识产权的质量审计，但通常而言，知识产权资产审计主要是从宏观地的角度去审计知识产权资产在面上的问题或风险。通常我们说的知识产权审计，多数是指知识产权资产审计，其主要目标在于确认公司拥有哪些知识产权、是否对其进行了恰当的管理，以及发现公司在知识产权管理程序中存在的问题。[②]

——**知识产权管理体系审计**。审计的内容进一步扩展到管理部门、管理团队、

[①] IP Audit, http://www.wipo.int/export/sites/www/sme/en/documents/pdf/ip_panorama_10_learning_points.pdf. 本书关于知识产权审计的内容，有参考该文的阐述。

[②] 吴欣望：《知识产权审计：内容、对象及应用》，《科学与管理》2007 年第 4 期，第 81～83 页。

管理制度、合同管理、对外合作、业务流程等方面的适当性及其状况,其关注重点在于以知识产权资产为管理对象的制度、合同、程序等管理体系。比如,知识产权合同方面的审计就包括许可协议、转让协议、劳动合同、委托加工协议、合资协议、设计和开发协议、和解协议、特许经营协议、分销/分销协议等协议中的知识产权条款。

知识产权审计的价值

陈嫒青女士(联想集团全球知识产权总监,2018年)表示:"通过每一次并购的专利资产盘点(审计)以及全球知识产权评审委员会进行的定期专利盘点,失去价值的专利都会被筛出来,对于这些专利就将不再续缴专利年费。另外,对在盘点过程中发现的有高价值的专利进行打包,形成高价值的专利组合。一方面,这些专利组合可以作为重要的筹码,在联想集团对外的专利交叉许可谈判中,为公司赢得更为有利的谈判条件;另一方面,在联想集团加入的专利联盟中,这些专利组合会进入相应的专利池中,带来一些潜在的收益。"[1]可见,知识产权审计对于公司有着多个层面的价值。

——掌握知识产权家底。知识产权日益成为竞争工具和竞争"武器",通过审计才能更好地了解自己的知识产权武器库,摸清自己的知识产权家底。并让公司决策层更好地了解知识产权资产的现状和知识产权管理的不足,从而进一步制定合适的知识产权战略目标。

——识别有价值的资产。现有的知识产权资产中,从使用程度、许可收益、竞争优势、价值创造等多个角度从识别出有价值的资产,甚至从中找到创造许可收益的发动机。

——进行知识产权储备。根据审计的结果,结合公司的现状和未来发展战略,查漏补缺,并做好知识产权储备,构建更强有力的知识产权组合。

——减轻知识产权负担。根据审计的结果,及时清理(放弃或淘汰)没有价值的知识产权,或者转让自己不太会使用的知识产权,为公司节省知识产权维护成本。

——降低知识产权风险。2010年,苏州恒久在其招投说明书中披露拥有的5项专利,皆因未缴纳专利年费早已失效,这次错误的信息披露导致公司当年IPO被证监会终止,损失巨大。必须建立知识产权审计程序,防止不必要的风险发生,尤其是低级错误的出现,如在重要类别未申请商标注册,结果导致被控侵权,甚至在上市(IPO)的重要关头被迎头痛击。

---

[1] 《中关村知识产权故事|走进联想》,IPRdaily,2018-12-12。

知识产权审计的场景

大部分公司都把知识产权排除在内部审计范围之外。什么场景下需要进行知识产权审计呢？

——当公司打算通过标引的方式管理知识产权资产时；

——当公司打算充分利用，尤其是转让、许可知识产权资产，以期带来获得额外收入或投资回报时；

——当收购或出售公司或业务资产时，知识产权资产状况可能影响成交价格；

——当公司计划进行重大重组时；

——当公司经营方向作出重大改变或调整时；

——当公司对外投资时，知识产权资产可以作价入股；

——当投资一家新公司时，了解其拥有或需要保护的无形资产总是很重要的；

——当公司吸引投资或融资时，知识产权资产可以增强投资者的信心或兴趣；

——当新的 IP 管理负责人上任之时。

一旦进行了全面的知识产权审计，后续定期的审计通常就只需要进行较小的努力和支出，例如每年进行一次，以便根据公司当前和新出现的需要，审查知识产权资产并作出适当的决定。

当然，取决于审计目标，公司可以决定知识产权审计的内容详略和程序繁复。进行知识产权资产审计，应当评估耗时和成本。知识产权检索和分析的费用是主要成本，知识产权的范围越大，所消耗的费用越高，因此控制审计范围非常重要。在下面，我们将重点聚焦于知识产权审计的一些关键步骤或环节。

专利价值的审计

专利价值审计，作为知识产权审计最为广泛的应用领域，可以从法律价值度、技术价值度和经济价值度三个方面展开。其中，法律价值度系从法律或权利的角度来评价专利的价值，关注稳定性、可规避性、依赖性、专利侵权可判定性、有效期、多国申请、专利许可状况等因素（表 6-1）。技术价值度系从技术的维度来评价专利的价值，关注先进性、行业发展趋势、适用范围、配套技术依存度、技术寿命周期、可替代性、成熟度等因素（表 6-2）。经济价值度系从市场经济效角度来评价专利的价值，关注市场应用、市场规模前景、市场占有率、竞争情况、专利已实现收益、政策适应性、市场准入等因素（表 6-3）。[①]

---

① 国家知识产权局编制：《专利导航试点工程工作手册》(第一版)，2013 年 9 月。

表 6-1　法律价值度指标说明

一级指标：法律价值度		
二级指标	定义	评判标准
稳定性	一项被授权的专利在行使权利的过程中被无效的可能性	权利要求特征多少、上位下位；同族专利授权；本专利及同族专利经过复审、无效程序，或涉及诉讼的结果，等等
可规避性	一项专利是否容易被他人进行规避设计，从而在不侵犯该项专利的专利权的情况下仍然能够达到与本专利相类似的技术效果，即权利要求的保护范围是否合适	将独立权要求的每个特征分解出来，对每个分解特征进行评估，然后再对该权利要求的所有特征的可规避性的评分求平均
依赖性	一项专利的实施是否依赖于现有授权专利的许可，以及本专利是否作为后续申请专利的基础	通常可以由权利人提供或通过检索确定在先专利以及衍生专利
专利侵权可判定性	基于一项专利的权利要求，是否容易发现和判断侵权行为的发生，是否容易取证，进而行使诉讼的权利	可以将独立权要求的每个特征分解出来，对每个分解特征进行评估，然后再对该权利要求的所有特征的专利侵权可判定性的评分求平均，以获得该权利要求的专利侵权可判定性分值
有效期	基于一项授权的专利从当前算起还有多长时间的保护期	根据检索报告
多国申请	本专利是否在除本国之外的其他国家提交过申请	根据检索报告
专利许可状态	本专利权人是否将本专利许可他人使用或者经历侵权诉讼	根据检索报告

表 6-2　技术价值度指标说明

一级指标：技术价值度		
二级指标	定义	评判标准
先进性	专利技术在当前进行评估的时间点上与本领域的其他技术相比是否处于领先地位	根据以下几个方面进行评估：所解决的问题、技术手段、技术效果
行业发展趋势	专利技术所在的技术领域目前的发展方向	行业发展报告；该专利的国际分类号的小类或大组的专利数量的时间分布情况
适用范围	专利技术可以应用的范围	专利的说明书的背景技术对技术问题的描述以及独立权利要求
配套技术依存度	专利技术是否可以独立应用到产品，还是经过组合才能用，即是否依赖于其他技术才可实施	专利的说明书的背景技术和技术方案部分的描述，结合现有技术发展状况

续表

一级指标：技术价值度

二级指标	定义	评判标准
技术寿命周期	专利技术在应用领域中的生命周期	根据专利剩余有效期的二倍；技术领域；所解决的技术问题（取其中的最小值）
可替代性	在当前时间点，是否存在解决相同或类似问题的替代技术方案	对相关专利的问题描述；检索解决相同问题或类似问题的其他技术方案；检索该专利引用的背景技术；以及引用本专利的后续专利
成熟度	专利技术在评估时所处的发展阶段	根据国家标准《科学技术研究项目评价通则》

表 6-3 经济价值度指标说明

一级指标：经济价值度

二级指标	定义	评判标准
市场应用	专利技术目前是否已经在市场上投入使用，如果还没有投入市场，则将来在市场上应用的前景	市场上有没有与该专利对应的产品或者基于专利技术生产出来的产品；行业专家判断
市场规模前景	专利技术经过充分的市场推广后，在未来其对应专利产品或工艺总共有可能实现的销售收益	理想情况下同类产品的市场规模乘以专利产品可能占到的份额
市场占有率	专利技术经过充分的市场推广后可能在市场上占有的份额	专利产品在其他类似产品中市场占有的数量比例。如果专利产品还没有投入市场，则根据功能和效果最接近的成熟产品所占有的比例进行估计
竞争情况	市场上是否存在与目标专利技术的持有人形成竞争关系的竞争对手存在，以及竞争对手的规模	与本专利技术构成直接竞争关系的产品或技术的持有者或实施者与本专利的持有人之间的实力对比，例如公司的总体营业额
专利收益	专利已通过许可、实施、转让等方式获得了收益的情况	专利收益的财务信息；如果市场上具有类似的产品，则专利已实现收益的评分比较对象可以参照该类似产品来比较
政策适应性	国家与地方政策对应用一项专利技术的相关规定，包括专利技术是否是政策所鼓励和扶持的技术，是否在政策有各种优惠政策	高新技术产业和技术指导目录
市场准入	专利技术的实施是否需要经过有关部门的审批和认证	是否有行业准入限制；是否已经获得了资质/认证

二、知识产权审计的主要环节

做好知识产权审计的准备

——**明确知识产权审计目标**。作为一般意义上的知识产权审计，主要是识别有价值的知识产权资产，识别主要的知识产权风险等，并评估当前的知识产权资产是否适应公司的发展需要。但在操作上仍然有更为具体的审计目标需要明确，至少有其侧重点。

——**确定知识产权审计人员**。为了使知识产权审计更有效，知识产权审计最好由包括公司知识产权专业人员、技术人员所组成的团队进行，必要时可以聘任外部专家协助。IP审计团队应该对公司的战略目标、竞争环境、产品线和未来计划等有基本的了解。

——**从详细的检查清单开始**。该清单根据公司业务的类型和规模、相关法律、预期目的和预期审计结果进行了制定和调整。检查清单可以从流程上最大限度地减少遗漏。

审计知识产权资产的状况

——**识别和记录知识产权资产**。要确认公司已经拥有了哪些知识产权，需要收集和整理公司的知识产权信息，包括可能影响公司知识产权组合的所有协议。必要时，可能还需进行知识产权检索分析。评估无形资产是否归公司所有，如果归公司所有，则评估该资产是否受知识产权保护，包括由公司自己创造的资产，以及在得到第三方同意的情况下获得或使用的资产。

——**确认所有权和法律地位**。审计时应就每项知识产权资产注意确认，包括(1)所有权属性：例如，所有权的归属（母公司还是子公司）、单独或共同所有权，以及共同所有权时各方权利行使的限制。(2)有效性分析，知识产权是否即将到期、是否被他人异议、撤销、无效宣告等。(3)使用限制：对知识产权资产使用的任何限制，如地域限制、领域限制、时间限制、产品线限制、使用方式限制等。(4)担保：知识产权资产是否已被质押，或以任何其他方式合法担保。(5)与业务的关联性：知识产权资产与公司核心业务的关联性，知识产权布局与国际市场拓展的关联性，以及知识产权资产与公司关键发明人的关联性等。

——**查明知识产权风险**，包括有哪些无形资产被遗漏了知识产权保护，是否正在使用未申请知识产权的无形资产，知识产权权属是否存在争议，知识产权申请布局存在哪些不当或风险，知识产权使用是否合规（比如使用注册商标不得擅自改变、专利标识使用须合乎规范），因公司使用知识产权资产而可能引起第三方侵权或损害赔偿的可能性，是否有效应对了商标抢注等活动。

应用知识产权审计的结果

知识产权审计在帮助公司确定知识产权资产的强度方面作用显著,在辨明所有权、评估知识产权价值以及以最有效的方式保护知识产权方面意义重大。同时,知识产权审计也将揭示知识产权资产的缺陷及管理漏洞。从审计目标出发,应当制定或改进相关的制度、程序和管理实践,并为满足这些要求提供必要的保障。

——评估并分类知识产权资产。比如将知识产权资产分为四类:目前正在使用的、将来可能会使用的、用来阻止竞争对手的和对业务无助益的;或者将专利分为金、银、铜、铁四类,视具体情况采取或保持,或维护,或出售,或清理等不同措施。制作公司的知识产权资产清单,定期更新。

——评估知识产权资产是否服务于公司战略目标。检查公司的业务目标、业务模型和知识产权管理策略是否相互一致。

——构建更强大的知识产权组合。通过新的专利或商标申请,扩展专利或商标申请的地域范围,来实现这个目标。

——防止或准备好知识产权诉讼。审计公司使用的可能导致侵权的知识产权资产,并采取预警措施,评估责任承担和侵权抗辩事由。还包括针对商标抢注或他人侵权,采取适当的法律行动。

——将新建立的知识产权资产清单与公司战略业务目标相匹配。包括所有权的架构模式是否适应了公司的业务需要。

——完善知识产权资产管理体系。包括组建更健全和更强大的知识产权管理团队,在公司通过培训、激励等举措创建知识产权文化,确保知识产权维持体系的正常运转,确保知识产权活动的预算保障,持续健全公司知识产权资产管理政策、程序和实践(表 6-4)。

表 6-4 专利分类管理

专利类型	内涵	范围
黄金级专利 gold patents	其他竞争对手无法回避,且一定会用到的核心技术	公司的核心技术或基础技术
白银级专利 silver patents	属于非核心技术,但公司本身和/或其他公司会用到的改良专利	公司的非核心技术,改良但使用的技术
青铜级专利 bronze patents	非公司核心技术且公司本身已不再使用,而其他公司可能会用到的技术	公司的非核心技术,无使用的技术
黑铁级专利 steel patents	公司自己不会用到,而且其他公司也不会用到的非核心技术	公司的非核心技术,不重要的技术

第 2 节　知识产权资产标引

一、专利资产标引

专利资产标引的内涵

专利是公司技术实力的重要表征,也是公司参与竞争的战略性资源。专利不只是法律上的权利,更是公司高价值的资产。如何发挥专利资产的效用,从而有助于服务公司的商业策略,提升公司的竞争优势?专利资产标引不失为一种值得应用的实践工具。作为一种信息管理工具和新的专利衡量方法,**专利资产标引**是根据一定的分类标准,给公司的专利资产标注相应的标签,以方便公司快速检索,并有效利用专利资产的方法。

专利资产标引不同于**专利信息标引**、专利文献标引或专利数据标引(以下简称专利信息标引),后者主要是基于专利本身包含的信息内容(比如技术领域、发明组成、发明特征、发明效果、国际分类、工艺参数、发明人、申请人等信息)定义标引项,并以此分类和加注标签;而专利资产标引更强调从"资产"的角度,从产品、市场、竞争等角度测量专利资产,并加以标签化。因此,专利资产标引虽然会与专利信息标引存在一些交叉重合的情形,但专利资产标引的视角更为广泛,更符合商业实践的需要。

截至 2020 年年底,华为全球共持有有效授权专利 4 万余族(超 10 万项),90%以上专利为发明专利;截至 2021 年,同方威视围绕核心技术提交国内外 6000 余项专利申请;截至 2021 年 10 月底,小米集团在全球范围内拥有授权专利 24 000 余项,申请中 20 000 余项。如此庞大的专利规模,如果不进行专利资产标引,显然,即使是内部专利管理人员,也未必能有效掌握公司专利资产的状况。因此,专利资产标引的对象主要是针对公司内部的专利资产,而不是整个行业或覆盖竞争对手的专利数据库。

专利资产标引是公司对专利资产进行信息管理的一种方式和工具。专利资产标引作为公司专利管理体系的构成部分,并不是独立存在的,它与技术交底、发明评估、专利组合、专利稽核(审计)、专利淘汰、专利交易等专利管理工作关系密切,并能够为公司管理工作提供有力支撑和协同支持。因此,重视并执行专利资产标引工作,对于公司专利管理及专利运营将大有裨益。

专利资产标引的实施时间

——根据公司专利规模确定标引实施时间

专利资产标引需要耗费大量的时间和精力,而大多数公司的专利管理人员数量极为有限,甚至由技术人员兼任专利管理人员,因此,何时开始推进公司专利资产的标引工作,就需要综合考量管理人员、专利规模等各种因素。当公司拥有的专利规模太小,比如仅有 10 余项专利,进行专利资产标引的意义并不明显,难以展现标引的价值。而专利规模太大时,比如拥有 500 余项专利,此时才开始从头进行专利标引,可能工作量又相对巨大,使得标引工作困难重重。

结合公司的操作实践和对专利管理人员的访谈结果,我们认为,当公司的专利规模达到 50~100 项时,比较适宜启动专利资产的标引工作,此时可以有效平衡专利规模扩大带来的管理困扰和专利资产标引启动带来的工作强度。此后,公司专利资产标引就进入常态化管理:(1)如果新增的专利不多,可以每年固定一两个时间段对新增的专利进行一次性系统标引;(2)如果新增的专利较多,可以在每个专利产出的同时即同步进行专利标引。相对而言,我们更推崇第(2)种专利资产产出与标引同步进行的做法。

——根据专利产出阶段确定标引实施时间

专利资产标引显然只有在专利技术产出之后,不可能提前进行。但从技术到专利也至少要经过技术交底(或技术提案)、发明评估(或发明筛选)、专利申请、专利授权和专利应用(生产、上市等)几个阶段。专利资产标引可以从发明评估甚至技术交底时开始做起,当然,标引工作并非一蹴而就,事实上,在前述 5 个阶段都可以根据需要着手标引或重新评估标引工作,详见图 6-1。

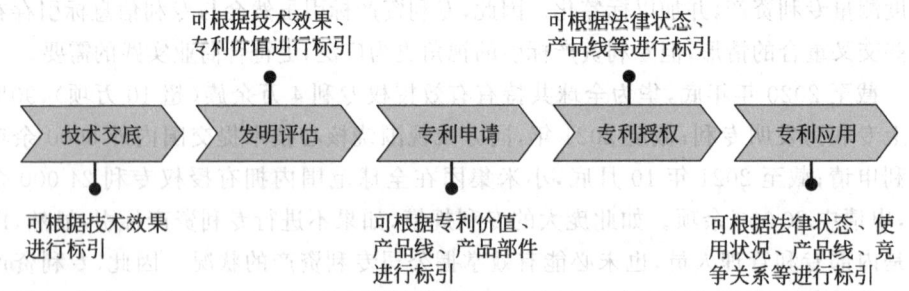

图 6-1　基于专利产出阶段的专利资产标引时间

在技术交底阶段,通常是由发明人或研发项目团队对技术成果进行标引,主要观察的维度是技术效果。在发明评估阶段,通常是由公司技术主管部门或者技术评估委员会对该技术成果是否申请专利或以何种方式进行保护进行决策,因此,评估的维度可能会从技术、法律和商业等层面展开,最后也是归结到该技术成果的价值大小。有的公司则推迟到专利申请时,才根据发明评估的结果对该专利申请进行初步标引,等到专利授权后,再根据当时的情形对前期的标引重新测量以决定是否调整标引项。等到专利应用阶段,可以根据需要进一步增加或调整标引项。比如,根据竞争对手产品的专利侵权情况,就某一专利进行相应的标引。

专利资产标引的维度

根据公司的商业实践及竞争需求,专利资产的标引有多重维度,每个维度都有自己的信息标签,即标引项。当然,并不是针对每一项专利资产的标引维度越多越好,关键还是要切合公司的实际需要。下面介绍几种常见的**专利资产标引维度**,每个标引维度有其对应的标签或标引项。

——**基于法律状态的标引维度**

在公司的众多专利中,除了已经得到授权而受到法律保护的专利,还有专利处于已提交专利申请但尚未授权或者被驳回、专利权终止、专利权无效宣告进行中等法律状态。因此,可以将专利资产按照其所处的法律状态进行标引,以快速识别专利状态,了解该项专利有效与否,并及时跟进年费缴费、专利无效等工作。

——**基于产品线的标引维度**

所谓产品线,是由使用功能相同、能满足同类需求而规格、型号等有所不同的若干个产品项目组成的一个产品类别。专利资产可以根据对应的产品线进行标引,如果公司的产品线分为高端零售系统、无线微店、分销系统、中小零售系统、中小企业管理,那么该公司的专利资产即可按照这五个产品线进行对应的标引,比如"支付宝服务窗"专利技术就可标引为"无线微店"这一产品线。

——**基于产品部件的标引维度**

给产品的各种部件按照分类分别给对应的专利资产打上标签,有利于根据标签的指引一次性找到某一部件的所有专利,也方便对某一部件进行技术升级改进。以汽车的专利为例,可以对发动机、排气管、油门线等零部件的对应专利进行分类标引。

——**基于技术效果的标引维度**

作为一种技术方案,每一项专利(外观设计专利除外)都应当有其解决特定技术问题的技术效果,因而技术效果是专利资产标引不可缺少的标签。将具有同一技术效果的专利进行分类标引,也便于迅速识别和展现公司在特定技术领域的专利优势。例如,对电热水器相关的专利资产,可根据技术效果打上防漏水、防漏电、即热等标签。有时,还可以对基于技术效果的标引方式进一步细分,比如,针对具有某一技术效果的专利组合,按照该技术发展脉络进行不同阶段的标引。例如,对电热水器的活水技术,可以给其专利按照活水技术的发展脉络分别打上机械活水、电子活水等标签。[①]

——**基于使用状况的标引维度**

通过标引专利资产是否处于使用、许可、转让或质押等状态,可以帮助公司在专利库存中,快速找出哪些专利是公司的"收益发动机",哪些专利是"沉睡的专利",使公司了解并掌握专利资产的实施状况及其价值程度,从而便于对不同状况的专利资产进行分类管理和采取相应举措。

---

① 参见唐立平:《浅谈专利布局的后期管理》,http://www.ceipi.cn/yjcg5_139.html,最后访问日期:2017年5月25日。

——基于专利价值的标引维度

专利不仅是授予专利权的发明创造,更是一种具有使用价值和交换价值的技术资产,一种能够为产品创造附加值、创造竞争优势的无形资产。专利价值可以用**专利稽核**(审计)的方式进行评价,即公司对其拥有的专利资产,从法律、商业、技术等层面进行盘点审核,并作出相应的决策。透过专利稽核可以区分出专利资产价值的等级大小,并以"A、B、C"或"重要、一般、不重要"等标签进行分级标引。

——基于竞争关系的标引维度

专利是竞争对手相互攻防的竞争工具和商业利器。公司可以定期或不定期地对竞争对手在市场上销售的产品进行专利分析。如果发现竞争对手的产品涉嫌侵犯自己的专利权,应当及时就相关专利进行标引,包括标注该竞争对手的名称以及涉嫌侵权的产品型号等信息,[①]此可称为**诉讼储备标引**。在打算主动攻击竞争对手侵权或被竞争对手起诉侵权时,能够以最快的速度找到与之有关的专利,进行进攻和防御。为了将来更好地支撑诉讼,还可以将一些专利产品的使用证据等初步收集整理,并放置于被标引专利相应的文件夹下留存。

——基于其他考虑的标引维度

在实践中,根据行业性质的不同、公司需求的不同,标引的维度也会发生变化。比如,对于通讯、多媒体等高度依赖于标准的行业,可以将专利与对应的标准关联进行专利资产标引。兹不再详述。

专利资产的前述标引维度,可以透过不同的标签或标引项加以标记,并使用诸如以下形式的表格加以管理。不过,当公司的专利数量达到成百上千件时,仅依靠Excel表格进行专利管理自然使用不便,弊端诸多。此时,可以引入或开发专利管理系统,进行专利资产的标引工作。目前很多软件公司开发的专利管理软件,都可以实现专利标引的功能,甚至还可以根据用户的需求进行定制化开发(表6-5)。

表6-5 专利资产标引的呈现形式示例

专利名称(专利号)	法律状态	产品线	产品部件	技术效果	使用状况	专利价值	竞争关系	其他(如技术标准)
专利A (ZL20081×××××××.8)	授权有效	电热水器	数字式漏电保护器	自动断电、故障诊断	自用、质押	A (重要)	B公司可能侵权(××产品)	—
专利B								
……								

[①] 参见唐立平:《浅谈专利布局的后期管理》,http://www.ceipi.cn/yjcg5_139.html,最后访问日期:2017年5月25日。

专利资产标引的应用价值

专利资产标引对于公司的专利管理及运营都具有重要的现实意义。比如,根据专利的价值高低、使用状况等指标,可以及时清理那些不常使用、价值低甚至无价值的专利资产,帮助公司将有限的资金预算和管理资源聚焦于有价值、高质量的专利资产。

——便于节约专利查询成本

如果一家公司拥有的专利数以百计,数以千计,甚至数以万计时,那么当你想要快速准确地找到一件专利时无异于大海捞针,这不仅是一个时间成本的问题,更可能会使你在遇到紧急情况时丧失一些诸如打击竞争对手侵权的最好时机。不同的专利资产标引方式就好像不同的坐标轴,通过多个坐标轴的定位,可以从数千件专利中迅速找到所需的专利资产。事实上,专利资产标引的首要意义就在于能够方便迅捷地找出符合需要的专利。

——便于分类管理专利资产

对每件专利技术的价值或重要程度进行标引,可以便利公司分级分类管理,并根据不同的标引分配不同的资源投入。例如,对于重要程度最高的专利资产,应进行精雕细琢的专利布局、专利组合等精细化管理,匹配最具专业能力的专利服务机构。而对于重要程度较低的专利资产则可相对粗放管理。再如,对于自己不使用但对他人有价值的"青铜专利",可以考虑转让或者许可;对于不会使用且没有商业价值的专利资产,可以考虑放弃维持。**唐立平先生**(美的集团专利主任工程师)认为:分级标准可根据公司的实际情况制定,可由专利、研发、营销等部门的人分别从法律、技术、市场等维度对专利进行评分,根据加权得分结果进行分级。核心专利的数量建议控制在 10% 以内,拟放弃专利的数量控制在 15% 以内。[①]

——便于构建专利组合

考虑到专利组合(patent portfolio)能增加创新成果保护的规模和多样性,公司通常会寻求获得大量相关专利,以提升专利投资的价值。根据实际需要,结合专利资产各个维度的标引信息,通过标引项的检索和组合,即可将相关专利列表从公司专利数据库中导出,构建出基于某技术领域、某产品、某部件、某功能、某标准的专利组合,实现专利组合的动态构建和管理。一项专利可以对应多个标签,具有共同标签的专利可以构成一个专利组合。专利组合的构建使各专利相互之间形成支撑和协同关系,既可以增加产品的专利竞争力,也可以有效支持专利包的商业运营。

——便于提高专利评估效率

基于预算限制和管理成本,公司对其专利资产会不断进行评估,以决定是否继

---

① 唐立平:《浅谈专利布局的后期管理》,中国企业知识产权研究院,2016-01-06。

续维持有效性,是否调整其价值分级等。通过前期的专利资产标引,可以有效支持和提升后期专利资产盘点或稽核的效率,从而不断优化专利资产的质量,节省专利维护的成本,释放专利资产的价值。比如,将价值分级中标引为最低等级的专利,作为优先考虑是否放弃或淘汰的资产。

——便于专利交易利用

公司的专利资产较多都处于搁置不用的状态,如果不是因应策略上的需要,则非但不能带来商业利益,反而还会背负沉重的负担。还有一些专利系囿于公司自身的力量,无法有效推进产业化。所以,需要以转让、许可等交易利用的方式,把专利优势转化为商业价值。透过专利资产标引的识别指示功能,可以方便查找有价值且未使用的专利,方便围绕特定技术或特定产品构建专利组合,从而快速识别、精准运营专利组合,帮助公司富有成效地开展专利交易利用工作,提高专利的利用效率。

——便于识别杀手级专利

专利资产的标引过程也是杀手级专利的发现之旅。所谓**杀手级专利**,是指可以指控对方主营业务或核心产品侵权的专利或专利组合。通过关注竞争对手推出的产品,并在自有的专利武器库中进行专利比对,同步标引可能被侵权的专利资产,同步挖掘杀手级专利,既可以在激烈的商业竞争中给对手强力一击,达到专利攻击之效果;也可以在受到竞争对手诉讼攻击时,能够迅速找出杀手级专利起诉反制,发挥专利防御之目的。

二、商标分级标引

常见的公司品牌模式

公司的品牌模式有很多类型,业内通常将品牌模式分为单一品牌模式、混合品牌模式、独立品牌模式和不相关品牌模式4种类型。不过,即使是单一品牌模式之下,也并不表明公司的产品只有一个品牌名称,详见表6-6。

采用单一品牌模式的公司,为了区分不同层次、定位或者特质的产品,往往会采用"主副品牌"的策略,即以一个已经成功的品牌作为主品牌,涵盖公司各个系列的产品,同时又给不同产品取一个生动活泼、富有魅力的名字作为副品牌,以突出产品的个性形象。这样就既可节约传播费用,又可以尽量避免危机的连锁反应。比如,"格力"空调品牌旗下有"全能王""睡梦宝""月亮女神""冷静王"等系列空调,既分享了主品牌"格力"的品牌资产,又丰富与凸显了具体产品的个性,可以说是一举两得,相得益彰。

表 6-6　不同的品牌模式

品牌模式	内涵	例证
单一品牌模式	所有产品系列不论其有多宽广都使用一个主品牌,但该主品牌旗下通常会有若干子品牌	海尔公司在其冰箱、彩电、空调、电脑、手机等产品均使用同一品牌"海尔",日本的佳能公司也是一样
混合品牌模式	每一个系列产品都有独立的品牌名,但所有系列同时又分享一个共同的品牌	苹果公司旗下有 MacBook、iPad、iPhone、iPod 等品牌,但都分享一个共同的品牌Apple(或其苹果图形商标)
独立品牌模式	每一个系列都拥有一个独立的品牌名,其中只有一个系列的品牌可以使用公司名称	福特旗下的"福特""林肯"等每个品牌都有其各自独立的标志,它们之间的品牌名及总体形象没有关联,因为福特公司认为"福特"是大众市场的汽车,不会为其他高级汽车品牌增值,反而会削弱其他品牌
不相关品牌模式	每一个品牌都是一个独立互不相干的品牌,且与公司名称无任何联系	宝洁(P&G)不仅在洗衣粉、洗发水、淋浴皂、纸尿裤等不同系列的产品上采用了完全不同的品牌,而且在同一产品系列上也采取了多品牌模式,其洗发水下属的"海飞丝""飘柔""潘婷""沙宣"等品牌,分别以"去屑""柔顺""健康亮泽""专业"的不同定位,取得了商业上的成功

从商标法的角度,主品牌被称为主商标或母商标,副品牌则是副商标或子商标。对于主品牌,多数公司都会有意识地采取商标注册保护。但对于副品牌,有的公司可能只是把它当作一个广告宣传语或者口号,似乎忘记了它也可能是一个商标,甚至有的公司经常把自己的副品牌当作产品类别的通用名称来使用,长此以往,就会产生巨大的法律风险。

品牌结构的商标分级

无论采用单一品牌模式还是混合品牌模式,目前多数公司的品牌/商标数量都相当可观,品牌/商标层级都比较复杂。当公司商标积累到一定数量时,即需要对商标资源进行分级管理。**商标分级**是指根据商标(品牌)的重要性或其所处业务位阶,将公司的商标进行分类管理。

快手知识产权的卢苑、娄丽认为:

在分级的依据上,可以综合考虑商标的战略价值、法律价值、市场价值等因素,包括但不限于:(1)商标对公司的影响力、贡献度;(2)商标与公司的紧密程度;(3)商标所对应的业务目前的运营状况(规模、投入、市场潜力)及在公司的战略地位等级;(4)商标实际使用的时间、范围;(5)商标的注册目的等。

在商标级别的数量和具体名称上,可基于公司的实际情况进行有针对性的设置,如可以设置为核心商标(主要是公司品牌和形象)、重点商标(重点业务品牌、对公司未来业务发展有战略意义的品牌）、普通商标（普通产品功能名称等）、防御商标（如商号、领导人姓名、联合商标等）、储备商标（可用于内部流转二次使用的商标等）。①

当然，可以按品牌所处的业务位阶进行分类（表6-7）。

表6-7 品牌/商标分级示例

品牌类型	对应商标级别	商标类型描述
主品牌	一级商标	与公司字号一致的中文商标及对应的英文商标，是公司的主品牌，也是事业群品牌的主要构成元素
事业群品牌	二级商标	由主品牌和事业群的代表名称组成，商标使用范围覆盖该事业群全部领域
产品线品牌	三级商标	各事业群下的系列产品品牌商标，商标使用范围覆盖该事业群的某些领域

商标分级是实施商标战略的基础，并将贯穿于商标注册、使用、管理、保护的各个方面。针对不同层级的商标，应选择或制定不同的商标策略，给予差异化的资源支持。比如，在商标监测方面，对于一级商标，可以实行全类监测。如果发现在任何商品类别上有影响主品牌正常使用，会影响品牌声誉的商标可以积极提出异议；对于二级商标，可以只就核心的商品类别实行商标监测；对于三级商标可视其重要程度来参照二级商标的核心类别进行监测。

对核心、重要的商标，从商标检索到布局，再到商标争议解决，进行全生命流程的看护，其费用消耗也不容小视。因此，从实际操作的角度，为降低管理成本、合理配置资源、提高管理效率，商标分级的层次不宜太多，处于一级的核心商标也不宜过多，否则公司预算有限、法务精力有限，难以应付。

◇业界声音

陈立思（旺旺集团知识产权经理，2020年）谈道："公司经费的具体投入是有的放矢。我们不可能对所有的商标投入相同的经费，而是对于重要保护的商标投入很多。重要保护的商标是指主打商标和使用中的商标，比如旺旺、旺仔等是系列性商标，每个产品都用了这个商标。对于主打商标的保护范围是45类全类，对于使用中的商标，保护范围主要是食品类别，区分它们是为了做不同的应对。对于主打商标和使用中商标，全部纳入防"撤三"范围，即每到3年申请一次；对主打商标和使用中商标也全部会采用商标异议。"

——来源：2020年松江区企业总裁知识产权高级研修班演讲发言。

---

① 卢苑、娄丽：《从竞争优势角度看互联网企业如何构建最佳商标策略》，载林炮勤主编：《IP之道2——中国互联网企业知识产权实践集结》，知识产权出版社2022年版，第40页。

三、商业秘密标引

商业秘密的内涵

公司内部的很多信息都需要作为商业秘密保护，并采用安全的措施，保障这些信息不被外泄，避免被竞争对手利用，甚至破坏自己的商业计划。当然，如果已经通过专利申请而公开的信息，则无法作为商业秘密保护起来。公司可以作为商业秘密保护的信息范围，包括但不限于设计图纸、研发试验数据、纪录和结果、工艺流程、技术诀窍、样品、市场营销策略、销售渠道、货源情报、订货合同、客户名单、经营方法等。

如果想了解商业秘密的泄露或被盗对公司造成的损失有多大，可能难以量化和评估。但商业秘密泄露所带来的损失可从下列领域增加的成本中看出：行政管理费用、市场份额损失、增加的法律官司、增加的安全措施、公司的名誉损失等。

根据 2019 年修订的《反不正当竞争法》第 9 条第四款的规定，**商业秘密**是指不为公众所知悉、具有商业价值并经权利人采取相应保密措施的技术信息、经营信息等商业信息。商业信息作为技术信息和经营信息的上位概念，能够覆盖部分难以被界定为技术信息或经营信息、但具有商业价值的信息，如某公司隐去股东的身份、持股比例、代持人等信息。

从前述法律规定可知，商业秘密的特点包括：(1)秘密性，系不为公众所知悉的技术信息和经营信息等商业信息。所谓"不为公众所知悉"是指商业信息不为其所属领域的相关人员普遍知悉和容易获得。(2)价值性，有关信息具有现实的或者潜在的商业价值，能为权利人带来竞争优势。(3)保密性，采取了一定的保密措施，从而使一般人不易从公开渠道直接获取。权利人为防止商业秘密信息泄漏应采取与其商业价值等具体情况相适应的合理保护措施。

商业秘密的确认

公司应当合理界定商业秘密的范围，不鼓励将不需要或不重要的商业信息划入商业秘密保护范围，导致没有保密重点，浪费公司资源。并不是所有的商业信息都能够或都需要作为商业秘密来保护，如果笼统地将所有信息当作商业秘密来保护，有可能混淆秘密与非密的界限，分不清哪些是公司的商业秘密，哪些不是公司的商业秘密，更不用说做好保密工作。那些直接影响公司的权利、利益和公司经营发展的商业信息，一旦泄密会使公司利益遭受损害的信息应该作为商业秘密来保护；不同的公司会有自己的核心机密，公司要考虑商业信息的重要程度、商业价值等因素，既要全面保护公司的商业秘密，又要突出重点、积极防护公司的核心商业秘密。

公司对属于商业秘密的信息及其载体应当标明保密标识（如保密印章等），使保密信息与其他信息区别开来,一是可以很明确地确定哪些人员具有接触这些信息的权限,防止权限没有接触商业秘密的人员不当接触商业秘密;二是在商业信息或其载体上标明保密标识,按照《反不正当竞争法》的规定可以认定公司已经采取了保密措施,表明公司的保密意图,是认定商业信息是否构成商业秘密时的一个重要证据。由于商业秘密的存在方式或载体是不同的,有的是以纸质文档的方式存在,有的是以电子文档方式存在,有的具有有形的载体,有的没有有形的载体,公司都应以人员能够感知的方式标明保密标识。

用以确认商业秘密的具体方式,可以包括:

——在包含商业秘密的信息或载体上标明保密标识;

——不适宜在包含商业秘密的载体上标明的,用书面形式标明保密标识并粘贴在商业秘密载体上;

——不能标明保密标识的,用专门文件加以确认,并将文件送达负有保密义务的有关部门和人员;

——在涉及商业秘密的电子文档中以电子印章等方式嵌入保密标识;

——使用其他易于为接触者所认知的方式标明保密标识。

划分商业秘密的等级

确定商业秘密范围是保护商业秘密的基础,有了保密范围,才好"对号入座",方便执行。但是,商业秘密保护也有管理成本的付出,如果对公司的商业秘密不加区分,一视同仁,势必也会降低保密效率,浪费管理成本。通常,可以把商业秘密分为3个等级(有时还会加一个"公开信息"或"内部信息",不纳入商业秘密保护范围):

——**绝密级信息**,是最重要的商业秘密,泄密后将削弱公司核心竞争力、改变公司市场竞争地位,或导致竞争对手在技术、资源、经营领域实现突破。

——**机密级信息**,是重要的商业秘密,泄密后可能削弱公司核心竞争力、可能改变公司市场竞争地位,或可能导致竞争对手在技术、资源、经营领域实现突破。

——**秘密级信息**,是一般的商业秘密,是公司在生产和管理活动中不宜公开的,泄密后可能对公司造成负面效应的,或文件编制部门认为不应公开的。

商业秘密的分级管理

从信息安全的角度,对于不同等级的商业秘密应当投入不同的资源,施以不同的管控措施。目前的商业秘密管理都广泛与安全技术相结合,对于不同等级的商业秘密,可以在数据安全、物理安全、网络安全、服务器与应用安全、终端安全和移动存储介质安全等技术方面,给予不同的待遇。再如,在商业秘密的接触方面,不同等级的商业秘密能够被接触的员工,应当区分出不同的范围,关键性的商业秘密只有高级管理人员才能接触。

李俊（现任华夏泰和总裁李俊，2015年）指出："要聚焦核心的商业秘密，一个企业的商业秘密很多，如果针对所有商业秘密进行管控，你的资源、精力、成本会付出非常大，最终效果取得一般。要把80%的精力和资源放在20%的核心商业秘密管控上，这样的效果可能是最好的。因为商业秘密，所有一视同仁对待的时候，对企业运行的效率也是影响非常巨大的。"

◇经验：商业秘密的分级操作

我们在制定商业秘密保护办法的时候，首先会考虑到要对商业秘密进行分级。因为商业秘密分级会涉及后续一系列的文档流转、文档审批、文档加密，还有离职人员的审计等事务，它们都是以商业秘密分级作为前提的。

对于商业秘密的分级，很多公司的规章制度都非常简单，比如说绝密、机密、秘密、公开。它是根据对公司损失的程度大小来决定的，但是在实际当中去执行的话，会导致业务单位存在一些质疑，比如怎么定义造成的损失呢？

我们现在怎么做？列了一个表，大概有十几、二十个细的条款，针对绝密、秘密、机密、公开等各个级别，每个细的条款里面会有一些相应的规定。研发人员或者销售市场人员想了解一下自己所涉及的信息是什么密级，可以去看一下这个表，这个表基本上把我们现有各个业务模块相应的一些情况汇总出来了。

当然这里面的工作量其实是挺大的，涉及研发、产品、销售、市场、人事、财务、法务，各个业务模块涉及的一些工作范围、涉及的一些文档、涉及的信息整理都是不一样的，这就需要我们和各个模块去沟通、去协调。首先你需要做一些类似于清查的工作，把各个业务模块，把它涉及的一些载体、信息、工作范围、资源，以及他掌握的其他信息，对于工作的重要程度、对于公司的重要程度都评估一下，然后根据评估的情况，再去做一个表格，最后让他在各个模块对应的表格去找，属于哪一个就好了。

知识产权部门把各个模块，从研发、产品、销售等业务部门开始，然后人事、法务、行政依次培训了一遍。培训之后，我们就在每一个业务模块（比如说研发、产品），都配备一个商业秘密的接口人。我们也会对接口人进行培训，涉及一些具体的商业秘密如何分级，如何去管理。各个业务模块如果有相应的问题，可以找这个接口人，这可以保证他们相互的沟通协调比较顺畅一点。

——摘自黄克伟（时任网宿科技知识产权总监）：《企业商业秘密分级具体如何操作？》，智慧芽，2018-02-18。感谢作者授权使用。

信息解密

公司应当定期对商业秘密进行审核，对没有必要作为商业秘密保护的商业信息,应当及时解密。商业信息是不断发展的,之前需要保密的商业信息现在有可能不需要采取保密措施,使不需要保密的商业信息在公司内部自由流通,实现资源共享,并可以突出重点,积极防护,使公司的保密工作有的放矢,也可以降低公司的保密成本。商业秘密解密的最终判断标准是某项商业信息是否有必要或有可能继续作为商业秘密进行保护,具体可以参照以下的标准:

——国内或国外已经公开的,尤其是已经通过专利申请文件公开的。这些已经公开的信息成为公有技术或公有信息,公司的商业秘密已经丧失秘密性,没有必要再采取保密的工作。

——在国内外无竞争能力且不影响本单位的商业秘密安全的技术。随着技术的发展,公司采取保密措施的技术已经更新换代,被新的技术所取代,没有竞争力,也不会影响公司的技术安全的可以解密。

——属于业内纯基础理论研究成果的。单纯的构想和抽象的理论或概念并不是商业秘密所保护的对象,此外,基础理论一般是本领域内的公有知识。

——业内已经流传或者业内一般技术人员基本能够掌握的技术。这也是属于公有领域内的知识,但是应当注意的是,如果仅仅是除了商业秘密所有人以外的有限范围所知晓的商业秘密,并不丧失其作为商业秘密保护的资格。

——公司已经公开的经营计划或营销策略等经营信息,不需要继续保密的。

——其他已经公开或业内公知的,或者已经失去保密价值的商业信息。

第3节 知识产权资产维持

一、确保IP维持体系运转

识别需要维持的知识产权资产

知识产权可以分为两类:一类是依事实而取得的权利,比如作品一经创作完成即享有著作权,商业秘密只要具有秘密性、价值性和保密性即可受《反不当竞争法》保护;一类是依申请取得的权利,比如专利权、商标权、域名注册、集成电路布图设计专有权等,这类权利往往有保护期。对于专利权、商标等知识产权,必须做好**知识产权期限管理**,即在保护期内或到期后须履行一定的程序(年费缴纳、续展注册等),以持续维持权利的有效性。

比如,发明专利权保护期自申请日起为20年,实用新型专利为10年,外观设计专利为15年。为维持专利权有效,应自授予专利权当年开始缴纳年费,当年在办理登记手续时缴纳,以后在每年申请日前一个月内预缴年费。专利权人未按时缴纳年费或者数额不足的,自应当缴纳年费期满之日起6个月内补缴并缴滞纳金;期满未缴纳的,专利权应自缴纳年费期满之日起终止。根据我国《商标法》,注册商标有效期满,需继续使用的,应在期满前12个月内申请续展注册;在此期间未能提出申请的,可给予6个月的宽展期。宽展期满仍未申请的,注销其注册商标。每次续展注册的有效期为10年。

不要遗忘宝贵的知识产权资产

许多公司已经逐渐认识到,知识产权是日益重要的财富。但是,由于知识产权看不见,摸不着,仍然有些权利人不小心忘记了这些重要的财富。这些被遗忘的知识产权,因为失去了权利,重新回到公有领域,甚至被其他人拣了个"大便宜",重新申请注册了商标。因此,应当依托知识产权管理软件等工具,积极采取措施确保公司的知识产权维持体系正常运转,避免专利年费忘记缴纳,或者商标到期没有续展,给自己造成严重的损失。

◇**专栏:被遗忘的财富**

武汉安心食品工业有限公司于1997年8月14日成功注册"安心"商标,核定使用的商品为粥、盒饭、面条等,有效期截至2007年8月13日。武汉安心食品工业有限公司在2002年5月被当地工商局吊销营业执照,但其忘记了自己还有一枚"安心"商标,结果在2008年2月13日的宽展期届满前,仍然没有对该商标提出续展申请。肯德基早已恭候多时,随即收入囊中,推出了"安心"油条。

更有戏剧性是一家香港投资公司的遭遇。这家投资公司原本在金融服务上拥有一枚中国商标,美国一家打算在中国发展业务的银行与该商标同名,一直寻求协商解决之道,希望共同分享这枚商标的使用,但一直未获香港公司的允许。让美国这家银行万万没想到的是,香港公司竟然在商标到期时忘记了续展注册!结果显而易见,美国这家银行立即提交了商标注册申请,直到商标注册都被核准了,香港公司才清醒过来,提出商标撤销的争议。但这时,它已十分被动。

公司管理层应当像对待有形资产一样,认真对待包括商标在内的知识产权的资产管理。但不幸的是,很多公司的高层管理人员对待知识产权管理,总是自以为是,他们根本不知道应该如何正确对待知识产权问题,甚至连基本的知识产权常识都没有。《董事会里的爱迪生》一书在序言中指出:"知识产权可能会被人们忽略,它就像阁楼上的绘画作品一样,但是它一旦被挖掘出来,就变得价值非凡。"

——摘自袁真富:《被遗忘的财富》,《中国知识产权》2012年第4期。

维持IP:不只是年费和续展

蔚来汽车法务部知识产权团队数十人,截至2021年年底,管理知识产权管理数量(国内外)商标、专利、著作权1万余件。雀巢(中国)法律部知识产权团队,负责雀巢在华的知识产权管理事务。截至2021年年底,知识产权团队管理(国内外)

商标、专利、著作权等数量高达10 000余件,知识产权价值100亿元。维护这些海量的知识产权资产是公司重要的管理内容。

维持知识产权资产,当然不只是缴纳专利年费或商标续展注册。事实上,在整个知识产权维持期间,为了继续合法持有知识产权资产,并保持该资产的排他性,还有大量的事务需要处理,包括：

——专利著录项目或商标注册事项变更,包括发明人姓名、申请人或注册人名义、申请人或注册人地址、代理人或其他著录/注册事项有变化的,需要及时办理变更手续。否则将来办理专利转让、商标续展注册等都可能遇到麻烦。

——应对商标撤销申请。注册商标没有正当理由连续3年不使用的,任何人可以向商标局申请撤销。当然,最好的应对方式就是持续正确地使用该注册商标。

——应对商标异议、商标无效、专利无效等程序。

——持续进行专利监控、商标监控等,及时打击傍名牌或侵权人。

作品登记：维护版权资产的重要方式

所谓**作品登记**,是将作品在相关部门登记以确认权属。我国《著作权法》并没有对作品登记作出规定,只是在《计算机软件保护条例》和《作品自愿登记试行办法》中,才明确规定了作品自愿登记的原则及相关操作办法。软件作品可以按照《计算机软件保护条例》和《计算机软件著作权登记办法》的规定进行版权登记；而对于软件以外的作品,包括文字作品、口述作品、音乐、戏剧、曲艺、舞蹈、杂技艺术作品、美术、建筑作品、摄影作品、电影作品和以类似摄制电影的方法创作的作品,工程设计图、产品设计图、地图、示意图等图形作品和模型作品,法律、行政法规规定的其他作品等,则可以按照《作品自愿登记试行办法》的规定,自愿进行作品登记。

作品的著作权自创作完成即自动产生,不需要履行登记程序,因此,作品是否登记并不影响作者或其他著作权人依法取得著作权保护。但进行作品登记,可以作为享有著作权的初步证明,便于明确权利归属,方便权利人维权和诉讼,有助于解决因著作权归属造成的著作权纠纷,并为解决著作权纠纷提供初步证据。

2021年全国共完成作品(不包括计算机软件)著作权登记3 983 943件,同比增长20.13%。从作品类型看,登记量最多的是美术作品1 670 092件,占登记总量的41.92%；第二是摄影作品1 553 318件,占登记总量的38.99%；第三是文字作品295 729件,占登记总量的7.42%；第四是影视作品244 538件,占登记总量的6.14%。以上类型的作品著作权登记量占登记总量的94.47%。2021年全国共完成计算机软件著作权登记2 280 063件,同比增长32.34%。

二、定期淘汰知识产权资产

通过知识产权审计,除了识别有价值的知识产权资产,更要敢于淘汰那些不创造任何价值的知识产权资产。淘汰知识产权资产各有不同,比如,公司业务战略调整,相应的专利资产失去意义;技术已经过时或替代,专利保护已不需要;防御性专利的目标已经达成或落空,没有必要继续持有等。因此,**知识产权淘汰**是出于各种目的放弃对其知识产权资产的所有权。

专利淘汰的方式有很多,包括不缴年费、声明放弃,消极应对专利无效也可以算是一种被动放弃。商标因为没有年费缴纳的问题,因而放弃的方式主要是到期不再续展,当然也有通过主动放弃,或消极应对商标撤销或无效的方式放弃注册商标的。当然,淘汰知识产权资产之前,可以先考虑一下是否有转让或许可的价值。如果有的话,不妨先尝试通过知识产权运营取得利润。

根据在美国的知识产权咨询发现,通常发现一个公司专利资产组合中,有5%~50%不再有用并可以淘汰。大部分庞大的,拥有上千个专利的公司都有很大的删减空间。很多执行官惊讶地发现他们的资产组合中还包括那些早已过时的技术,例如8轨道录音机。因此,仅仅通过重新考虑他们的专利组合,很多公司就可以迅速发现可节省成百上千美元。[①]

当然,要放弃公司的专利权,也并是一件容易的事情。有的发明人可能对放弃专利持有抵触的态度;有的决策者可能存在担心,不能肯定专利是否的确无用;而有的国有企业则担心放弃专利,将承担国有资产流失的责任;甚至有的内部稽核人员出于人际关系的考虑,不愿意随便批评人家的专利有无价值。如何建立一种公平、适当,并能取得支持的专利淘汰机制,是需要认真考虑的事情。

◇经验:淘汰专利的阻力重重

沙龙·奥瑞尔(Sharon Oriel)·道(Dow)化学公司全球知识产权及资金管理技术中心主管发现,让管理人员及科学家同意进行删减是困难的。

"多年来,我们按专利的多少来付给发明者报酬,现在我们突然将那些专利贴上'无商业意义'的标签,对于许多发明者而言,无异于说他们的孩子很丑。另外,一些经理人员也非常保守并希望持有过多的技术,以防万一将来某天会用到。于是,我们要使人们习惯于这种删减就需要进行大量的教育。

我记得有一次与一个企业经理谈话,他持有一项无用的技术但却拒绝放弃。我说:'你想节省300万美元吗?'这是一个小企业,因此300万是个大数目。他看着我说:'通过合法渠道?'我说:'是的。'他说:'好吧,就这样做。'一旦我能将节省的费用货币化,决策就变得容易了。"

——摘自:[美]朱莉.L.戴维斯、苏珊娜.S.哈里森:《董事会里的爱迪生——智力资产获利管理方法》,江林等译,机械工业出版社2003年版,第79页。

---

① [美]朱莉.L.戴维斯、苏珊娜.S.哈里森:《董事会里的爱迪生——智力资产获利管理方法》,江林等译,机械工业出版社2003年版,第53、78页。

三、商标维持的合规管理

商标法对于商标使用有较多的管理性规范,比如,不得自行改变注册商标,未注册商标不得标注册标记等。如果商标使用不规范,轻则招致行政处罚,重则商标面临被撤销的风险。因此,必须从产品生产、销售、市场营销等各个环节,加强商标使用的管理,避免发生违反商标法规定的风险。公司品牌管理人员需要定期对旗下的各个品牌的商标使用情况进行检测。其中,包括对产品内外包装、标签上品牌商标的使用情况,也包括广告设计、网页布局以及宣传册上商标使用情况,这样才能及时发现问题并修正。

——不得冒充注册商标

使用已核准注册的商标,可以在商品、商品包装、说明书或者其他附着物上标示"注册商标"或者注册标记。注册标记包括 ⓇⓇ 和 ®。使用注册标记,应当标注在商标的右上角或者右下角。对于未注册的商标,不得使用注册标记,否则属于冒充注册商标的违法行为。

定期检核已注册或提交注册申请的商标,其指定的使用范围是否已足够覆盖公司现有及未来的业务范围。不得超出商标局核定使用的商品或服务范围使用注册商标。如果需要扩大注册商标的使用商品或服务范围,应当在扩大使用的商品或服务上,提交新的商标注册申请。

——不得改变注册商标

在注册商标的使用过程中,应做到印制的商标标识或实际使用的商标标识,与核准注册的商标标识保持一致,不得擅自改变其组合或构成要素。如果无法做到实际使用的商标标识与核准注册的商标标识保持一致,则不得标示"注册商标"或者注册标记。

——不得宣传"驰名商标"

2014年施行的《商标法》第14条第五款规定:"生产、经营者不得将'驰名商标'字样用于商品、商品包装或者容器上,或者用于广告宣传、展览以及其他商业活动中。"第53规定:"违反本法第十四条第五款规定的,由地方工商行政管理部门责令改正,处十万元罚款。"

——及时提出变更申请

如因经营等原因,需要变更注册人名义、地址或其他注册事项的,应及时向商标局提出变更申请。

——避免商标不使用被撤销

《商标法》第49条第二款规定:"注册商标成为其核定使用的商品的通用名称或者没有正当理由连续三年不使用的,任何单位或者个人可以向商标局申请撤销该注册商标。"因此,对于对长期不使用的注册商标,他人有权申请撤销。这需要公司从产品生产、销售、市场营销等各个环节,留存商标使用的证据,包括但不限于广告宣传材料及其载体、商品包装及其委托印刷合同、销售合同及发票等。

第3编
知识产权业务嵌入

【导读】

◇ 公司知识产权管理可谓纵横交错。纵向层面包括知识产权的挖掘、撰写、申请、布局、审计等全生命周期的事务管理和流程部署,横向层面则与公司研发、制造、采购、营销、销售等业务链嵌入协作、融合支持。

◇ 研发环节通常是专利业务的起点。从360度全方位扫描,主要包括基于研发风险管控的专利事务、基于研发过程支持的专利事务和基于研发成果保护的专利事务。品牌设计环节同样离不开商标的法律考量和合规管理。

◇ 制造、采购、物流、营销、销售、贸易等供应链及销售链上充斥着知识产权侵权风险和合规风险,也充满了知识产权策略运用的机遇。必须让知识产权与公司业务链更好地嵌入与融合,更好地支撑和保障公司发展及业务自由。

第 7 章　技术研发的专利管理

❀思维导图

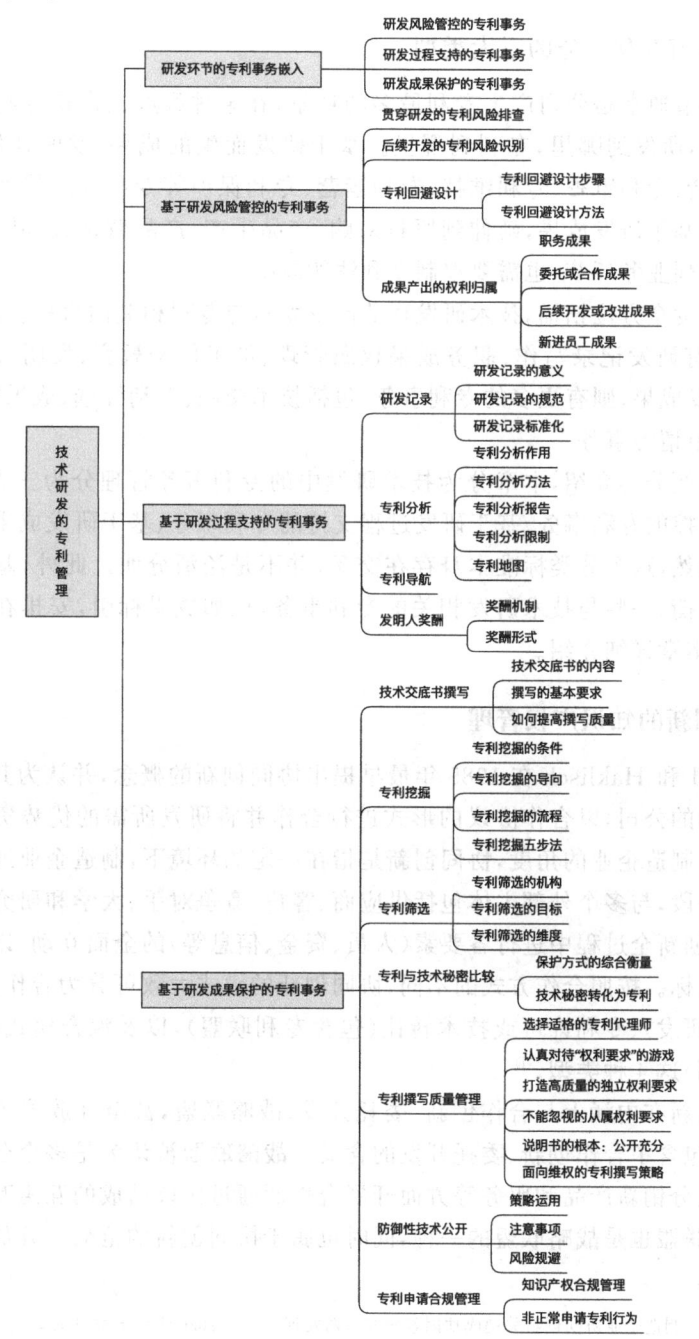

第1节 研发环节的专利事务嵌入

一、研发环节：360度专利管理

研发环节专利事务的三大类型

研发环节通常是公司产生专利最多的场景,在某种程度上也是专利业务的起点。可以说,研发到哪里,专利到哪里。基于研发而生的成果,发明评估、专利筛选、专利申请、专利审查、专利维持、专利运营、专利保护等专利资产管理链条随之而生;同时,基于研发成果,延伸到原料采购、产品生产、产品营销、产品销售、售后服务等一系列业务环节,也需要控制专利法律风险。

从360度全方位扫描,技术研发环节涉及太多与专利相关的事务。比如,围绕研发人员,有研发记录写作、职务成果权属管理、员工保密教育、发明人奖酬等事务;围绕研发成果,则有更多的专利事务,包括技术交底、专利筛选、成果标引、专利撰写、专利申请等事务。

为了方便分类介绍,本章分为技术研发中的专利事务管理分为三大类：基于研发风险管控的专利事务、基于研发过程支持的专利事务、基于研发成果保护的专利事务。当然,这个分类标准本身存在交叉,并不是泾渭分明。此外,基于本书整体结构的平衡,一些与技术研发相关的专利事务,比如成果标引,安排在其他章节阐述,不在本章详细介绍。

协同创新的知识产权管理

Fusfeld和Haklisch在1985年最早提出协同创新的概念,并认为其是拥有共同研发目标的公司,以合作协议的形式进行合作并将研发所需的优势资源投入到合作中。从制造企业的角度,**协同创新**是指在一定的环境下,制造企业通过正式和非正式的手段,与多个外部主体包括供应商、客户、竞争对手、大学和研究机构等外部组织,在创新全过程中进行各要素(人员、资金、信息等)的全面互动,以实现其技术创新的目标。按照合作方式的不同,协同创新的模式大致可分为合作研发、研发外包(委托研发)、专利许可或技术转让(包含专利联盟),以及混合模式(前述手段的综合使用)这4种类型。[1]

协同创新在内涵上与合作创新、委托开发、战略联盟,甚至开放式创新都关联密切,甚至包含了合作创新、委托开发的含义。**战略联盟**被认为是多个公司为了在开发、生产、分销新产品和服务等方面开展合作而通过协议结成的互惠互利的伙伴关系,专利联盟也是战略联盟的一种,同时也属于协同创新的范畴。开放式创新模

---

[1] 谢婕：《制造企业协同创新关键成功因素研究》,西安理工大学2020年硕士学位论文,第9、15~16页。

糊了组织的边界意识，认为公司要保持开放以获取外界的资源，这也契合协同创新的价值要求。

从知识产权管理的角度，协同创新首要关心的是各个参与协同创新的主体之间如何分配创新成果的知识产权（专利、技术秘密等）的所有权归属，是一方所有，还是双方或各方共有？在共有知识产权的情形下，又如何行使或利用知识产权，如何分配行使知识产权带来的利益？以及后续开发及利用时是否存在专利障碍？这些问题专利法和合同法有所规定，但最好基于意思自治的精神，通过合同条款给予更加明确的确认或约定。

二、研发风险管控的专利事务

来自外部的专利风险管控

在研发过程中，需要避免侵犯第三方的知识产权，包括专利权、商业秘密，甚至软件著作权等。这些风险管控措施，有的将在后面详细阐述，有的则在这里一笔略过，但本章主要聚焦于专利领域。

——立项前后的专利风险排查。通过专利检索，排查研发环节及后续产品上市的专利风险，预见并控制专利侵权风险。近年来，一些公司在开展知识产权评议，其功能之一即是通过风险分析和评议，调整并确定立项方向，降低立项项目侵权风险。所谓**知识产权评议**，是基于防控侵权风险、获取创新启示、评估专利价值等目的，从竞争情报的角度，以专利分析为基础，以技术分析为核心，而进行综合分析的决策咨询。知识产权评议的应用场景已经从研发项目管理，扩展到技术战略制定、技术进出口、专利转移转化、创新产品上市、风险投资管理、无形资产管理、公司兼并与重组、公司上市与融资、科技金融、技术标准制定、专利布局等众多环节。

——后续改进或二次开发的风险审查。作为技术开发基础的技术如果来自第三方，需要审查是否属于公有领域的技术，是否有可能侵犯第三方的专利权。如果对引进技术进行二次开发，还要考量技术协议上的合同限制，评估是否存在违约风险。

——新员工的技术来源风险隔离。作为技术开发基础的技术，有可能来自项目开发团队成员的前雇主，这时尤其要注意是否侵犯了前雇主的商业秘密或专利权，开发的成果是否属于前雇主的职务成果？必须告诉新入职研发人员的前述风险，做好技术来源隔离，最好签署确认书，要求员工从事研发时不得侵犯前雇主的知识产权。

——技术合作的风险分配。在划分好各方承担的技术方案的同时，也应在合同中明确好各方所承担的专利侵权责任，以便未来若因专利侵权产生纠纷时，可以清晰快速地确定责任人，避免不必要的资源浪费。

——合作伙伴信息不当披露防范。特别是合作的科研院所，其参与研发的人员有可能通过发表论文、公开演讲等对外不当披露成果信息，应当予以关注和预防，避免丧失申请专利的新颖性或泄露商业秘密。

——合作开发前期成果的归属问题。在合作开发时，如果合作一方带入前期成果加入，假设开发的最终成果可能依赖于该前期成果的使用，是否需要取得该合作方的授权？

——专利侵权的回避设计。"回避设计"作为一种风险规避手段，是技术创新（尤其是后续开发）过程中常见的技术开发策略。

——研发选用物料风险管理。研发选用的外购物料或原料药涉嫌侵权时，会影响研发进程或产品上市，应当在采购前进行知识产权调查，做好采购记录方便追踪，通过采购协议明确各方责任，以及采取其他内控措施。

除了专利方面的风险，事实上，在研发阶段的知识产权风险还包括商业秘密泄露风险，以及使用开源软件[①]、未经授权的开发工具（软件）引发的著作权等侵权或违约风险，甚至基于产品名称命名而埋伏的商标风险。

来自内部的专利风险管控

有的卓越公司竟然也会发生用自己的产品（可能是雏形或者测试版）消灭自己专利的新颖性和创造性的糟糕情况。有些时候，市场部、研发部、专利部门没有协调一致。市场部得知公司会有新的产品开发，则通过各种渠道进行推广，例如写软文或者视频广告，而研发部门和专利部门正在讨论专利交底的最终稿，提交给专利代理机构，专利代理机构修改后返回到研发部门，如此反复，导致市场部先行一步，很好的发明创意变成了现有技术，失去申请专利的权利。

可见，除了防止对外侵权，还要防止因为内容管控不力，导致公司自身的研发成果对外泄露或流失。常见的情形包括：

——注意技术开发及成果保密。对研发阶段的技术文档、图纸等信息，进行商业秘密识别并加以保护。

——防止研发成果流失。一方面，申请专利前，要避免破坏新颖性。发表论文、微信或朋友圈发布产品信息、参加展览、对外销售等，都可能公开技术成果，导致新技术、新产品无法获得专利保护。另一方面，授予专利后，要注意维持专利。拥有专利证书不等于一直拥有专利权，后续还需要缴纳年费，维持专利的有效性。

——防止核心研发人员流失。这些人员的流失可能导致技术和产品被其所在用人单位或获得技术的第三方模仿、抄袭。

---

① 开源软件（open source software，OSS），字面意思是公开代码的软件，具有可以免费使用和公布源代码的主要特征。它是指源代码公开，并且允许任何人下载、复制、修改并重新发布的计算机软件。开源软件使用者未遵守开源许可协议的规定使用开源软件，仍有著作权侵权等风险。

——管理研发成果的权属风险。研发成果的权利归属问题，存在于单位与员工的职务成果、委托开发的成果、合作开发的成果、改进开发的成果等情形之中。

三、研发过程支持的专利事务

基于研发过程支持的专利事务，主要包括：

——研发记录写作。做好研发日志的记录，对于累积、传承经验与交接研发成果，以及撰写技术交底书、证明研发合法性等，都有重要的意义。

——专利分析。在研发的不同阶段，通过专利信息的检索分析，不只是可以控制专利侵权风险，还可以开拓研发思路，避免重复开发，为技术研发甚至产品预研提供更多的支持保障。

——专利导航。以专利信息资源利用和专利分析为基础，引导和支撑公司的技术研发、经营决策等工作。

——竞争性专利布局。定期收集并监控竞争对手的专利情报，针对其产品进行竞争性专利布局，建立专利壁垒，构筑竞争优势。

——发明人奖酬。依据专利法等法律规定，合理设计职务发明及其他职务成果的奖酬制度，激励研发人员的创新热情。

四、研发成果保护的专利事务

知识产权法律制度为研发成果的保护，提供了专利、商业秘密、软件著作权等多样化的选择。作为法律赋予的一种垄断权，专利虽然享有独占的优势，但也存在固有的一些不足之处。有时采用商业秘密，更准确地说是采用技术秘密来保护技术成果，可能更有意义。在充分挖掘研发成果的基础上，更要做好成果保护的知识产权规划。

——技术交底。研发人员通过技术交底书，可以有效传递发明构思，支持公司保护技术成果的决策。

——专利挖掘。在研发规划、研发立项、项目研发、产品测试和生产上市等阶段，都可以进行专利挖掘，发现有保护价值的创意或成果。

——专利筛选。通过专利筛选机制，评估并决定哪些技术成果可以申请专利，哪些技术成果可以作为技术秘密保护，或者进行防御性技术公开。

——成果标引。专利或技术秘密的分级标引，可以延伸到研发成果产生阶段，从而有利于成果的管理和保护。

——专利撰写。对需要申请专利的研发成果，启动专利申请文件的撰写，并提升专利撰写质量，防止好技术变成烂专利。

——专利申请。研发成果即使只有成熟的概念设计，也可以及时申请专利保护。专利申请流程本身有许多节点需要管制，比如，发明专利不要忘记提出实质审查，注意及时答复审查意见，积极应对专利无效宣告请求等。

——国际申请。及早规划产品的生产和销售国家或地区,及时提出专利国际申请。

　　——专利监控。调查市面上生产同类产品的竞争对手,作为专利侵权的重点监控对象。

　　需要借此说明的是,研发产品所使用的型号、名称也可以经过设计、评估后申请商标注册。而对于著作权,特别是软件著作权,还经常采用**技术措施**来保护其权利。根据《著作权法》第 49 条的规定,技术措施是指用于防止、限制未经权利人许可浏览、欣赏作品、表演、录音录像制品或者通过信息网络向公众提供作品、表演、录音录像制品的有效技术、装置或者部件。比如,通过软件加密或作品固化,防止作品或软件盗版。比如,有的公司把自己的作品固化在硬件设备中,导致别人难以直接复制和传播。

　　数字版权管理(digital rights management,DRM)作为一种阻止或者限制盗版的技术措施,是针对数字内容在生产、传播、销售、使用过程中进行权利保护、使用控制与管理的技术,主要应用于音视频、游戏、文档、电子书籍等内容。DRM 技术的核心主要有两项:一是数字加密,以阻止数字内容的非法传播;二是许可权控制。提供数字内容灵活的使用许可方式,如使用期限,可否打印,能否从当前设备拷贝到其他设备上使用等。

第 2 节　基于研发风险管控的专利事务

一、贯穿研发的专利风险排查

持续的专利风险排查

　　通过专利检索,排查研发环节及后续产品上市的专利风险,预见并控制专利侵权风险,已是一种常规性的风险管控措施。考虑到以下原因,研发项目的专利风险排查亦应具有持续性、计划性和周期性:(1)专利从申请到公开存在一定期间的"盲期",让专利检索的风险评估不能一次完成。(2)研发项目带有一定的周期,在项目推进的过程中,他人的专利申请也持续累积。

　　专利预警也是专利风险排查的重要体现。**专利预警**是指通过收集、整理与本公司产品相关的专利信息等信息,分析判断可能发生的专利纠纷和可能产生的危害程度,并向公司决策部门发出警报。**赵杰**女士(比亚迪股份有限公司知识产权及法务处总经理,2021 年)指出:"比亚迪构建了与公司产业紧密相关的情报系统。该系统由四大数据平台组成,既可为企业研发提供强有力技术支撑,又能及时收集分析重点技术、重点企业的数据,发布相关专利预警信息。比亚迪设有二级预警发布机制,一旦发现可能的风险,会率先通过情报系统发布一级预警信息,之后情报系统与办公系统对接,通过办公系统向特定相关人员发布二级预警信息,从而使相关人员及时收到预警信息,并针对预警信息进行详细分析以及研判,提前预告风险。"[1]

专利预警的基本手段仍然是专利检索与专利分析。建立专利预警机制,不仅可以规避在先权利、防范侵权风险,加强公司预防及应对专利纠纷的能力,缩短处理专利风险的反应时间;也可以帮助公司找到研发方向和判决技术发展趋势。[2] 但它与FTO不完全相同。FTO更多的是在产品或技术已经定型的情况下进行的风险分析,主要工作是判断公司研发的产品特征是否落入第三方权利要求的保护范围。

专利风险排查的时间节点

研发项目专利风险排查的时间节点,至少存在以下情形(但不是每个节点必须排查):

——立项时的专利风险排查。基于专利风险排查的立项检索,可以判断项目研究的可行性,避免重复研究,判断研发的专利风险大小,评估专利回避设计的可能性等。

——项目进行中的专利风险排查。如果项目周期比较久,可以在项目进行中间多设几个监控的节点,以便能够及时发现潜在专利侵权风险,及时调整研发方向、提前做好应对准备。

——结项前的专利风险排查。在研发项目完成后,需要对研发成果的整体方案进行全方位的专利风险排查分析,判断是否漏检或存在新的专利侵权风险,为顺利投入生产使用保驾护航。

——产品上市前的专利风险排查。从谨慎的角度,在产品上市销售前,仍然需要持续进行专利侵权风险排查,避免产品刚上市即收到侵权警告或被诉上法庭。限于资源投入的考虑,风险排查的范围主要以竞争对手为主,也可以适当延伸到竞争对手的上下游厂商。

二、后续开发的专利风险识别

后续开发的范围

作为与原始创新相对应的后续开发,其内涵具有相当的弹性。以现有技术或产品(均简称技术)为基础,所进行的优化、组合、改进、完善,以及开发相关配套技术或产品等活动,都可以称之**后续开发**。它既可以是对技术或产品本身进行优化改进或二次开发,也可以是从产业发展的角度开发相关的衍生技术或配套产品,因此,后续开发比之技术改进、二次开发的范畴更为广泛。

---

[1] 赵杰:《比亚迪基于绿色战略发展的知识产权合规管理实践》,《深圳法治评论》2021年第3期。
[2] 参见袁真富:《专利经营管理》,知识产权出版社2011年版,第8.3节。

任何一项技术,任何一个产品,在初生之始,或者因为技术缺陷仍然需要解决,或者因为应用领域未能充分发挥,或因为配套产品无法同步跟进,因而都存在后续开发的广阔空间。如果仅有原始创新的成果,而无后续开发的支持,那么,相应的技术或产品将处于相当粗糙的阶段,唯有原始创新与后续开发相互支持,人类社会才得以更好地享受科技带来的成果。

从后续开发的基础识别专利风险

后续开发以现有技术为基础,而现有技术是否存在专利权,攸关后续开发成果利用的专利侵权风险问题:

——后续开发的基础为无专利技术,则无侵犯背景专利权的风险。无专利的技术既包括从来未取得专利保护的自由公知技术,也包括曾经取得专利保护,但因为未缴纳专利年费、超过保护期限等原因,已经进入公有领域的技术,比如失效专利。在无专利技术的基础上进行后续开发,自然不存在侵犯背景专利权(即后续开发之基础技术所享有的专利权)的法律风险。

——后续开发的基础为专利技术,存在侵犯背景专利权的可能性。如果后续开发的基础是享有专利权的技术,后续开发是否存在侵犯背景专利权的法律风险,不能一概而论,需要结合后续开发的方式,结合专利侵权判定方法进一步判断,但侵犯背景专利权的可能性的确存在。

从后续开发的方式识别专利风险

从后续开发的方向来看,可以大致将后续开发的方式分成两种基本的类型:

——后续改进开发

后续改进开发是指在基础技术之上,为克服或避免技术缺陷、提升或拓展技术功效,而进行优化组合、发展革新等开发活动。比如,上海宝钢多年前在引进世界第一台专烧低热值高炉煤气的燃气轮机发电机组时,采用了阿尔斯通公司独创的轻油枪专利技术,用于机组启动点火。1997年投产后,轻油枪在运行期间由于内部结焦,始终不能正常发挥功能,致使机组启动成功率仅为47%,不仅需要频繁清洗、更换,而且影响机组稳定运行。2000年宝钢电厂投入技术人员对这一进口设备的缺陷进行技术攻关,对轻油枪结构和吹扫系统实施改造,经过反复跟踪试验和调整,取得突破,形成了一项专利和两项技术秘密。宝钢"轻油枪防结焦"专利技术投入使用后,大大缩短了机组启动时间,启动成功率达100%,且延长了使用寿命,保证了设备的连续作业。[①]

由于这里的后续改进开发,是直接建立在基础技术之上进行二次开发,因此,如果基础技术享有专利权,那么,后续改进开发的成果有可能落入背景专利的保护

---

① 李荣:《解决进口设备缺陷 宝钢专利技术返销》,《中国知识产权报》2004年12月7日。

范围,发生专利侵权问题。至于何种条件下会发生侵权问题,则需要结合专利侵权判定标准加以评估。

——后续外围开发

后续外围开发是指围绕现有技术,而发展与之配套的技术的开发活动。比如,围绕一种新型自行车的技术方案,开发各种脚踏板、各种背包架、各种车把手等外围产品或技术。

由于后续外围开发的技术对于基础技术而言,主要是起支持或辅助的作用,并不直接建立在基础技术之上,只是与基础技术的实施利用密切相关。因此,即使基础技术存在专利权,后续外围开发的技术(外围技术或配套技术)往往也不会侵犯背景专利权。但是,外围技术或配套技术有可能对背景专利存在严重的依赖性,必须与背景专利配合使用,才能发挥自身的价值,而并不具有独立的产业应用价值。

从他人的专利申请识别专利风险

前述的专利侵权风险,都是来自基础技术的背景专利。然而,还必须注意他人专利所带来的侵权风险问题。如果后续开发的成果已经被他人(可能是基础技术的开发人,也可能是第三人)申请专利,或者正在被他人申请专利,那么,后续开发将陷入一个尴尬的境地,不仅要担心来自背景专利权(如果存在的话)的困扰,还要担心来自另一个专利权的困扰。这种状况的发生,存在以下几种可能性:

——他人早已取得后续开发成果,并已提交专利申请,专利申请已经公开或者已经授权,但自己未作检索或未检索到,即投入相同内容的后续开发。

——他人早已取得后续开发成果,并将后续开发成果提交专利申请,但尚未公开,自己不能检索到相关信息,而投入相同内容的后续开发。

——他人早已取得后续开发成果,一直作为技术秘密保护,并在自己将后续开发成果提交专利申请前,把相同内容的技术秘密申请为专利。

——他人在自己从事后续开发的同时或前后,也在进行相同内容的后续开发,并在先将后续开发成果申请专利。

三、专利回避设计

专利回避设计的内涵

美国学者 Schechter 将**专利回避设计**(design around)定义为:企业为了避开其他竞争者的专利权利要求的阻碍或者袭击,而进行新设计绕道发展的设计过程。[①] 本质上,

---

① Schechter R E. Intellectual property: the law of copyrights, patents and trademarks [M]. Minnesota: Thomson West, 2003.

专利权本身并不能回避,但是技术研发人员可以采用不同于受专利权保护的技术方案的新的设计,从而避开他人某项具体专利权的保护范围。通过回避设计进行技术开发,可以在市场竞争中有效避免他人专利的牵制,获得自主经营的空间。

需要说明的是,回避设计的成果有可能具有创新性,从而取得新的专利授权;也可能仅仅是回避了专利侵权,但无法取得新的专利,甚至只是回到了现有技术状态。简言之,回避设计关注的是不构成专利侵权,而不是开发出新的成果,亦即回避设计并一定改进了专利技术或提升了技术质量。

专利回避设计的步骤

第一步,确定目标专利的有效性。如果拟回避的目标专利因为未交费,或已过保护年限,或已被无效掉而不复存在,则回避设计就没有必要了。假设已有足够的现有技术等证据请求宣告目标专利无效,也可以考虑延迟回避设计,而先提出无效宣告的请求。

第二步,确定目标专利的保护范围。通过分析其权利要求书,结合专利说明书和相关审查过程中的往来文件,确认该权利要求字面的真实含义,以及其等同物的范围。任何设计只要不落入专利的保护范围,即是有效的回避设计。

第三步,评估到成本与风险的因素。针对目标专利进行回避设计同样要考虑到回避的经济成本、技术风险等因素。如果回避设计的成本高于购买许可的成本,从经济上则没有回避设计的必要。

第四步,评估回避设计成果的市场竞争力。回避设计的成果最好具备与目标专利产品相当的技术效果或商业价值,或者相差不至于太悬殊,否则回避设计的意义也需要仔细衡量。

专利回避设计的方法

专利回避设计方法的核心是围绕目标专利的权利要求进行回避。在更广泛的角度,还可以透过目标专利揭露的技术问题或其记载的不受专利保护的技术方案进行回避设计。不过,对于借鉴或分析目标专利的背景技术而进行的技术开发,本书认为已经脱离专利回避设计路径较远,在这里不作讨论。

——从权利要求出发

进行回避设计最直接的方式是设法通过取消、取代或改变目标专利权利要求中的某一技术特征(关键元素),从而回避侵权风险。前述技术特征既可以是权利要求中前序部分的技术特征,也可以是权利要求中特征部分的技术特征。以专利保护范围作为对比基准,可以根据全面覆盖原则、等同原则等规则来检验回避设计的方案是否涵盖拟回避专利的所有必要技术特征。换一个角度来看,如果回避设计的方案存在以下情形,则不构成专利侵权,具体见表 7-1。

表 7-1　不构成专利侵权的情形

专利必要技术特征	回避设计方案的技术特征	对比	结论
A+B+C+D	A+B+C	回避设计方案相比于目标专利缺少一个或一个以上必要技术特征	侵权不成立
A+B+C+D	A+B+C+E	回避设计方案相比于目标专利有一个或一个以上必要技术特征不相同，且无等同原则的适用	侵权不成立

——从技术问题出发

通过分析目标专利所解决的技术问题，尝试采用与目标专利权利要求保护的技术方案不同的手段来解决该技术问题，如能成功解决技术问题，则意味着有新的回避设计方案产生。例如，触摸屏手机没有按键，无法按照键盘手机的组合键方式来解锁，面对这一技术问题，有专利提出滑动图标来解锁的技术方案。为进行回避，后来出现了通过在九宫格上画出手势来解锁的技术方案。也就是说，面对解锁手机的技术问题，提出与目标专利的技术方案针锋相对的另一种或多种技术方案。[1]

——从专利瑕疵出发

根据专利侵权判定的捐献原则和禁止反悔原则，利用目标专利在授权确权程序中的瑕疵，直接使用在说明书等专利文件中披露而未记载到权利要求中的技术方案或明确排除在目标专利的专利保护范围之外的技术方案，或者在这些技术方案的基础上研发替代技术，而不至于有侵权风险。[2]

◇ **专栏：软件开发的"洁净室"**

同为知识产权支柱之一的版权，一样有着回避侵权的需求。基于"思想/表达二分法"的经典理论，"创意不受保护"倒是有望成为回避版权侵权的挡箭牌。不过，一些作品创作与其说是在"回避侵权"，不如说是"抄袭创意"，有时似乎绕不开道义上的谴责。但在软件行业，**洁净室（clean room）程序**则为软件开发发明了"回避侵权"的好方法，即一组开发人员负责研究他人的程序设计，并将该程序开发的思路或创意提交给另一组开发人员，供其开发程序时提供参考或借鉴。

根据宏碁公司创始人施振荣先生的描述，他们当初设计兼容 IBM 电脑的软件时引入了洁净室程序，这需要有两组工作成员，第一组成员的任务是研究 IBM 电脑，并写成规格；另一组成员必须向法院宣示从未看过 IBM 软件基本输入输出系

---

[1] 李文红：《专利回避设计的若干技法》，IPRlearn，2017-02-27。
[2] 同上。

统（BIOS）原始作品，再按照第一组成员所写出的规格设计软件，如此设计出来的产品，既能与 IBM 电脑兼容，又不至侵犯他人的著作权。这就是所谓洁净室程序的软件开发作业程序。

听起来好像很不错，但在实践中仍然有巨大的风险。版权侵权认定的基本规则是"接触＋相似"原则，如果第二组开发的程序与他人的软件程序并不相似，自然没有法律问题。万一两者相似，如果没有合理使用、公有领域这类排除侵权的情形存在，这时唯有否定第二组开发人员"接触"过他人软件程序，才能否定侵权成立。然而，作为同一家公司的两组成员，即使真正诚信地分离作业，也难以在法庭上主张公司开发人员未接触他人的程序，不仅权利人难以认可，恐怕法官也难以信任你的诚实。因此，只有在两者程序不相似时，所谓"洁净室"才算发挥了避免侵权的价值。

四、成果产出的权利归属

职务成果的权属管理

知识产权**权属管理**是公司知识产权管理的重要内容，公司对于职务完成、合作产生甚至委外制造的各类成果，应当通过合同等方式对该等成果的知识产权权利归属、使用方式等进行明确的规定。职务成果的权属管理是其中的重要一环。所谓**职务成果**，是指为履行本单位的工作任务，或主要是利用了本单位的物质技术条件而完成的成果。根据我国的知识产权法，一般而言，除著作权外，作为职务成果的专利、集成电路布图设计、植物新品种，都归属于雇用单位，此点为法律所明确规定。公司无须与员工特别约定，也可依法律之规定，直接取得这些职务成果的知识产权。

以专利为例，属于职务成果的情形有：（1）执行本单位任务所完成的发明创造，包括：①在本职工作中作出的发明创造。所谓本职工作就是发明人或者设计人的职务范围，即具体的工作责任、工作职责的范围，而不是单位的业务范围，也不是个人所学专业的业务范围，[①]也不能将"本职工作"等同于研发人员的技术开发职责。②履行本单位交付的本职工作之外的任务所作出的发明创造。履行本单位交付的任务，是指本职工作以外的任务，是单位领导根据工作的特殊需要要求工作人员承担的特定工作，如参加为特定目的设立的研究、设计小组等。③退职、退休或者调动工作后 1 年内作出的，与其在原单位承担的本职工作或者原单位分配的任务有关的发明创造。（2）主要是利用本单位的物质技术条件所完成的发明创造。"本单位的物质技术条件"主要是本单位的资金、设备、零部件、原材料或者不对外

[①] 程永顺：《中国专利诉讼》，知识产权出版社 2005 年版，第 126 页。

公开的技术资料等。值得注意的是，《专利法》第6条第三款规定："利用本单位的物质技术条件所完成的发明创造，单位与发明人或设计人订有合同，对申请专利的权利和专利权的归属作出约定的，从其约定。"此种情形下的发明创造，在权利归属问题上确立了合同优先原则。

对著作权而言，工程设计图、产品设计图、地图、计算机软件等职务作品的权利归属于单位。而其他职务作品的著作权，如无约定，仍归作者（这里指员工）所有，单位有权在其业务范围内优先使用。作品完成两年内，未经单位同意，作者不得许可第三人以与单位使用的相同方式使用该作品。

为了避免因职务成果发生争议，公司可以采取以下措施：

——行使职务成果归单位所有的告知义务。在员工新进的岗前培训或职业手册中，以及公司的规章制度中，特别告诉员工职务成果归单位所有。公司履行告知义务后，能让员工明确职务成果的法律归属，以避免因不知法律规定而擅自处置。同时也表明了公司对权利归属的重视程度，以警示员工不要恶意侵吞职务成果，否则会带来相应的法律责任。

——合同约定职务成果的知识产权归属。建议采用签订合同（劳动合同或其他项目协议）的方式约定职务成果的知识产权归属，并约定员工必须为所开发的职务成果的专利申请等事项，提供便利和必要的文件，以避免员工跳槽后对公司的知识产权事宜再置之不理。合同表达了双方的意愿，更容易受到司法机关的认可。

——详细定义职务成果，并列举属于职务成果的情形。公司在界定职务成果的范围时，一般难以穷尽所有的可能。但有必要就公司目前已知的状况，在合同中清晰地列举职务成果的范围，同时再给出一个认定职务成果的标准，以解决未尽的职务成果范围问题。总之，不要让职务成果的模糊范围，成为公司与员工之间的火药桶。

——培训员工如何识别什么是职务/非职务成果。只是声明或约定职务成果归公司所有，并不能完全解决问题，因为员工会对什么是职务成果提出疑问。比如，在工作之余，利用公司物质条件开发的技术，员工可能会认为应该归自己所有。最好在日常培训中多加提醒，让员工能够识别什么是职务成果。

委托或合作成果的权属管理

委托开发、合作开发，以及客户定制项目等合作过程中，涉及技术合作及成果产生的情形时，应当明确约定成果的权利归属，通常会涉及专利权、技术秘密、著作权（尤其是软件著作权）等知识产权的归属问题。

所谓**委托成果**，是指一方受另一方委托而完成的成果。对于委托成果之归属，依照《专利法》《民法典》等法律规定，如果有约定的，则依约定；如果无约定或者约定不明的，则归属于委托成果的实际完成人，即受托人。此种情形，委托人一般享有优先或免费使用委托成果的权利。

所谓合作成果，是指两人或两人以上共同合作所完成的成果，比如合作作品、共同发明创造等。对于合作成果的认定，(1)需要有共同合作的意思表示。如果没有共同的合意，不能认定为合作成果。(2)需要有共同的创造行为。即合作各方都应该参与合作成果的构思、设计、实验或创作等过程。(3)合作各方对合作成果的完成作出了实质性贡献。对于合作成果之归属，依《专利法》《民法典》等法律的规定，如果有约定的，则依约定；如果无约定或者约定不明的，则归属于合作成果的共同完成人，即属于合作各方共同所有。

需要注意的是，当委托开发或合作开发的成果，根据法律规定或双方合同约定而共同所有时，应当注意以下问题：

——明确共有知识产权的维护和保护。包括谁负责专利年费的缴纳，谁负责应对专利无效，谁负责打击专利侵权行为，以及如何分摊其中的成本或收益（侵权赔偿或和解费）。

——明确约定共有一方转让其权利时，另一方是否享有优先受让权。根据《民法典》第860条规定，合作开发完成的发明创造，除当事人另有约定的以外，申请专利的权利属于合作开发的当事人共有。当事人一方转让其共有的申请专利的权利，其他各方享有以同等条件优先受让的权利。但是，私法自治之原则，当事人可以约定排除该项优先受让权。

——明确约定共有知识产权的行使方式。根据《专利法》第14条第一款规定，专利申请权或者专利权的共有人对权利的行使有约定的，从其约定。没有约定的，共有人可以单独实施或者以普通许可方式许可他人实施该专利。许可他人实施该专利的，收取的使用费应当在共有人之间分配。根据《最高人民法院关于审理技术合同纠纷案件适用法律若干问题的解释》（法释〔2004〕20号）第20条的规定，对于共有的技术秘密，如无约定，当事人均有不经对方同意而自己使用或者以普通使用许可的方式许可他人使用技术秘密，并独占由此所获利益的权利。这些法律规定赋予给共有人的单独使用，特别是单独许可权利，对共有一方的专利运营可能不是一件好事——至少不好再对外发放独占许可了。因此，有必要通过合同明确约定共有人如何行使共有的知识产权，包括能否各自实施或各自发放许可，如何解决权利共同行使中的分歧等。

——明确约定共有知识产权收益分配的问题。无论是共有人单独实施，还是对外许可，是否分配实施或许可收益，如何分配这些收益，也有必要明确约定，避免发生争议。特别要注意，根据《专利法》第14条第一款，如无约定，共有专利权的许可所收取的使用费应当在共有人之间分配；但根据前述法释〔2004〕20号第20条的规定，如无约定，共有人许可他人使用技术秘密时可独占由此所获的利益。如果两项规定在许可收益的分配规则上并不一致。

——如何通过合同保证无实施能力共有人的利益。对于高校、科研机构或者其他没有独立实施知识产权能力的公司而言，如果对其共有的专利或技术秘密等知识产权,在合同中限制了共有各方独立对外发放许可的权利,那么很可能出现有独立实施能力的共有一方会反对或不积极对外许可,使得该项知识产权事实上只能由该共有方独立实施、独占收益。

——如何约定各方的后续开发自由及成果利用。无论委托成果或合作成果归一方所有,还是归双方共有,都必须前瞻性地考虑到,对这些成果各方是否拥有独立进行后续开发或改进的自由,以及如何解决这些后续开发成果的自由利用问题。

后续开发或改进成果的权利归属

所谓**后续开发或改进成果**,是指在他人已有成果的基础上,进一步创作、开发或改进而完成的新的成果。比如,改编他人小说而完成的电影剧本,整理他人作品而完成的汇编作品,改进他人专利而完成的新的发明创造等。对于后续开发或改进成果的知识产权,一般应当归属于后续成果的完成者,而不属于作为后续成果创造基础的已有成果的权利人。比如,《著作权法》第13条规定:"改编、翻译、注释、整理已有作品而产生的作品,其著作权由改编、翻译、注释、整理人享有,但行使著作权时不得侵犯原作品的著作权。"根据《民法典》第875条,对于专利技术、技术秘密等技术成果的后续改进成果,当事人可以约定分享办法:"当事人可以按照互利的原则,在合同中约定实施专利、使用技术秘密后续改进的技术成果的分享办法。没有约定或者约定不明确,依照本法第五百一十条的规定仍不能确定的,一方后续改进的技术成果,其他各方无权分享。"

依私法自治原则,后续改进的技术成果的知识产权可以约定由改进方和其他各方共同所有,也可以约定由其中的一方所有。但是,如果此项约定违反了限制竞争的法律规定,不在此列。如果后续成果之使用,必须依赖于他人已有成果的,则行使后续成果的知识产权,不得侵犯他人已有成果的知识产权,而应当征得其权利人的同意。

小心新进员工的专利权归属

根据《专利法实施细则》第12条的规定,"退休、调离原单位后或者劳动、人事关系终止后1年内作出的,与其在原单位承担的本职工作或者原单位分配的任务有关的发明创造",仍然属于职务成果归原单位所有。有不少公司在招聘员工,特别是研发人员时,忽视了职务成果权利归属的这个规则,结果引发了巨大的风险。

上海嘉定一家从事道路监控产品制造的公司,其数位核心的高级管理人员都是从上海宝山一家同业竞争对手那里离职过来的。结果在离职不到10个月,他们即以新单位(嘉定公司)的名义申请了16项实用新型和外观设计专利。前雇主(宝山公司)告上法院,要求将这些16项专利判决归其所有,并成功胜诉。尽管前雇主在庭上认可这些专利成果是高管离职后才独立研发的,并不是从前雇主带走的成果,但依照前述规则仍然应当归前雇主所有。

对这种职务发明创造,需要注意的是,首先,"1年内"的起算日应以正式办理完调离或者退职、退休手续之日起计算。其次,此种发明创造"作出的"的日期发明创造的实际完成日,而非专利申请日,当然如果无证据证明的,可以以专利申请日推定为该发明创造的作出日期。另外,所谓"有关的"发明创造是指在完成本职工作中作出的,或完成本单位交付的任务过程中作出的发明创造。①

第3节 基于研发过程支持的专利事务

一、研发记录

什么是研发记录

近年来,公司逐渐强调内部知识管理。如何把研发人员的经验累积成可用的知识,在公司内部得以扩散及传承?作为专业知识的记录文件,研发记录的重要性得以提升。从广义上讲,研发档案,包括可行性研究报告、立项报告、设计说明书、设计图档、测试报告、验证报告、项目总结等,也是公司研发活动的过程记录。这里主要是从狭义上谈论**研发记录**,它是描述研发过程及其成果的记载,以研发日志(laboratory notebook)或研发记录簿为其载体。

一般而言,研发记录可记载的内容可包括任何灵感或初步构想、计算、讨论摘要、访谈内容、研究心得、遇到的困难、解决方案、实验数据、参考数据、实验地点时间和过程、未来实验计划以及工作上所得之经验与信息等。唯需强调的是,除了成功的研发活动之外,失败的研发活动也应当作成记录,以作为宝贵的经历,避免错误的重复发生。因此,研发记录是研发人员对公司的贡献,也是对公司的责任。

研发记录的意义

研发记录的撰写,不仅客观上能够累积、传承经验与交接研发成果,也能够为撰写技术交底书、提交专利申请文件,以及证明研发合法性提供帮助。

——技术上的意义

研发记录可以累积研发经验与成果,并作为总结完善的依据。研发记录可以捕捉瞬间灵感,累积经验技术,承传前人薪火。同时,一项发明创造在初期常有不尽满意的地方,研发记录就成了技术人员总结、改进这项技术的根据。

研发记录可以协助交接研发成果,保持研发的连续性和协调性。研发记录可以完整地反映研发过程的经过,包含已经完成的工作、需要后续进行的工作、无法成功的方法、验证的次数以及此研发成果可实行的状态等,在前任员工离职时能够帮助继任员工迅速了解技术研发的进展,掌握该项技术要点。

---

① 程永顺:《中国专利诉讼》,知识产权出版社2005年版,第137页。

——法律上的意义

翔实的研发记录有助于研发人员填写"技术交底书",为进一步的专利撰写提供有利条件,从而开始专利申请的第一步。

适格的研发记录可用作证明研发成果的原创性及合法性,在专利、著作权等诉讼中可以作为研发成果权利归属的佐证,在商业秘密侵权诉讼中更能发挥独立研发的证明作用。

研发记录的标准化

在实务上,研发纪录的撰写往往受到研发人员抵制的情绪。研发人员多以工作繁重或对工作无益为由,不愿填写或草率地填写研发记录。对于此问题,主管部门应当积极宣导研发记录对于公司的价值和意义,获得研发人员的理解和支持。同时,也要建立严格的管理制度,通过不定期抽阅,监督研发人员是否填写或是否依规范填写研发记录。

当然,更重要的是,公司应当指导研发人员如何迅速有效地撰写研发记录,如果在不增加负担的情况下,举手之劳便可留下研发记录,研发人员自然不会发生抵触情绪,公司也不会因为研发记录的写作影响技术开发的效率。这便是研发记录标准化的功用。

华硕公司的经验值得借鉴。首先,他们将研发记录相关的表单格式化,并印好各项工作内容,填写者仅须勾选,只有极少情况才须填文字。其次,将其他表单,如测试报告,尽量合并,避免重复填写。最后,利用电脑备档的功能,凡电脑中能留存的资料,即不必额外填写。如此一来,每天只需一二分钟即可填好研发记录的日志。①

在业已到来的数字化时代,很多公司的研发日志已转移到线上记录,直接提交到公司的电子系统加以存储。事实上,这更有利于研发记录的规范化和标准化,但也需要不断调试,提升系统的适用性和可用性。同时借助数字签名等电子手段,证明记录人的身份,符合证据上的要求。

二、专利分析

专利分析的作用

专利分析离不开专利文献或专利信息。**专利文献**一般是指各国专利局及国际专利组织的正式出版物。主要包括各种类型的发明、实用新型和外观设计说明书,各种类型的发明、实用新型和外观设计公报、文摘和索引,以及有关的分类资料。这些专利文献中的信息,或者从中衍生出来的信息,构成了所谓的专利信息。因

---

① 参见佚名:《掌控研发工作》,www.aspsky.net,2003-12-16。

此，**专利信息**是指以专利文献作为主要内容或以专利文献为依据，经过分解、加工、标引、统计、分析、整合和转化等信息化手段处理，并通过各种信息化方式传播而形成的与专利有关的各种信息的总称。①

很多科技创新比较强的公司，包括 IBM、谷歌、微软、索尼、丰田、西门子、飞利浦、霍尼韦尔、辉瑞等，基本上都有一个专门的专利分析团队，其任务就是透过专利信息做各种专利分析。因为专利信息包含了大量的技术、经济和法律情报，涉及各个产业、行业和公司。有效分析和利用专利信息，可以支持或影响公司在技术研发、生产经营、投资并购和诉讼攻防等方面的竞争决策或战略考虑。以下是一些常见的专利分析的作用。

——**指明研发方向**。专利系用公开换取保护，专利技术的公开也给了研发人员技术创新的启发和灵感，包括确定技术研发方向、寻找技术空白点、发现技术差异、规划专利布局策略等。专利文献披露的技术之广泛、内容之丰富、信息之全面，无所不包、无所不有，亦无可匹敌。据国外调查统计，专利文献中报道的技术内容，只有 5.77% 刊载于其他文献中。② 可见，专利文献是许多技术信息的唯一来源。因此，透过专利信息，研读技术内容，可以发现具有竞争力的先进技术，累积公司的技术新知及研发能量，提高研发创新起点，推动技术研发和专利申请，避免重复研究和无效劳动。WIPO 曾经统计，有效运用专利情报，可缩短 60% 的研发时间，并可节省 40% 的研发费用。

——**防范侵权风险**。利用专利信息，可以预测和评价潜在的专利风险，从而尽可能避免或减少遭受他人的专利侵权攻击。比如，在公司技术立项时可以进行专利检索，防止自己的开发成果侵犯别人早已申请的专利权。在出口贸易中应当检索自己的产品是否侵犯输入国的专利权，以避免被他人采取海关扣押等措施，而损失巨大。在诉讼攻防中，专利信息可以让被告深入了解原告的专利储备情况，发掘无效原告专利的对比文献，从而影响其诉讼策略和诉讼进程。

——**支持技术交易**。通过专利信息分析可以辅助决策专利许可、出售、联合风险开发等。比如，公司可以借此了解哪些权利人握有重要专利，从而谈判购买或交叉许可；在投资并购的决策中，专利信息可以让公司了解目标公司的专利是否存在瑕疵，从而评估是否值得投资并购。

——**监控竞争对手**。通过分析竞争对手所拥有的专利情况，可以确定竞争对手的新产品开发动向、专利申请领域、专利布局重心、专利竞争优势。同时，也能发现新进入的竞争对手。

——**了解行业态势**。透过专利信息，可以掌握行业的专利竞争环境，跟踪技术进步，预测行业发展方向，判明专利发展趋势，进而作出专利决策和竞争准备。

---

① 李建蓉主编：《专利文献与信息》，知识产权出版社 2002 年版，第 9 页。
② 江镇华主编：《怎样检索中外专利信息》，知识产权出版社 2001 年版，第 2 页。

也可以确定自己和竞争对手的相对竞争地位及其相对的技术性竞争优势或劣势。

——**考察合作伙伴**。通过专利分析，可以发现值得联系的合作伙伴，比如公司与高校的合作，或者与技术优势互补的同行建立专利池。也可以借助专利信息分析供应商与客户的专利活动情报，辅助公司在采购、供应等方面作出相应的调整决策。

——**利用失效专利**。失效专利是失去法律效力的专利技术，包括超过保护期限的专利、未缴纳年费而终止的专利、权利人自动放弃的专利或被无效宣告的专利。虽然失效专利不受保护，但技术含量和市场价值却未失效。失效专利数量庞大，可以透过专利检索和分析寻找有价值的失效专利，开发这个技术宝藏，包括直接实施应用失效专利，针对失效专利进行二次开发或启发研发思路，甚至从中找到反击专利侵权指控的武器（现有技术）。

——**辅助人才评价**。透过分析专利的发明人信息，挖掘或评估可用的技术人才。比如，通过专利检索，了解引进人才参与发明创新的情况，从而评估其技术研发能力。专利申请的发明人在一定程度上代表其是参与技术创新的重要专家，其参与的专利申请量的多寡或参与专利的重要性，可以反映出其科研水平，可为技术人才的引进提供参考。但要注意有的专利第一发明人其实是公司的老板，并非技术专家，需要多种信息交叉检索，综合分析作出判断。总体上，专利信息的利用对于人才引进、人才评价也有辅助作用。

如何做好专利分析

如何有效搜集情报，缩短研发时程，降低侵权风险，同时将专利技术信息正确解读为专利经营信息，了解敌我间技术、市场部署，以建立迅速正确的决策过程，是产业决胜的关键所在。如何从专利信息中寻找公司需要的结果，就需要进行专利分析，并制成分析报告或者专利地图，以支持公司的专利工作。所谓**专利分析**是指对检索得到的特定主题的专利文献，从管理层面和技术层面进行资料筛选、数据统计和信息分析，从而获取可资利用的目标信息的过程。

根据专利分析的目的，除了专利文献信息，有时还需要检索商业信息（公司财报、行业年报等）、科技文献等。但是，专利分析仍然是以专利检索为基础的，甚至可以说专利检索与分析本身就是手段与目的的关系，大多数情形下都相伴而生。做好专利分析并不容易，以下几点十分关键：①

——理解专利分析的目标或要解决的问题。

——了解公司的商业战略、所在行业或技术领域。

——能够准确和全面地进行专利检索。

---

① 佑斌：《怎样做好专利分析》，佑斌，2018-01-26。

——拥有专业和功能齐备的数据分析工具。没有强大的分析工具,费时费力,容易出错,经常事倍功半。

——具备数据清理和可视化能力。这是专利分析工作真正的难点,比如如何处理专利家族、如何理清子母公司的关系找到隐藏的专利。

——形成切合实际的报告形式与具备可读性的分析结论。

专利检索的工作质量

专利检索是专利分析中的基本环节,可专利性检索、无效检索、侵权检索、竞争对手专利检索、替代方案检索、购买专利检索等,都是公司日常需要的专利检索工作。好的检索需要检索人员具备专业技术的快速理解能力、熟练的外语阅读水平、专利法的深刻理解,以及熟练的检索技巧。

专利检索工作质量的评价标准有两个:一为查全率;二为查准率。众所周知,专利的复杂性、结构化、抽象性和唯一性等特点使专利的检索与分析方式比传统文本遇到更多的挑战,想要达到查全率、查准率100%几乎不太可能,由此可能会产生一定的专利风险。①

在实际的专利工作中,应根据检索目的的不同来选择优先满足查全率或查准率,抑或二者兼顾。譬如在对现有技术进行检索或进行侵权检索分析时,应偏重查全,以免会有漏网之鱼,给日后上市的新产品带来侵权风险。

专利分析的两类方法

专利分析实质是一种竞争情报分析,专利分析的方法主要包括定量分析和定性分析两大类。

——**专利定量分析**,是对专利文献的外部特征按照一定的指标(如专利数量)进行统计,并对有关的数据进行解释和分析的方法。定量分析可以从专利分类、专利申请人、申请年度、专利申请国别等不同角度进行,其统计对象通常以专利件数为单位。定量分析适合于较为宏观层面的专利分析,比如,对专利按专利申请人进行统计,可以发现某个领域重要的专利技术拥有者,或者哪个公司在该领域具有重要地位。

——**专利定性分析**,是通过对专利文献的实质内容(如权利要求)进行分析,了解某一技术发展水平、专利保护范围等分析目标的方法。定性分析一般以摘要、权利要求、说明书、同族专利等内容为对象,围绕特定主题进行专利文献的研究与分析。定性分析更适用于较为微观层面的专利分析,比如,将某技术领域各主要公司的专利按专利内容列表分析可以看出各公司的技术特色及开发重点。由于涉及技术的具体内容,定性分析的工作相对于定量分析而言,比较繁重和复杂。

---

① 蒋秦何:《研发中专利埋坑无数?收下这份指南,2017 不怕坑!》,智慧芽,2017-02-05。

专利分析报告的类型

　　佑斌先生针对公司专利管理中遇到的问题,列出了公司常用的18种专利检索分析报告。专利检索分析是一门操作性较强的学问,已有大量的著述专门讨论,这不是本书的重心,但了解这些专利检索分析报告的类型仍然大有裨益,兹借佑斌先生的总结介绍之。[①]

　　——可专利性检索分析报告。也称作新颖性检索或查新,常用于专利申请前的检索,代理人和专利工程师自己对于申请方案的检索分析,有时能够从整体上评估能否授权,但具体能获得什么样的授权范围,就需要比较专业的可专利性检索,特别是国际申请中,不能获得想要的权利要求范围损失是很大的。

　　——无效稳定性检索分析报告。在专利诉讼中或许可谈判中,有力的对比文件是最重要的砝码,用于无效的对比文件永远在路上,没有最好,只有更好,只要付出足够的时间和技巧,对比文件总会不断地接近对方的专利,不断增加对方的压力。

　　——侵权检索分析报告。在产品上市前进行的防侵权检索,有时也称FTO,FTO严格上说是在产品上市前用来证明产品不侵权的专利分析报告,防止以后被诉故意侵权。一般的侵权风险分析只检索在相应区域的有效专利,FTO的检索分析则包括使用失效的专利以证明自由使用权。

　　——技术状态检索分析报告。顾名思义,即是了解该技术的目前的状态。技术状态检索不但检索专利,也要检索非专利文献。

　　——专利预警检索分析报告。不同于产品侵权分析,预警分析侧重于在产品研发的前端,在产品成型前对专利风险的整体把握,避免到产品成型后做FTO时才发现有侵权风险,预警的目的在于让研发人员提前知道有哪些潜在的专利需要注意,避免重复研究或落入别人的专利权利要求范围。

　　——竞争对手/合作伙伴的专利监控报告。主要监控竞争对手、合作伙伴在相应领域的专利情况,在很多领域,有力的竞争对手就几个,有时自己的产品可能刚好就模仿核心竞争对手的,对其专利的全面掌握更有利于进行专利风险管理,对合作伙伴特别是一些供应商的专利监控,能及时了解其申请的专利也非常必要。

　　——替代方案的专利检索分析报告。对于一项有众多专利组合布局的技术方案,进行技术方案的替代检索是节省研发成本的好方法,替代方案的检索关键在于精确找到能解决目前技术问题的现有方案。

　　——专利购买检索分析报告。购买专利是加强自己专利组合的有效方案,公司不可能完全依靠自己的力量去快速积累强大的专利组合,但如何买到公司最需要和最管用的专利,就需要有针对性的专利检索与分析才能保证。

[①] 佑斌:《企业常用的十八种专利检索分析报告,你需要哪种?》,佑斌,2017-06-01。

——专利反诉检索分析报告。在遭遇专利侵权诉讼时,反诉是常用的策略,但如何找到对方也侵权的专利,或者购买到对方也侵权的专利,专利检索的准确性无疑非常重要。

——研发前的知识积累专利分析报告。通过检索专利,可以发现研发人员真的可能是"站在巨人肩膀"上进行发明创造的,在确定技术方向时,应当参考现有技术,不要闭门造车,才能节省研发费用和避免重复研究。比如,通过技术功效图更细致地了解专利细分技术问题的解决方案。

——知识产权尽职调查报告。在并购中对知识产权尽职调查中,专利的分析无疑是重要的,需要系统评估对方的专利的权利法律状态、归属以及FTO问题。

——专利布局的检索分析报告。向哪个方向申请专利才最有价值,哪些领域是热点、哪些领域是空白,最优的专利组合从来不会是跟踪研发被动形成的,强有力的专利组合需要知识产权管理人员对自身和行业的专利状况有详细的了解,这些都需要系统的专利检索与分析。

——专利挖掘分析报告。对研发中遇到的技术问题的深度解读和检索,能为研发人员提供新的思路,比如在核电领域的点火器遇到点火速度的问题,解决这个问题在发动机点火器中就有很多成熟的方案,能为研发人员提供参考和启示,能对现有技术作出有价值的改进。

——技术路线图分析报告。系统的检索与分析,把握竞争对手、某一技术领域的技术发展路线图,查看本公司的路线趋势与行业的趋势比较情况。

——专利强度和价值分析报告。检索分析某一公司、某一领域的专利组合的专利强度和价值,为进一步的商业活动提供参考。尤其是诉讼前,可以了解和评估对方是否握有将自己一剑封喉的杀手级专利。

——申请人或发明人合作关系的分析报告。常见的申请人和发明人之间的合作关系,为并购和公司招聘提供情报。

——在先技术抗辩的检索分析报告。遇到专利诉讼和专利勒索前,在先技术抗辩是个经济快捷的方法,拿到有力的在先技术摆到对方面前,会让对手的态度好很多,这是比无效更有效和更温和的手段。

——产品-专利映射检索分析报告。主要了解自己的产品与专利对应关系,比如防毒面具上一项看似普通的专利,该过滤技术对防毒面具可有可无,可能要被放弃掉,但却是抗雾霾口罩中最核心的专利,没有系统的检索分析是很难准确把握的。

除了以上检索分析类型,还有专门的法律状态检索分析、引用检索、许可状况检索、诉讼情况检索与分析、标准-专利对应的检索分析等,有时一份检索分析报告需要照顾到多个问题,兹不详述。

专利分析的限制

专利分析虽然具有很好的应用价值,但也不能过高地估计专利分析的准确性及优越性,由于主客观条件的限制,专利分析在实际的应用中还存在一些缺陷与不足。

——分析资料的局限性

由于专利分析所依赖的专利文献资料虽然比较丰富,但并不能完全代表整个领域的技术创新状况。因为很多公司会选择以商业秘密的方式,来保护其核心的技术成果,无法通过专利分析来发现这些技术。此外,还有许多尚未进入公开阶段的专利申请,也使得专利分析所运用的文献资料不具有完全性。

——分析结果的滞后性

由于发明专利的说明书等专利文献,通常是自专利申请日起 18 个月后才公开(因优先审查、快速预审等因素会加快公开时间)。因此,根据这些专利文献进行的专利分析,往往针对的是至少 18 个月以前的技术创新活动,存在较大的时间间隔。这个时间差将直接影响专利分析预测结果的准确性,尤其是不能完全准确地评价专利活动的现状。

——分析过程的复杂性

专利分析,尤其是专利定性分析,需要绵密的专利检索及逐案分析,过程复杂,技术性强,往往需要专业人员、专业数据库和专业分析软件工具的支持,因此耗时耗力,对于中小公司可能难以承受如此负担。

市场上有许多公司提供专利信息与专利分析的服务,公司在从事专利分析时,可以借助这些公司快捷、专业的专利信息服务,以降低专利分析的局限性。

专利地图的内涵

专利地图听起来高深莫测,其实只是一种形象化的比喻,它是将专利信息的分析结果,依照一定的标准整理成图表,即以"图表化"的方式呈现或表达专利分析的结果。有些专业的专利信息公司所分析出来的专利图表,的确非常像地理上的地图呈现形式,但在广泛的意义上,一些与我们想象的地图完全不同的专利图表,如柱状图、曲线图等,我们也视之为"专利地图"(图 7-1)。

专利地图作为一种搜集、整理和显示专利分析结果的工具,在表现形式上比较直观明了,可视性强,便于理解,在实践上具有很广的应用。一些提供专利信息服务的公司,为客户提供的专利分析结果,往往都是以专利地图的方式表现。

在发达国家和地区,专利地图很早就受到重视与利用。日本于 20 世纪 60 年代就开始了专利地图的研究。1968 年,日本专利办公室出版了日本第一份专利地图,该地图是关于航空微米测量技术在其他产品的功能、特征和设计原理等应用领域上的扩充使用,该专利地图能显示出技术功能性和应用方面的扩展方式,并能通过专利随时间的变化关系找出它们之间的联系。随后,专利地图的应用逐渐扩展到工业,尤其是一些以技术为基础的大公司。

为了公司的科技发展战略、开发新的商机和进一步促进对专利信息的使用,近

| 公司知识产权管理：思路与策略

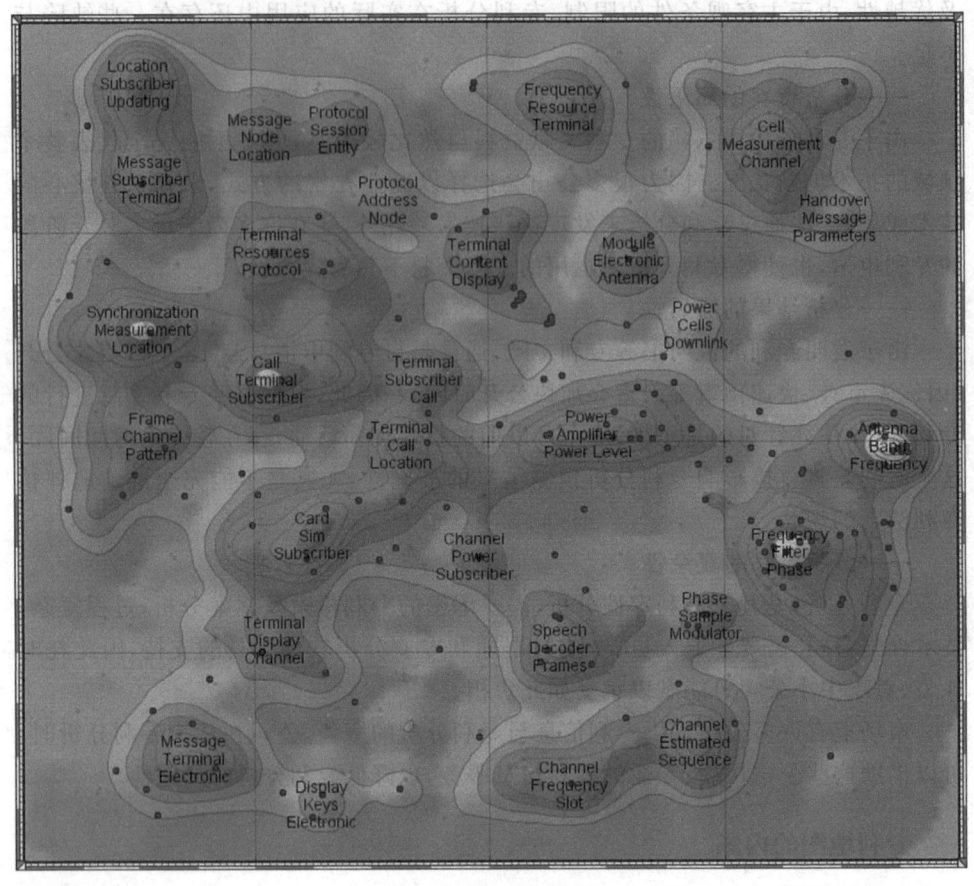

图 7-1　专利地图示例

20多年来，日本政府收集和分析了许多技术领域的专利信息来制作专利地图，并将这些地图免费放在网上。1997年—1999年，日本发明与创新研究所亚太工业产权中心陆续针对日本重点技术领域制作了66种技术的"技术领域专利地图"，将专利情报提供给产业界。

专利地图的分类

专利地图有不同的分类方式。有的分为四大类，即专利管理图、专利技术图、专利权利图以及专利引证图；有的分为三大类，即专利管理图、专利技术图和专利权利图。有的分为两大类，即专利管理图和专利技术图。尽管分类各异，但具体的图表类型大致相同。专利权利图或专利引证图在后两种分类中没有单独列出，是因为它们被置于专利管理图或专利技术图的名目之下。我们这里把专利地图主要分为两大类：

——**专利管理地图**。这是显示技术的发展趋势，进行竞争对手或特定行业的实力剖析和动向预测的管理信息地图。专利管理地图的表现形式,主要包括历年专利动向图,技术生命周期图,各国专利占有(或申请)比例图,竞争公司专利占有量图,IPC分类分析图等。

——专利技术地图。这是将专利文献进一步分析,依据专利目的、达成功效、技术手段等,做成条理分明、一目了然的技术信息图表,以缩短研读时间、提升效率。专利技术地图的表现形式主要包括专利分析摘要表、专利技术分布鸟瞰图、专利技术领域累计图、技术/功效矩阵表、主要公司技术分析表等。

专利地图的制作

制作专利地图首先必须确定专利检索的主题、地区及数据库,以便确定专利地图制作及分析所涉及的范围和对象。然后据检索主题和地区,进入专利数据库输入关键字和国际分类号等检索主题进行检索。最初检索出来的专利文献数量可能非常庞大,需要技术人员进行浏览和筛选,剔除与专利地图目标需求无关的部分,得到与研究内容相关的专利文献。

对筛选后的专利文献,可以进行专利管理地图的制作。并在专利管理图的基础上,找出主要专利文献,由技术人员对这些主根专利文献进行解读,得到每一份文献的技术目的,采用的技术手段和达到的技术功效。经过整合分析后,即可开始专利技术地图的制作。

专利技术地图一旦制作完成,就可根据专利技术地图中揭示的专利信息进行技术创新或回避设计,以及对自己开发的技术进行侵权判断。此外,在具体实施过程中,还必须根据不断出现的最新专利文献对专利地图进行更新,才能使专利地图具有时效性,即保证其指示作用的客观性和准确性。[①]

专利地图可以通过专利分析软件根据检索结果制作而成,以节省大量的人力和物力。总体上看,专利地图所涉及的信息量比较大,人工分析整理比较烦琐。如果公司自身的实力不够,即使有专业数据库的支持也难以完成专利信息的搜集和分析工作,因此还是交由专业人员或专业数据公司去做比较可行。

三、专利导航

专利导航工程

专利导航是以专利信息资源利用和专利分析为基础,把专利运用嵌入产业技术创新、产品创新、组织创新和商业模式创新,引导和支撑产业科学发展的一项工作。2013年,国家知识产权局印发《关于实施专利导航试点工程的通知》,标志着政府主管部门正式启动专利导航试点工程。根据《高等学校知识产权管理规范》

[①] 参见吴新银、刘平、戚昌文:《专利地图制作及解析研究》,《电子知识产权》2003年第2期。

(GB/T 33251—2016)的定义，**专利导航**是在科技研发、产业规划和专利运营等活动中，通过利用专利信息等数据资源，分析产业发展格局和技术创新方向，明晰产业发展和技术研发路径，提高决策科学性的一种模式。

目前开展的各类专利导航项目，主要包括产业规划类专利导航项目、企业运营类专利导航项目等。其中，企业运营类专利导航项目以提升企业竞争力为目标，以专利导航分析为手段，以企业产品开发和专利运营为核心，贯通专利导航、创新引领、产品开发和专利运营，推动专利融入支撑企业创新发展。企业运营类专利导航项目主要包括四个分析模块：一是企业发展现状分析；二是企业重点产品专利导航分析；三是企业重点产品开发策略分析；四是专利导航项目成果应用。

由于企业运营类专利导航项目与公司技术研发联系更密切，本书兹结合国家知识产权局在2016年发布的《企业运营类专利导航项目实施导则（暂行）》，简单介绍公司重点产品专利导航分析和公司重点产品开发策略分析两个部分。

公司重点产品专利导航分析

公司在明确重点发展产品的基础上，围绕产品相关的关键技术，通过分析产品相关核心专利分布格局，及其对于公司产品开发形成的潜在风险或直接威胁，综合给出公司开发重点产品应该采取的策略和路径。

——聚焦核心技术。围绕公司需要重点发展的产品，分析产品相关专利，确定公司改造升级或新开发该产品所需突破或引进的材料、装备、工艺等方面的关键技术。专利分析包括进行总体趋势分析、技术构成分析、专利技术活跃度分析、技术功效矩阵分析、重点专利分析等。

——竞争对手分析。围绕重点发展的产品，从产品相关专利主要持有人入手，识别竞争对手，分析掌握竞争对手的技术布局情况，以及运用专利开展运营的策略和习惯等。专利分析包括竞争对手识别（如统计专利申请人排名、分析专利申请人的集中程度、分析申请人专利活跃度、分析核心专利或基础专利的申请人）、竞争对手专利申请趋势分析、主要竞争对手研发方向分析、新进入者技术方向分析等、协同创新方向分析（统计重点产品相关专利申请人的合作申请情况）、专利运营活动分析等。

——评估侵权风险。围绕公司重点发展的产品，分析当前面临的专利壁垒情况，评估专利侵权风险程度以及通过产品设计规避侵权专利的可行性。专利分析包括专利壁垒分析、专利侵权风险分析、专利可规避性分析等。

公司重点产品开发策略分析

在对重点产品专利导航分析的基础上，结合公司发展的现状，给出公司重点产品的开发策略。该模块将专利的布局、储备和运营等环节融入产品开发的全过程中，提高重点产品的创新效率和运营效益。

——重点产品开发基本策略。基于以上对核心技术、主要竞争对手和专利风险的分析,为公司指明重点产品的开发策略,具体包括自主研发策略、合作研发策略、技术引进策略。

——专利布局策略分析。在分析公司现有专利储备格局的基础上,结合公司发展现状和重点产品开发策略,围绕公司产品和技术发展目标,从补原有短板、强现有布局、谋未来储备三个方面,优化公司专利布局策略和重点。

——专利运营方案制定。从技术领域或产品应用等角度,对公司存量专利进行分类(如基础专利、核心专利、外围专利等);按照专利价值分析指标,从法律、技术和经济三个维度,对专利或专利组合进行价值评级。以存量专利资产分类评级结果为基础,结合公司产品、技术和财务等规划,对专利资产予以有效运用、合理处置,分类形成专利失效、转让、许可等有针对性的管理与处置措施。从公司融资、投资需求出发,以专利资产为基础开展质押融资、投资入股等,实现专利资本化。

四、发明人奖酬

激励发明人的奖酬机制

我国《专利法》第 15 条规定:"被授予专利权的单位应当对职务发明创造的发明人或者设计人给予奖励;发明创造专利实施后,根据其推广应用的范围和取得的经济效益,对发明人或者设计人给予合理的报酬。""国家鼓励被授予专利权的单位实行产权激励,采取股权、期权、分红等方式,使发明人或者设计人合理分享创新收益。"可见,单位在取得职务成果之专利权后,应给予发明人(包括设计人)相应的奖励或适当的报酬;同时,国家也鼓励单位对发明人实行产权激励(表 7-2)。

表 7-2 专利法上的职务发明奖酬规定

法律	适用主体	不同实施转化情形下的具体规定			奖酬形式
		无论实施转化与否的激励	单位自行实施的奖酬形式	转让、许可时的奖酬	
《专利法》	未限定	给予奖励,并鼓励产权激励	合理报酬,并鼓励产权激励	合理报酬,并鼓励产权激励	奖励、报酬,鼓励产权激励
《专利法实施细则》	所有单位	未约定的,专利公告后 3 个月内,发明专利 3000 元以上,其他专利 1000 元以上	未约定的,发明与实用新型专利不低于营业利润的 2%,或外观设计专利不低于 0.2%,或参照上述比例,给予一次性报酬	许可使用费不低于 10%	奖励、报酬

从支持研发的角度，对发明人的激励不一定要等到授予专利权之后，可以前移到提交技术交底书的技术提案阶段。在激励发明创新方面，通常采用奖酬制度，特别是公司准备追求专利数量的积累时，就必须要鼓励研发人员作出发明。很多知名公司都设计有合理的奖酬制度，使研发人员有从事发明创造的诱因。

发明人奖酬的四种形式

在实务上，针对发明或专利所处的不同阶段，对发明人或设计人主要有以下四种典型的发明或专利奖酬形式。有的公司采取了变通的形式，采用类似记分制的形式，每提交一个技术提案或取得一项专利，则记若干分，最后与该员工在工作其他领域获得的分值汇总，综合评定年终奖；有的公司则单列专利产品销售额或销售利润的一定比例，作为该专利产品研发与运营团队的奖金。

（1）**技术提案奖金**

当发明人提交技术交底书，形成技术提案时，即可给予相应的奖励或者记入奖励的业绩考核中。技术交底是专利申请的基础，对技术提案给予奖励更能刺激发明人提交技术交底，撰写高质量的技术交底。由于一些技术提案并不一定申请专利，只对专利申请才给予奖励并不科学，因此，有的公司对作为技术秘密保护的技术成果同样给予奖励。

（2）**专利申请奖金**

当发明创造通过公司内部评审且完成对外申请文件时，公司即给予发明人或设计人专利申请奖金。由此可鼓励员工尽力提供或协助公司准备专利申请文件。因为专利的申请授权往往需要 2～3 年，若一个工程师提出方案，3 年以后才拿到奖金，诱因不高，故在专利申请时奖励，可以让发明人或设计人得到立即的诱因。

当然，专利申请不等于真正取得专利权，为防止员工提出质量低劣的技术方案，公司应当完善内部的发明评审制度。对于技术提案和专利申请这些阶段的奖金应当是固定金额，不宜太高，否则公司会面临较大的成本负担。

（3）**专利取得奖金**

等到专利申请获得主管部门授权后，再发给发明人或设计人专利取得奖金。这部分奖金是固定金额，也不应太高，毕竟专利尚未实施。有的公司还会在此阶段另外再颁发奖牌，或于公布栏公布该专利证书，让发明人或设计人获得无形的荣誉感，也可以营造激励员工发明创造的氛围。

前两种奖金一般采用定额计算，大约在数千元到数万元不等，视公司财力及对发明创造的重视程度而定。

（4）**专利运用奖酬**

在专利运用于产品生产、销售或对外授权、转让等情形有明显贡献时，再颁给发明人、设计人及转化人员专利运用奖金或报酬。此种奖酬一般是依据专利运用带给公司利润或收益一定的比例计算。

除了发明人奖酬,我国《专利法》第 15 条第二款还规定:"国家鼓励被授予专利权的单位实行产权激励,采取股权、期权、分红等方式,使发明人或者设计人合理分享创新收益。"

当然,奖酬的形式不能只限于物质。非金钱的鼓励,比如职位晋升、出国访问、奖牌发放有时更能激励员工的士气,使员工在公司内部感受到温情的人性关怀和较大的发展机会。

关注相关员工的奖励

在发放奖酬时,除了要关注发明人或设计人的奖酬问题,还要关注其他与该发明或专利相关的员工奖酬问题。因为那些参与了发明创造工作,但未能认定为合作发明者的人可能会满腔怒火,那些在促进发明创造商业化的过程中做了很多工作的人则心怀嫉妒,甚至导致整个团队四分五裂。[①] 所以,对于参与发明创造、促进专利实施转化等工作的其他员工,也要给予奖酬和鼓励。

《促进科技成果转化法》鼓励对完成、转化职务科技成果作出重要贡献的人员给予奖励和报酬,显然"完成、转化职务科技成果"的人员不只是发明人,还包括促进转化实施的人员。2007 年 4 月施行的《上海市发明创造的权利归属与职务奖酬实施办法》第 13 条第二款即鼓励这样的做法:"被授予专利权的单位在专利权有效期限内,实施、许可他人实施、转让其职务发明创造后,单位应当对发明创造的转化作出突出贡献的人员给予奖励。"

◇业界声音

胡毅(时任中兴通讯副总裁、知识产权部部长,2020 年)谈道:"我们每年投入上千万专门用于设置奖项,包括知识产权开发奖和知识产权运营奖,奖励覆盖技术创新及知识产权文化建设全流程中有突出贡献人员。分几个阶段:在知识产权创造阶段,覆盖发明人、设计人;知识产权申请、布局阶段,覆盖有贡献的技术人员、市场及规划人员、标准人员、法务人员;在知识产权维护管理阶段,覆盖参与知识产权评价梳理、维护管理的相关技术人员、标准人员、商务人员、法务人员;在知识产权运用阶段,覆盖为知识产权运营、诉讼提供支持的法务人员、技术人员、标准人员、商务人员;其他知识产权项目中作出贡献的相关人员。"

——来源:2020 浦东企业总裁知识产权高级研修班演讲发言。

---

① [美]亚历山大·I. 波尔托拉克、保罗·J. 勒纳:《美国知识产权精要》,中国人民大学出版社 2004 年版,第 46 页。

第4节 基于研发成果保护的专利事务

一、技术交底撰写

技术交底书的价值

技术交底书是研发人员以书面形式系统提交其技术成果的文件，也称为**发明报告**。技术交底书的阅读对象主要是公司审核技术提案的专利工程师、专利代理机构的专利代理师，或，因此，技术交底书通常提交给公司内部的技术管理部门（或知识产权部门）、外部的专利代理机构。技术交底书可以有效传递发明构思，并作为公司保护技术成果的决策依据，其主要价值在于：

——有利于固定和完善研发成果

虽然研发记录可能记载了发明创新成果的产生过程，但毕竟只是一系列相对粗糙的技术记录，因此，将其中的技术创新提炼整合成为系统的技术交底书（技术报告），并向技术主管部门报告，可以固化公司的技术知识，有系统地累积、传承经验与交接技术成果。研发人员撰写形成技术交底书的过程，也是其整理和改进自己的技术构思的过程，甚至可能因此发现原有的技术缺点，并完善形成更好的技术方案。

——有利于进行研发成果保护规划

技术交底书已成为很多公司进行发明评估、专利筛选等内部评审程序的启动依据。研发人员通过技术交底及时报告其研究成果，可以使公司技术主管部门或决策部门能适时评估发明创造的应用前景，明确保护方式和权利归属，评估是否需要提交专利申请或采取保密措施，适时形成知识产权。

——有利于代理师撰写专利申请

书面沟通是一种更高效的沟通方式，技术交底书就是专利代理师和发明人之间高效沟通的重要纽带。高质量的技术交底书，有助于专利代理师了解现有技术状况，检索现有技术文献，理解发明的技术方案，确定专利申请类型，判断发明的创造性、判断发明技术效果等，从而让专利代理师对技术交底书中的技术内容进行不同处理，包括提炼技术内容、补充相关材料、删除无关内容、转换技术方案等，从而撰写出高质量的专利申请文件，获得更好的授权前景和更宽的保护范围。

技术交底的内容：以申请专利为导向

从专利申请的角度，技术交底书主要目的之一是提高专利申请文件的撰写质量和效率，使专利代理师更容易理解发明人发明构思的特点。一份完整的技术交底书包括发明名称、技术领域、背景技术、发明内容(发明目的、技术方案、有益效果)、附图说明、具体实施方式等方面。有些技术交底书脉络清晰、逻辑清楚,有助于代理师快速地理解专利申请关键的创新点。

——**发明名称**。简短、准确地表明发明或实用新型专利申请要求保护的主题和类型。发明名称必须为技术用语,不含带广告、人名、代号、用于商业宣传性的语言等。

——**技术领域**。写明本发明(即要求保护的技术方案)所属的技术领域。

——**背景技术**。写明对本发明的理解、检索以及审查有用的背景技术(又称现有技术),这些背景技术应该是与本发明最接近的或已经使用的,应当客观且充分地指出背景技术存在的问题和缺点。有可能的话,并引证反映这些背景技术的文件。

——**发明目的**。指本发明要解决或改进现有技术中存在的什么问题或缺陷。在专利说明书中通常以发明或实用新型内容涵盖发明目的、技术方案和有益效果三个方面。

——**技术方案**。可以先说明发明的主要构思,再描述发明的技术方案是如何实现本发明的目的,以使所属领域的技术人员按照描述能够实现为准。应当充分描述技术细节,尽量避免大而空。如对机械产品的发明,应详细说明每一个结构零件、部件的形状、构造、部件之间的连接关系、空间位置关系、工作原理;对于电气产品的发明,应描述电气元件的组成、连接关系,工作原理、工作过程,电气元件之间作用关系、信号数据流向等;对于方法发明,应描述操作步骤、工艺参数及有关条件影响因素等。

——**有益效果**。写明本发明与现有技术相比具有的有益效果,可以反映为产率、质量、精度和效率的提高,能耗、原材料、工序的节省,加工、操作、控制、使用的简便,环境污染的治理或根治,以及有用性能的出现等方面。这些技术效果应当是由构成发明的特征直接带来的,或者是由所述的技术特征必然产生的。

——**附图说明**。附图可以更直观地表述发明的内容,体现发明点之所在,诸如示意图、模块图、各向视图、局部剖视图、流程图等。

——**具体实施方式**。详细描述本发明的全部技术内容以及实现的最佳方法,列举实现本发明的实际生产例子或方案,使权利要求的每个技术特征具体化,从而使本发明的可实施性得到充分支持。这对于充分公开技术方案,理解和再现发明内容,支持和解释的权利要求都起着重要的作用。

外观设计专利申请"技术交底书"的要求:写明使用该外观设计的产品名称和所属类别,并有四套照片或图片;要求保护形状的,应提交六面视图(实物的前视图、后视图、俯视图、仰视图、左视图、右视图)和立体图;要求保护图案的,应提交展开图和立体图;要求保护色彩的,应提交彩色和黑白照片或图片。

撰写技术交底书的基本要求

技术交底书最低程度上应当：(1)清楚描述现有技术及其缺点；(2)清楚描述发明采用的技术方案；(3)清楚描述发明所采用技术方案的有益效果。可以从以下方面评估技术交底书的质量，详见表7-3。

表7-3 技术交底书与专利申请文件的区别

	技术交底书	专利申请文件
法律效力	技术文件，无法律效力	法律文件，有法律效力
基本目的	准确、完整、清晰地表达技术方案	获得发明专利的授权，争取尽可能大的保护范围
撰写主体	发明人	通常是专利代理师
阅读对象	专利代理师、专利工程师	审查员、技术人员、法官、社会公众
文件内容	发明创造内容、相关背景技术以及具体的实施方式	专利请求书、说明书摘要、摘要附图、权利要求书、说明书、说明书附图

来源：杨晓雷：《技术交底书在专利申请文件撰写中的功用！》，《十点法务》，2018-04-12。

——技术主题明确。技术主题，是指专利保护的对象。技术主题应当明确，比如一种装置，一种系统，一种器件，一种方法，一种计算机存储介质，但如果写成一种技术就是不明确的专利保护主题。

——技术表达准确。技术术语的表达要前后一致，对专有词汇进行解释说明，使用法定计量单位等。

——技术方案完整。技术交底书的结构应当包括发明名称、技术领域、背景技术、发明内容（发明目的、技术方案、有益效果）、附图说明、具体实施方式等方面。如果技术交底书能提供多个相关实施例、提供产生有益效果的原因、详细描述附图，将更有助于专利工程师或专利代理师全面理解、准确发现发明创新点。

——技术公开充分。本领域技术人员能够依据技术交底书的描述，无须创造性的劳动，即可再现发明的技术方案，并能产生预期技术效果。有的研发人员认为某些技术内容属于公司的技术秘密或者个人技术核心，不在技术交底书中提供，导致专利撰写人员不能充分理解技术方案，撰写出错误的申请文件，反复修改仍然无法表达出关键的技术特征。

技术交底书的常见问题

在专利申请文件的撰写过程中，专利代理师首先要获得发明创造相关的技术交底书。通常情况下，专利代理师会给发明人一个技术交底书的模板，由发明人根据技术交底书的要求进行填写和补充。在代理实务中，发明人提供的技术交底书往往存在以下问题：

（1）发明技术内容描述不清楚，语言随意，缺乏规范性；

(2) 对技术内容缺乏实质性的描述,例如只有功能性叙述,而无实现该功能的具体技术方案或对该技术方案无详细说明;

(3) 缺乏附图的关键信息标示及对附图的必要说明;

(4) 只提供整体结构的总装图,而无具体结构的局部放大图或剖视图及相关细节的详细说明;

(5) 刻意省略关键技术信息;

(6) 反映技术特征的技术术语的表述前后不一致;

(7) 发明目的与对应的必要技术特征不一致或不相关;

(8) 发明目的与技术效果不呼应或不相关;

(9) 背景技术的描述过于简单空泛;

(10) 提交程序代码,使用计算机程序语言,而非文字描述。[1]

如何提高技术交底书的质量

——以专利申请为目标

虽然技术交底的成果不一定都要申请专利,但可以把申请专利作为撰写技术交底的导向。专利代理师的工作就是将体现在"技术交底书"中的技术方案转化为符合专利法要求的"专利申请文件"。写好技术交底书,可以为专利申请文件打下坚实的基础,以获得更好的授权前景和更宽的保护范围。

——以表彰考核为抓手

很多公司对专利的发明人均设有奖励机制,但可以对发明人的奖励适当前移到技术交底阶段。通过精神表彰和物质奖励相结合,激发研发人员撰写技术交底的热情,并提高技术交底书的撰写质量。同时,可以适当辅以年度专利申请数量的指标考核,通过考核机制倒逼技术交底书的撰写和质量提升。

——以 3T 原则为标准

3T 是指技术方案的三要素——技术问题、技术手段、技术效果(T 为"技术"的英文单词首字母)。技术交底书的撰写应当紧紧围绕一条逻辑主线,即"现有技术存在什么技术问题——本发明的技术方案如何解决该技术问题——本发明达到了什么技术效果",此即 **3T 原则**。

——以撰写培训为指导

技术交底书是每个研发人员的必修课,公司应当有意识、有计划地培训研发人员,以专利说明书为示范,解读技术交底书的基本结构,让研发人员了解技术交底书有哪些内容、有哪些要求、有哪些注意事项、有哪些陷阱、有哪些风险、有哪些技巧。

---

[1] 杨晓雷:《技术交底书在专利申请文件撰写中的功用!》,《十点法务》,2018-04-12。

◇业界声音

杨金(德国博西家用电器集团大中华区知识产权高级总监,2020年)谈道:"一个真实经验。2007年我在公司收到一份发明报告,发明人提交的文件,没有文字说明。但是过了10年,2017年,我再次收到一份发明报告,发明人写的图文并茂,中英文。而且有些发明人直接按照专利申请格式写,让我们直接交上去即可。2007年整个公司申请专利的发明人只有不到一百人,2017年已有四百多人。为什么会产生这样的变化?因为从2007年开始,我们做了激励办法。一个好的激励制度会带来显著的变化,达成的是共赢。"

——来源:2020年松江区企业总裁知识产权高级研修班演讲发言。

二、专利挖掘

专利挖掘的条件

狭义上讲,**专利挖掘**是从创新成果中提炼出有价值的可专利化的技术方案,包括对已有技术成果的剖析、整理、拆分和筛选。广义上讲,专利挖掘还涉及采取措施激励和推动可专利化的技术创新的出现,比如主动针对竞争对手的专利进行回避设计,从而生成创新的技术方案。在某种程度上,专利挖掘相当于技术成果的二次开发。

与专利挖掘对应的英文名词,"Invention Harvesting"(**发明收割**)在某种程度上是一个更恰当的描述,它更强调专利工程师和研发人员的深度合作——比如常规性地参加研发部门的头脑风暴(brainstorming)会议,要求专利工程师在发明人也许还没有意识到自己有所发明的时候,提前发现具有专利价值的创意,并推动发明人或者研发部门开启专利申请流程。考虑到在国内,专利挖掘是一个更受推崇的术语,本书仍然采用专利挖掘的概念。

专利挖掘是公司构建专利组合,储备专利资产,提升专利竞争力的基础。多挖、深挖、挖准、挖透,是专利挖掘工作的理想目标。但公司开展专利挖掘,至少要满足三个条件:

——有动力。公司的管理层(特别是最高领导者)可能认为需要更多的专利数量,甚至为此设立每年的专利申请目标,这是专利挖掘的动力。

——有人才。一是要有提供创新支持的技术人员,二是要有将创新转化为专利的专利代理师或专利工程师。

——有资源。无论是激励技术人员创新,还是支持专利撰写和申请,都必须投入资源,特别是金钱上的预算支持。

专利挖掘的导向

如果专利挖掘的对象不仅仅是已经做出的创新成果,那么专利挖掘既可以依赖于公司自身的技术资源进行挖掘,包括现有的专利储备和新开发的技术提案;也可以面向竞争对手和整个行业进行技术追赶、技术围堵和专利回避,从而实现专利挖掘的目标。基于这样的理解,专利挖掘的导向主要有:

——以问题为导向的专利挖掘。针对产品工艺、产品质量、用户体验等方面的问题,进行收集、整理和分析,并以此为方向寻求解决方案,确定技术创新点,并形成专利提案。

——以项目为导向的专利挖掘。围绕公司的技术或产品立项,以技术突破方向、项目实现目标为指引,明确每个技术方案的创新点,评估是否有替代性技术方案,发现和确认要专利化的技术方案。

——以竞争为导向的专利挖掘。深入分析竞争对手的产品、技术、专利,一方面可以通过技术改进、后续开发和回避设计,针对性地进行专利挖掘;另一方面,可以在相同领域进行技术竞争,包括进行外围产品、周边应用的技术开发,甚至进行替代性解决方案的开发,以此进行专利挖掘,为专利布局提供支持。

专利挖掘的方向

——发现:将已有的可专利化的创新成果识别出来。通过参加项目会议,理解技术交底书,把握发明点,挖掘专利。

——改进:基于问题解决、技术完善等目标,改进自己或竞争对手的技术方案,并申请专利。

——替代:找到能够替代自己或竞争对手现有技术方案的创新成果,并申请专利。替代方案的拓展方向包括:(1)零件的个数、方法的步骤、工艺是否可以减少?(2)零件的位置关系是否可以调整?(3)步骤的顺序是否可以改变?(4)其中哪个部件/步骤/工艺替换成其他部件/步骤/工艺后仍然可以解决技术问题。

——回避:找到能够回避竞争对手专利保护的技术方案(某种程度上也是前述的"替代"),并申请专利。

——延伸:环顾四周,注重拓展应用场景,找到可以延伸到外围产品或周边应用的技术方案,并申请专利。例如,美国专利律师帮助霍尼韦尔公司将其应用在复印机技术上的自动聚焦技术,扩展应用到了照相机上,1991 年,法庭判定日本多家照相机公司违反从没有生产过照相机的 HONEYWELL 的专利,赔偿了在那个时代最大价值的专利侵权费。[①]

---

① 赵永辉:《从审查员角度看如何做软件专利的申请与实务》,载柯晓鹏、林炮勤主编:《IP 之道》,企业管理出版社 2017 年版,第 133~140 页。

专利挖掘的流程

专利挖掘不必等到研发全部完成时,而应该贯穿研发全过程,从项目立项阶段、新产品研究开发阶段、创新成果产品化,直至产品市场化阶段,都有专利挖掘的可能性。虽然实践中不存在统一的、标准的流程,但根据彭文波先生的总结,一个典型的或理论上的专利挖掘流程可以是这样的:①

——培训技术人员。由专利人员(公司专利工程师,必要时可邀请外面资深的专利代理师),针对技术团队进行一次现场的专利挖掘培训,让技术人员了解什么是专利,哪些创新可以申请专利,如何撰写技术交底等。如果是针对一个具体项目或产品进行挖掘,可以在培训前对现有技术有基本的了解,并准备好与该技术领域相关的专利撰写案例。

——梳理创新点。知识产权部门提供一份创新点梳理清单的模版,交由技术团队梳理,提供一份技术人员自认为的创新点清单。

——召开技术沟通会。清单完成后,安排一次由技术团队对清单中所述技术方案逐一介绍的技术沟通会,由技术人员结合图纸、模型、文字、图片、视频等方式,向专利人员进行介绍。

——制作专利挖掘报告。专利人员根据技术沟通会的内容,结合创新点梳理清单制作专利挖掘报告,包含技术方案名称、技术要点、技术问题、技术效果、替代方案、相关负责人、建议申请专利类型等内容。

——撰写技术交底书。根据知识产权部门提供的技术交底书模版,由技术人员依据专利挖掘报告制作技术交底书。技术交底书提交的技术问题和技术手段应具有对应性,避免只罗列技术方案,不介绍现有技术、技术问题和技术效果。

——撰写提交专利申请。技术交底书经知识产权部门审核之后,交由专利人员(内部专利工程师或外部专利代理师)撰写专利申请文件,并提交专利申请。

◇业界声音

柯晓鹏(时任NXP大中华区知识产权总监,2014年)回忆道:我在富士康工作的时候,每周都有研发课,每节课有10几个工程师,我们要去与他们交流有什么新的发明,这些发明是否能够申请专利。我是负责手机客户的,要看工程师的图纸,寻找专利点,我每天花一两个小时,翻阅专利公报,了解关于手机连接器的专利。经过长时间后,几乎掌握了当时这个领域所有的专利技术,可以与工程师对话,发

---

① 彭文波:《专利挖掘的范式-六步-六法-六注意》,《律人习法》,2019-05-29。

现值得专利申请的地方。所以分析发明，发现专利点很重要。即使一些发明是客户提供的，我们也能发现其专利点。

——来源：专利布局及加值策略沙龙主题发言，上海大学。

专利挖掘五步法

珠海格力电器的刘明、寇晖提出了**专利挖掘五步法**，即专利挖掘团队按照"技术人员讲解、从核心部件到次要部件专利挖掘、沿单一方向专利挖掘、回忆未被采用的方案、拓展"这五步，最终挖掘出技术创新点的方法：①

步骤一：技术人员主讲

首先由技术人员讲解他的技术成果，阐述他们所认为的创新点，比如，与别人同类产品不同之处，如零件结构、位置关系、构造关系等；这些不同之处有何好处，如产率、质量、精度和效率的提高，能耗、原材料、工序的节省，加工、操作、控制性的简便，以及有用性的出现等。技术创新点通常会出现在部件的添加、减少、替换，部件与部件之间关系的变换，材料变换，物质组分，特定数值，方法步骤的增加或减少等方面。专利人员要注意引导和捕捉技术创新点，发现可专利化的创新。

步骤二：从核心部件到次要部件

一项技术成果，以产品为例，通常可以分为核心部件和次要部件，次要部件通常是参照符合核心部件的要求进行设计的。技术创新点通常集中于核心部件，并辐射至次要部件。专利人员应当以核心部件为切入点，全面有序地收集技术创新点，并区分这些创新点的层次，布局哪些作为核心专利，哪些是外围专利进行申请。比如，技术人员提到空调的核心部件压缩机，由单转子结构改为双转子结构，专利人员即围绕这一创新点，进一步追踪压缩机曲轴的平衡方式，压缩机的吸排气口等有没有创新。

步骤三：沿单一方向

如果无法将技术成果区分出核心和次要的部分，可以沿单一方向进行专利挖掘。所谓单一方向，可以是空间上的，如从上到下，从左到右，从内到外，从进气口到出气口，从输入端到输出端，也可以是时间上的，如从第一步到最后一步，都是可以遵循的方式。选择最合适的方向，然后认真地核查完每一个部件或步骤，可以保证不会漏过对眼前的技术成果的任何一点创新。该步骤虽然欠缺对创新点层次的划分，但可以极大地提高专利挖掘的全面性，有效防止遗漏技术创新点。

步骤四：回忆未被采用的方案

专利人员应当引导技术人员回忆，在研发过程中，遇到过哪些问题，有过哪些解决方案，其中有很多最终未被采用的创新的解决方案，可谓沧海遗珠，亦是技术

---

① 刘明、寇晖：《专利挖掘五步法》，《中国知识产权杂志》总第 101 期，2015-07-27。

人员的智慧结晶,却没有得到足够的重视。考虑到竞争对手在研发相同技术成果时,极有可能遭遇相同的技术问题,这些未被采用的方案,完全有可能出现在竞争对手的技术成果中。因此,也可以将这些创新方案申请专利,成为公司防御性专利组合的重要部分。

步骤五:拓展

专利人员与技术人员应当一起讨论整理好的技术创新点,运用头脑风暴和TRIZ理论[①]等创新方法,寻找拓展方案,例如创新点的纵向延伸和横向延伸、替代技术方案(甚至改劣方案)的扩展以及可申请主题的扩展等。在专利挖掘的过程中,不要忘记对与本产品相关的上游、中游和下游进行挖掘扩展,比如上游相关的原材料、配方,中游相关的管理方法、管理系统,下游相关的具体应用场景、衍生产品等。即使拓展出来的技术方案不能作为一件独立的专利申请,也有助于丰富具体实施例、增加权利要求的层次、支撑独立权利要求获得更大的保护范围。

专利挖掘的关键先生

专利挖掘显然是一项团队合作的过程,至少需要技术人员和专利人员的协同支持(如果公司内部专利人员实力不允许,还可能外聘专利代理师)。毫无疑问,技术人员和专利人员(特别是技术人员)就是公司专利挖掘的"关键先生"。

通常而言,限制专利挖掘的根本问题,主要就是技术人员的技术交底能力,这就像是木桶的短板。技术人员往往存在两个问题:(1)不知道哪些东西可以申请专利;(2)不知道该怎么写交底书。因此,技术人员的专利水平,是决定专利挖掘工作成败的关键因素。[②] 美的厨房电器事业部担任专利高级工程师**付饶**从团队建设和研发人员的认知开始入手,自己做了培训教材,亲自去给每一个项目组挨个进行沟通和讲解,培养他们的专利申请及保护意识。一个月之内大概讲了20多堂课,使研发人员的知产保护意识得到大幅提升。[③]

一方面,专利人员需要持之以恒的专利培训,让技术人员理解专利挖掘的逻辑主线是"问题-手段-效果"——构成一篇专利有三大要素:(1)解决哪些技术问题;(2)采用何种技术手段;(3)达到何种技术效果。要让技术人员带着问题意识,与专利人员共同梳理出解决技术问题所对应的技术手段和所达到的技术效果。专利人员可以将新产品拆解到较小的单元,让新产品上的各个创新点一目了然,即使技术人员容易理解,也让专利人员不易错过。

---

① TRIZ即发明问题解决理论,它是一套技术创新理论和方法。TRIZ创新方法源于苏联,由一位伟大的工程师兼发明家阿奇舒勒和他的同事们创立的,他们分析归纳总结全世界250多万份高水平专利成果后,在1946年总结出一套理论。经过几十年的发展,TRIZ已进入成熟期,TRIZ理论已经被全世界接受、应用。
② 李银惠:《专利挖掘的三种商业模式》,IPRdaily,2017-04-13。
③ 美的厨房电器"军师"付饶:《专利只是武器,专利布局才是排兵布阵》,家电消费网,2017-09-01。

另一方面,专利人员可以建立专利挖掘对照表,将产品的结构、电路、控制方法作全面的细化,并及时更新专利挖掘对照表。每次进行专利挖掘时,专利人员对照此表一条一条检查,能降低专利挖掘遗漏的风险,如此,即使是经验尚不足的专利人员进行专利挖掘,也能取得较好的工作成效。[①] 当然,最佳的专利挖掘方式一定是专利代理师与技术人员现场座谈沟通,而不是书面邮件往来或微信互动。

三、专利筛选

专利筛选的内涵

对于研发投入较大、研发能力很强的公司,每年的技术提案成百上千,并非每个技术成果(发明创造)都需要、都适合申请专利。此时还必须决定应该把哪些技术成果申请专利或作为技术秘密保护,把哪些技术成果优先申请专利,这就涉及专利筛选制度。

专利筛选是根据一定的评价标准,对发明创造进行评估,从而决定发明创造是否申请专利或申请专利的优先顺序的制度。专利筛选制度中最为实质的部分,主要是专利申请之前的发明评估,因此,专利筛选也可以称为发明筛选。

专利筛选的机构

为便于开展发明评估,进行专利筛选,公司可以设立发明评估委员会,这个机构一般不需要固定的形式,可以是一个常设的松散性组织,在需要作出发明评估时才召集评估人员集中讨论相关事宜,日常工作由公司知识产权主管部门来协调。

由于发明评估的内容主要涵盖可专利性(新颖性、创造性、实用性)以及技术的商业价值(经济利益、实施难易、投资成本、市场影响……),也即须周全顾及法律、科技、市场、投资财务等层面。因此从事发明评估的人员最好既有技术人员(包括发明人或设计人),又有法务人员(专利律师或专利代理人)、市场营销人员,可能的话,还包括财务人员。甚至可以邀请战略咨询人员参加发明评估活动,但技术人员与法务人员应当占据评估委员会的主体。

专利筛选的目标

专利筛选的目的在于评价技术是否具有专利性,是否值得申请专利,并确保申请专利的品质,增加专利申请的有效性和可靠性。同时,也借此淘汰不必要的或无用的技术,节省申请、维持专利所耗费的财力。

从理想的角度观察,专利筛选可以避免申请不必要或不需要的垃圾专利或问题专利,以及错误专利。所谓**垃圾专利**,是指那些难以满足专利法新颖性、创造性

---

① 刘明、寇晖:《专利挖掘五步法》,《中国知识产权杂志》总第 101 期,2015-07-27。

和实用性等"三性"要求,而不应该得到授权的专利。所谓"**问题专利**"(questionable patent),或称"可质疑专利",这些专利多半是无效的或者其权利要求过于宽泛。① 问题专利比垃圾专利的范围更加广泛,除了包括垃圾专利,还包括那些可以授权但保护范围不适当的专利。而所谓**错误专利**,是指虽然满足专利法的"三性"要求,但从公司策略上考虑应当作为商业秘密而不宜申请的专利。

当然,从专利法的本质目的上讲,不应欢迎垃圾专利和问题专利,因为它们占用了不应当拥有的专利资源。不过,从公司的私利角度上看,有时候申请垃圾专利或问题专利却是他们有意的结果。而对于错误专利,从专利法的本质目的上看,本应授权,无可厚非。但是,如果公司不小心造成错误专利的申请,则可能存在不利的后果,自是策略上的失误。

专利筛选的维度

如前所述,专利价值的审计,可以从法律价值度、技术价值度和经济价值度三个方面展开。这些价值评价维度或质量评价标准都可以为专利筛选的发明评估所用,但这些评价标准又包含了许多具体的指标,从可用性上或许不是最佳选择。

成绪新(时任华为公司知识产权部副部长)认为,评估发明的维度有 5 个:与业务的对应性、授权的稳定性、侵权证据的可获得性、专利的可规避性、专利产品的市场规模。考虑到专利筛选时一般是对发明创造进行方向性、原则性的评估,因此,有的公司在发明评估时采用了更简洁的标准,甚至简化为两个维度:专利授予的可能性、被使用的可能性。

◇**经验:联想集团的评审制度**

联想集团知识产权的发展战略很快就从原来的数量积累,转移到追求质量;知识产权团队迅速进行制度调整以支撑知识产权战略的推进,建立了"全球知识产权评审委员会"。

联想集团不再盲目地对每一个 idea 都进行专利申请,而是通过"全球知识产权评审委员会"来评价每一个 idea 的技术价值和专利价值,评审委员会的成员既包括技术专家也包括知识产权专家,分别从技术应用和专利保护的角度来讨论,讨论每个 idea 的应用场景的可扩展性和专利价值,形成最终是否要申请专利以及如何提出专利申请的意见。

一个原本可能很小的 idea,经过评审委员会的技术专家指导,可能最终被发现

---

① Questionable patent is one that is likely invalid or contains claims that are likely overly broad. 参见美国联邦贸易委员会 2003 年 10 月发布的报告"To Promote Innovation: The Proper Balance of Competition and Patent Law and Policy",http://www.ftc.gov/os/2003/10/innovationrpt.pdf,2004-10-18。

可以应用到更加广阔的技术场景，并以此为基础来开展专利布局，以获得更加有价值的专利资产。

——摘自：《中关村知识产权故事|走进联想》，IPRdaily，2018-12-12。

四、专利与技术秘密比较

专利与技术秘密的差异

专利保护并不能取代技术秘密，两者相辅相成，有时还互为依靠。从发明创造保护的角度比较专利与商业秘密，实质上是比较专利与技术秘密。关于专利与技术秘密的不同之处，可以简单归纳如下（详见表7-4）：

表7-4 专利与技术秘密的差异比较

保护形式 比较因素	专利	技术秘密
取得方式	申请取得，需要专利局依申请而审查授权	自动取得，不需履行任何行政程序
取得条件	需要满足新颖性、创造性、实用性等专利性条件	只要具有商业价值，并采取保密措施，即可享有权利
创新程度	创新程度要求相对较高	创新程度要求相对较低，甚至可以忽略
技术公开	通过专利说明书等文件，公开技术	不但不公开技术，反而需要采取保密措施
权利主体	同样的发明创造只能被授予一项专利，不能由多数人分别取得专利权	同样的技术成果，只要是各自独立研发，可以由多数人分别享有技术秘密
权利范围	权利要求清晰，保护范围明确	因保密限制，保护范围相对不清晰
独占程度	在授权地区垄断利用	如果他人独立研发出同样的技术，则独占地位不复存在
成本支出	需要花费申请、维持费用，以及代理费用等	不需要申请、维持和代理费用，但需要保密成本
地域限制	只在专利授权国家或地区享有权利	只要保密得当，可在全球所有保护商业秘密的国家享有权利
保护时间	发明专利20年，实用新型专利10年，外观设计专利15年	只要权利人愿意，并采取保密措施，可以无限期获得保护

由上可见，专利与技术秘密存在较大差异，而且因其差异而各具优劣。公司在选择保护技术成果的权利形式时，需要斟酌各自取得方式、成本支出、保护时间、权利范围等因素，来综合衡量专利与技术秘密的优劣。

专利与技术秘密综合衡量

通过分析专利与技术秘密的差异及其优劣,公司可以根据发明创造的具体情况,并结合市场竞争状况和经济承受能力等选择最适合的保护形式。比如,市场竞争激烈,竞争对手都在从事同一领域的技术研发,此时最好申请专利,以防止被竞争对手捷足先登。

单纯从法律的角度,评价一项技术成果是采取专利申请保护还是商业秘密保护,可以从两个方面考量:一是**技术可视度**,即技术是否容易被识别、被反向工程破解的程度。比如,对于产品外观,不具有采取保密的条件,只有申请专利。二是**侵权可视度**,即侵权行为容易被发现、被证明侵权的程度。比如润滑油添加剂的配方及其生产工艺,如果申请专利公开后,竞争对手易于获取,也难以取证主张侵权,因而更适合作为技术秘密保护。

在考虑专利与技术秘密的利弊时,不能孤立的理解,需要从系统化的角度,更要跳出法律的框架,在平衡收益和成本之后,审思如何在专利与技术秘密中作出抉择,找出价值最大化的选择。对于那些技术可视度差、侵权可视度也差的技术,在以下情形同样可以申请专利:

——标准必要专利策略。无论可视度如何,只要专利被纳入标准,就可以确保技术实施和经济收益。5G 标准必要专利已经成为华为公司的"护城河"。

——保证开源生态推进。开源代码能极大地促进技术方案的推广实施,与开源代码相对应的专利则可以有力保证开源生态的推进。

——增进了解技术实力。专利作为一种技术公开的渠道,能够让公众和投资人了解公司的技术实力。例如,百度和阿里巴巴分别积累了大量人工智能(AI)和区块链专利,再通过宣传 AI 和区块链技术专利,彰显公司在这方面的技术实力。讲好公司故事,也能支撑市值提升。[①]

——为了公司融资需要。尽管有些技术因为不易反向工程,适合技术秘密的保护,但为了融资的需要,申请专利保护,更能获得风险资本的垂青。

当然,专利保护与技术秘密不是相互排斥的,可以互相搭配,互为配合。比如,某陶瓷产品的制作需要加入两种辅料以取得特定的效果,但两种辅料是在不同时间加入的,而且相隔 10~12 分钟加入时效果最佳。在专利申请时可以只公开两种辅料"不同时加入",但不公布具体的间隔时间,"不同时加入"由专利加以保护,"相隔 10~12 分钟加入两种不同的辅料"则采取技术秘密加以保护。这样既能获得垄断性的专利权,又不至于因申请专利而将技术内容和盘托出,全部公之于众,从而获得最大限度的保护。[②]

---

① 王飞:《从专利价值视角看互联网企业如何设计最优专利策略》,载林炮勤主编:《IP 之道 2——中国互联网企业知识产权实践集结》,知识产权出版社 2022 年版,第 20 页。

② 参见温旭:《知识产权——商战决胜之源》,http://www.szip.org.cn/llyjzh10.html,2005-04-19。

不过，公司在谋求"专利＋秘密"的保护方式时，需要谨慎行事，尤其注意不要因为保密过多而使专利申请因公开不充分而被专利局驳回。因此，公司应当与专利代理人仔细讨论，加强沟通，在撰写专利申请文件时，既要申请到专利，又要给技术秘密留下空间。

技术秘密转化为专利保护

需要注意的是，专利与技术秘密并非两条永不相交的平行线，技术秘密在一定条件下还会主动转化为专利保护：

- 为防止竞争对手抢先占据专利位置，可以将自己以前作为技术秘密保护的发明创造，转向专利申请。
- 为防范技术秘密许可中的泄密风险，可以将技术秘密申请专利保护，以强化许可权利的稳定性。
- 如果他人未经自己同意而泄露技术秘密的，可以利用《专利法》第 24 条不丧失新颖性的例外规定，在 6 个月内将技术秘密申请专利保护，以弥补技术秘密丧失的损失。

五、专利撰写质量管理

检查专利申请文件的质量

申请发明专利的，申请文件主要包括：发明专利请求书、说明书（说明书有附图的，应当提交说明书附图）、权利要求书、摘要（必要时应当有摘要附图）。申请实用新型专利的，申请文件主要包括：实用新型专利请求书、说明书、说明书附图、权利要求书、摘要及其附图。申请外观设计专利的，申请文件主要包括：外观设计专利请求书、图片或者照片。如图片或照片需要说明的，应当提交外观设计简要说明。

专利申请文件质量是整个专利生存周期影响专利实施和影响专利价值的关键因素，因此提升申请文件的质量，是保障专利品质的重要措施。**李文红**认为，高质量的专利申请文件至少应满足四大质量评价标准：发明创造表述精确、记载内容公开适度、技术方案布局到位、文件缺陷降至最低。[①] 当然，评估一件专利的质量优劣，最直接的指标就是能不能经得起无效的检验，否则就是专利纸老虎，中看不中用。为防止专利申请文件出现错漏，影响专利申请质量，应当重点注意检查权利要求书与说明书。

从法律的角度，权利要求书应当以说明书为依据，清楚、简要地限定要求专利保护的范围。权利要求书中的独立权利要求的撰写应当从整体上反映发明或者实

---

① 李文红：《专利申请文件的质量评价标准》，《中国知识产权》2007 年第 12 期。

用新型的技术方案,记载解决技术问题的必要技术特征。同时,说明书应当对发明或者实用新型作出清楚、完整的说明,以所属技术领域的技术人员能够实现为准。此外,专利权利要求书撰写质量的高低还取决于撰写出的独立权利要求是否具备新颖性、创造性和实用性。

选择适格的专利代理师

专利代理的质量直接影响公司取得专利权的可能性、取得专利权的质量以及取得专利权耗费的时间和花费的金钱,而这些影响通常是滞后的和难以恢复的,甚至是难以被一般公司所认知的。考虑到大多数专利申请文件都是交由专利代理完成,所以,选择一个责任心强、能力较强的专利代理师(2019 年 3 月《专利代理条例》施行前称之为"专利代理人")就显得非常重要,因为**专利申请容错率**很低——这里的"容错率"是指专利申请及授权过程中允许错误出现的范围和概率。

王飞(上海连尚网络科技公司知识产权总监)认为:专利生产容错率很低:如果专利申请了,最后没人实施,那么价值无法实现;如果专利申请晚了,那么保护价值无法实现;如果专利权利的范围太小,那么价值无法实现;如果专利方案写错,那么价值无法实现;如果专利无法授权,那么价值无法实现;如果授权过程中偏离了创新,那么价值无法实现;如果专利授权后被无效,那么价值无法实现……正是因为容错率低,没有高质量的专业工作,那么实现专利价值的概率是很低的。[①]

一个合格的专利代理师在收到技术交底书后,会对技术交底书中存在的缺失问题,及时与发明人沟通,必要时还会指导发明人完善技术交底书。有的发明人只会做、不会写,或者写的不规范,代理师要引导发明人,让他把申请专利的技术讲明白,把现有技术讲清楚,把创新点总结出来。另外,代理师还应引导发明人,这个技术还有没有可以改进的可能,或者可以变通的地方,以周全保护发明创造的利益。

为了控制专利申请的质量,应当加强专利申请的流程管理。有的公司还会将负责专利质量的管理人员派到专利代理机构学习 3～6 个月,熟悉专利代理的流程和业务,以便协同专利代理师撰写(甚至有可能自行撰写)专利申请文件,更好地培育高质量专利。

认真对待"权利要求"的游戏

权利要求书在专利申请文件中处于核心的位置。一份高质量的权利要求书,应当同时实现两个目标:(1)能够通过严格的专利审查获得授权;(2)能够获得尽可能宽的保护范围。如同美国联邦巡回法院前首席法官 Giles Rich 所言,专利是一个"权利要求的游戏"。在专利无效以及专利侵权中,争议焦点大多涉及如何确

[①] 林炮勤主编:《IP 之道 2——中国互联网企业知识产权实践集结》,知识产权出版社 2022 年版,第 31 页。

定专利权的保护范围,即如何理解权利要求。因此,首先要处理好权利要求与保护范围、现有技术、实际应用以及说明书的关系。

——权利要求与保护范围的关系

权利要求的内容就决定了专利保护范围的大小。但是,权利要求覆盖的保护范围并不是越大越好,这有可能让专利申请失去新颖性或创造性。因此,应当从各个方面检查权利要求是否范围过大或者过小,包括检查:权利要求书记载的内容对不对、使用的概念是否足够上位、是否站在单侧的角度撰写、方法专利的步骤能不能省、是否使用了技术特征功能性描述、是否包含方法独权和产品独权、是否有替代的方法或结构、是否包含非必要技术特征等。比如,一种杜仲牡丹烟及制造方法在权利要求中,将杜仲叶限定为"用湖南省慈利县炮制好的优质杜仲叶",显然这种限定极其狭窄。

——权利要求与现有技术的关系

权利要求记载的技术方案,一般不能脱离现有技术,但是,要防止把现有技术的技术特征不适当地引进权利要求之中,否则有可能缩小专利保护范围。比如,一种×××的生产方法,其特征在于该生产方法是:(1)首先是豆干片的加工;(2)豆干片的成块处理;(3)将成块豆干片斩拌均匀成为酱状……(前述序号为作者所加)假设申请人创新点在于第(3)步开始的步骤,前两个步骤为现有技术。事实上,他人完全可以省略第(2)步,而直接到第(3)步将豆干片斩拌均匀成为酱状。可见,在权利要求中把现有技术的特征描述得越详细,越容易被规避。

——权利要求与实际应用的关系

实践中,有的发明人提交的技术交底书就是根据实际生产或使用的产品来描述的。比如,一种压缩模块,其实际生产的产品中采用的L形槽,但是采用燕尾形槽也具有同样的效果,而技术交底书只交代了L形槽,给了别人采用燕尾形槽的机会,虽然在侵权诉讼时可以尝试主张等同原则,但毕竟比较被动,能否被法官接受存在不确定性。因此,专利撰写不能受限于实际使用的技术或产品,尤其要检查是否有替代的技术特征或技术方案,是否有上位的概念可以覆盖更大的保护范围。

——权利要求与说明书的关系

专利申请过程中,说明书的作用绝对是不容忽视的,因为根据专利法,在后续的申请审查过程中,权利要求书可以多次修改,而原始说明书揭示的范围却不能扩大。此外,如果说明书对技术方案公开不充分,权利要求不能得到说明书的支持,还会影响专利授权。说明书应当对权利要求书中的每条权利要求均进行充分地展开式说明,即对于每条权利要求尽可能多地去列举多个实施例,以满足充分公开的要求,使本领域技术人员按照说明书中的记载就能够实现本申请所采用的技术方案,并解决相应的技术问题。为支撑权利要求书,说明书不要仅仅罗列出一大堆现有技术,或者把权利要求中的技术方案再一字不差的重复一遍。最好写出"丰满的说明书",比如,扩充多个可替代的方案;应用性发明可以多描述些不同的应用场景;通过加入数据进行验证,让发明的价值、有用性、可操作性、可实现性变得更有说服力。①

打造高质量的独立权利要求

权利要求分为独立权利要求(简称独权)和从属权利要求(简称从权),而独立权利要求在整个权利要求书的架构中又居于首要地位。

——**确定权利要求主题**。在通过"全面覆盖原则"进行侵权比对时,权利要求主题是最先比对的特征,如果被控侵权产品不能体现这一主题,则后续的侵权判断则无从谈起。因此,专利的权利要求撰写过程中,技术主题的确定至关重要。比如,一家电动剃须刀生产企业发明了一种电源充电器,如果将独立权利要求的技术主题限定在剃须刀充电器,显然无法覆盖以其为手机、笔记本电脑、充电电筒、收音机等充电的场合。

——**防止"多余指定"**。特别是对独立权利要求,要合理确定必要技术特征,必须保证写进去的技术特征是必须的,是实现发明目的不可缺少的,不要把实现发明目的无关的技术特征写进去,独权是在确保具有新颖性的前提下做减法。这需要根据技术交底书中给出的技术内容准确地找到专利申请的真正改进点(发明点),找准专利申请要解决的技术问题,然后根据这一技术问题去选择对专利申请来讲必要的技术特征。

——**合理概括上位概念**。对实施例进行上位概括,做合理性的扩展。比如产品发明中要分析产品各部件之间的连接形式,扩展其他变形的连接形式,将具有相似功能的部件用上位概念进行概括。注意对上位概念进行合理概括,权利要求的保护范围不是越大越宽越好,请求保护的范围太宽,在审查过程中会因为新颖性或创造性得不到说明书支持的问题而被否定。

——**避免"意图限定"用语**。所谓的"意图限定",是指权利人在其权利要求中使用非常明确的限定性语言界定保护范围,给社会公众传达的信息是在该范围之外权利人不会主张权利。也称为"**特意排除**"规则,②即专利申请人有意排除的技术方案不应再被认定构成等同侵权。它与捐献原则的差别在于,"意图限定"原则强调语言本身的明确含义,而不关注权利人是否在权利要求之外披露过的技术方案。③ 在大连仁达新型墙体建材厂与大连新益建材有限公司(最高人民法院(2005)民三提字1号)案中,最高法院认为,由于本案专利权利要求书在叙述玻璃纤维布层数时,明确使用了"至少二层以上"这种界线非常清楚的限定词,说明书亦

---

① 陈小俭:《中国专利进入美国质量管控三道槛》,载柯晓鹏、林炮勤主编:《IP之道》,企业管理出版社2017年版,第127~133页。
② 《最高人民法院关于审理侵犯专利权纠纷案件应用法律若干问题解释(二)》(2016年)第12条规定。
③ 佚名:《从专利侵权诉讼角度看专利撰写》,微IP,2015-03-17。

明确记载玻璃纤维布筒的套叠层"可以少到仅两层",故在解释权利要求时,不应突破这一明确的限定条件。

——**避免方法专利的不当限制**。典型的错误包括:方法独立权利要求在步骤之前加上没有必要的执行主体。若在每个步骤中写明了执行主体,在一定程度上限制了方法独立权利要求的保护范围,除非该执行主体属于区别技术特征,否则没有必要写出执行主体;方法独立权利要求中出现没有必要的逻辑关系限制,不合理地缩小方法独立权利要求的保护范围,除非步骤顺序就是该方法的发明点,否则不建议在方法的步骤前加上逻辑关系。[①]

——**避免纯功能限定**。纯功能性限定的专利是抽象概念,不符合专利客体的要求。我国《专利审查指南》明确指出,"纯功能性的权利要求得不到说明书的支持,因而也是不允许的。"比如,权利要求:一种b,其特征在于,用于连接a和c。该权利要求仅描述了发明所要达到的目的,是"纯功能性"的表述,其覆盖了所有能够实现该功能的技术方案,而所属技术领域的技术人员难以由说明书中公开的具体技术方案想到所有能够实现该功能的技术方案,因此该权利要求得不到说明书的支持。

不能忽视的从属权利要求

无论独权还是从权,每个权利要求都应该是清楚、完整的技术方案。通常情况下,独立权利书的技术特征内容就是专利的保护范围。但是,从属权利要求的价值也不容忽视。

——**从属权利要求是"第二道防线"**。在独立权利要求因新颖性、创造性等被无效的情况下,由于在专利无效阶段不允许将说明书的技术特征添加到权利要求书中,申请人通过修改而克服独立权利要求书缺陷的空间是有局限性的,在此情况下,如果权利要求书还包括若干逐层分布的从属权利要求,可以起到"第二道防线"的作用,申请人还可依据从属权利要求主张自己的权利,可见从属权利从提高专利权的稳定性及构建多层次的保护体系来说具有重要的意义。

——**认真检查权利要求间的引用关系**。对于从属权利要求,其技术方案是指增加新的技术特征或进一步限定的技术特征加上其引用的权利要求的技术特征的总和,一旦权利要求之间的引用关系或技术特征之间的逻辑关系不准确,就会导致权利要求技术方案的不清楚、不完整,甚至出现错误。通过制作权利要求树,检查从属权利要求之间的引用关系是否错误。确保每一条从权均对应地解决一个技术问题,避免从权引进了多个技术特征,不仅导致从权的保护范围过小,而且使得从权的撰写层次不够分明。

——**避免把独权"降格"为从权**。从属权利要求应该在其引用的权利要求的基

[①] 麻雪梅:《浅谈该如何提高专利的撰写质量》,Iprdaily,2019-02-15。

础上进行补充或进一步限定,如果既不是补充,也不是限定,则该从属权利要求实质上就是独立权利要求,这样撰写可能导致专利申请违反单一性原则,甚至难以有效主张侵权。①

◇专栏:专利权利要求书中技术特征撰写技巧

(1)需要确定与最接近现有技术的核心技术特征。所谓核心区别特征,就是拟申请专利的技术方案和现有技术之间相互区别,并且又能够使该待申请的技术方案保护范围最大的技术特征。一般采用一句话概括,被称为核心区别特征的"一句话描述"。

通常,发明人提供的技术方案仅仅是自己优选的方案,代理人必须以该方案和现有技术的区别为出发点,确定核心区别特征,重新进行概括和提炼,从而形成新的符合专利保护要求的抽象技术方案。这个技术方案只要求符合技术逻辑、具有实现的可能性即可。

(2)在确定核心区别技术特征后,才能确定关键创新点。所谓关键创新点是拟申请专利的技术方案,在具体实施中,需要特别关注的技术特征。该技术特征与核心区别特征不同,它不是该技术方案和现有技术的边界,而是该技术方案的优选实施方式中解决了关键技术难点的技术特征,或者是构思最巧妙、最难被本领域技术人员想到的技术特征;或者是使该技术方案具有显著特点的一个技术点。找出关键创新点将为权利要求的布置提供方向,关键创新点应该在从属权利要求中进行重点的分层次布置。

(3)选择最小技术特征集,形成核心独立权利要求。一个完整的技术方案包含多个技术特征。首先需要找到体现核心区别特征的完整技术方案必不可少的技术特征。但是,绝对不能选择并非必须的技术特征;将这些技术特征组成的技术特征集被称为"最小技术特征集";并根据最小技术特征集,连缀形成为核心独立权利要求;并适当的加入一些连接词,就将整个技术特征连缀为完整的技术方案。

(4)根据关键创新点,分层次布置从属权利要求。首先是将确定的关键技术特征通过从属权利要求逐层落实。在此,需要注意的是,每一个从属权利要求都是一个独立的技术方案,引用某一个权利要求只是简化的写法。在思考时、在语言组织时,都应当把被引用的权利要求的内容以假想的方式完全代入,从而开始对从属权利要求的撰写。

——摘自曾德国:《专利权利撰写与专利技术鉴定》,知识产权司法鉴定,2020-03-09。

---

① 麻雪梅:《浅谈该如何提高专利的撰写质量》,Iprdaily,2019-02-15。

说明书的根本：技术方案公开充分

根据《专利法》的规定，说明书应当对发明或者实用新型作出清楚、完整的说明，以所属技术领域的技术人员能够实现为准。此即所谓"以技术公开换专利保护"。实践中，说明书记载的技术方案公开不充分通常表现为：

——说明书只给出任务和/或设想，或者只表明一种愿望和/或结果，而未给出任何使所属领域技术人员能够实施的技术手段。

——说明书给出了解决手段，但对所属技术领域的技术人员来说，该手段是含糊不清的，根据说明书记载的内容无法具体实施。

——说明书给出了解决手段，但所属技术领域的技术人员采用该手段并不能解决所述的技术问题。

——申请的主题为由多个技术手段构成的技术方案，对于其中一个技术手段，所属技术领域的技术人员按照说明书记载的内容并不能实现。

——说明书给出了具体的技术方案，但未提供实验证据，而该方案又必须依赖实验结果加以证实才能成立。实验数据对于化学领域中的专利申请至关重要。[①]

面向维权的专利撰写策略

——侵权可视性原则

面向诉讼维权的角度，专利质量的高低主要体现在权利人维权举证的难易程度和他人回避设计的可能性。而遵循侵权可视性原则将有助于提升专利撰写质量。

所谓**侵权可视性**，主要是指专利权人容易发现专利侵权行为，能以合理的成本取证，能直观地将涉嫌侵权的技术方案与专利权利要求进行技术特征对比。如果权利要求全部或部分技术特征无法举证或举证难度过大，则不满足可视性原则。可视性原则最典型的体现，就是**产品权利要求优先**，因为侵权产品可以在公开市场上以合理的成本方便获取，方便专利侵权取证和后续诉讼维权。对于方法发明，可以在符合条件的情形下，向产品发明转换或延伸。

（1）从方法发明转换为产品发明。通常而言，方法专利的举证难度大于产品专利，如果是用方法的角度去限定产品的发明，则可以考虑转换为性能参数的角度去撰写权利要求。

（2）从方法发明延伸到产品发明。对于发明点在于方法的发明，可以基于方法发明构建产品或虚拟装置的权利要求，即在撰写方法权利要求时，也再附加上一份由该方法制造而成的装置的权利要求。

——单侧撰写原则

专利侵权包括直接侵权和共同侵权。单侧撰写正在基于**直接侵权优先**的考

[①] 《如何撰写专利技术交底书？交底书中有哪些坑？》，知产大讲堂，2019-05-27。

虑，减少维权的困难度和复杂性。在一些技术方案中，一个完整的技术方案有可能涉及多个实施主体。尤其是在互联网、通信等领域，由不同主体共同完成一项服务的情况越来越多，例如，智能手机生产商与可穿戴设备商合作提供健康监测。如果撰写权利要求时，多个执行主体参与其中，势必面临共同侵权诉讼的问题，并造成举证上的困难。

所谓单侧撰写，是指当专利技术有可能涉及多个实施主体，应当针对每个实施主体单独撰写独立的权利要求。从单侧进行撰写，即从单个产品的角度来布局权利要求，执行主体只有一个，侵权判定及维权较为容易。若从多侧撰写权利要求，则有多个执行主体，他们全部参与才能覆盖权利要求中的全部技术特征，维权时会涉及多个被告，侵权判定及维权难度均较大。比如，在涉及信息交互的技术方案中，往往存在多个执行主体，如信息接收端和信息发送端，从保护专利权人利益的角度看，从单侧进行撰写更利于对专利权人的利益进行保护。

◇经验：单侧撰写示例

多侧撰写："一种智能手机的解锁方法，其特征在于，它包括以下步骤：在锁屏状态下按 Home 键点亮手机屏幕；手指从屏幕上侧处向下侧滑动超过 1/2 屏幕的距离后松手；手机进入解锁状态。"权利要求看似保护范围很大，但致命的问题在于把手机使用者也写到了权利要求中来，显然专利权人不太会去起诉手机使用者。

单侧撰写："一种控制具有触敏显示器的电子设备的方法，包括：当设备处于用户界面锁定状态时，检测与所述触敏显示器的接触；根据所述接触，移动与所述设备的用户界面解锁状态相对应的图像；如果检测到的接触与预定的手势相对应，将所述设备切换到用户界面解锁状；以及如果检测到的接触不与预定手势相对应，将所述设备保持在用户界面锁定状态。"

——摘自叨逼叨：《专利律师费为啥这么贵？》，IPRdaily，2016-03-29。

——产业链覆盖原则

权利要求主题应当沿着产业链的上游至下游从最小保护单元开始布局，例如可以从原材料-零部件-总成本-最终产品的角度布局权利要求的主题，这在机械领域尤为常见。例如，发明点在于车辆轮毂的改进，则权利要求主题的布局可以为轮毂-车轮-车辆，其中的轮毂则为可以单独生产和销售的最小保护单元。这样有利于帮助专利权人在从上游到下游的产业链上更加容易地针对适格侵权主体进行维权。[①]

——防止捐献原则

在撰写说明书时，为了支持权利要求的保护范围，往往会在说明书中撰写多种

---

① 陈庆超：《论权利要求主题的确定》，《专利代理》2019 年第 1 期，第 70~74 页。

实施方式。有的专利申请在说明书中描述的技术方案,却没有在权利要求中记载,导致无法纳入保护范围。《最高人民法院关于审理侵犯专利权纠纷案件应用法律若干问题的解释》(2009年12月28日法释〔2009〕21号)第5条明确了所谓的原则:"对于仅在说明书或者附图中描述而在权利要求中未记载的技术方案,权利人在侵犯专利权纠纷案件中将其纳入专利权保护范围的,人民法院不予支持。"

在乐雪儿公司与被申请人陈顺弟等侵害发明专利权纠纷案(案号:(2013)民提字第225号)中,最高人民法院认为,步骤6和步骤7的互换构成等同。而对于步骤10和步骤11的互换,涉案专利说明书在第3页中明确记载了步骤10和步骤11可以调换,而这一调换后的步骤并未体现在权利要求中,因此调换后的步骤不能纳入涉案专利权的保护范围,关于步骤10和步骤11的调换方案应适用捐献原则。

六、防御性技术公开

防御性公开的策略运用

公司如果从投入产出的经济角度考虑,认为自己开发或使用的技术没有必要取得专利权,以免负担专利申请与维持的开支;但又担心其他公司取得这一技术的专利权,从而给本公司带来威胁,甚至发起专利恶意诉讼。这时,作为一种专利防御策略,可以有目的地主动公开发明创造的技术内容,以破坏其新颖性,从而阻止别人获得专利权,此即**防御性公开**(defensive disclosure)

防御性的技术公开可以通过出版的文献或网络发布的方式公开,也可以通过实际使用等其他方式公开。但从举证的角度,通过文献或网络可以比较充分地公开技术内容,也可以比较容易保存公开的证据,而且证明的效力相对较高。因此,破坏专利的技术公开最好采取文献或网络公开的策略,详见图7-2。

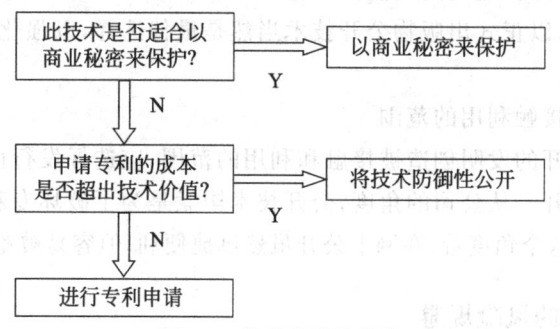

图7-2 技术公开的程序

美国专利商标局公报中有一专栏名为防卫性公告(defensive publication),专门刊登这类信息。防卫性公告是申请人向专利局申请公开其发明技术内容,使该项技术失去新颖性,从而防止他人就相同技术申请专利。Questel 出版的《研究披露》(*Research Disclosure*)也是一种防御性出版物,是其运营的行业标准防御性公开服务。

技术公开的目的在于阻止竞争对手取得相关发明创造的专利,从而消除自己的发展障碍。因此,从更广阔的视野来看,公开的技术内容并不限于自己公司开发的技术,对于别人的研发成果,甚至公众周知的技术,在需要的时候也可以主动予以公开。

需要注意的是,由于我国没有类似美国的防卫性公告制度,有的公司采取一种变通的方式,比如提交发明专利申请,但并不提起实质审查,既以专利公布这种权威的方式公开了技术(包括现有技术),又不需要进一步交纳实质审查费用获得专利授权。但借专利申请进行技术公开的方式,要特别小心被认定为"非正常申请",并受到专利主管部门的行政制裁。

防御性公开的注意事项

防御性公开策略的实施,特别是公开自己研发的技术时,需要仔细衡量利弊得失,慎重决策。从策略上讲,技术公开需要注意以下几点:

——不需公开所有的技术细节

公开发明创造的内容时,只要将其基本内容公开到足以破坏此后可能递交的专利申请的新颖性即可,无须公开所有的细节。[1] 特别是该发明创造的关键内容,在满足破坏专利授权的新颖性的前提下,仍然可以作为商业秘密加以维持。

——利用快速破坏专利性的途径

为尽快破坏相关发明创造的新颖性,可以选择以网络公开的方式发布,但最好选择较大的网络平台(如百度文库);或者选择本公司的出版物公开发明创造,如IBM在自己出版的技术公报上公开发明创造。如果依靠向其他刊物投稿发表,可能会延迟公开的时间,这期间可能发生他人专利申请的风险。当然,基于证据保存及有效性的考虑,以正式出版物公开技术当然是最佳选择,以强化技术公开的证明效力。

——缩小被接触利用的范围

为缩小所公开的发明创造被接触和利用的范围,应选择发行面较窄、发行量较少的出版物上公开。从公司的角度,公开技术毕竟是为了破坏专利授权,而不是为了技术传播。从这个角度看,在网上公开虽然迅捷便利,但容易被竞争对手检索到。[2]

防御性公开的风险规避

公开自己的发明创造时,一定要慎重行事。否则:(1)如果把自己需要独占利用的发明创造公开了,将会让公司丧失独专其利的机会。(2)如果他人从公开的发

---

[1] 参见戚昌文、邵洋等编著:《市场竞争与专利战略》,华中理工大学出版社1995年版,第154页。
[2] 袁真富:《专利反向运用策略及其风险评估》,《中国高校科技与产业化》2009年第10期。

明创造中,获得了竞争优势,则反过来给自己制造了一个麻烦的竞争对手。为了规避前述技术公开的风险,公司可以采取以下措施:

——在决定公开发明创造时,反复评估该发明创造对自己的利弊得失,及其对他人可能带来的竞争优势。

——利用不丧失新颖性的例外规则,策略性的实施技术公开。根据我国《专利法》第 24 条的规定,申请专利的发明创造在申请日以前 6 个月内,有四种情形不丧失新颖性,其中包括:(1)在中国政府主办或者承认的国际展览会上首次展出的;(2)在规定的学术会议或者技术会议上首次发表的;(3)他人未经申请人同意而泄露其内容的。在上述情形下公开发明创造,虽不影响本公司自公开之日起 6 个月内的专利申请,但自公开之日起已经影响到其他公司提出专利申请的新颖性。因此,在这 6 个月内,本公司可以充分评价是否申请专利,这在新产品的试生产尚未成功而竞争对手又有可能搞出相同的发明创造时,可谨慎采用前述第(1)(2)种情形。[①]

七、专利申请合规管理

知识产权合规管理

所谓**合规**,是指公司及其员工的经营管理行为符合法律法规、监管规定、行业准则和公司章程、规章制度以及国际条约、规则等要求。简言之,即公司的经营活动与法律、规则和准则相一致。而合规风险,是指公司及其员工因不合规行为,引发法律责任、受到相关处罚、造成经济或声誉损失以及其他负面影响的可能性。所谓**知识产权合规管理**,是指公司以有效防控知识产权合规风险为目的,开展制度制定、风险识别、合规审查、风险应对、责任追究、考核评价、合规培训等有组织、有计划的管理活动。合规管理贯穿于知识产权管理各个环节,当然包括专利申请环节。公司知识产权合规主要包括以下类型:

——**内容合规**。包括公司发布的各种信息(如广告、新闻稿、声明、产品手册和其他宣传材料),以及各类标识(如产品包装和标签、商标标识、专利标识、质量、安全、原产地等各种认证标志,等等),需要要与事实相符,不会误导公众或产生不良社会影响,既要遵守国家相关强制性规定,又要避免侵犯他人的合法权益。

——**行为合规**。公司根据法律规定应为或不为某些特定行为,比如不得从事商标恶意囤积行为。

——**程序合规**。比如向国外申请专利前的保密审查申请程序、自由类技术进出口合同的登记、限制类技术的进出口审批、国务院关于知识产权对外转让的相关审查、网站的 ICP 备案或 ISP 许可、涉知识产权的经营者集中申报、高新技术企业的申报与复核等。

---

① 参见戚昌文、邵洋等编著:《市场竞争与专利战略》,华中理工大学出版社 1995 年版,第 155 页。

——制度合规。要求公司根据相关法律法规的规定,在内部建立某些与知识产权有关的规章制度或流程,例如职务发明奖酬制度、电商平台的知识产权保护规则、网络安全与数据隐私保护制度、科研数据管理制度等。如果没有,则可能需要承担相应的法律风险。[1]

非正常申请专利行为的情形

为严厉打击非正常申请专利行为,从源头上促进专利质量提升,国家知识产权局采取了一系列措施。2007年,国家知识产权局制定了《关于规范专利申请行为的若干规定》,并于2017年进行了修改。近来又出现了一些非正常申请专利行为,且行为变化多样、屡禁不止。为了确保实现专利法鼓励真实创新活动的立法宗旨,打击和遏制不以保护创新为目的的各类非正常申请专利行为,国家知识产权局现制定并发布《关于规范申请专利行为的办法》,对申请专利行为进一步予以规制。

所谓非正常申请专利行为,是指任何单位或者个人,不以保护创新为目的,不以真实发明创造活动为基础,为牟取不正当利益或者虚构创新业绩、服务绩效,单独或者勾连提交各类专利申请、代理专利申请、转让专利申请权或者专利权等行为。2021年,国家知识产权局累计向地方通报4批次81.5万件非正常专利申请,前3批次目前撤回率达到93.1%。

《关于规范申请专利行为的办法》(以下简称《办法》)第2条规定了9种非正常申请专利行为:

(1) 同时或者先后提交发明创造内容明显相同,或者实质上由不同发明创造特征或要素简单组合变化而形成的多件专利申请的;

(2) 所提交专利申请存在编造、伪造或变造发明创造内容、实验数据或技术效果,或者抄袭、简单替换、拼凑现有技术或现有设计等类似情况的;

(3) 所提交专利申请的发明创造与申请人、发明人实际研发能力及资源条件明显不符的;

(4) 所提交多件专利申请的发明创造内容系主要利用计算机程序或者其他技术随机生成的;

(5) 所提交专利申请的发明创造系为规避可专利性审查目的而故意形成的明显不符合技术改进或设计常理,或者无实际保护价值的变劣、堆砌、非必要缩限保护范围的发明创造,或者无任何检索和审查意义的内容;

(6) 为逃避打击非正常申请专利行为监管措施而将实质上与特定单位、个人或地址关联的多件专利申请分散、先后或异地提交的;

(7) 不以实施专利技术、设计或其他正当目的倒买倒卖专利申请权或专利权,或者虚假变更发明人、设计人的;

---

[1] 夏锋、杜晓宽:《合规管理,从企业知识产权领域开始》,《赛尼尔法务管理》,2019-03-28。

（8）专利代理机构、专利代理师，或者其他机构或个人，代理、诱导、教唆、帮助他人或者与之合谋实施各类非正常申请专利行为的；

（9）违反诚实信用原则、扰乱正常专利工作秩序的其他非正常申请专利行为及相关行为。

前述《办法》明确规定了国家知识产权局对非正常专利申请的专门审查程序，明确规定了对存在各类非正常申请专利行为的单位或个人的处理措施，以及处理部门和处理机关。这要求公司首先要秉承诚实守信原则、不盲目追求专利数量，进行正常新申请递交。对于专利申请大户更要注意和代理机构甚至专利审查部门加强沟通，制定应对措施，避免因被认定为专利非正常申请而成为被打击对象。

第8章 品牌设计的商标管理

❖ 思维导图

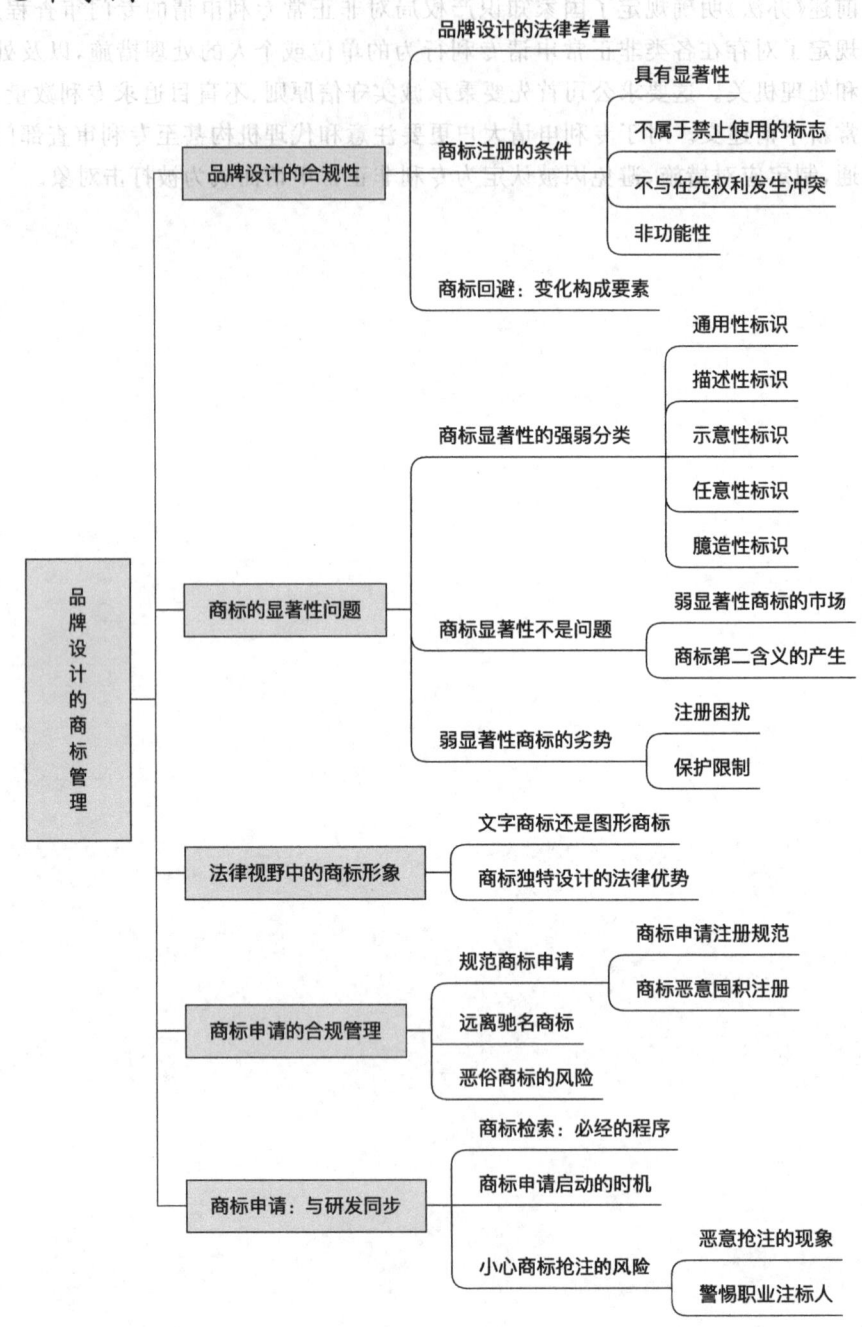

第 1 节　品牌设计的合规性

一、品牌设计的法律考量

从品牌的角度，商标设计有多重考虑。著名品牌营销专家 Martin Lindstrom 说："成功的品牌必须能给消费者呈上与宗教一般的元素：神秘传奇、动人故事、诱惑感官和归属感。"BBC 一项研究成果发现，苹果粉丝对该品牌有着近乎宗教般的虔诚。Martin Lindstrom 在 2007 年进行了一次科学的调查研究，以功能磁共振成像仪扫描受测试的 32 位志愿者，结果发现，不仅 iPod 图片或者苹果图标，其他如 Hello Kitty、哈雷·戴维森和吉尼斯等少数知名品牌也会与宗教意象刺激人类大脑同一区域——即通常所言的"上帝点"（god spot）。[①] 当然，很多人对 Martin Lindstrom 所谓的"科学的调查研究"表示了严重的怀疑。但是，不可否认，品牌的设计的确需要考虑消费者对它的观感和印象。

从知识产权的角度来看，品牌（商标）设计不能仅仅从营销的角度去考虑，还要遵循法律的规范。"屌丝男士"商标注册申请遭驳回，就是品牌设计未考虑合法性的教训。

《屌丝男士》是搜狐视频自制节目《大鹏嘚吧嘚》的衍生品牌，该剧出品方飞狐公司在上映之初——2012 年 10 月 19 日，即向商标局提出"屌丝男士"商标（下称申请商标）在多个类别上的注册申请。2013 年 10 月 21 日，商标局以申请商标易产生不良社会影响为由驳回其注册申请；后经商评委复审后，申请商标的注册申请同样被予以驳回。法院判决同样维持了商评委作出的对"屌丝男士"商标的注册申请予以驳回的复审决定。[②]

根据《商标法》的规定，任何能够将自然人、法人或者其他组织的商品与他人的商品区别开的标志，包括文字、图形、字母、数字、三维标志、颜色组合和声音等，以及上述要素的组合，均可以作为商标申请注册。但符合这些构成要素的商标能否成功注册，还需要审核是否满足法律要求的注册条件。

二、商标注册的条件

具有显著性

作为一个法律术语，**商标显著性**（显著特征），是指商标应当具备的足以使相关

[①] Martin Lindstrom：《他们挠了你的"上帝点"》，《第一财经周刊》，2011 年第 21 期。
[②] 《"屌丝男士"商标注册申请遭驳回》，http://www.iprlawyers.com/ipr_Html/31_01/2014-10/13/20141013145148526.html，2014 年 10 月 13 日。

公众区分商品来源的特征。可以简单地理解为：凡是商标标识的内容或含义与其所指示的产品（或服务）的质量、主要原料、功能、用途、重量、数量及其他特点，关系越远的则显著性越强，关系越近的则显著性越弱。自行车上的"凤凰"、咖啡上的"雀巢"等商标，因商标含义与其产品没有什么直接关系，即有显著性。而有公司想在茶叶上注册"金骏眉"商标，但"金骏眉"作为武夷山红茶正山小种的一个分支，是一个通用名称，不应该为一家公司以商标的方式加以垄断。

商标显著性的产生可以有两种途径：一是在商标设计时直接设计强商标，使商标在构成上自然具备显著性；二是通过长期使用和宣传使原本不具备显著性的图案产生第二含义，从而具备显著性。

不属于禁止使用的标志

理论上讲，缺乏显著性的标志，即使不能注册，但也可以自行当作未注册商标使用，但我国《商标法》第10条却进一步规定了"不得作为商标使用"的标志，这些标志当然更谈不上作为商标注册了。比如：与国旗、国徽、检验标志相同或近似的标志，违反公序良俗的标志，有误导性的标志等。

安踏公司申请"要疯"商标被驳回，该案一直上诉到北京市高级人民法院。但北京高院仍然认为，"要疯"作为商标使用，易使相关公众联想到消极的精神状态，进而对社会公共利益和公共秩序产生消极、负面影响，属于2013年《商标法》第10条第一款第八项规定的不得作为商标使用之情形。在"要疯"商标申请遇挫的同时，安踏不得不转而申请"要风"商标。

不与在先商标申请或在先权利发生冲突

公司在选择或设计商标标识时，要注意避免与他人在先的商标申请或商标权利（甚至相同商品或类似商品上在先使用的商标）发生冲突，也不能与他人在先合法取得的著作权、外观设计专利权、特殊标志权等知识产权，以及姓名权、肖像权等人身权利发生冲突。一些公司在设计或选择商标时，喜欢用一些名人字画、电影或文学作品中人物形象或角色名称，有的甚至干脆直接用了某些名人的姓名或肖像，虽然暂时为自己的产品提高了知名度，得到了消费者的关注，却往往引来一系列官司。

2019年12月，由于使用酷似李小龙形象图标长达15年，真功夫被Bruce Lee Enterprises，LLC（李小龙有限责任公司，其法人代表为李小龙的女儿李香凝）起诉至上海二中院，要求其立即停止使用李小龙形象，并赔偿经济损失2.1亿元。真功夫被李小龙的女儿李香凝（Shannon Lee）告上了法院。据媒体报道，2004年，真功夫曾委托叶茂中团队对其商标图案进行了版权登记，登记书备注信息为："真功夫图形"内容为由李小龙功夫造型图案及"真功夫""蒸的营养专家"文字组合组成的造型图案，详见图8-1。

图 8-1　真功夫店面装潢

非功能性

所谓**非功能性**，是指商标对于所指示的商品或服务，没有对其发挥商标功能之外的有利作用或效能。非功能性是基于反垄断和鼓励自由竞争的考虑，如果一些具有功能性的特征，除了可以申请专利获得有限期间的保护，还可以注册商标，并通过续展而获得持久的保护，那么这个功能性的特征事实上有可能被永久垄断，不利于技术传播与知识扩散。某种程度上，非功能性的要求是商标法与专利法在保护范围上的一个分野。

我国《商标法》第 12 条规定了立体商标的非功能性要求："以三维标志申请注册商标的，仅由商品自身的性质产生的形状、为获得技术效果而需有的商品形状或者使商品具有实质性价值的形状，不得注册。"根据该条的规定，以下三种具有功能性特征的标志不能作为商标注册：

——仅由商品自身的性质产生的形状，即性质功能性，它是指为实现商品固有的功能和用途所必需采用的或者通常采用的形状，如剪刀的形状。

——为获得技术效果而需有的商品形状，即实用功能性，是指使商品具备特定的功能，或者使商品固有的功能更容易地实现所必需使用的形状，如打蛋器。

——使商品具有实质性价值的形状，即通常所说的美学功能性，是指为使商品的外观和造型影响商品价值所使用的形状，如雨滴状的耳环。

三、商标回避：变化构成要素

如果抛开感情色彩来看，商标的回避设计广泛存在于山寨的模仿和诚实的创新中。不过,针对知名商标(品牌)的回避设计通常吹着强烈的山寨风,总归不能为人所称道,也耻于公开宣扬。

但商标领域确实也离不开善意的回避设计。通过调整商标的构成要素,化解与在先申请或注册商标相同或近似的冲突,即是**商标回避设计**。添加或减少新的要素是常见的商标回避设计方法,尤其是通过增加新的要素,可以让你的商标与在先申请或注册的商标看起来存在更加明显的差异,特别是在两个商标属于近似而非相同的情形下,添加新要素更能达到回避的效果。

当然,替换商标的部分构成要素,同样可以有效回避在先的商标障碍。当然,替换未必是将最具识别性的特征去除,而更可能是保留原有商标(特别是已经较长时间使用过的商标)最具识别性的特征,而在一些枝节上进行变化,以增加两个商标的区别。

个别山寨商标的回避也的确是用心良苦,颇具中国式创新风格。自打 iPhone 发布上市之后,市面上就一直有不少 iPhone Like 的产品。不过,大多数的品牌都模仿的不好(比如 HiPhone),唯有一款所谓"橘子手机",鹤立鸡群。橘子手机的英文名并未叫作 iorange,而是 iorgane,看似拼错了,其实应该是有意为之,如此彻底的"臆造词汇",让苹果公司更难开展商标攻击。虽然橘子手机的做工难谓精致,但其在商标回避设计方面的超前意识和卓越素养,仍旧让人"仰慕"不已。

第 2 节 商标的显著性问题

一、商标显著性的强弱分类

显著性越强,保护力度越强

商标显著特征的判定应当综合考虑构成商标的标志本身(含义、呼叫和外观构成)、商标指定使用商品、商标指定使用商品的相关公众的认知习惯、商标指定使用商品所属行业的实际使用情况等因素。根据显著性的强弱,可以把构成商标的标识分成通用性标识、描述性标识、示意性标识、任意性标识和臆造性标识五类,当然,这些分类有时界限也比较模糊。严格上讲,通用性标识基本上没有显著性,而从描述性标识到臆造性标识,其显著性是渐次增强的。

通常而言,显著性越强的标识越容易获得商标注册,并且在保护强度上也更为有力。从下面的讨论中也可以发现:商标对指定使用商品或服务的特征的叙述性越小,就越能受到注册保护。因此,公司在选择或设计商标时,尤其是自己的主商标时,应当尽量淡化叙述性。首先考虑用臆造性标识和任意性标识,其次为示意性标识,避免使用描述性标识,尤其是通用性标识。

通用性标识

通用性标识是商品或服务的通用名称、图形、型号,尤其是国家标准、行业标准规定的或者约定俗成的名称、图形、型号,其中名称包括全称、简称、缩写、俗称。我国《商标法》第11条第一款第一项明确规定"仅有本商品的通用名称、图形、型号的"标志,不得作为商标注册,这是为了避免商标申请人不合理地借助商标之名,垄断属于公有领域的标识。典型的通用性标识有通用名称、通用图形和通用型号三种,详见表8-1。

表8-1 通用性标识的种类

类型	例示
通用名称	比如,用"MULLER"(可译为"研磨机")作为磨具(手工具)产品的商标
通用图形	比如,用"苹果"图形作为水果产品的商标
通用型号	比如,用"502"作为胶水产品的商标,用"XXL"作为服装的商标

描述性标识

描述性标识(descriptive marks)是描述某一商品或服务质量、主要原料、功能、用途、重量、数量及其他特点的标识。比如,"好香"牌大米、"芒果芒果"牌饮品、"SAFETY"漏电保护装置等。描述性标识一般都被认为缺乏显著性,若给予独占性的商标注册,可能妨碍他人的正常的商业活动,所以商标法原则上是拒绝注册的。根据我国《商标法》第11条第一款第二项的规定,"仅直接表示商品的质量、主要原料、功能、用途、重量、数量及其他特点的"标志不得作为商标注册。但经过使用取得显著特征(第二含义)的描述性标识,仍然可以获得商标注册,比如"酸酸乳"酸奶,详见图8-2。

示意性标识

示意性标识也可称为暗示性标识(suggestive marks),它指构成标识的文字、图形等,在用户经过想象后可以联想起该产品或服务的某种特征。尽管示意性标识暗示或提示了商品的属性或具有某一特点,但它是间接暗示,因此不能算作是描述性的。比如,"飘柔"让人联想到洗发水对头发可能产生的功用。"喀吱脆"薯片其实暗示了薯片入口咀嚼时"喀吱"的声响和"清脆"的口感。暗示性商标有利于商品的推广宣传,但在注册上却要冒一定的风险。像"黄飞红"牌麻辣花生更有隐蔽性,"黄"是指其中炸得色泽鲜黄的花生,而"红"则是指散落于花生中的火红色的辣椒(甚至是一只完整的小辣椒)。

尽管示意性标识一般不会被拒绝注册,但是,因为示意性标识与描述性标识的区别只是更为间接地表达了商品的特征和性质,所以,在商标领域内,暗示性标识

图 8-2　厦门鼓浪屿"芒果芒果"饮品店

(通常是可注册的)与描述性标识(一般是不可注册的)之间的界限很难判断,常因商标审查员本身的主客观因素,而有不同的看法。而且,在某些国家被认为是暗示性的标识,在其他国家就可能被判为描述性标识,甚至认为存在不实的夸大宣传而得不到注册保护。例如,"MERIT"一词用在香烟上,在美国是可以注册的,但在英国却被拒绝:因为美国法认为"MERIT"是暗示性的,而英国却认为是一种描述性的。[1]

任意性标识

　　任意性标识(arbitrary marks)为任意选定的标识之简称,它是指构成标识的文字、图形等要素,虽为一般所使用,然而与商品或服务风马牛不相及,既未暗示、未描述商品或服务本身,也未表明商标的原始意义,自然具有较强的显著性,[2]不具有被拒绝注册的障碍。比如,"苹果"西裤,"联想"电脑,"大白兔"奶糖、"土豆"网等。

　　任意性标识一般是现存的文字或图形,往往具有自己的原初含义,比如"苹果""联想"本来就各有内涵。这些标识尽管与指定使用的商品/服务没有什么关系,但如果容易让人发生误解的,则也会产生注册的障碍。比如在茶、糖或蛋糕上申请注册使用"憨豆-咖啡",则会让消费对商品种类发生误认,详见图 8-3。

图 8-3　憨豆-咖啡

---

[1]　赖文平:《商标名称的选定》,《智慧财产权管理》1996 年第 11 期。
[2]　曾陈明汝:《商标法原理》,中国人民大学出版社 2003 年版,第 26~27 页。

臆造性标识

臆造性标识(coined marks)是刻意设计、独创或臆造的文字或图形等标志,如"海尔"冰箱、"格力"空调、"协力"律师事务所、"蔚来"汽车等。此种标识与任意性标识一样,注册为商标后都是相对强势的商标,但更具显著性或独特性。

任意性标识往往都具有非常丰富的含义、寓意或内涵,比如"长城""双喜""三峡""黄山"等。显而易见,如果构成商标的词语是既有的,耳熟能详的,有原初意义的,那么消费者接触这一商标信息时,直觉上不会马上直接和公司的产品或服务相联系,而需要公司不断强化商标的概念后,才能让相关的消费者认知为一个品牌。

而公司的商标所包括的内涵和信息量,最好应该全是有关这一公司的,看到"比亚迪",除了想到比亚迪公司及其产品,不会想到其他信息,不会有其余杂七杂八的信息干扰公司的信息传播,这就是商标的初衷——与特定的商品或服务联系起来,而这正是臆造性标识作为商标的优势。

从法律上看,臆造性标识通常是最理想的,一方面最容易获得商标注册,另一方面也有利于制止商标抢注。因为这种商标标识是自己独创的,别人很难编造合理的理由来证明自己对抢注的臆造性商标或相近似的商标具有合法性和合理性。

二、商标显著性不是问题

弱显著性商标为何有市场

在法律上,显著性弱的商标有着天然的缺陷。商标局可能以缺乏显著性为由将商标注册申请驳回。箭牌公司就遭遇过这种郁闷的事情。在2001年9月,箭牌公司在口香糖等商品上向商标局提出"COOL WHITE"商标的注册申请,但被驳回申请,商标委和法院都坚持认为这个商标没有显著性,指定使用在口香糖、糖果等商品上描述性较强,直接表示了这些商品的口味、颜色等特点,根据商标法不能注册。其实,即使排除注册障碍而成功注册,显著性较低的商标也会存在其他不利。比如,别人使用相同或相似的商标,容易成功主张合理使用或者不具恶意。

即使如此,很多公司仍然乐此不疲地推出显著性较低,甚至是直接表示商品一些特点的商标。比如,蒙牛乳业的"真果粒"牛奶,果真是牛奶中有"果粒"——虽然小到可以忽略,当然,它的商标注册也遇到了障碍。格力电器的"冷静王"空调也属于此种情形。

其实,公司偏爱显著性较低商标的原因很简单,比如,好听易记便于传播,容易向受众传递产品特质等,这些考量当然不是基于法律,而是基于商业。公司有着自己的商业逻辑,不可能完全拘束于法律的束缚。更何况,也有一些成功的例子,比如 LG 公司的"竹盐"牙膏,虽然把该款牙膏的主要原料当作商标,但是顺利通过了注册(商标审查人员当时可能还没法把竹盐与牙膏原料进行联系),而且至今运作良好,甚至在 2008 年 3 月跃升为"驰名商标"。

事实上,显著性较低的商标即使不能通过商标注册,只要未违反商标法的强制性规定,也照常可以使用。并且经过使用之后,完全可能产生第二含义而获商标注册,或者享受到反不正当竞争法上有一定影响的商品名称之类的保护。因此,从商业上讲,显著性不是问题。[①]

商标第二含义的产生

尽管对商品或服务的叙述性较强的商标,如在四川土特产上用"四川风味"商标,可能会有很好的广告宣传效果和顾客吸引力,但在法律上未必行得通。当然,也有一些显著性极低的标识,不仅在商业上取得了成功,而且在法律上也获得了认可,像蒙牛乳业的"酸酸乳",曾经因为赞助超级女声节目而风靡全国,被法院认定为未注册的驰名商标。这就是产生了所谓的"**第二含义**",即该标识经过使用取得显著性和识别力,成为区别商品来源的象征。

我国《商标法》第 11 条第二款为描述性标识的商标注册开了一个口子:"前款所列标志(指缺乏显著性的标志,主是指描述性标识——作者注)经过使用取得显著特征,并便于识别的,可以作为商标注册。"因此,"五粮液"这种描述原料的商标不仅获得了注册,还被认定为驰名商标。这是因为它已获得了"第二含义",即"五粮液"商标在公众中已成为区别商品来源的象征,具有了显著性和识别力。相似的例子很多,比如"青岛啤酒"——它们不只是表示酒的产地,因为青岛其他酒厂的产品并不当然地也被公众看作是"青岛啤酒"。

"小罐茶"商标是取得"第二含义"的一个典型案例。北京小罐茶业有限公司(简称小罐茶公司)注册的第 20426843 号"小罐茶"商标(简称诉争商标),曾被常州开古茶叶食品有限公司(简称开古茶公司)提出了无效宣告请求。国家知识产权局经审理后认定,虽然诉争商标指定使用在茶、茶饮料等商品上仅表示了商品的包装方式等特点缺乏显著特征,但在案证据可以证明"小罐茶"商标使用在茶商品上经宣传使用在一定程度上起到了区别商品来源的作用,诉争商标构成《商标法》第 11 条第二款所指情形。北京知识产权法院亦认为,"小罐茶"字面意思为小型罐体包装的茶叶,直接表明了该类商品的主要原料、产品包装特征等特点,缺乏商标应有的固有显著性。但在案证据可以认定诉争商标在相关公众中已具有较高知名度,与小罐茶公司(商标注册人)形成了对应关系,经使用取得了可以作为商标注册的显著性,可以起到区分商品来源的作用。[②]

---

① 袁真富:《显著性不是问题》,《中国知识产权》2014 年第 1 期。
② 北京知识产权法院(2020)京 73 行初 18054 号行政判决书。

三、弱显著性商标的劣势

弱显著性商标的注册困扰

总体上看,将描述性标识作为商标申请注册,风险极大,即使最终成功注册,大多也会遭遇到先被驳回申请再通过驳回复审甚至诉讼,来主张商标具有显著性的曲折历程。即使是大名鼎鼎的 QQ 声音商标也难逃波折。

2014 年 5 月 4 日,腾讯公司向国家工商行政管理总局商标局(简称商标局)提出第 14502527 号"嘀嘀嘀嘀嘀嘀"(声音商标)商标(简称申请商标)的注册申请,指定使用在第 38 类"电视播放;新闻社;信息传送;电话会议服务;提供在线论坛;计算机辅助信息和图像传送;提供互联网聊天室;在线贺卡传送;数字文件传送;电子邮件(截止)"服务上。针对申请商标的注册申请,商标局于 2015 年 8 月 11 日作出商标驳回通知,其理由为:申请商标由简单、普通的音调或旋律组成,使用在指定使用项目上缺乏显著性,不得作为商标注册。商标评审委员会同样认为,腾讯公司提交的证据虽能证明其 QQ 软件享有知名度,但申请商标的声音仅为软件包含的标识某一功能的声音,在案证据不能证明申请商标经使用已起到区别服务来源的作用。(商评字〔2016〕第 0000035304 号)

但在行政诉讼中,北京知识产权法院认为,申请商标的声音整体上在其指定使用的服务项目上能够起到标识服务来源的功能。北京市高级人民法院二审认为,腾讯公司提供的证据能够证明申请商标"嘀嘀嘀嘀嘀嘀"声音通过在 QQ 即时通讯软件上的长期持续使用,具备了识别服务来源的作用。原审判决认定申请商标在与 QQ 即时通讯软件相关的"信息传送、提供在线论坛、计算机辅助信息和图像传送、提供互联网聊天室、数字文件传送、在线贺卡传送、电子邮件"服务上具备了商标注册所需的显著特征并无不当,申请商标可以在上述服务项目上予以初步审定。但因该商标在"电视播放、新闻社、电话会议服务"上未实际使用,北京高院未认定其在此三个服务项目取得显著性。[①]

需要注意的是,"第二含义"也有地域性,可能在本国确有第二含义,而在其他国家就未必如此了。美国烟草公司用于烟草制品的商标"AMERICAN FULL FLAVOR",尽管历史悠久,驰名世界,并在许多国家取得注册,获得了第二含义,但我国商标局仍然认为该商标描述商品的特征,缺乏显著性,因而驳回其注册申请。所以,试图选择一个缺乏显著性的描述性商标,期待将来以第二含义为由获得商标注册的公司,最好要考虑到即使它通过了中国注册,是否在国外也能成功?要把产品打入国际市场,这种考虑是必需的。[②]

---

① 北京市高级人民法院(2018)京行终 3673 号行政判决书。
② 袁真富:《知识产权视角:商标的选择》,《中华商标》2000 年第 6 期。

弱显著性商标的保护限制

必须提醒的是,类似"酸酸乳"这种弱显著性的标志,能够演化为驰名商标的结局,毕竟只是少数,而且风险极大,商标权并不稳定,即使拥有商标权,由于合理使用等限制,也难以排斥别人的利用。因此,从知识产权上观察,它不是一个很好的模范。

在浙江平分厂诉不凡帝范梅勒公司侵犯"浓浓"商标侵权纠纷案中,弱显著性商标同样暴露了它在法律上的弱势。平分厂于1998年在第30类糖果食品注册"浓浓"(加拼音)商标。不凡帝范梅勒糖果(中国)有限公司在其生产的阿尔卑斯糖果包装上使用了"浓浓奶香情"。平分厂诉至法院要求停止侵权,并赔偿损失20万元人民币。但法院审理后认为,"浓浓"一词本身的显著性不强,且在第一含义上,普通消费者容易将其理解为描述奶制品含奶量高、奶香浓郁的一个普遍使用的形容词,系对产品特点的一种描述,故被告在其糖果包装上系以合理的标注方式使用"浓浓"词汇,属于正当使用。

由此可见,如果你喜欢把一些显著性弱的标志用作商标,特别是用作公司的主商标(主打品牌)时,那么请千万注意:竞争对手可能比较容易突破你的商标防线。虽然商标设计有其商业逻辑,不可能完全拘束于法律的束缚,但一般情形下,别冒险把主打品牌设计成一个显著性很低的标志,这存在太多不可控制的法律风险。最佳方案是把显著性较低的商标作为子品牌而非主品牌使用,就像"格力冷静王"一样,即使"冷静王"未能在空调上成功注册,也不妨碍消费者通过"格力"来识别空调商品,同时,又通过"冷静王"传递了该款空调产品的某些优势或特点。

第3节 法律视野中的商标形象

一、文字商标还是图形商标

对于文字商标(包括字母等广义的文字商标)与图形商标,很难简单地判断谁优谁劣。图形商标比较美观,有视觉冲击效果,但随着时代的变迁,往往也需要不断地调整图案,以传递最新的时代气息。但是,除了极少数宣传力度大,设计极特别的图形商标外,人们一般很难清晰地记住商标的图案。最容易让人难忘的,多半还是商标的文字。在申请注册商标时,文字商标的查询也更简单和快捷,更有利于大致判断自己商标成功注册的可能性。图形商标的查询则相对比较麻烦一些,或者更加费时费事。

不过,从知识产权法的角度看,图形商标似乎能得到更多样化的法律保护,当然,这里的前提是图形商标本身可以构成一件具有独创性的作品,享有著作权(版权)的保护。

想象一下,你精心选择的文字商标(假设是"IPidea"),因为公司目前经营的需要,只是在商品和服务分类第 41 类教育、培训等服务项目上进行了注册。经过 5 年的发展,你的业务范围延伸到了第 43 类的餐饮服务上。这时,你试图在第 43 类上注册"IPidea"时,发现另有公司甲已经在 2 年前捷足先登了。如果你在教育、培训上的"IPidea"商标不是驰名商标,很难从公司甲手中拿走"IPidea"的餐饮商标,因为商标法允许不同的人在不相同或不相类似的商品上注册相同或相似的商标。

再来看看,如果你在第 41 类上的注册商标是一个独创性的图形(一件作品)时,公司甲把你的图形商标在第 43 类申请注册了餐饮商标,而你的商标也不是驰名商标时,是不是结局一样呢?不。你拥有更多的主动权。因为这件作品你享有著作权,可以指控公司甲在第 43 类上的注册商标侵犯了你的在先权利(著作权),从而运用行政、诉讼等的方式无效或夺走它的注册商标。

当然,多数公司都会选择文字与图形相结合的组合商标,事实上,一些不太了解商标法的仿冒者,在跨类抢注或使用时,往往会把你的文字与图形"一锅端",因此,仍然可以利用其中图形商标的法律优势,对这些仿冒者进行多重的法律打击。

二、文字商标独特设计的法律优势

对于那些单纯使用文字作为商标构成要素的,其实也可以对文字商标进行艺术化或美学上的独特设计,即使这种设计难以让该文字商标满足作品的独创性要求,从而仍然无法获得著作权的保护,但是,这些经过设计的文字商标在打击他人的抢注或非法使用上,与普通字体的文字商标相比,仍然拥有不可比拟的法律优势。"醒目商标"案充分体现了这一点。

◇案例:"醒目商标"案

天津津美饮料有限公司(简称"津美公司",异议人)是"醒目"商标(第 1279505 号商标)的注册人,核定使用商品为第 32 类的"无酒精饮料、饮料制剂"。"醒目"是美国可口可乐公司与津美公司合作推出的碳酸饮料品牌。1999 年,津美公司的"醒目"商标荣获天津市著名商标,并入选全国重点商标保护名录。异议人商标字体设计独特并为异议人独创,具有很强的视觉效果。

北京定富康光学眼镜有限责任公司(简称"定富康公司",被异议人)在第 9 类"太阳镜、眼镜片"等商品上申请注册"醒目 XINGMU"商标(第 1497916 号商标),商标局初审通过予以公告。津美公司遂提出商标异议,认为定富康公司被异议商标的字型、布局与其商标极其近似,抄袭津美公司商标的意图十分明显,也极易造成消费者的误认。

商标局认为,异议人商标"醒目"已在我国获准注册,该商标字体独特,属非常规字体,具有较强的独创性。1999 年 12 月,异议人使用在"无酒精饮料"商品上的

"醒目"商标被天津市工商行政管理局认定为"天津市著名商标",被异议人也承认异议人商标具有知名度,因此可以认定异议人商标在我国具有较高知名度,且被异议人明知异议人商标"醒目"及其表现形式。被异议商标由汉字"醒目"及其拼音"XINGMU"组成,其中汉字位于该商标的显著地位,起主要识别作用。被异议商标汉字"醒目"的字体与异议人商标"醒目"基本相同,被异议人将该商标申请注册在第9类"太阳镜、眼镜片"等商品上构成对异议人商标的复制,也容易误导社会公众。据此裁定异议人所提异议理由成立,第1497916号"醒目XINGMU"商标不予核准注册。[①]

在津美公司与定富康公司商标异议一案中,商标局认定定富康公司的被异议商标系"复制"其知名的醒目饮料商标,从而使津美公司的醒目商标得到了跨类保护(从第32类延伸到第9类保护),可以说定富康公司的被异议商标抄袭津美公司醒目商标的字体和表现形式,在认定定富康公司恶意"复制"的判断中发挥了重要作用。

有趣的是,同样是"醒目"商标,津美公司却在另一起商标争议中未能得到跨类保护:广东省南海区梦美思化妆品有限公司(简称"梦美思公司")于1999年第3类化妆品、洗涤用品上申请注册了"醒目"等商标。2000年,梦美思公司注册的这些商标进入初审公告程序。天津津美饮料公司立即向国家工商总局商标局提出了商标的异议申请,详见图8-4,图8-5。

图 8-4　第 1279505 号商标

图 8-5　第 1497916 号商标

但国家工商总局商标局却在(2001)商标异字第1165号裁定书中认为:"醒目"为常用文词组,并非异议人津美公司独创,异议人主张被异议人梦美思公司申请注册被异议商标构成抄袭缺乏证据。异议人注册在先的第1065125号商标为"醒目",核定使用商品为第32类的无酒精饮料,异议人无权排斥他人在非类似商品上将"醒目"作为商标注册使用。被异议商标"醒目"在第3类的香皂、化妆品等商品上申请在先,依法应当获得初步审定。异议人商标虽然具有一定的知名度,但双方商标使用商品在功能、用途、生产工艺和销售渠道等方面存在明显差异,被异议商标的注册和使用,不会导致消费者发生商品来源误认。裁定异议人所提异议理由不成立,第1352670号"醒目"商标予以核准注册。

---

① 天津津美饮料有限公司与北京定富康光学眼镜有限责任公司商标异议案,国家工商总局商标局(2002)商标异字第01404号裁定书。

很显然，在天津津美公司与梦美思公司商标异议一案中，由于梦美思公司申请的商标未采用津美公司醒目商标的特殊字体和表现形式，加之"醒目"本是普通词汇，因此，在与第 32 类无酒精饮料不相类似的第 3 类香皂、化妆品等商品上，申请注册普通字体的"醒目"商标，难以直接推断出梦美思公司存在恶意"复制"抄袭津美公司知名商标的事实，详见图 8-6，图 8-7。

图 8-6　第 1065125 号商标 　　　　　　图 8-7　第 1352670 号商标

可见，如果文字商标采用了独特的设计，而别人在不相类似的商品上也照抄照搬商标字体或其他设计特征，在满足一定知名度的条件下，更容易获得驰名商标的跨类保护。在前述情形下，即使无法认定驰名商标，也更容易降低类似商品的标准，而增加认定两者指定使用商品系类似商品的可能性。

第 4 节　商标申请的合规管理

一、规范商标申请

商标申请注册行为不规范的情形

规制恶意申请、囤积注册等行为是 2019 年 4 月修改《中华人民共和国商标法》的重点内容之一。公司在申请商标时，不要从事恶意申请、囤积注册的行为。2019 年 10 月，国家市场监督管理总局发布《规范商标申请注册行为若干规定》，进一步从注册环节、行政措施、信用公示等方面加大力度遏制恶意商标注册申请行为。根据前述规定第 3 条，公司申请商标注册应当遵循诚实信用原则，不得有下列行为：

（1）属于《商标法》第 4 条规定的不以使用为目的恶意申请商标注册的；

（2）属于《商标法》第 13 条规定，复制、摹仿或者翻译他人驰名商标的；

（3）属于《商标法》第 15 条规定，代理人、代表人未经授权申请注册被代理人或者被代表人商标的；基于合同、业务往来关系或者其他关系明知他人在先使用的商标存在而申请注册该商标的；

（4）属于《商标法》第 32 条规定，损害他人现有的在先权利或者以不正当手段抢先注册他人已经使用并有一定影响的商标的；

（5）以欺骗或者其他不正当手段申请商标注册的；

（6）其他违反诚实信用原则，违背公序良俗，或者有其他不良影响的。

国家知识产权局近年来聚焦高质量发展,开展打击非正常专利申请和商标恶意抢注行为专项整治。专项行动重点打击以下商标恶意抢注、图谋不当利益、扰乱商标注册管理秩序,造成较大不良社会影响的商标非正常申请行为:

(1) 恶意抢注国家或区域战略、重大活动、重大政策、重大工程、重大科技项目名称的;

(2) 恶意抢注重大自然灾害、重大事故灾难、重大公共卫生事件和社会安全事件等突发公共事件相关词汇、标志,损害社会公共利益的;

(3) 恶意抢注具有较高知名度的重大赛事、重大展会名称、标志的;

(4) 恶意抢注行政区划名称、山川名称、景点名称、建筑物名称等公共资源的;

(5) 恶意抢注商品或服务的通用名称、行业术语等公共商业资源的;

(6) 恶意抢注具有较高知名度的公众人物姓名、知名作品或者角色名称的;

(7) 恶意抢注他人具有较高知名度或者较强显著性的商标或者其他商业标志,损害他人在先权益的;

(8) 明显违背《商标法》第10条规定禁止情形以及其他违反公序良俗,对我国政治、经济、文化、宗教、民族等社会公共利益和公共秩序造成重大消极、负面社会影响的;

(9) 商标代理机构知道或者应当知道委托人从事上述行为,仍接受其委托或者以其他不正当手段扰乱商标代理秩序的;

(10) 其他明显违背诚实信用原则的。

近年来,面对商标恶意注册行为日趋规模化、专业化的形势,国家知识产权局商标局在审查环节,对认定具有明显的主观恶意的商标申请从严审查,主动予以驳回。比如,威海地素贸易有限公司申请注册300余件商标,均完整包含他人在先注册、知名度较高的商标,这是恶意攀附他人商誉、抢注较高知名度商标的申请;上海隽畅信息技术有限公司及相关利益共同体一共申请注册县级以下行政区划名称商标近5000件,这是大量抢注通用名称、行业术语等具有不正当占用公共资源意图的商标申请;晋江市麦克格雷迪鞋服贸易有限公司未经本人许可或授权,将篮球明星姓名音译作为商标注册和使用,这是申请注册名人姓名商标等他人在先权利的恶意商标申请;自然人王树本在多个类别商品上申请注册了"美的公主""容声家宝"等众多与知名品牌相近的商标,在商标被商评委依法宣告无效后,该申请人又再次申请注册完全相同的商标,这针对同一企业的恶意反复抢注、连续抢注的商标申请,商标局在从严审查后,均予以驳回。[①]

商标恶意囤积注册的情形

商标囤积是指申请人申请注册大量商标,囤积商标资源。防御性的商标申请

---

① 邢郑:工商总局:《恶意抢注商标 依法驳回没商量》,中华商标协会公众号,2018-01-10。

或商标储备注册,皆可以视为广义上的商标囤积。如果申请人不以使用为目的恶意申请、囤积抢占商标资源,则为**商标恶意囤积**。2018年8月,知识产权圈内知名自媒体"知产库"爆出珠海某公司商标囤积的新闻,珠海两家由一人控制的贸易公司分别在当年6月27日一天内申请了5060件商标,在7月27日一天内申请了5753件商标,引起业内一片哗然。一段时间以来,商标囤积抢注占用大量的商标资源,几乎已成公害,人人喊打。2019年修正的《商标法》第4条规定的不以使用为目的恶意申请商标注册,正是近年来国家知识产权局重点打击的内容。2021年国家知识产权局累计打击恶意商标注册申请37.6万件。

根据2021年《商标审查审理指南》,以下情形属于《商标法》第4条规定的"不以使用为目的恶意商标注册申请"行为,当事人提供相反证据的除外:

(1) 商标注册申请数量巨大,明显超出正常经营活动需求,缺乏真实使用意图,扰乱商标注册秩序的。

(2) 大量复制、摹仿、抄袭多个主体在先具有一定知名度或者较强显著性的商标,扰乱商标注册秩序的。

(3) 对同一主体具有一定知名度或者较强显著性的特定商标反复申请注册,扰乱商标注册秩序的。此类反复申请注册的行为如属于《商标法》其他条款规制的恶意注册情形的,应适用其他条款。

(4) 大量申请注册与他人企业字号、企业名称简称、电商名称、域名,有一定影响的商品名称、包装、装潢,他人知名并已产生识别性的广告语、外观设计等商业标只相同或者近似标志的。

(5) 大量申请注册与知名人物姓名、知名作品或者角色名称、他人知名并已产生识别性的美术作品等公共文化资源相同或者近似标志的。

(6) 大量申请注册与行政区划名称、山川名称、景点名称、建筑物名称等相同或者近似标志的。

(7) 大量申请注册指定商品或者服务上的通用名称、行业术语、直接表示商品或皆服务的质量、主要原料、功能、用途、重量、数量等缺乏显著性的标志的。

(8) 大量提交商标注册申请,并大量转让商标,且受让人较为分散,扰乱商标注册秩序的。

(9) 申请人有以牟取不当利益为目的,大量售卖,向商标在先使用人或者他人强自商业合作、索要高额转让费、许可使用费或者侵权赔偿金等行为的。

(10) 其他可被认定为有恶意的申请商标注册行为的情形。

商标转让也不影响对商标申请违反《商标法》第4条情形的认定。2021年11月,中国市场监管报公众号发布了一条短新闻《自然人黄某某多件商标转让申请被拒绝》。自然人黄某某累计申请注册多件商标,并意图陆续转让给他人。自国家知识产权局打击商标恶意抢注和囤积行为以来,其第21402022、18745095号等商标转让商标被拒绝,理由是累计申请和注册数量较多,且累计转让较多、受让人分散,涉嫌恶意囤积商标转让牟利。

二、远离驰名商标

浙江雷神科技有限公司曾经申请了一个商标"NIKEA",去掉前面的"N",剩下的就是"IKEA(宜家)";去掉后面的"A",剩下的就是"NIKE(耐克)"。结果全球运动品牌"NIKE"耐克和全球家具卖场品牌"IKEA"宜家都提出了商标异议。该公司总经理还对媒体宣称:"事实上,借助于国际知名品牌来提高自己品牌的知名度,这在国际商业操作中是司空见惯的事,这并不是侵权!"

然而,这样的投机之路显然不会轻松。一方面,是因为驰名商标本身具有较强的排斥作用,如果申请的商标与之相同或近似,很容易被驳回注册申请;另一方面,权利人对驰名商标比较重视,商标监控力度比较大。而跨国公司更是对驰名商标呵护有加,甚至针对商标公告和电子商务网站等建立了专门的商标监控机制,防止他人"搭便车"式的商标注册和使用。"耐克"和"宜家"对"NIKEA"商标申请同时出击,即是明证。因此,公司在选择或设计商标时,最好离驰名商标远一点。

如果你选择或设计的商标,与驰名商标,甚至一些知名商标有些相近时,可能有一大堆麻烦等着你去应付:商标异议、侵权诉讼等法律纠纷或将接踵而至。在全球范围内,拥有"三叉星"奔驰商标的戴姆勒奔驰公司曾对三一重工的三一图形商标注册申请提出过50次异议或诉讼,因为奔驰公司认为这两个商标近似。虽然三一重工自认为没有攀附的意图,而且官司未必都会败诉(2009年在英国伦敦高等法院还赢得了诉讼),但摊上这样绵延的商标麻烦,恐怕不是公司乐见的局面。

当然,那些设计商标之初就想着"搭便车"的公司,虽然也不想惹上官司,但已有足够的心理预期。这些专事"山寨事业"的公司,在人家的驰名商标上稍作修改,或者加上个前后缀,就上市去借机渔利,甚至是鱼目混珠。比如,作为 iPhone 的高仿机,HiPhone、CiPhone 在品牌上的山寨痕迹十分明显。它们虽然不畏风险,却不值得鼓励,这是一种不健康甚至违法的品牌文化。[①]

三、恶俗商标的风险

有些公司设计或选择的商标还存在许多社会道德问题。甚至有些职业注标人只顾眼前利益,忽视了商标的文化内涵,导致商标低俗化现象日趋严重。根据红徽公司《关于抢注有害于社会主义道德风尚或有其他不良影响商标的状况调查》显示,据不完全统计,仅被人在避孕套产品上抢注的人名商标就有"木子美""克林顿""莱温斯基""超级女声""女子乐坊""芙蓉姐姐""刀郎"等;而被人在避孕套产品上抢注的影视剧名商标也有"大炮""星战""绝代双娇""无间道""绿茶"等,有人戏言有可能连"绿帽"也被人抢注了。

---

① 袁真富:《商标设计的法律考量》,《中国知识产权》2011年第7期。

此外，还有如下千奇百怪的商标名称，被注册在五花八门的产品或服务上：如"泻停封"（谢霆锋）止泻药、"流得滑"（刘德华）涂改液、"本拉灯"（本拉登）灯饰、"旺家卫"（王家卫）马桶、"酥友朋"（苏有朋）沙琪玛、"最高发院"（最高法院）理发店、"立发焗"（立法局）美容院、"包二奶"雪糕，等等。目前的这种情形可用数不胜数、令人目瞪口呆来形容。对于恶俗怪异商标抢注频打擦边球的现象，普遍的解释是这些名称名气很大，很有商用价值，另外容易煽动人们的想象力，能迅速提升产品知名度等。①

事实上，申请这些商标被驳回的几率非常大，即使成功注册，也有可能被无效。上海俊客公司旗下的服装潮牌"MLGB"（李晨和潘玮柏代言）商标因低俗，被商评委宣告无效，即是典型的事例。

上海俊客公司 2010 年 12 月 15 日申请注册"MLGB"商标，2011 年 12 月 28 日核准注册，核定使用在第 25 类服装、婚纱等商品上。后第三人姚某向商标评审委员会提起注册商标无效宣告申请。主要理由是，争议商标容易让人想到不文明用语，作为商标使用在服装、帽子等商品上，有害于社会主义道德风尚，具有不良影响。2016 年 11 月 26 日，商评委认定，虽然上海俊客公司称"MLGB"商标是指"My Life's Getting Better"，但社会公众更易将"MLGB"认知为不文明用语。"MLGB"的字母组合在网络等社交平台上广泛使用，含义消极、格调不高，用作商标有害于社会主义道德风尚，易产生不良影响，予以宣告无效。此案在提起行政诉讼后，仍然最终被北京高级人民法院判决维持无效决定。

第 5 节　商标申请：与研发同步

一、商标检索：必经的程序

如果公司等到新产品快要上市时，才去设计新的商标，恐怕有些"为时已晚"，小心折腾到产品都上市了，公司还没有找到可以申请注册的心仪商标。早在 2010 年——当时我国商标注册申请量才 107.2 万件，上海一家著名日化公司的法务人员就感叹：以前，市场部门拿过来十几个品牌名称，总能找到一两个合适的商标。现在，有时要从几百个名称中，才能找到一两个合适的。

这里的"合适"是指经过商标检索之后，初步判断没有在先商标申请之障碍。商标选择越来越艰难，只因商标申请太多了，即使你绞尽脑汁、夜不能寐，结果想出来的商标，还是被他人早就在先申请的商标拦住了去路。因此，进行商标检索是公司品牌或商标命名的一道必经程序，否则不经检索就盲目申请，商标被驳回的几率相当大。

---

① 郭逸晴：《恶俗怪异商标抢注频打擦边球　商标注册引发争议》，《南方日报》2005-12-21。

在选定自己心仪商标前,通过检索排除相同或近似商标的存在,其实并不是一件容易的事情。一方面,由于检索系统或者检索方法的问题,可能导致漏检的情况发生;另一方面,如何判定检索结果中的商标与你打算选择的商标是否属于近似商标、其指定使用商品是否类似,存在很大的模糊认识空间。最后,还要说明的是,即使你选择的商标通过了商标局审查而被核准注册,在投入实际使用后,仍然有可能被法院判定与他人在先的注册商标构成近似商标且易发生混淆,而构成商标侵权。

◇事件:创新保的商标争议

2016年4月14日,阿里巴巴集团宣布推出线上一体化商标注册平台——"创新保",旨在利用互联网优势,帮助商家一键申请国内、国际商标注册。可是,随即有微博网友爆料,阿里巴巴集团推出的知识产权平台"创新保"已经被申请注册了。

阿里巴巴集团对此发布了官方回复:"创新保"是阿里巴巴集团最新上线的"知识产权创新保护平台"的简称,阿里巴巴集团尊重任何知识产权。因此在产品发布之前,项目组已经做了查询,未发现在先商标,并提交了"阿里创新保"和"创新保"的商标注册申请。

事实上经过查询,在商品分类第45类(法律服务等)上,深圳市卓建安盾知识产权有限公司的确已在2015年11月19日提交"创新保"商标申请,指定的服务项目包括知识产权咨询、知识产权许可、版权管理等。而阿里巴巴在2016年4月28日,也即发布会后2周才在法律服务类别上提交了"创新保"商标申请。

知识产权业内人士表示,相信阿里在"创新保"这一商标名称上前期做了足够的工作,但为什么还会闹出这样的一件事情呢?原因就在于在将商标注册申请递交给"国家商标局"后,是有3~6个月的空白期的,在这段空白期里,我们是查询不到别人已经递交的商标名的。

正在各方争论不休时,佰腾网(江苏佰腾科技有限公司)官方微博称他们早已注册了"创新宝"商标(2015年4月13日申请,2017年10月21日核准),"创新宝"和"创新保"属于同音,"创新宝"早于"创新保"注册,所以"创新保"会被驳回的。因此喊话阿里不用担心"侵权"。

事后查询商标局官网发现,无论是卓建安盾,还是阿里巴巴,均未在法律服务类别上获准"创新保"商标注册(应该是与在先申请的"创新宝"近似而被驳回)。反而是江苏佰腾在事件爆发后,火速在2016年4月19日在法律服务上提交了"创新保"商标申请,并于2018年10月21日获准注册。

——来源:柳絮:"阿里"杀入知识产权行业,可开局就已经被"绊倒了"?,IPRdaily,2016-04-17。阿里"创新保"红红火火,商标竟然没申请注册?,商标圈,2016-04-19。

二、商标申请启动的时机

商标注册申请启动的最佳时机在哪里？在 2021 年,我国商标注册平均审查周期稳定在 4 个月。但在实务上,一枚商标从申请注册到拿到注册证,时间要比 4 个月更长一些。因此,一般最安全的做法是在产品开发阶段即应进行商标申请工作,以使产品上市时即能使用取得注册的商标。

因此,在新产品立项开发时,埋头于创新的同时,不要忘记同步启动商标设计。公司应当整合商标注册与产品开发,不要等产品设计成熟,准备上市时,才想到设计或选取商标,才想到着手进行商标注册。如果公司在产品研发之时,或者在新产品开发方案制作之时,就意识到商标注册的问题,那么等产品上市时,注册商标可能已经拿到手中了。

更重要的是,如果提前做好商标注册的工作,可以避免他人(尤其是职业注标人或竞争对手)恶意的商标异议,防止商机被迫拖延。根据商标法,商标从申请到注册,要经过一系列的程序,包括提出申请、形式审查、初审公告、实质审查、核准注册、注册公告等环节,其中又可能蔓生出限期补正、驳回申请、异议、复审,甚至行政诉讼等程序。可能阻挡商标注册的异议程序就埋伏在初步审定公告后的这一环节。

三、小心商标抢注的风险

恶意抢注的现象

恶意抢注是一个很宽泛的概念,将他人享有权利或权益的标志或者属于社会公共领域的标志符号申请注册为商标的行为,以及没有商业使用意图,以倒卖商标盈利为目的的申请注册商标的行为,都可以归结为"恶意抢注"或"恶意注册"。如果从侵犯他人权利或权益的角度来看,常见的恶意抢注包括:

——抢注他人在先使用并有一定影响的商标,包括未注册驰名商标。如东莞市东之声电器有限公司在"扩音器喇叭、车辆用收音机"等商品上抢注美国高思公司在先使用的"KOSS 及图"商标。

——抢注他人在先使用并且明知其存在的未注册商标。如抢注因合同、业务往来关系或者其他关系而明知该他人商标的。

——抢注地理标志。

——抢注被代理人或被代表人的商标。例如,雅培糖尿病护理公司在血糖仪上的"FreeStyle"商标中文名称"利舒坦",被经销商所抢注。

——将他人注册商标抢注在该商标非核定使用的商品或服务上(即所谓"跨类抢注"),例如,在"避孕套"等商品上申请注册互联网搜索领域驰名的"百度"商标。

——将他人企业名称中的字号抢注为商标。比如,上海惠工三厂的"惠工"字号被他人抢注为商标。

——抢注知名形象或角色名称。如银幕英雄"邦德007 BOND",被抢注在第10类避孕套等商品上。

诸如此类的恶意抢注行为不胜枚举,不再详述。

总体上看,现有商标注册制度低成本、高收益的特点为恶意抢注人提供了强烈的经济动机。受利益驱动,甚至出现了恶意抢注商标人员专业化现象,出现了职业抢注人、专业抢注公司,甚至出现律师和商标代理机构从事恶意抢注行为的现象。随着《商标法》相继在2013年、2019年的修改,以及商标审查、司法实践对恶意抢注的遏制,从事恶意抢注商标的行为将遇到越来越大的法律风险或法律障碍。

警惕职业注标人

在中国,早已滋生出一个"新职业":**职业注标人**或者**商标炒家**,即以投资商标申请注册为业的个人或企业,通常以倒卖(转让)商标或诉讼牟利。说好听点,他们也是商标投资人。他们花几百元注册个商标,然后伺机出卖。2001年《商标法》修改放宽自然人商标申请限制后,大批职业注标人应运而生。尽管2007年,商标局又对自然人注册商标进行了限制,但仍然挡不住职业注标人的涌入,因为有的注标人一直都披着公司的面纱。不同类型的职业注标人对于商标的选择,呈现出不同的偏好:

——原创性注标人。有的注标人属于"原创型"。他们申请的商标,可能来自冥思苦想,绞尽脑汁,也可能来自灵感迸发,不期而遇。比如,被称作商标狂人的吴家杰号称从近万个创意中大海捞针式地"捞"出了300多个可以注册的商标进行注册。

——热点型注标人。有的注标人属于"热点型",可以称得上社会热点观察人士。无论是娱乐、文化领域,还是体育、科技领域,只要发生了重大事件、热点话题,或者出现著名人物、新兴名词,都可能被他们敏锐地捕捉到,并迅速转化为"商标申请"。这类职业注标人深谙"注意力经济"的威力。当"神六"升天时,就申请注册"神六",甚至将"神七""神八"也提前申请了。在奥运前夕,青岛一家内裤厂商在内衣等产品上申请了两个商标,而且宣称产品细分,男式内裤用"鸟巢",女式内裤用"水立方",据说广告词则是:"同一个地方,同一个梦想"。虽然商标局并未核准商标注册,但它在淘宝网上仍然一度模糊地在使用"鸟巢内裤"之类的词汇。

——话题性注标人。有的注标人属于"话题型",虽然商标与社会热点无关,但一经披露就能立刻引爆话题,吸引公众。比如,福建李某申请的"中央一套"商标(避孕用具等)、广西百色黄女士申请的"二人转"商标(避孕套等)、辽宁省丹东市邢女士申请的"一液情"(酒类商标)、"包二乃"(女士内衣商标)。这些注标人的商标往往有些恶俗的成分,而且大多把"灵感"释放在安全套之类的性用品上。歌手爱戴就曾经为"安全套事件"伤透了脑筋——长春市商人张军宣布申请了"爱戴"牌安全套,并且还琢磨好了广告词:"爱戴牌安全套,越戴越爱戴,爱戴牌安全套,爱戴不戴"。

——抢夺型注标人。有的注标人则属于"抢夺型",直接锁定人家的商标抢注,这时的注标人已经是一名商标刺客了。职业注标人的生意是把商标卖出去,但有没有生意更像是买彩票中奖,谁知道哪一天才会有人看中自己的商标呢。因此,商标刺客们专门找一些公司的商标漏洞,针对性地申请注册他们的商标,而这些公司或者他们的竞争对手,往往就是这些刺客们的潜在客户。

对于公司而言,最应的警惕的就是抢夺型注标人,这些商标刺客"行刺"的范围比较广泛:有的盯上的是别人未注册的商标,包括洋品牌的中文名称。有的坐等人家期满不续展,然后去申请注册。还有的打擦边球,盯上了著名品牌的简称,比如:"哈啤"("哈尔滨啤酒"的简称)。商标刺客对商标管理不当的公司构成了极大威胁。哈尔滨的"正阳河"酱油,没有花几百元去注册商标,结果被人抢注后,不算调解、打官司花掉的金钱和时间,仅"赎回"商标就花了50万元。

第 9 章 供应链上的知识产权管理

❖ 思维导图

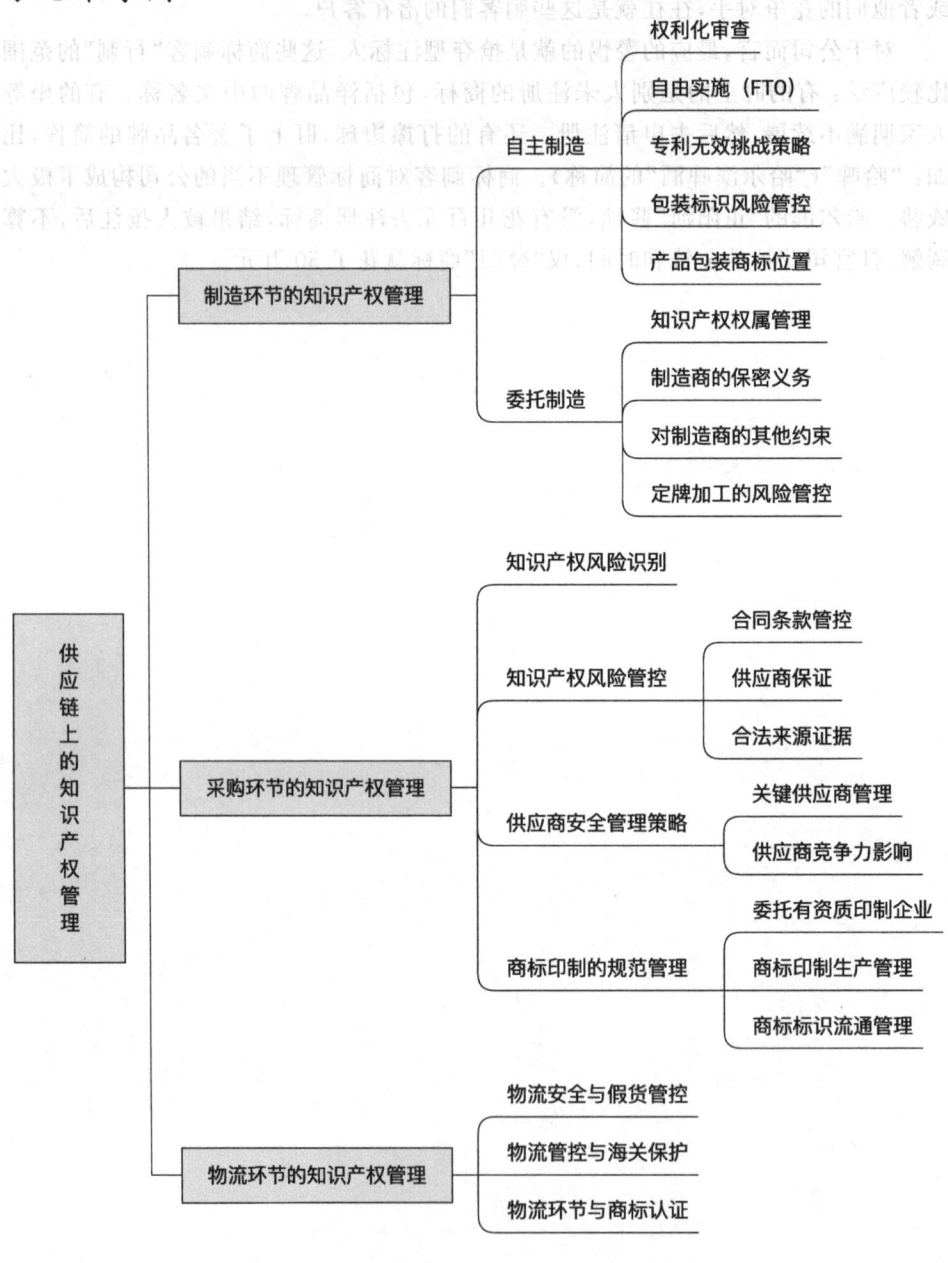

供应链(supply chain)的概念出现于20纪80年代。1996年,Reiter在整合了前人价值链和价值流思想的基础上,首次提出了供应链的定义,即供应链是一个实体的网络,产品和服务通过这一网络传递到特定的顾客市场。[①] 随着研究的发展,供应链的概念更加注重围绕核心企业的网链关系,如核心企业与供应商、供应商的供应商乃至一切上游企业的关系,与用户、用户的用户及一切下游企业的关系。此时对供应链的认识形成了一个网链的概念。哈理森(Harrison)进而将供应链定义为:"供应链是执行采购原材料,将它们转换为中间产品和成品,并且将成品销售到用户的功能网链。"[②]《中华人民共和国国家标准·物流术语》(GB/T 18354—2006)对供应链的定义是:"**供应链**(supply chain)是生产及流通过程中,为了将产品或服务交付给最终用户,由上游与下游企业共同建立的需求链状网。"

正如美国的史蒂文斯(Stevens)认为的那样,供应链"开始于供应的源点,结束于消费的终点",因此,供应链不仅包括供应商、制造商,而且包括运输商、仓储商、零售商,甚至包括用户本身;[③] 不仅是一条联结供应商到用户的物料链、信息链、资金链,也是一条增值链。本书将大致沿用供应链的概念,但为方便讨论,本章将公司作为买方往前与上游厂商的关系纳入供应链(狭义)的范围讨论,将公司作为卖方往后与下游厂商以及用户的关系纳入下一章销售链的范围讨论,虽然销售链亦为供应链的一部分。

第1节 制造环节的知识产权管理

一、自主制造的知识产权风险管理

权利化审查

生产/制造可以区分为自主制造(自己为自己制造产品)和委托制造(委托别人为自己制造)。生产制造环节同样需要技术创新,从材料的选择,从模具、刀具的设计,以及制造方法的完善,都蕴藏了许多技术问题。所以,以代工闻名的富士康科技集团,屡屡出现在专利申请的榜单前列,积累专利的数量甚至达到9万件。截至2020年年底,富士康科技集团全球专利申请已累计158 000件(中国大陆申请60400件),核准量达到91 800件(中国大陆核准33 700件)。[④]

生产阶段是产品从设计图纸转化成为产品实物的桥梁,同时也是知识产权同产品相结合的重要环节。生产过程中产生的新设备、新材料、新工具,以及制造工

[①][③] 王伟:《供应链概念的起源和发展研究》,《中国市场》2015年第2期,第76~78页。
[②] 傅培华主编:《供应链管理》,浙江大学出版社2009年版。
[④] 数据来自富士康科技集团官网,http://www.foxconn.com.cn/WisdomProperty.html,2021年8月5日访问。

艺、组装方法、测试方法等,需要进行技术成果梳理和知识产权保护。应当及时记录、及时评估,审查是否可以申请专利,甚至能否进行专利布局;或者需要识别是否系商业秘密,考量是否需要采取保密措施。

即使需要申请专利,在未提交专利申请之前,也应当做好保密工作。比如:

——建立工艺图纸发放回收监控制度,在完成产品生产后,及时回收工艺图纸,避免工艺泄露。

——严格控制外来人员进入生产区域参观,谨防泄露生产工艺。外来人员参观生产区域时,应当统一管理监督,入厂参观者必须由相关部门的接待人员陪同带领,在规定的路线进行参观,不得单独离队参观。

——控制施工现场的泄密风险。施工现场发生泄露秘密的可能性较高,原因在于施工现场较为开放、人员混杂,极易发生泄密事件。

自由实施(FTO)

通常公司在实施其技术前,尤其是在投入生产制造前,需要查清该技术是否有侵犯他人的知识产权的可能性,这就涉及自由实施的问题。所谓**自由实施**(freedom to operate,FTO),是指实施人可在不侵犯他人专利等知识产权的情形下,对某一技术自由进行使用和开发,并将通过该技术生产的产品投入市场。广义上讲,还包括实施该技术时不违反其他法律法规的规定。

为保障所谓的"自由实施",需要进行必要的尽职调查(due diligence,DD),也称为 FTO 调查或 FTO 分析,其分析工具显然离不开专利检索。从风险管控的角度看,FTO 调查的应用场景比较广泛,包括:(1)研发立项时;(2)产品上市销售前;(3)产品出口前;(4)采购产品时;(5)专利转让/许可时;(6)并购;(7)融资/IPO;(8)被诉侵权等。不过,对于公司而言,FTO 调查的主要目的是避免侵权,或证明非故意侵权,以避免可能的惩罚性赔偿,因此,主动进行 FTO 调查的场景主要集中在研发立项和上市销售前(即生产制造前后)。

——**什么时候进行 FTO 调查?**

专利侵权风险分析虽然越早越好,但在研发的早期产品和概念还未形成,无法进行产品权利要求的比对,此时可以进行专利预警。FTO 调查可以贯穿整个产品开发过程,但原则上要求有确定的技术特征,否则与一般的专利预警无差别。科学的做法是在产品研发前端进行相应的专利预警,让研发人员知晓该领域的相应专利,在产品技术特征最终成型后进行 FTO 分析,确认不存在侵权风险。实施人要想通过 FTO 分析报告规避故意侵权指控,至少要做到明显的注意义务,比如经过基本的专利检索、专利筛选、相关专利的权利要求比对等。

不要以为公司对制造的某一技术(或产品)拥有自己的专利,就必然可以自由实施。事实上并非如此,原因在于:一方面公司未必拥有全部专利。一项技术可能包含了多项专利,公司只拥有其中的一二,而余下的专利很可能在竞争对手那里。另一方面技术实施具有依赖性。公司所拥有的专利在实施时,可能依赖于基础专利的使用。

——**如何进行 FTO 调查**？

第一,需要确定产品的销售区域。专利具有地域性,专利侵权的分析先要确定下产品生产和上市销售的地区,这样进行 FTO 分析才能有的放矢。

第二,理解产品技术特征。进行 FTO 调查,一般只分析侵权可能性大、公司自身研究开发,及产品上有创新的技术特征。比如,新产品是一台负离子电风扇,可能需要侵权分析的只有产生负离子的装置的某一部分。

第三,全面的专利检索。FTO 调查的专利检索需要较高的查全率,检索需要尽到基本的要求,包括行业常见的关键词、基本的分类。FTO 调查也需要关注失效的专利。

第四,相关专利筛选。筛选出最相关的专利,包括失效的专利和尚未授权的专利,所有相关的专利都应该放到关注目标中。专利筛选需要筛选人对专利的技术有相当深入的理解。

第五,权利要求的比对。FTO 分析报告需要对权利要求有基本的比对,即技术或产品的特征与权利要求的特征比对,按照全面覆盖原则对实施方案的技术特征与独立权利要求的要素逐一比对,除了字面侵权分析,还需要运用等同原则分析,不侵权的结论至少基于相关特征与权利要求比对不相同也不等同。

第六,结论。FTO 的结论需要特别谨慎,一般是论述实施方案是进入到公共领域的现有技术或者不侵犯任何相关的专利。①

需要说明的是,为了降低 FTO 调查的成本和工作量,可以把 FTO 调查的范围锁定在主要竞争对手的专利上。因为竞争对手是最大的专利侵权风险来源,而且其一旦发动专利侵权诉讼,可能就是冲着"要命"而来(对实施人造成重大打击或被迫退出市场竞争)。对于非竞争对手——比如高校,即使与其发生侵权争议,相较而言也容易通过许可、合作等方式和平解决。

——**基于 FTO 分析的商业决策**

如果 FTO 尽职调查结果显示,被调查的技术可能会侵犯他人在先的专利权,则欲实施该技术的公司应在商业策略上作出调整。该公司作出的商业决策可能包括:

- 进行专利回避设计,修改欲实施的技术方案,以免落入在先专利权的保护范围;
- 等待在先专利权保护期期满后再开发和实施该技术;
- 针对在先专利权提起专利无效程序;

---

① 佑斌:《如何进行 FTO 分析及报告制作?》,佑斌,2017-06-08。

- 与在先专利权人就专利转让、许可使用、交叉许可和/或建立专利联盟等进行协商；
- 投保侵权类专利保险；
- 彻底放弃实施该技术。[1]

专利无效挑战策略

为了消除生产上市的专利障碍，通过挑战对方专利无效亦是一种有效的路径。此所谓**专利无效挑战策略**，即通过挑战他人专利的有效性、稳定性或保护范围，来消除专利侵权的障碍或获得其他商业利益。在制药行业，畅销药物产生的庞大利益，往往会吸引各家仿制药厂积极抢攻。我国药企已开始运用这一策略。

统计发现，2017—2019年，在国内企业对原研药提出的专利无效请求中，国家知识产权局专利局复审和无效审理部（原专利复审委员会）已作出审查决定的有60件。这60件已作出审查决定者，涉及38个品种53件专利。其中，降糖药7个（恩格列净、利格列汀、阿格列汀、维格列汀、西格列汀、替格列汀、曲格列汀），抗病毒药5个（恩曲他滨/替诺福韦富马酸盐、富马酸丙酚替诺福韦、维帕他韦、索非布韦、依非韦伦），抗癌药5个（恩扎卢胺、克唑替尼、索拉非尼、紫杉醇、利妥昔单抗），新型抗凝药2个（利伐沙班、替格瑞洛）。其中，"全部无效"决定占55%（33件），"部分无效"决定占33%（20件）。而"维持有效"决定仅涉及7件专利6个品种（分别是阿格列汀、曲格列汀、恩扎卢胺、克唑替尼、维帕他韦、沃替西汀）。[2]

根据我国《专利法》及《专利法实施细则》的规定，请示宣告专利无效的依据较多，包括但不限于新颖性、创造性、实用性等理由，兹不详述。总体上看，"不具备创造性"是无效请求者最常用法律依据之一。

——**专利无效挑战的策略目标**

一般而言，开展专利无效挑战策略，都会事先根据需要确定目标专利，然后围绕该专利技术，通过各种渠道检索对比文献，或寻找对方专利撰写的破绽，提起专利无效宣告。通过专利无效宣告，可能产生下列效果：(1)专利被无效；(2)专利保护范围被缩小。

从商业上讲，专利无效挑战的真正用意，并不限于消除生产销售的侵权障碍：

(1) 消除技术研发的专利障碍。有的专利可能会阻碍技术研发工作的开展，成为技术创新的绊脚石，此时，透过专利无效可以消除技术研发的法律障碍。

(2) 消除生产销售的专利障碍。专利无效挑战若能成功，将为自己的产品上市和正常销售扫清侵权障碍。

---

[1] Q老师：《"尽职调查"(FTO)检索技巧-从基础到精通》，QUESTEL，2017-12-15。
[2] 李勇：《专利挑战胜算有多大？看正大天晴、齐鲁、AZ等药企的攻防战！》，《医药经济报》，2020-10-12。

(3) 降低专利许可的费用。一些公司在接受专利许可之前,会委托专利律师去检索寻求许可方专利的权利瑕疵,甚至提出无效挑战(未必以自己的名义提出),这不仅是为了检验对方专利的有效性,更是为了降低专利许可费。当然,这样做也有可能破坏双方的合作关系,反而得不偿失。

(4) 否认侵权指控的成立。在专利侵权诉讼中,被告经常会毫不犹豫地向原告发起专利无效的挑战,试图无效专利或缩小保护范围,以否认侵权指控的成立。

——专利无效挑战的成功率

《专利无效战场挑战秘笈——2019中国专利无效分析报告》显示,在2019年,发明、实用新型和外观设计三类专利中,实用新型专利被请求宣告无效的数量最大,占到总量的42%。其次是外观设计专利(36%)和发明专利(22%)。在无效成功率方面,实用新型和外观设计专利超过一半被全部无效了,而发明专利虽然经过实质审查,但全部无效的概率也接近四成(37%)。值得注意的是,在发明专利无效中,九成的案件都使用了专利证据,而且有超过四成的案件使用了美国专利证据,除此之外,期刊书籍、网络证据也有一定出镜率(图9-1)。①

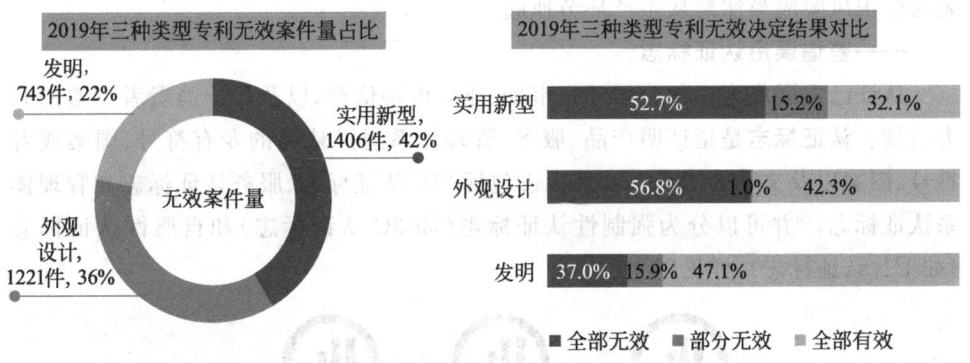

图 9-1　2019 年专利无效案件统计

专利无效挑战的好处显而易见,但并非一路坦途。专利权人必然会诉讼反击,有的无效案件一波三折甚至出现反转。此外,为了应对专利无效的挑战,许多公司

---

① 超凡咨询、incoPat、无讼联合发布:《专利无效战场挑战秘籍——2019中国专利无效分析报告》,2020年6月。

也布下了严密的专利网。以制药公司为例,从时间上来看,制药公司往往会在药品上市前的临床试验阶段、审批阶段以及上市后申请众多同族专利来构建严密的专利保护网,并且通过各种方式使其专利的保护周期"常青化"。从地域上来看,制药公司会根据其市场战略在不同国家进行专利布局,例如美国礼来公司治疗胰腺癌和非小细胞肺癌的明星药物"吉西他滨"的核心化合物专利就在全球 34 个国家申请了专利。从专利申请主题上来看,药品的专利保护群(以化学药为例)通常包含了核心化合物通式、核心化合物的制备方法、晶体结构、化合物衍生物、类似物、水合物、异构体、中间体、中间体的制备方法、第一制药用途、第二制药用途、药物制剂、药物组合物、联合用药的方法等主题。美国吉利德公司生产的抗 HIV 逆转录酶活性的药物替诺福韦,其相关专利多达 123 项,涵盖了前药等诸多主题。①

产品包装的标识风险管控

在生产环节的知识产权工作还涉及对产品相关标识的风险排查与规范使用管理。例如,对产品及包装上的商标标注、检验标识使用是否符合规范,是否存在标注风险等进行确认,以降低产品在后续出货和运输环节中的知识产权风险,避免因商标标注、检验标识标记不符合规范导致产品在海关被扣或下架。② 因此,产品包装的标识风险应当注意从生产环节抓起。

——警惕误用认证标志

认证已发展成为一种公司开拓市场、建立市场信誉,以及保护消费者利益的有力措施。**认证标志**是指证明产品、服务、管理体系通过认证的专有符号、图案或者符号、图案以及文字的组合。认证标志包括产品认证标志、服务认证标志和管理体系认证标志,③并可以分为强制性认证标志(如 3C 认证标志)和自愿性认证标志(如 UL 认证标志),详见图 9-2。

图 9-2　UL 认证标志

伪造或者冒用认证标志本身就是违法行为。需要注意的是,有的认证标志拥有知识产权,可能拥有注册商标权,甚至拥有图形版权。国内不少公司因为误用

---

① 谷岳:《浅谈仿制药企业的专利策略》,《东岩跃扬知识产权》,2019-04-01。
② 张天翔:《公司进行新品开发,IP 能做些什么》,载柯晓鹏、林炮勤主编:《IP 之道》,企业管理出版社 2017 年版,第 84 页。
③ 《认证证书和认证标志管理办法》(2015 年修订)第 2 条。

UL认证标志,导致民事侵权,甚至因此承担了刑事责任。UL是美国保险商试验所(Underwriter Laboratories Inc.)的简写,UL认证在美国属于非强制性认证,主要是产品安全性能方面的检测和认证。

——标注防伪标识或举报方式

在产品包装上可以印制防伪标识,并且需要不断更新防伪标识。或者标明举报电话或提供其他技术鉴别手段,为提供假冒商品线索的商家和个人提供奖励。产品包装防伪标识的类型,常见的有纸张或特殊材质防伪、印刷油墨防伪技术、印刷工艺防伪技术、激光防伪技术、号码标识防伪等。

产品包装上的商标位置

日本学者小野昌言、江口俠夫在其所著《商标知识》一书中指出:"如同一个人的脸象征一个人一样,商标作为商品的脸,成为某一企业特定商品的象征,代表着商品的信誉和评价。"众所周知,随着商标的使用,公司的产品质量、服务信誉,乃至公司文化等,都将沉淀在商标这枚标识之上,并赖以建立起广泛的知名度、优良的美誉度,以及消费者的认知度和忠诚度。

因此,在产品包装上最不应吝啬给予商标的空间,相反,商标应当置于最显眼、最夺目的地方,其大小也应当合适,甚至应当比商品通用名称所占的面积还要大些,不要小得如同可有可无的点缀。观察一些重视商标的公司产品就会发现另一种景象。在可口可乐的包装上,英文的"coca-cola"和中文的"可口可乐"波浪型飘带图案特别的醒目,在包装上占据非常显眼的位置,首先映入消费者眼帘的就是他们的商标,具有极大的品牌冲击力。

需要说明的是,《药品说明书和标签管理规定》(2006年局令第24号)第27条第二款规定:"药品标签使用注册商标的,应当印刷在药品标签的边角,含文字的,其字体以单字面积计不得大于通用名称所用字体的四分之一。"这个规定竟然限制地规定了药品商标使用的位置、大小或面积,尤其是不得大于通用名称。这算是一个有关商标使用的特例(而且是以行政规章的方式确定的),有其特殊的行业背景,不作深究。

二、委托制造的知识产权风险管理

知识产权权属管理

如果公司采用委托制造的方式与他人合作,在合同中需对知识产权的权利归属、使用等进行明确的规定,并规定保密义务,以防止生产商侵占本公司的知识产权。在委托制造的实践中,经常有受托方抢注委托人的商标,甚至将委托人的技术成果申请专利,从而发生争议乃至诉讼的情况。从委托人的角度,需要注意的是:

——约定权利归属的范围,包括商标、专利、技术秘密、著作权等所有的知识产权类型。委托制造(加工)分为两种:一种是提供技术、设计图纸类;另一种是不提供技术,只提要求类。对于前者,尤其要约定成果的权利归属。

——属于委托人的标识或成果,须禁止受托人抢注商标或申请专利。如果受托人有申请取得权利,应当直接依合同无偿地转让给委托人。

——受合同约束的主体除了受托人,还可以包括与委受托人相关的主体,包括其法定代表人等。

——基于委托人定制生产而产生的成果,制造商为了满足定制要求,可能会产生新的技术成果,委托人可以视需要主张享有或分享其知识产权。如果是共享知识产权,还需要约定使用方式及利益分配问题。

制造商的保密义务

生产制造本来就是一个相对封闭,甚至保密的流程,不仅刚投产但未上市的产品、使用的工艺和原料可能构成商业秘密,甚至涉及商标的贴标地点、贴标时间等都是商业秘密,以防止有关品牌信息在刚投产即外泄。对于委托制造,生产过程相对更不可控,保密条款及其执行就更为重要。在消费电子产品行业,许多大厂喜欢召开新品发布会,如果在新品发布会还没有公开产品之前,新产品的信息就透过委托的制造商泄露出去,显然不是好事儿。因此,代工厂也要重视商业秘密的保护。

2010年年底,苹果公司的平板电脑iPad2代还没有推出市场,中国互联网上就陆续出现了iPad2代的保护套产品。针对iPad2代的保护套设计图档外泄的情况,富士康科技集团深圳下属公司即向公安机关报案。公安机关经过侦查于2010年12月26日将外泄设计图档的富士康内部员工林某及设法获取设计图档后组织生产销售的肖某、侯某抓获归案。经相关司法部门鉴定,苹果公司二代平板电脑iPad2外套的3D设计图档为商业秘密,被害公司因商业秘密泄露造成的直接经济损失达人民币206万元。2011年3月23日,宝安区检察院以涉嫌侵犯商业秘密罪对犯罪嫌疑人肖某、林某、侯某提起公诉。①

对制造商的其他约束

委托人与制造商的合同条款可以覆盖各种可能情形,比如,通过合同禁止委托的制造商超量生产并对外销售。除了这些合同的常规内容,更要采取一些举措来防止潜在的威胁。

——瑕疵产品管控

因模具开发、拼接安装、商标印刷、仓储运输等环节的各种原因,不可避免会有

---

① 《iPad2保护套"率先面市"秘密揭开》,《深圳晚报》,2011年4月22日。

产品质量存在瑕疵的情形,需要谨防这些不合格的瑕疵品流出工厂、流出仓库,流入市场、流入客户。自己生产制造需要实施严格的报废处理管控,委托他人生产制造更要如此。

——生产模具控制

无论是自己开发的模具还是生产厂商开发的模具,只要该模具是专门生产自己的产品,在合同结束后皆应收回模具或折价购回,甚至可以销毁,以避免模具外流制造假货,或制造商自行生产有关产品。

——禁止宣传制造商身份

"网易严选"主打 ODM 电商模式,其在推出之初的一个营销卖点是"严选"品牌制造商,产品推荐上显著写着"GUCCI 制造商""新秀丽制造商",但卖的产品并非"GUCCI""新秀丽"品牌,只是这些产品的制造商代工过"GUCCI""新秀丽"等品牌。显然,如此披露自己的"品牌制造商",并不一定为"GUCCI"等品牌接受。为了规范这些行为,可以通过合同限制代工厂对其品牌制造商的广告宣传。

——约束竞争性的行为

制造商了解到委托人的原料来源、制造工艺后,以后可能转做相似领域的自有品牌,从而成为委托人的竞争对手,或者将来为委托人的竞争对手提供相关信息。如有必要的话,在法律框架内,可以通过合同约束制造商从事竞争性的生产活动或帮助他人从事竞争性的生产活动。

定牌加工的风险管控

站在委托人的另一面,作为受托人的制造商亦有防范知识产权风险。制造商受到他人的侵权指控,可能来自委托人或采购厂商的技术要求。比如,根据委托人提供的设计方案而制造的产品,侵犯了他人的知识产权,设计方案本身就是导致侵权的原因。从知识产权的角度,至少需要关注以下问题:审查委托人委托贴附的商标标识是否进行了商标注册,以及商标权属情况。对于制造的产品侵犯他人权利时,约定应当委托人承担应诉及赔偿的责任,必要时可要求委托人作出"提供的技术不侵犯第三方知识产权"的声明。

在受托制造中,涉外 OEM 的商标风险值得关注。OEM 为"Original Equipment Manufacture"的缩写,中文译为"原始设备制造",在我国它还有"贴牌生产""贴牌加工""定牌生产""定牌加工"等多种称谓,以下称之为定牌加工。**定牌加工**,是指加工方根据约定,为委托方(定作方)加工使用特定商标或品牌的商品并将该商品交付给委托方,委托方根据约定向加工方支付加工费的贸易方式。涉外定牌加工是指国外注册商标权利人委托国内生产厂家生产使用其商标的产品,且产品全部销往国外,不在中国境内销售。

定牌加工实现了资源合理化配置,将品牌、渠道与生产能力有机结合。但是,涉外定牌加工的商标侵权问题也是目前商标执法和诉讼中较为复杂的问题,最高人民法院曾在短期内作了互不相同的判决,争议较大。① 有鉴于此,对于国内的加工方(受委托的制造商),最好树立风险防范意识,尽量签署书面合同,明确各方权利义务及违约责任。并通过审核境外委托方提供的主体资格证明等资质文件、商标注册证及许可协议等权利证明文件,强化以下方面的风险管控:

——确认委托方系该商标权的所有人(须有有效的权属证明),或享有授权使用的商标使用权人。

——确认委托方在出口目的国拥有有效的商标权。

——确认委托方注册商标核定使用的商品项目与委托加工生产的商品保持一致。

——确认委托生产商品使用的商标必须与商标注册证上的商标标识保持一致。

——审核该商标在我国的权属情况,是否属于第三人的驰名商标,以及是否存在商标抢注等争议。

第 2 节　采购环节的知识产权管理

一、采购环节的知识产权风险识别

从理论上讲,采购是指公司从供应市场获取产品或服务作为公司资源,以保证公司生产及经营活动正常开展的一项公司经营活动。采购的基本功能,就是帮助人们从资源市场获取他们所需要的各种资源,包括原料、生产设备、零部件、产品或服务等(有时统称"产品")。采购环节的知识产权风险主要是供应商带来的,但由于取证或诉讼方便的原因,采购方因采购供应商零部件或原料而生产的产品反而更容易被告上法庭。采购环节涉及的知识产权风险主要有:②

——公司采购设备、仪器、材料、部件等生产资料因侵犯或涉嫌侵犯他人知识产权而导致的侵权风险。权利人可以向供应链上任意厂商主张权利,公司因采购、使用涉嫌侵权的生产资料也可能成为被告。

——因为采购过来的零件或产品侵权,给公司带来交付不能、市场开拓受阻等风险。

——遭遇被控侵权的设备、材料等无法继续使用的窘境。

——采购的产品所贴附的标识,有可能侵犯第三人的商标权或著作权,从而导致产品在海关通关、展会或销售过程中遭遇查扣或查处。

——采购的包装设计、图片等服务或无形资产,同样会带来著作权等知识产权侵权风险。

——因知识产权问题而导致的公司与供应商之间的索赔纠纷。

---

① 详见最高人民法院(2014)民提字第 38 号案("PRETUL"案)、最高人民法院(2016)最高法民再 339 号案("东风"案)、最高人民法院(2019)最高法民再 138 号案("HONDA"案)的判决书。

② 参见韩婧:《浅谈企业知识产权风险管理》,中国企业知识产权研究院,2017-08-28。

二、采购环节的知识产权风险管控

侵权风险的合同条款管控

一旦发生纠纷或诉讼,公司需要大量人力物力应对,通过采购合同(或其他合同形式)的约定,规避或分担知识产权风险是最为常见的方式。可以在采购合同专列知识产权条款,让供应商提供知识产权不侵权的担保,并对发生知识产权侵权责任时如何应对侵权指控、应对侵权诉讼、如何承担责任等问题进行明确约定。特别要强调的是,如果公司与供应商之间的采购合同没有明确约定供应商保证和赔偿责任,公司很难就应诉成本和所受损失向供应商进行索赔。

如果供应商提供的产品或服务包括第三方的知识产权,应当要求供应商详细说明知识产权权利人在使用对象、使用范围、使用期限等方面有何限制条件,最好通过采购合同的相应条款确保采购方有合法使用的自由。必要时应当检阅供应商与第三方的知识产权许可合同等证明,以进一步查明情况,获得证据。

特别要强调的是,对于高科技产业,最好约定供应商有协助应对侵权诉讼、提供技术支持的义务。对于采购来的部件,或许有较高的技术含量,甚至是属于采购方自身不熟悉的技术领域,一旦采购的公司被控侵权,可能缺乏判断是否侵权的技术能力,此时,供应商介入侵权纠纷,提供技术支持尤为重要。

供应商的知识产权保证

供应商知识产权保证(或担保),是指供应商对其交付的货物或服务作出不会侵犯他人知识产权的保证与承诺,或者承诺一旦发生侵权则承担相应的法律责任或协助义务。供应商提供的保证有强保证与弱保证两类:

——**强保证**。强保证是要求供应商承担更多的责任和义务,比如:(1)供应商对提供的产品、零部件以及技术方案等,有义务获得完整的知识产权。(2)采购方所支付的费用视为已经包括了知识产权许可费用。(3)采购方因为进口、使用、销售供应商产品以及零部件、技术方案,从而导致侵犯第三方知识产权的时候,应当由供应商承担全部责任。

——**弱保证**。相对强保证而言,弱保证对供应商在知识产权保证方面的要求更低。比如,当遇到侵权时,供应商应该在一定的时间期限内提出具体的专利分析报告,包括专利和产品的比对,以及对专利法律有效性的检索、分析。在专利纠纷发生过程中,如果不能从供应商得到更多专利分析上的帮助,采购方(终端厂商)因对供应商的技术不了解,难以深入分析技术,难以开展不侵权分析或专利无效宣告请求。但这些要求主要是事后的协助义务。

合法来源的证据留存

在采购合同签署前,最好对供应商做一下知识产权风险调查,核查并保管供应商的资质证明及交易文件,并对采购的产品所涉及的知识产权权属情况进行核实。由于对采购的产品是否侵犯他人的知识产权,任何公司都难以做到零风险控制,因此,对供方信息、进货渠道等信息资料应进行妥善管理。

当然,更要妥善保留采购合同、票据、汇款凭证等证明货物合法来源的证据,而且应尽量要求对方在出具发票、送货单时注明产品型号等信息。一旦将来发生纠纷,可以依据专利法等知识产权法主张合法来源抗辩,从而不承担赔偿责任。比如,《专利法》第77条规定,"为生产经营目的使用、许诺销售或者销售不知道是未经专利权人许可而制造并售出的专利侵权产品,能证明该产品合法来源的,不承担赔偿责任"。

供应商一定要承担所有责任?

采购方与供应商可以通过合同来分配风险与责任,但合同不是包治百病的灵丹妙药。对双方都公平的合同条款,才是促进双方长期合作、合作共赢的保证。通常而言,供应商在以下情形会限制其责任承担的范围或程度。

——赔偿超过供应商的利润。有的供应商会要求把分担损失的范围控制在其因出售这些货物而获得的利润之内。

——不可控制的出口风险。如果采购方购买产品或部件,进而出口或在组装、加工后出口到海外市场导致侵权诉讼的,供应商会认为出口的侵权风险难以控制,而不愿意分担侵权责任。

——本身是终端厂商(采购方)引发的诉讼风险,最后的诉讼结果表明供应商的产品没有侵权问题。此时,供应商也未必愿意分担损失。

三、供应商安全管理策略

关键供应商管理

供应商的选择受到诸多因素的考量,比如质量、价格、交付准时性、研发能力等,甚至包括政治因素,大体上遵循质量、成本、交付与服务并重的原则。但供应商的安全性也越来越受到重视。在安全原则的指导下,多元化采购这些制度的设计就是为了不泄露公司商业秘密或保障公司的知识产权。当然,这些制度同样可以适用于委托制造的情形。

不论行业性质、公司规模及其他诸多因素,供应商大体上可以分为:(1)"**关键供应商**",提供核心产品或服务,或通过和他们发展关系,能够增强竞争优势。(2)"**普通供应商**",只提供所需的一般产品和服务,并且从其他途径同样可以获得。对于关键供应商往往需要特别对待,做好供应商认证,开展尽职调查,给予更多的知识产权关注。

——**多元化采购**

公司将同一产品或设备所需的原料、部件分散开来向不同的公司采购,或者同一原料、部件同时拥有多家竞争性的供应商。例如苹果公司，经常选择从两个或两个以上的供应商采购输入组件（如内存芯片、高分辨率显示器等）。此种多元化的采购策略有以下几个作用：

- 让供应商相互竞争。这有利于保证供应质量，控制或稳定采购成本。研究表明，单源采购容易引起严重的信息滞留效应，多源采购能够使公司维持供应商竞争，并消除未来的信息滞留成本。[①]
- 防范单一来源风险。如果供应商过于单一，一旦发生供货不足或其他问题，极可能影响全局。为稳定供应关系，往往需要引进第二供应商。
- 确保供应商隔离或产品信息隔离。避免单一供应商或供应商较少而联合起来了解到整个产品的构造等信息，从而自己独立制造，或给仿冒厂商、竞争对手提供机会。

——软硬件分离

将产品硬件和软件分离，各自外包生产或采购；或者硬件外包生产或采购，软件部分自己控制。比如，电子产品的品牌厂商，只将硬件交付给制造商生产，但保留软件、代码部分，以有效控制成品的生产和流通。

——生产模具控制

对于定制生产零部件或特定产品的供应商，亦可以通过回收或销毁等方式控制生产模具。前已有所述及。

◇业界声音

郭敏［通用电气公司（GE）知识产权顾问，2017年］撰文指出："我们可以把大部分的半成品委托给供应商加工，半成品拿回来后由我们自己的工厂将一小部分元器件安装上去后再成品出厂，同时元器件也从不同供应商手上分散采购，这样每家供应商手上都是半成品和元器件，从而降低其组装成成品自行出售的可能性。核心的驱动部件GXY330最好由我们自己控制。关于加工产品的模具，不管是由供应商还是我们公司出资开发，等项目结束后最好想办法折旧要回来，避免模具外流。"

——来源：柯晓鹏、林炮勤主编：《IP之道》，企业管理出版社2017年版，第27页。

供应商竞争力影响

公司在选择供应商，尤其是关键供应商（如模具厂、关键零组件厂商和生产厂

[①] Jiri Chod, Nikolaos Trichakis, Gerry Tsoukalas(2019). Supplier Diversification Under Buyer Risk. Management Science.

商)时可要求其声明禁止帮助侵权,通过签署协议约定侵权责任,并严格进行过程管理,避免祸起萧墙。① 同时需要注意的是,专利等知识产权的布局与安排亦会影响到供应链上的竞争力,无论对于供应商,还是采购方,皆是如此。

——供应商竞争性排除

红牛1987年推出能量饮料时,与奥地利装瓶商及饮料生产商Rauch集团建立了伙伴关系,确立该集团为红牛的独家装瓶商。而Rauch集团同意不再与其他能量饮料公司合作。当然,此种供应商关系还没有涉及知识产权问题。富士康能够牢牢争取到各大科技产品公司的大量稳定而持续的订单的原因,据说很大一部分源于其申请布局的大量涉及产品生产的专利,这些专利的存在使得各大厂商不敢贸然撤掉订单委托给其他代工厂商,从而维持了其全球第一大代工厂商的地位。②

国内香氛领域知名的达伦特公司研发出一种新的产品,在与全球家居巨头宜家合作时,因其拥有知识产权,宜家同意将其列为该产品的全球独家供应商(一般产品都会有多个竞争性的供应商),并且支付更高的产品溢价。当然,作为回报,该公司也承诺在一定期限内仅向宜家提供该产品的供应。

——供应商知识产权共享

有的供应商具有较强的研发设计能力,能够响应公司的技术需求,甚至能够和公司联合开发新的产品和服务,为公司提供创新支持。此时,需要公司需要考虑是否和供应商分享专利或技术秘密等知识产权,以及如何通过专利共有或合同控制,防止供应商为竞争对手提供相同的原料、生产设备、零部件、产品或服务,或者竞争对手从供应商获得这些产品或服务时,需要付出更高的成本。

——供应链专利布局

如果是供应商自己独立研发的成果(连需求都不是采购方提供的),采购方要求共享知识产权当然过于强势,甚至是蛮不讲理了。有的采购方会向供应链上游方向进行技术开发,甚至有目的、有计划地进行专利布局。其目的在于:

- 避免供应商凭借其专利垄断而一家独大。
- 采购方以专利许可方式控制独家供应。
- 采购方拥有供应商需要的专利,能提高议价能力。
- 维护多元化采购策略。当采购方引用第二供应商建立多元化采购体系时,既有的供应商在市场独占地位受到威胁后,很可能向采购方或第二供应商提出专利侵权等指控。

有的公司甚至会针对竞争对手的上下游供应商进行知识产权摸底调查,找出其风险点,配合公司的竞争需要,实现对竞争对手产业链的打击,实现曲线打击竞争对

---

① 李兵:《从零开始做知识产权》,载柯晓鹏、林炮勤主编:《IP之道》,企业管理出版社2017年版,第6~11页。

② 张天翔:《公司进行新品开发,IP能做些什么》,载柯晓鹏、林炮勤主编:《IP之道》,企业管理出版社2017年版,第81~84页。

手的目的。反过来观察,这也是保障自身供应链专利安全需要努力和完善的环节。

◇**业界声音**

刘明(格力电器知识产权运营科科长,2017年)指出:"'让世界爱上中国造',怎么解读这个理念?……中国造不是格力造,想利用专利技术,带上下游企业,提升全行业的发展,'造'我们认为不仅仅是一个产品的输出,同时还是技术的输出,……从上游的原材料到基础研究机构,到供应商、客户,到资源回收,每个环节都以专利为基础跟他们展开一些合作。以供应商为例,我们对一些供应商进行了知识产权托管,利用高强度的控制,保证供应商优先给我们供货,抬高他们的供货价,使我们具有较强的竞争力。"

——来源:刘明:《企业的知识产权管理》,强国知产,2017-07-17。

四、商标印制的规范管理

为加强商标印制管理,保护注册商标专用权,维护市场经济秩序,国家工商行政管理总局发布有《商标印制管理办法》,以对商标标识的印制单位和印制委托人的印制活动进行管理。不过,这是从商标行政管理的角度颁布的规章。事实上,作为商标权人,公司自身也必须做好商标印制的管理工作。当然,首先应当考虑的是,必须签订严密的商标印制协议,尤其是对违约行为配以明确的违约责任。

商标印制企业有时是商标侵权违法行为的源头,如果商标权人不对商标印制企业进行有效的管控,很容易让自己的商标标识从商标印制企业,流窜到市场上成为假冒商标的来源。关于**商标印制**管理,在这里仅强调以下几点:

——**委托有资质的印制企业**

商标印制是指印刷、制作商标标识的行为,包括以印刷、印染、制版、刻字、织字、晒蚀、印铁、铸模、冲压、烫印、贴花等方式制作商标标识。从事印刷的企业均需要取得《印刷经营许可证》,而要从事商标印制则需要取得"包装装潢印刷品印刷"或"商标标识印刷"经营范围的营业执照。

——**加强商标印制的生产管理**

(1)做好商标印制的质量标准管理。商标权人委托商标印制企业印制商标标识,必须事先制定商标标识的质量标准,包括外观、形状、材质、尺寸、比例、色彩、图样、字体等,定期抽查验收,保证商标标识的质量符合公司的要求。

(2)商标印制企业应当向商标权人提供有关商标印制的模具、模板、印戳等专用印制器具的清单,定期共同对到期"专用器具报废"进行现场核销,并作好相应记录。

(3)严禁商标印制企业向第三方转包商标印制业务。

(4) 禁止商标印制企业擅自超量印制商标权人的商标标识,尤其禁止接受其他人的委托擅自印制商标权人的商标标识。

——加强商标标识的流通管理

(1) 建立商标标识印制的采购订单管理制度,商标权人应当指定专门的部门和专责人员负责商标标识印制的订单发放、收货、验收、库存等工作。订单须标明商标名称、型号、数量、交期、品质要求等。

(2) 应当要求商标印制企业制定或健全有效的商标标识(含半成品)出入库制度,做成相关记录并存档不少于两年。对印制的商标标识,商标印制企业应做好保管工作,不得流入市场。

(3) 商标印制企业对废次商标标识(含半成品),以及无法消耗的剩余标识,应当建立和完善销毁制度,避免流入尤其是禁止擅自销售到市场上。

第3节 物流环节的知识产权管理

《中华人民共和国国家标准·物流术语》(GB/T 18354—2006)指出,**物流**(logistics),是指物品从供应地向接收地的实体流动过程。根据实际需要,将运输、储存、装卸、搬运、包装、流通加工、配送、回收、信息处理等基本功能实施有机结合。而物流活动(logistics activity)是指物流过程中的运输、储存、装卸、搬运、包装、流通加工、配送、回收等功能的具体运作。

虽然公司对物流安全重视有加,但相对而言,物流环节与知识产权管理的关联性相对较弱,主要包括货物因涉及侵权而被海关查扣和行政执法机关查封,产品运输中泄露有关技术或商业秘密(如客户信息)等。

一、物流安全与假货管控

当公司的货物通过物流渠道送达客户手中时,在物流环节有可能发生"调包"的行为。有的货运司机在加油站交换货物,以假换真;有的则在仓库"调包"。南京某物流公司的货运驾驶员陈某,擅自将该物流公司仓库中库存的分属3家公司生产的6#、8#、14#共15捆钢材,拆除了原来的标牌,全部换上了马鞍山钢铁股份有限公司第二钢轧总厂生产的标牌,该标牌标注了"马鞍山钢铁股份有限公司第二钢轧总厂"及注册商标等。然后装车送货。后被执法人员发现,涉嫌侵犯注册商标专用权。[①]

二、物流管控与海关保护

根据《知识产权海关保护条例》的规定,知识产权权利人可以在发现侵权货物

---

① 新华网江苏频道:《南京一物流公司偷换钢材商标,侵权钢材被扣查》,运钢网,2015-06-04。

时,请求海关扣留,海关也可以根据知识产权人的备案信息,在货物进出口检查时主动扣留侵权货物。由于权利人自行发现侵权行为相对比较困难,所以根据目前中国海关的数据,知识产权海关保护主要以海关的主动查扣为主。当然,这需要公司事先把需要保护的知识产权向海关申请备案手续。比如,将注册商标在海关总署进行备案,从而把商标信息、商品图片等录入到海关的系统中。据海关总署公布,2021年共受理知识产权海关保护备案申请 20 133 件,审核通过备案申请 17 667 件,其中,国内权利人备案数量为 11 738 件。

海关总署发布的数据表明,2021年,全国海关扣留进出口侵权嫌疑货物 7.92 万批、数量 7180.28 万件。全国海关扣留的侵权货物涉及商标权、专利权、著作权、奥林匹克标志等多种类型的知识产权,但仍以侵犯商标权为主,全国海关扣留涉嫌侵犯商标权的货物 7.89 万批、数量 6804.63 万件。由上可见,通过海关保护是有效打击进出口这一物流环节侵权货物的重要手段,能够有效遏制侵权货物的跨境流动。

办理知识产权海关备案时,只有知识产权权利人可以作为申请人向海关申请知识产权备案。使用知识产权的被许可人不能以自己的名义申请知识产权备案,但是可以接受权利人的委托,以代理人的身份并以权利人的名义提出申请。可以备案的知识产权包括专利权(发明、外观设计、实用新型专利)、商标专用权(服务商标除外)、著作权和与著作权有关的权利。备案的有效期限自核准备案之日起生效,有效期为 10 年。在备案有效期届满前 6 个月内,向海关总署申请续展备案,每次续展备案的有效期为 10 年。公司可以去知识产权海关保护系统(http://202.127.48.145:8888/)官网进行备案。

三、物流环节与商标认证

一些具有市场控制力或垄断优势的知名公司,开发了一套商标和质量控制授权认证机制,甚至将专利授权与认证标志(亦注册为商标)授权相捆绑。1982 年杜比就开始与中国电影院进行合作,1998 年在上海设立了代表处,开始在中国提供使用杜比技术的授权认证。现在,杜比认证已经成为公司走向国际市场的必备的通行证。事实上,**商标认证**与物流环节没有直接的联系,但是,有的权利人会在查验货物是否为官方授权产品或是否获得标准专利授权时,以是否标有认证标志作为主要判断方法,以减轻侵权与否的判断压力。

第10章 销售链上的知识产权管理

◈ 思维导图

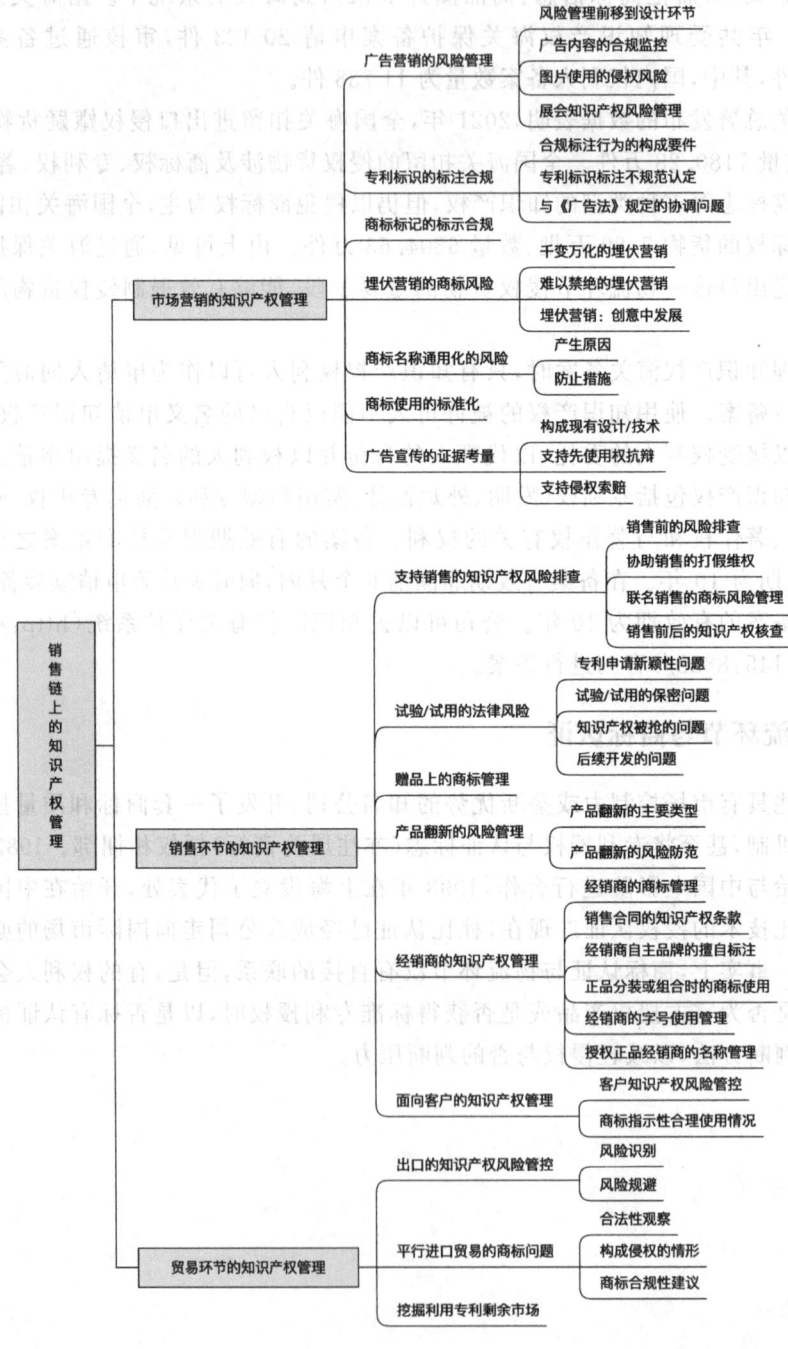

第1节　市场营销的知识产权管理

广义上的**销售链**包括了从与客户首次的联系到客户最终完成订货的整个过程，销售链更多的是为了销售而服务的。[①] 本质上销售链亦属于供应链的一部分，本章主要借助销售链的概念，统摄市场营销、销售/分销、客户管理等环节，并以市场营销为开端，讨论其中的知识产权管理问题。

菲利普·科特勒《市场营销原理与实践》将营销的定义简化为——"企业为从顾客获得利益回报，而为顾客创造价值并与之建立牢固关系的过程。"美国市场营销协会（AMA）于2013年7月对市场营销下的定义是："**市场营销**是在创造、沟通、传播和交换产品中，为顾客、客户、合作伙伴以及整个社会带来价值的一系列活动、过程和体系。"市场营销的任务之一就是传播品牌，并围绕这一任务展开商业活动，其中存在诸多知识产权合规或风险管理问题。

一、广告营销的风险管理

风险管理前移到设计环节

产品知识产权风险或合规管理的方向是供应链管理。因为供应链管理是源头管理，尤其是在产品设计环节，比如产品 LOGO、包装装潢，以及专利、商标标记的标示等，其是否侵权、是否合规，均可追溯到设计环节（或委托外包的设计环节）。因此，广告营销的风险管理也要追溯到产品设计环节，自设计之始即应关注专利法、商标法、广告法等对相关标识使用或宣传的法律要求，并通过合同管理、尽职调查等方法厘清相关知识产权的权属安排，防范知识产权权属或侵权争议。

须注意的是，在设计或撰写广告内容时，要防范该广告内容成为对公司自身不利的证据。比如，如果公司在广告内容中宣传其产品形状的功能性特点，从商标管理的角度，因广告内容自认了功能性而有可能影响该产品形态申请注册立体商标的机会。更有一些公司的广告或网页宣传内容，将公司产品的销售量、利润率等敏感数据对外披露，成为别人指控侵权时的索赔证据。

◇**专栏：知识产权让美酒更醇正**

牛栏山是京酒文化的代表，上海高诚创意公司通过大量资料搜集与多次头脑风暴为其选定了最具代表性的"燕京八景"作为创作主题，得到了客户的充分肯定。

[①] 高梦浠：《产品供应链和销售链的衔接模式及构建策略》，《商业经济研究》2019年第6期，第37～40页。

然而在执行设计时,却发生了不幸的"巧合"。原本是由设计师小周原创设计的酒瓶图案,竟被发现与其他公司之前设计的酒瓶图案十分相似,存在侵权可能。面对即将到来的交稿期限,所有人都像是热锅上的蚂蚁!

然而,无论何时高诚始终坚守原创设计原则,时刻尊重知识产权,任何知识产权的侵权行为绝不允许发生,哪怕时间再紧,都不能做侵权的事!

公司管理层果断决策,不计人力物力,推翻所有设计,一切从头开始!高诚誓要在仅剩的几天时间里完成这个看似不可能完成的任务。历经数天挑灯夜战,无数次头脑风暴和创意碰撞,设计师们另辟蹊径,将牛栏山酒文化与中国历史文化、盛世古景、清代名画进行融合创新,终于找到了基于中国味道的"燕京八景"现代化表达方案。

当高诚将新一版原创设计呈献给客户时,他们眼里流露出无比的诧异,并给高诚竖起大拇指,此刻,客户的认可就是对大家付出最大的肯定,更是对大家尊重知识产权态度的认可。

就在大家都松一口气的时候,此时又一个知识产权问题出现了!

公司在做进一步知识产权风险评估时发现,酒瓶颈部标注有"燕京八景"字样,经检索发现,"燕京八景"已被他人注册为商标,虽然客户商标是"牛栏山",但在酒瓶颈部标注"燕京八景"有商标侵权风险。请教了专家后,最终产品设计删除了"燕京八景"等文字,避免商标侵权问题。

——摘自《这款"文化酒"的诞生竟如此一波三折,这个知识太重要了!》,今日闵行,2021年4月26日。

广告内容的合规监控

公司在策划广告方案或营销方案时,除了把自己简短有力的宣传口号、广告语或者图案等,申请注册商标或实行版权登记,以防止别人的商业模仿以外,还必须检查其中可能存在的知识产权问题,比如重点宣传的那些广告用语、口号、图标等是否别人已经享有版权或商标权。

在实践中,广告宣传(包括包装装潢)往往是高发的侵权雷区,需要重点监控以下常见的情形:

——广告语与别人的注册商标或在先使用的商标标识发生冲突;

——使用了别人的美术作品、漫画形象;

——使用了别人的人物肖像;

——背景音乐使用了别人的音乐作品;

——字体(字形)使用了别人的版权字体;

——使用了别人的摄影作品、图片素材;

——超过商标既有授权商品、期限等范围使用;

——比较广告中使用他人商标,并有攀附或贬损他人声誉的行为;

——使用他人的地理标志等。

当然,广告宣传(包括包装装潢)不仅需要避免侵权的风险,还要注意避免违法违规的风险,比如:

——错误或不当标示了专利标记、注册商标标记;

——伪造或者冒用认证标志、名优标志等质量标志;

——伪造产地,包括原产地;

——对商品质量作引人误解的虚假表示;

——存在其他虚假宣传等违法行为;

——政治或价值观问题,比如广告或网页上使用了不正确的中国地图等。

广告宣传的商标强调

不仅是产品包装,广告宣传中也要突出商标的位置。如果公司忽视商标的宣传,而大肆宣扬产品名称,是一种舍本求末、舍大求小的策略,甚至是为其他跟风者们作嫁衣,做了免费的市场启蒙。许多商标意识强烈的公司,一直在广告中强调传递品牌或商标信息。很多国际著名公司均有明文政策,要求广告行销部门如何在广告、包装或所有公司文宣中正确使用商标,IBM公司甚至对其事业合作伙伴如何使用IBM标志亦有详细的规范,并要求其事业合作伙伴遵循。[1]

在明星出席品牌活动的现场如何安排商标的位置,也可以直接检验出公司的商标意识。不少娱乐新闻都来自明星出席的各种各样、形形色色的品牌代言活动,并制造了大量的新闻报道和新闻图片。但有的公司却把大好机会白白浪费。比如,有的公司在代言活动现场,布景上只有一个形影相吊的品牌标识。记者的镜头稍微一转,就避开了品牌,只照到明星。而有的公司很善于在明星出席的活动现场布置品牌标识,现场布景上遍布大大小小的品牌名称,无论是远距离拍摄,还是近距离特写,都难以逃开品牌名称。此外,品牌标识不仅显著地镶嵌在明星手握的话筒之上,甚至闪烁在女明星的臂胸之间,令人无法回避。[2]

图片使用的侵权风险

注意力经济时代,图片的需求无处不在、日渐旺盛。但图片侵权风险是众多公司和商家——尤其是电商和自媒体从业者,在营销活动中面临的最为频繁的知识产权风险之一。在平台账号上未经许可使用他人拍摄的图片,特别是网红的肖像图片和电商的商品图,可能构成图片侵权及不正当竞争,甚至侵犯肖像权,并可能

---

[1] 参见吴小琳:《企业的商标管理》,《智慧财产权管理季刊》1995年第6期。
[2] 袁真富:《商标的位置》,《中国知识产权》2013年第3期。

造成他人流量流失、口碑破坏等后果,因此极易被竞争对手、权利人(或其授权代表)在平台投诉,甚至发动侵权诉讼。淘宝、抖音、微信、微博、拼多多、小红书等平台,都开设有投诉维权的渠道。

随着技术的发展,图片搜索引擎的强大,使得找到侵权图片不再是一个难题,事实上,通过软件或程序监控侵权的文字、图片和视频作品,早已是一个成熟的侵权检测技术,并广泛应用于维权领域。随着侵权检测技术的成熟,图片等作品维权的商业化、公司化也应运而生,业已形成了一个图片维权产业链。部分图片权利人将维权诉讼作为经营方式之一,通过诉讼获取商业利益、促进版权交易的目的较为明显。甚至不排除有的维权方"伪装"成网民在各大网络平台发布/上传图片作品(或其他作品),再以权利人身份去维权。

2017年,视觉中国研发了鹰眼图像版权网络追踪系统,能够追踪其图片使用情况,锁定潜在的客户,并提供授权管理分析、在线侵权证据保全等服务。2017年,视觉中国通过"鹰眼"发现的潜在客户数量较前一年同期增幅超84%,新增年度协议客户数量较去年同期增长超54%。2018年视觉中国的版权使用费收入高达7.82亿元,这其中有侵权诉讼推动收入增长的功劳。

多数被诉侵权的图片使用人版权保护意识淡薄、法律知识欠缺导致。北京互联网法院的问卷调查结果显示,31%的使用人直接通过搜索引擎获得相关图片,而未寻求权利人授权。[①]

有鉴于此,作为使用人的公司应当提高版权意识,从以下方面减少图片侵权风险:

——凡是有使用图片的地方(如广告、包装、新闻等),均要审核该图片是原创(自己拍摄)的,还是网上下载(未取得使用授权)的,有没有取得版权或使用许可。有条件的公司可以在广告、包装设计定稿或交付印刷、传播前,交由法务部或知识产权部门审查图片的版权来源。

——教育员工从网上下载使用图片的风险。即使是付费下载,也不代表取得了图片的版权或版权使用许可,付费可能只是获得图片的会员资格,而不是给予图片授权的许可,事实上,一些付费提供图片的网站本身就是在侵权存储、传播他人的图片。

——对于一些免费开放或低成本下载使用的图片,因为权利属性存在不确定性,并且没有权利担保,可以考虑用于一些小项目、短期项目救急使用,但公开、长期使用仍需谨慎从事。

——对于公司重要的使用场景,比如产品包装、产品广告、大项目宣传,可以考虑和值得信任的商业许可机构获得图片授权,或者直接使用自有版权的图片。

[①] 北京互联网法院:《探究图片版权争议成因 共促纠纷源头治理——北京互联网法院关于涉网图片类著作权案件的调研报告》,2020年7月。

◇专栏：图片侵权案件的主要特点

根据北京互联网法院披露的数据，自2018年9月9日建院至2020年6月30日，北京互联网法院共受理案件64 473件，其中著作权案件49 855件，占比77%，涉图片类著作权案件在所有著作权案件中的占比超过一半以上。总体上呈现以下主要特点：

——一是原告集中度高，诉讼高度类型化。涉图片类著作权案例排名前十位的原告主要集中于国内图片公司和个别个人权利人，排名前五位的图片公司的案件数量占全部图片类案件的43%。原告主张的权利和诉讼请求、证据组合方式等在不同案件中呈现出高度一致性，类型化特点明显。

——二是直接侵权主体类型多样，涉诉群体广泛。直接侵权主体既有机关、企事业单位，也有个体工商户、个人。新闻网站等媒体侵权多发，微博、微信、博客、贴吧等平台上的自媒体用户侵权现象亦十分普遍。图片使用方所在行业不限于互联网产业，包括需要使用互联网经营或者发展的所有产业主体。

——三是图片使用方式多样，使用场景广泛。各图片使用人使用图片具有不同的目的，使用方式主要包括在文章中作为配图使用、在商业广告中使用、在电子商务网站中展示商品信息、单纯展示图片或图片集等，其中最主要的使用方式是在文章中作为配图使用，占比94%。从使用场景上看，既有在自有网站上使用，还有在公众号、微博、电商平台等第三方平台上使用。

——来源：北京互联网法院：《探究图片版权争议成因 共促纠纷源头治理——北京互联网法院关于涉网图片类著作权案件的调研报告》，2020年7月。

展会知识产权风险管理

我国每年有几万家企业参加各种境外产品展会，足迹遍布全世界60多个国家。在各种国际展会上，知识产权纠纷案件不断出现。美国内华达州的拉斯维加斯是全球知名的展会举办地。根据相关统计数据，2014—2016年，当地法院颁发临时限制令的案件共计44起，其中有16起与展会相关。在这16起案件中，有11起涉及专利侵权。在16起展会相关案件中，7起案件的单独被告是中国企业，在5起案件中的联合被告有中国企业。换句话说，在这些展会的限制令对象中，中国企业占了3/4。[①] 对出国参展过程中的知识产权风险意识不强，不熟悉国外相关法律制度是造成我国公司在国外展会上知识产权纠纷频发的主要原因。

[①] 刘的帝、张建纲、高东辉、罗啸、谢楠：《展会知识产权风险防控知多少》，《纺织科学研究》2019年第12期，第43~45页。

当然，即使在国内展会，展会知识产权也屡见不鲜。在2018年第123届广交会上，共受理知识产权投诉案件421宗，533家参展企业被投诉，269家企业最终被认定涉嫌侵权。

公司参展遇到侵权投诉只是暴露了风险，事实上，展会中知识产权风险预判和管理需要深嵌公司知识产权管理系统之中。公司需要完善内部的知识产权管理流程，从源头上降低知识产权风险。包括：(1)在研究开发阶段，进行知识产权信息分析，并制定知识产权规划，尤其要根据海外市场拓展的需要，进行海外专利布局和商标注册。(2)在生产阶段，对委托加工、来料加工、贴牌生产等业务的合同中明确知识产权权属、许可使用范围、侵权责任承担等。(3)在产品销售和推销前，进行FTO调查分析，识别和防范知识产权侵权风险。(4)在产品宣传、销售、会展等商业活动前，制定知识产权保护或风险规避方案。(5)充分准备参展产品的知识产权权属证明文件，在发生知识产权纠纷时能够及时举证。(6)加强技术秘密保护，避免展品泄露过多技术细节，对宣传资料、产品手册进行信息公开的审核。(7)出国参展前应熟悉相关知识产权司法及行政措施的运用和应对策略。比如，在参展之前及时向参展地的管辖法院提交保护函，这是应对可能发生的临时禁令的有效手段。[1]

当然，作为权利人，公司也可以借助参展的机会，维护自身合法权益，尤其是针对竞争对手，注意收集竞争对手的产品资料及侵权证据，并及时进行分析，判断是否侵犯自己的知识产权。有的权利人会事先做好调查和准备工作，比如调查了解哪些涉嫌侵权的企业会参展，并提前联系好公证人员在展会期间去保全证据，或准备好材料现场投诉。

二、专利标识的标注合规

专利标识标注的合规考量

标注专利标识可以传递产品使用了专利技术，或产品受专利保护的信息。一方面，可以借此显示专利实力，提高自己产品的市场竞争优势；另一方面，也是借机宣示"专利主权"，避免仿制竞争。但公司应当正确使用专利标识，否则会触发合规风险。根据《专利标识标注办法》，标注专利标识应当标明下述内容：(1)采用中文标明专利权的类别，例如中国发明专利、中国实用新型专利、中国外观设计专利；(2)国家知识产权局授予专利权的专利号。除上述内容之外，可以附加其他文字、图形标记，但附加的文字、图形标记及其标注方式不得误导公众。

---

[1] 刘旳帝、张建纲、高东辉、罗啸、谢楠：《展会知识产权风险防控知多少》，《纺织科学研究》2019年第12期，第43~45页。

在电子商务网站,时常发生产品宣传图片错误或虚假标注专利标识,比如网页上发布产品拥有发明专利,但该专利其实已经失效或终止。因此,公司要警惕将未授权的专利、失效的专利、被无效的专利标注专利标识,让人误以为该专利申请已经授权或专利还处于有效状态,这有可能构成假冒专利。

尤其要注意的是,由于官网网页内容保存的长久性与专利有效期限存在冲突,很可能专利已经无效或失效了,但公司官网的网页仍然保留着专利有效的信息。因此,必须定期进行检核或者事先回避风险,比如采用事实描述而不是采用专利标识来表明产品的专利状况。

专利标识合规标注行为的构成要件

2019年,国家知识产权局印发《专利标识标注不规范案件办理指南(试行)》(以下简称《指南》)。这是对全国知识产权系统多年执法实践的总结和提炼,对专利标识不规范行为的认定和处理进行了详细介绍,是**专利标识标注合规**管理的重要指引。根据《指南》,合规的专利标识或专利申请标记标注行为应当具备下列四个构成要件:

(1) 行为主体应当是有权主体。合规的专利标识标注行为主体应当是专利权人或者经专利权人同意享有专利标识标注权的被许可人,合规的专利申请标记标注行为主体应当是专利申请人或者经专利申请人同意享有专利申请标记标注权的被许可人。

(2) 行为载体应当是产品、依照专利方法直接获得的产品、产品包装、产品说明书等材料。标注专利标识或者专利申请标记的载体通常有:产品、产品包装、产品说明书、产品宣传资料等。随着互联网技术的发展,标注行为载体扩展到电子载体,包括但不限于新闻网站、网上商城、个人或者公司网站等。

(3) 行为形式合规。合规的专利标识或者专利申请标记标注行为形式通常包括:①存在标注实施行为。通常是指在产品或者产品包装上标注专利标识或者专利申请标记,销售、许诺销售前项所述产品,在产品说明书等材料中标注专利标识或者专利申请标记。②所标注的专利标识或者专利申请标记在形式上符合《标注办法》的要求。③产品与所标注的专利或者专利申请在内容上具有关联性。

(4) 标注符合时间性要件。在专利权被授予后标注专利标识的,标注行为应当在专利权有效期内,即专利授权之后到专利权终止之前。在专利授权之前或者专利权终止之后标注专利标识的,构成假冒专利行为。

专利标识标注不规范的认定

对标注不规范行为进行监督管理,应当从合规标注的四个构成要件加以判断,重点核查标注字样是否符合《专利标识标注办法》第5条至第7条的相关规定。

——专利权类别标注不规范。标注专利标识的,应当采用中文标明专利权的类别。a. 未用中文标注专利权类别,如发明、实用新型或者外观设计的,属于专利权类别标注不规范的情形。b. 行为主体标注的专利权类别和专利号不一致的,属于"在未被授予专利权的产品或者其包装、产品说明书上标注专利标识"的情形,构成假冒专利行为,不属于标注不规范行为。c. 专利权人拥有产品包装的外观设计专利权,不拥有产品本身的专利权,专利权人或者其利害关系人在产品包装上只标注专利号,未标明专利权类别,或者附加"专利产品仿冒必究""本产品已申请专利,侵权必究"等字样的,应当认定为标注不规范行为,不宜认定为假冒专利行为。d. 权利人拥有国外专利或者专利申请、PCT 专利申请的,其应当按照《标注办法》第 5 条至第 7 条的要求,如实标注所拥有专利权的类别。如"德国发明专利,专利号 GE×××××××"。

——专利号标注不规范。标注专利标识的,应当标明国家知识产权局授予专利权的专利号。只标注专利权类别而未标注专利号(如仅标注"中国实用新型专利产品仿冒必究")、标注专利号时未在数字前加 ZL、标注授权公告号而非专利号、专利号缺少部分数位或者多标部分数位等,均属于专利号标注不规范的情形,但《专利法》《专利法实施细则》等法律、法规另有规定的除外。

——附加文字、图形标记、方法类专利权标注不规范。除了采用中文标注专利权类别和标注专利号,标注时还可以附加其他文字、图形标记,但所附加的文字、图形标记及标注方式不得误导公众。下列情形属于附加文字、图形标记、方法类专利权标注不规范行为:a. 只附加文字或者图形、未标注专利权类别和专利号;b. 附加文字或者图形将会误导社会公众;c. 在依照专利方法获得的产品或者其包装上未标注"系依照专利方法所获得的产品"。

——专利申请标记标注不规范。专利权被授予前,专利申请人有权在其相应的产品、产品的包装或者产品的说明书等材料上如实标注专利申请信息,但在标注时应当采用中文标明中国专利申请的类别、专利申请号,并标明"专利申请,尚未授权"字样。专利申请号、专利申请的类别和"专利申请,尚未授权"的标记字样须同时标注。在专利申请被驳回或者被视为撤回后仍标注专利申请标记,或者专利授权后已终止或者被宣告无效后依然标注专利申请标记的,属于专利申请标记不规范的行为。

——其他不规范表现形式。实践中,为避免重复授权放弃某一专利权后,继续在产品说明书等材料中标注有关该专利标识的,应当认定为专利标识标注不规范行为,但继续在产品或者产品包装上标注该专利标识的,应当认定为假冒专利行为。

与《广告法》规定的协调问题

除了《专利标识标注办法》等专利制度上的规范,《广告法》第 12 条第三款也对涉及专利的宣传进行了规定:广告中涉及专利产品或专利方法的,应当标明专利号和专利种类;未取得专利权的,不得在广告中谎称取得专利权;禁止使用未授予专利权的专利申请和已经终止、撤销、无效的专利作广告。否则,由工商行政管理部门责令停止发布广告,对广告主处 10 万元以下的罚款。

国家知识产权局在 2021 年 10 月出过一份批复①,其中第 3 条中明确批复为:"对于在说明书等材料中将未授权专利成为专利的,按照假冒专利处理,对于前述说明书作为广告或者使用未授权专利做广告的行为,则按照广告违法行为处理。"由此可见,在理论解释上,对于在产品、产品包装及产品说明书等材料中,将未授权的专利申请进行标注,但不作为广告使用的行为,法律是允许的。但是,广告的边界相对比较宽泛。在产品、产品包装及产品说明书等材料的标注行为,极有可能"越界"成为所谓的"广告"行为,从而受到行政处罚。

鉴于广告法的法律位阶更高,而且市场监管在广告执法时更强势,建议:首先,不要在广告中宣传"专利申请"。其次,在产品、产品包装及产品说明书等材料,尤其是网站上宣传专利申请时,更要谨慎,以免构成广告行为。在实践中已有公司在专利申请阶段标注专利申请或专利申请号,被市场监管部门责令整改或处罚的案例。

三、商标标记的标示合规

商标知名度和美誉度的建立,需要消费者能够识别商标名称及其标志。在五彩缤纷的产品包装或广告画面中,商标才是最有持续性商业价值的识别性符号。正确有效地标示商标标记,可以向用户传递商标信息(尤其是商标注册信息),并通过商标承担起来源识别、广告宣传及品质保证等功能。标示商标标记除了传递商标信息,还可以预防商标退化,防止同业滥用,避免成为通用名称。持续不断的强调并宣示商标,对于保持商标的显著性,维护自己的商业利益,至关重要。

注册商标标记的标示

——注册商标标记的标示形式

注册商标标示通常采用标示注册标记或声明"注册商标"的方式,可以在商标的右上方标明 ⓝ 或 ® 等注册标记,也可以在商标标识两侧或其他说明性文字里标明"注册商标"。作为注册标记的表现形式,ⓝ 和 ® 两种标记均被《商标法实施条例》承认。其中,ⓝ 是"注册商标"的文字缩写,而 ® 则是英文"register"的缩写字头,而"register"有"注册"的意思。对外宣示商标注册的方式其实非常的简单,凡是任何出现商标,而且能够标明商标标记的地方,比如产品包装、广告、说明书、员工名片,最好都要醒目地标明 ⓝ、®,或者"注册商标"等标记。在一些产品说明书、大幅广告上,也最好用一行小字表明:□□□□(商标标识)是某某公司的注册

---

① 《国家知识产权局关于专利法中假冒专利和广告法中涉嫌专利违法法条适用的批复》(国知发保函字〔2021〕160 号)。

商标。现行《商标法》第 9 条第二款明确指出:"商标注册人有权标明'注册商标'或者注册标记。"因此,目前在法律上,标示注册商标的标记是商标权人的权利,而不是义务。

必须注意,从商标法上讲,㊟、®,或者"注册商标"等标记的背后,其实暗藏着一套注册商标的使用规范。如果使用的商标标识与核准注册的商标图样不一样,但仍然标上注册标记,很可能就违反了《商标法》关于禁止"自行改变注册商标"的规定,甚至在注册商标主体部分发生较大或根本性改变时构成冒充注册商标,并遭到行政处罚。因此,在标明㊟、®,或者"注册商标"等标记的时候,一定要核查该商标与核准注册的商标图样是否一致。

——注册商标标记的使用时间

㊟、®,或者"注册商标"字样只能使用在经商标局正式核准注册的商标图样上。公司申请注册商标后,如果只是见到商标初步审定公告,还不能使用㊟、®,或者"注册商标"字样。只有经商标局正式核准注册并刊登注册商标公告之日起,方可使用注册标记。

特别要提醒的是,即使在国外已经获得注册的商标,如果没有在中国核准注册,也不得在中国境内使用注册标记,否则可能构成冒充注册商标的违法行为。同理,如果仅在中国注册了商标,但在其他国家还没有注册,也要注意在国外生产产品、广告宣传时,避免在商标上使用注册标记。很多公司容易遗忘这一点,一不小心就把国内包装、宣传上使用的注册标记,直接移植到国外市场的商业活动中,从而可能会造成违反商标法的后果。

未注册商标的标示

——未注册商标标示的形式

未注册商标可以采用标示"TM""SM"或者声明"商标"的方式,来向公众传递这是商标的讯号。TM、SM 分别是英文 trade mark(商标之意)和 service mark(服务商标)的缩写字头,相对而言 TM 的使用更为常见。TM 或 SM 代表的商标信息是中性的,有可能该商标还没有申请注册,或者已经提出申请但还没有获得核准注册;但也有可能该商标已经核准注册,但仍然可以使用 TM 或 SM 标示。需要提醒的是,我国商标法上明确规定的商标标记只有㊟、®,以及"注册商标",似乎并不认可 TM 或 SM。尽管如此,标注 TM 或 SM 还是强调了自己标明商标的努力,为将来主张商标相关的权利提供了一些证据上的帮助。

——如何标示未注册商标

标注 TM 或 SM,尽管在我国法律上并没有得到承认,但无论如何 TM 或 SM 还是表达了公司宣传商标、表明商标的努力,在发生争议时,对主张反不正当竞争法上的权利,或主张自己在先使用商标的权利,或许会有不少帮助。一般而言,TM 或 SM 在以下情形中适用:

a. 已经注册的商标,但商标权人愿意采用 TM 或 SM 这种比较普遍的标注方式。

b. 商标已经提交注册申请,但尚未核准注册。从注册申请到核准注册,需要一段时间,在这段时间里,可以标注 TM 或 SM 来表达商标信息。

c. 暂时性使用的商标,公司并不打算为这个标志申请商标注册,比如一些副品牌,只是临时使用,产品一旦更新即更换新的标志,因此,适合标注 TM 或 SM 来强调这个品牌。

d. 商标由于缺乏显著性或者由于其他原因,而无法取得商标的注册,那么,只好标注 TM 或 SM 来强调这是自己的商标。

e. 对自行改变的注册商标,使用 TM 或 SM。比如,商标权人申请的是"ipidea"纯文字商标,使用的字体是"Times New Roman"。但注册商标之后,使用的却是经过美术设计的"ipidea",而且还配有精美的背景图案,此时商标权人已经改变了注册商标的标志,如果打上®反而会构成"自行改变注册商标",甚至"冒充注册商标"的商标违法行为,这时打上 TM 或 SM 是最好的选择,既表达了商标的信息,又让其他人事实上也无法使用这个改变了的"ipidea"标志,因为一旦擅自使用,会构成注册商标"ipidea"的近似商标,构成商标侵权。①

四、埋伏营销的商标风险

埋伏营销:非赞助商的营销努力

1984 年第 23 届洛杉矶奥运会通过与企业订立赞助协议、出售电视广播权等措施,使洛杉矶奥运会成为"第一次赚钱的奥运会"。自此,奥运会不仅给运动员提供了施展才能的机会,也给公司提供了推广品牌的平台。一些跨国公司深谙体育营销价值,经常一掷千金赞助大型活动,每逢奥运会举行,便会倾力争夺赞助权。

但是,也有相当一部分头脑灵活的公司,并未花费数千万美元去争当奥运会的指定赞助商,却也搭乘奥运会的便车,同样达到了借助奥运会提高品牌知名度的目的。作为一种营销策略,**埋伏营销**是指一些公司不支付赞助费用,却通过各种营销活动,将其与一些重大活动(通常是体育赛事、文化活动等)建立某种联系。② 埋伏营销又称为隐性营销、伏击营销、偷袭营销、隐性市场或者寄生营销(parasitic marketing),主要发生在重大活动的临近期间及其进行期间。

从狭义上讲,埋伏营销仅指一方通过直接的努力削弱或侵袭竞争者通过赞助而获得的与一个重大活动的官方关系。从广义上讲,除了直接和有意地引起公众误导,埋伏营销还指公司在未经授权或同意的情况下,试图通过创造某种联系,来

---

① 袁真富:《如何规范企业的商标标示》,《电子知识产权》2007 年第 2 期。

② Cristina Garrigues, Ambush Marketing: A Threat to Global Sponsored Events? British Spanish Law Association newsletter, April 2004.

利用特定活动的商誉、名誉和声望。① 这里的所谓"联系"(association)可能是赞助关系,也可能是另外的合同、合作或其他支持关系。

千变万化的埋伏营销

如今,埋伏营销无所不在,并且花样百出,不断创新,以至于难以穷尽列举。不仅与奥运会纠缠不清,更把触角伸向了更为广泛的重大体育赛事或文化科技活动,比如世界杯足球赛、世界博览会等,让活动主办方或赞助商防不胜防。纵观埋伏营销的历史,可以发现这些埋伏营销活动主要通过以下路径切入:

——以活动标志为切入点。重大活动的标志在广义上包括那些可以直接传递活动信息的活动名称、徽标、口号、会歌、吉祥物,甚至象征性建筑等。埋伏营销的行为人在利用这些活动标志时,往往会以貌似公益的方式出现,比如打出"迎奥运,促文明"的公益性口号;或者以改头换面的方式加以使用,比如宣传"激情2008""加油2008"等让人立即联想到2008年奥运会的口号。

——以活动内容为切入点。在世界杯期间,很多公司的广告画面上充斥着足球的场景,即使它只字不提世界杯,观众还是会联想到世界杯。有的公司针对奥运会、世界杯的赛事活动,开展有奖竞猜等活动。

——以活动门票为切入点。有些公司通过门票促销来开展埋伏营销行动,比如购买其商品后可以抽奖赢得重大活动的门票。在北京奥运会前夕,个别非奥运会赞助商就打出了"门票牌",进行奥运营销的推广活动,宣称"参加公司的促销活动就有望获得奥运会门票"。

——以活动参与人为切入点。有的公司绕开重大活动的主办方,直接通过赞助活动的参与人,比如参加奥运会的体育明星或代表队,来开展埋伏营销。在2002年盐湖城冬奥会上,一场场冰球比赛成为耐克公司的"独家产品秀",从冰鞋到手套再到球棒、头盔,等等,只要是观众看到的冰球运动员身上所穿戴的东西,全部由耐克提供。尽管耐克赚足了眼球,但是耐克并不是官方赞助商。②

——以活动观众为切入点。在1996年的亚特兰大奥运会上,耐克在观众进入赛场的交通要道分发帽子,让赞助商锐步(REEBOK)大吃一惊。③ 这种埋伏营销的策略是借助活动的现场观众来达到"搭便车"的目的。有的埋伏营销行为人为吸引注意,还可能在比赛现场安排一个肥胖的观众,一直有意地、显著地挥舞公司的产品标志。④ 这些行为有可能出现在电视转播的屏幕上。

---

① Jason K. Schmitz, Ambush Marketing: The Off-Field Competition at the Olympic Games, Northwestern Journal of Technology and Intellectual Property, Vol. 3, No. 2, 2005.
② 参见姚远:《角逐奥运还是退出奥运》,《中国经营报》,2003年10月27日。
③ Ambush Marketing: War Minus the Shooting, The Economist, Feb. 18th 2006, p. 62.
④ Vikram Venkateswaran, Sukanya Venkataraman, ambush marketing, http://www.indianmba.com, 2008-08-20。

——以活动场地为切入点。在重大活动场所及其四周,埋伏营销行为人最为活跃,比如在赛场外面和邻近地区,以及通往赛场的路上设置自己的广告牌和品牌标识,这样也能引起观众的注意。

——以官方赞助商为切入点。有的公司则与赞助商合作,移花接木,同样搭乘了重大活动的便车。如民生银行联合 VISA 推出的"奥运福娃卡"以及招商银行联手三星、VISA 推出的奥运信用卡风头也不弱。民生银行、招商银行都不是 2008 年奥运会的赞助商,他们通过联合与自己没有竞争关系的赞助商,达到了与竞争对手、奥运赞助商中国银行相同的目的。

——以新闻传媒为切入点。每逢体育盛会或其他重大活动,电视、广播、报刊,以及网站,都会推出影响广泛的特别报道或者专题栏目。与这些传媒合作,同样可以获得很好的品牌宣传效果。[①]

难以禁绝的埋伏营销

在国际奥委会、赞助商等利益团体的推动下,重大活动的主办国都制定了严厉的制止埋伏营销的政策,其中通过立法扩大知识产权的保护范围和保护程度,是最为重要的措施之一。比如,现在非赞助商无论以何种形式,都不能带有明显或潜在的商业目的使用任何登记备案的标志——不仅仅是奥运会、世博会这些显著的标志,还包括类似"上海 2010"这样的词语组合。

此外,活动组织方还通过合同约束、行政干预、行业自律和舆论谴责等措施,来制止埋伏营销。[②] 比如,作为活动主办方与门票持有人(观众)的格式合同,《北京 2008 年奥运会持票须知》之 2.4 条规定:"门票不能被转售或交易。除非北京奥组委事先书面批准,门票不能被用于任何政治、宗教、商业、广告或促销目的(比如作为比赛奖品等)"。该条款可以控制以活动门票本身为切入点的埋伏营销活动。其 5.3 条规定:"未经授权,……禁止在场馆内分发促销品或带有企业标识的任何产品。"这就是所谓的"**清洁场馆**"原则,可以用来禁止非赞助商在场内进行促销。

再如,国际奥委会要求所有运动员在加入所在国家(地区)的奥运代表队时,都必须书面承诺在奥运会期间,不为非奥运会赞助商做广告。在与企业签订代言协议时,运动员应明确说明奥运会期间其形象广告权要按国际奥委会的相关规定执行,否则,将来可能会陷入被动——要么是因履行与企业的合同,无法参加奥运会;要么是为了参加奥运会,不得不违反与企业的合同。因此,在 2008 年 8 月 1 日至 8 月 27 日,非北京奥运会赞助商无法使用奥运会参赛运动员的形象。[③]

---

① 袁真富:《知识产权与公共领域在反隐性市场上的利益平衡》,《法学》2009 年第 9 期,第 120~129 页。
② 参见袁真富:《知识产权与公共领域在反隐性市场上的利益平衡》,《法学》2009 年第 9 期,第 120~129 页。
③ 黄宇:《奥运期间选手代言有限制 奥组委全力防范隐性市场》,《北京娱乐信报》,2007 年 6 月 14 日。佚名:《奥运期间最易产生隐性市场》,《中山日报》,2007 年 12 月 3 日。

如果回顾一下1984年以来的各种埋伏营销可以发现，很多当时是合法的埋伏营销，到现在可能已经变成非法的了，因为法律环境发生了改变。尤其是那些试图利用与奥运会、世界杯等相关的标志的埋伏营销，基本上已经受到了主办国家法律的约束。

但是，要阻止埋伏营销非常困难，过分强制执行可能还会产生负面影响。值得注意的是，过于严厉的反埋伏营销政策也让一些善意的企业不能理解。2008年8月北京奥运会开幕前夕，中国财经济出版社在其网站打出"奥运加油，中国加油"字样。北京海淀工商分局以侵犯奥林匹克标志专有权为由，罚款10 000元。出版社认为自己纯为表达爱国情怀和对北京奥运的良好祝愿，没有任何商业目的，向法院提起了行政诉讼。后来，以行政机关撤销处罚，出版社撤诉告终。

埋伏营销：创意中发展

反埋伏营销的政策虽然严格，但埋伏营销绝不会消失。支持埋伏营销的人认为，赞助商并不能因为赞助而买断所有引起公众关注的权利。而且，恰当地埋伏营销还有助于营造良好的气氛和热闹的场面，从而提升重大活动的整体价值和社会影响。如果正确理解和恰当实践，埋伏营销将是非赞助商的商业武器仓库中一件符合道德规范的重要竞争工具。到现在，埋伏营销已经发展为一种蓬勃的产业，在专业人士的策划下，埋伏营销不仅越来越隐蔽，有时还变得非常有创意。

通常，只要不直接利用重大活动受保护的标志、作品和其他设计，不违反主办方设置的合同条款，埋伏营销就能够合法的存在。比如，表达世博元素的符号太多，埋伏营销者已经找到突破口。在上海世博会前夕，上海公交媒体上曾反复播放酒的视频广告，画面上不时跳出一行短句："2008年8月8日，我和你；2010年5月1日，和世界在一起。"显然，广告只字不提世博会，但却处处暗示世博会。

五、商标名称通用化的风险

商标名称通用化的现象

2010年4月8日，创业板上市公司朗科科技发布临时公告，称其第1509704号"优盘"商标被国家工商行政管理总局商标评审委员裁定撤销。在这则公告的背后，其实又上演了一出所谓商标成为通用名称的悲剧，许多著名的商标都已经受过这样的教训，如此一来商标不仅可能失去商标法的保护，品牌价值更是面临灰飞烟灭的危险。

类似这种商标（品牌）名称变成普通名词，作为原本指示的产品类别之代名词的现象，我们称为**商标名称通用化**，更为专业的法律术语称作**商标退化**，它是指由于商标名称所具有的显著特征被减弱，逐渐演变为特定商品的通用名称或符号，英文里称为genericide（意为 a brand name or trademark that has become a generic name for its product category)。从表 10-1 的不完全列举中,我们可以看到,在国外许多赫赫有名的商标名称,最后都沦落为普通的产品通用名称。

表 10-1　商标名称通用化的一些例子[1]

商标名称	通用化之结果
aspirin(阿司匹林)	原为拜耳(Bayer)公司的止痛药品牌,如今泛指任何止痛药
Band-Aid(OK 绷)	原是 Johnson & Johnson 附消毒纱布的胶布的品牌,如今已取代 plastic bandages 一词,成为 OK 绷的通称
Chapstick	原为惠氏(Wyeth)生产的护唇膏品牌,如今已取代 lip balm 一词,成为护唇膏的通称
escalator	原为奥的斯电梯公司(Otis Elevator Company)的电扶梯品牌,现已成为电扶梯的通称
Gore-Tex	原为 Gore 公司所开发的防水快干材料,如今成为登山健行户外服装的代名词
Jell-O	原是 Kraft 食品公司的果冻品牌,现泛指一般的果冻甜点
Lycra(莱卡)	原为杜邦(DuPont)公司的品牌,现泛指具有弹性的人造纤维
Post-it	原为 3M 公司的品牌,现泛指任何便利贴
velcro(魔鬼黏)	原为 Velcro 工业公司的品牌,现泛指所有一端有许多尼龙小钩,可钩住另一端的尼龙粘扣带
Walkman	原是索尼(Sony)公司的随身听商标,现指任何随身听
xerox	原是施乐(Xerox)公司的商标,现已成为静电复印的代名词
Filofax	原是记事本(personal organizer,appointment book,memo book)的品牌名称,现已变成记事本的替代字
Scotch tape	思高牌胶带是 3M 公司生产的透明胶带。现在一般透明胶带多称为 Scotch tape
zipper	拉链,源自 1920-25 美国所生产的一个厂牌名
Nylon	尼龙,原是杜邦(DuPont)公司的商标,现已为尼龙产品的通用名称
……	……

商标注册、使用之后,倘若发生商标名称通用化的情形,其显著性将大为弱化甚至不复存在,其识别性也深受影响,不能发挥商品区分、商誉彰显的功能,商标价值自然受到严重削弱,这对于公司经营的影响,绝对不可低估。我国在 2013 年修订《商标法》时,在第 49 条第二款已经明确指出,注册商标成为其核定使用的商品的通用名称的,任何单位或者个人可以向商标局申请撤销该注册商标。

商标名称通用化的产生原因

产生商标名称通用化的原因比较复杂,大致可归纳为以下一些因素。当然,这些因素并不是孤立的发生作用,商标名称的通用化更多时候是综合作用的结果。

---

[1]　参见菁妹妹:《我的品牌变动词了!》,http://www.breakthrough.com.tw,2006 年 12 月 25 日访问;佚名:"商标名称转为普通名词",http://res.koonew.com,2006 年 12 月 25 日访问。

——**商标本身的显著性较弱**。如果商标的显著性比较弱,尽管可能获得商标的核准注册,但也为商标名称的通用化创造了先天的条件。因为这些商标标识的含义与特定产品的种类、质量、功能或其他特征相近,稍不注意,消费者就会将其当作通用名称。"优盘"之所以发生商标名称通用化的后果,也与其本身的显著性不够强有密切的关系。

——**权利人将商标当通用名称使用**。权利人就新产品创造了一个颇具创意的名称,并将该名称作为商标申请注册及使用,固然具有便利以及广告效果的考量,但由于使用时并未区分商标与商品名称的使用,而致消费者与同业均认其系商品名称而非商标,甚难单从该商标的标示,区别商品的不同来源。[①]

——**新产品的名称难以被接受**。新产品的名称十分拗口,或者过于专业,或者冗长烦琐,消费者很难记忆或接受。于是,新产品的商标就容易被用户当成商品名称来指代。化工和医药产品的名称十分专业,容易发生此类风险。

——**权利人不告知产品名称**。有的公司在推广产品时,根本就没有告知消费者该产品的通用名称,使得消费者无法称呼该产品的名称,只好以先前的产品商标作为通用名称加以称呼。

——**其他厂商的错误使用**。其他厂商,尤其是同业竞争者或同业经营者,有时会将商标名称错误使用为商品名称。北京同力信通公司曾将其开发的声讯聊天系统产品命名为"电话QQ",将QQ作为聊天业务行业术语使用,后被腾讯公司告上法院。[②]

——**产品长期处于垄断地位**。如果一个产品处于长期垄断地位,家喻户晓,容易使得产品通用名称与商标相互指代,含义混同,最终使商标的显著性丧失。

——**政府部门的不当行为**。政府部门由于疏忽或错误,在其发布的文件或做出的行为中,也有可能把商标名称作为商品通用名称加以使用。注册商标"21金维他"曾被作为药品名称收入《中华人民共和国省、自治区、直辖市药品标准品种汇编》。工商行政部门曾将"生产太空水"列为一家企业的经营范围,而"太空"当时系一家饮料公司的纯净水注册商标。[③]

——**字典或媒体的错误描述**。比如,"LINGUAPHONE"是英国格林风学院有限公司使用在英语口语培训服务上的商标,而我国《新英汉词典》将其作为普通英语单词收录,并将其解释为"灵格风,灵格风教授法(英国的一种运用唱片进行口语等训练的教学方法)"。[④] 这给林格风学院有限公司在中国申请注册商标制造了不小的障碍。[⑤]

[①] 参见张慧明:《商标显著性冲淡之预防》,《智慧财产权管理季刊》第11期(1996年10月)。

[②] 计世网:《QQ商标被滥用 腾讯起诉北京一公司索赔百万》,http://www.ccw.com.cn,2005年6月23日访问。

[③] 参见潘勇锋:《商标显著性研究》,《中华商标》2001年第9期。

[④] 参见《新英汉词典》,上海译文出版社1978年4月新1版、1985年6月新2版,第742页。

[⑤] 袁真富:《商标名称通用化的法律风险及其治理对策》,《知识产权法研究》,2008年第5期,第84~106页。

防止商标名称通用化的措施

为全面避免商标名称通用化的后果,商标权人除了正确规范自己的商标使用与管理行为,还要监督干涉其他人故意或过失的错误使用行为。下列建议也许有助于权利人应对商标名称通用化的风险:

——**选择显著性强的标识**。从商标法的角度观察,显著性较弱的商标即使不发生通用化的结果,也容易被他人以合理使用为抗辩事由,以某种合法的方式使用在自己的商品上。因此,在商标注册申请前,最好考虑选择显著性较强的任意性或臆造性标志,它们与商品的特征联系更少,也更能得到法律的保护。

——**商标、商品名称与新产品同时推出**。当一种新产品问世时,如果没有简便易记的名称可用来称呼产品,那么,此时防止商标名称通用化的最好方法,就是在新产品上市销售时,创造一个易于记忆、易于接受的通用名称,并在产品的推广促销活动中注意区隔商标标识与商品名称,并明确告知消费者,这样就不会让消费者把商标当成产品名称来指代了。[①]

——**积极宣示商标信息**。商标的使用本应有一套管理规范,比如对商标的标示方式、设色、位置、比例等加以明文规范,例如,在商标一旁加注"注册商标""®""TM"等,以与商品说明或广告用语等相区别,并借此强调自己的商标权利,以防止商标名称被作为通用名称胡乱使用,损害自己的商标权益。

——**干预商标名称的错误使用**。包括制止字典的错误解释,澄清媒体的不当报道,发布声明劝告商标正确使用,制止商标名称通用化的侵权行为。例如,国内部分媒体在报道那些对使用者造成危害的劣质或回收的美容镜片(含彩色平光隐形眼镜)时,一度误将"美瞳"作为美容镜片的通用名称,令消费者误解,同时也损坏了"美瞳"的品牌形象。2012年3月,美国强生公司及其子公司就委托律师发布声明,强调"美瞳"并非具有美容效果的隐形眼镜(含彩色平光隐形眼镜)产品的通用商品名称,而是美国强生公司注册在"隐形眼镜"上的注册商标,要求停止使用"美瞳"作为"美容镜片"或"彩色隐形眼镜"的商品通用名称。

——**持续进行商标显著性回复之努力**。商标显著性减弱而退为通用名称后,也有可能回复其显著性,发生起死回生的奇迹。例如,美国法院于1888年及1896年曾分别判决缝纫机之Singer(胜家)商标及汽车轮胎之Goodyear(固特异)商标,在其产品专利期间届满时,均已成为表示该种商品之普通名称而欠缺显著性。然而,由于其长时间的专用与广告,Singer商标于1938年被判决重新取得显著性商标之地位。Goodyear商标也因广泛而长期之专用,而于1959年被判决回复其具有显著商标之特质。[②]

[①] 参见袁真富:《警惕:商标淡化》,《中华商标》2000年第8期。

[②] 参见曾陈明汝:《商标法原理》,中国人民大学出版社2003年版,第129页。

六、商标使用的标准化

商标使用标准化的内涵

有的公司对商标的使用比较随意,如果留意观察他们公司的不同系列、不同层次的产品,会惊讶地发现,同样一个商标竟然有多种视觉形象。得到授权的商标使用人,有时也喜欢根据自己的喜好或者需要,轻微地改变商标标志,甚至使用严重不同于公司核准使用的注册商标的外观或形象。如果公司对自己的客户或合作伙伴进行一次商标稽核,肯定会发现许多与商标有关的意料不到的状况。

宏碁公司创始人,号称品牌先生的**施振荣**先生就谈道,经销商或制作厂商常常"自作聪明替宏碁'改良'制作物,反而弄巧成拙。例如,Acer 和箭头之间的距离规定得很死,也准备了很多标准样品,但是外包制作的厂商会自己替我们画 CI(Coporate Identihy,企业识别),大小、距离都和标准不同"。[①]

为了规范公司内外的商标使用,可以建立商标使用的标准化管理体系。**商标使用标准化**,是指商标在实际使用中的视觉形象等方面应当遵循稳定一致的标准。这些标准通常包括在商标标志的元素构成、大小比例、字体形式、颜色背景,以及商标标志的所处位置、与周围符号的间距等方面保持一致性,而是否标示以及如何标示商标标记也是其中的重要内容。

◇**公司瞭望:3M 公司的商标标准化管理**

3M 公司对于在宣传中需要使用商标时,明确规范商标首次使用规则、再次使用规则、新闻稿及口头沟通时提及 3M 商标时应遵循的原则。不仅如此,3M 还不厌其烦事无巨细地明确规范:按顺序使用法律要求的要素;只有在商标注册过且得到法律允许的情况下才能使用®符号;使用合适的字体和位置;必要时将商标符号放在圆括号内;在句子中将产品商标和战略品牌同 3M 联系在一起;商标为首字母缩写;正确使用其他公司的商标;其他公司使用 3M 商标;请勿将商标用作动词、物主代词、名词或复数形式;翻译类属描述,而不用翻译商标;在要求或必要时音译商标;请勿篡改商标等细节问题,并拿出正确的范例以指导员工或关联企业更好地学习如何规范使用公司商标。

——来源:孙文静:《公司商标使用的标准化管理》,《企业知识产权战略与策略》课程作业(2011年)。

[①] 施振荣:《全球品牌大战略》,中信出版社 2005 年版,第 62 页。

规范内外的商标使用

——**自身使用的规范管理**。如何正确地使用商标,包括正确标示注册标记,首先要严于律己。商标权人(商标注册人)首先应该对此承担起责任。在可口可乐公司,所有的员工都被清楚地告知要正确使用商标。从员工参加工作之初开始,培训的内容就会包括商标的介绍。[①] 商标权人应当规范自己的商标使用,积极行使并强化商标的形象。

——**外部使用的商标管控**。除了商标权人以外,合作伙伴,甚至上游的供应商、下游的用户,也应当承担起商标规范使用的职责。比如,商标被许可使用人、销售代理商、特许加盟商、合作伙伴、广告设计人、广告发布者和商标印制厂商等,在从事商标使用、商标宣传、商标设计或商标印制等行为时,应当严格地被要求正确地使用商标标志,以及正确地加注商标标示,甚至包括在哪些情形下可以或不可以使用商标标志。

七、广告宣传的证据考量

广告不仅仅具有品牌营销的功用,在知识产权行政确权、侵权诉讼等争议解决中,适当的广告也能发挥证据的效力。首先,应该对广告进行档案管理,比如参加展会的合同及宣传材料、照片,公司制作的产品宣传册及委托印制合同,公司广告合同及广告载体等文件,应当妥善保存、归类存档,以备举证之需。其次,广告合同应当能与知识产权实际使用的事实相印证。比如,广告印制或发布合同最好附有带有商标的广告设计图、照片或场景展示图。否则仅仅有广告合同,无从知晓广告内容具体是什么,以及是否有商标或专利产品使用的情况。最后,更要从证据角度考量广告的内容或画面,能否在以下情形发挥作用:

——**构成现有设计/技术**。为了避免公司不需要申请专利的技术方案或外观设计(也许本已是现有设计或现有技术),被他人(尤其是专利流氓)申请专利,并被骚扰,可以在纸媒、新媒体等广告上展示产品完整外观,甚至产品结构,并足以直接破坏其专利申请的新颖性,即使不能直接破坏新颖性,也应当能够作为直接或间接证据,证明公司使用的是现有设计或技术。

——**支持先使用权抗辩**。专利法、商标法上均规定了先使用权的侵权抗辩事由,当然各有其条件限制。如果通过广告能够反映公司在其专利申请、商标申请之前即已使用有关技术、设计或商标,将有利于公司在发生侵权诉讼时主张先使用权抗辩。

——**支持侵权索赔**。尤其在众多商标案件中,商标知名度的证据不可或缺,而各类广告是支持商标知名度的重要证据形式。这需要广告中有展示商标(宜与注

---

① [美]詹姆斯·鲍朱尔:《"Coca-Cola"商标价值最大化的战略和实践》,《中国工商报》2003年12月4日。

册商标的形象或图样一致），有时也需要在广告中展示商标具体指示的商品或服务，因为商标的知名度是与特定商品或服务相关联的。

◇专栏：危险的广告宣传

　　对自己网站宣传中潜伏的诉讼风险，很多公司似乎并没有足够的注意。上海市一家文创企业为此在一起著作权侵权诉讼中吃了"大亏"，该公司官网的"公司介绍"一栏宣传道："以合作加盟的形式在中国境内发展×××业务，主张长期合作、持续经营、稳定发展，至今为止，加盟店遍布中国大陆、港澳台、日本、韩国、东南亚、欧美市场，加盟店总数超过1500家。"原告将这段话进行了公证保全，而这正是法院计算赔偿数额的重要依据。

　　一审判决书详细阐明了赔偿数额的计算方式：按17个侵权的产品品种，在1500家店中每月各销售出1个，平均每个获利4元（按平均售价的10%计算利润），连续销售6个月——没有给你按诉讼时效算2年，算是碰上非常仁慈的法官大人了——，则被告获利的数额在60多万元人民币。现在人家原告才主张40万元的赔偿，自然是全额支持！

　　被告感觉很冤，因为他根本就没有1500家加盟店，但是，如何在法庭上证明自己没有1500家加盟店，反而成为不可能完成的任务——即使你拿出500家加盟合同提交给法庭，但原告也会认为你还藏着1000家加盟合同没有提供呢。

　　这有点像搬起石头砸自己的脚。本来想在宣传上包装一下，结果宣传效果是否发挥暂且不说，反正赔偿数额是给大大提高了。在虞荣康与厦门通士达照明有限公司等侵犯外观设计专利权纠纷案[(2008)苏民三终字第0161号]中，原告同样对被告网站的宣传内容进行了公证保全："……现主导产品有电子节能灯等十大系列，100多个品种。行销欧洲、南美洲、北美洲、澳洲、南非及东南亚等国家和地区，成功地树立了中国绿色的知名品牌。在福建、广东、上海、北京、浙江、江苏、四川、云南、江西、湖南等省设有物流中心及经销网络。"

　　在没有证据证明原告因侵权所受损失或被诉侵权人因侵权所获利益，亦无专利许可使用费可供参照的情况之下，法院主要根据该证据，并结合侵权产品涉及型号多，诉讼时间较长、诉讼成本较大等因素，判赔原告50万元人民币，这是当时专利侵权法定赔偿的最高限额。

　　除了直接可以反映自己"侵权"规模的宣传以外，诸如"中国名牌"、省市"著名商标"之类的宣传(2013年修改商标法"禁止宣传驰名商标字样"之前，"中国驰名商标"宣传更是铺天盖地)也会引发原告的关注，并让原告发现查找被告侵权获利的线索突破口。在杭州中院的一起诉讼中，原告申请法院调取到被告申请驰名商标司法认定以及申报中国名牌的相关材料，迫使被告最终支付了900万元的赔偿金，才达成和解。

有些被告以前在作为原告起诉其他侵权人时,为证明自己是驰名商标,或者为了更好地支持自己大额甚至巨额的索赔主张,而向法院大量提供了自己的生产销售规模、宣传资料及各种荣誉等,这些宣传材料等证据完全可能成为双刃剑,成为将来自己被起诉侵权时的赔偿计算依据,此所谓"以之之矛,攻之之盾"。在"互联网+"的时代,随着裁判文书透明度的提高,要找到原告、被告各方此前的诉讼案例,简直易如反掌。

当然,这里无意劝说广大企业不要在网站或其他宣传媒介上宣传其生产、销售的数量、地域或其他规模相关的数据。但是,至少不要任性地随意宣传,甚至虚假宣传,这不仅关系到被诉后的侵权赔偿,更有可能触发虚假宣传的不正当竞争诉讼。

——来源:袁真富:《危险的宣传》,载《中国知识产权杂志》,2015年第12期。

第2节 销售环节的知识产权管理

一、支持销售的知识产权风险排查

销售前的风险排查

公司开发新产品(或新业务)时,在立项前后应当检索分析、调查了解是否有专利、商标等知识产权侵权风险,甚至权属风险。在产品研发完成后、推向市场前,仍然应当谨慎地再进行一次知识产权风险评估与排查,尤其需要对广告宣传涉及的产品专利、商标、域名或包装等知识产权内容进行审核,保障产品顺利推向市场。考虑到这些可归属于FTO(自由实施)的内容,在其他章节已有多阐述,不再重复。

有的公司对产品上市有着严格的风控机制。夏锋(时任霍尼韦尔亚太区副总法律顾问兼首席知识产权法律顾问,2018年)谈道:"我们在风险管控方面做得非常严,每一个产品上市分成六步进行知识产权审核,从创意、模型、样板出来到最后产品上市之前,每一步必须有知识产权律师的签字才可以进入下一步,每一步专门有个检查表格。"

协助销售的打假维权

产品一旦上市,假货或仿冒者可能也随之而至,声名日隆,仿冒日盛。知识产权或法务部门将承担打假维权的职责,以协助或支持公司销售。以下是一些常见的措施。

——进行打假维权培训。通过培训将销售、售后服务人员变成打假情报员,因为他们位居一线工作,更易接触或获得侵权线索。

——鼓励提供更多侵权线索。除了培训内部员工的打假维权意识,也可采取激励的方式提供侵权线索。有的公司会对提供侵权线索的员工提供奖品或奖金,当然对于消费者等非公司员工也同样欢迎提供侵权线索。

——针对侵权仿冒的市场清扫。透过发函、请求执法、提起诉讼等多种途径,打击侵权仿冒,清扫市场,回归正常的竞争秩序。

——网上侵权监控。对重要的电商平台、直播平台等,积极进行监控,及时打击,防止假货泛滥。

——调查销售额异动情况。如果某一区域,甚至某一销售商的销售额(甚至某一大客户的交易额)短期内发生了较大的变化,需要调查一下是否存在假货的冲击。

邵克亮(赛诺菲公司产品安全副总监,2018年)结合他在数家公司的品牌保护从业经历谈道:"日常侵权监控可以利用公司现有资源、销售人员、市场人员,这些一线人员其实就是我们的千里眼、顺风耳。执法部门、药监、工商也会反馈有关的侵权信息。要注意整理公司商标数据库,定期检索公司关键词及网址也可以发现侵权情况。"

联名销售的商标风险管理

联名销售通常指不同品牌相互合作推出产品,或者某品牌与某知名人物、知名IP等合作推出产品,凭借合作双方在各自领域的优势及影响力,获得更多的产品受众,拓展更大的消费群体,也称之**品牌联名**(co-branding)。比如,LV × Supreme(服装等),大白兔×美加净(润唇膏),还有品牌×明星、博物馆(如故宫)等。在互联网、新零售的推动下,一批又一批的跨界组合诞生,联名销售或联名款产品成为一种新的营销方式,是实现品牌溢价或商业价值转化的重要形式。但由于牵涉两方主体,更需要注意知识产权甚至其他法律风险预防。

——**联名品牌的商标合法性审查**。2021年夏,网络主播薇娅直播售卖Supreme × GUZI联名挂脖风扇,但美国潮流品牌Supreme声明并未和国产品牌GUZI有合作关系。因此,必须注意审查联名合作方的商标合法性,避免陷入侵权的境地。

——**联名合作方的内容合法性审查**。当品牌厂商与博物馆、美术馆这些机构推出联名款产品,旨在利用其馆藏资源时,尤其要注意这些馆藏资源(如画作、雕塑)是否还受知识产权保护,其权利是不是为联名合作方所有。即使这些馆藏资源已过了著作权保护期,也要注意利用时不得损害其精神权利(如作品作者的署名权、保护作品完整权等)。

——**联名商品的侵权处理**。一旦发生联名品牌侵犯他人知识产权(包括商标权、专利权及著作权等)的情形,应当有合同预先约定应对措施及责任分配。

——**联名品牌的误认消除**。基于联名一方的品牌强势,或者消费者的认知差异,如果联名的商标组合方式设计不合理,联合一方的品牌极可能被误认为另一方的子品牌,应当采取措施降低这样的可能性,比如在产品包装等适当位置声明联名品牌的商标注册信息。

——**其他方面的法律考量**。比如,联名各方须采取措施,保障联名款产品的质量,以及保障广告的合规性,避免承担法律责任。

销售前后的知识产权核查

知识产权管理贯穿整个业务链,即使公司的产品上市销售,知识产权工作仍然需要推进。公司应当对目标市场或销售地的知识产权保护环境进行定期评估,及时跟踪调查市场上可能存在的侵权行为。这里列举一些典型的核查情形,而有些情形在本书其他地方专门介绍。

——**监控知识产权申请及使用情况**。及时监控商标等公告或数据库,关注第三人尤其是竞争对手是否存在商标、域名抢注行为,包括将自己的商标抢注为域名。对于竞争对手的专利申请,也有必要重点监控,看看是否有将自己的技术甚至现有技术窃为己有的专利申请,并决定是否采取法律行动,以消除公司销售的专利障碍。

——**注意销售带来的知识产权副产品**。比如,一些公司的产品品牌,会被经销商、用户或者媒体以品牌简称、别称的方式称呼,比如"OFO"共享单车曾因其车身全部黄色,而被称之为"小黄车"。这些名称虽然不是公司主动使用的,但其指向了公司的产品,亦应当及时申请商标注册。

——**注意查核实际使用的技术或标识是否与拥有的知识产权一致**。有的公司真正投入使用的技术方案,与申请授权的专利并不一致,甚至差异明显,这就需要评估是否还能追加新的专利申请。有的公司实际的商标标识也与核准注册的商标不一样,这也需要评估是否将实际使用的标识重新提交商标申请注册。

——**以销售为中心的证据管理**。除了广告宣传要强化证据意识,在销售过程中也应如此,甚至更为重要。比如,在商标因3年不使用而撤销的案件中,使用证据首先是围绕销售为中心构建证据体系。为了应对撤三风险,并在侵权等案例中达到实际销售时间和知名度等证明目的,可以在销售合同条款中写明交易商品的商标图样(图文组合商标更要连同图形要素一起呈现),在发票的备注栏注明商标名称,并与销售合同一起妥善保存。

二、试验/试用的法律风险

研发阶段的**试验**、**试用**是指在发明创造开发阶段为了获得技术方案而进行的试验以及在发明创造的成型阶段为了验证发明效果而进行的试用,通常是新技术研发成型过程中必不可少的步骤。此外,在仪器、设备等产品推广和销售的时候,时常有客户提出样机试用或样机演示的要求,以希望对仪器、设备性能做进一步的了解,显然样机试用表示客户给了公司产品推介的机会。不过,想象中的产品往往比现实中的产品更有吸引力,样机试用有时反而暴露了缺点和不足。这里,主要不探讨产品、样机试验/试用的销售策略,而是要警惕其中的知识产权法律风险。

专利申请的新颖性问题

如果是在非公开场合或者在特定人的范围内进行的试验或试用,通常情况下因不满足公开性条件,不构成专利法意义上的现有技术。如果是必须在公开场所进行的试验或试用,无法进行保密处理,则构成了使用公开,会破坏新颖性。比如,在涉及一种滚塑船型警示桶专利权的无效宣告请求案中,申请日前专利权人委托的产品设计单位将专利产品安装于公共交通道路上进行试用。无效宣告请求审查决定以该试用构成使用公开否定了专利权的新颖性。[①] 此种情形下,在提交专利申请之前不能交给客户或委托他人试验、试用。

试验/试用的保密问题

如前所述,如果试验/试用本身无法进行保密处理的,一旦试验/试用构成使用公开,此时签署保密协议也不能阻止专利申请的新颖性破坏,但仍然可以借助保密协议保护其他信息不因试验/试用而公开。对于试验/试用在非公开场合或在特定人范围内的,更要透过保密协议乃至保密措施防止信息公开,错失专利申请或发生泄密事件。

知识产权被抢的问题

当产品或样机等交付客户或第三人试验/试用时,要警惕被其抢先申请专利,导致专利申请权或专利权权属争议。应当通过协议或确认书等确认交付试验/试用的技术或产品为何,权利归属于谁,避免发生专利被抢,甚至该新产品的新商标也被抢注。尤其要规定,即使专利或商标被合同相对方抢先申请,其所有权亦应当根据合同直接归属于公司自己。

后续开发的问题

既然是试验/试用,往往存在技术改进的空间。首先,客户和第三人在试验/试用时能不能改进,如果可以改进,该改进的技术成果归属于谁?对于这些问题新产品、样机的权利人必须周全考虑。比如,一家小公司将自己研发的样机交给一家大型公司客户试用,由于大客户是实际使用人,一旦发生技术问题可以很快组织技术力量解决,并产生新的技术成果,申请改进专利。小公司即使已申请了基本专利,也会受到大客户改进专利的钳制,对于后续样机的正式投产、销售或专利许可产生较大的影响。

---

① 耿萍、温丽萍、何苗:《研发阶段的试验、试用如何获得新颖性宽限期保护?》,《中国知识产权报》,2017-06-23。

三、赠品上的商标管理

赠品上的商标侵权问题

作为市场营销的策略之一，**赠品促销**是在产品、服务营销或销售时向消费者赠送产品或礼品，大多用于吸引消费者购买新产品、弱势产品或者奖励顾客的重复购买或增加消费量等。很多品牌厂商喜欢根据促销商品的定位、消费人群特点以及商品关联性等，定制类似优盘、开瓶器、名片夹、手环等赠品用于促销，而不是采购他人已经投放市场的商品，因为定制赠品可以印上自己的品牌名称、LOGO 或者广告语。毫无疑问，品牌厂商不会轻易放过赠品作为媒介传播品牌的机会。

当赠品上印有品牌或 LOGO 时，商标侵权问题就不容忽视。如果你提供的赠品本身就是采购进来的侵权商品，自然难逃侵权命运。《北京市高级人民法院关于审理商标民事纠纷案件若干问题的解答》（京高法发〔2006〕68 号）明确指出："搭赠是销售的一种形式，因此搭赠侵犯注册商标专用权商品的行为是商标侵权行为，搭赠人应承担停止侵权的责任；明知或者应知所搭赠的商品是侵犯注册商标专用权的商品的，还应当承担损害赔偿责任。"

不过，很多公司更多地是担心定制赠品上的商标风险问题。让我们假设一下，如果金帝巧克力促销时赠送一只可爱的"玩偶"，安利保健品促销时赠送一个"保温杯"，而这些玩偶、保温杯都是品牌厂商向某些生产厂商定制或委托加工的。那么，在这些赠品上标注品牌厂商的品牌或 LOGO，会不会有侵权之虞？因为品牌厂商也许在这类赠品所属的商品上没有注册商标，而恰恰又有其他厂商注册了相同或近似的商标。

《国家工商行政管理总局关于赠品涉嫌侵犯注册商标专用权行为有关问题的答复意见》（工商标字〔2013〕196 号）指出，当事人"在开展金融产品营销活动时向客户赠送商品，其使用的标识与他人在与赠品相同或类似商品上的注册商标相同或近似"，属于《商标法》所述的商标侵权行为。

赠品规避侵权的七个建议

大多数情形下，构成商标法意义上的"商标使用"是构成商标侵权的基础。因此，避免自己的品牌用于赠品上构成商标法意义上的"商标使用"，是规避商标侵权的关键所在。为了不构成"商标使用"，可以考虑以下七个建议：

（1）避免在赠品上单独标注品牌名称或 LOGO。这种情形比较容易被认定为"用于识别商品来源"的"商标使用"行为。

（2）在赠品上标注品牌名称或 LOGO 时最好带上促销商品名称。比如，在玩偶赠品的吊牌上标注"金帝巧克力"（字体最好一样大小），显然，即使人家在玩偶类商品上注册有"金帝"商标，也难以主张"金帝巧克力"标识是对玩偶商品的来源指示或商标使用。

（3）如果空间允许,可以将促销商品(如巧克力、保健品)的包装图片,同时在赠品所标注品牌名称或 LOGO 的前后或上下一并印上,如此更能清晰地向消费者传递明确的信息:赠品上的品牌名称或 LOGO 所指示的商品并不是赠品本身。

（4）在赠品上明确标注"赠品"或"非卖品"或类似字样,这样可以降低或避免与赠品所竞争商品上的"雷同"商标发生所谓混淆或误导的可能性。

（5）在不影响品牌宣传效果的基础上,可以将赠品生产商的品牌名称或 LOGO 同时印在赠品上,与促销商品的品牌并存。当然,要确保生产商印上去的品牌名称或 LOGO 不存在侵权的问题。更重要的是,不要让消费者将生产商的品牌或 LOGO,当作促销品牌的子品牌或姊妹品牌,或者产生相反误认。

（6）如果赠品或其包装的空间允许,可以将促销品牌厂商的公司名称显著标注,更能与赠品所竞争商品上的"雷同"商标,明确区分出不同的商品来源。

（7）如果企业名称包含了所要传播的品牌名称,可以不需单独印制品牌名称或 LOGO,直接印上"×××公司惠赠"即可。尤其是该品牌已经被他人注册并使用在赠品所属商品上时,如此使用更具安全性。[①]

四、产品翻新的风险管理

产品翻新的主要类型

在某些行业,回收产品/旧货(往往是大品牌厂商的产品或设备)并翻新升级,已形成分工有序的灰色产业链:有人专门负责回收产品,有人专门负责撕除原商标,有人专门负责翻新或升级,有人专门负责贴新标,有人专门负责销售。

所谓**产品翻新**是指未获得商标权人许可的翻销人,通过清洁、维修、加工等手段改变合法购入的真品,并将该翻新产品继续投入市场流通的行为。产品翻新的主要类型可以从以下三个行为选择点出发进行区分:

——翻新行为是否构成对产品的实质性改变。一般认为,若仅对产品进行了外观上的除尘、清洗、抛光等工作,或仅维修更换了少量非核心零部件的,属于非实质性改变产品;但若对产品的大部分零部件或是核心零部件进行了更换翻新,则属于实质性改变产品。

——翻新后产品上的商标贴附情况,即翻新后产品上是否保留原有旧商标,以及是否另外贴附新商标。此处的新标指的是和权利人商标不同的,用来指示翻新服务的翻销人的商标。具体的,在该行为选择点下存在四种情形:一是保留旧标且不贴附新标;二是保留旧标且贴附新标;三是去除旧标且不贴附新标;四是去除旧标且贴附新标。

[①] 袁真富:《赠品的商标管理》,《中国知识产权》2014 年第 9 期。

——翻新产品上是否注明该产品非原产品而为翻新的二手产品。这种注明往往是在产品显眼处或在紧邻商标处附上表明其为二手产品的说明或标识。[1]

产品翻新的风险防范

通过观察目前的司法实践,站在翻销人的立场来看,除此以下两种情形外的产品翻新类型均会构成对商标权人注册商标权的侵害:(1)对于实质性改变了产品的这一大类产品翻新行为,翻销人在不使用旧商标(亦不能重新贴附该商标权人的商标)的情形下,不侵犯原产品商标权人的商标权。比如,在广州市杜高精密机电有限公司与多米诺印刷科学有限公司侵害商标权纠纷再审案中,对于杜高公司未经许可擅自改装 E50 喷码机墨路系统这一重要部件,且在再次出售过程中继续使用涉案商标的行为,最高人民法院判定其构成商标侵权。[2] (2)对于非实质性改变了产品的这一大类产品翻新行为,非翻销人只有在保留旧标、注明翻新且不会造成混淆的情形下才能适用商标权利用尽原则,不构成商标侵权。因此,翻销人应当按照前述两类情形来合法销售二手翻新产品,在获取利润、保障资源充分利用的同时避免侵犯商标权人的合法权益。

如果站在商标权人的角度,除了依法打击产品翻新中的商标侵权行为,还可以针对产品翻新升级中伪造商标标识的情形,为贴附的商标标识增加防伪功能,并将防伪标记或识别特征作为商业秘密保密,并定期更新防伪标记或防伪特征。此外,针对伪造商标标识的行为,可以追究其伪造注册商标标识的法律责任,包括民事、行政甚至刑事责任。

五、经销商的知识产权管理

经销商的商标管理

除了商标权人,经销商作为产品重要的分销渠道,是最频繁使用品牌厂商商标的使用人。因此,经销商及其销售环节是需要进行商标管理的关键之处。

——防止经销商的商标抢注。如果自己的商标在国内,尤其是国外未申请注册,须警惕经销商抢注商标。事实上,供应链上下游的合作伙伴,往往也是商标抢注的重要威胁来源。

——防止经销商重新命名/加名。对于国外引进的品牌,或许认为外文品牌有些"水土不服",一些经销商经常重新对产品进行本土化命名(不限于直接翻译),并对该本土化的品牌名称以经销商名义申请注册。当然,如后所述,从商标权人的角度,经销商擅自加注商标名称也不应该被允许。

---

[1] 俞顾烨宇:《产品翻新中商标侵权的类型化判断》,2022 年 6 月。
[2] 参见最高人民法院(2019)最高法民申 4241 号民事裁定书。

——加强商标标识规范使用管理。重点检查经销商的店招、广告及店内装潢是否突出使用、越界使用权利人的商标标识，是否擅自改变商标的比例、颜色、构成要素等形象，保持商标的规范使用。特别是要注意一些非授权的经销商通过不当使用商标标识等行为，把自己包装成授权经销商、独家经销商，或授权专卖店、旗舰店等。商标权人可以在合同条款中约定经销商哪些商标使用行为是可以的，哪些使用行为是不可以的。

——对于授权经销商（或商标被许可人）在期满后应当及时消除商标等标识的使用。比如，一家授权经销商在期满结束后，应当将其店铺店招上的商标标识消除，避免引人误解，尤其是被店铺的新租赁者利用，"被动冒充"系该商标的授权经销商。

——对于冒充的授权经销商或未授权的专卖店也要保持打击的态势。专卖店（exclusive shop）是专门经营或授权经营某一主要品牌商品（制造商品牌和中间商品牌）为主的零售业态。对于不当甚至非法使用商标标识冒充专卖店等行为，商标权人应当定期清理，及时发函制止，甚至提出诉讼，否则这些胡乱使用的行为会把自己真正的品牌专卖店体系搞得越来越混乱。富龙公司在未经米其林公司授权的情况下，擅自在其店面招牌上突出使用"米其林"注册商标标识，被判决构成侵权，并承担侵权责任。[①]

◇案例：精科商标的法律争议

上海精密科学仪器有限公司（简称"上海精科公司"），就差点被它以前的经销商从背后"捅一刀"。上海精科公司从1996年开始使用"精科"商标，但它的失误是未去注册商标。2001年成都科析公司成为上海精科公司的经销商，2002年该公司取得"精科"商标专用权。在"忍耐"了8年之久后，2010年4月成都科析公司向成都市中院起诉，要求上海精科公司停止侵权，并赔偿损失。上海精科公司最终在诉讼反击中获得胜利，成都科析公司最后被浦东法院判决构成不正当竞争。

销售合同的知识产权条款

销售环节知识产权风险来源之一是销售合同中关于知识产权的权利义务。有些公司不太重视与经销商、客户销售合同中关于知识产权权利义务的约定，认为拿到订单就万事大吉，殊不知销售合同中蕴含着极大风险。当然，完备的知识产权条款也有助于降减公司（生产销售方）的知识产权风险。

——知识产权纠纷的费用承担问题。有的销售合同规定公司要向客户承担因产品知识产权纠纷引发的一切损失和费用，但是其实很多情形下这些损失和费用

[①] 长春市中级人民法院(2013)长民三初字第1号民事判决书。

本不应由公司承担,比如根据客户提供设计方案生产的产品侵犯他人知识产权,而设计方案本身才是导致侵权的原因。

——**产品所涉知识产权的许可问题**。有的销售合同规定公司要将包含在产品中的所有知识产权许可给客户,并且该许可是免费的、永久的、无范围限制的、有分许可权。如果接受这样的条款,意味着客户和客户的其他供应商,即公司的直接竞争对手,皆有可能无限制地免费实施本公司的知识产权。这会严重影响公司知识产权的价值,使公司储备的知识产权攻防武器的效用大打折扣。[①]

——**经销商促销产生的权利归属问题**。有的销售合同(主要针对独家经销商等)的知识产权条款中约定,公司拥有经销商、分销商促销信息中或由该等促销信息而产生的所有版权、商标或其他知识产权中的权利、所有权和权益。换言之,不仅品牌厂商自己拥有或使用的知识产权归属于自己(这是天经地义的),而且经销商为促销品牌厂商的产品而设计、使用的广告、商标、品牌、标识及任何标志,其知识产权(无论是否申请注册或授权)均归属于品牌厂商,一言以蔽之,"我的是我的,你的也是我的"。该合同约定的逻辑亦可适用于许可人与被许可人,比如被许可人为促销许可品牌而使用的广告语,在许可期限结束后也归属于许可人。当然,这样的条款约定应当符合公平的原则。

经销商自主品牌的擅自标注

有的经销商很明白,自己销售品牌厂商的产品,只是"为他人作嫁衣裳",为长远利益计,必须打造自己的自主品牌,于是,个别经销商在自己销售的品牌产品上,擅自加贴或标注自己的品牌(商标),从而借品牌产品的销售和使用,同时宣传经销商自己的品牌。比如,甲经销商在销售乙公司生产的A品牌的洗发水时,将自己注册在洗发水商品上的B商标加贴在A品牌洗发水上,使得A品牌的洗发水上同时有两个注册商标并列。毫无疑问,这种不恰当行为可能构成商标侵权,作为品牌厂商可以在经销合同上禁止这类行为,到时可以选择以合同违约,或者以商标侵权作为诉讼请求的基础。

在许可业务中,此类情形时有出现,更应引起许可人(权利人)的重视。加多宝(鸿道集团旗下公司)在与广药集团发生"王老吉"商标许可合同争议仲裁期间,就曾在红色易拉罐上同时并用"王老吉"和"加多宝"品牌,为将王老吉品牌声誉成功移植到加多宝品牌上功不可没。显然,这不是许可人愿意看到的情形。

正品分装或组合时的商标使用

经销商为了促销或者其他目的,在销售过程中有可能将商标权人的产品(正品)进行拆分包装,比如将大袋包装的品牌大米分装了若干小袋后出售;或者将商

[①] 韩婧:《浅谈企业知识产权风险管理》,中国企业知识产权研究院,2017-08-28。

标权人的产品进行组合包装,比如将两瓶品牌葡萄酒放在一个新的大包装内组合销售。这时,如果在产品分装或组合后的新包装上,经销商自行印制了商标权人的商标,是否属于商标侵权或者其他违法行为,并不能一概而论。比如,如果产品分装或组合后,已经相当于重新加工或者制造了新产品,这可能更容易被认定为商标侵权。当然,这只是一个抽象的判断,需要具体情况具体分析。

在"不二家"商标案中,虽然钱某某擅自分装、销售的三种规格的涉案产品中的糖果本身系来源于不二家(杭州)食品有限公司,且其使用的三种规格的外包装上也附着了与涉案商标相同或相近似的标识,但该包装盒与不二家(杭州)食品有限公司对包装盒的要求有明显差异,钱某某的分装行为会降低涉案商标所指向的商品信誉,从而损害涉案商标的信誉承载功能,属于《中华人民共和国商标法》第57条第七项规定的"给他人的注册商标专用权造成其他损害的行为",构成商标侵权。[①] 在"费列罗"商标案中,被告人将大包装的正品巧克力拆包后,分装在伪造的印有权利人注册商标标识的小包装盒内,以牟取更高的差价进行销售。法院认为,被告人委托他人大批量地制造带有他人注册商标的包材的行为,触犯了非法制造注册商标标识罪。[②]

由此可见,正品分装销售的行为在满足一定条件下不仅可能构成商标侵权,而且其印制或委托印制权利人注册商标标识的行为本身也可以构成商标侵权,甚至触犯刑法。总之,作为商标权人要小心正品分装或组合的情形发生,因为这可能会带来公司品牌或产品识别的体系混乱,甚至会在此过程中发生不可控制的质量控制风险。因此,一方面,要透过销售合同等方式防止这类情形的发生,另一方面,特别是在合同无法约束的情形下,更要认真分析相关情形,评估是否构成商标侵权,从而决定是否采取法律行动,以保护自己的品牌利益。

经销商的字号使用管理

经销商(包括代理商)作为一个经营实体,有的是以公司的名义出现的,那么经销商叫什么名称,取什么字号,一般不应该受到商标权人(品牌厂商)的干涉。不过,现实中,有的经销商在自己的企业名称中,把品牌厂商的商标用作自己的字号,作为商标权人的品牌厂商这时就必须要小心了。因为品牌厂商与经销商只是一时的合作关系,同时,经销商还有自己独立的利益诉求,如果经销商的字号也用品牌厂商的商标,很容易在市场上造成混乱,消费者或其他经营者可能会误以为该经销商是隶属于品牌厂商的公司,或者双方存在密切的投资或控股等关系。

授权正品经销商的名称管理

在一些快速消费品行业,经销商基于促销或增加品牌辨识度等考量,会请求品

[①] 杭州市余杭区人民法院(2015)杭余知初字第416号判决书。
[②] 上海市第三中级人民法院(2021)沪03刑初25号判决书。

牌厂商向其经销商,甚至该经销商的下游经销商或零售终端(简称"经销商"),颁发"授权正品店""品牌产品授权店"之类的牌匾或证书,载明"兹授权其为××××年度某某品牌产品授权经销店"之类的内容。该等"授权正品店"证书的授予行为,虽然可以为经销商或零售终端的品牌产品销售提供增信,但其法律及商业风险也较为明显。

——**被授予"授权正品店"证书的经销商,可能为其他品牌同时提供了增信。**如果被授予"授权正品店"证书的经销商不是专营授证品牌产品的专卖店,当"授权正品店"证书在该等经销商的店铺、网站及相关宣传资料上悬挂、张贴或展示时,也同时将为该等经销商销售其他品牌(甚至不限于其他品牌正品)提供增信。

——**对授予"授权正品店"的经销商,应当有相应的合同加以约束。**如果被授予前述"授权正品店"证书的经销商退出品牌厂商的分销体系,或者存在销售假冒产品(包括假冒其他品牌产品)等情形时,品牌厂商如何收回该"授权正品店"证书,或者如何对该等经销商追究责任?品牌厂商应当:(1)与该等经销商签署严格的书面合同,规定该证书的使用主体、使用情形、使用终止,以及违约责任等内容;(2)或者由前述经销商签署承诺书,直接向品牌厂商承诺必须销售正品,并且在接到品牌厂商通知后,无条件地撤除相关证书及复印件(包括数字版或电子版)的张贴、展示等。

——**被授予"授权正品店"证书的经销商,没有直接的业务关系的控制风险。**如果被授予"授权正品店"证书的经销商与品牌厂商并无直接的业务关系,而是处于品牌产品分销渠道下游的各个环节或终端,此时,品牌厂商对于不发生直接业务关系或联系的下游经销商或零售终端,无法进行有效的控制,包括但不限于无法查核其销售的品牌产品是否系正品,是否过期,是否存在其他质量问题或包装缺陷。由于该等经销商或零售终端与品牌厂商没有直接的业务联系,自然也没有相应的书面合同加以约束。因此,使用该证书的主体资格,使用的情形、如何终止使用、违反约定的责任等均无法以书面合同的方式加以管束。

总体上,(1)对于经销商或零售终端授予"授权正品店"证书的行为,应当保持谨慎。(2)即使基于业务上的需求,需要授予前述"品牌产品授权经销店"证书的,也应当仅限于有直接业务联系的经销商,并有严格的合同约束。(3)授予前述证书的授权期限不应跨度过长,最好以1~2年为一个授权期间。

六、面向客户的知识产权管理

客户知识产权风险管控

对于销售链的终端——客户而言,在知识产权风险管控方面同样不可忽视。常见的管控方式有:

——关注客户的变动情况。如果公司的客户发生了较大程度的变化,极有可能受到侵权冲击,比如员工跳槽带走商业秘密,导致客户跟着流失。

——宣传假货的安全隐患。面向终端用户教育宣传购买、使用假货的安全风险，教授识别真假的知识，培育用户的正品消费意识。

——打击侵权商品的经营性最终使用行为。打击侵权假冒的对象通常是生产商、销售商，甚至提供帮助侵权的电商平台等，很少针对侵权商品的最终用户开展打击，但是也有例外。比如，一家酒店装修使用的全是假冒某品牌的卫浴产品，客人一旦入住酒店，其认知的品牌是品牌厂商的商标，使用体验好坏的信誉评价都指向于品牌厂商，显然也会对品牌厂商的声誉构成一定的冲击。此时，也有必要向该酒店（严格讲并不是自己真正的客户）提出侵权等主张。因经营性使用侵权商品而承担商标侵权法律责任的个案，已经在国内出现。

客户商标指示性合理使用情况

商标指示性合理使用是为一般公众了解与产品或服务的有关信息，允许使用人合理地提及商标权人的商标。指标性合理使用有两种典型的情形：

——**服务指示**，是指在为用户提供服务时，为指明或介绍服务内容而合理使用商标权人的商标。比如，新东方学校在"TOEFL 系列教材""TOEFL 听力磁带"上突出使用了"TOEFL"字样［为美国教育考试服务中心（ETS）的注册商标］，目的是说明和强调出版物的内容与 TOEFL 考试有关，以便于读者知道出版物的内容，并不会造成读者对商品来源的误认和混淆，构成合理使用。①

——**平行使用**，是指在自己的商品或服务上正当使用供应商或其产品、技术的商标。比如，英特尔（Intel）的 CPU 是计算机的零部件，"ThinkPad"笔记本计算机在销售中使用 Intel 是为了标明 CPU 的来源。

近年来，客户在广告宣传、产品包装上平行使用知名供应商商标的情况有增多的趋势，其目的是达到增加质量信用度、品牌吸引力、消费者信赖等作用。但如果使用不当（如显著或突出地使用），极易引发误解。比如，某品牌的一款不粘锅，因为使用了杜邦特富龙的不粘涂层材料，则在产品包装上突出使用"特富龙"字样，不知内情的消费者有可能还以为"特富龙"是该品牌的子品牌。因此，一些知名供应商对于用户的商标使用行为会表示关注，通常会在供应或采购合同中限制对其供应商品牌的不恰当使用。当然，擅自突出使用供应商商标的行为，本身也可能构成商标侵权或不正当竞争。

被告永红公司以老干妈公司生产的驰名商标"老干妈"牌豆豉作为自己生产的牛肉棒商品（简称涉案商品）的原料之一。该商品包装正面上部标有永红公司所拥有的"牛头牌及图"商标，中部印有"老干妈味"字样，包装背面标有涉案商品品名为"老干妈味牛肉棒"。二审法院认为：被告将"老干妈"作为涉案商品的口味名称标注于涉案商品包装正面，属于对涉案商标的复制、摹仿，其能够起到识别商品来源

---

① 北京市高级人民法院（2003）京高民终字第 1393 号民事判决书。

的作用,属于商标法意义上的使用。且"老干妈"牌豆豉并非食品行业的常用原料,"老干妈味"也不是日用食品行业对商品口味的常见表述方式,涉案商品对"老干妈"字样的使用不属于指示性使用,故其构成侵权。[1]

第3节 贸易环节的知识产权管理

一、出口的知识产权风险管控

随着国内公司技术进步、自主创新能力和产品质量管控能力的提升,国产品牌在国际上的竞争力越来越强,在国外市场上攻城略地的同时,也引来了竞争对手和非运营实体(NPE)的觊觎。在过去十余年中,我国一些实力较强的大型公司已经在国外遭遇了一些知识产权诉讼,吸取了一些教训,积累了一些宝贵经验。**余颖女士结合其经历的多次海外知识产权诉讼,梳理和总结了关于产品出口知识产权风险排查及规避相关经验。兹摘录如下。**[2]

出口知识产权风险识别

要判断拟出口产品是否侵权,应当事先总结风险专利的关键技术特征。按照下列方法可以初步筛选出可能对本公司拟出口产品具有威胁的专利清单。针对这些风险专利,公司技术人员、专利工程师和上游供应商应当结合自身产品技术方案进行对比分析,识别出对拟出口产品而言真正具有高风险的专利,再有计划地进行风险规避。供应商的协助有时也不可缺少。如果拟出口产品含有供应商提供的部件,尤其是关键部件,则供应商对本公司的作用不言而喻,有时专利分析和规避工作甚至需要完全依赖供应商的帮助。

——**侵权警告函指出的专利**。如果公司收到的专利侵权警告函明确指出了风险专利,则可能基于以下几种情况:(1)从形式上看,如果专利权人仅在警告函中列出疑似侵权产品的名称和型号,提供了一个或几个专利号,甚至呈出 claim chart,则这类专利风险很高,决不能等闲视之。专利权人很可能对本公司产品进行了拆解或对产品的工作方法和步骤进行过研究,并与其专利进行比对,找出了侵权盖然性较大的专利。(2)专利权人提到其拥有本行业产品必然会实施的专利,已向相关标准组织作出过专利声明,并列出了专利列表,虽然没有提供 claim chart,但此类专利侵权的概率也较大。(3)专利权人在警告函中既未列举具体侵权产品名称,也未提及具体专利号,则此类警告函很可能是讹诈函件,根据欧美的司法实践,这类侵权警告不属于"善意"谈判邀约,公司可以不予理会。(4)专利权人在警告函中提到侵权产品名称,并列出一长串专利列表,这种情况也许是专利讹诈,也许的确存在侵权的可能,需要结合专利权人在本行业的地位、名声和其诉讼情况做综合判断。

---

[1] (2017)京民终28号二审民事判决书。
[2] 余颖:《产品出口"知识产权风险"排查及规避》,IPRdaily,2018-05-19。感谢作者授权使用。

——**本行业高风险专利**。首先,上述提到的标准必要专利是本行业产品无法回避的风险最高的专利。其次,通过专利诉讼数据库筛查出的同行公司或上游供应商频繁被诉且被判侵权的专利也存在非常大的危险性。

　　——**自行排查出的专利**。专利工程师根据本公司产品的技术特征,利用专利数据库检索出覆盖了这些技术特征的专利,则同样具有一定危险性,此时需要将这些专利导入专利诉讼数据库进行检索,探查这些专利是否有相关诉讼记录,以印证自身的侵权排查结论或评估专利侵权风险转化为现实的可能性。

　　——**联合供应商排查出的专利**。如果产品核心部件都由供应商提供,公司自身难以识别该部件涉及的风险专利,则可以利用专利诉讼数据库筛查供应商同行频繁被诉专利的方法,请供应商进行识别。

出口知识产权风险规避

　　公司法务需要透彻学习拟出口国家相关法律法规和司法实践,熟悉并追踪同行在相关技术领域发生的诉讼案件进程及结果,了解产品出口到目标国家的风险、采取何种策略规避这种风险以及评估可能为此付出的成本。同时结合公司的预算、沟通的便利程度、利益冲突等,选聘当地律师协助,做好法律风险评估和规避措施。多管齐下,降低产品扣押、侵权赔偿和禁售的风险,为产品出口保驾护航。

　　——**设计技术规避方案**。越早识别出专利风险并寻找替代方案,受到的损失就会越小。这就要求公司的知识产权风险排查工作走在产品设计方案最终落地之前,而不是等生产模具和生产线都已准备完毕、甚至产品都已实现批量生产之后。如果产品核心部件都由供应商提供,但确有侵权的,则可以尝试让供应商更改技术方案或更换其他供应商,如果没有更好的备选项,则应尽量与供应商签署知识产权担保合同,确保侵权诉讼发生后能够得到经济上的补偿。

　　——**针对风险专利进行环绕式专利布局**。如果公司不具有技术规避的能力或无法绕开风险专利,则可考虑针对风险专利进行环绕式专利布局,例如就实施风险专利所必须使用的上游技术、风险专利技术的各种替换方案等申请专利,当风险转化为现实时,可用这些专利作为筹码与专利权人展开谈判或进行交叉许可,以避免或降低专利侵权带来的经济损失。

　　——**针对高风险专利进行无效检索**。通过专利权无效可以使专利权人失去起诉的资本,也可以为与专利权人达成和解提供筹码和基础。公司用于无效检索的成本有限,应当首先对高风险专利进行无效检索,评估专利无效的难度,再根据自身的预算和专利无效的成本等进行选择。

　　——**提起专利无效诉讼**。首先建议锁定侵权警告函明确指明的专利,其次评估已找到的对比文件是否足以无效目标专利,再次估算专利无效诉讼的成本是否在预算范围内,最后需要结合专利权人的角色和地位斟酌无效其专利的必要性:例如,若对方是 NPE,且已向公司发送过警告函,则提起无效诉讼可对其产生较大的震慑力,迫使其放弃提告;如果对方是竞争对手,如果其手握大量专利,在自身专利储备较弱的情况下,率先提起无效诉讼可能会引起其报复性反扑,最终得不偿失;如果对方比本公司专利实力弱,则可尝试发起无效,尽量提前消除出口隐患。

——**提起确认不侵权之诉**。如果在风险识别过程中发现本公司产品明显不侵权,尤其是已有相关判例支持该结论的情况下,可选择在对自身有利的法院管辖地提起确认不侵权之诉,以掌握案件的主动权。如果不主动占取先机,而是等专利权人起诉后才被动应诉,则可能面临审判地、适用法律、先例都对自身不利的窘境,白白丧失"主场优势"。

——**准备律师函或保护信**。如果公司用于出口知识产权风险规避的预算有限且风格保守,以上提到的主动提起无效诉讼及确认不侵权之诉都无法作为备选项,则笔者强烈建议公司在已做不侵权分析和无效检索的情况下,聘请拟出口国当地律师撰写律师函或保护信(内容与律师函相似,只是在不同国家称呼不同),内容包括不侵权和无效分析的结论和原因、专利权人存在懈怠、专利不具有可执行性等。

——**取得风险专利权或实施许可**。如果上述选项对公司而言均不具有可实施性,取得风险专利权或实施许可则是最保险的方式。但这完全依赖于专利权人的意愿、公司的经济实力和谈判能力,公司可根据实际状况进行选择。取得风险专利权或实施许可往往是双方和解谈判的结果。

——**做好产品设计研发记录**。如果拟出口产品是公司自行设计的,从立项开始至产品成型整个过程的设计思路、草图、实验记录、会议记录都应当完整保留,这样做的目的在于:如果有人抢先申请了专利并起诉公司侵权,可以用上述资料进行先用权抗辩;或者即使在他人申请专利后才开始产品设计,在某些情况下这些材料也能在一定程度上降低被判恶意侵权的可能性。

——**改换营销方式**。对于完全不具备上述任何一种方式的实施能力,尚未进入专利权人视野而又愿意冒很大风险的公司,可以尝试以下途径降低潜在风险:a.改换物流通道。以欧洲为例,如果专利权人只在 A 国有维权记录,可以从 A 国的邻国 B 国入境,然后从 B 国通过陆路进入 A 国,这样可以在很大程度上绕过 A 国的海关,减小海关查扣风险。b.改变宣传方式。删除公司网站、电子销售平台、产品宣传手册上与风险专利有关功能的介绍,以免留下侵权证据。c.更换销售途径。寻找一家较为安全的中间商,在国内将产品卖给中间商,再由该中间商出口至目标国并将商品转卖给客户。[①]

此外,公司在出口遭遇知识产权侵权指控等法律风险时,应当及时提交说明和证据,必要时提供担保以保证及时发货。此外,公司应当保留与对方交涉侵权的证据,如果对方系恶意诉讼,可以视本国或出口国家的法律规定,反过来向其维权索赔。

---

① 余颖:《产品出口"知识产权风险"排查及规避》,IPRdaily 2018-05-19。

二、平行进口贸易的商标问题[①]

平行进口的构成要件

随着全球贸易自由化的深入,跨国贸易蓬勃发展。2021年10月13日,海关总署发布的最新数据显示,2021年前三季度我国货物贸易进出口总值28.33万亿元人民币,比去年同期增长22.7%。其中,跨境电商等外贸新业态继续保持蓬勃发展的态势,跨境电商进出口增长20.1%。[②] 随着国内消费的升级,市场对跨境进口产品的需求更为迫切,平行进口贸易也逐渐进入大众的视野。然而平行进口在惠及消费者的同时,也引发了一系列的法律纠纷。由于我国立法上对平行进口是否会侵犯商标权还缺乏明确、清晰的法律规定,因此平行进口的合法性依旧是一个有争议的话题。北京市高级人民法院2015年作出的《当前知识产权审判中需要注意的若干法律问题(商标篇)》中"关于平行进口是否构成侵害商标权"部分明确规定:"平行进口应被司法所接受,不认定构成侵害商标权。"[③]

平行进口,是指未经国(境)内知识产权所有人或其独占被许可人授权,将该知识产权所有人或其独占被许可人在国(境)外投放市场的商品向国(境)内进口,而该商品在国(境)内享有知识产权。[④]平行进口的构成要件主要包括:

——权利同源:无论是在出口国还是进口国,进口的商品都享有知识产权,且该知识产权的所有人为同一人或具有关联关系的人。

——正品投放:进口商品是合法的正品。进口商品由权利人或经其授权之人投放于出口国市场,进口商从市场上合法购买之后再输入进口国。

——合法进口:进口商的进口行为合法。进口商品系经进口商履行海关手续后进入到进口国境内而非通过走私等非法渠道进入。

——非原厂授权:进口商在进口国境内销售平行进口商品的行为,未经进口国知识产权人的授权许可。

平行进口的合法性观察

通过梳理我国法院公开的判定平行进口不侵权的商标类案件裁判文书,可以归纳出认定平行进口不侵权的理由如下:

——**未损害商标功能及商誉**。以大王株式会社案[⑤]为例,被诉侵权商品系原

[①] 本节内容系本人指导研究生宋春雨撰写,已获作者授权。参见宋春雨:《平行进口贸易中判定商标侵权的裁判规则探析》,《商情》2022年第19期,第43~45页。

[②] 海关总署2021年前三季度进出口情况新闻发布会,http://www.customs.gov.cn/customs/xwfb34/302330/3946708/index.html,2021年11月20日检索。

[③] 北京高院整理发布当前知识产权审判中需要注意的若干法律问题(商标)政策精神,http://www.chinaiprlaw.cn/index.php?id=4102,2021年11月20日检索。

[④] 陶鑫良、袁真富:《知识产权法总论》,知识产权出版社2005年版,第251页。

[⑤] 参见浙江省高级人民法院(2017)浙民申1714号裁定书。

告大王制纸会社生产,被告俊奥公司从日本进口后销往国内。被告并未对该商品进行任何形式的改变,所以商标与商品来源的对应关系真实,不会导致消费者的混淆误认。在被告保证了被诉侵权商品原产性的情形下,该商品的质量始终处于原告所设置的管控条件下。虽然不同厂家生产的不同系列产品存在技术指标差异,但这属于正常现象,也没有证据证明这些技术指标差异导致被诉侵权商品存在不符合法律、行政法规或国家标准的质量瑕疵。故涉案商标的来源识别功能、品质保证功能及商标所承载的信誉未受到损害,被告的平行进口行为未侵犯原告对于涉案商标的商标权。

——**自由竞争**。在海丝腾案[1]中,北京东城法院认为,商标禁用权绝非是为商标权人垄断商品的流通环节所创设。若被控侵权商品确实来源于商标权人或其授权主体,此时商标权人已经从"第一次"销售中实现了商标的商业价值,不能再阻止他人进行"二次"销售或合理的商业营销,否则将阻碍市场正常自由竞争秩序的建立。

——**法律无禁止**。在 J. P. CHENET 葡萄酒案[2]中,法院就表达了这样的观点:我国相关法律、法规并未将被告的平行进口行为规定为侵犯注册商标专用权的行为。只要进口商品没有经过任何加工、改动,仅仅以原有的包装销售,依法合理标注相关信息,不会导致消费者的混淆误认,不会损害原告商标标示来源、保证品质的功能,不损害商标权人和相关消费者的利益,就不构成对商标权的侵害。

——**合理使用**。当商品所有者通过正当渠道购入商品后,有权将带有商标的商品再次出售。但在实践中,为了更好地销售商品,商品所有者通常会对商品的来源和用途等方面进行说明,这种说明难免会使用到商品的商标。只要这种使用没有超出正当合理的范围,就不构成侵权。

平行进口构成侵权的情形

对于"平行进口不侵犯商标权"不可一概而论。在司法实践中,法院在认定平行进口原则上不侵害商标权的前提下,还会进一步审查该平行进口行为是否有损害商标权的其他情形。因此,近些年来,仍有不少平行进口行为被判决构成商标侵权,这些情形主要表现在以下方面,并且同样适用于正品分销过程中的侵权判断。

——**商品包装实质性改变**。之宝公司雕花案[3]中,被告对底部带有"zippo"标识的打火机采取了激光镭射的加工方式。加工后的打火机附着了原正品打火机不具有的图案、装饰,原打火机的整体外观产生了较大差异,已构成实质性改变。即该类经过被告加工雕刻后的打火机已完全不同于原告投入市场时的打火机,二者属于不同的产品。被告未获得原告的授权许可,在对原商品进行加工后依然使用"zippo"商标,且没有附加区别信息。在原告也销售雕刻图案的打火机,并且两者

---

[1] 参见北京市东城区人民法院(2015)东民(知)初字第03450号判决书。
[2] 参见天津市高级人民法院(2013)津高民三终字第0024号判决书。
[3] 参见广东省广州市中级人民法院(2012)穗中法知民初字第54号判决书。

在包装装潢与防伪标识等方面相似的情况下,必然会使消费者产生混淆误认,因此被告的上述行为侵犯了原告的商标权。

——**商标包装替换**。平行进口商对进口商品分装或重新包装的行为虽然不影响商品的品质,但会改变商品规格,影响售价,最终妨碍商标的来源识别功能。在 Moroccanoil, Inc. v. Perfumes World Com, Inc. 案[1]中,原告是美国一家摩洛哥护发产品的经销商,其商品产自以色列。以色列生产商针对各国的市场需求、强制性规定的差异生产了不同包装的产品,销往全球 70 多个国家。被告将从国外进口的商品置于 Groupon、eBay 等网站上销售。加利福尼亚西区联邦地区法院认为,被告进口的产品在包装上与原告在美国销售的商品有所不同,被告的产品外包装上没有标明每液盎司的净体积、美国经销商及其地址、产品警告、客服热线、保质期等信息。最终法院依据 SLEEKCRAFT 八要素测试法[2]判定此种包装上的差异会导致消费者混淆,因而构成商标侵权。

——**磨去识别码隐匿商品来源**。识别码有标识商品特定信息的作用,这些特定信息包括生产日期、生产批次、产品生产地与销售地等。作为商品的一部分,识别码体现了商品的完整性,已与该商品融为一体。在玫琳凯案[3]中,法院指出:"由于涉案商品的二维码和批号均被刮损,一方面使得原告无法对其商品质量进行追踪和管理,破坏了原告的质量管控体系,妨碍商标权人对其生产或授权生产的商品实施包括召回在内的质量追踪措施,干扰了商标权人控制商品质量的权利;另一方面使得涉案商品的包装破损,破坏了商品的完整性,损害了商品的整体美观度,使消费者无法获得原告提供的与涉案商品相对应的质量保障、售后服务。这势必导致公众对商标权人商品和服务的评价降低,对涉案注册商标的美誉度产生负面影响,从而破坏了涉案注册商标的来源识别、品质保证和信誉承载的功能。"

——**加贴中文标签混淆商品来源**。平行进口商为便利经销,可能擅自加贴该进口商标外文商标的中文名称,而该中文名称恰恰已由商标权人在中国注册。虽然该进口商品系该商标权人或关联方投放市场,但中文商标的使用控制权仍由商标权人所掌控,未经许可或非由法律强制规定,不得擅自使用。在绝对伏特加案[4]中,被告在其销售的被控侵权商品上擅自加贴不透明的白色中文标签,其文字、颜色均与瓶体商标、装潢不相陪衬,破坏了原商品的完整性和美观感受。并且该中文标签上标注的进口商"郑州市纳努克商贸有限公司",经查询并未依法登记。上述差异已足以导致消费者对商品的生产、销售来源产生合理怀疑,从而对商标权利人的认可度和信赖度降低,致使商标权人的利益遭受损害,构成商标侵权。

——**改变商品关键质量信息**。如果平行进口商对商品的质量、性质、级别等具

---

[1] See Moroccanoil, Inc. v. Perfumes World Com, Inc., 234 F. Supp. 3d 1026 (2017).
[2] 美国联邦第九巡回法院通过 AMF 诉 Nescher 侵权案,在确定混淆可能性的问题上,确立了 8 个影响因素:(1)商标的影响力;(2)与商品的关联性;(3)符号相似度;(4)实际混淆的证据;(5)营销渠道的使用;(6)购买者关心程度;(7)被告选择标记的意图;(8)产品扩张的可能性。
[3] 参见浙江省杭州市中级人民法院(2017)浙 01 民初 972 号判决书。
[4] 参见湖南省长沙市中级人民法院(2016)湘 01 民初 1463 号判决书。

体事项进行了改变,不仅会损害商品的质量,也会对其背后承载的信誉造成损害,甚至给消费者的人身财产安全留下隐患。在这种情形下,平行进口被判定侵权。在米其林案[①]中,被告销售的"MICHELIN"系列商标的产品为日本生产的正品,但未经3C认证即在中国境内销售。同时被告在销售过程中对速度级别标识进行了改动,以低速度级别的轮胎冒充高速度级别的轮胎,以次充好。将此种产品投放入我国市场已违反了相关的法律规定,存在很大的安全隐患,还会使消费者误认为原告生产的商品存在严重的质量问题,破坏商标的质量保证功能和品牌商誉,侵犯了商标权利人的注册商标专用权。

——**商品再造**。商品的真实来源,不仅仅指产品或组成产品的零部件,还包括零件组装的方法、技术、工艺、标准等与质量有关的一切因素。用同样的零部件组装成同一种产品,会由于组装精度、组装环境、组装工艺的不同导致产品质量有所差别。Rolex Watch U.S.A., Inc. v. Michel Co案[②]中,被告在购买了原告生产的劳力士手表之后,进行了加工和更换:在表面镶嵌钻石,更换表带和表盘。这种加工行为看似锦上添花,实则弄巧成拙:镶嵌的钻石会影响指针的正常运作,破坏手表的准确性;低质量的表盘会破坏手表的防水功能,缩短手表的使用寿命。这种加工并销售手表的行为,破坏了原商品的品质,并对商标权人的商誉造成损害,因此认定其构成商标侵权当无疑义。

——**质量差异化**。基于不同的营销策略,商标权人可能针对国别差异或市场消费需求差异在不同市场上投放不同质量的商品。此种情形下,如果平行进口商不加以区别标志和说明,会导致消费者降低对商品的社会评价,损害商标权人的商誉,构成商标侵权。路虎揽胜案[③]中,深圳前海合作区法院认为,出于经营多样化和吸引多层次消费群体的需要,生产商往往会基于差异价格策略而推出同一旗下的不同品牌以及与之相联系的不同档次的商品。不同品牌虽然出自共同的商品来源,却在原料选取、制造工艺、质量控制、附加服务和价格水平方面存在或大或小的差异。平行进口车的款型配置较为丰富,不同款型的技术参数、动态驾驭、外部配置、内部配置、安全防盗配置等都存在差异。被告作为平行进口商,没有对同一商品来源的不同档次的商品配置作出明确、具体的区别说明,存在用此档次商品冒充彼档次商品的可能性,破坏了档次间的差异识别。

——**商标授权关系发生混淆**。平行进口商品销售商在使用商标进行展示宣传的过程中,往往会超出合理使用的必要限度,例如在其店铺招牌、店铺装潢及宣传册等物品上擅自使用商标而不附加区别信息或对外宣称其与商标权利人存在授权许可关系等。此种情形下,容易造成相关公众的混淆和误认。不属于善意和合理的使用。维多利亚的秘密诉上海麦司公司案[④]中,被告在店铺大门招牌、店内墙

---

① 参见湖南省长沙市中级人民法院(2009)长中民三初字第0073号判决书。
② See Rolex Watch U.S.A., Inc. v. Michel Co., 179 F.3d 704 (9th Cir. 1999).
③ 参见深圳前海合作区人民法院(2015)深前法民初字第44号判决书。
④ 参见上海市高级人民法院(2014)沪高民三(知)终字第104号判决书。

面、货柜及收银台、员工胸牌等多处突出且大量使用"VICTORIA'S SECRET"标识。在宣传的过程中,自称其为维多利亚的秘密上海直营店、维多利亚的秘密中国总部。此种行为易使相关公众误认为其为商标权人或得到了商标权人的授权许可,已经超出指示商品来源的必要限度,产生了指示服务来源的功能,构成对"VICTORIA'S SECRET"服务商标专用权的侵害。

平行进口贸易的商标合规性建议

当前美国、欧盟、日本等世界上大多数国家和地区都通过法律确认了商标平行进口的合法性。尽管各国和地区对于商标平行进口的规定还有所差异,比如美国在平行进口商品实质性差异例外的基础上设置了标签例外规则、欧盟在商标平行进口问题上采用的是权利的区域用尽观点而非国际用尽观点、日本判断商标平行进口是要求国内商标权人和国外相同商标的商标权人归根溯源属于同一实际控制人等,但承认商标平行进口的合法性已是大势所趋。

综合以上分析来看,权利同一、原样销售的平行进口原则上不构成商标侵权。但如果平行进口商品发生了实质性改变,或销售商在平行进口后的相关行为满足商标侵权的要件,法院会据此认定该平行进口行为构成商标侵权。具体而言,平行进口商的改变包装、磨去识别码、加贴中文标签等行为若造成消费者的混淆误认,会损害商标的来源识别功能;改变商品关键质量信息、对商品进行再造、妨碍权利人的差异化经营策略,会损害商标的质量保证功能;销售商在使用商标进行展示宣传的过程中,不附加区别信息,超出合理使用的必要限度、导致消费者产生混淆,损害商标的来源识别功能,以上情形均可能构成商标侵权。

因此,在平行进口贸易中,要注意以下事项:

——在进口前对拟进口商品进行商标权利排查,确认出口国和进口国注册商标权人的同一性。同时对进口商品质量与我国该商品的质量进行比对,确保商品不存在"实质性差异"、符合我国对该商品的相关政策要求,然后通过合法渠道进口正品。

——尽量将商品原样销售,不要擅自改变进口商品及其包装、商标样态、标签、识别码及其他关键质量信息。

——在使用商标进行展示和宣传的过程中,要明确标注商品的来源,使消费者对商品来源及质量有合理的预期,不得擅自表示与商标权利人存在授权或许可关系。[①]

三、挖掘利用专利剩余市场

识别专利的剩余市场

剩余市场策略,是指利用他人专利技术获得法律保护的地域限制,在其没有申

---

① 宋春雨:《平行进口贸易中判定商标侵权的裁判规则探析》,《商情》2022年第19期,第43~45页。

请专利的国家或地区,实施相同的技术方案,获得市场利益。在这里,"没有申请专利的国家或地区"就是所谓的剩余市场。透过剩余市场策略,可以利用其他公司在中国或者自己目标市场内不享有专利权的技术,而无须去提出耗时长久、费用高昂的专利无效请求。

美国是全球专利交易高地、专利诉讼高地,也是专利申请高地。因此,美国是许多国际大公司的专利申请与布局重地。一些跨国公司在美国和中国的专利申请量并不一致,甚至差距较大,这反而为中国公司在国内使用相关技术,提供了潜在机会与可能性。中国公司可以通过检索中国和美国的专利文献,在中国利用这些公司在美国申请专利但未在中国申请专利的技术。

通过绘制同族专利的全球分布图,可以寻找某些产品的全球剩余市场。所谓**同族专利**,是指具有共同优先权的在不同国家或国际组织多次申请、多次公布或授权的内容相同或基本相同的一组专利或专利申请。一项发明可同时在多个国家申请专利并被授权,这是基本常识。在检索专利文献的过程中,公司只要通过同族专利检索或其他办法即可知道对方到底都在哪些国家申请过专利并被授权。进而通过排除法,可知道未被对方的专利权所覆盖的国家,也就知道了对方的剩余市场。因此,即使不与专利权人打交道,也可无偿的在这些剩余市场的国家内使用、生产、销售专利权人所涉及的产品。了解这些还可使我们在专利许可证贸易及产品进出口谈判中占据有利的地位(表 10-2)。[①]

表 10-2　同族专利的分布调查

技术	美国专利	日本专利	德国专利	法国专利	英国专利	中国专利
技术 1	√	☺	√	☺	☺	√
技术 2	☺	√	☺	√	√	☺
技术 3	√	☺	☺	√	☺	☺
技术 4	☺	√	☺	√	☺	☺
技术 5	√	☺	√	☺	☺	√

注:√表示申请了专利,☺表示未被申请专利,该国即为剩余市场。

剩余市场策略的运用

要运用剩余市场策略,必须在前期透过同族专利检索等渠道,来发现专利权人没有申请专利的国家或地区,即追踪他人的专利技术,进行全球检索,发现该同一技术方案没有申请或没有获得专利权的国家或地区。然后,评估该专利是否具有可实施或可产业化的前景。如果不能产业化,也不存在利用的必要。同时评估该专利在剩余市场是否有市场前景,比如该技术产品在剩余市场的需求规模,同类产品市场竞争状况等。

---

① 参见陆毅:《企业专利战略的制定及应注意的问题》,http://www.cnpatent.com/peixun/peixun9/peixun9-4.htm,2004-08-31。

总体上看,剩余市场策略主要应用于下列领域：

——国内利用时。通过剩余市场策略,发现国外公司在中国没有申请专利的技术,从而在国内免费实施,或者在其基础上进行改进完善,在国内申请自己的专利权。

——产品出口时。通过剩余市场策略,可以寻找到不发生侵权的产品出口机会。北京燕山石化公司产品出口前,都要由专利情报部门进行出口检索,避免侵犯进口国的专利权。在某种程度上,也是在实施剩余市场策略。

——国外投资时。通过剩余市场策略,发现在国外免费实施他人专利技术的投资机会,以减少成本支出与法律风险。

剩余市场策略运用的局限

——国际优先权的限制。所谓国际优先权,是指申请人自发明或者实用新型在外国第一次提出专利申请之日起12个月内,或者自外观设计在外国第一次提出专利申请之日起6个月内,又在本国就相同主题提出专利申请的,可以享有优先权,即有权以其第一次提出申请的日期作为后来提出申请的申请日。在进行专利检索时,很可能检索出他人在外国已经公布专利申请或获得专利授权,但在中国尚未公布专利申请或获得专利授权,这时就要警惕他人是不是在利用国际优先权,故意拖延在中国的专利申请,以免其故意观察中国市场,在优先权期间到期之前才在中国提出专利申请,从而断送自己的剩余市场策略。

——充分竞争的问题。由于在剩余市场没有专利的保护和限制,会发生多家公司充分竞争的情况。此时,需要公司采取品牌战略或改进专利的方式,来保护自己的市场利益。

——技术秘密的限制。有的产品在专利之外还有商业秘密保护,单纯依靠其专利授权文件难以有效的实施或达到较好的技术效果。所以,依照他人在一国公布的专利授权文件,在剩余市场进行产业化实施,如果不进行技术改进或后续开发,可能无法生产出质量合格、令消费者满意的产品。

——从属关系的牵制。他人的技术在剩余市场没有获得专利,但该技术的实施需要依赖其他技术(即存在从属关系),而其他技术在剩余市场却拥有专利权。这时,一旦实施该未专利化的技术,则可能会侵犯到其他技术的专利权。

——其他专利的牵绊。一件相对复杂的产品可能需要多件专利技术的支持才能生产。因此,在剩余市场没有取得专利的一项或几项技术,可能无法孤立的运用,必须结合其他在当地享有专利权的技术才能有效的发挥作用。此时,在剩余市场利用他人的技术就会遇到一些困难。

第4编
知识产权价值实现

【导读】

◇ 在从成本控制中心向利润创造中心、从职能支持部门向核心业务部门、从打假维权武器向战略管理工具转型的过程中,知识产权的价值层次更具有丰富性和多元化,包括法律价值、财产价值、信息价值、商业价值、竞争价值、形象价值等。

◇ 知识产权的运营形态包括知识产权的产业化、交易、金融、维权诉讼、增值策略以及运营服务。诉讼是度量知识产权价值的标杆,司法定价可以促进知识产权运营,强化知识产权的尊重意识,刺激知识产权的交易需求。

◇ 知识产权的交易流程没有统一的路径可供依赖,但对基本的许可环节进行流程管控,对双方的交易标的进行尽职调查,并借助严密的许可合同制定和合同监督,更能推进许可的最佳实践,保障许可的利益实现。

第11章 知识产权价值利用

❖思维导图

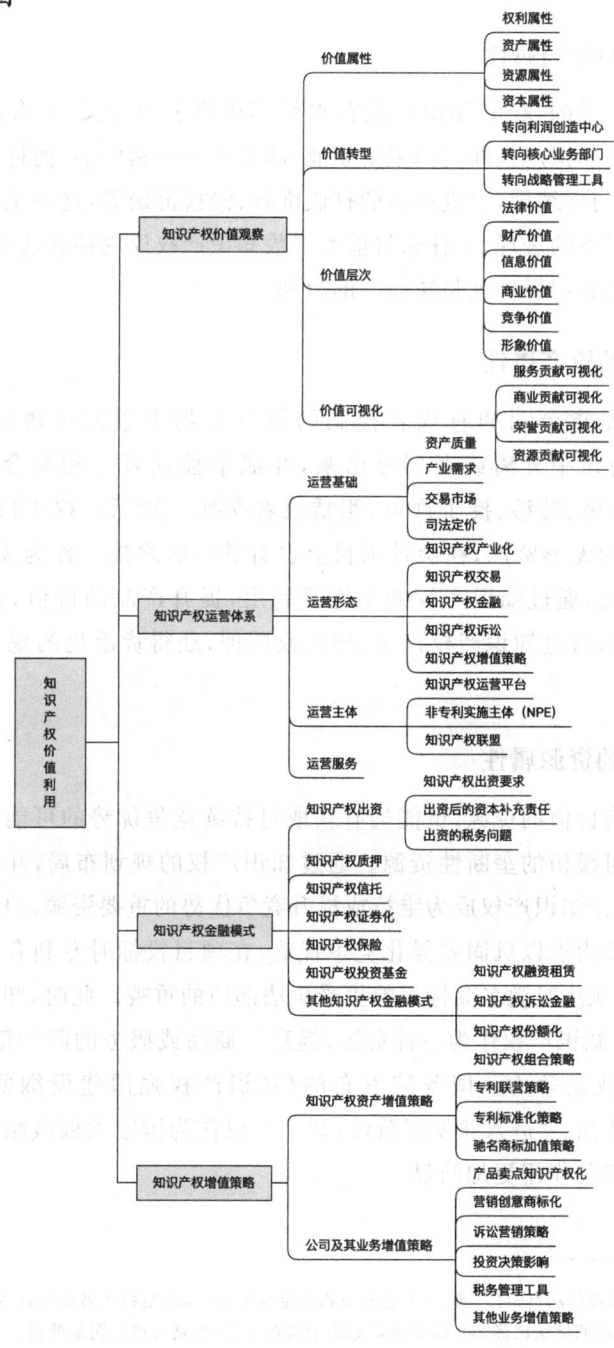

第1节 知识产权价值观察

一、知识产权的价值属性

知识产权的权利属性

作为法律赋予的权利,知识产权首先有其法律上的意义,带有民事权利的属性。大多数公司知识产权部门的主要职能,即是从事专利申请、商标注册或版权登记,专利维持或商标续展,更进一步的打假维权、侵权诉讼等,这些工作本质上都是知识产权权利属性的表现,为什么目前大多数知识产权议题都在法律语境下展开?因为知识产权的底层属性就是法律上的权利。

知识产权的资产属性

无形资产是指公司拥有或者控制的没有实物形态的可辨认非货币性资产,它能够从公司中分离或者划分出来,并能单独或者与相关合同、资产或负债一起,用于出售、转移、授予许可、租赁或者交换。知识产权不仅是一项权利,也是公司重要的无形资产,在会计项目上也有其一席之地。作为无形资产,知识产权可以商用化,通过知识产权的实施或利用,提升产品的价值,获取更多的收入;可以货币化,通过知识产权许可、转让或质押,获得货币化的现金收入或现金利益。

知识产权的资源属性

公司占据有价值的资源,更能拥有获取可持续竞争优势的可能性。而知识产权就是一类不可模仿的垄断性资源。通过知识产权的规划布局,并与公司经营战略相匹配,可以让知识产权成为维持或提升竞争优势的重要资源。比如,通过专利保护产品的独特卖点以巩固差异化竞争优势,在项目投标时专利有可能带来额外的加分,在行政执法时驰名商标可能更受执法部门的重视。此时,知识产权就具有加值的意义。[1] 知识产权作为一种资源,提高了商品或服务的附加值,进而提高市场竞争力和产业竞争力。国务院发布的《知识产权强国建设纲要(2021—2035年)》更是明确指出:"进入新发展阶段,知识产权作为国家发展战略性资源和国际竞争力核心要素的作用更加凸显。"

---

[1] 在2013年《商标法》修订之前,不少企业争相认定驰名商标,就是将驰名商标作为广告招牌(广告资源)使用。但修订后的商标法已经禁止将驰名商标用于商业宣传,否则会遭致罚款处罚。

知识产权的资本属性

资本化是知识产权资本属性的表现形式。所谓**知识产权资本化**,指的是以资金需求方、供给方和中介服务机构为主体,采用质押、信托、证券化和产业基金等模式完成对知识产权投融资的过程,包括利用知识产权进行融资(包括股权融资和债权融资等)、对知识产权进行保险等。[①] 可以说,知识产权资本化也可以归属于知识产权金融的范畴,而出资(作价入股)与证券化是知识产权资本化的两种典型表现。公司将知识产权评估后出资入股,可以减少现金的投入和占用。公司也可以知识产权未来的许可使用费(包括预期的知识产权许可使用费和已签署的许可合同保证支付的使用费)为支撑,发行资产证券进行融资。作为一种新型的融资方式,知识产权证券化在中国还处于探索阶段。

二、知识产权的价值转型

从成本控制中心转向利润创造中心

知识产权的申请和维护是需要成本的。根据乔永忠先生的调查,自专利申请日起 5 年的美国专利年费总额最高(10 674.28 元人民币),匈牙利、古巴、中国和巴西 4 个国家专利年费总额在 4000~6000 元人民币。[②] 根据一项统计,财富 100 强的大公司在全球一些主要国家或地区,从获得一项发明专利到维持发明专利 20 年有效期,要花费 25 万~50 万美元。[③] 一家公司如果拥有成百上千件专利,其维护费用不难想象是十分惊人的。事实上,知识产权的成本支出不仅仅是申请的官费、维持的年费,还有代理服务费、信息分析费等。因此,一旦知识产权达到一定规模,控制成本支出就成为一个问题。所以,在某种程度上,专利被称为富人的游戏。

但是,知识产权也不仅仅是消耗成本的一纸证书,它也可以是储存价值的商业宝藏,并正在成为创造利润的发动机。2017 年 9 月,中南大学正式以独占许可方式,将"电化学脱嵌法从盐湖卤水提锂"技术转让给上海一家公司,此次转让涉及专利许可实施使用费共计 1.048 亿元人民币;2018 年 1 月,江苏恒瑞医药股份有限公司将自主研发并拥有自主知识产权的用于治疗免疫系统疾病的 JAK1 抑制剂项目许可给美国 Arcutis 公司,可获得首付款和里程碑款共计 2.23 亿美元……一个个

---

① 卜天舒:《我国知识产权资本化的方向与保护浅析》,载《清华金融评论》2021 年第 3 期,第 88~90 页。
② 乔永忠:《不同国家或地区专利年费收费标准比较研究——以 54 个国家或地区四个时间节点年费分布为例》,《中国知识产权杂志》,2017-10-20。
③ 陈筱玲、萧添益、简明德,等. 科技导向企业的智慧资本制度[C/OL]. 2002 年培训科技背景跨领域高级人才计划海外培训成果发表会论文. [2007-02-25]. http://iip.nccu.edu.tw/mmot/upload/file/5paper.pdf.

凭借专利许可让创新获得市场价值的案例被见证，为创新者们展示着知识变现的广阔前景。

从职能支持部门转向核心业务部门

公司内部的部门可以划分为核心业务部门（core business）和职能支持部门（supporting function）。**核心业务部门**一般是完成营销任务的部门、创造收入和利润的部门、服务客户的部门，是公司存在的基础和发展的根源，通常涉及研发、生产、销售、采购、售后服务等核心环节。而**职能支持部门**是运营支持部门和服务保障部门，保证公司组织的顺利运转，一般涉及法务、合规、财务、人力资源、安全等环节。传统上，知识产权部门（可能从属于法务部门或研发部门）是一个职能支持部门或者内部服务部门。比如，为研发部门的创新活动提供专利检索、专利分析、专利申请等支持，为营销部门的宣传活动提供合法性评估、合规性审查等支持，为生产、销售部门的新产品上市提供 FTO（Freedom To Operate）检索——在一项技术商业化应用前，检索识别可能遇到的专利壁垒，并分析评估侵权风险，以保障技术能够自由地运作。当然，作为职能支持部门并非不重要，法务部门在华为的定位还有一个说法叫作"使能器"，离开了它业务无法展开。

随着知识产权重要性认知度的不断深化，尤其是知识产权利润创造能力的持续提升，知识产权部门正在迈向核心业务部门，甚至有望与研发、销售等部门并肩而坐。知识产权可能会被人们忽略，但它就像尘封的商业宝藏一样，一旦被挖掘出来，就变得价值非凡。一些拥有成千上万件专利的公司，都在尝试或已经设立了知识产权许可、运营或商业化的职位。这些公司显然已经不满足于知识产权仅仅提供业务支持，而是期望它能直接创造利润，将知识产权变现——无论是通过谈判的许可策略，还是借助进攻性的诉讼活动。虽然知识产权通向核心业务部门的道路还比较曲折，但已经折射出公司管理层对于知识产权看法的转变。

从打假维权武器转向战略管理工具

知识产权作为一种法律权利，打假维权是其应有的功能。很多品牌厂商都投入了不菲的资金，通过提起诉讼或请求行政执法向假冒者、侵权人宣战。2018年11月，北京市工商局发布"打击侵犯商标专用权和制售假冒伪劣商品"十大案例，其中，侵犯"tiger"注册商标专用权案罚款5587万余元，是近20年来北京市工商部门查处的最大一起商标侵权案件。

但是，知识产权也日益成为一种战略管理工具。比如，专利可以成为商业伙伴，甚至竞争对手之间的合作纽带，从而开启另一种专利生存方式。微软公司全球高级副总法律顾问**古天安**接受媒体采访表示："2003年12月到2011年，我们和来自世界各地的各种规模的公司一共签署了600多个专利技术许可协议，甚至包括我们的竞争对手。"在微软看来,通过专利许可的合作策略,对微软继续保持领先优势非常重要。

知识产权竞争已经可以帮助公司达成越来越多的战略目标,比如,通过专利回避或专利布局,突破竞争对手围堵,寻求业务发展空间;通过知识产权侵权诉讼剑指竞争对手主营业务,阻击对方 IPO 或打压其股价。**姜银鑫**[现任中微半导体设备(上海)股份有限公司法务及知识产权副总裁]提出了"**专利制衡力**"的理念,它是指公司的整个专利运营要产生能制衡对手的专利力量。它具体体现在专利组合中的专利能对竞争对手的技术、产品或专利产生攻击、卡位、钳制、围剿和威慑作用,同时对自己的技术、产品或专利产生防御保护。①

◇案例:交易并购的知识产权价值

纵观华为历史上与美国和欧洲公司的交易并购中都是以华为出技术,对方出资金的方式进行合作,这不仅产生了很高的商业价值,为投资者持续带来回报,也对产业界产生深远影响,带动了产业的融合,无一不突显出华为强大的研发创新能力与知识产权的价值。这些交易包括:华为技术与国际存储和安全软件制造商赛门铁克公司合资成立华为赛门铁克,自 2008 年成立以来,申请专利 300 多项,参与了多个国际和国内的标准化组织,并在其中发挥重要作用,在存储领域和安全领域均成为业界标杆。2004 年,华为和西门子公司共同出资的合资企业鼎桥科技推出的商用化时分同步码分多址(TD-SCDMA)的解决方案,有效地降低了研发成本,很快成为 TD-SCDMA 领域的领先者,其产品和解决方案广泛应用于中国移动 3G、4G 商用网络,稳居市场份额第一。

华为在 30 余年发展、壮大的历史中,遇到过各种风浪,也拥有很多机遇。华为正是因为拥有在各种并购交易中提供强大的研发资产和知识产权的能力,并在与业界伙伴合作过程中将这种能力转化为真实的商业价值,从而与合作伙伴或携手共渡难关,或抓住机遇快速发展,实现双赢。华为的合作创新能力也通过这一系列成功的交易被业界广泛高度认可,形成品牌。

——摘自《华为创新和知识产权白皮书》,2020 年。

三、知识产权的价值层次

知识产权法律价值

知识产权作为法律权利,当然首先具有法律价值。知识产权的垄断性就是其

---

① 柯晓鹏、林炮勤主编:《IP 之道》,企业管理出版社 2017 年版,第 102 页。

天然的法律意义,给了权利人垄断行使、独专其利的地位。从权利保护的角度,知识产权的法律价值更表现为针对侵权人发出侵权警告、提起侵权诉讼、主张侵权赔偿等。知识产权作为受法律保护的无形资产,才能为其发挥财产价值、商业价值、竞争价值等提供支持。2022年年初发生俄乌冲突后,在西方国家与俄罗斯相互轮番制裁后,俄罗斯宣布"非授权使用不友好国家企业的专利,无须作出任何赔偿。"这就相当于剥夺了专利的法律价值,让专利失去了法律的牙齿,失去了威力,当然这只是特定时期的特定状况,但正好反过来映衬了知识产权的法律价值。

知识产权财产价值

尽管著作权等知识产权包含有人身权内容,但知识产权本质上是财产权,知识产权法属于财产法是不争的事实。**刘春田**教授更是将知识产权提升到**第一财产权利**的高度。他认为,知识是一切"物"产生的真正原因,"物"是知识的结果。没有知识便没有"物"。知识、技术才是"物"的灵魂,是物质财产的生命、真正价值和存在的原因所在。按照制度发生的历史,虽然知识产权远远晚于物权。但知识产权自产生之日,就天然的青出于蓝而胜于蓝,逻辑的、实践的先于物权,优于物权。如果没有偏见,知识产权贵为财产权利体系中"上游权利"作为一个不争的事实,随着技术、制度创新对经济发展的决定性作用的彰显,作为一个科学发现,昭然若揭。①

在知识经济时代,知识产权的财产价值日益彰显,当然,更严谨的说法应该是知识产权保护的对象(商标、发明、作品等知识财产)是重要的无形财产。**朱颖先**(罗氏制药中国区专利副总裁,2021年)谈到,"知识产权对制药或者生物公司来说是最有价值的资源,知识产权保护是公司未来成功的关键。"从公司的角度,知识产权的财产价值体现得多姿多彩,比如,知识产权可以商品化、产业化,从而带来经济效益;知识产权作为交易标的,取得现金收益;通过专利交叉许可,可以节省许可费等成本支出;知识产权可以作价入股,节省现金支出;知识产权本身具有投资价值等。

知识产权信息价值

知识产权的信息价值在专利领域体现最为明显,一些大公司有专人负责检索与分析专利信息,追踪行业或竞争对手的技术发展动向。专利信息是一座资源宝库,里面蕴藏了很多技术、法律、经济和战略方面的信息,需要公司精心发掘,细心利用,为公司的技术研发、专利规划和决策咨询等提供信息上的支持。无论对于公司的研发活动、侵权防御,还是技术引进、竞争决策,甚至人才评价,专利信息的分

---

① 刘春田:《知识产权作为第一财产权利是民法学上的一个发现》,《知识产权》2015年第10期,第3~9页。

析利用都可以发挥其独特的价值或作用,兹不详述。当然,商标信息对于品牌设计、商标布局、侵权规避等亦可作出贡献,详见表 11-1。

表 11-1 专利信息的类型

信息类型	相关说明
技术信息	在专利说明书、权利要求书、附图和摘要等专利文献,及其相关文献中所披露的技术内容
法律信息	在权利要求书、专利公报及专利登记簿等专利文献中记载的专利保护范围、专利有效性等具有法律意义的信息
经济信息	某一国家、行业或公司通过专利文献而体现出来的经济活动方面的信息
战略信息	经过对上述三种信息进行检索、分析、整合而产生的具有战略性信息

知识产权商业价值

知识产权作为重要的无形资产,还可以带来直接的现金收益,这种获利能力更是其商业价值的直观体现。通常,作为利润或收益来源的渠道主要以下三个:

——**从市场获益**。通过知识产权许可、转让、入股等获得知识产权收益。2021年4月底,宁德时代发布的《关于签署交叉技术许可协议的公告》表明,ATL 应每12个月付款 1.5 亿美元给宁德时代,付款 10 年。整体而言这就是一个总价值15 亿美元的许可合同,而被许可产品就是其主营的"用于约定种类产品的电芯和/或电池包"。据 2015 年爱立信披露的信息显示:爱立信在全球各个国家共申请2G、3G、4G 专利超过 35 000 项,爱立信每年知识产权收入约为 100 亿元人民币。

——**从维权获益**。通过提起诉讼或发送警告函等维权的方式,获得赔偿金、和解费、许可费等收益。2018 年,深圳市微信食品股份有限公司(以下简称微信食品公司)等因在线上线下公开宣传、推广和经营带有"微信产品"标识的社区生活营行、生态体验餐厅、生态体验会所等,被腾讯公司以侵犯"微信及图"驰名商标及"Wechat"驰名商标专用权及构成不正当竞争为由告上法庭。北京知识产权法院一审判决被告赔偿经济损失及合理支出共计 1000 余万元。

——**从政府获益**。通过知识产权申请或运营等获得政府部门的各类资助、奖励或税收优惠。上市公司维信诺在 2018 年 6 月发布公告称,其子公司及孙公司近日收到专利申请、**知识产权贯标**[①]等相关的政府补助,合计 84.665 万元人民币。不过,近年来,各地政府部门从收紧了知识产权资助或补助的力度。

知识产权的商业价值并不局限于获利能力,比如,知识产权还有合作价值,以专利或商标作为桥梁和上下游谈合作,甚至投资入股。有的公司则通过知识产权的开放许可,构建或整合产业生态。

---

① 所谓"知识产权贯标",是指在企业贯彻执行《企业知识产权管理规范》国家标准(GB/T 29490—2013),建立一整套管理体系,将所有与知识产权活动有关的行为进行规范化管理。

知识产权竞争价值

在知识经济时代,知识产权不仅仅表现为独占性的法律权利和法律资产,更进一步表现为商业资产和策略资产:作为商业资产,知识产权可以为权利人带来商业利益和经济利润,许多大公司正在享受着知识产权许可带来的滚滚财源;而作为策略资产,知识产权正在为权利人带来无可比拟的竞争优势,并日益发展成为新型的商业竞争工具。尤其是专利,正在逐渐成为高科技公司的核心竞争力,甚至已经成为一些大公司相互平衡竞争关系的重要武器。

专利本身的竞争价值甚至战略价值,已经逐渐获得公司的认可,并加以利用。比如,知识产权打假维权成为权利人清扫市场、驱出竞争对手和侵权仿冒者的法律武器;规模庞大、数量可观的专利储备成为威慑竞争对手的竞争防御工具;专利成为创业板和科创板上市公司表彰自己创新能力和成长潜力的重要符号;专利成为大股东通过许可使用优先获取公司利润的重要杠杆;难以绕开的核心专利成为竞争对手进入市场的准入门槛。凡此种种,知识产权的价值日益超越了法律,超越了管理,而上升到公司战略的层次,成为真正意义上的核心竞争力。

知识产权形象价值

这是指公司及其产品基于其知识产权形成的总体形象所产生的价值。国家知识产权局发布的《2018年中国专利调查报告》显示,国内专利权人对其未实施专利的主要利益在于塑造形象形成宣传效用的占比高达41%。IBM2021年以8682项授权专利连续29年蝉联榜首,作为美国专利授权榜的霸主,不仅每年都成为受人瞩目的专利新闻,更是为其创新形象锦上添花,彰显了公司源源不绝的强大创造力。

事实上,将知识产权作为形象甚至营销工具,并非新事物。佳能在21世纪初期就将其数码相机、喷墨打印机、扫描仪、多功能数码复合机获得的美国专利数量作为广告内容,在中央电视台播出,以表现其创新精神和技术实力。

戴薇[昕诺飞(中国)投资有限公司知识产权顾问,2021年]认为,"企业用知识产权来做对外的宣传,对企业来说是非常好的形象展示,对投资人、合作伙伴、潜在客户,都传递了非常积极的信息。这个企业重视基础创新,重视知识产权的保护。"风险投资人之所以青睐拥有知识产权优势的公司,是因为拥有知识产权,就意味着竞争优势,意味着垄断利润,意味着投资前景。

◇业界声音

陈阳(文远知行科技公司总法律顾问,2022年)指出:新兴科技公司的发展离不开融资。融资是保障公司发展的重要前提,公司在上市前一般会经历多轮融资,而知识产权保护水平不仅会影响投资人决策,也会影响公司估值。投资人会非常关心公司是否对其技术采取了相应的知识产权保护及保护水平如何。如果公司还未进行知识产权申请,投资人往往会建议或要求公司招聘知识产权专业人员进行申请和保护。文远知行公司在 A 轮融资时,投资人尽职调查报告就明确指出,公司存在知识产权保护缺乏的问题,建议"组建知识产权专门团队"。

——来源:林炮勤主编:《IP 之道 2——中国互联网企业知识产权实践集结》,知识产权出版社 2022 年版,第 8 页。

以知识产权表彰公司形象最直观的方式就是数字,比如公司的专利数量进入了各类专利榜单,力压同行,自然是创新形象提升的重要方式。乐视在 2015 年 12 月的单月专利申请量超过 1200 件,此前还从来没有互联网公司在一个月的时间内,把专利申请量做到如此量级,因此被称为"打破互联网公司专利史上的单月最大申请纪录"。其中,12 月 15 日,乐视更是创下了单日最大申请量纪录——当日专利申请数量高达 178 件。不过,成王败寇,乐视因经营问题陷入困境,这些专利纪录不仅不值一提,反而有些反讽的意味。

更为惊诧的是,2009 年初夏,云南一家日报刊载了一篇整版广告:热烈祝贺某某品牌荣获"注册商标"!庆祝商标成功注册,这简直比当年成功认定为驰名商标还要嚣张——在那几年中国商标申请量已经高达数十万件,商标核准注册更没有达到万里挑一的程度。这样的宣传不仅不能塑造良好形象,反而可能成为业界笑柄。

四、知识产权价值可视化

价值可视化的内涵

展现知识产权及其管理对于公司的价值,是知识产权部门获得专业认同、情感认同,直至价值认同的重要方式。数字会说话,要让公司上下尤其是管理层看得到、摸得着,才得赢得公司各个方面对知识产权管理的欣赏支持和价值认同。所谓**知识产权价值可视化**,是指将知识产权本身及其管理带来的价值以数据量化、业绩亮化的方式呈现出来。

其实,与其说是将知识产权价值可视化,不如说是将知识产权部门的工作量化,实现部门业绩可视化;将知识产权部门的业绩亮化,提升部门能见度。因此,名为知识产权价值可视化,实为知识产权业绩可视化。总体上,可以从服务贡献、商业贡献、荣誉贡献以及资源贡献这四个维度来实现知识产权价值可视化。当然,这些维度有时是交叉重合的,并不是泾渭分明的。

需要说明的是,用以可视化的数据或事实不一定是来自公司内部的,官方机构、行业协会、媒体、评估机构等披露的数据或事实,同样可以作为知识产权价值可视化的来源。比如,蔚来汽车法务部在2022年1月披露,公司2个外观专利由第三方资产评估机构分别估值:1.423亿元、1.11亿元;2个发明专利系列由第三方资产评估机构分别估值:1.1408亿元、6575万元。

服务贡献可视化

　　法务人员(包括知识产权法务在内)是公司内部法律顾问(in-house counsel),其职责就是为公司及其各个部门提供法律服务支持。因此,服务贡献可视化主要是从知识产权部门服务过程的角度,通过数据量化展示其部门贡献。这些贡献可通过年度总结、专题汇报、资讯报道等各种方式向管理层、业务部门展示,必要时可以对外展示。服务贡献的量化,可以展示知识产权职能部门的"功劳"与"苦劳"。知识产权部门(指广义上的承担有知识产权职能的知识产权部、法务部等各类部门)服务贡献量化,可以体现为以下几个方面:

　　——**案件量化**。量化展示知识产权部门每年处理的知识产权行政确权案件数量(异议、复审、无效及后续行政诉讼等)、侵权及权属纠纷等民事案件数量,以及平台投诉、打假维权、行政查处甚至刑事案件的数量。比如,华为大中华终端法务部团队2021年累计处理了线下商标侵权案件370余件,结案率95%;团队累计处理了线上知识产权侵权线索3100余个,结案率96%,专项清理了电商平台、社交平台等的侵权线索;新浪集团法务部诉讼团队负责处理和指导新浪、微博及各子公司与投资公司的全部争议解决工作,包括境内外法律纠纷及诉讼案件处理。2021年,诉讼团队累计处理法律纠纷超过3万件。

　　——**申请量化**。量化展示知识产权部门为公司申请或获得授权的专利商标等知识产权数量或增量贡献。比如,TCL实业知识产权部2022年1月披露的数据显示,团队近一年申请国内专利近2000余件,PCT数百件,授权专利近2000件。截至2021年年底,同方威视知识产权部围绕核心技术提交国内外6000余件专利申请、300余件软件著作权以及600余件国内外商标申请。申请/授权量化可以进行纵向量化对比(与公司过去的数据对比)和横向量化对比(与业内同行的数据对比)。**蓝绍发**(晶科能源知识产权总监,2021年)认为,"衡量知识产权部门工作绩效不是以专利授权数额为准,应以在行业竞争中领先其他企业为准。"

　　——**合同量化**。量化展示知识产权(或法务)部门为公司起草、审核的各类合同数量。比如,苏泊尔法务部2021年完成了上千份公司各类合同的评审。

　　——**问题量化**。量化展示知识产权部门为公司其他行政、业务部门,或者为公司客户解决和回复的专业问题。

　　——**风险量化**。量化展示知识产权部门为公司化解、控制的风险点或投诉量。包括为消除产品销售或竞争障碍,而主动无效的专利数量。

　　——**项目量化**。量化展示知识产权部门在公司参与过服务的研发、投资等项目情况。2021年中创新航知识产权团队实现公司现有产品开发项目100%全流程嵌入,研发成果全面及时保护,在不起火电池、one-stop 技术、高速叠片技术等重点领域深入布局,专利申请量同比增长 93.4%。

——**时间量化**。量化展示知识产权部门为公司业务部门提供咨询意见、尽职调查、争议解决等服务所花费的时间及人力。

当然,量化展示并不只是限于单纯地统计现有数据,还可以进行数据分析和二次加工。比如,截至 2021 年,美图法务部的知识产权维权案件胜诉(含对方赔偿后和解)成功率高达 100%,有力维护了互联网美图美学领域的良性竞争市场秩序。又如,在 2021 年,新浪集团共收到来自境内外的各类被诉案件 3000 余件,通过新浪集团法务部诉讼团队积极应诉,案件免责率达 98% 以上。这里的 100%、98% 就是对既有案件数据的简单加工和分析。

商业贡献可视化

商业贡献可视化主要是通过数据量化展示知识产权部门创造、参与的经济收益、销售贡献、客户增长、竞争优势等方面的商业贡献,总体上这是最受管理层瞩目的价值可视化或业绩可视化。知识产权部门的商业贡献量化可以从以下几个方面着手:

——**赔偿金额的量化**。量化展示打假维权、侵权诉讼或合同诉讼等诉讼及非诉方式所获得的赔偿金、和解金或胜诉支持金额。可以是一个高额赔偿案件的金额量化,也可以是将某一年或某一时期的案件汇总累积起一个可观的金额。2021 年,天津市第三中级人民法院作出一审判决[案号(2020)津 03 知民初 319 号],展讯通信(上海)有限公司赢得发明专利侵权诉讼,获赔 2431 万元(另有合理开支赔偿 10 万元)。作为国内手机基带芯片发明专利侵权案的第一份判决,本案判决的赔偿金额足以提振公司重视知识产权的信心与决心。

——**成本节省的量化**。量化展示基于交叉许可、作价入股、商标撤三、和解谈判等而节省的成本支出。比如,深圳某智能声学终端产品公司在将主打品牌申请商标注册时,发现已有另一家公司在先注册了近似商标,后来该公司知识产权法务调查发现对方的注册商标并没有投入使用,通过采用商标"撤三"(注册商标连续三年不使用可以撤销)的方式撤销了对方的注册商标,成功助力公司解决了商标问题,而且成本很低。

——**损失避免的量化**。量化展示通过知识产权及法律服务避免的经济损失。比如,2021 年,公牛集团两个投资并购项目在法务部的主导下,避免损失近 1 亿元人民币。

——**市场贡献的量化**。量化展示商标、著作权等知识产权打假维权带来的市场贡献。因此,知识产权部门不仅要展示打假案件数量(或侵权链接)、假货窝点、假货数量等,更要展示假货金额、赔偿金额等衡量市场贡献的经济成果。比如,截至 2021 年年底,索菲亚家居法务部为公司打击线上各类侵权产品总货值累计已超

20亿元人民币。有的知识产权经理人还会对比某一区域打假前后的销售量或业绩增长情况,以作为知识产权部门打假维权的业绩贡献。

——**客户增长的量化**。量化展示基于知识产权保护而带来的客户回归或用户量增长情况。比如,统计通过打击侵犯商业秘密的侵权人挽回的流失的客户数量及销售收入;统计通过打击盗版视频,正版视频的用户观看量或付费用户量的增长情况。

——**融资贡献的量化**。量化展示借助专利权、商标权、著作权等知识产权质押担保、资产证券化或风险投资等金融手段获得的资金情况。

——**转化收益的量化**。量化展示知识产权转让、许可、运营等交易金额及其增长情况。比如,2021年阅文集团法律事务部协助业务部门设计原著改编权及同人改编权分别授权的商业模式,12个月内成功售出数百部小说影视、游戏、动漫改编权,数万部小说音频改编权,完成近百个作品的衍生品开发,合计知识产权运营金额数十亿元人民币;2021年,在欢聚集团法务部的努力下,知识产权转让许可价值超过1.3亿元人民币。

——**竞争优势的量化**。量化展示通过知识产权赢得的市场地位、竞争优势等贡献。比如,通过专利侵权诉讼,击退了同行竞争对手的IPO上市计划,或打消了友商的风投融资计划。

——**标准专利的量化**。量化展示公司进入国内外技术标准的专利数量。根据业界知名机构发布的LTE标准专利统计报告,华为拥有10%以上的4G标准必要专利,ETSI最新公开的5G标准必要专利数据显示,华为占比已达到20%。这个数据写入了《华为创新和知识产权白皮书》(2019年6月)。

——**政府获益的量化**。量化展示因知识产权而获得的政府部门的资助、奖励情况,以及税收减免情况。

荣誉贡献可视化

荣誉贡献可视化主要是通过统计与知识产权工作有关的各类奖励、称号、资质等荣誉,来展示知识产权部门的贡献。知识产权相关荣誉较多,有的是授予或指向公司,有的是授予或指向个人,但归根结底都是与公司有关的荣誉。常见的荣誉类型有:

——**奖项荣誉类**。奖项或荣誉的范围非常广泛,有含金量较高的中国专利金奖、中国版权金奖、中国商标金奖等国家级奖项,有上海市知识产权创新奖、江苏省专利发明人奖等地方政府颁发的奖项,还有媒体或协会等社会组织授予公司或个人的奖项或荣誉等。比如,同方威视截至2021年获得3项中国专利金奖、1项中国外观设计专利银奖、6项国家专利奖优秀奖以及1项北京市发明专利特等奖、2项北京市发明专利一等奖、1项北京市发明专利二等奖;欧普照明总法律顾问及法务团队截至2021年曾获评中国杰出知识产权经理人和Legal 500中国区百强法务榜等荣誉。

——**案例评选类**。全国各级法院、知识产权（及著作权）主管部门，以及知识产权相关的行业协会、媒体等机构，每年都会评选并发布各类十大案例或优秀案例等。比如，最高人民法院每年发布的中国法院十大知识产权案件和五十件典型知识产权案例。如果公司作为原告入选了此类案例，也算是"被动"享受了荣誉。

——**示范企业类**。国家和省市等各个层面都有各类知识产权（专利、版权）试点、示范企业及类似的培育或认定。比如，国家知识产权示范企业、优势企业，上海版权示范单位等。

——**排行榜单类**。各类知识产权排行榜比比皆是，当然有的榜单有官方性质，含金量较高，比如世界知识产权组织（WIPO）公布的年度全球国际专利申请排名情况；有的榜单是民间排名，可以作为参考，或许聊胜于无。如果公司荣登榜单，特别是影响力较大的榜单，自然要大力宣传展示。

——**技术实力形象**。在营销案例中，有公司以产品拥有专利数量为卖点的例子。比如，佳能公司曾经在电视及平面广告中，展示其相机、复印机等产品上的专利数量，以展示公司的技术实力。当然，公司没有必要为了数量而非理性申请专利。

——**媒体曝光率**。这是指公司或个人等在各类媒体上出现的频率。因为知识产权而在媒体上频频亮相，公司及个人能获得较高的社会知名度。媒体曝光当然须是正面的，至少是中性的。

——**卖点专利**。这是体现技术优势或差异化竞争优势而作为产品或服务卖点的专利。有的公司在召开新品发布会或进行广告营销时，会着重宣传介绍卖点专利，提升公司形象或竞争优势。这虽然不是官方或第三方授予的"荣誉"，但在市场竞争中胜似荣誉。

——**驰名商标认定**。驰名商标是在中国为相关公众所熟知的商标，驰名商标作为一个商标保护的法律概念，并不是一个荣誉称号，而且《商标法》也明确禁止将"驰名商标"字样用于广告宣传。但驰名商标认定仍然可以视为知识产权部门工作业绩汇报中的"荣誉"。数据显示，截至2021年年底，索菲亚家居法务部通过对知产侵权行为持续开展行政投诉、法院诉讼等维权举措，维权过程中，索菲亚驰名商标总认定次数达53次，仅2021年驰名商标认定次数已达24次。

资源贡献可视化

资源可视化主要是统计知识产权给公司带来的政策资源等各类资源（主要以政策资源为主）。如果公司能够获得政府资助资金、奖励、减税等资源，大多可以统计或量化展示出来。有些上市公司还专门在年报披露其每年从政府获得的各类资助、补贴等收入。与知识产权有关的资源获取方式，常见的有：

——专利申请、授权资助（将逐步取消或缩减范围）；

——软件登记资助；
——专利预警和维权补贴；
——专利导航补助；
——专利权质押贷款贴息补助；
——知识产权管理贯标资助；
——知识产权(专利)试点企业、示范企业或优势企业奖励；
——高新技术企业认定(知识产权是认定的硬性条件)；
——品牌战略专项支持(针对品牌拥有注册商标的公司)；
——政府各种项目基金支持(部分项目有知识产权要求)；
——知识产权作价入股(节省公司现金投入)；
——项目竞标加分(发明专利或驰名商标可能会加分)。

第2节 知识产权运营体系

一、知识产权运营基础

资产质量

中国知识产权运营存在的问题表现在多个方面，比如社会资本参与度低、交易运营平台不够活跃、知识产权价值评估困难、专业运营人才团队缺失等，但知识产权资产质量也是影响知识产权运营的重要因素。如果专利申请"量产"化的动力来自上级考核要求、职称评定需求，而非面向产业应用、面向市场竞争，那么这样的专利资产质量很难满足产业需求。

获得高额收益或者高额赔偿的专利，都有一个共同的特征，其专利保护的技术成果的原创性和价值度都很高，属于高价值的专利资产。因此，"数量布局、质量取胜"的理念必须深入人心，才能确保专利成果后续的转化运用。从公司的角度，专利真正的价值在于"被使用"，可以从如下问题评估专利有无被使用的价值：(1)专利能够被用在哪些产业哪些产品上？(2)谁会使用，是自己使用，还是竞争对手或其他人会使用？(3)如果被他人使用，能否证明"被使用"？此即专利侵权可视化的问题。

理论上，高价值专利可以从技术价值、法律价值和商业价值三个维度进行评估，但从统计学上不易统计。因此，国家知识产权局将以下5种情况的有效发明专利纳入高价值发明专利拥有量统计范围：战略性新兴产业的发明专利、在海外有同族专利权的发明专利、维持年限超过10年的发明专利、实现较高质押融资金额的发明专利、获得国家科学技术奖或中国专利奖的发明专利。

对于版权运营而言，同样需要高质量、高价值的内容IP，才能有更多的机会获得全方位的开发利用。对一个原创的内容IP进行游戏、动漫、影视、出版、衍生品、流媒体、音乐、沉浸式娱乐、知识付费等方面的全方位版权开发,必然要求该内容IP本身十分优秀,具备强大的市场化潜质。

产业需求

中国作为世界制造中心,产业规模庞大,更拥有众多的人口和巨大的市场,以此而论,知识产权的产业需求应该比较旺盛,与之相应,知识产权应该更加值钱。尽管如此,培育知识产权的产业需求和付费意愿,仍然需要系统考量和持续努力。首当其冲,应当在全社会树立"尊重他人知识产权,有偿利用知识产权"的观念。如果利用他人的知识产权成果不愿付费,不想付费,那么从事有偿交易的技术市场就很难真正建立。同样,从事创新的公司也无法获得足够的回报,更面临成长壮大的障碍,科技成果的资本化、产业化都会遇到阻力和困难。从任正非先生的谈话可以感受到,是华为公司及其领导层这种尊重知识产权的意识,才让华为的知识产权如此强大,才让华为公司如此伟大。

◇业界声音

任正非先生(华为公司创始人,2015年)谈道:要让大家愿意搞原创,必须要尊重知识产权,对知识权益要尊重和认可,不尊重知识产权,人们不愿也不敢从事原创性创新,而热衷于抄袭和模仿,要尊重知识产权就要付出知识产权成本,华为的国际化就是借船出海,以土地换和平。我们千军万马攻下山头,到达山顶时,发现山腰、山脚全被西方公司的基础专利包围了,怎么办?只有留下买路钱,交专利费,或者依靠自身的专利储备进行专利互换,为此,华为每年要向西方公司支付数亿美元的专利费,我们坚持不投机,不存侥幸心理。

——来源:彭剑锋教授于2015年12月18日专访华为总裁任正非的录音整理。

交易市场

当前我国各地建设有为数不少的技术交易中心或知识产权运营平台。但是,目前鲜有非常成功的技术交易市场,大多数都是空有其名,难有其实,按照市场规律进行技术交易的情形并不多见。总体上看,研发和市场尚未建立有效的对接和转化机制,要么研发端无法满足市场端的技术需求,要么市场端找不到需要的技术成果。

因此,健全技术转移机制,尤其是创新知识产权交易模式。只有完善技术转移的平台,创新知识产权经营的模式,落实知识产权的转化实施,才能使知识产权真正成为"浇在智慧火花上的利益之油",从而源源不断地激发自主创新、原始创新的潜力、动力和活力。尤其是对技术转移而言,一方面,要从市场中寻找研发需求,而不要等到成果出来再找市场,要将技术交易的流程前置到研发之初;另一方面,要打通技术成果的转移渠道,仅仅通过技术展会、网络推广完全不足够,因为技术交易有更强的技术性,交易程序也有更强的复杂性,更需要在技术成果持有人和技术成果使用人之间进行有效的沟通和交流。因此,急需培养或建立一支在特定行业特定领域精通技术、商业和产业需求的技术经纪人队伍,能够敏锐地捕捉和促成技术交易的商业机会。

司法定价

孔祥俊(时任最高人民法院知识产权庭庭长,2013年)在中国知识产权法学研究会2013年年会上指出,"如果被侵害的知识产权未获充分赔偿,知识产权就将成为廉价品。我们要通过提高司法赔偿额,来引导知识产权市场价值的提高。而知识产权市场价值的提高,反过来又将推动司法定价的进一步提升。"**司法定价**的本义并不是通过司法诉讼来给知识产权确定价值,而是指侵权诉讼的司法赔偿额会影响或引导知识产权市场价值的认可和提升。一方面,通过提高司法赔偿额,引导知识产权市场价值的提高;另一方面,知识产权市场价值的提高,又将推动司法定价的进一步提升。如此,良性循环。

2016年5月,华为公司起诉三星及其关联公司生产的二十余款电子产品侵犯了华为公司持有的201010104157.0号(组件显示处理方法和用户设备)发明专利。2017年4月,泉州中院作出一审判决,支持了华为8000余万元的赔偿请求。2017年12月,福建高院在二审判决中,除对停止侵权部分作出调整外,基本维持了一审判决。2019年8月30日,广东省高级人民法院维持了广州知识产权法院关于宁波奥胜(奥克斯空调生产商)向珠海格力集团赔偿4000万元的判决。近年来,一系列高额赔偿极大地提升了权利人获取、保护和运营知识产权的信心,也在一定程度上改善了创新和营商环境。

宋柳平(华为公司高级副总裁,2016年)说:"美国专利是钻石,欧洲专利是黄金,中国专利是白菜,为什么?要支撑专利价值靠什么:一靠司法定价,二靠工业实力。"因此,司法定价可以促进知识产权运营。因为诉讼本身获取的赔偿或和解金也是知识产权价值的体现,它会刺激知识产权交易市场的兴盛。**柯晓鹏**(时任NXP大中华区知识产权总监,2016年)指出,"虽然专利价格最终是谈出来,要综合多种因素,但诉讼是度量知识产权价值的标杆。版权、商标、专利等知识产权诉讼,可以促进知识产权交易的繁荣,会深刻地影响知识产权的定价。"

在知识产权侵权赔偿较低的时期,一度出现"**侵权即战略**"的说法:因为侵权使用的赔偿金额远低于购买知识产权许可的使用费,与其购买许可,不如侵权使用。现在这种局面已经改观,国内侵权赔偿的提高已经具有了威慑力。事实上,知识产权交易也需要以诉讼为后盾,以诉讼为手段。如果知识产权没有法律牙齿,单纯依赖自觉去尊重知识产权并愿意付费,毕竟是过于理想的状态。

二、知识产权运营形态

知识产权运营形态表现

国家知识产权局在部署知识产权运营试点企业工作时,给出的知识产权运营定义是:"**知识产权运营**指以实现知识产权经济价值为直接目的的、促成知识产权流通和利用的商业活动行为。具体模式包括知识产权的许可、转让、融资、产业化、作价入股、专利池集成运作、专利标准化等,涵盖知识产权价值评估和交易经纪,以及基于特定专利运用目标的专利分析服务"。

知识产权的运营形态或运营方式十分丰富,从广义上讲,只要是能将知识产权实现价值(不限于现金收益)的方式,都可归属于知识产权运营的形态。从知识产权价值实现的路径来看,知识产权运营形态主要可以分为六类,这些知识产权运营活动,有的内容将在本章专节介绍,有的内容将在其他章节加以阐述。

——知识产权产业化。知识产权资产储备和实施利用本身就是运营的最典型表现,比如专利布局、专利实施、商标使用、作品利用,以及知识产权项目孵化。利用无效专利、开发剩余市场等商业活动,亦是知识产权产业化反向运营的表现。

——知识产权交易。转让、许可、并购,以及广义上的 IP 授权商业化、专利池或专利联盟、知识产权投资活动等也是知识产权交易的一种形态。

——知识产权金融。包括知识产权出资(作价入股)、质押、信托、证券化、保险、投资基金,甚至知识产权份额化、融资租赁、众筹等。

——知识产权维权诉讼,知识产权侵权警告、打假维权、诉讼索赔等亦是知识产权价值实现的表现。

——知识产权增值策略。包括对知识产权资产自身的增值利用,和支持公司及其业务增值的知识产权策略利用等。

——知识产权运营服务。为知识产权运营提供专利信息分析利用、价值评估、交易经纪等服务,有时也被归属于广义上的知识产权运营范畴。

知识产权产业化

知识产权产业化是将知识产权用于产品生产、商品制作或服务提供,并投放市场的行为,这是从狭义上进行的理解。知识产权产业化的实质是直接实施或利用知识产权所保护的技术、商标或作品等资产,比如将专利用于生产之中,将商标用于商品之上。知识产权产业化是一个不断产品化、商品化、商用化的过程,也是知识产权转化的表现形式,只是"产业化"一词更有商业化、规模化的意蕴。

公司将自己的知识产权投入商用,是知识产权产业化的具体表现。而开发失效专利、剩余市场,甚至通过无效宣告他人专利来合法利用,这些反向操作也可以认为是广义上的知识产权产业化。当然,最具有知识产权产业化代表性的是**知识**

产权孵化，即通过经营管理和资源投入，甚至设立企业运营，将知识产权（主要是专利）变成商品或服务的产业化过程。

对于新生的专利，特别是具有开创意义的专利或专利组合，其技术应用价值和商业开发价值尚未获得市场检验，或者技术本身并不成熟，商业开发的风险比较高，而市场前景又难以预测。因此，大多数公司都不太愿意冒险去实施。面对这种状况，有的公司就着眼于长期的技术转移，并不急于把这些新生的或者不太成熟的专利推向市场，而是针对这些专利进行包装设计，进一步投资开发或升级，甚至以专利为基础，成立科技公司进行孵化，开始产业化的道路，等到专利商业化成功之时，再对外授权专利，甚至连同公司一并出售，以提高专利移转的成功率。

亦有反其道而行之的，是谓"**专利搁置**"策略，权利人基于商业考虑故意将专利搁置不用。其原因主要有：(1)在没有竞争威胁的情形下，现有技术尚有竞争力或仍有利可图，对新一代专利技术暂缓实施。(2)购买专利的目的就是阻止竞争对手利用，因此作为战略储备，专利搁置不用。在1960年销售静电复印机时，美国施乐公司已取得彩印专利约60件，但施乐却未马上将彩色复印机商品化。分析起来，可能是先以普通复印机获得充分利润，以防万一追随的企业挤入市场得不到高利润时，再用留一手的彩色复印机来重新获得高利润。[①]

◇**案例：高通公司**

被誉为知识产权专卖店的高通公司，在发展CDMA的最初阶段，尽管拥有为数不少的专利和标准，但谁都不愿意冒着巨大的风险来做CDMA，向高通公司交纳知识产权许可费以制造CDMA设备。运营商感兴趣的不是高通公司提交给标准化组织的那几张纸，而是他们什么时候能够用成熟的商用CDMA设备来铺设网络，而且这些设备最好是摩托罗拉、爱立信、朗讯等通信巨头生产制造的，这样用着才让人放心。因此，作为一个技术公司，高通公司尽管当时首先想到的赢利模式是收取知识产权许可费，但是为了生存，这个原本想靠卖技术和标准赚钱的公司成立了自己的手机部、基站部，自己生产制造起CDMA的全套设备。

后来，随着CDMA产品和市场的逐渐成熟，随着高通公司向运营商供货，那些原来和高通公司纠缠在官司中的公司逐个选择了与高通公司庭外和解，签订了知识产权协议。到现在，全球已经有成百上千家公司签订了这样的协议，使用高通公司的专利来生产制造设备。接下来，高通公司放弃了制造业，专注于研发和知识产权授权，将手机部卖给了日本京瓷，将基站部卖给了爱立信，成为令人羡慕的知识产权专卖店。

——摘自《"知识产权"专卖店》，《中国知识产权报》2002年11月1日。

---

① 参见戚昌文、邵洋等编著：《市场竞争与专利战略》，华中理工大学出版社1995年版，第37页。

知识产权交易

涉及知识产权所有权或使用权转移、让渡的商业活动，都可以归为**知识产权交易**，知识产权交易既有权利本身的移转，也有其保护标的（技术、作品或商标）的移转交付，因而是一个复杂的体系。除了转让、许可以外，知识产权咨询、知识产权质押，甚至与知识产权有关联的研发合作、专利联盟、投资并购都是广义上的知识产权交易。

与知识产权交易密切相关的是技术转移概念。根据《技术转移服务规范》（GB/T 34670—2017）的界定，**技术转移**是指制造某种产品、应用某种工艺或提供某种服务的系统知识，通过各种途径从技术供给方向技术需求方转移的过程。技术转移的内容包括科学知识、技术成果、科技信息和科技能力等。形成较成熟模式的技术转移服务类型，包括技术开发服务、技术转让服务、技术服务与技术咨询服务、技术评价服务、技术投融资服务、信息网络平台服务。显然，技术转移的内容未必一定有知识产权的保护，里面可能包含了一些公有领域的技术信息，但与知识产权交易存在大范围的交叉。2021年，我国共签订涉及知识产权的技术合同21.9万项，成交额突破1.4万亿元。知识产权使用费进出口总额3783亿元，其中出口760.2亿元，同比增长27.1%；出口增速超进口增速10.5个百分点。

转让、许可是最具代表性、最为核心的知识产权交易形式。**知识产权转让**是转移知识产权所有权的交易行为，专利、商标等转让须办理核准或登记手续。**知识产权许可**是让渡知识产权使用权的交易行为，但最为复杂，表现繁杂。许可可以分为普通许可、排他许可和独占许可，还有交叉许可、分许可（再授权）、开放许可、公益许可、免费许可等表现形态。其他知识产权交易甚至知识产权金融等都包藏着转让或许可的内容，比如知识产权出资，本质上仍要将知识产权转移到被投资的公司；专利联盟对内存在交叉许可，对外存在普通许可。考虑到后面将对一般的许可进行专章介绍，这里仅介绍几类较为特殊的许可形态。

——技术交叉许可

所谓**交叉许可**（cross licenses），简言之，就是相互交换专利等技术的使用权，从而达到降低许可成本、化解侵权风险等目的。2011年年初，三星电子与IBM达成一项专利交叉许可协议，而在过去数十年中，IBM与三星在包括半导体、通信、视觉及移动通信、软件和技术服务等多个领域建立了专利合作关系。IBM专利软件服务知识产权部门副总裁**Ken King**表示，"专利及创新是IBM高价值业务战略的核心组成部分。专利交叉许可可以为IBM以及像三星一样的合作伙伴提供高度的自由。"同样，当华为和爱立信签订专利交叉许可协议后，华为公司创始人**任正非**先生在采访中谈道："签订后我们公司高层欢呼雀跃，因为我们买了一张世界门票。我们一个普通员工写了个帖子，说'我们与世界握手，我们把世界握到了手中。'"

——专利开放许可

这是指权利人在获得专利权后自愿向国家专利行政部门提出开放许可声明，

明确许可使用费,由国家专利行政部门予以公告,在专利开放许可期内,任何人可以按照该专利开放许可的条件实施专利技术成果。第四次修改后的《专利法》于2021年6月1日起施行,其第50~52条明确规定了专利开放许可的规则。专利开放许可具有开放性、共享性、公平性、自愿性的特点,让技术需求方能以公开、合理、无歧视的许可费和便捷的方式获得专利许可,有助于降低交易成本和交易风险,提高专利转化实施率,推进科技成果转化。

——**专利免费许可**

从很多产业发展的经验来看,一项技术开放得越早,就越有可能成为主流,从而成为产业的标准。而谁建立标准就意味着取得主导地位。专利保护是双刃剑,虽可防止公司技术外溢产生利益损失,但是如果保护过度,却容易给竞争对手以可乘之机。例如 TCP/IP 和 NetBeui 网络协议之争,Ethernet 和 Token Ring 网络之争,最终 IBM 所开发的 NetBeui 和 Token Ring 全都败下阵来。原因是 TCP/IP 和 Ethernet 开放得早,已经提前一步成为产业公认的标准,而 IBM 的 NetBeui 和 Token Ring 不是技术落后,而是因为被知识产权重重保护失去了成为主流技术的机会。①

因此,有的公司在不放弃所有权的前提下,会把自己专利免费开放许可。2014年6月,特斯拉公司总裁**埃隆·马斯克**宣布开放特斯拉所有专利,免费供竞争对手使用。本来可以有偿许可的专利,却对外免费开放,其背后的逻辑主要有:(1)促进自己的技术成为行业主流,甚至事实技术标准。(2)作出技术共享的姿态,塑造良好形象。(3)左右技术发展方向,搭售相关配套产品。(4)形成使用依赖,再收网捕鱼。比如,微软将针对原来可以免费使用的 FAT 文件系统收取每件0.25美元的授权费用,对厂商还要收取25万美元的协议费用。②

——**合资企业的 IP 使用**

很多跨国公司通过知识产权许可,从合资企业手中拿走大部分利益,即使合资合作企业亏损,而它依然能够依靠许可费获得稳定的收入。这是跨国公司惯用的利润转移模式:知识产权就是撬走巨额利润的杠杆。

一方面,中方公司可能将自己品牌、技术等知识产权转让给了合资企业,不能再对合资企业收取许可费。然后,中方转让过去的品牌要么被放弃使用,甚至被放弃所有权,要么因使用于老旧产品而逐渐淡出。另一方面,合资企业因为技术依赖、品牌依赖或因外方掌握控制权等原因,持续使用外方公司的知识产权,包括商标、专利以及商业秘密,并源源不断地支付许可费,成为外方公司获取利润的工具。有时,合资企业连外方核心知识产权的使用许可都拿不到,直接由外方提供产品或零部件用于生产经营。与此同时,合资企业往往没有核心产品的研发投入,也没有

---

① 缪荣:《专利较量"战国策"——从 IBM"引狼入室"说起》,《首席财务官》2006年第10期。

② 王英:《知识产权跨国公司埋下陷阱 中国企业该如何应对?》,《财经时报》,2005-09-08。

新品牌的诞生,这样才能保证外方公司通过持续的研发和品牌输入,持续控制合资企业,转移巨额利润,甚至通过知识产权许可费提前掏空合资企业的利润。于是,合资企业就像是一个加工厂或制造厂。

当然,随着中国公司知识产权意识的觉醒,以及谈判地位的提升,这样的模式将不可持续。首先,在投资合作时,不要轻易将自己的核心知识产权作价入股,甚至低价贱卖。其次,要在合资公司争取决策权。最后,应通过投资协议事先约定,防止中方转让或许可给合资企业的品牌被搁置使用,保证研发投入、品牌开发以及确认相应知识产权的归属,对外方公司输入知识产权的许可使用及费用问题明确约定。

◇专栏:中外合资企业的知识产权"秘密"

在过去的几十年里,很多中国著名名牌在合资合作的过程中被外方公司有意识的淡化使用,并在短短几年之内就被外国品牌取而代之。在饮料行业,原来所谓的"八大名牌",六个都因为与可口可乐、百事可乐合资而销声匿迹,这被当作"典型"经常宣传。有的中方公司不得不又将被雪藏的品牌买回来,或者购买使用许可后重新投入使用。美加净、浪奇、熊猫品牌即是例证。

1996年2月,杭州娃哈哈公司就与达能签署《商标转让协议》,将"娃哈哈"商标转让给达娃合资公司,幸好因为种种缘故,商标局竟然一直未予核准,使得宗庆后在2007年那场"达娃之争"中惊险胜出。否则,娃哈哈这个品牌同样会落入达能之手,继而可能重蹈覆辙。

不过,在合资企业中,外方公司的品牌以及专利、技术秘密等知识产权却延续下来,甚至不断迭代,成为攫取利润的重要工具。事实上,跨国公司曾经惯用的知识产权套路并不复杂:与中方公司合资成立新企业后,跨国公司虽然乐于合资企业使用自己的知识产权,但是它不是转让而许可使用其知识产权。甚至在合资企业经营过程中所推出的新品牌或使用的新技术,其知识产权的所有权仍然掌握在跨国公司手中。

当然,"天下没有免费的午餐",合资企业使用知识产权,必须支付价格不菲的许可费。如此一来,跨国公司对于合资企业至少享有双重收益:知识产权许可费和股权收益,甚至通过捆绑销售享有知识产权的核心部件获得更多利益。有的合资企业支付完知识产权许可费后,可能已没有利润给中方股东分配,甚至还亏损了。

上海一家食品公司M系由美国公司与上海公司合资成立,美方持股90%,中方持股10%。M公司的主打产品一直使用属于美方所有的注册商标。2009年,M公司营收10亿元,利润仅1000万元人民币。但美方公司的主要收益并不是股权分红,而是每月雷打不动的商标使用许可费50万美元。持有10%股份的中方公司只能通过可怜的股权分红获得收益。

知识产权金融

知识产权资产的变现渠道传统上比较单一,除了自行实施以外,通过许可、转让甚至诉讼来创造现金流是常见的方式。但知识产权证券化、质押等金融模式不断创新,给知识产权实现价值提供了新的机会。知识产权金融是知识产权和金融资源的融合,是经济高质量发展时期重要的创新业态,利于促进金融支持知识产权实施转化、支持知识产权服务经济高质量发展。简言之,**知识产权金融**是以专利权、商标权、著作权等知识产权(仅限其中的财产权益)作为融资标的,与投资、信贷、担保、证券、保险等工作相结合,以达成融资目的。常见的知识产权金融模式包括知识产权质押、知识产权信托、知识产权保险、知识产权证券化、知识产权投资基金等。知识产权金融可以归属于广义上的知识产权运营范畴。

目前中国的知识产权金融还处于发展阶段。截至 2022 年 3 月底,我国发明专利有效量为 371.7 万件,有效注册商标量 3920.6 万件,如此庞大的知识产权资产,需要开发利用,包括提供金融产品支持和服务。2021 年全国专利、商标质押融资总额达 3098 亿元,同比增长 42%,惠及企业 1.5 万家。2021 年发行知识产权资产证券化产品 42 只,发行规模 95 亿元。但出于资金安全性考虑,银行机构对公司尤其是中小企业进行知识产权融资贷款仍然比较谨慎,惜贷现象严重。

总体上看,知识产权金融的发展存在以下挑战:

——知识产权不确定性大。知识产权尤其是专利、注册商标可能存在被无效的风险,从影响其稳定性。同时,知识产权还有技术风险和诉讼风险的不确定性。

——知识产权价值评估难。价值评估是知识产权融资的先决条件,由于知识产权作为无形资产具有无形性、不稳定性,缺乏价值参照等特点,加上科技型公司通常规模小、经营管理能力较弱、信息披露的质量较差,价值评估难问题一直存在。

——知识产权价值变现难。以知识产权质押为代表的融资模式,需要在债务不能履行时,将知识产权以拍卖或变卖等方式偿还债务,但知识产权变现不易,对其金融创新构成了障碍。

知识产权诉讼

知识产权诉讼是知识产权争议解决的重要构成内容,事实上也是价值实现的重要方式。在知识产权许可领域,有"胡萝卜许可"与"大棒许可"之分。**胡萝卜许可**是指通过商业谈判、交易市场、中介服务等平和的途径达成的许可交易,而**大棒许可**则是指通过侵权警告、诉讼或诉讼威胁而达成的许可交易。由此可见,诉讼或诉讼威胁本身就是促进知识产权交易的重要方式。**周延鹏**先生指出,知识产权营销的特征,即以"以侵权诉讼作为后盾"及"以侵权诉讼作为手段"为首。[①]

[①] 周延鹏:《知识产权全球营销获利圣经》,知识产权出版社 2015 年版,第 51 页。

在版权行业,早已形成了**基于维权驱动的版权运营模式**——权利人或其授权代理人通过侵权警告、诉讼威胁甚至提起诉讼等法律维权的方式,从侵权使用人那里获得赔偿费、许可费等经济收入。该模式的特点表现为集中取得了大量权利人的授权,集中于文字、图片和视频等作品类型,集中针对信息网络传播权,并且诉讼攻击比较活跃,主要有以音著协为代表的集体管理型、以三面向公司为代表的诉讼激进型、以方正电子为代表的警告协商型、以维权骑士为代表的技术介入型和以计易公司为代表的模式混合型五种类型。①

有的权利人会故意放纵侵权行为,等待侵权人形成市场规模,或者严重依赖知识产权之时,再伺机出击,迫其签署许可合同或向其索取高额赔偿。此即**欲擒故纵策略**,在软件、视频行业偶有所闻。比如,视频网站在热门长剧开播或推广早期,会故意放纵盗版平台盗播,培养观众,形成热点,形成用户粘合度后,火力全开,集技术、法务、公关等力量消灭盗播,把这些盗版用户推到正版视频平台付费继续观看。

知识产权增值策略

知识产权可以为公司、产品带来价值。根据中国玩具和婴童用品协会发布的《2021中国品牌授权行业发展白皮书》,92.9%的受访公司表示,有IP授权产品相比没有IP的同类产品,销售额均有不同程度的增长。超过60%的受访公司认为,IP授权带动产品销售提升了20%甚至1倍以上,详见图11-1。

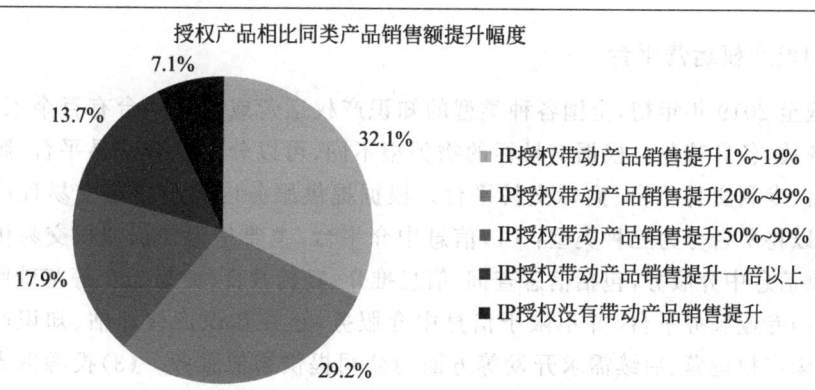

图11-1　IP授权产品带动销售额增长

知识产权可以通过策略性的措施,使其更为主动地增加或提升知识产权本身或公司/产品等业务的价值。包括:(1)知识产权资产增值策略,即为知识产权自身或相互之间增加商业价值,比如专利组合、专利联营、专利标准化、驰名商标认定

---

① 袁真富:《基于维权驱动的版权运营模式:特点、问题与建议》,《上海法学研究》集刊(2021年第12卷　总第60卷)——上海市法学会知识产权法研究会文集,2021年,第119~125页。

等加值策略;(2)公司及其业务增值策略,即为公司层面、业务层面提升竞争优势、增加附加值等商业价值,比如,在打造卖点专利、吸引风险投资、延续垄断地位、知识产权税务筹划等方面发挥作用。

三、知识产权运营主体

知识产权运营主体概览

知识产权运营主体十分广泛,既包括公司、高等院校、科研机构等权利主体,也包括从事知识产权运营的服务机构与运营平台。根据运营主体的专业性,可以将知识产权运营主体分为:(1)非专业运营主体,比如公司将自己闲置的专利组合对外许可,以及实施利用自己的知识产权资产。(2)专业运营主体,比如 NPE、专利投资基金、专利联盟、技术交易所等。

根据运营资产的归属,可以将知识产权运营主体分为:(1)运营自有知识产权资产的主体。比如,权利主体实施利用或对外许可自己拥有的专利或专利组合,这里的"拥有"可能基于自己创新开发,也可能基于收购而来。(2)运营他人知识产权资产的主体。比如,对通过委托、信托或许可等方式获得的知识产权资产进行运营,通常这些资产的所有权不在运营主体手中。(3)提供知识产权运营服务的主体,比如,提供知识产权交易经纪、交易平台的主体,它们并不占有知识产权资产,只是提供支持或增值服务。

知识产权运营平台

截至 2019 年年初,全国各种类型的知识产权运营或交易平台有百余家,可谓百花齐放,各有特色。根据交易标的物类型不同,可以分为综合交易平台、版权交易平台、专利交易平台、商标交易平台。根据提供服务内容与参与交易程度的不同,可以将平台分为三种类型:(1)信息中介平台,主要是为知识产权交易供需双方提供信息中介服务,包括信息查询、信息推介、宣传教育、交易撮合等基础服务内容。(2)专业服务平台,并不限于信息中介服务,还在知识产权评估、知识产权托管、知识产权运营、后续需求开发等方面为公司提供增值服务。(3)投融资支持平台,将知识产权质押融资、知识产权融资租赁、知识产权保险、企业供应链保理等金融服务融入其中,并尝试通过基金运营、资本运作等方式为知识产权持有人提供增值服务。[①]

2014 年以来国家知识产权局参与设立了三类知识产权交易平台(牵头的运营平台、批复的运营中心及批复的运营平台),也即"国"字头的交易(运营)平台,具体为:一是国家知识产权局牵头的运营平台,包括国家知识产权运营公共服务平台

---

① 陈磊、黄书立:《"知识产权交易平台"的发展现状与未来展望初探》,IPRdaily,2020-06-21。

(2014年成立于北京昌平)、国家知识产权运营公共服务平台军民融合(西安)试点平台(2014年成立于陕西西安)、国家知识产权运营公共服务平台金融创新(横琴)试点平台(2014年成立于广东珠海);二是国家知识产权局批复的运营中心,包括中国(南方)知识产权运营中心(2017年12月成立于广东深圳)、中国汽车产业知识产权投资运营中心(2017年12月成立于北京海淀)等;三是国家知识产权局批复的运营平台,包括国家知识产权运营公共服务平台国际运营(上海)试点平台(2018年4月成立于上海浦东)、国家知识产权运营公共服务平台交易运营(郑州)试点平台(2018年12月成立于河南郑州)等。

目前知识产权交易平台的问题总体上表现为:(1)各平台发布的知识产权信息数量、质量参差不齐,且同质化竞争态势凸显。(2)各平台市场化运营程度差别较大,缺乏高度专业化的特色服务提供。(3)部分平台模式创新合规性存疑,存在监管盲区。许多平台曾经尝试的"众筹"、类证券化等创新模式被叫停。(4)交易平台专业性人才存在缺口,在知识产权运营、管理、咨询等方面的人才储备不足。[1]

非专利实施主体(NPE)

非专利实施主体(non-practicing entity,NPE),在美国产生于20世纪90年代,泛指拥有大量专利但不从事实体生产销售等经营活动的市场主体。NPE本身不实施专利,但会执行专利。实施与执行具有本质区别,实施是指将专利技术付诸实施,制造相应专利产品或使用相应的专利方法制造相关产品;而执行则是宣称拥有某项权利,并通过上述权利获取收益。NPE执行专利的方式多样,可以与特定的实体生产厂商进行专利授权,进而建立长期合作模式;可以构建专利池或专利交易平台,为专利技术的授权提供便利;还有通过发起专利侵权诉讼,从其他实体生产厂商身上获取权利金或损害赔偿金的方式。无论何种具体执行方式,都是NPE在现有法律框架下行使其专利权的合法行为。[2]

美国白宫下设的国家经济委员会2013年6月发布的报告中,将Patent Trolls称呼为PAEs(Patent Assertion Entities,**专利主张实体**),以特指自身不从事生产制造,积聚专利用以起诉他人专利侵权的企业。美国国会下设的政府考评局2013年8月22日发布的报告则使用PMEs(Patent Monetization Entities,**专利货币化实体**)称谓。PAE和PME所蕴含的好讼性和逐利性,更能与NPE这一中立的表述相区分。

无论是许可还是诉讼,NPE的活动本质上属于专利运营行为。虽然NPE在一定程度上有助于专利资产的流通和创新回报,但其聚焦于专利价值的货币化,并未制造新产品参与市场竞争,其好诉的特质为相关产业发展带来较大危害。我国在不断提高知识产权侵权赔偿额的背景下,应当关注NPE的活跃情况及其对产业的影响。

---

[1] 陈磊、黄书立:《"知识产权交易平台"的发展现状与未来展望初探》,IPRdaily,2020-06-21。
[2] 漆苏:《非专利实施主体研究》,《知识产权》2019年第6期,第50~57页。

知识产权联盟

知识产权联盟系由多个权利人组成的对某一特定领域或技术的知识产权进行共同管理或基于共同目标而组建的协会或联盟。2015年国家知识产权局印发的《产业知识产权联盟建设指南》指出,产业知识产权联盟是以知识产权为纽带、以专利协同运用为基础的产业发展联盟,是由产业内两个以上利益高度关联的市场主体,为维护产业整体利益、为产业创新创业提供专业化知识产权服务而自愿结盟形成的联合体,是基于知识产权资源整合与战略运用的新型产业协同发展组织。

——专利联盟的分类

从实践来看,知识产权联盟大多为专利联盟,**专利联盟**是由多个专利拥有人为了相互分享使用专利、统一对外许可使用专利,或者为了构建技术标准、实现专利防御等战略目标而形成的联盟组织。公司之间组建专利联盟,从事专利联营,通过若干专利技术的捆绑,发放一揽子许可,可以放大单个专利或单个公司的影响,获得更多的授权机会,更广的授权对象以及更强的谈判地位,从而产生更大的经济收益,甚至具有操纵市场和左右价格的力量。但专利联盟并不局限于专利池,有的专利联盟并不运营专利池,而是有其他战略目标。

从不同的角度可以对专利联盟进行划分:

- 根据专利许可对象的开放性程度,分为开放式专利联盟(对外发放许可)、封闭式专利联盟(对内交叉许可)和复合式专利联盟(兼具对内和对外许可)。
- 根据专利联盟的运行目标,分为联合创新型、标准共建型、共同防御型、专利池构建型、专利运营型、投融资型。从这些类型可知专利联盟的目标主要在三个方面:资源共享(比如联盟内部专利交叉许可)、利益共享(比如对外收取专利使用费并分配)和风险共担(比如共同应对海外专利侵权诉讼)。
- 根据专利联盟的运作模式,分为实体型联盟(设立企业法人进行管理和运营)与松散型联盟(通过协议进行合作与管理)。
- 根据专利联盟的建立目的,分为主动布局型(进攻型,以对外发放专利许可为主要目标)和被动布局型(防御型,以防御外部专利风险为主要目标)。
- 根据专利联盟的管理模式,分为内部独任管理模式(由联盟内部一方成员代表进行管理)、第三方管理模式(由联盟成立新的独立机构或委托独立第三方进行管理)和合作式管理模式(联盟根据协议或章程成立工作组等非实体机构进行管理)。

——代表性的专利联盟

截至2018年1月22日,在国家知识产权局备案的知识产权联盟(专利联盟)达到了105家。中国专利联盟组建的目标各有侧重,总体上早期偏重于风险防御,尤其是海外风险防御,近年来则侧重于专利运营,甚至标准构建,但其技术实力和运营效益与国外成熟的专利联盟相比尚有差距。以下是国内一些代表性的专利联盟。

- AVS产业联盟：在标准更新换代迅速的音视频领域，为构建国内自主的标准体系，2005年5月，TCL、创维、华为、中兴、海信、浦东新区移动通信协会、中关村高新技术产业协会等12家公司和单位在北京自愿联合发起成立AVS产业联盟。该联盟旨在尽快联合行业上下游企业，提升研发、制造和产业化水平，并最终推动自主标准的落地。
- 中国彩电专利联盟：由于北美市场推出新的数字电视标准，而该标准下的多项专利技术掌握在外国公司手中，中国公司出口彩电无法避免外部标准化专利的风险，这一动因直接促使彩电行业成立专利联盟。2007年3月，由中国主要彩电集团TCL、长虹、康佳、创维、海信等10家公司共同投资在深圳组建中国彩电专利联盟。为维护彩电行业公平竞争环境，在彩电出口专利集体谈判方面，中国彩电专利联盟的工作大幅降低了我国彩电企业专利费的支出。通过组建自己的彩电专利预警平台，中国彩电专利联盟能快捷高效为行业提供深度专利分析报告。
- 深圳市医疗器械行业专利联盟：为减少医疗器械行业发展中的行业纠纷，避免内耗，2015年4月，迈瑞、理邦、开立、信立泰等14家深圳医疗器械行业龙头企业作为创始发起单位，共同组建深圳市医疗器械行业专利联盟。联盟建立了有效的联络机制，构建了成员内部的信息交流平台，有效降低了成员间的专利纷争，提升了行业的整体竞争力。针对国外大型医疗寡头企业，该联盟通过团结国内主要公司，为联盟成员提供信息和资源服务，做好潜在风险的预防工作，有效降低知识产权风险。

防御性专利联盟

在NPE的推动下，很多美国公司以及进入美国市场的外国公司，被各种类型的NPE纠缠骚扰。截至2021年1月，98%的NPE都选择在美国和欧盟发起诉讼，其中美国独占鳌头抢占94.3%的诉讼份额，可见美国是NPE诉讼的首选地。2020年提起诉讼最多的NPE为IP Edge和WSOU，分别对475名被告和175名被告提起诉讼。根据RPX公布的数据，对美国地区法院2009—2019年的IPO公司的诉讼情况进行分析，10年间75%的公司IPO之前的诉讼由NPE发起。在此背景之下，以防御专利诉讼，尤其是NPE攻击为目标的新型专利联盟在美国应运而生，并日渐活跃。RPX和LOT是两个典型代表，它们也被称为防御型NPE。

——RPX Corp.

由于NPE的攻击频繁，在美国市场上便出现了以帮助客户抵御专利诉讼风险为盈利模式的企业性质的专利联盟。RPX Corp.就是这种模式的代表。RPX于2008年成立，由美国最大的风险投资机构Kleiner Perkins Caufield & Byers (KPCB)、Charles River Venture和Index Venture联合投资组建。RPX已累计投资超过20亿美金并拥有17 500多个专利及专利权益，这些专利主要集中在电子设备和电脑、电子商务和软件、媒体内容与发布、移动通讯与设备、互联网以及半导体。

RPX 对外宣称，截至目前，已经通过专利收购帮助客户提前预防了 4000 多起潜在的 NPE 专利诉讼，以及帮助客户促成了超过 1200 起已发生的专利诉讼的和解。目前 RPX 的成员已经超过 300 家，其中包括美国博通公司、戴尔、eBay、谷歌、IBM、英特尔、Marvell、微软等，日本的日立、索尼，韩国的 LG、三星，中国的华为也在其中。相比于并不以营利为目的的 LOT，RPX 的会员费则相当高昂，其面向不同等级客户的年费范围从 3.5 万美元到 490 万美元不等。RPX 的成员均可以获得 RPX 专利池中每一件专利的许可，RPX 也保证永远不会将专利池中的专利用于主张专利权的专利诉讼。

除此之外，RPX 还为会员客户提供不同类型的服务。主要包括：(1) 防御性专利收购服务。通过收购专利组成专利池，为会员企业预防未来专利诉讼风险。防御性专利收购服务包括诉前收购和诉讼中收购，分别指在诉讼前收购有潜在风险的专利和在诉讼中尽早收购涉案专利。另外，根据客户需求，RPX 还可以进行大批量专利收购，实现专利批发，为客户降低收购成本。(2) 市场信息反馈。RPX 构建了一个动态更新专利交易、诉讼结果、保险承保和市场调研的大型数据库。截至目前，该数据库拥有超过 55 000 起诉讼、1300 万专利转让、4000 件待售专利和 60 000 件经过分析的专利的信息。他们也通过该数据库，为需要的客户提供专业调查和咨询类服务。①

——LOT Network

License on Transfer Network，简称 LOT，由谷歌于 2014 年创办，是一个专注于抵御 NPE 诉讼的专利防御型协议组织，在创立之初就直截了当地把 "Eliminatethe patent troll threat"（消除专利流氓威胁）作为联盟口号。LOT 网络目前全球已有超过 1200 多个会员，囊括了一众国内外知名公司，国外公司包括 IBM、思科、微软、甲骨文、特斯拉、福特等，国内公司包括阿里巴巴、腾讯、京东、美团、海康威视、大华、TCL、蔚来汽车、字节跳动等。这些会员拥有的全球专利数量超过 300 万项。加入 LOT 需要缴纳年费，依照公司收入规模大小，年费从免费到 2 万美元不等。

考虑到实业公司通过专利买卖为 PAEs 提供了绝大多数专利（据称超过 81%），因此，LOT 设计了一个与之相适应的运作模式 License on Transfer——"当且仅当一个成员的一个专利被转让到 PAEs 时，该专利被免费许可给其他成员"。简言之，LOT 为会员提供一份许可合约，所有加入 LOT 网络的会员要保证自己专利在出售给行业的专利主张实体（PAEs）时，这些专利将免费许可给 LOT 所有的其他会员，就像打了"专利诉讼疫苗"一般，会员内的公司将自动获得其他公司专利售出后的防诉讼保护。越早加入 LOT 就可获得越多因为 LOT 成员专利转让至

---

① 新型专利联盟：《他们在怎么玩专利游戏？》，七星天，2017-05-12。

PAE 而生效的专利许可。这样一来,就限制了"专利流氓"依靠购买一些知名公司的专利,反过来再起诉其他科技公司的行为。但专利转让之前,LOT 会员仍然拥有专利的全部权利,甚至可以起诉 LOT 的其他会员。因此,LOT 联盟作为一个非营利性的企业间联盟,其目的是保护这些联盟成员免于 PAEs 的骚扰和耗资巨大的专利诉讼。

四、知识产权运营服务

知识产权运营需要高质量服务体系的建设保障,需要高质量的服务体系支撑,其往往涉及知识产权代理、法律、咨询、培训、信息和商用化等专业服务,需要开展知识产权资产评估、交易、转化、托管、投融资等增值服务。需要专业化的知识产权运营团队,涵盖法律、金融、管理、市场、技术、评估等领域的复合型知识产权服务团队,以及国际化、市场化、专业化的知识产权品牌服务机构。[1] 兹简单介绍几类常用的知识产权运营服务。

——知识产权评估。**知识产权评估**是指资产评估机构遵守法律法规和资产评估准则,对知识产权资产价值进行评定和估算,并出具资产评估报告的专业服务,也可称为知识产权资产评估或价值评估。知识产权评估目的通常包括转让、许可使用、出资、质押、诉讼、财务报告等。常见的评估方法包括市场法、收益法和成本法等方法。资产评估专业人员应当根据评估目的、评估对象、价值类型、资料收集等情况,分析各类评估方法的适用性,恰当选择评估方法。在传统评估模式上,未来需要进一步探索以知识产权、技术、商业、司法、信用等大数据为基础的知识产权综合评估,不断完善知识产权评估制度。

——知识产权分析。专利分析以专利信息为基础,涉及的服务类型涵盖专利布局分析、专利导航分析、专利预警分析、专利分析评议、专利尽职调查、专利价值评估、专利检索查新、专利稳定性分析、专利司法鉴定、专利侵权分析、专利战略分析等。对于专利运营而言,无论是高质量专利筛选、专利许可谈判,还是专利交易的价值评估、风险控制,都需要专利分析作为基本的支撑。当然,商标检索分析对于控制商标运营风险也非常重要。

——知识产权托管。托管即委托管理,**知识产权托管**是指公司将知识产权相关事务委托专门服务机构管理。托管服务机构根据托管协议,代表公司管理知识产权相关业务,包括高质量知识产权代理、专利信息利用、知识产权质押融资和保险、知识产权许可转让、知识产权维权服务、知识产权政策辅导、知识产权业务培训、知识产权人才培养、知识产权业务咨询等。有的地方是通过各类产业园区来组织和实施知识产权托管业务,托管的公司一般是中小微企业,没有自己的知识产权管理部门或专业人员。

---

[1] 苏平:《营造生态 促进知识产权高质量转移转化》,《中国知识产权报》,2022-03-28。

第3节 知识产权金融模式

一、知识产权出资

什么是知识产权出资

知识产权出资是指权利人将其知识产权评估作价后,代替货币出资投入被投资公司获取股权的行为。《公司法》第27条第一款规定:"股东可以用货币出资,也可以用实物、知识产权、土地使用权等可以用货币估价并可以依法转让的非货币财产作价出资;但是,法律、行政法规规定不得作为出资的财产除外。"可见,从公司法的角度,知识产权出资需满足两个法定条件:一是可以依法转让;二是可以用货币估价。股东应当共同签署/修改公司章程,约定彼此出资额与出资方式,包括明确知识产权出资的相关事宜。

以知识产权实缴出资主要有三个优势:(1)缓解出资人的货币出资的现金流压力;(2)可以用以高新企业认定等减免缴税;(3)可以利用知识产权进行摊销节税,比如,公司每年利润500万元,公司通过股东实缴出资获得了价值1000万元的专利权,分10年摊销,相当于专利权价值每年贬损100万元。则公司每年应纳税利润可以减少100万元,现在公司每年应纳税利润为400万元。100万元×25%=25万元,相当于知识产权出资每年为公司合法节税25万元。

但是,对于出资的知识产权,出资方不可能再对其收取许可使用费,因此,对于核心知识产权是否需要作价入股,需要谨慎考虑、充分评估。有的公司基于持续控制的考量,采用专利组合投资,即一部分专利用于作价入股,以代替现金出资;一部分专利用于许可给被投资公司,持续收取许可费。

知识产权出资的要求

根据《公司法》以及司法解释等规定,以及合乎出资目的的角度,以知识产权作为标的物出资应当满足以下要求。

- 所有权要求。无论是专利商标,还是专有技术,权属关系必须明确,原则上该知识产权的所有权应当归属于出资人,不能存在产权纠纷的情况。出资人须有权处分该知识产权,不能擅自将共有的知识产权拿来出资入股。考虑到有的法院也认可专利使用权可以单独作价入股[河北省高级人民法院(2012)冀民三终字第91号民事判决书],建议在出资协议中应当明确出资的权利是所有权还是使用权。
- 价值性要求。用于出资的知识产权应当经过有资质的专业机构的价值评估,具有一定的经济价值,并按其价值或价值折现进行出资。《公司法》取消了之前知识产权出资的比例限制,理论上可以100%作为注册资本出资,但是从实际运营的角度，全部以知识产权出资将难以支撑公司经营活动的资金需求。
- 有效性要求。特别是对于专利、著作权、注册商标等知识产权，必须处于有效期间，不能是过期的、被无效的、被撤销的或尚未授权的知识产权。如果专利即将到期，则要谨慎处理，规定出资人在专利到期后是否补足或补缴出资额。
- 关联性要求。用于出资的知识产权原则上是被投资公司所需的资产，也即与被投资公司的业务范围应当具有相关性，否则失去了出资的目的。
- 程序性要求。用于出资的知识产权可以包括专利、专有技术、商标、著作权、域名、集成电路布图设计等。一旦以知识产权出资，该知识产权即应为被投资公司的资产，因此，在出资后应当依法办理知识产权的转移手续，及时将知识产权所有权转移到被投资公司名下，并交付给被投资公司使用。

知识产权出资后的资本补充责任

知识产权出资人已经完全履行了出资义务，且不存在履行瑕疵，即使出资后发生知识产权减值的情况，也不承担相应的补足出资的责任。达到免责的条件为：知识产权已经办理了权利变更程序，已经实际交付使用；知识产权减值不是因为出资人的主观过错造成的；评估机构没有对知识产权的价值进行虚假评估；权利主体不存在不适格的情况等。

即使注册商标或者专利在出资完成后被宣告无效，对宣告无效前已经履行的商标或者专利出资（以及相应的权利转让）不具有追溯力，不能认定为出资瑕疵，除非证明权利人存在主观恶意，虽然此时用以出资的知识产权价值贬损，甚至成为无效资产。

根据最高人民法院《关于适用〈中华人民共和国公司法〉若干问题的规定（三）》第15条，出资人以符合法定条件的知识产权等非货币财产出资后，因市场变化或者其他客观因素导致出资财产贬值，公司、其他股东或者公司债权人请求该出资人承担补足出资责任的，人民法院不予支持。但是，当事人另有约定的除外。因此，对于知识产权资产的价值贬值问题，公司股东之间可以通过出资协议等方式另行约定资本补充责任。

知识产权出资的税务问题

对于技术入股，纳税人可以申请免征增值税，但需要将技术入股合同提交所在地的省级科技主管部门进行认定，并将主管部门的审核意见等证明文件报主管税务机关备查。同时，对于"所得税"，根据最新的财税〔2016〕101号文件规定，技术成果入股，当被投资公司支付的对价全部为股票（权）的，公司或个人可选择适用递延纳税优惠政策，即技术入股当期暂不缴纳所得税，允许递延到该技术股东转让股权时,这不同于101号文件以前一次性缴清或者5年内分期缴清的所得税政策,可以有效缓减技术出资方的财务压力。

二、知识产权质押

什么是知识产权质押

知识产权质押是指债务人或者第三人以拥有的知识产权出质,作为债权的担保,当债务人不履行债务时,债权人有权依法以该知识产权折价或者以拍卖、变卖所得的价款优先受偿。知识产权质押属于权利质权的一种。《民法典》第440条明确规定,债务人或者第三人对其"可以转让的注册商标专用权、专利权、著作权等知识产权中的财产权"可以出质。其第444条继续规定,以知识产权中的财产权出质的,质权自办理出质登记时设立。知识产权中的财产权出质后,出质人不得转让或者许可他人使用,但是出质人与质权人协商同意的除外。出质人转让或者许可他人使用出质的知识产权中的财产权所得的价款,应当向质权人提前清偿债务或者提存。

在国内,知识产权质押主要是向银行进行质押融资贷款。1999年,中国工商银行山西忻州分行为忻州市云中制药厂办理了一笔200万元的商标专用权质押贷款,被认为是中国第一笔知识产权质押融资。目前,国内知识产权质押融资模式繁多,但无论何种模式都面临一些知识产权质押融资共性的法律风险、估值风险、经营风险、处置风险等风险问题,因此总体上质押贷款规模较小,且多需政府、第三方机构进行担保。

知识产权质押的分类

——根据政府主导或介入程度区分

由于知识产权质押融资风险大,政府部门为了推动金融机构发展知识产权质押贷款业务,或多或少在知识产权质押融资上发挥了一定的作用,以政府主导或介入的程度,可以分为:

(1) 政府服务模式。亦称为"市场主导模式",金融机构进行市场化的知识产权质押贷款以及相应的违约担保,政府主要通过构建知识产权质押融资服务服务平台等方式扮演"服务者"角色。

(2) 政府引导模式。政府除了提供服务,还实际投入财政基金或专项基金对企业、金融机构及中介平台进行贴息补偿、融资激励或费用补贴。

(3) 政府主导模式。政府不仅提供知识产权质押融资服务,更会综合运用财政支持和信用支持工具提供支持,比如给予企业、银行、中介平台财政补贴,甚至直接成立担保公司提供信用担保。

——根据风险分担和补偿机制区分

建立风险分担和风险补偿机制是推进知识产权质押融资的一种有效举措,当然,在实践中各类风险分担和风险补偿机制往往也是在政府主导或引导下建立的,政府部门或主导成立的各类平台往往会提供贴息、费用补贴或损失分担等财政支持。常见的模式有以下几种,有的是单一知识产权质押型,有的是知识产权质押+第三方担保型,有的知识产权质押+其他担保的组合型,同时还混合了政府各种不同的财政支持。

(1)"银行+知识产权质押"模式。融资公司将知识产权直接质押给银行以获得贷款,无须其他担保或风险分担方式。但此种模式下,银行审核压力和承担风险大,政府往往通过贴息、费用补贴、分担损失的方式鼓励银行向公司发放贷款。

(2)"银行+第三方担保+知识产权反担保"模式。是银行向公司发放贷款,政府基金/担保公司为公司提供担保,公司把知识产权作为反担保质押给政府/担保公司,是一种间接的知识产权质押融资。所谓"银行+政府基金担保+专利权反担保"的浦东模式即是如此。浦东生产力促进中心提供公司贷款担保,公司以其拥有的知识产权作为反担保质押给浦东生产力促进中心,然后由银行向公司提供贷款,各相关主管部门充当了"担保主体+评估主体+贴息支持"等多重角色。

(3)"政府+银行+保险+知识产权服务公司+知识产权质押"模式。政府、银行、知识产权质押融资保证保险或担保公司以及知识产权评估/服务公司共同参与,知识产权评估/服务公司负责对质押知识产权进行评估,并与政府、银行及保险或担保公司按照一定比例就银行的贷款损失进行风险分担。广东省中山市即采取这种模式,财政出资成立风险补偿资金,风险补偿资金、银行、保险、评估/服务机构分别按照44∶36∶16∶4的比例承担贷款本金风险损失,或风险补偿资金、银行、担保、评估/服务机构分别按照26∶20∶50∶4的比例分担贷款本金风险损失。

(4)"知识产权许可收益质押融资"模式。公司将知识产权的许可收益权质押给银行,这在一定程度上解决了"评估难"的问题。上海银行在为上海CG环保科技提供知识产权质押融资时,考虑到专利许可第三方使用较为频繁,即引入了这种模式。上海CG环保科技将专利许可的收益质押给上海银行,以此获得资金。[①]

(5)"银行贷款+保险保证+风险补偿+财政补贴"模式。四川德阳推出的此种融资模式提供政府补贴和激励机制:对企业按贷款额同期基准利率利息总额的40%进行贴息,按保险费和专利价值评估费发生额的50%给予贴费,对银行和保险机构分别按企业贷款额的1‰进行工作奖励。

(6)"政融保"模式。江苏省推出了将保险公司的险资直接用于知识产权质押融资的"政融保"模式。2017年9月,苏州贝昂科技有限公司和中国人保财险苏州科技支公司签订知识产权质押融资协议,贝昂科技凭借其拥有的多项国家专利,将部分知识产权质押,以此获得苏州人保知识产权质押项目中最高额度的融资,实现了保险资金与实体经济的直接对接。

---

① 赵曼璐、金英梅:《知识产权质押,用IP破解融资难题》,君伦透视(公众号),2022-04-26。

（7）"知识产权＋其他担保方式混合"模式。这是将知识产权与动产、不动产、股权、甚至股东个人信用等相结合的混合担保融资。北京中关村中技知识产权服务集团与华软资本集团合作建立了国内首家"评-保-贷-投-易"五位一体的知识产权金融服务体系，通过"成长债"业务帮助科技型公司以"知识产权质押＋股权质押"方式获得银行贷款，成为国内债股结合、投贷联动的经典模式。[1] 2006 年 8 月，招商银行给华谊兄弟影视公司投资、冯小刚执导的《集结号》贷款 5000 万元的报告通过终审并放款。但是，除了以《集结号》版权为质押标的，华谊兄弟的两家关联公司还提供了担保，同时，王中军兄弟还以个人名义担保。招商银行谨慎地为自己上了三重保障。

——根据质押对象不同区分

根据质押对象（债权人）的不同，知识产权质押模式可按融资方式分为两类：一是知识产权直接质押模式，是出质人将知识产权直接面向银行机构质押获得贷款；二是知识产权间接质押模式，是出质人面向非银行机构进行知识产权质押，如前面的"银行＋第三方担保＋知识产权反担保"模式。

三、知识产权信托

什么是知识产权信托

知识产权信托是权利人（委托人）将其的知识产权委托给信托机构（受托人），由信托机构按委托人的意愿以自己的名义，为特定目的或受益人利益进行管理或者处分，以实现知识产权价值的一种信托业务。信托知识产权中的财产权主要包含：对知识产权的许可使用权，获取知识产权收益的受益权，实施对知识产权经营管理的权利，对知识产权的处分权。

著作权集体管理即一种信托性质的授权关系。根据 1990 年世界知识产权组织（WIPO）关于著作权与邻接权集体管理的研究报告，典型的**著作权集体管理**被定义为：在集体管理制度的框架中，权利人授权集体管理组织管理其权利，即监督作品的使用和预期的使用者协商，在适当的条件下，使用者支付适当的使用费后，向其发放使用许可，集体管理组织收取作品使用费并在权利人之间进行分配。[2] 我国《著作权集体管理条例》第 2 条规定："本条例所称著作权集体管理，是指著作权集体管理组织经权利人授权，集中行使权利人的有关权利并以自己的名义进行的下列活动……"显然，著作权集体管理合同及其中涉及的授权关系，应为信托性质。

在专利、商标领域也出现了信托关系。最高人民法院判决的"TMT"案与厦门

---

[1] 创乾：《一文全网罗知识产权质押融资的八种模式》，结构金融论坛（公众号），2019-12-21。

[2] WIPO, Collective Administration of Copyright and Neighboring Rights, WIPO Publication (1990). P6.

市中级人民法院判决的"Laiya"案均确立了商标信托关系的存在。信托知识产权是受托人因承诺信托而取得的知识产权中的财产权利,该知识产权与委托人、受托人以及受益人的其他自有财产分离,具备独立性,仅仅服从和服务于信托目的。

2000年,武汉市国际信托投资公司联合武汉晚报社和武汉市专利局在全国范围内开展专利信托项目。武汉国投挑选出专利"无逆变器不间断电源"作为第一个专利信托产品进行运作。武汉国投信托从权利人处受让专利收益权,签署信托协议确立各方相应的权利义务,专利权人委托武汉国投对专利进行管理,信托公司在此过程中需要负责对专利进行转化。然后,武汉国投信托以专利预期的收益权为基础,分割为若干信托单位对外向投资人发售面值为6元的风险收益权证。最后,武汉国投信托与权利人进行收益分配。参与专利信托业务的当事人及各合作方的收入从专利转化标的额中按比例兑付,具体比例为:委托人60%、受托人40%,其他合作伙伴、投资者的利益由受托人从40%的利益中进行分配。

知识产权信托的产品设计

知识产权信托可参考以下四大类产品模式进行产品设计:

一是知识产权证券化模式,由信托公司作为发行人,集合具有稳定现金流的著作权等知识产权,在银行间市场或者交易所发行资产证券化产品。

二是具有服务信托性质的知识产权信托模式,主要发挥信托公司在受托管理、中介服务等方面的功能,在管理知识产权的同时,促进知识产权的转让、对外使用,所获取的相关收益按委托人意愿分配给受益人。

三是具有公募性质的知识产权投资基金模式,由信托公司作为受托人,通过公募发行方式,募集资金投资于知识产权以及相关权利,支持知识产权技术成果转化。

四是面向机构投资者以私募发行方式募集资金模式,由于知识产权具有较高的专业性,以中小科技公司知识产权为抵质押物,通过私募方式进行融资更为便宜可行。[①]

四、知识产权证券化

什么是知识产权证券化

知识产权证券化(简称知识产权ABS)是资产证券化融资工具在知识产权领域的应用,它是指发起人将其拥有的知识产权或其衍生债权(又称为基础资产),移转到一个特设目的机构(SPV),由该特设目的机构以该基础资产作担保,经过重新包

---

① 袁吉伟、李淼、吕静、苑西恒:《科技兴国战略下的知识产权信托创新发展》,《当代金融家》2020年第12期,第121~123页。

装、信用评价以及信用增强等操作后,发行一种可以出售和流通的权利凭证(证券),并据以融资的过程。从委托方的角度,就是以知识产权未来预期收益为现金流支撑,通过委托给第三方机构对外发行市场流通的证券进行融资,投资者购买证券后,以该资产产生的现金获取收益。2002年5月,足球劲旅"意甲"帕尔玛队进行了一项涉及9500万欧元的知识产权证券化,支持其证券化的资产包含商标收入和电视转播权的收入。

特设目的机构(SPV)在整个证券化过程中起着基础连接作用,是整个资产证券化过程的核心,各个参与者都将围绕着它来展开工作。SPV有特殊目的公司(special purpose company,SPC)和特殊目的信托(special purpose trust,SPT)等表现形式。SPV可以是法人实体,可以是空壳公司,同时也可以是拥有国家信用的中介。

SPV是证券化中实现基础资产风险隔离和证券自我清偿,体现资产信用融资这一本质属性的核心载体。知识产权证券化的SPV同样也遵循传统资产证券化的SPV的相关规则,具体而言,SPV将拟证券化的知识产权资产彻底与原始权益人隔离出来,保证资产独立性,从而也使知识产权资产与原始权益人、债务人和其他利益关系人的破产风险相隔离,以保护投资者的利益,提高资产支持证券的安全性,增强投资者信心。

由于知识产权效力的不确定性、价值的不确定性,因而将知识产权作为基础资产进行证券化,存在知识产权本身的不稳定性与证券化所要求的现金流的稳定性之间的矛盾。事实上,证券化过程中的评估、增信、担保等一系列问题的核心就来源于知识产权的不稳定性。因此,知识产权证券化相较于一般的证券化资产风险更高。

知识产权证券化的发展

20世纪90年代中期,知识产权证券化在美国开始活跃起来,但真正实现证券化的知识产权资产主要是已经在市场上具有较高声誉的艺人所持有的、可追溯过去产生的现金流或者可预测未来收益的音乐作品,可产生多种授权形式的商标权,或者可评估现在和未来现金流的药品等领域的专利权为标的资产。世界范围内最早的一例知识产权证券化实践即是音乐版权证券化。在Pullman Group的策划下,英国著名的摇滚歌星David Bowie将其在1990年以前录制的25张唱片的预期版权(包括300首歌曲的录制权和版权)许可使用费证券化,于1997年发行了Bowie Bonds,为其筹集到5500万美元。

1997—2003年,在美国公布的知识产权证券化交易为26件,融资金额约为40亿美元。2000年6月,Royalty Pharma以1亿美元收购了耶鲁大学授权Bristol-Myers Squibb生产的一种艾滋病治疗药物Zerit药品专利,通过设立BioPharma Royalty Trust(SPV)进行证券化处理发行债券,成功融资1.15亿美元。

2002年,以日本著名电影制作公司松竹股份有限公司许可东京电视台播放系列电影《寅次郎的故事》所获得的许可费用为基础,将著作权中的传播权作为原资产转让给特殊目的公司(SPC),从而发行证券获得融资,开启了日本知识产权证券化。日本思可拉公司为筹集资金,将其拥有的 4 个专利权转移到根据《资产流动化法》设立了特殊目的公司 TMK,TMK 再基于专利许可费发行公司债券从而获得融资。这是日本首个将专利权证券化的实例。

截至 2021 年 12 月 31 日,我国共发行知识产权证券化产品 66 单,累计发行规模 182.49 亿元。基础资产包括知识产权售后回租应收租金、知识产权转让应收账款、知识产权二次许可应收许可费、知识产权质押贷款应收本息四大类型。代表性的项目包括:2018 年"奇艺世纪知识产权供应链金融资产支持专项计划"发行,募集资金规模约为 4.7 亿元;2019 年"第一创业-文科租赁一期资产支持专项计划"发行,募集资金规模为 7.33 亿元;"兴业圆融-广州开发区专利许可资产支持专项计划"发行,募集资金规模为 3.01 亿元。

五、知识产权保险

什么是知识产权保险

1994 年美国才形成世界上第一张以知识产权为保险标的的保单。直至 21 世纪初,专利保险产品才被引入中国。广东省佛山市禅城区于 2010 年年初在全国率先推出专利保险,2010 年 12 月,佛山德众药业有限公司与信达财产保险股份有限公司广东分公司签订专利侵权保单,这是全国专利侵权保险第一张保单。总体上看,知识产权保险业务面临着以下挑战:第一,保险产品相对数量较少、品种单一。第二,知识产权价值评估难,保费设定不合理。第三,企业参保意识不足,购买意愿不强烈。第四,存在"带病投保"的情形,保险出险率较高。第五,保险公司产品风险控制困难,事先调查成本较高。[①]

近年来,国家和地方在知识产权保险鼓励政策上频频发力,积极推动知识产权保险产品创新。目前各地推行知识产权保险基本以"政府引导、商业运作"为原则。2022 年 5 月,浙江省知识产权保险工作推进会发布了 5 个知识产权保险创新产品,推动基于国际贸易场景的综合保险产品创新。其中,PCT 国际专利申请费用补偿保险、马德里商标国际注册申请费用补偿保险、海牙工业品外观设计国际注册申请费用补偿保险 3 款产品为助力企业"走出去";专利实施失败费用损失保险、区域公用品牌综合保险 2 款产品为促进知识产权普惠,助力高质量发展建设共同富裕示范区。

所谓**知识产权保险**,是指投保人以知识产权为标的向保险公司投保,支付保险费,保险公司对合同约定的情形发生时承担赔偿保险金责任。知识产权保险的类型,按权利类型不同分为专利保护、商标保险、著作权保险等,按保险性质或投保场

---

① 王函、王则周:《知识产权保险生态圈的构建初探》,IPRdaily,2020-07-28。

景不同分为知识产权执行保险、侵权责任保险、代理人职业责任保险、展会知识产权纠纷保险、知识产权质押融资租赁保险等。

知识产权保险产品

在知识产权创造（确权）、运用（运营）、保护和服务的四个环节中，都有与之匹配的知识产权保险产品，比如在创造（确权）环节，有知识产权申请费用补偿保险、知识产权无效费用保险；在运用（运营）环节，有知识产权质押融资保证保险、知识产权交易信用保险；在保护环节，有知识产权维权费用保险、知识产权被侵权损失补偿保险、知识产权侵权责任保险；在服务环节，有知识产权代理人职业责任保险等。人保财险已先后开发了16款知识产权保险产品，包括知识产权创造类1款，知识产权运用类2款，知识产权保护类7款，海外知识产权保护类2款，以及知识产权质押融资类4款。

在保护环节的知识产权保险产品发展时间较长，发展比较成熟，可以分为两大类：（1）维权型或进攻型保险产品，包括知识产权维权费用保险、知识产权被侵权损失补偿保险等，主要保险责任是补偿权利人在维权过程中产生的调查费用和法律费用，并根据司法判决对权利人的被侵权损失先行垫付后向侵权人代位追偿。（2）侵权型或防御型保险产品，包括专利侵权责任保险、知识产权海外侵权责任保险等，主要保障被保险人的知识产权或者投保产品因侵犯他人知识产权而依法承担的损害赔偿责任以及相关的法律费用。[①] 除了前两种类型的保险产品，还有保障类保险产品，比如在服务环节的专利代理人职业责任保险，详见表11-2。

表11-2 知识产权保险常见险种

险种	内容	性质
知识产权执行保险	被保险人系知识产权权利人。保险利益（承保损失）为被保险人因正常维权而产生的调查费用、法律费用等支出	进攻型保险
侵犯专利权责任保险	被保险人系潜在的知识产权侵权人。保险利益为被保险人因发生知识产权侵权而应当承担的赔偿责任及相应的诉讼费用等	防御性保险
境外展会专利纠纷保险	被保险人系境外参展人（潜在侵权人）。保险利益为被保险人在境外展会参展过程中，因境外第三方主张参展展品侵犯专利权产生侵权纠纷而支出的律师费、诉讼费等费用	防御性保险
专利代理人执业责任保险	被保险人系专利代理人。保险利益为被保险人从事专利代理业务时，因过失造成委托人的经济损失，包括仲裁或诉讼费用及事先约定支付的必要的、合理的费用	保障类保险

---

① 王玉珏：《关于我国知识产权保险发展的若干思考》，中国再保险研究院（公众号），2022-05-05。

六、知识产权投资基金

什么是知识产权投资基金

知识产权质押等融资方式的本质是债务融资,而知识产权投资基金则是股权融资或产权投资。狭义上,**知识产权投资基金**作为股权投资基金(private equity,PE)的一种类型,是募集资本通过股权投资的方式投资具有知识产权优势,或拥有高价值专利的企业或项目,尤其是创新驱动的初创企业和知识产权孵化项目。知识产权投资基金的主要职能是专门对投资对象提供股权融资和早期孵化管理服务。知识产权投资基金将股权投资与知识产权相结合,但又不同于传统产业的股权投资基金,它更关注产业发展中的知识产权要素,尤其是专利等技术要素。

广义上,**知识产权投资基金**是为知识产权资产的研发或运营提供融资,以授权许可费、诉讼赔偿及转让收益等为回报的投资基金,其投资方式包括但并不限于股权投资。目前,国内成立的各类知识产权运营基金,主要通过阶段参股、直接投资、风险补助和专利收储运营等方式,投资孵化知识产权驱动型公司和知识产权运营服务机构,投资重要产业或关键领域的知识产权运营项目和服务、成果转化及项目孵化等。这些运营基金多数属于广义上的知识产权投资基金。比如,四川省知识产权运营股权投资基金即是投向知识产权优势企业知识产权运营、知识产权重大涉外纠纷应对和防御性收购、涉及专利的国际标准制定、产业核心技术专利实施转化和产业化等。

知识产权投资基金的类型

知识产权投资基金可以根据主导主体不同而区分为国家主导型知识产权投资基金和市场型知识产权投资基金。

——国家主导型知识产权投资基金。法国专利基金 France Brevets 是欧洲第一家主权专利基金,其在法国政府的支持下收购法国研究机构和企业的专利并建立专利池,目的是支持法国公司、高校和研究机构经营专利资产并获取必要的研究基金。投资对象从创业公司、中小企业到研究机构和大公司。韩国政府于 2010 年创办的 Intellectual Discovery,是亚洲创建最早的知识产权投资基金公司。ID 公司将其工作目标定位为帮助韩国公司获取防御性手段来应对国外公司或 NPE 的专利攻击。同时,致力于促进亚洲知识产权商业活动的发展,包括投资开发高质量专利,以及全球高质量专利的授权与转让。

——市场型知识产权投资基金。美国高智发明(intellectual ventures,IV)为其代表。高智发明成立于 2000 年,是全球最大的专业从事发明与发明投资的公司。高智发明的基金来源于私募股权基金,其发起设立有三支基金,包括发明科学基金(invention science fund)、发明开发基金(invention development fund)和发明投资基金(invention investment fund)。通过专利授权、创建新公司、建立合资企业以及建立行业合作伙伴关系等方式来使发明成果商业化。

作为一种新的融资方向，近年来知识产权投资基金在我国受到较大的关注，特别是用以支持国家战略性产业和区域优势产业的知识产权运营。当然，这里面大多有政府部门的政策引导，甚至强力推动。比如，2015年12月成立的北京市重点产业知识产权运营基金，是我国首支由中央、地方财政共同出资引导发起设立的知识产权运营基金，该基金在中国基金业协会备案为"股权投资基金"，基金首期重点关注移动互联网和生物医药产业。2020年12月，上海海望知识产权股权投资基金作为浦东首支知识产权基金正式设立成立，主要通过股权投资的方式支持一批具有核心知识产权和关键技术的优势企业，第一批投资项目涵盖了集成电路、5G、生物医药等细分行业，大多属于关键领域"卡脖子"技术的关键项目。

七、其他知识产权金融模式

知识产权金融虽然开展历史不长，而且成效相对而言也并不显著，但其探索或引入的金融创新模式却并不少。考虑到金融风险和合规风险，对于新型的知识产权金融模式，比如，知识产权份额化（及艺术品份额化）、知识产权众筹等，须保持足够警惕，小心上当受骗，不要误入"圈钱骗局"。

——**知识产权融资租赁**

在美国、日本等国家，已经成功开展过知识产权作为租赁标的的售后回租，即出租人购买承租人拥有的知识产权后，承租人再与出租人签订融资租赁协议将该知识产权的使用权租回。租赁期内出租人保持对知识产权的所有权，租赁期满时承租人具有将该知识产权买回的选择权。2006年美国的Columbus(哥伦布)公司与Kern(克恩)公司之间达成了一项关于专利权融资性售后回租协议。Columbus向Kern公司支付200万美元以获得Kern公司一项专利的所有权，同时再将该专利使用权以独占许可的方式，许可给原专利权人Kern公司继续使用，并收取许可费，许可期限为6年。当许可期届满后，Kern公司可以选择以一美元的价格重新成为该专利的所有权人。俄亥俄州发展部作为政府机关向Columbus公司提供200万美元的贷款以支持该笔专利融资回租交易的达成，同时获得Kern公司的承诺，将在交易后的3年内创造55个全职工作岗位。

知识产权融资租赁可以盘活公司的知识产权，使其获得发展资金，促进知识产权转化。我国也有知识产权融资租赁的业务实践。2015年4月，北京华夏乐章文化传播有限公司以《纳斯尔丁·阿凡提》和《冰川奇缘》两部音乐剧版权为标的物通过售后回租的方式从文科租赁公司融资500万元人民币，华夏乐章获得资金支持后，又推出了4部原创音乐剧作品。

——**知识产权诉讼金融**

诉讼金融(litigation finance)也称为诉讼融资、第三方资助(third-party funding)

等,简言之,就是由投资者先行支付因诉讼所发生的费用,以支持当事人的诉讼活动,并在胜诉后获取一定比例的收益作为投资回报。其收益通常是投资额的倍数或是一定比例的赔偿金(或和解金额),或者两者兼而有之。比较主流的看法是,诉讼金融起源于20世纪90年代的澳大利亚,刚开始仅应用于破产案件,后来逐渐扩展到商事诉讼、证券欺诈和产品责任领域的集团诉讼、人身伤害案件及仲裁案件等。

诉讼融资公司现在不仅可以向当事人,也可以向律所提供融资,包括但不限于直接融资、间接融资及证券化。但其本质始终是以诉讼活动为标的的投资行为。根据诉讼金融公司伯福德资本(burford capital)的财务报告,其2017年营业收入达到3.41亿美元,对比2016年上升了109%。其中,税后利润为2.65亿美元,对比2016年上升了130%,利润率高达77.7%。[①]

近年来,除了保险业,风险投资也开始进入知识产权诉讼尤其是专利诉讼领域,以解决权利人(原告)诉讼的资金困难。这里面重要的推动因素知识产权的侵权赔偿比较高,特别是中国近年来的各种法律政策表明高额赔偿值得期待。事实上,风险代理、诉讼保函和批量维权都是中国诉讼金融的广义上的表现形式。但专注于诉讼费用融资的公司这几年也开始出现,通过投资于争议解决过程中所需的律师费、诉讼费、仲裁费、公证费、鉴定费、调查费、保全担保费等,分享一定比例的胜诉收益作为投资回报,承担败诉及执行不力的风险。有的诉讼金融公司不只是提供诉讼费用的融资支持,更是融合了传统法律服务与金融服务,为当事人提供案件风险审查、配套金融支持、全程诉讼服务、全国追踪执行等综合服务。

——知识产权份额化

知识产权份额化的思维来源于民法上的财产权共有,尤其是按份共有的观念。**知识产权份额化**将一项或一组知识产权切分成若干份额,理论上各份额具有交易的可能性。比如,将公司的一个商标资产包评估为总值5000万元人民币,每一份额市值1元人民币,权益份额总数则为5000万份,然后对外供投资者申购。我国艺术品交易领域在2010年前后曾一度掀起了艺术品份额化交易热潮。**艺术品份额化交易**是将标的物等额拆分后,以每一份额的所有权为基础发行份额公开上市的交易。投资者可以参与艺术品份额的发行申购、持有原始份额,也可以在文化艺术品交易平台上买卖所持份额。知识产权份额化的逻辑与艺术品份额化异曲同工。

2010—2012年,艺术品份额化交易在我国经历了一个"速兴骤亡"的过程:从初期的火爆争购,到中期在争议中转入平淡,再到最后因为政府整改而几乎销声匿迹。事实上,艺术品份额化面临着众多的风险,以退出机制风险为例,被份额化了的艺术品和知识产权不像股票或期货那样有实物可以交割,投资者除了在市场交易中找到下家,没有其他退出机制。[②] 知识产权份额化同样如此,投资人如何从中

[①] 郑鋆:《诉讼金融:资本如何在法律界砸出水花》,智合,2018-12-10。
[②] 左艳荣:《艺术品份额化交易的风险再思考》,《中国文化报》2015-01-24。

获益,大有疑问,似乎只有"击鼓传花""低买高卖"才能实现投资目的。此外,知识产权份额化虽然是资产证券化的探索与尝试,但其不属于证券法的调整范围。

第4节 知识产权增值策略

一、知识产权资产增值策略

知识产权组合策略

知识产权相互组合,也能产生化学效应,增加或放大单个知识产权的价值,彰显知识产权协同利用的效用。比如,核心专利仅此一枚,一旦无效则价值立减,而围绕核心专利建立的专利组合,即使该核心专利无效,其他专利仍能发挥竞争或许可的价值。当然,知识产权组合有时是基于知识产权营销、交易的策略需要。比如,有的许可人会围绕许可的核心或目标专利,准备大量的佯攻专利进行组合,从而在数量上给谈判对手有一定压制,迫使对方坐下来和许可人谈判。

——专利与专利组合

主要是指两项以上专利相互搭配,共同利用或授权,以放大单个专利的力量,获得更大的整体收益。比如,公司内部不同级别的专利,在授权之时可以相互搭配组合。通常,具有互补作用或改进关系的多项专利,或应用产品或场景相同的多项专利,最适宜组合利用。专利组合的目标是整合公司内部的专利资源,提升专利的附加价值。特别是个别专利因为受限于各种因素,不易单独实施或授权,只有与其他专利配合使用或组合授权,才能发挥最大的效用。

丹麦的利昂制药公司在某些治疗皮肤病的药品上使用了这种专利组合方法。该公司所生产的达力士软膏,专利保护期还有3~4年,然而这种药是稳步治疗牛皮癣的推荐药品,于是利昂制药公司就研制了第二种药品——Daivobet,用于治疗牛皮癣所引发的急性病症。这两种药在疗法上互补,而后者的专利权还有17年。利昂制药公司把这两种药品搭配到一起推荐给医生和病人,用于治疗同一种疾病,这样就保证了在Daivobet的专利有效期内销售达力士药膏同样能获得收益。[①]

——专利与技术秘密搭配

专利申请将导致公开自己的技术内容,尽管可以获得强势的法律保护,但也容易刺激竞争对手的模仿和侵权行为。而且专利申请公开后,最终仍有无法获得专利授权的风险,相当于无偿公开了自己的技术成果。公司可以仅对技术的基本轮廓申请专利保护(但需满足专利的授权要求),而将技术核心内容或影响产品质量的关键技术作为技术秘密保留起来,或在撰写说明书时巧妙隐藏。此即专利保护与技术秘密搭配策略。

---

① [美]马库斯·利特兹格:《知识产权的战略管理》,崔文杰译,《新华文摘》2005年第10期。

比如，专利说明书中只列出体现发明者目的的最基本的技术内容，而将影响技术效果的工艺、最佳条件、优选配方等作为技术秘密保留下来。这样，即使他人按说明书进行仿制，但由于质量和效果达不到最佳，在市场上也难以真正形成对原有技术的竞争力。专利保护与技术秘密相搭配，可以有效防止公司过度暴露自己技术所带来的一些负面影响。①

公司在专利之外还保留有技术秘密，一方面可以更大限度地保障公司在技术实施的垄断利益，另一方面也可以更好地促进专利的授权。比如，在专利授权的同时，可以把技术秘密作为优惠条件进行附赠，或者在专利授权之外，额外再收取一笔技术秘密的许可费。更为常见的情形是，技术秘密可以作为吸引他人购买专利授权的筹码。

知识产权的组合搭配还包括专利与商标（尤其是认标标志）、专利与著作权等，这里不再讨论。但必须提醒的是，把知识产权搭配授权，需要满足合规性，谨防遭遇反垄断审查或不正当竞争之诉。

专利联营策略

专利联营是基于产业利用的目的，将若干企业（权利人）拥有的相关专利集中起来进行组合，各企业内部之间相互交叉许可，但统一对外发放许可。专利联营也称为"专利池"（patent pool），专利池是一些科技公司协同互动的典型方式，华为即通过参加专利联盟或专利池的方式加强与业界的知识产权交流合作。

"**专利池**"是针对一个技术领域，以产品系列为对象，覆盖包括产品、零部件、生产工艺、核心技术等所有与该领域产品和配套技术有关专利的集合。如 DVD 领域包括了激光头、解码技术、伺服系统等所有可能的专利 3000 多件，并形成了行业标准，只要生产 DVD 产品，则必然构成侵权。构建"专利池"是突破重围，保护产业技术安全，支持公司发展的重要措施。

"专利池"的构建有两种形式。一种是由政府支持的政策性专利运营机构通过集中领域内相关专利，形成专利群，实现专利的集中，通过技术标准的形式实现技术垄断，向境内公司免费或低收费进行许可，以支持公司，特别是中小公司的发展。另一种是通过产业联盟或行业协会组织，构建专利联盟，在领域内的更小范围进行专利集中，如围绕某一类产品，形成"专利池"，对联盟内公司进行交叉许可，实现共同发展，对联盟外公司则运用"专利池"进行技术垄断，提升竞争优势。②

专利标准化策略

标准必要专利（standard essential patent，SEP）指实施技术标准必不可少或必

---

① 袁真富：《中国专利竞赛：理性指引与策略调整》，《电子知识产权》2006 年第 11 期。
② 国家知识产权局编制：《专利导航试点工程工作手册》（第一版），2013 年 9 月。

须使用的专利。标准必要专利可以减少不必要的重复研发,有利于促进创新、增进效率;也能促进同类产品的兼容互通,有利于国际贸易的发展。但是,基于标准推广的使命和专利本身的特性,标准必要专利的实施许可实际上具有一定程度上的"强制性"和"垄断性"。即使遵循标准化组织一直倡导的知识产权许可政策——FRAND 原则(Fair, Reasonable, and Non-discriminatory,即"公平、合理、无歧视"原则),对于诸如 3G、4G 等广泛应用的标准而言,标准必要专利仍然具有重要的商业价值。从这个意义上讲,进入技术标准就是对专利本身的增值策略。因此,**专利标准化**是指将专利技术纳入到技术标准之中,并通过标准的制定与实施,获得专利许可收益或有利的市场竞争地位。

高通拥有涉及 CDMA2000、WCDMA(UMTS)、TD-SCDMA、TD-CDMA、LTE、OFDMA 的专利技术,是 3G、4G、5G 的标准必要专利,只要手机能够上网,都得向高通交钱,其他公司无法绕开,所以业内也把高通的专利费称为"高通税",这也足以表现了标准必要专利的商业威力。华为公司宣布将从 2021 年开始实施专利许可收费计划,对遵循 5G 标准的单台手机专利许可费上限为 2.5 美元,并提供适用于手机售价的百分比费率。高通和爱立信均已经对外公布 5G 专利授权收费标准。其中,高通对于使用其 5G 标准必要专利的手机,按照整机售价收 2.275%~5%的费用;爱立信对于高端机和低端机的许可费分别为 5 美元/部及 2.5 美元/部。

当前,全球范围内无线通信标准等领域的必要专利案件呈现增多的趋势。为了避免标准必要专利的滥用,促进技术持续创新的许可生态,欧盟和日本都十分关注标准必要专利许可政策导向,通过出台标准必要专利指南、成立专利评估许可专家小组等方式主导新形势下标准必要专利许可规则。比如,欧盟于 2017 年 11 月发布了指导性文件《标准必要专利的欧盟方法》,对标准必要专利披露透明度、FRAND 许可原则、许可环境、标准与开源等问题进行了澄清。

驰名商标加值策略

驰名商标作为商标法体系中重要的法律术语,本应该始终如一作为一个法律符号来对待,但是,在中国曾出现一道独特的风景,在地方政府的表彰奖励、消费者的观念误解、新闻传媒的舆论渲染等制度环境的影响之下,驰名商标的符号意义被完全重塑,从一个法律符号转变为一个社会符号。在公司的认知里,驰名商标更像是一个品牌符号,一种荣誉和声望的象征。驰名商标从法律条文和法律实践中挣扎出来,经过重新灌注商业上的意义之后,成为公司品牌营销的工具,不仅在各种媒体和商品包装上突出宣传"中国驰名商标",而且有的还大张旗鼓召开新闻发布会或庆祝大会。公司借助驰名商标这个品牌符号,或者迎合消费者追求名牌的需要,或者获取消费者的购买信任,或者赢得差异化的竞争优势。驰名商标甚至还可以成为与政府沟通的手段或条件,以获得更多的政策优惠或资源支持。

随着驰名商标拥有人对其驰名商标的价值挖掘,以及政府部门的推波助澜、中介机构的宣传劝诱,各行各业的公司都对驰名商标这一符号垂涎三尺,纷纷卷入驰名商标的抢夺之中。由于认定驰名商标的前提,是存在特定的法律争议或侵权纠纷,因此,为了获得驰名商标的司法认定,有的公司会根据法律的需要,四处寻找合适的被告(被异议人、被申请人),充当自己认定驰名商标这场戏剧的"配角";或人为选择合适的案情,以因应驰名商标认定的"剧情"需要,甚至不惜制造假案来满足法律的要求,这在司法认定中尤其明显。

随着制度的完善,目前上述情形已经大大遏制。2014 年施行的《商标法》第 14 条第五款规定:"生产、经营者不得将'驰名商标'字样用于商品、商品包装或者容器上,或者用于广告宣传、展览以及其他商业活动中。"随着新《商标法》的实施,驰名商标认定及保护终于回归到法律保护的制度本质:保护驰名商标的权利人,制止商标侵权和不正当竞争。而多年来被异化的驰名商标有望摆脱广告宣传等商业上的拖累,驰名商标的异化使用、泛化使用,尤其是作为广告资源的使用,将极大地减少,甚至销声匿迹。

尽管在现行《商标法》下,驰名商标的商业价值(主要是广告价值)将大打折扣,但驰名商标的法律价值将更加突显。为了达到和实现驰名商标的立法目的,法律给予了驰名商标相对于普通商标不同的法律意义,主要表现在驰名商标享有更宽的保护范围、更强的法律效力和更多的行政保护,因而认定驰名商标在法律层面可以更加有效地制止商标抢注行为,打击"搭便车"的商标侵权行为或不正当竞争行为,这也是为公司的商标保护提供了法律上的价值。[①]

二、公司及其业务增值策略

产品卖点知识产权化

"竹盐"是株式会社 LG 生活健康(简称 LG 公司)推出的牙膏品牌,并于 2001 年在中国上市。"竹盐"商标于 2002 年 4 月在中国提出注册申请,并于 2003 年 8 月获得商标注册。2008 年"竹盐"被认定为驰名商标。事实上,竹盐是"竹盐"牙膏的主要原料成分。LG 公司的这款牙膏产品的包装盒上,曾经还配有文字介绍竹盐(原料)的制作过程。如果 LG 公司明知"竹盐"作为牙膏的原料不满足商标注册的显著性要求,仍然选择"竹盐"作为商标并决定注册时,极可能蕴含了知识产权的经营策略,通过商标注册将产品卖点商标化,将差异化的竞争优势通过知识产权转化为私家花园。

LG 公司的牙膏很长一段时间都在包装盒上明明白白地宣传竹盐是什么,以刺激消费者的购买欲望,可见当初是将"竹盐"作为区别于其他牙膏的一个卖点。"竹

[①] 袁真富:《驰名商标异化的制度逻辑》,知识产权出版社 2011 年版,第 65~71 页。

盐"这一营销概念要让 LG 公司垄断使用,可以通过商标注册,获得独占使用、并禁止他人未经许可使用的权利。显然,竹盐牙膏推出至今,仍然只有 LG 公司独此一家,与"竹盐"这一原料名称进行了商标注册保护有很大的关系。而且,竹盐商标经过长期使用,还能取得第二含义,从而合法、稳定地维持注册。①

将类似原料这样的产品卖点进行商标注册垄断,尚有违背商标法目的的疑问。但通过专利发挥保护产品卖点的功用,将公司的创新优势转为专利优势,并将产品的创新点转化为营销卖点,则完全符合专利法激励创新的目标。**李兵**(万魔声学科技公司法务总监)指出,"**卖点专利**"是针对产品功能改进的应用型技术方案,采用面向市场宣传和推广的专利申请策略,挖掘用户可感知的技术改进点(提升用户体验感和购买欲望)。例如,为了防止用户在插拔耳机插头时打滑和留下指纹痕迹而设计的指纹插头(外表面上设有环形纹路,也称"CD 纹"专利技术),公司专门为此技术申报了中国发明专利号 ZL201310099539.2 并在公司官网上进行了宣传。② 卖点专利实质上是体现技术优势或差异化竞争优势而作为产品或服务卖点的专利。

营销创意商标化

"国酒茅台"的招牌曾经时常出现在广告之中,但"国酒茅台"一直未能获得商标注册,似乎也没有国家机构正式给它颁发过"国酒"的称号。2010 年,国家工商行政管理总局商标局发布的《含"中国"及首字为"国"字商标的审查审理标准》专门指出:对"国+商标指定商品名称"作为商标申请,或者商标中含有"国+商标指定商品名称"的,以其"构成夸大宣传并带有欺骗性""缺乏显著特征"和"具有不良影响"为由,予以驳回。

但是,贵州茅台对"国酒茅台"商标的申请,应该算得上一个锲而不舍、屡败屡战的"励志典型"。2001—2010 年,贵州茅台曾 9 次提出"国酒茅台"的商标注册申请,但前八次申请均无功而返,但它永不言弃。在 2012 年 7 月,最终换来了商标局一纸公告,贵州茅台申请的"国酒茅台"商标通过初审。眼看胜利在望,却又抵不过树大招风的命运,"国酒茅台"旋即引发了白酒行业和法律界的特大"地震",白酒业和法律界可能从来没有这么亲密地"并肩战斗"过,在山西汾酒等众多酒企的抗议声,以及法律人士的一片热议声中,商标局在发布"国酒茅台"四个不同图案商标的初审公告后,据说共收到了 95 份商标异议书。最终"国酒茅台"在商标注册的争议中再次折戟。2019 年,茅台集团宣布将于 6 月 30 日前停止使用"国酒茅台"商标。

虽然"国酒茅台"商标注册告一段落,但它代表了将广告创意进行商标化的努力。一方面,通过商标注册实现广告创意的产权化、垄断化,可以防止竞争对手跟风模仿,保持广告营销的独特性。另一方面,通过商标注册可以支持广告创意传播

---

① 袁真富、苏和秦:《商标战略管理》,知识产权出版社 2007 年版,第 22~26 页。
② 李兵:《从零开始做知识产权》,载柯晓鹏、林炮勤主编:《IP 之道》,企业管理出版社 2017 年版,第 6~11 页。

的合法性,假设"国酒茅台"获得了商标注册,就能洗除自封"国酒"的嫌疑,更能经得起"虚假宣传"的质疑。当然,即使侥幸通过了商标注册,也不代表其在《广告法》上没有风险,这是不同的评价体系。

诉讼营销策略

2014年10月29日,就在各家电商剑拔弩张备战"双十一"前夕,一则天猫发布的通告开始流传:"经阿里巴巴集团授权,天猫就'双十一'商标享有专用权,受法律保护,其他任何人的使用行为都是商标侵权行为。"经查询,"双十一""双11狂欢节"的确已经被阿里巴巴集团在35类、38类或41类申请注册了商标。由于这一则"禁令",京东称所有电商已被迫更换了网站首页。当然,由于商标显著性及能否正当使用的争议,"双十一"商标未必能够真正维权成功(事实上也没有检索到有诉讼发生),但在当时已经掀起了广泛的关注和讨论,客观上为双十一电商节的成功造势助了一臂之力。"双十一"商标事件,本质上也是一次诉讼营销事件。所谓**诉讼营销**就是借诉讼之名,吸引媒体和公众关注,进而提升品牌的知名度。

大多数公司在遇到商标被侵权时,往往选择诉诸法律。美国百威公司则巧妙地把商标侵权事件转化成有趣的营销创意。百威公司在2018年年末遇到了其Bud Light商标被侵权的问题,但百威公司并没有用法律术语来威胁侵权方"Dilly Dilly"啤酒制造商Modist酿酒公司,而是决定把潜在的法律争讼变成病毒式的营销创意。百威公司将一封友善的要求停止侵权的信函写在老式的羊皮纸上,并雇用了一个穿着中世纪城市装束服装的演员手工交付,并在对方啤酒厂的办公室大声朗读。百威啤酒品牌副总裁**安迪·格勒**(Andy Goeler)说道:"啤酒就是乐趣和友谊,我们需要以反映我们的品牌个性,这是由我们的DNA决定的。"这次营销在脸书上的视频在三周时间被浏览了491 000次,产生了超过11 000个评论,其中98%的内容是积极的。百威公司有效的利用新媒体化解此次被侵权的事件,而且还获得了很多的关注度,免费做了一次宣传(图11-2)。

图11-2 百威公司的信函

投资决策影响

投资者在确定长期投资目标时，通常要评估企业是否有坚实的"护城河"。所谓"护城河"指企业拥有持续的竞争优势以抵御竞争对手的攻击——就像护城河保护城堡一样。知识产权尤其是专利的护城河作用尤其明显，它们通过帮助公司通过一定时间内的技术垄断，从而令投资者实现更好的回报。

因此，对于新兴的公司而言，专利等知识产权还是其获得风险资本青睐或者上市融资的一个重要筹码。来自 Pennsylvania 大学的 Ziedonis 教授介绍，专利是一些芯片公司的重要商业资源，但这些公司寻求强有力的、完整的专利保护，主要是出于两个原因：筹措风险资本和优先占据垄断地位。[①] 所以，一些科创公司会有目标有计划地申请和占有大量的知识产权，打造自己的创新形象，以作为获得风险资本的工具。

加州大学的 Robin Feldman 对美国风险投资协会 200 多位投资家会员进行了访谈，分析了专利主张行为(patent demand 或 patent assertion)对其投资决策的影响。结果发现，对于成为专利主张行为对象的初创企业来说，风投机构的投资意愿急剧降低。如果一家初创企业牵扯到专利纠纷或官司中，成为专利主张行为的对象，48%的受访投资人认为这是影响其投资决策的重大问题，另外52%的投资人会根据具体情形再决定，没有一个投资人认为这是个无关紧要的因素。

◇专栏：专利可助企业吸引投资

旷视科技的创始人们从公司成立伊始就很重视知识产权的保护。2012年公司刚成立没多久，就申请了第一个人脸识别相关技术的专利。到2018年，该公司已在中国、美国、欧洲等国家和地区累计提交专利申请1000余件，其中发明专利申请占7成。除了申请与保护的日常工作，旷视科技的知识产权团队还积极利用知识产权帮助企业在税收筹划、产品销售、技术合作及投融资中发挥重要作用。

2017年，旷视科技完成C轮4.6亿美元融资，成为当时国内人工智能企业获得的最大单笔投资。旷视科技知识产权总监赵礼杰介绍，每次见投资人时，公司负责人都会特意把专利情况附上，获得巨额投资前，甚至有投资人带着专家，坐在公司审了3天专利的情况。除了利用知识产权对业务形成支撑，旷视科技还通过长期坚持开展知识产权文化建设，为技术人员培养了良好的技术信仰和专利意识，构

[①] See Federal Trade Commission, To Promote Innovation: The Proper Balance of Competition and Patent Law and Policy(October 2003), http://www.ftc.gov/os/2003/10/innovationrpt.pdf, 2004年4月4日访问。

建了整个公司尊重和保护知识产权的技术氛围,为公司增强核心竞争力、持续优质运营提供了文化保证。

——摘自:《中关村知识产权故事|走进旷视科技》,IPRdaily,2018-12-19。

税务管理工具

税务管理是指在纳税行为发生之前,在不违反法律法规的前提下,对公司经营、投资等涉税事项作出安排和管理。知识产权除了产生费用和成本之外,还可以用来进行税务管理,帮助公司节约成本、增加效益。比如,2020年,国务院批复同意的《深化北京市新一轮服务业扩大开放综合试点建设国家服务业扩大开放综合示范区工作方案》提出,在中关村国家自主创新示范区特定区域开展技术转让所得税优惠政策试点,在试点期限内,将技术转让所得免征额由500万元提高至2000万元。在满足该优惠政策的条件时,公司可以通过专利交易减轻税务负担。

不过,税务管理是一项极其专业的业务,需要法律及财务专业人士来完成,建议公司寻求外部专业顾问的协助,注意合规操作。以下是公司进行税务管理时,可以考虑与知识产权相关的一些内容:

——利用知识产权资源,依法获得可以享受税收优惠的主体资质,例如高新技术企业、软件企业认定等。

——利用知识产权特定行为的税收减免政策节省支出,包括允许将知识产权申请费作为研发费用加计扣除的政策、知识产权许可和转让收入的税收减免政策、软件退税政策等。

——利用知识产权交易及税收政策,对公司收入或利润等进行调节。

——利用知识产权费用化或资本化的财务处理,调节公司盈利。[1]

如上所述,**高新技术企业认定**是降低税负的重要路径——目前执行的企业所得税税率为15%,因而为众多科技型公司青睐有加。2020年,全国高新技术企业总数接近27万家,增长率达到23%。在认定高新技术企业时,对企业创新能力的评价包含知识产权、科技成果转化能力、研究开发组织管理水平、企业成长性四项指标,满分为100分,企业综合得分达到70分以上(不含70分)为符合认定要求。其中知识产权指标(30分),包括技术的先进程度、对主要产品(服务)在技术上发挥核心支持作用、知识产权数量、知识产权获得方式。在高新技术企业评定中,与知识产权有关的注意事项主要有:

——高新技术企业认定所指的知识产权须在中国境内授权或审批审定,并在

---

[1] 国家知识产权局知识产权保护司编写:《企业知识产权保护指南》,知识产权出版社2022年版,第76~77页。

中国法律的有效保护期内维持有效。不具备知识产权的公司不能认定为高新技术企业。

——高新技术企业认定中,对企业知识产权情况采用分类评价方式,其中:发明专利(含国防专利)、植物新品种、国家级农作物品种、国家新药、国家一级中药保护品种、集成电路布图设计专有权等按Ⅰ类评价;实用新型专利、外观设计专利、软件著作权等(不含商标)按Ⅱ类评价。按Ⅱ类评价的知识产权在申请高新技术企业时,仅限使用一次。

——自主研发获得的知识产权可以帮助公司获得更高分值,而受让、受赠或并购而来的知识产权评分较低。商标和被许可使用的知识产权不能用于高新技术企业认定。

——在申请高新技术企业及高新技术企业资格存续期内,知识产权有多个权属人时,只能由一个权属人在申请时使用。

——申请认定时专利的有效性,以公司申请认定前获得授权证书或授权通知书并能提供缴费收据为准。

——高新技术企业资质不是永久有效,目前法定有效期为3年,期限须重新认定。因此,公司持续创新并获得知识产权也十分关键。

其他业务增值策略

知识产权作为策略工具的使用,无论是作为商业谈判的工具,还是提升产品定价的工具,甚至是影响公司市值的工具,已经越来越表现出强大的威力。在本书其他章节已多有涉及,这里再简单总结或回顾一些知识产权支持公司业务发展的增值策略。

——**影响竞争对手产品定价**。通过对竞争对手进行诉讼或许可,提升其产品制造或经营成本;或者通过供应链的专利许可,间接影响竞争对手成本。

——**交叉许可节约成本支出**。透过专利交叉许可,同样少付或不付对方专利使用费,从而节省公司的成本支出。

——**支持公司项目投标**。在一些项目招投标中,拥有知识产权会有加分的功用,或者更具有竞争力。**高永志**(云从科技集团知识产权总监,2021年)谈道:"在招投标过程中,可以对照招标文件的产品/技术要求,以'对照表'形式,在投标文件中列出对应知识产权(知识产权名称 & 实现功能点 & 保护范围),以此向招标方证明我司专利、软著与招标方案的强相关性,甚至部分招标方案场景落入我司专利保护范围,以此向客户表明采购我司技术方案的安全性。"如果在招投标以及竞争客户的过程中递交竞争对手有知识产权问题的材料,俗称递交"**黑材料**",也是打击竞争对手的竞争手段。

——**延续垄断地位**。比如,为即将专利过期的药品,提交新配方的专利申请,利用新专利甚至品牌延续专利失效后的市场。"技术会被超越、品牌方能持久"。用商标的知名度维持专利过期产品的市场。

——**控制供应链**。富士康能够牢牢争取到各大科技产品公司的大量稳定而持续的订单的原因，据说很大一部分源于其申请布局的大量涉及产品生产的专利，这些专利的存在使得各大厂商不敢贸然撤掉订单委托给其他代工厂商，从而维持了其全球第一大代工厂商的地位。[①]

——**控制配套易耗品**。比如，采用芯片识别品牌墨盒，并将该技术专利化，从而控制品牌墨盒的配套使用。

——**支持客户信心支持**。如果制造商的产品在当地有专利保护支持，更能增加经销商、客户的信心。

——**作为利益转移工具**。比如，通过知识产权许可等交易，将子公司的利润转移到母公司，或者从合资企业转移到大股东。在支付宝股权转让风波后，2011年下半年，阿里巴巴与雅虎、软银签署三方协议，支付宝公司必须向阿里巴巴集团支付其税前利润的49.9%作为知识产权使用费和技术许可费。这笔费用在支付宝被蚂蚁金服收编后由蚂蚁金服支付其税前利润的37.5%给阿里巴巴集团。

——**作为商业谈判工具**。1994年，施耐德在首次与正泰集团协商收购无果的情况下，便以专利诉讼为武器，在杭州中院对正泰集团提起专利诉讼，意图施压正泰集团以期与其达成合作。1998年，施耐德又对正泰集团提出控股51%的条件寻求合作，在再次遭到正泰集团的断然拒绝后，施耐德再次拿起了专利武器，在北京再次起诉正泰集团产品侵犯专利权。2004年，在向正泰集团提出更为优惠的收购条件而又一次遭到正泰集团拒绝后，施耐德方面在中国国内专利诉讼还未了结的情况下，在欧洲各国连续发起了对正泰集团的15项专利侵权诉讼，同时申请对正泰集团产品的临时禁令。施耐德和正泰的诉讼之争，被认为是以诉讼逼并购的策略运用。

◇**业界声音**

庞雪（炬芯科技股份有限公司知识产权暨法务部经理，2017年）撰文指出：供应商有两种，一种是你的供应商，一种是你对手的供应商。对你的供应商要达到什么样的目的，控制它，让它不给竞争对手供货。你控制供应商手法是什么？最好的办法之一，是在你供应商提供的这些器件、部件、软件上申请一些专利，通过申请专利控制。如果卖给我不会找你法律上的麻烦，如果卖给竞争对手也可以，每一个部件得给多少许可费。

——来源：庞雪：《国内IC设计企业知识产权管理之浅见》，中国企业知识产权研究院，2017-11-22。

[①] 张天翔：《公司进行新品开发，IP能做些什么》，载柯晓鹏、林炮勤主编：《IP之道》，企业管理出版社2017年版，第81~84页。

第 12 章　知识产权交易管理

❖ 思维导图

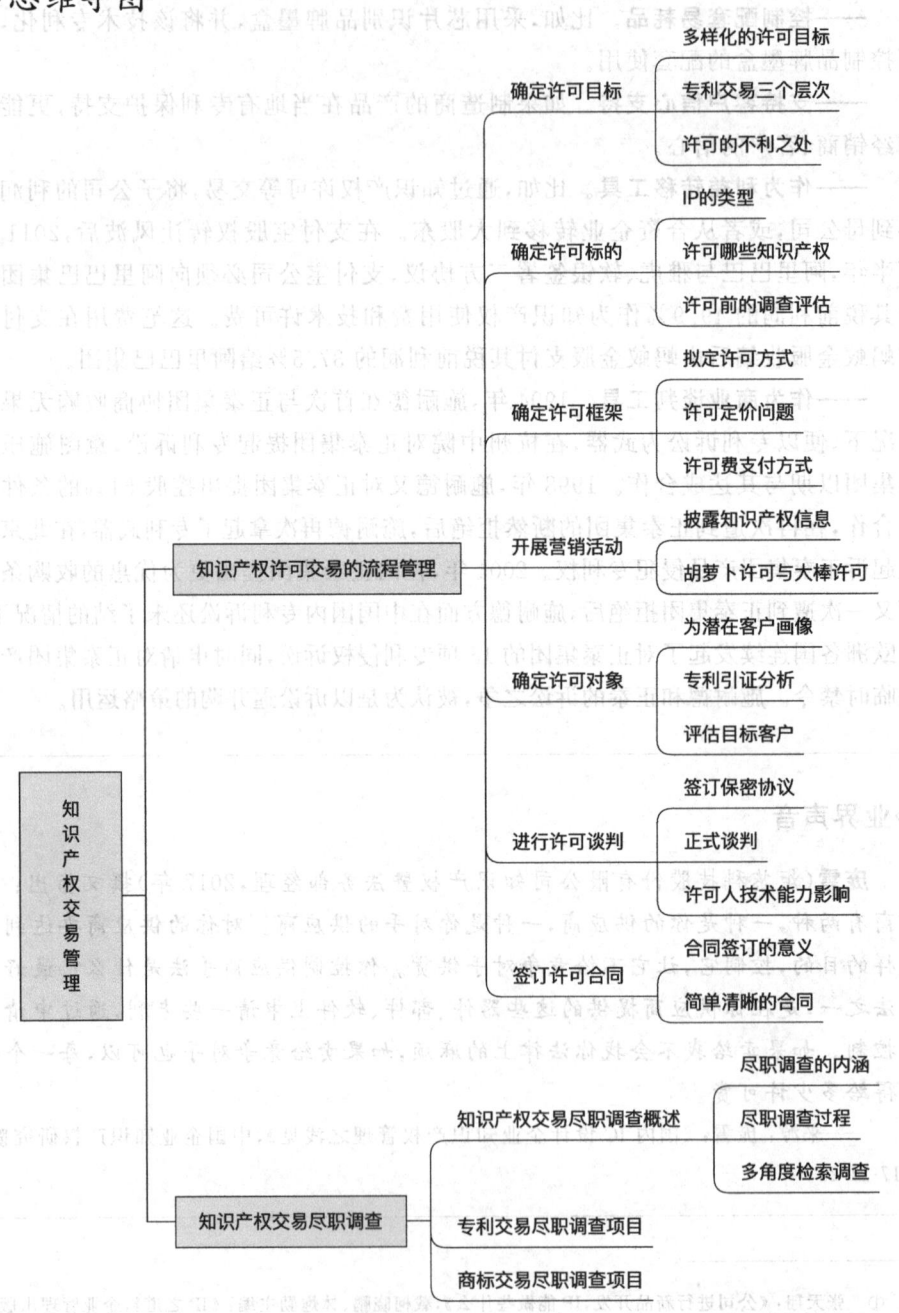

第1节　知识产权许可交易的流程管理

知识产权已经成为一种创造利润的资源，而许可、转让等交易就是知识产权作为有用资源的重要体现。考虑到不同类型的知识产权有较大的差异性，并且知识产权的交易流程并没有统一的路径可供依赖，有些知识产权交易甚至是基于偶然的因素而达成，并没有经历一个完整的交易流程。但从理论上的构想来看，以许可为参照，可以规划出一个大致的交易流程。

一、确定许可目标

多样化的许可目标

在着手开展知识产权许可之前，必须思考许可的商业逻辑或商业目标是什么。卖方（许可人）是希望增加新的收入来源，或是借此探索知产权产业化，还是降低知识产权储备或管理的成本？买方（被许可人）同样需要考虑为什么需要购买知识产权许可。无论如何，许可交易的买卖双方必须清楚地了解自己的商业目标，并确保这些交易目标与公司经营发展战略保持一致。综合参考现有的研究，以专利许可为例，双方的许可交易目标可以概括归纳如下（表12-1）：

表12-1　专利许可的商业目标

卖方的目标	买方的目标
• 获取许可费收入，回收研究投资	• 迅速取得技术，缩短进入市场时间
• 降低专利储备费用	• 避免自行研发的风险与成本
• 强化技术优势，巩固或扩大市场	• 进入新的市场
• 加速技术标准化，扩大需求	• 提高技术水准，增加生产力
• 降低扩大生产规模或自行实施的风险	• 借此学习技术和累积经验
• 以此获得交叉许可	• 通过许可避免或消除侵权纠纷
• 加强技术优越性的宣传	……
• 借此寻求合作伙伴，切入国外市场	
• 许可自己无用技术，获取剩余利益	
• 通过买方的实际使用，了解并改进专利	
• 排除反垄断法的限制	
……	

事实上，知识产权许可也可以成为商业伙伴，甚至竞争对手之间的合作纽带。**马歇尔·菲尔普斯**在《烧掉舰船》一书中说，"知识产权也是精美而有效的工具，能够促进不同的公司形成双赢的合作伙伴关系"。微软全球高级副总法律顾问**古天安**接受媒体采访表示："2003年12月到2011年，我们和来自世界各地的各种规模

的企业一共签署了 600 多个专利技术许可协议,甚至包括我们的竞争对手。"在微软看来,通过专利许可的合作策略,对微软继续保持领先优势非常重要。

◇公司瞭望:华为《专利许可业务汇报》会议纪要(摘录)

2022 年 3 月 16 日,华为知识产权部向任正非进行了专利许可业务汇报,形成会议要点。兹摘录部分内容:

我们要建立科学合理的知识产权价值观,第一,要持续保护好研究创新成果,在全球范围内积极构建高价值专利包;第二,继续发挥专利保护公司全球业务安全的作用;第三,通过合理收费奠定华为创新者形象;第四,通过构建合作伙伴,精选专利池、专利运营公司开展合作。

以前我们知识产权是为了自我防卫,是为了保证自己的业务安全而努力。通过这么多年的积累,在 5G、Wi-Fi 6 和音视频编解码、光传输、光智能等几大领域已经形成了高价值专利包,拥有了一定的话语权。我们要构建合理的价格基准,让产业界公平合理地使用我们的专利技术,在获得适当的研发回报的同时,也有利于我们在国际社会奠定创新者形象;我们使用了别人的专利,也要合理付费,这样就在全世界建立起了有利于创新的知识产权价值观和土壤。

专利交易的三个层次

段国刚先生(时任西安军民融合平台总经理,2017 年)曾撰文将中国专利交易整体划分为三个层次:第一个层次是基于专利证书的交易;第二个层次是基于专利法律权利的交易;第三个层次是基于专利技术本身的交易。这反映了中国特定一段时期专利交易背后的目标,兹摘录其高论如下:

——基于专利证书的交易。这是指买卖双方关注的只是专利证书,不关心专利所具有的法律权利和专利技术的应用。这一层次的专利交易一度占据了中国专利交易市场的主导地位,但是每件专利交易的单价普遍较低。驱动这个层次的专利交易的主要需求因素有高新技术企业认定的需要,职称评定需要,一些准备 IPO 的公司为了包装知识产权成绩。而连续多年的专利申请大跃进而导致的大量没有法律价值和产业应用价值的授权专利,为这一层次专利交易提供了供给。

——基于专利法律权利的交易。这是指专利购买者购买专利的目的是运用专利的法律权利直接起诉竞争对手或者间接威慑竞争对手,从而获得专利许可的筹码和为市场竞争提供支持。很多新崛起的公司在自身专利储备比较薄弱时,往往会采取从外界购买专利包的方式以防外来的专利诉讼和专利许可谈判。这类专利交易中,购买者不是为了专利证书,但主要也不是为了使用或应用该等专利技术。

这个层次的专利交易基本都是专利包的形式,很少有单个专利的交易,平均单件专利的交易价格也远高于基于专利证书的交易中的单件价格。

——基于专利技术本身的交易。这是指专利购买者的主要目的是为了将该专利技术产业化,将专利技术推向市场,交易买卖双方更关注的是专利本身所保护的技术方案和技术效果,这种专利交易最能促进创新和科技成果转化。当然,这种专利交易都是和技术交易捆绑在一起进行,往往很少有只是单纯的专利交易,因为专利的真正实施和转化离不开具体的技术支持。[①]

许可的不利之处

当然,知识产权许可并不是绝对有利无弊,许可也会产生一些弊端。比如,对专利许可人而言,可能制造不必要的竞争对手。发放许可证的结果,可能在原来没有竞争者的地区或领域制造出新的竞争对手来。因为大多数许可证都是发放给具有相类似业务的公司,于是,即使是看起来没有什么直接关系的许可证,从长远看也可能对专利许可人形成一定的竞争。所以,在发放许可证时,需要考虑许可证对专利许可人目前的经营有什么影响和价值等因素。鉴于发放许可证而造成竞争者的可能性,有的公司甚至转而采取合资经营等方式来代替单纯的技术许可(表 12-2)。

表 12-2　专利许可的不利之处

卖方	买方
• 制造不必要的竞争对手	• 技术受制于人
• 为小利而失去竞争优势	• 产品生产与销售地区受到限制
• 核心技术的流失	• 改良技术必须回馈给原许可人
• 无法控制的经营风险	• 得到的技术是过时的、容易被模仿的
……	……

二、确定许可标的

IP 的类型

IP 是 Intellectual Property(知识财产)的英文缩写,有时也是知识产权的简称。但 IP 已经超越知识产权的范畴,更多与"品牌"(广义)发生关联,它是品牌进化和深化的高级阶段,通过内容、形象、价值观等对用户的心智产生影响,并与用户产生感情上的关联。在文化创意产业领域,有内容、有一定知名度和有一定粉丝群的文化产品或者文化产品碎片,都是 IP。一个游戏、一部影视剧、一本小说、一首歌甚至一句短语、一张画、一个造型,都可以称为 IP。从知识产权体系的角度看,

---

① 段国刚:《中国专利交易的三个层次》,IPRdaily,2017-02-18。

适合做许可或授权的 IP 主要可以分为内容类 IP、形象类 IP、品牌类 IP、技术类 IP。

——内容类 IP,大多有原创的文学、音乐、游戏、动漫或影视作品等作为内容基础,可以细分为:文学类 IP,如《哈利·波特》;游戏类 IP,如《和平精英》;影视类 IP,如《西游记》;动漫类 IP,如《小猪佩奇》;综合性 IP,如漫威英雄、孙悟空。

——形象类 IP,一般以企业、区域、文旅、赛事活动、个人、虚拟形象和设计等为基础,可以细分为:企业类 IP,如京东狗 Joy;区域类 IP,如日本熊本熊;文旅类 IP,如故宫;赛事活动类 IP,如奥运会、世博会;个人类 IP,如周星驰;虚拟形象类 IP,如初音未来;设计类 IP,如 Hello Kitty。①

——品牌类 IP,一般以商标、地理标志、认证标志等基础,如恒源祥、南极人、西湖龙井等。有些形象类 IP 如果注册了商标,其实也是品牌类 IP,这没有绝对的分界。

——技术类 IP,一般以专利、技术秘密等为代表的技术资产为基础,如杜比音效(Dolby Audio™)。内容类 IP 和形象类 IP 主要盛行于文化创意产业或泛娱乐领域,而技术类 IP 更多在科技公司之间发生许可。本节的许可交易主要关注技术类 IP,尤其是专利许可。

许可哪些知识产权

无论作为许可方或者被许可方,都需要在许可谈判前先盘点自身的知识产权储备。并在此基础上进一步考虑可以把哪些知识产权售卖出去?通常的考虑是,这些知识产权对外许可不会影响公司的核心或重要商业利益(对转让而言,同样如此)。

——许可什么技术(专利、技术秘密等)。许可的技术大多是核心市场的非核心技术、非核心市场的核心技术,或者非核心市场的非核心技术。至于核心市场的核心技术,往往对自己经营的影响甚巨,除非自己难以实施,或者无力耕耘市场,一般不会轻易售出。当然,基于某些考虑,也不排除许可核心专利的情形。比如,当公司的专利是标准必要专利,则必须进行公平合理无歧视的许可;公司在集团内部或对关联公司、合作伙伴需要进行核心技术的许可等。当然,如果专利权人是高校或科研机构或其他研发实体,这时他们更乐于对外许可甚至转让专利,而不会在乎核心专利是否保留在手的问题。

——许可什么商标。公司一般不会对外许可核心品牌/商标。因为品牌和专利、技术秘密不太一样,它是显露于外,发挥着认牌购物的功用,也是公司商誉沉淀的重要载体,如果轻易对外授权,既直接制造了竞争对手,更可能因产品质量、售后服务等而损害商标声誉。但亦有例外,比如开展品牌加盟业务的公司必须对外许

---

① 柔侠:《IP 授权商业化:从入门到精通》,电子工业出版社 2020 年版,第 8~13 页。

可商标,尽管这种许可的范围非常有限。有的公司会将闲置的商标对外许可,以避免"撤三"的风险。甚至有公司将核心商标在防御性商品类别的注册商标,也对外发放许可,这通常发生在工业制造类公司,因为跨类别的商标许可一般不会破坏品牌的声誉或独特性。

——许可什么版权。在所有的知识产权类型中,版权在使用许可方面相对是最为开放的,除了涉及软件源代码等少数情形,版权人在大多数情形下愿意开放许可,比如开放图片使用许可、开放衍生品使用许可等。即使是以版权运营为主业的公司,也需要将版权对外许可来获取更多的商业利益。

许可前的知识产权调查评估

对知识产权资产进行了标引或分级管理的公司,更容易快速地识别和挑出对外许可的知识产权。在确定可以许可的知识产权范围后,还需要进行适当的评估。

——许可人的调查评估

从许可人的角度,初步评估的内容,主要包括知识产权是否存在、是否有效、是否共有,是否在潜在市场申请了专利。专利质量必须审视,能否经受得起无效挑战,因为专利许可收费可能需要经过专利无效程序、专利诉讼这样的程序检验。如果专利权人出具专利权评价报告,表明专利满足授权条件,可以增强买方对专利稳定性的信心。

一定要核实知识产权是否系可对外许可的核心技术或品牌,如果错误许可出去,反而可能对自己构成使用障碍。不是所有的技术都适合许可,通过许可可以做大市场,但也可能导致自己失去独特的竞争优势。飞利浦在其核心产品剃须刀的刀头上有很多核心的专利,有很多公司想取得专利许可,但为了保持产品的独特竞争优势,飞利浦并没有对外进行许可。

——被许可人的调查评估

作为买方的被许可人,在进入许可谈判前后,也需要对许可人的知识产权,尤其是专利技术,进行调查评估。主要包括三个方面的评估:

一是商业层面的评估。包括了解知识产权相关的市场信息,了解知识产权是否具有市场价值,了解知识产权是否切合买方的需求,了解相关的生产原材料是否受限等。

二是技术层面的评估。包括调查是否系成熟的专利技术,专利实施是否依赖于背景技术,是否存在改进技术,是否存在配套技术,是否易于回避设计等。尤其要注意的是,检查许可人是否充分披露了相关技术信息,预防将来以改良的技术"敲诈"更多许可费;确认重要的目标专利/商标资产,是否在许可谈判的知识产权清单范围。

三是法律层面的评估。包括对知识产权的有效性、权属等法律状况进行调查了解,同时,了解是否违反相关法律政策,尤其与技术进出口方面的管制性规定是否存在冲突。

三、确定许可框架

拟定许可方式

在进行许可之前,必须事先确认一些核心的基本问题,为后续的许可营销、许可谈判设定基调或提供支持。比如,在许可前需要确定的根本问题是到底是转让还是许可知识产权。以专利为例,转让或许可专利各有优劣(见表12-3)。

表12-3 专利转让与许可的优劣

专利转让		专利许可	
优势	劣势	优势	劣势
摆脱专利上的负担(年费等)	丧失所有权	控制所有权	需要持续监督许可的执行
脱离专利风险(无效等)	只有一次获利的机会	无持续开发的限制	继续承担专利无效或侵权的风险
收益可以预期	收益通常更低	持续的许可收益	肩负专利维护与维权的责任
—	对受让人无控制	可以分割多份许可	收益不稳定
……	……	……	……

对于知识产权期待以什么方式进行许可交易,最好有一个初步的考量,这是许可框架中极为重要的问题。尽管随着交易谈判的进展,许可交易的形式或许发生改变。当然,很多许可的细节问题可以在谈判或签署许可协议时再讨论。

在独占许可、排他许可与普通许可这些典型的许可方式中,许可人和被许可人的合同权利与合同义务有着显而易见的重大区别。许可人应当根据各种商业因素,审慎考虑哪一种许可方式可以对许可人产生最大的收益,从而决定发放何种知识产权许可。假如专利覆盖的技术范围很广泛,而且专利产品具有高度的市场潜力,则对许可人来说,最佳的利用方式应是普通许可。在相反的情况下,许可人则应采取独占许可或排他许可的方式。

所谓**独占许可**(exclusive license),是指许可人在合同约定的范围内,授权被许可人独占性地利用其知识产权,许可人不仅不能再将同一范围的权利授权给其他任何人,而且自己也不能利用合同约定范围内的权利。可见,独占许可中的被许可人,甚至排斥了许可人自己的使用权。

所谓**排他许可**(sole license),也称独家许可,是指许可人在合同约定的范围内,授权被许可人独家利用其知识产权,许可人不能再将同一范围的权利授权给第三人,但是他自己可以利用合同约定范围内的权利。排他许可与独占许可的差别在于,许可人自身能否利用被许可的合同约定范围内的知识产权。

所谓**普通许可**(simple license or non-exclusive license),也称一般许可或非独占许可,是指许可人在合同约定的范围内,授权被许可人利用其知识产权,与此同时,许可人不仅自己可以利用合同约定范围内的权利,而且可以再将同一范围的权利授权给第三人。

当然,采用什么样的许可方式也受制于产业环境的要求。比如标准必要专利的许可,只可能是普通许可。有些投入极高的行业领域,被许可人往往需要独占许可,以保障其投资的垄断收益。

即使是发放独占许可,也可以通过分割使用的领域或地域,来发放多个独占许可。把全球市场分割为中国市场和国外市场是常见的方式。比如,在2016年,复旦大学与美国HUYA公司的专利交易就是如此:美国HUYA采用里程碑付款方式向复旦大学支付累计不超过6500万美元,以获得该药物除中国大陆、香港、澳门和台湾地区以外的全球独家临床开发和市场销售的权利,详见表12-4。

表12-4 不同许可之间的差异

	被许可人	许可人	第三人
独占许可	√	—	—
排他许可	√	√	—
普通许可	√	√	√

◇专栏:IP授权合作类型

IP授权(许可) 是指授权商(licensor)将自己所拥有或代理的商标、品牌、形象等IP,以合同的形式授予被授权方(licensee)使用,从而获得许可使用费(royalty)。品牌、商标、艺术品、人物、知识产权等均可成为授权的形象IP。南极电商2019年年报显示,公司营收为39.07亿元,净利润12.06亿元。其中,与品牌授权相关的营收为13.05亿元。报告期内公司合作供应商总数为1113家,其中主要合作供应商约500家;合作经销商总数为4513家,授权店铺5800家。在IP授权商业化的过程中,各种授权合作类型包括:

- 产品授权,将IP授权他人制作或生产产品时使用,如冰雪奇缘公主裙,故宫授权的口红等各类衍生品。影视、动漫、游戏类IP最常见的授权方式之一就是产品授权,即衍生品授权。衍生品的种类覆盖文具、玩具、图书、服装、小家电、生活用品等。
- 促销品授权,将IP授权给他人做成促销用的商品,以赠品为主,如赠送印有B站LOGO的杯子。

- 内容授权，其核心是授权使用其 IP 内容（如故事情节），而不是形象、名称本身，其利用场景非常丰富，至少有三类授权场景：一是将作品内容授权他人发行或传播，如将电影或节目授权给爱奇艺播放；二是将作品内容授权给他人嵌入业务或产品中利用，如将《老友记》授权给他人利用其视频片断植入英语教学；三是授权他人进行游戏或影视等改编性使用。比如，将金庸的武侠小说授权开发为武侠类游戏。
- 空间授权，是指将 IP 授权给他人作为实体空间的主题或装饰，包括餐厅、商店（快闪店）、娱乐场所等。比如，《名侦探柯南》官方授权主题咖啡馆。
- 营销授权，是指将 IP 授权给他人进行创意策划、营销推广等活动，以提升宣传效果。比如，电影《长津湖》与官方合作伙伴途虎养车的营销策划。最典型的方式有电影植入广告，或将动漫形象作为产品代言人。
- 品牌授权，主要是指将品牌/商标授权给他人作为品牌使用。国际授权协会 2018 年的统计报告显示，伊莱克斯全球的商标授权产品零售额达到 30 亿美元，排名全球第 19 位。还有一些品牌，如可口可乐、宝马等，会将自己的品牌或商标授权给生产周边的厂家，如宝马的外套等。[①] 广义上，品牌跨界（如大白兔奶糖与快乐柠檬推出的大白兔奶茶）、品牌联名（如 LV × Supreme）也属于品牌授权的一部分。

许可定价问题

许可费是许可谈判中最重要的问题，也是谈判最长久的部分，是双方争论最多的焦点。通常许可人对知识产权的应用价值和市场前景充满信心，因而期待较高的许可费；但被许可人则保持谨慎的乐观，时刻不忘知识产权实施利用的市场风险，因而希望许可费更低一些。

作为无形的资产，知识产权价值的确难以准确评估。对技术类知识产权而言，许可人最基本的考虑，就是以这项技术的研发投入、专利申请等费用和适当的利润，作为许可费的底线，然而再根据技术的应用价值、市场前景、许可方式，以及许可人的谈判地位等因素，综合决定许可费的多少。有的交易方会委托评估公司对知识产权评估，作为一种许可费价值谈判的参考，或者作为制定或接受某个价格的依据，避免承担许可费过高或过低的谈判责任。

许可人在谈判时可以说明许可费计算的依据，包括行业通常的许可费率标准、第三方的可比许可协议、专利池收费标准、法院判决的费率等信息，以帮助被许可人理解该许可费的合理性。对于大多数公司而言，其所在领域的专利许可费率一般会有一个默许的标准，虽然该标准也会因为专利本身价值的高低而有上下浮

---

① 柔侠：《IP 授权商业化：从入门到精通》，电子工业出版社，2020 年版，第 43 页。

动。作为许可谈判的负责人应该获知所在领域费用的许可费的中位数,这样可以在把握整体的许可费率,并促进许可谈判成功。

◇专栏:影响专利许可费的因素

对于专利而言,许可人可以综合考虑以下因素,来确定许可费的价格。反过来,被许可人也可以从中找到降低许可费的主动权。

- 专利的重要程度:突破性或开创性的专利价值最大,但公司也可能认为这个专利所孕育的新兴市场充满了巨大的风险。此外,封杀了竞争对手研发方向的专利,其价值也较大。
- 专利的市场接受性:如果专利产品容易被迅速市场接受,则教育消费者消费的成本大为降低,也提高了专利的价值。
- 专利的市场规模:市场规模越大,专利的价值越高。
- 现有技术的数量:被引用专利文献数量或在一个创新大量存在的领域申请专利的产品的数量,对一项专利的价值具有较大的影响。一般说来,如果该专利商品是相似同类的大量产品中的一种,那么公司喜欢挑选,其商业价值自然大打折扣。
- 专利的潜在商业寿命:即专利可能有的经济用途的持续期,因为其他陆续产生的专利正在提供它的更好替代品。
- 专利的商品化程度:商品化程度越高的专利,价值越大。
- 专利的实施成本:制造专利产品的成本,对一项专利的价值也具有重要的影响。
- 专利的剩余有效期:专利距离失效的期限越长久,那么它就拥有越大的价值。如果专利将要到期,许可费定价也会受到影响。
- 专利投入成本:研发成本、申请费用等投入成本越高,越需要较高的许可费来收回投资。
- 专利的替代性:容易被迅速替代或者已经有替代方案的专利技术,自然无法维持某一领域的垄断地位。
- 技术回避之难易度:这和专利保护范围大小有关系,专利保护范围越小,越是容易回避设计,该专利的商业价值越低。
- 专利的有效性或稳定性:如果有人正在挑战专利的有效性,基于专利效力的不稳定性,也会给许可费的定价带来不利影响。
- 许可期间长短:时间越长,许可费越高。
- 许可地域大小:地域越广泛,许可费越高(前提是在多个国家或地区有专利授权)。如果许可的专利(或专利组合)在重要的授权国家并没有授权,则会严重影响国外专利的许可费。

- 许可的方式：独占许可相比于普通许可，许可费肯定更高。
- 许可的权利范围：许可的权利范围越广泛，获得的报酬越高。
- 许可的领域：如果许可的领域拥有广阔的市场，当然可以收取更多的许可费。
- 是否存在交叉许可：如果与被许可人交叉许可专利的使用，自然会抵销许可费的收取。
- 报酬之支付方式：一次付清，还是分期提成支付，都会影响许可费的多与少。
- 许可人的利润底线：许可人对利润底线的设定，也决定了许可费的弹性空间。
- 许可人的谈判地位：如果占有较有利的谈判地位，专利也会获得更多的许可费。
- 许可人的谈判能力：谈判地位与谈判能力是两回事，如果善于运用谈判技巧，把握谈判时机，即使在弱势的谈判地位中也能获得更多的利益。
- 被许可人的需求度：如果被许可人对专利存在强烈的兴趣，自然愿意支付更高的许可费。
- 被许可人的状况：如果许可给一家大公司使用专利，相对于许可给一家小企业，可能会收取更高的许可费。

——摘自袁真富：《专利经营管理》，知识产权出版社2011年版，第231～233页。

许可费支付方式

许可人是希望对方一次性付清许可费，还是愿意持续收取许可费。这对于许可谈判也至关重要。许可费有多种计算或支付方式，提成支付是一个易于接受的方式，但无论如何，在确定许可费支付方式时，必须考虑便于执行的问题。比如，应当选择一个简单的许可费估算基础，如产品单位；选择一个简单的许可费计算方法，如固定的百分比等。后面在讨论许可合同时再详细阐述。

——许可费计算的风险

即使是按产品单位计件收取许可费，如果只是听取被许可人的汇报，同样存在虚假汇报或瞒报的风险。以下是一些可以借鉴的措施。

- **技术监控**：给被许可厂商的生产线安装计数器，实时掌握产量，方便计算或核查许可费。在互联网和电子商务时代，作品的下载或付费浏览数据、商品在平台的销售数据更容易获取，以此作为计算使用费的依据更为容易。
- **商标仓库**：许可人控制商标标识甚至产品包装的印制（通常有防伪标识），并存放于所谓的"商标仓库"，被许可人根据产量或销量向许可人领取商标标识或产品包装，并据此结算商标许可费。如果许可人发现被许可人擅自制造商标标识或产品包装，则根据合同主张违约金。

——权利金堆叠的问题

对于科技含量较高的产品，被许可人必须注意专利许可的权利金堆叠的问题。

权利金堆叠，也称为使用费堆叠(royalty stacking)，是指单个产品的生产可能需要获得许多专利的许可，因而该产品生产者可能背负无数个使用费负担。这是消费电子设备厂商经常遇到的问题，即使当前谈判的许可费率只有1%，但要考虑到将来被要求更多许可合同的几率，否则产品利润会被吞噬。

当然，从商业上讲，许可费的支付也可以转换或折算成其他方式，比如技术交叉许可、订单置换、股份置换、供应商入选、独家供应等。

◇**数据："十三五"期间专利许可数据**

2022年，专利实施许可数据统计分析组对"十三五"期间在国家知识产权局备案的专利实施许可合同信息进行了数据提取，共涉及合同1.1371万份、专利3.1147万件，按照专利所涉及的国民经济行业，分类统计了合同数量、许可费支付方式、许可费金额、提成费率等信息，并对其中涉及合同数量大于20份的国民经济行业相关数据予以发布。统计显示，"十三五"期间我国专利许可平均备案合同金额超200万元，2020年平均单份合同金额增至331.2万元。发明专利是专利许可备案合同所涉及专利的最主要专利类型，占比高达52.6%。

四、开展营销活动

披露知识产权信息

对知识产权信息进行适当的揭露，让潜在客户有所了解，才有就许可交易进行沟通的可能。披露的知识产权信息是面向潜在客户撰写的商业文件，简言之，这是广告，不是专利说明书，也不是商标申请书，应当更强调商业性，而不是强调法律性或技术性。首次发给潜在客户的介绍一般是简明扼要的，如果对方感兴趣，可以在签署保密协议后，向其提供更详细的商业或技术资讯。

知识产权营销是一个复杂的过程，充满了情事的变更，穿插着策略的运用；不仅牵涉到许多细节的处理，更需要一定经验的累积，才能有效地达成营销的目的。公司需要根据知识产权的特质、市场的前景、客户的需要等因素，灵活制订营销方案，增加许可成功的几率。

胡萝卜许可与大棒许可

常见的一些营销渠道包括与潜在公司个别接触、参加技术交易市场或展览会、透过代理商寻找买家、借助交易网站营销、寻找侵权人谈判或讨论授权事宜等。通过寄发广告、参加展会、登门拜访、中介服务等商业活动达成许可交易，是"**胡萝卜许可**"的典型表现。事实上，"胡萝卜许可"往往效果不佳，毕竟愿意向专利等无形资产付费的意识还有待加强。

目前,"大棒许可"是知识产权许可的一个重要的方式。所谓**大棒许可**,是以侵权警告、诉讼或诉讼威胁等方式促进的许可交易。当然,挥舞"大棒"之前,首先得找到侵权人,并评估该侵权人是否为适当的许可对象。侵权人有意愿通过许可协议,解决双方的法律争议,特别是豁免侵权责任。事实上,即使是"胡萝卜许可",首先从侵权人开始接触,也能更快地达成目标。毕竟侵权人的侵权使用已经表明他有使用知识产权的需求,这正是目标客户。

从事许可业务的**戴薇女士**[昕诺飞(中国)投资有限公司知识产权顾问,2021年]谈道:"首先需要进行目标市场分析,然后去识别侵权。识别侵权的途径包括广告、展销会、网站、购买产品等途径的主动发现,以及竞争对手投诉、本公司人员举报、渠道商/代理商/零售商咨询等的被动发现。此外还要做公司背景调查,调查与本公司的业务关系(客户、供应商、竞争对手)、主营业务、市场规模、专利情况、许可、诉讼历史。"

需要注意的是,有的公司借助专利侵权诉讼的威胁(或者所谓"专利恐吓"),可能会迫使一些未侵权的企业接受许可,以避免更大的麻烦。因为受到被指控的企业惧怕无休止的诉讼程序,不负责任的新闻报道,或者为了避免高昂的律师费和巨额赔偿的诉讼风险,往往愿意和权利人达成和解,接受其权利许可及一些苛刻条件。"**群狼战术**"策略即为实例,它主要是指同时以数量较多的专利进行诉讼维权或专利恐吓,让对方难以反击,被迫屈服。

早在2002年2月28日,思科公司的副总裁Robert Barr在美国联邦贸易委员会的一次会议上指出:"诉讼的高昂花费使他们(指知识产权权利人——笔者注)得益,因为他们可以提出少于诉讼花费的许可费,寄希望于人们付钱,即使对方没有侵权,但是由于惧怕昂贵的诉讼有可能不得不妥协……"[①]但这种滥用专利的行为,有可能构成不正当竞争或其他违法行为。

◇案例:专利"群狼战术"

对于专利维权,**邱则有**(长沙巨星轻质建材有限公司创办人)总结了一套叫作"群狼战术"的策略。他认为,专利维权不能光凭一个专利来维权,要用十个甚至几十个专利来维权,最多的一次,邱则有曾用26个专利来维权。"一个不服再来一个,看你能躲过几个专利。"邱则有说。

对于"群狼战术"的效果,邱则有举了这样一个例子:"古时候作战,乱箭齐发之时,再厉害的大将也难免阵前身亡。"这与邱则有的"群狼战术"有异曲同工之妙。他认为,"群狼战术"还可达到"打官司不战而屈人之兵"的奇效。

---

① See Robert Barr'report,http://www.ftc.gov/opp/intellect/barrrobert.doc,2004年4月6日访问。

邱则有算了这样一笔账：如果用 20 项专利分别起诉对方，对方必将缴械投降。因为用 20 项专利分别起诉，对方只要应诉，不管是胜是负，首先将要支出近 1000 万元的费用。"我一审诉讼费大概只要花 30 万元，而对方请律师所花费的代理费大约就要 200 万元，二审诉讼费用对方还要花几百万元。另外，对方必将同时启动专利无效程序，20 项专利又要 100 万元，无效程序结束后，对方还得到中级人民法院或高级人民法院打行政诉讼，这样一来还得要几百万元。专利诉讼还没打完，对方就已经付出了大量的费用，与其这样，他还不如老老实实交专利许可费！这样合算得多。"邱则有说。

"养肥了再杀"，这曾经是国外"6C 联盟"对付中国 DVD 企业的专利策略。如今，邱则有把这一策略，作为"群狼战术"的先期准备。在发现侵权现象后，邱则有不一定立即启动诉讼程序，而是向对方发出律师函。"专利诉讼只是手段不是目的，专利只是一把悬在对手头上的利剑，不轻易砍下去。"但是，诉讼环境一旦成熟，邱则有立刻施出"群狼战术"，律师函突然变成起诉状，突如其来的打击往往迅速让对手甘拜下风，缴械投降。

——摘自《他发明了 5000 多项专利，被称为"中国专利第一人"，他打了最多的维权官司，胜诉率 90％以上》，智金发明，2017-11-01。（注：本书只是揭露真实世界，并不赞同文中做法）

五、确定许可对象

为潜在客户画像

选择一个正确的许可对象至关重要。比如专利的最终商品化取决于被许可人的努力，并不完全仰赖于专利技术的先进。多数许可人的许可费收入都相当倚重销售提成等提成支付方式，只有与正确的授权对象合作时，才可能实现预期的收入。如果客户没有能力将专利商品化，也没有能力让专利产品具有竞争力，那么许可人的提成利益无疑是空中楼阁。从实践来看，许多签署独占许可的知识产权，可能没有二次授权的机会，因此从一开始就选择好授权对象十分重要。

准确定义目标客户是知识产权营销成功的关键。许可人一般通过各种方式，包括各种广告、信件，甚至警告函等去影响其可能的潜在客户，如果目标客户定义不准或出现错误，会使得很多营销活动无法取得应有的效果。只有找准了目标客户，许可人才能针对性地制定营销方案。有的许可人会通过一些指标或条件的设定，在一些行业筛选出值得营销的潜在客户。

专利引证分析

专利文献之间的引证体现了专利技术之间的关联性信息。所谓**专利引证**，是指一件专利引用其他专利的情况。利用专利引证分析，可以方便地了解某行业核心技术或某项技术的缺陷,判断该行业的核心人物;可以认识潜在的竞争对手及其核心技术、专利保护策略和研究方向等(图12-1)。

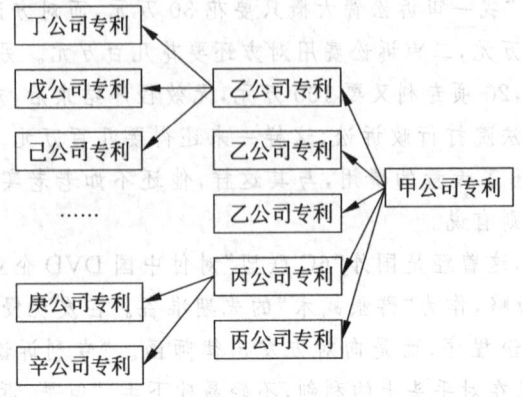

图12-1 专利引证示意图

专利引证分析还可以为寻找授权对象服务。专利被引证的次数越多,表明其基础作用越强。如果他人的专利引证了你的专利,那么其专利作为改进专利或外围专利,在产业化实施时极可能依赖于你的专利技术,并需要取得你的授权。事实上,他们可能正在侵权利用你的专利,认真分析这些专利引证者的专利实施情况,或许有可能找出潜在的授权对象。

评估目标客户

在评估一个公司是不是自己许可的目标客户,可以评估几个关键的问题:(1)该知识产权是否切合对方的需求?(2)对方是否有能力使用该知识产权?尤其是对专利而言,从纸面上的专利技术到产业化的商业应用,往往尚有一段距离,有时需要较大的资金来完善技术方案或发展相关的配套技术。另外,生产设施的配备、营销力量的投入等,都需要资金的支持,甚至技术的储备。

实践中,影响知识产权交易的因素有很多,表12-5列举了买方所具备的可能影响专利交易的一些因素。在专利许可中,对被许可人进行评估是非常重要的事情,因为买方的状况如何,直接影响到专利交易,特别是专利授权的后续效果。

表12-5 影响专利交易的买方因素

公司规模	公司发展战略
技术转移经验	团队状况
专利与其现有技术的相容性	技术能力
组织结构	研发投入程度
营销能力	财务状况
管理与沟通能力	相关资讯的提供
研发经费及预算	相关设备的提供
人员训练	……

当然，真正选择许可对象有许多复杂的考虑。比如，一个专利是适宜许可给品牌商还是制造商，适宜许可给整机厂商还是部件厂商。品牌商是指以自己的品牌对外销售的厂商，许可给品牌商的好处就是产品售价相对比较高，提成拿到的许可费比较多；制造商主要是进行代工、受托制造或零部件制造供应商等。制造商的产品定价显然低于品牌商，在同样的许可费率下，许可人获得的许可费也相对较少。此外，相对于品牌商，制造商并不对公众或终端用户销售产品，其使用规模难以查核。

SMART 文创平台总经理**柔侠**，针对文创类 IP 授权指出："有三点要强调：一是 IP 授权不是雪中送炭，而是锦上添花，如果一个公司自身的运营和产品出现问题，单独想依靠 IP 授权去扭转局面的话基本不太可能。二是一定要对与婴幼儿、食品、化妆品相关的被授权商进行非常细致的调研，保证产品品质和安全。三是授权合作与 IP 的口碑息息相关，每一次合作都要谨慎对待。"[①]

不过，站在许可对象的立场，特别是基于涉嫌侵权而被许可人找上门时，也需要认真地分析考虑一下：是自己作为整机或终端产品生产商应该支付许可费，还是应该由零部件供应商支付许可费？是自己作为产品的品牌商应当支付许可费，还是应当由该产品的生产制造商支付许可费？想清楚后再与许可人进行谈判。

六、进行许可谈判

签订保密协议

除了商业秘密，专利、商标、作品的信息通常已经公开了，但知识产权许可谈判，仍然存在一些不可披露的商业秘密。比如，专利实施过程中的一些技术参数、设备规格、适应环境等资讯，可能并没有披露在专利申请文件中。只有签署了保密协议，才披露更多信息。签订保密协议，通常会被看作是正式开启许可洽谈的标志。

正式谈判

正式谈判通常是先讨论协商许可协议的关键条款，包括许可的标的是什么，专利还是技术秘密；许可的权利是什么，制造权、使用权、销售权还是其他权利；许可的排他性如何，有何区域、领域限制；许可的财务安排，如前期付款、预付款、使用费、最低保证费等；许可期限；终止或解除合同的流程及违约赔偿条款；质量控制；转授权问题等。等到这些关键条款已经达成一致后，再推进完整的许可协议协商。

◇业界声音

戴薇(昕诺飞(中国)投资有限公司知识产权顾问，2021 年)指出：正式谈判中，最重要的部分就是专利技术澄清和商务洽谈。专利技术澄清的目的是确认是否侵

---

① 柔侠：《IP 授权商业化：从入门到精通》，电子工业出版社 2020 年版，第 106～107 页。

权,这对许可双方都很有必要。谈判的理想状态是双方谈清楚在哪些国家许可使用哪些专利;谈判的现实情况是用示范性专利以点带面、同族专利默认范围一致、是否侵权允许存在"模糊地带"以及可以带着问题继续往下谈从而达成共识。商务洽谈需注意许可费、过往使用费、计价基础、付款方式和付款周期这几个关键点。

——来源:2021年松江区企业总裁知识产权高级研修班演讲发言。

许可人技术能力的影响

如果买方的技术能力弱或依赖许可方的技术支持,那么许可人的技术实力或技术支持,对于推进许可谈判就显得比较重要了。

——技术支持能力。如果许可人具有足够的技术支持能力,以保证专利的商业开发顺利进行,当然是一个加分项。

——后续改进能力。许可人的持续保持创新能力,对于保证被许可人在专利产品的竞争力至关重要,虽然被许可人通常需要对后续改进的技术继续支付对价。

——发明人的关系。如果专利的实施需要依赖于发明人的技术支持,那么该发明人是否支持专利许可,对被许可人而言也是一个重要的考量。特别是购买高校的专利许可时更要注意此点。

七、签订许可合同

合同签订的意义

合同的功能在于确认双方的合作或交易关系,细化权利义务,提示和规避风险。合同也发挥着双方交易事项备忘录的作用,是进行合同备案、合同管理的基础,也是发生争议的诉讼证据。

如果需要向境外支付知识产权许可费等费用,按照银行外汇的有关规定,书面合同是必要的材料。如果支付金额超过一定限额,还需要到国家知识产权局等主管部门进行合同备案。

草拟简单清晰的许可合同

为了有效率地谈判,以及未来合同履行监督的便利,应该准备并签订一份简单清楚的许可合同,使得任何人都可以轻易地了解合同内容。在许可谈判的过程中,双方通常会考虑到未来可能发生的种种情况,但在拟定许可合同时,应致力于简化合同条款。事实上,一些复杂的许可合同中所规定很多情形几乎没有发生过,反而增加了合同的烦琐。

以下是草拟简单清晰合同的技巧:

——合同执行保持简单。比如,以销售额的比例或按销售计件来计算许可费,最为直接明确和便于执行。

——使合同义务期限明确。期限明确的合同义务更易于监控,比如,"2023年12月15日"到期的分段付款,会比"产品销售完成后30日内"妥当。

——明确表示你的需求。比如,需要提供有充分细节的许可费报告,以评估许可费的计算方式是否适当。[①]

第2节　知识产权交易的尽职调查

一、知识产权交易尽职调查概述

知识产权交易尽职调查的内涵

知识产权转让、许可等交易中蕴含的法律问题并不简单,即使像苹果公司这样的明星企业也栽进了IPAD商标转让的漩涡里。2009年12月,苹果公司穿着马甲——英国IP Application Development公司（英文缩写恰恰是精心设计的"IPAD"）,以现在看来低得令人难以置信的价格3.5万英镑,从我国台湾唯冠公司那里收购了在多个国家和地区注册的IPAD商标,其中包括中国大陆注册的IPAD商标。要知道,在2009年7月,仅仅在几个月前,苹果公司从汉王科技手中购买iphone商标,就花费了365万美元!

然而,深圳唯冠提出自己在中国大陆注册的IPAD商标,其母公司我国台湾唯冠无权处置,拒绝将该商标转让给苹果公司。这场IPAD商标之争后来闹得沸沸扬扬,苹果最终花了6000万美元,才重新从深圳唯冠那里抱得IPAD商标归去。显然,苹果公司的马甲公司在签署商标转让协议时,要么没有调查清楚IPAD商标在中国大陆的商标权属,要么知道这个事实但没有写好或签好转让合同,比如没有让台湾唯冠把深圳唯冠拉到合同里签章认可。如果是前者的话,这样的低级错误可以通过尽职调查来解决。

所谓**尽职调查**（due diligence）,也称审慎调查、谨慎审核、正当调查,是指在企业买卖、投资、合作、并购等交易活动中,事先针对特定标的现状及风险所进行的一系列调查,是进行项目风险管理的重要手段。而**知识产权交易尽职调查**,简单地讲,是指通过收集和分析对方的知识产权信息,预测和评价相关的风险问题和收益机会,作为调查方决策参考的依据。其调查内容比较广泛,涉及法律、财务等多个层面,而从交易卖方和买方两个角度观察,风险调查的内容又大有不同。本节主要从买方的角度,侧重于法律层面,介绍专利和商标许可交易法律风险的尽职调查项目。

[①] 参见James A. Tretheway、Howard Bremer:《授权合约之监控》,载美国大学技术经理人协会:《技术移转实务指南》第八篇第4章,中国台湾技术经理人协会2004年编译发行。

◇ 业界声音

张丽红(现任微创投资控股有限公司知识产权高级副总裁,2019 年)谈道:知识产权有两个关联度,一个是技术关联度,还有一个是地域关联度。举个例子,去年(2018 年)我们看了国外一家公司的产品临床效果都不错,对方 CEO 提出在中国共同设立公司,对方在全球拥有 150 多个专利,主张 5000 万美金的估值。我们一分析,150 多个专利里只有 22 项是中国的专利,而且全是外观设计,没有一个发明,也没有一个实用新型。如果跟他成立合资公司拿到审批许可,估计至少要 5 年,届时有 17 项专利会在这 5 年内陆续过期,最后可能只剩下 5 项专利。这 5 项专利它的技术关联度也不是核心,经过知识产权调查,就有理由跟他谈不同意 5000 万美金的估值。

——来源:2019 临港松江科技城知识产权高峰论坛。

知识产权交易的尽职调查过程

知识产权交易的尽职调查比起一般产权交易的风险调查要复杂得多,因为知识产权(尤其是专利)有较高的技术含量,法律程序也比较复杂。知识产权交易的尽职调查过程,主要由尽职调查准备、调查实施、调查结果分析、调查结果应用四个环节构成:

——尽职调查的准备阶段:制订调查活动计划,主要包括尽职调查目标的制定、调查内容(项目)的确定、人员和时间安排等。

——尽职调查的实施阶段:依据调查计划,运用调查方法,如专利、商标检索分析等开展调查,并对调查过程进行控制和调整。

——尽职调查的结果分析阶段:对所获得的信息进行提取和分析,判别是否存在重大的侵权风险或法律隐患。在分析和比较的基础上,形成调查结果的总结报告。

——尽职调查的结果应用阶段:根据调查报告,判别公司在知识产权交易中可能面临的法律风险问题及其风险成本,判别消除或克服知识产权风险的难易程度,并为消除或克服知识产权风险提供决策依据。

◇ 业界声音

黄克伟(网宿科技知识产权部总经理,2020 年)谈道:以投资并购过程为例,知识产权风控部分可以分四个环节。

一是资产调查,是对投资并购标的全方位调查分析,包括专利、商标、版权、商业秘密等知识产权的资产调查及合规情况分析。比如,专利方面指专利的数量、国家分布、专利价值评估、专利挖掘和申请流程、专利有效期、专利权人变更情况等。

二是风险调查,主要涉及知识产权诉讼,考虑这些诉讼会对企业造成多大的影响。调查分为合同调查、知识产权诉讼调查、知识产权合规调查、知识产权权属瑕疵调查。

三是竞争评估,评估收购完成后IP资产能够为企业带来的竞争优势。知识产权竞争评估包括专利价值评估、高价值专利的价值释放、创新技术方案的利用、商业秘密的不正当竞争等方面。

四是资源整合,在收购完成后,如何整合专利、商标、版权等知识产权资产,结合利用,发挥更大的优势。

——来源:2020浦东企业总裁知识产权高级研修班演讲发言。

围绕交易标的多角度检索调查

做知识产权交易的尽职调查时,最基本的功课就是查询作为交易标的的专利、商标等知识产权信息。不过,查询专利、商标等信息时,要多换几个角度,才不会顾此失彼。兹以商标查询为例,进行说明。

——**针对交易商标本身进行查询**。将交易的商标标识本身作为检索项,检索该商标标识的注册状况。通过此项检索可以了解该交易商标是否有效,是否属于转让人或许可人,是否有与之相同或近似的商标由转让人或许可人之外的第三人注册,以及在哪些类别或商品上进行了注册等。

——**针对商标的权利人进行查询**。以权利人名称作为检索项,检索该权利人名义下申请注册了多少件商标标识,以及这些商标的分布类别及指定商品或服务范围。通过此项检索,可以了解权利人是否存在与交易商标近似的商标申请或注册等信息。

——**针对实际使用情况进行查询**。不仅要对权利人列在交易清单上的商标进行检索,还要检查其实际投入使用的那些标识是否都在交易清单上,以及这些实际使用的商标是否归属于权利人。如果权利人在转让许可协议或者并购协议中,只是笼统地说将"某某产品"上所有的商标或者将其拥有的所有商标,都转让或许可给公司使用,而没有具体的商标清单,更要针对其商标实际使用情况进行针对性的查询。因为它所谓的"所有商标"可能连一件商标也没有,真相可能是它实际使用的"所有商标"都是买来的商标许可,要小心这样的骗局或圈套。

二、专利交易尽职调查项目

专利权是否已获得

如果卖方的专利还只一件专利申请,并没有获得国家知识产权局的授权,那么,这个专利申请能不能顺利获得授权,不免要充满疑问。如果专利申请最终未获得批准,即使斥资买下也不能独占使用。此外,假使专利申请在未来能够经过审查而获得授权,但也要警惕专利申请人为了顺利获得授权,而修改缩小专利权利要求的保护范围。结果等你获得专利权时,发现此时的专利已非交易当时的专利了,因为保护范围缩小了,商业价值大打折扣。

专利权是否被终止

有些专利权可能因为没有按照规定缴纳年费,甚至因为书面声明放弃等因素而被依法终止了。被终止的专利已经进入公有领域,不需要花费金钱即可无偿利用。因此,查明该专利是否被终止,对于买方关系重大。

专利权在哪里有效

专利权具有地域效力,在中国申请的专利只在中国有效,在美国申请的专利只在美国有效。如果你打算买来专利,制造产品销往美国,那么必须调查卖方卖给你的专利是不是包括美国专利,卖方是否在美国也获得了专利授权。尤其要当心是否另有他人在美国享有专利权,否则买方的产品出口美国会受到专利侵权的指控。

专利权何时到期

在我国,发明专利、实用新型专利和外观设计专利的保护期分别为自申请之日起 20 年、15 年和 10 年,超过保护期后,专利就进入公有领域,不能独专其利。因此,专利剩余的有效期限越短,专利的商业价值也就越低。

专利权由谁享有

只有专利权人才有权处分其专利的转让、许可等事宜,所以,必须调查一下这个专利是不是由卖方享有。如果卖方是个人的话,还有必要确认一下这是不是非职务发明创造,防止发明人将职务发明创造申请为个人的非职务专利,为未来埋伏权属争议。对于卖方受让而来的专利,不能只看其专利转让合同,还要查明该专利转让是否已经过国家知识产权局的登记,否则卖方仍不是适格的专利权人,还没有真正成为专利的所有人。

是否取得共有人的同意

如果卖方和他人共有专利权的话,卖方必须获得共有专利权人的授权才能进行转让、许可等交易。否则,卖方属于擅自处分,在法律上归于无效,从而影响买方的利益。

是否对外发放过专利许可

专利是否对外发放过许可,对买方利益的影响非常大。如果专利权人已经对外发放了独占许可或排他许可,并已备案可以对抗第三人时,买方不能再接受专利权人的任何形式的许可,否则买方付了钱也不能使用该专利,只能去追究专利权人的违约责任。如果专利权人已经对他人发放过普通许可,买方有机会再获得许可时,需要评估专利权人发放给他人的专利许可,是否会影响自己的商业利益,同时可以据此要求降低许可费。在专利权人对外发放过许可后,如果买方去受让这个专利权,那么将会受到前手专利许可的极大限制。在前手独占许可的限制之下,买方无法实施该专利;在前手排他许可的限制之下,买方尽管可以自己使用,但无法再次对外开展许可业务。

是否存在专利质押等担保

如果专利已经被质押,买下这个专利风险很大。一旦专利权人无法清偿债务,债权人有权以该专利折价或者以拍卖、变卖该专利的价款优先受偿。而且根据《担保法》第 80 条的规定,专利权出质后,出质人(专利权人)不得转让或者许可他人使用,除非经出质人与质权人协商同意的,才可以转让或者许可他人使用。

是否正发生法律争议

即使是已经获得授权的专利权,也会面临着许多不确定的法律争议。比如,可能有第三人基于各种原因,正在请求宣告该专利无效;可能有第三人正在指控专利权人的此项专利侵犯其专利权等在先权利;可能第三人正在请求确认他为此项专利权的所有人。如果卖方的专利权正在发生诸如此类的争议,那么很明显,这里潜伏着巨大的风险,无论是专利权被宣告无效或部分无效,或者被判定为侵权,或者被确认归属于他人,都会影响买方的重大利益。更重要的是,如果买方中途接手这个烫手山芋,还得耗时、耗力、耗钱去处理这些法律争议。

是否成熟的专利技术

不要误以为专利就是成熟的科技成果,事实上,大多数专利技术都是不成熟的,并不能满足产业化的需要。有的专利技术仅仅是一个可能实现的技术方案,从技术方案到产品制造往往相距甚远,如果再到大规模生产,则更遥不可及,因为中间还要经过一系列工业性的开发试验等。因此,买方应当评估专利技术是否具有成熟性,是否可以直接或比较容易进行市场应用。不要花了一大笔钱买下专利后,才发现该专利存在目前无法解决的缺陷,或者生产成本太高,市场无法接受,结果在投资后又不得不宣布放弃。当然,越不成熟的技术,其交易价格就应当越低,因为买方还要跟进很多产业化的投资。

是否依赖于背景技术

如果一项专利是在其他专利或者技术秘密(称为背景技术)的基础上改进获得

的,并且在实施该项专利时,还需要依赖背景技术权利人的许可,才能消除法律上的侵权障碍,那么,单独买下这个专利还是不能自由地加以商业利用。显而易见,这种专利的价值受到极大的限制。如果背景技术也为该专利的权利人所享有,则可以协商一并受让这些背景技术,或者签署价格合理的永久许可协议。

是否存在改进技术或配套技术

如果专利权人对其专利作了诸多的改进,又申请了独立的专利或作为技术秘密加以保护,那么,应当要求卖方披露这些改进技术的基本信息,以防止卖方日后拿着改进技术的知识产权来敲诈买方高额的许可或转让费。在卖方披露这些改进技术的信息后,买方应当评估其知识产权是否值得购买?如果不购买会有什么影响?假设缺乏改进技术,产品的制造不能达到最优的效果,那么,买下目标专利,也许还是不能达到预期的目的。

如果某一项专利或技术秘密,既不是目标专利的背景技术,也不是目标专利的改进技术,但仍然可能是协助目标专利发挥最佳效果的配套技术,如果这些配套技术不能一并取得,将降低目标专利的技术价值和商业价值。

是否欠缺授权的实质条件

通过文献检索分析等途径,检查目标专利是否在新颖性、创造性、实用性等方面存在缺陷,从而评估专利在将来是否有被宣告无效的可能性。如果买方发现了充足的证据,也可以自己提出专利无效宣告的请求,从而消灭该专利权,得以免费实施。

专利申请文件是否存在瑕疵

专利申请文件包括权利要求书、专利说明书等文件,其中最为重要的是权利要求书。如果权利要求的保护范围写得很窄,会影响专利的经济价值,因为它垄断的市场有限;而权利要求的保护范围写得太宽,又容易遭到竞争对手的无效宣告,因为太宽的保护范围就意味着面临更多的"在先技术"的挑战。此外,如果专利申请文件对专利技术的公开不充分,也会受到无效宣告的威胁。

是否易于回避设计

有些专利可以形成强大的技术壁垒,阻挡竞争对手的市场进入或技术研发。而有些专利只能保护有限的范围,竞争对手可以轻易进行回避设计,绕过专利而不构成侵权。买方可以通过技术和法律上的分析,评估该专利是否易于回避设计。如果易于回避设计,则可以压低交易价格,甚至无须购买,自己回避开发,还能拥有新的专利。

发明人是否支持专利的实施

表面上看,发明人似乎与专利的交易没有什么关系,实则不然。因为没有发明人的技术支持,有些专利即使买回来也无法实施,或者无法克服一些技术问题。因此,如果卖方专利的发明人积极参与专利的交易,支持专利的实施,对于买方后续的专利利用意义重大。在并购高科技公司时,有的公司还十分看重并购是否包括目标公司的技术骨干,如果专利开发的技术人员并没有包括在收购名单之中,买方还会思量该项交易的可行性。因为专利技术也需要更新换代,对一项专利或一个专利组合进行后续技术升级,如果缺少原始开发者,此项工作会变得非常困难。[①]

专利权人是否具有足够的技术能力

如果专利权人具有强大的研究开发能力和技术支持能力,不仅可以持续改进专利,使专利产品一直处于有利的竞争地位;而且可以有效支持买方开展专利产业化的工作,使纸上的专利技术落实到现实的生产经营中。

专利组合是否存在问题

随着专利联营的兴起,使得专利的风险调查更为复杂。一个打包许可的专利池里,可能存在几十上百,甚至数以千计的专利,除了要调查专利池里是否存在垃圾专利(欠缺授权实质条件),相关专利是否在买方的目标市场有效等问题外,更要警惕"一女二嫁"的问题。有的专利池里,看似存在几个不同的专利,而且在不同的国家获得了授权,但实际上是同一个技术主题和技术内容的专利,只是在不同的国家使用了不同的名称,或者在申请文件上有些许表达上的差异。而专利权人很可能把这些"名为数个、实为一个"的专利权,在相同的使用范围内多次授权给买方,达到重复收费的目的。

三、商标交易尽职调查项目

商标是否已经核准注册

如果交易的商标根本没有注册,或者在到期时没有及时续展注册,或者已经被依法撤销或宣告无效,则没有法律上的商标专用权可言,任何人都有机会使用该商标,甚至会被他人申请注册,从而妨碍自己从商标交易中获得所有权或使用权等权利。当然,假设未注册或未续展注册的商标是驰名商标或知名商品的特有名称、外

[①] 参见袁雯卿:《专利交易的尽职调查》,上海大学知识产权学院《企业知识产权战略与策略》课程论文,2007年6月。

观(包装、装潢),还是可以享受《商标法》或《反不正当竞争法》的保护的,不过,要主张驰名商标或有一定影响的商品名称、包装、装潢等,并不是一件容易的事情。

商标是否尚在申请注册中

这是前一问题的延续。有些情况下,商标虽然没有核准注册,但可能已经正式提出注册申请。不过,这样的商标有可能因为缺乏显著性、侵犯在先权利等法律障碍,最终没有获得核准注册。值得注意的是,在再审申请人泰盛公司与被申请人业宏达公司等商标许可使用合同纠纷案[1]中,最高人民法院认为,法律法规对许可他人使用尚未获得注册的商标未作禁止性规定,商标许可合同当事人对商标应该获得注册亦未有特别约定,一方以许可使用的商标未获得注册构成欺诈为由主张许可合同无效的,不予支持。事实上,目前许多法院已经承认未注册商标可以转让、许可,但如此一来,受让人和被许可人的法律和商业风险就极其巨大。因此,一定要查清楚对方的商标注册情况,当然在签约时也要明确,交易商标必须是有效的注册商标。因为即使商标最终获得核准注册,但从商标提出申请到商标核准注册的过程中,也有可能引发商标异议,让你疲于奔命。

对方是否有权处置商标权

查明商标注册的真实性后,还要了解与你交易的人是否有权利处置这个注册商标,他是不是这个注册商标的权利人(注册人或所有人),或者经过权利人特别授权的代理人,或者允许转授权的被许可人。如果商标是共有的,他是否经过共有人的同意?可以通过查验商标注册证书、商标转让合同、交易授权书,或者查询商标公告、中国商标网,来了解交易商标的真正权利人是谁,目前谁有权利将商标转让、许可或质押等。

商标注册在何地有效

商标权的效力具有地域性,在中国注册的商标只在中国境内有效,在法国注册的商标只在法国境内有效。如想取得中国境内的商标所有权或使用权,那么你必须确认这个商标已经在中国核准注册。如果你想使用这个商标在中国制造商品,同时还要出口到欧洲,那么,这个商标除了在中国需要注册,还需要在欧洲有关国家也取得商标注册,否则在出口时有可能遇到商标侵权的麻烦。

商标注册何时到期

商标注册皆有期限,我国商标法上的有效期为 10 年,不过,期满可以续展注

---

[1] 最高人民法院(2012)民申字第 1501 号判决书。

册。关键的问题是,如果商标注册已经快要到期了,相关交易方要督促商标注册人去完成续展手续。特别是在转让前(转让后续展就是受让人自己的事情了),或者在许可、质押期间,更要确保商标注册人的续展注册,以免损害自己的商业权益。

交易的商标是否与核准注册的商标一致

对方商标虽然核准注册了,但拿来交易的商标是否与核准注册的商标一致呢?根据《商标法》第56条,"注册商标的专用权,以核准注册的商标和核定使用的商品为限。"与注册商标不一致的(特别是差异较大的)商标,可能无法享有商标专用权。买来使用时,如果不小心标示了注册标记,还可能构成自行改变注册商标或冒充注册商标的违法行为。

商标指定使用的商品或服务项目有哪些

注册商标的专用权以核定使用的商品或服务为限。要查明权利人是否超出核定使用的范围,发放许可或从事转让,因为这可能引发商标侵权等问题,假如别人已经在权利人超出核定使用范围的那些商品或服务上注册了相同或近似的商标。另外,也要查核自己需要使用的产品或业务范围,是否与对方商标注册所指定的商品或服务项目一致,检查对方商标注册与自己业务的契合度,也是非常重要的调查内容。

商标的版权在谁手中

目前,商标的构成要素比较丰富,包括文字、图形、字母、数字、三维标志、颜色组合和声音等,以及上述要素的组合。其中的图形、三维标志、声音以及文字(如广告语),均有可能满足作品的独创性要求,而享有著作权的保护。但是,这些商标的著作权未必就在商标权人手中。比如,根据著作权法的规定,委托他人创作的作品,在未有约定的情形下,其著作权归属于创作人。因此,如果商标权人的商标是委托他人创作的,在没有约定权属的情形下,该商标即使享有著作权,那也是"别人家"的著作权,虽然商标权人可以根据委托创作的目的,继续合法使用其商标,但毕竟权利不圆满,或生事端。

商标注册是否满足授权条件

商标注册需要满足显著性、非功能性,以及不属于禁用标志、不侵犯他人权利等一系列授权条件。因此,要对交易的商标进行评估,以免将来商标因为违反法律规定,或者侵害他人权利而被宣告无效。比如,商标的显著性较弱对于商标保护的影响十分巨大,显著性较弱的商标容易被他人(包括竞争对手)合理使用,而难以阻止。可见,商标的显著性强弱对于商标的保护范围或独占范围影响甚大。

商标是否变成通用名称

根据现行《商标法》第49条第二款,注册商标成为其核定使用的商品的通用名称的,任何单位或者个人均可以向商标局申请撤销该注册商标。事实上,像Escalator(自动扶梯)、Thermos(热水瓶)、Aspirin(阿司匹林)、Nylon(尼龙),原本都是著名公司的注册商标,后来都成为相关产品的通用名称。在我国,"优盘"(U盘)、"雪花"(面粉)等商标,都被商标评审机构或人民法院认定为通用名称,丧失了专用权。

是否存在相同或近似的商标

如果通过商标转让、公司并购等方式收购对方商标的所有权,为了避免将来存在相关商业标志导致市场混淆,甚至违反法律强制性规定,需要审核对方是否存在与交易商标有近似等关系的商业标志,并进一步考虑是不是需要把这些相关的防御商标、联合商标等商业标志都一并移转过来。

根据《商标法》第42条第二款的规定,"转让注册商标的,商标注册人对其在同一种商品上注册的近似的商标,或者在类似商品上注册的相同或者近似的商标,应当一并转让。"该条第三款规定:"对容易导致混淆或者有其他不良影响的转让,商标局不予核准,书面通知申请人并说明理由。"可见,与交易商标在相同或类似商品上注册的近似商标,以及在类似商品上注册的相同商标,应当一并转让。这是商标法上的强制性要求,否则转让要遇到法律障碍。

需要提醒的是,在并购时调查时,还要调查并购目标公司的股东名下有没有与目标公司相同或近似的商标(可能注册在其他商品类别)。否则,有可能收购目标公司之后,该公司的股东又用这些容易发生联系的商标另起炉灶,重出江湖。

是否容忍跨类注册的相同或近似商标

与交易商标在不相同或不相类似商品上注册的相同或近似商标,商标法并未要求必须一并转让,但是,从商业谨慎的角度考虑,还是要评估哪些类别的相同或近似商标,应当一并收购过来,避免将来业务混淆。比如,权利人有一枚商标分别注册在第12类汽车和28类玩具上,最好在收购汽车上的商标时将玩具上的商标一并收购过来,不要在收购之后分属两家,否则将来玩具汽车会与你的真正汽车在商标使用上发生冲突。

是否存在与交易商标相同的商号或域名

为了有效保护商标,有的公司不仅注册了防御商标和联合商标,还把商标与商号(企业名称)、域名保持了一致。虽然你把商标买过来了,但人家还保留了与商标相同的字号或域名,则需要考虑这是你可以接受的结果吗?如果上海米其玩具有限公司将"米其"玩具商标卖给了你,但对方在商标出售后仍然叫作米其玩具公司,终究是一个埋伏的炸弹。想象一下,如果对方还在做玩具,虽然用不了"米其"商标,但在玩具商品或其包装上仍然醒目地打上"米其玩具公司",消费者会分得很清楚吗?

商标是否存在质押等限制

假设一个注册商标已经质押了再转让给你,显然这不是一件好事情。因为一旦该商标所担保的债务不能清偿,质押权人(债权人)有权以该商标专用权折价,或者以拍卖、变卖该商标专用权的价款优先受偿。结果,你花钱买来的商标最终会飞到别人的怀抱。

商标是否存在许可的约束

除了商标权质押外,存在商标之上的约束还有已有的许可协议,尤其是独占许可。根据独占许可的特点,除了被许可人以外,商标权利人不得向第三方发放许可,也不能自己使用该商标。如果已经存在独占许可的情形,则不允许你再去向权利人获得第二个商标许可,否则得到的也是不稳定的许可,享有独占许可的被许可人可以前来干涉。如果受让的商标已经对外发放过许可,根据"买卖不破租赁"的类似规则,受让人仍然要受到前手许可的拘束,甚至可能出现受让人虽然享有所有权,却无法使用的情形(如第三人享有独占许可)。

商标是否存在争议

交易的商标是否存在诸如权属争议、撤销注册或宣告无效等争议?如果存在这些争议,对方将来完全可能失去对交易商标的所有权,甚至交易的注册商标都因撤销或无效而不复存在。值得注意的是,在一些商标合同纠纷案件中,如果没有明确约定,虽然商标注册人未披露商标争议事实,他也不需承担违约责任。

在上海银贻申公司诉四川五郎酒厂等商标权转让合同一案【上海市第一中级人民法院(2009)沪一中民五(知)初字第 177 号】中,双方当事人的《商标转让合同》签订后,在被核准转让之前,商评委作出了"争议商标(即转让合同所交易商标)予以撤销"的裁定,从而致使"藏汉糊涂 ZANG HAN HU TU"商标不可能再被核准转让给商标受让方上海银贻申公司(原告),上海银贻申公司遂基于合同目的不能实现等理由提出解除合同、返还转让款,并得到法院支持。但是,双方合同还约定:"在本合同签订之前,如果该商标存在许可、质押、合作等情形,甲方(商标转让方)必须向乙方(商标受让方)告知,不得隐瞒"。商标受让方上海银贻申公司据此指控商标转让方四川五郎酒厂,在签约时隐瞒了商标存在争议这一事实,故还主张商标转让方(被告四川五郎酒厂)应向其支付5万元违约金。

但法院认为:(1)所谓"隐瞒"应当是针对原告本不知道且合同相对方若不告知则不一定能从其他途径获知之情形。(2)商标争议这一法律状态并不当然导致转让不能,且不属于被告四川五郎酒厂能够控制的事由。因此,原告上海银贻申公司有关被告四川五郎酒厂隐瞒了商标存在争议这一事实系违约行为之主张不能成立,最后,法院对上海银贻申公司要求支付违约金的主张不予支持。

第 13 章 知识产权许可合同

❖ 思维导图

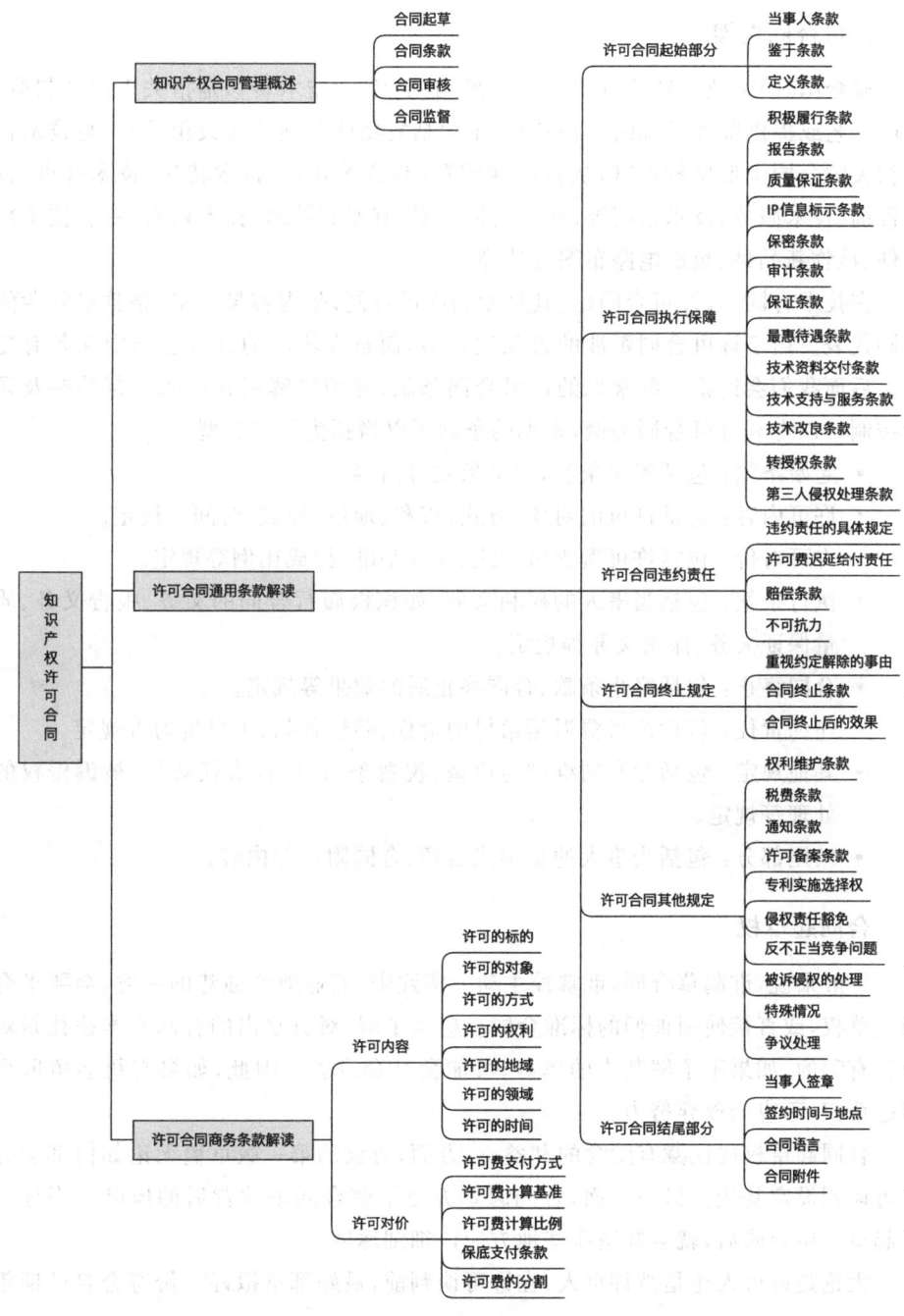

第1节 知识产权合同管理概述

一、合同起草

许可合同框架

联合国《国际技术转让行动守则草案》的定义:"技术转移是指关于产品制造、生产工艺或提供服务系统的知识转移,不包括货物的单纯买卖或租赁"。与技术转移相关的合同类型比较丰富,从合同性质看,有技术开发、技术转让、技术许可、技术咨询、技术服务、技术培训等;从合同标的看,有专利技术、技术秘密(专有技术)、软件、植物新品种、集成电路布图设计等。

在技术合同中,许可合同(尤其是专利许可合同)是内容最丰富、条款最复杂的合同代表。由于许可合同牵涉的条款比较多,而且在不同的许可合同中又各有变化。后面我们会讨论一些常见的许可合同条款,并顺带解读其中的谈判策略及风险控制。以专利许可合同为例,常见的条款可以概括为下列类型。

- 起始条款:包括鉴于条款、定义条款等内容。
- 许可内容:包括许可的对象、方式、权利、地域、领域、时间等规定。
- 许可对价:包括许可费支付方式、计算基准、提成比例等规定。
- 执行条款:包括当事人的权利义务,如积极履行合同的义务、报告义务、质量保证义务、保密义务等规定。
- 合同终止:包括终止条款、合同终止后的效果等规定。
- 违约责任:包括许可费迟延给付的责任、赔偿条款、不可抗力等规定。
- 其他规定:包括专利的维护与申请、税费条款、侵权责任豁免、被诉侵权的处理等规定。
- 结尾部分:包括当事人的签字或盖章、合同附件等内容。

合同起草权

一般来说,谁起草合同,谁掌控主动。实践中,商业地位强势的一方,会要求合同起草权,或直接使用他们的标准合同。应当了解,对方拿出的合同文本往往是对他最有利的,如果不了解其中的奥妙,可能会被套进去。因此,如果有机会争取合同起草权,不应当放弃努力。

合同起草权往往藏有隐含的利益,一方面,协议的第一版草稿无论如何都会为许可谈判设定基线。另一方面,合同起草方更了解合同条款背后的风险。当你真正起草一份合同后,就会知道哪些地方应该细细琢磨。

无论是许可人还是被许可人,在许可谈判前,最好都草拟好一份符合自己期望的许可合同文本(或者合同内容纲要),并以此文本与对方开展谈判。当然,最终双方还得以其中一方的合同文本为蓝本,根据双方的谈判结果进行修改。不过,自己准备一份合同的目的是避免被对方的许可合同文本牵着鼻子走,而自己完全没有主张。

合同范本管理

有的公司法务一项主要工作就是审核各类不同的合同。如果公司是商业强势的一方,应当积累适应不同业务需要的合同范本。**合同范本**是为适应经常或重复出现的交易事项而事先制定的示范合同文本。合同范本的制作与使用,大大降低了合同谈判成本,简化合同审核流程,同时作为知识传承的内容,更便于公司对法务新人或业务部门开展内部培训。

公司法务可以参考以往类似的合同制定或完成合同范本,并回顾过去经常发生的争议,将可以预见,或者发生过的、潜在的风险,更新在合同范本中,防范公司出现某些特定法律风险。有的公司还会制作合同审查指南,将过去发生的风险点一一详细列入,这比合同范本的条款更直观,也更方便展现。

了解交易背景

"合同范本"可能是中立的,但各方利益是有倾向的。起草和审核合同必须了解交易背景,理解交易目的,适应交易需求。从这个意义上讲,律师审核公司的合同有着天然的信息壁垒,因为律师并不了解公司的业务模式,特别是公司的利益诉求和特殊考量,即使通过沟通交流也未必完整掌握。公司拥有自己的法务来起草和审核合同是相对更佳的做法。

在了解公司的交易背景和交易需求之后,应当在合同文件中定义或体现出来。比如,如果购买的专利技术需要在公司的子公司使用,在许可使用的主体上必须将子公司包括进去。再如,如果专利许可是基于投资协议的结果,如果投资撤回或终止时,如何处理由此而生的专利许可。

假设可能的风险

实际上,起草许可合同的过程更像是一个许可交易过程的全程模拟,可以假想在这个整体技术许可、产品制造、产品销售及技术改进的过程中,会遇到什么问题,以及遇到这些问题时如何解决,最为将其转化为合同条款。

比如,将技术秘密许可给对方生产产品时,要想一想,对方如果将其申请专利怎么办?对方改进了技术秘密如何处理?有人侵权时是否给予对方独立提起侵权诉讼的权利?技术秘密许可期限到期时,对方库存的产品如何处置?要假设可能发生的风险,并通过合同条款加以预防,或预先提出解决方案。

合同的公平性

尽管需要争取合同的起草权,但是,许可合同的内容对双方当事人都公平是很重要的,这可使双方当事人对于借许可以追求最佳的收益保持高度的兴趣。有时许可人相对于被许可人,在拟定合同条款上占有明显的优势,这会诱使许可人在合同中加入过多的要求、限制、规范与许可费等。即使被许可人因为对该知识产权的迫切需要而可能接受许可人预定的条件,但过往经验却显示,这终将导致被许可人的不满与不完全履行合同。长久而言,公平的交易条件才能为许可业务创造最大的回馈。[1] 有的公司的合同范本存在很多类似"增加对方的义务"和"减少己方的责任"的条款,交易对方甚至会因为这种"霸王条款"而拒绝合作。

坚持书面合同

虽然法律认可的合同形式不限于书面合同,但是为了便于执行和举证,原则上,应当先签约后履行,即使因各种原则难以做到,也应当及时补签,至少核心条款要事后确认。有的公司一边履行,一边谈合同,自以为双方已经达到一致,直到争议发生才发现只是一厢情愿。

特别注意的是,凡是在缔约过程中,对方允诺的条件或优惠等,必须形成书面条款,否则即使后来诉讼有证据证明有此允诺,也可能会被法院认定在签约时已自行选择放弃。

合同附件的"妙用"

在合同实务中,合同附件并不罕见,主要针对不宜在合同正文中大篇幅阐述的内容加以明确或补充,比如专利清单、技术资料。合同附件作为合同正文的重要组成部分,对于当事人有着非常重要的影响。为了确保合同附件的有效性,建议当事人在制作合同附件时,注意以下几点:

——在合同正文中明确本合同包含的附件数量、附件名称,使合同附件与合同正文产生关联性。

——合同附件的内容应当经过确认后,由双方当事人签字或者盖章。

——在合同正文与合同附件上加盖骑缝章,确认附件属于合同正文的组成部分。

合同附件不仅仅是发挥合同正文的补充作用,事实上它在许可实践中有其独特的价值:防止商业信息过度暴露,或保护商业秘密。在实践中,不少许可合同,

---

[1] 参见 Kirsten Leute、Teri Willey:《剖析授权协议书》,载美国大学技术经理人协会:《技术移转实务指南》第八篇第 1 章,中国台湾地区技术经理人协会 2004 年编译发行。

特别是版权许可合同都有两个版本,一个是完整的合同,一个是简化的"授权书","授权书"有时会作为许可合同的附件。

"授权书"只是记载许可的基本内容,比如许可双方当事人、许可的标的(如作品清单)、许可的权利、许可的地域、许可的期限,以及是否授予被许可人独立诉讼的权利等简单内容,篇幅甚至只有半页纸。一些核心的商业秘密,比如许可价格、合作方式,并没在记录在附件的"授权书"中。将来发生第三人侵权时,被许可人起诉时可以只提交作为附件的"授权书",而完整的合同文本作为商业文件,并未因此向对方披露(对方可能是同业竞争对手)。既方便举证且合乎法律要求,又避免商业秘密泄露;在许可人允许再许可的情形下,授权条款单列附件也是为了防止商业信息过度暴露。

二、合同条款

区分通用条款和商务条款

合同是记载交易的书面载体,其合同条款可以区分实体条款和程序条款。实体条款一般确定双方权利义务及责任的合同条款,而程序条款则是保证实体条款得以实现或能够操作的程序性条款,比如规定如何通知解除合同。当然,经常被提到的分类还有通用条款、商务条款的区分。

通用条款是根据法律法规规定以及适应公司需求而通行使用的合同条款,往往是法律条款或技术条款,是可以反复采用或不需商务谈判即可调整的合同条款。一般而言,当事人基本信息、鉴于条款、保密条款、违约责任、通知条款、不可抗力、合同生效条款、合同变更解除、合同份数、合同语言、双方关系、合同期限、法律适用、争议解决等,属于通用条款的范围。

商务条款一般是指合同条款中的商务部分,主要是与商业利益密切相关的交易标的、交易条件、交易价格、付款条件等条款。相对于合同法律或技术条款而言,商务条款需要针对特定交易进行个别化的确定或调整,也可以称为专用条款。比如,许可对价涉及许可费(使用费、权利金)的计算、支付等内容,是许可人最为关注的问题,攸关许可交易的成败,以及双方合作的进展。

通用条款与商务条款并不是法律上的专业术语,它们的区分在某种程度上是为了业务上的分工协作。通用条款通常交由公司法务部负责起草或审核,而商务条款往往是公司业务部门自己需要权衡和决策的问题。比如,一件专利应当收取多少许可费,提成比例是多少,这是商务谈判决定的,法务部门无论是起草还是审核这些条款,都会尊重业务部门的决定。当然,法务部门应当从整体风险控制的角度对合同进行全面审核。

因此,通用条款与商务条款并非固定不变。比如,合同生效条款规定合同的生效时间等内容,一般是通用条款。如果针对特定交易需要对生效条件作出特别的设计,这可能就属于商务条款的范畴了。再如,鉴于条款如果只是一般性陈述原则,但也可能为某次交易特别作出背景说明,而该背景说明往往也需要业务部门的审核与确认。为便于讨论,本章暂且仅将许可内容和许可对价的约定作为商务条款进行专节阐述。

合同条款的繁简程度

许可合同的条款可以很复杂,也可以很简单。双方当事人对许可业务的了解程度和对风险防范的重视程度,合同起草人的知识背景和谨慎程度,甚至当事人的个人性格(比如有的当事人喜欢合同规定事无巨细,有的当事人希望合同规定简洁明了),都会影响合同条款的多寡。期望存在一份可以普遍适用于各个公司的标准化许可合同,是不现实的。因为每个公司的许可合同都需要根据具体的业务需求与双方的协商结果,撰写具有"个别化"色彩的条款内容。

当然,每份许可合同还是存在很多几乎相似甚至完全相同的条款(往往是通用条款),在后面将介绍知识产权许可合同中的常见条款,以有助于许可人(也适用于被许可人)去发展自己的合同条款清单。可以看到,这些条款还是比较复杂繁多,但合同当事人可以选择其认为重要者,优先考虑作为合同条款加以拟定。

合同用语的易理解性

许可合同是权人(许可人)与被许可人之间一个具有法律上的强制执行约束的双方承诺。由于许可合同的效力可能持续很多年,因此,合同的用语必须可以完全反映出双方当事人彼此对合同权利义务的理解,重点就是合同的条款必须以清楚、精确的方式加以表达,以避免未来发生误解。如果合同用语难以解释或者不甚明确的话,很容易引发当事人之间的争议。合同用语容易理解之所以很重要,各有说法,但最关键的理由包括:

——避免发生误解。通常情况下,合同的协商过程涉及许多来自双方当事人的不同部门或组织的人员。而他们都需要就与其业务有关的事项能够自行解释合同内容。除非合同使用的语言文字是不会导致误解的,否则他们各自的诠释可能会产生许多问题。合同签署后,多数情形下也是由商业或技术背景的人员来处理和执行许可合同事宜,因而合同的风格必须要使非法律背景的人也可以清楚地理解。

——应对人事变更。因为一些许可合同的效力会持续许多年,而在许可人与被许可人方面,对于当初负责许可与执行合同的人事,难免随着时间推移都会作些调整。对于当初并没有参与整个合同协商过程的人员,面对一份经过妥为撰写且简洁易懂的合同,更能对于该合同的内容作出明确解释。

——交易过程的记录。许可合同是交易过程的记录。一份妥为撰写的合同将如同一份指南可以指引当事人成功的执行合同。该合同应当明确记载以下事项：当事人身份的识别、许可的标的、许可人的权利义务、被许可人的权利义务等。

——诉讼裁判的依据。假如当事人的合同关系发生问题，以致必须诉讼或进行仲裁，则法官或仲裁员将要能够确实地探究合同签订当时双方当事人的真意。一份清楚的合同将有助于避免任何一方产生误解，或造成解释上的争议。[1]

合同条文的表述要求

起草合同考验的不仅是撰写人的法律素养，也考验撰写人的文学修养和严谨态度。事实上，很多合同条文或用语的理解争议，来自敷衍的工作态度和不佳的写作能力。这里只能提出一些常见的要求：

——合同条文须眉目清晰。各个条款应当编号，援引前文条号时尤其要注意事后检查，中间修改时引用的条文编号容易发生变化。

——合同内容须简单明了。紧紧围绕双方权利义务及责任分配，以及为保障权利义务实现的操作程序等进行表述，无关内容应当省略不表。

——合同内容须避免重复。对同一个问题，不要反复表述，否则还可能产生表述不一致的情形。特别是双方的权利义务不要反复陈述，比如，在合同第五条列举了甲方权利义务 17 项，又在合同第六条列举了乙方权利义务 12 项，甲方权利可能就是乙方义务，如此翻来覆去，内容大量重复，但表述又有差异，反而增加了理解和执行的难度。

——合同内容须易于执行。比如，合同规定：在合同解除后，授权产品的商标标识应在双方约定的期限内处置完毕。但是，合同后面的条款也未设置具体期限，如果"双方约定的期限"还需要双方在合同解除后另行谈判，显然其执行性极差。

——合同表述须通俗易懂。外人无法理解的"行话"，最好少用。为便于将来定纷止争的法官或仲裁员理解，可以增加定义条款，将一些专用术语进行定义。

——合同条文须繁简得当。不过，再简单的许可合同也应当完整撰写重要条款，特别是许可费计算方式、支付方式、违约责任承担等关键条款必须明晰，不可缺少。

——合同用词须语句严谨。比如，一份软件预装许可协议这样记载计价方式："预装 10 万台，每台软件使用费 5 元；预装 50 万台，每台软件使用费 3 元；预装 100 万台，每台软件使用费 2 元。"显然，这个表述留下了很多模糊空间，极不严谨。比如，当预计 100 万台时，所的软件使用都是 2 元，还是 10 万台内仍然是 5 元？

——合同表述须用语得当，比如，禁止对方做的，用"不得"；任意性的内容，用"可"；建议性的内容，用"宜"。

---

[1] 参见 Kirsten Leute、Teri Willey：《剖析授权协议书》，载美国大学技术经理人协会：《技术移转实务指南》第八篇第 1 章，中国台湾技术经理人协会 2004 年编译发行。

——合同条款须表达简洁。尽量采用短句,不要用复句。最好是每行就是一句话。如果是一个很复杂的意思,就要拆成几句话来说。

——合同用词须保持一致。在一份许可合同中,有时用"货物",有时改称它们为"产品",会让人不知所措。

——合同版式须美观大方。不仅应当符合规范要求,还应当美观养眼。条文、款项要注明编号。有两页以上的要用页码。

◇案例:各执一词的条款理解

在敖谦平与飞利浦(中国)投资有限公司、深圳市和宏实业有限公司(简称和宏公司)等侵害发明专利权纠纷再审案中,敖谦平与深圳和宏公司签订专利实施许可合同,约定敖谦平许可深圳和宏公司实施专利,又约定敖谦平同意深圳和宏公司在许可期限与产品范围内将专利技术许可给第三方以 OEM、ODM 委托加工的方式使用。如何理解这里的"委托加工",成为双方争议的焦点之一。最高人民法院(2012)民申字第 197 号民事裁定书指出:

专利权人敖谦平与被许可人和宏公司签订的涉案专利实施许可合同第二条之2 约定:"该专利的许可使用范围是在全国范围内使用其专利制造专利产品,并对外进行销售。"根据该约定,被许可人和宏公司有权使用涉案专利制造专利产品。涉案专利实施许可合同没有对和宏公司在其制造的专利产品上是否必须标注和宏公司的企业名称、商标等商业标识作出约定;专利法规定的专利权本身只赋予专利权人排除他人未经许可实施其专利的权利,并没有赋予专利权人排除被许可人在经其许可制造的专利产品上标注其他厂商的商业标识的权利,因此,敖谦平无权限制涉案专利被许可人和宏公司在其制造的专利产品上标注其他厂商的名称等商业标识。

涉案专利实施许可合同第二条之 5 约定:"甲方(指敖谦平)同意乙方(指和宏公司)在许可期限与产品范围内将专利技术许可给第三方以 OEM、ODM 委托加工的方式使用"。敖谦平主张上述约定是为了解决和宏公司没有制造能力的问题,和宏公司也承认自己没有制造能力。从上述约定的目的和字面含义来看,并没有限定以 OEM、ODM 方式委托加工的定作方只能是和宏公司。和宏公司作为涉案专利被许可人,在自己没有制造能力的情况下,委托惠州和宏公司为自己制造专利产品,并在专利产品上标注飞利浦公司的企业名称、商标等商业标识,并不违反上述合同约定,不构成侵害涉案专利权。敖谦平关于二审判决对涉案专利实施许可合同第二条之 5 的解释存在错误、二审判决的认定不符合国家公共政策的申请再审理由不能成立。

三、合同审核

合同审核的方向

合同审核须为以合同履行为中心进行考量。比如,审核合同是否有履行基础,包括合同主体是否适格、合同是否违反强制性规定;审核当事人是否有履行能力,如合同当事人的资信状况、技术支持能力;审核合同内容是否易于履行,尤其是合同约定的各方义务是否清晰可行;审查合履行是否有保障,包括违约责任、权利担保、合同解除或权利义务终止条款等。

合同一方可能会提供一份条款清单或者完整协议,另一方应当明白将要面对的风险和复杂程度。但合同审核不仅是针对对方提供的合同文本,对自己起草的合同同样需要审核。如何掌握或发现合同的审核要点,以下是一些建议:

——搜索阅读类似审核要点。专业著作或专业文章会教导大多数合同审核需要的常规注意事项。

——从裁判争议倒推审核要点。从合同争议甚至侵权诉讼中发现合同风险,并运用于合同审核中。

——对比合同范本或审查指南。从已有合同范本或合同审查指南中,对比发现审核的要点或方向。

——要求业务部门查核反馈。特别是商务条款,需要具体操作的业务部门来发表意见。

合同的内容审核

合同审核的方向可以分为合同内容的审核和合同形式的审核。经过合同审核,尤其要注意是否有不利条款需要删除,是否有明显不利的表述或不正确的表述需要修改,是否遗漏有重大事项需要添加。比如,技术秘密的许可人要求被许可人设立生产公司、购置设备后才交付配方及工艺等技术。如果许可人并无此项宣称的技术,或者最终交付技术并不可行,被许可人将损失巨大。

——**合同主体合格性的审查**。比如,签订及履行合同的主体资格,如经营范围、相应资质等;相对方能否处分权利,如课题组许可本身属于高校的成果;

——**合同内容适格性的审查**。比如,合同名称与合同内容是否相符,合同内容是否合法有效,合同条款是否违反强制性规定,引用的法规或技术规范是否仍旧有效、最新等。

——**权利义务明确性的审查**。尤其是条款间是否冲突及有效衔接,表述内涵外延是否得当,风险是否尽力穷尽、没有遗漏,权利义务、违约责任是否有可识别性,附件能否明确补充正文的权利义务。

——**交易需求满足性的审查**。需要了解交易目的、交易背景等,审查是否结合特定交易对象、交易标的、交易风险进行了相应的约定。

——涉及审批事项的审查。比如，技术本身转移是否要审批，授权产品的生产经营是否要审批，以及专利商标申请是否有授权风险。尤其要审查许可涉及的技术是否违反《技术进出口管理条例》的规定，是否落入《中国禁止进口限制进口技术目录》《中国禁止出口限制出口技术目录》。

合同形式的审核

合同形式的审核不只是用语表述的问题，有的形式问题也与合同内容密切相关。可以从以下方面进行合同形式审核：

——结构体系清晰度。比如，合同组成部分的划分是否合理，不同层级是否清晰。

——整体思维严谨度。比如，合同条文是否衔接不当，是否存在权利义务重叠，并引发冲突或歧义。

——语言表达精确度。比如，合同术语是否清晰规范，标点符号使用是否规范，用词表达是否精确适当，主体、指代是否明确，用句是否专业且规范，表述方法是否简练。

——版面质量满意度。比如，合同排版是否符合要求，字体、字号、间距是否合理、美观，各级标题是否便于识别。

签署前的再次查核

漫长的谈判有时可能会稀释当事人对某些问题的关注。在合同签署前，从公司的层面应当再考虑核实一些问题：

——现在的合同是否符合当初的期望？

如果许可人希望许可合同能够最大程度地反映自己的期望，那么最好在签订合同前，先去整理一份清单，列明自己希望订立的条款及其细节。这些条款也可以作为每次想要草拟一份许可合同时的起点，然后检视实际的情况，进行增删和修改。当正式签订许可合同时，许可人可以通过自己先前整理的合同清单，去检视许可合同是否符合自己的期望，是否存在遗漏的地方。

——合同确定的权利义务能否做到？

比如，有商标许可合同规定，对商标许可使用的品牌和产品，甲方（商标权人）确保乙方（被许可人）授权的唯一性和销售产品的独占权，并大力打击跨区域销售和窜货现象的发生。事实上，要打击"窜货"并非易事，它通常不构成侵权，而且"窜货"的销售者可能也没有来自商标权人禁止跨区域销售的合同约束，在此情形下，商标权人如何履行"大力打击跨区域销售和窜货现象的发生"的义务，是一个难以处理的问题。

四、合同监督

建立合同管理制度

建立合同管理制度是监督合同履行的基础。注重合同档案管理。预先制定好合同归档标准,建立合同归档流程;建立合同履行过程中的跟踪、监督和检查制度等。这里不作详细讨论,只是要强调一下做好合同履行的证据管理工作。

虽然实践中会有许多困难或阻力,但仍然要尽量从诉讼证据的效力角度去考量合同的履行问题。比如,那些无盖章、无原件的传真,不太能够构成有效的证据;任何重要材料、样品或设备、价款等的交付,应当有签收单或确认手续;任何合同变更、重要的通知,应当采取有效的书面形式;对履行通知义务、协助义务等事实或行为保留证据等。

制作合同权利义务的纲要

纸版的许可合同可能在签订完第二天,就开始尘封在档案里,不一定方便取阅。因此,在签订许可合同后,应立即扫描原件,制成电子文档,根据合同编号或类别等设立合同台账。以许可合同的全称作为文件名,存储在严格分类的文件夹中,以方便随时查阅。

如果公司拥有众多的许可合同,一份一份去检视其履行情况,仍然是一种效率不高的方式。建议制作一份许可合同的权利义务纲要,作为许可人内部使用的简短文件,主要用来记录许可合同的重要权利和重要义务,例如付款期限、许可费报告到期日等。许可合同的纲要最好不要超过两页,应当便于扫视,让许可人清晰地了解自己应当享有的权利和自己应当履行的义务,以便及时审查双方当事人的行为是否满足了许可合同的要求。

利用合同纲要进行履行监督

许可合同即使规定了最严格的履行义务和违约责任,也未必能够保证双方当事人严格履行合同的规定。因为各方当事人都要应付复杂多变的市场竞争,都存在着变动不居的人事安排,履行许可合同有可能会因为某些事件而耽误,甚至遗忘。

意识到许可合同并不能保证许可人从此一劳永逸后,敏锐的许可人就通过许可监控的方式,来检查许可费是不是正在按期交纳。而利用许可合同的权利义务纲要,可以迅速查出问题的所在。

当然,许可合同的监控并不只局限于许可费是否按期给付。比如,在专利许可合同签订后,许可人还要注意按时缴交专利年费保持专利有效,监控被许可人支付的许可费是否与其业务规模相符合,监控被许可人是否超出了许可合同允许的范围,等等。①

定期查核许可费的目的

许可费短付多系被许可人内部系统失灵引起,包括被许可人的负责人不了解合同内容,忘记新产品是否利用许可人的专利等。因此,许可人必须要定期查核许可合同的执行情况,其主要目的包括:

——**确保许可费的支付**。时过境迁,很多公司根本不清楚自己的权利使用状况。在1997年,当福特刚开始着手专利授权的审计时,它发现有许多未付费的专利正在被使用。亨利·弗拉德金记忆犹新:我的一位经理打电话给一位被授权人说,你知道你已经有10年没付专利使用费了吗?你知道每年都有一个年费最低限制吗?这个人完全懵了。他查阅他的许可协议发现真是这样的。原来是他的经理以为这协议已经过期了,因为他们已经不再使用这项专利,也没有得到任何提醒。他提出补偿10%。我的经理反问道:"你是说你很乐意告诉我们,你不打算付给我们你们欠的钱吗?"他们这才决定全额支付。②

——**引导正确的许可费计算程序**。通过定期查核,尤其是财务审计,可以引导或鼓励被许可人持续正确地计算许可费。

——**带外新的许可收入**。有的被许可人推出了新的产品,而且也使用了许可人的知识产权,但它并没有为新产品支付许可费。此时通过查核能够带来新的收入。

——**履行对发明人等的义务**。收取许可费与发明人密切相关,根据专利法,发明人可以从许可费中分享职务发明报酬。

当然被许可人也可从查核中获得利益。比如,专利无效或失效就不需要支付许可费,但由于欠缺来自许可人的最新信息,一些许可人还在盲目地按期付费。所以,被许可人适时查核许可执行情况也可能大有裨益。

查核对象的优先选择

IBM是世界上利用许可证最为成功的公司,其知识产权和许可经营副总裁杰夫·罗森塔尔曾讲道:"我们掌握着大多数被授权人的动向,倘若专利的数量与公开的业务规模严重不符,我们就会写信给被授权人,说他们使用的专利与他们允许使用的不相符合,我们建议他们再重新审核一下。99%的问题就这样解决了。"这就是一种查核监督的表现。

---

① [美]朱莉·L.戴维斯、苏珊娜.S.哈里森:《董事会里的爱迪生——智力资产获利管理方法》,江林等译,机械工业出版社2003年版,第104页。
② 同上书,第103~104页。

如何优先选择查核对象,可以听取授权经理/发明人等的意见,以下情形值得优先考虑:
——最大潜在收入的许可对象。
——被许可人的报告存在差异或矛盾的。可以比较其市场占有率与许可费收入来评估是否存在问题。
——被许可人有不良态度与不良行为的。如存在迟延支付、报告欠完整等情形。
——新授权对象的查核。这样做成本较低,而且借此成为有效督促对方的开始。

第2节 许可合同通用条款解读

一、许可合同起始部分

许可合同名称与编号

——许可合同的名称。合同名称应确切地反映合同的性质、特点和内容,使人一目了然,抓住合同的要点,如"虹吸浇灌装置专利许可合同"。有的合同名称可能与实际不符,比如名为"委托加工和销售合同",实为"商标许可合同"。再如:有的合同名为技术许可合同,其实还包括了合作经营的内容,结果一方认为系技术许可合同,另一方认为系合作经营合同。

——许可合同的编号。合同编号是识别合同的特定符号,有利于当事人立卷存档、查阅和指称。

当事人条款

——当事人的法定名称。完整确切的法定当事人名称牵涉到签约主体的确认,有助于表明当事人究竟是谁,是自然人还是公司,是母公司还是子公司。当事人名称不能写简称——比如只提到字号,否则这个简称无法确定当事人是谁,因为很多拥有独立法人地位的公司,比如母子公司,其字号却完全相同,但法定名称的全称并不相同。

——双方当事人的代表人或负责人名称。当许可合同发生争议时,寻找当时负责处理知识产权许可事宜的负责人,可能比较容易沟通。

——当事人法定地址及联系方式。在国际技术许可合同中,如果合同中未明确规定合同适用法律,则合同当事人的法定地址还关系到发生争议时对适用法律的选择。原告或被告所在地可能是确定法院管辖权、仲裁或适用法律的依据之一。同时,联系方式是双方当事人就合同事宜正式联系(如发送通知、接收文件)的渠道。

鉴于条款

鉴于条款属于叙述性条款,系双方当事人就订立合同的背景、目的、希望和意图等所作的陈述性说明。比如,说明许可人的技术背景、知识产权的拥有情况、转让技术的合法性及实际经验等;说明被许可人对其许可标的的要求和目标等。当然,可以从简或不列鉴于条款,尤其是在一些金额不大或较简单的许可合同中。例如,一个专利许可合同的鉴于条款如此描述:

鉴于甲方拥有一种提高手机电池待机时间的专利技术,并愿意向乙方许可上述专利技术;

鉴于乙方希望利用甲方的专利技术,并在甲方的技术支持下,设计、制造、销售和出口更长待机时间的手机电池产品;

鉴于甲方和乙方均愿为达成上述目的而以诚挚友好的精神执行本合同的各项条款;

鉴于上述前提,甲乙双方通过友好协商,根据平等互利的原则,同意按下列条款签订本许可合同。

鉴于条款虽然没有确定双方具体的权利义务,但在许可合同中并非一无是处。鉴于条款的主要作用至少有以下两个方面:

——双方作出保证的约束。鉴于条款可以要求当事人双方在合同一开始就明确地作出某些法律上的保证,一旦发生纠纷,法院或仲裁机构就可以根据这些保证,判断谁是谁非,责任在哪一方。例如,写了"鉴于甲方拥有某项制造技术和生产某项产品的实践经验"这一条,甲方(许可人)就不敢随意把通过不正当手段获得的技术,或是不成熟没有充分把握的技术转让给乙方,这就有利于防止乙方(被许可人)上当受骗,避免经济损失。

——有利于解释合同目的。鉴于条款主要是言明双方签订合同的初衷或借此想达到的目的,或签订该合同所依赖的事实状态。一旦合同发生争议,鉴于条款对于双方订约的目的与意图,以及解释某些具体条款将发挥一定的作用,可以减轻当事人的举证负担。因此,应当慎重对待鉴于条款,努力使鉴于条款的原则与具体条款的内容相一致。

◇**案例:"三联"商标之争**

2003年1月,三联集团公司与郑百文(2003年8月更名为"三联商社")签订商标许可使用合同,约定了两个"鉴于"条款:一、许可人是"三联"服务商标的商标权人;二、许可人是被许可人的第一大股东,积极支持被许可人的发展。三联集团公司许可郑百文在家电零售领域无偿使用"三联"服务商标;商标无偿许可使用期限为合同生效之日起至商标有效注册期满止(包括续展的期限);三联集团公司承诺不再以任何形式在家电零售领域使用或许可他人使用"三联"商标;三联集团公司应在"三联"服务商标有效期届满时负责进行续展,并承担续展的费用,双方还在该合同第六条第三款中特别约定,如果三联集团公司拟放弃"三联"服务商标的所有权,应事先通知郑百文,并在郑百文同意的情况下,无偿将"三联"服务商标转让给郑百文。

2008 年国美电器股份公司成为三联商社第一大股东。同年,三联集团将"三联"商标转让给山东三联家电有限公司(后因另案商标被冻结)。上市公司三联商社遂提起诉讼,要求按合同无偿获得"三联"商标。法院认为:在三联集团不再是三联商社的第一大股东后,双方所签订的商标使用许可合同中的"鉴于"条款的适用已经失去了前提和基础,不再符合合同签订的初始目的和精神。

定义条款

定义条款通常是将合同的关键名词,逐一列示并加以定义,其主要用意在于希望这些名词不论出现在合同中任一条款,均有其固定性、一致性的含义,而不至于在合同当事人之间存在不同的理解或说法。定义条款只是针对许可合同中的关键词语,而不是要求对所有的词语都作一番解释或说明。

双方当事人由于所处地域不同,知识背景不同,甚至语言不同,或许对同一个名词的解释和使用并不完全一致,因此,为了避免将来履行合同过程中由于理解不同而发生分歧,造成纠纷,使合同条款能够清楚、明确地表达双方达成的一致意见,对合同中多次反复使用的关键名词作出明确的定义,显得极其重要。定义条款的作用就犹如词典,令双方当事人有其遵循依据。

定义过的名词被用于合同的不同条款时,应保持前后一致,不能在同一合同中对相同名词的含义有多种不同的解释,否则,即失去了定义的作用。

在许可合同中,最常出现的重要定义,诸如:知识产权、净销售价、委托制造、独占许可、排他许可、普通许可、许可地域、技术改良、回馈授权、技术资料、转让、子公司,等。比如"净销售价",是指在扣除合同产品的包装费、安装费、运输费、商业和数量折扣、佣金、保险费和商品税之后,乙方(被许可人)通常销售合同产品的价格。若产品被乙方或其附属公司所用时,其"净销售价"为乙方通常同其顾客进行真诚交易销售类似产品的价格。

二、许可合同执行保障

许可合同在约定了许可内容、许可对价之后,如何执行则应有相关的规定。例如,被许可人应给予许可人专利使用的报告,而报告应包含哪些内容,应多久出具该份报告等事项,均是双方当事人据以执行的合同依据。在整个执行过程中,既牵涉到被许可人的权利义务,也牵涉到许可人的权利义务。

积极履行条款

如果许可人的许可费收入来源主要寄托在提成支付上,那么,许可人应当配置相应的条款来保障自己的提成利益。最直接的就是规定被许可人负有积极履行合同,实施或使用知识产权的义务。特别要强调的是,如果许可人并不使用商标,规定被许可人积极使用的义务,还可以防止出现我国《商标法》第49条第二款禁止的"连续三年不使用的"情形,避免出现注册商标被撤销的后果。

表面上看,被许可人花钱来取得知识产权许可,当然会积极利用,进行产业化或市场运营。但在有的时候,许可人的这种想法只能说是一厢情愿。因为被许可人是否积极利用知识产权,除了取决于知识产权本身是否值得利用,更取决于被许可人的发展规划、战略重点、竞争压力、财务状况等因素。最值得注意的是,有的被许可人取得专利独占许可,可能从来就没有打算要实施,因为他们的目的在于对专利进行战略性储备和竞争性防御。有的中外合资公司根本并不打算使用或者一直在削弱使用中方投入的商标。所以,许可人在发放知识产权许可时,尤其要注意这一点,以免寄予厚望的提成收益一无所有。

如何规定被许可人积极履行合同并利用知识产权的义务呢?最好明确详细地规定利用知识产权的进度,如专利产品产量、商标广告投入、版权作品上线时间等细节问题,并规定相应的违约责任和解除合同的权利。当然,最佳的方案是约定"年度保底提成"条款,即不论被许可的知识产权使用状况如何,每年都必须最低支付多少金额的商标使用费。

报告条款

根据许可合同明定的许可费计算方式,被许可人应当将计算方式所需的"计算单位"(如授权产品的产量或净销售价等),以及相关资料制成报告,交付许可人作为许可费收取的依据。例如:许可费是以每个授权产品的净销售价(net selling price)的百分比作为支付与计算方式,则被许可人所准备的报告需要包括下列内容:①已销售之授权产品数量,②每个已售产品之净销售价,③应缴付之许可费,等。而相关资料则可能包括原料或零件购买记录、出货凭证、销售记录、制造记录、财务报表等。一般而言,报告中不需附上繁杂的相关资料。

至于报告呈交时间,双方可约定每半年或每季度为交付时间,而许可费则根据该报告并在报告交付后一定之时日内支付。有时付款方式亦可能在合同中约定,尤其是国际性授权,货币单位及汇率等事项更应该在合同中事先约定,以免在兑汇变动下发生争议。[①]

[①] 参见姜作利:《专利授权合约及技术移转合约之共同条款解析》,http://www.lawtrans.com/Article_Show.asp? ArticleID=1028,2007年8月29日。

质量保证条款

许可人在发放许可时,应当注意要求被许可人有义务保证授权产品的质量,并明确规定检验产品质量的技术标准及要求、验收的方式、验收费用的分担、验收地点等。如果放松了质量控制,发生质量问题,有可能对许可人的商业声誉产生极坏的影响。我国《商标法》第43条第一款规定"……许可人应当监督被许可人使用其注册商标的商品质量。被许可人应当保证使用该注册商标的商品质量。"因此,许可人对被许可人的生产能力、管理能力和技术水平等方面,需要作详细的考察,不要滥发许可,否则最后会得不偿失。

知识产权信息标示条款

根据《商标法》第43条第二款,经许可使用他人注册商标的,必须在使用该注册商标的商品上标明被许可人的名称和商品产地。规范标示商标注册标记也是非常重要的事项。专利许可人通常也会要求被许可人在产品销售时应将专利号码标示在产品上,其主要作用在于告知公众其专利实施在该产品上,凡未经允许而制造或销售者即侵害其专利权。但要提醒的是,许可人(特别是大公司)要警惕被许可人在商业活动中突出宣传类似"来自某某公司(许可人)的品牌保证或技术保证"的广告语或标注,否则相当于在以许可人的名义,为被许可人的商业信用作额外的背书。

保密条款

如果许可的标的本身是商业秘密,保密义务势必详细规定。许可标的是专利、商标等知识产权,这些知识产权系公开信息,本身并无任何机密性可言。但是,如果专利连同技术秘密一并许可的,则保密责任的规定非常重要,并应从被许可人接触技术秘密时起,就要求对方承担保密责任,而不必等到许可合同签署之时再行要求。同时,对于许可合同本身的信息,比如许可价格、交易条件等,同样可以要求被许可人保密,否则有可能影响许可人开展下一次许可的主动权。此外,许可人还应要求被许可人约束及监督其所属员工承担保密责任。

审计条款

许可人可能会要求被许可方委托第三方独立的审计公司,对许可费申报支付的情况做审计。审计公司怎么选择,审计费用由谁承担,审计频度,以及审计时需要披露的资料,都要确定清楚。审计的目的一则督促被许可人翔实报告知识产权实施利用情况,二则掌握被许可人授权产品的财务情况。通常,如果实际支付的许可费与应当支付的数额差距在10%或15%以上,则由被许可人来支付审计成本。

保证条款

站在许可人与被许可人的不同立场,保证条款的内容当然有所不同。对于许

可人而言,应当保证其对知识产权享有许可的权利,不存在权利上的瑕疵。比如:
- 不存在未经过其他共有人的同意而对外许可的情形。
- 不存在将职务发明当作非职务发明申请专利并对外许可的情形。
- 不存在同时发放几个独占许可或与前手独占许可相冲突的许可行为。
- 保证所许可的知识产权的有效性。
- 保证所许可的知识产权没有违反政府管制的规定。
- 保证不存在侵害他人知识产权的情形等。

最惠待遇条款

被许可人如果获得的是非独占的普通许可,可以考虑争取签订最惠待遇的条款。**最惠待遇条款**的意义是,如果许可人以更优惠的条件(如更优惠的许可费)将相同的知识产权许可给第三人时,则该更优惠的条件将适用于被许可人。

先接受许可的被许可人,可以通过最惠待遇条款,在将来争取降低许可费,或避免处于不利的竞争状态。在实践中,最惠条款的执行往往存在问题。比如,许可人虽然与第三人约定了更低的许可费提成比例,但他可能主张这是建立在双方专利交叉许可或其他商业合作的基础之上的。而被许可人也很难了解第三人是否得到了更优惠的条件,何况很多许可合同是秘而不宣的。

技术资料交付条款

在专利许可实践中,如果只是将公开的专利授权文件交给被许可人,往往是难以成功或有效实施的。因此,约定许可人提供与专利实施相关的技术资料,比如技术参数、设备规格、实验数据、原料要求等资料,绝对有其必要的价值,这些资料对于专利的实施,可能具有事半功倍的效果。关于技术资料的交付时间、地点与形式都应当准确地规定。

技术资料的形式可以是单纯书面资料或者技术记录、影像或者工程图纸等,只要能将其专利技术展现的任何资料,均应包括在合同中。此外,辅助运用专利从事制造的相关资料,如配套的机器设备、适合的原料、零件等,也属于技术资料提供的范围。甚者,有时技术支持还包括了帮助工厂设立,此时设立厂房计划,机器放置图、制程图,仓储等以及包括营销、包装销售等商业资料亦可能在合同中被视为是技术资料而必须提供。[①]

技术支持与服务条款

被许可人仅仅从许可人那里获得一些技术资料,仍然不一定能够制造出所需

---

① 参见姜作利:《专利授权合约及技术移转合约之共同条款解析》,http://www.lawtrans.com/Article_Show.asp? ArticleID=1028,2007年8月29日。

要的合格产品。原因在于,许可人提供的技术资料不可能包罗万象,面面俱到,特别是许可人的技术人员和操作工人长期实践积累起来的生产经验和操作技巧,往往都无法用文字或书面形式表达出来,只能通过实际操作才能传授,而正是这些经验、技巧对被许可人来说是至关重要的。

因此,在涉及生产制造的专利、技术秘密等许可实践中,被许可人往往需要许可人提供技术支持与服务。常见的技术支持及服务有:

- 人员训练:包括运用技术及管理技术等人员的训练。
- 工程服务:协助各种机器安装、工厂布局与设计等。
- 顾问咨询:当实际运用该技术时,技术咨询以及商业上咨询,包括营销渠道、广告等,均应包含在顾问咨询中。

技术支持与服务的条款中,应明确规定技术支持与服务的目的、范围、内容,详细规定如何履行或执行的条件,以及如何划分双方承担的有关费用,否则在履行合同过程中容易产生争议。例如,对技术专家或技术人员的人数、级别、服务内容、服务时间、服务验收的标准、工资标准、医疗费用的负担、住宿安排等一一规定清楚。

技术改良条款

在许可人持续的研发努力下,技术总是不断地改良,从而产生一系列的衍生专利或者技术秘密。被许可人需要考虑的是,如果许可人发展出了改良的技术成果,是否需要继续取得许可。考虑到技术改良对于技术产业化具有重要的价值,被许可人通常会要求获得许可。如果许可人的技术改良是整个许可计划的一部分,则就应当在许可合同中详细规定技术改良的定义。通常技术改良包括未来的衍生专利或持续产生的技术秘密。

对于被许可人而言,也存在技术改良的问题。许可人通常也会在许可合同中加入一项条款,要求被许可人对许可技术所完成的技术改良,应当反过来授权给许可人利用,此即**回馈授权**。回馈授权的内容,比如许可的方式、许可的费用等,可以由双方当事人根据本身情况而再加以商谈。需要注意的是,许可人对回馈授权的要求,应当检视是否违反不正当竞争或反垄断法。

转授权条款

转授权是指被许可人从许可人取得知识产权使用许可后,又许可给第三人使用,也称为再许可、再授权或分许可。除非许可合同中有转授权的约定,否则被许可人并没有转授权的权利。被许可人擅自转授权,显然会影响许可人的商业利益,也会扰乱许可人的合同管理。

假定当事人之间允许转授权,则应当就转授权的事项作出专门约定,包括转授权的具体范围,如地域范围、许可期限、许可渠道等;许可合同终止、解除或者到期后,转授权的效力如何认定;特别是转授权获得的许可利益如何在双方分配,这种分配规则肯定与前手许可的费用计算规则不同。

转授权的应用场景比较广泛，兹举几例：

——使用对象的范围确定。如果被许可人取得权利人许可的目的之一，是让其旗下的子公司或关联公司也有使用的权利，此时权利人可以授予一个有限制的转授权，使得被许可人有权将其取得的权利转授权给其子公司或关联公司。特别是在独占许可的情形下，如果在许可协议中约定被许可人包括甲乙丙等多家使用对象，容易在发生争议时受到这实质上并非独占许可的质疑，而转授权条款可以消除这样的质疑。

——改良技术的回馈授权。对于被许可人回馈授权许可人使用的改良技术，许可人有可能不仅自己需要，而且更希望将这些改良的技术，连同先前的技术，一并许可给其他被许可人，以获得更多的商业利益。那么，此时双方必须以合理的条件，明确达成转授权的同意。

——特许加盟的许可使用。特许方（商标权利人）通常是和投资人（往往是自然人）先签署协议，然后该投资人再去注册公司运营加盟店。为了避免在运营公司成立后又签署一次商标许可协议，可以考虑以转授权的方式实现各方利益。即特许人与投资人是商标许可关系，投资人与其运营公司（商标实际使用人）为转授权关系。

——专利运营的授权需要。从事专利运营的机构并不总是购买专利（权利人有时也不愿意转移所有权），而只是从权利人那里获得独占许可，然后通过转授权的方式，对外向使用人发放专利许可。此种运营模式下，转授权条款对于专利运营机构就非常重要了。

第三人侵权处理条款

在许可合同执行过程中，如果发生第三人侵权，由谁来主张权利，由谁来承担维权费用，以及如何分配侵权赔偿金，就会成为一个问题。如果许可人自己对处理侵权问题有很高的意愿，则应当要求被许可人在发现有任何侵权的行为时，须立即通知许可人所发现的侵权事实，由许可人负责控告侵权人。

但是，有的时候，许可人能收取到足够的许可费，不一定会对发动侵权官司有很高的意愿。一则因为知识产权（尤其是专利）侵权官司打起来费时、费心、费力、费钱，有的许可人未必有能力处理侵权诉讼；二则因为许可人的利益只占被许可人销售额（或利润）中的很小比例（许可费率一般为百分之几），如果侵权官司打赢了，许可人占的利益极小，如果打输了呢，更是惹来一身麻烦，甚至导致争议的专利或商标都被侵权人无效掉。因此，许可人不会总是有热情去制止第三人的侵权行为。

为预防这种情形的出现，约定许可人有义务制止侵权就显得非常有必要。一个有利于许可人打击侵权的做法，可以是由许可人与被许可人共同分担诉讼费用，如果取得损害赔偿，在扣除诉讼费用后尚有结余，则双方平均分配。

如果第三人侵权对被许可人的业务影响很大,即使许可人对制止侵权并不积极,被许可人也会非常热心去打击侵权。但是,被许可人并不总是有权利对第三人的侵权提出控告。在我国,独占许可、排他许可和普通许可关系中的被许可人,在侵权诉讼中的地位并不完全一样。根据《最高人民法院关于对诉前停止侵犯专利权行为适用法律问题的若干规定》(法释〔2001〕20号)等司法解释或制度规定,独占许可、排他许可与普通许可中的被许可人的诉讼地位,可以在三个层次上予以区别:

——对于独占许可中的被许可人,可以单独向人民法院提起诉讼,或提出诉前禁令、证据保全的申请。

——对于排他许可中的被许可人,在许可人不起诉或不申请的情况下,才可以自行向人民法院提起诉讼,或提出诉前禁令、证据保全的申请。

——对于普通许可中的被许可人,在许可人不起诉或不申请的情况下,也不可以自行向人民法院提起诉讼,或自行提出诉前禁令、证据保全的申请,而应当在许可人有明确授权时,才能提起诉讼和提出诉前禁令、证据保全的申请。

如果许可人对于排除侵权的意愿不高,那么在排他许可和普通许可合同中,应当规定许可人在不制止侵权的情形下,有积极配合被许可人主张权利的义务,比如积极声明不提起诉讼,或积极授权被许可人有权单独提起侵权诉讼。从被许可人的角度,无论是取得何种许可,最好都在许可合同中直接要求获得许可人的独立提起诉讼的授权,以备不时之需。

三、许可合同违约责任

违约责任的具体规定

对于违约责任的规定,可以采用不同的表现形式。可以在同一条款中对需要严格执行的义务,配置相应的违约责任;也可以在合同后面的专章或专节里,集中规定合同的所有或大部分违约责任。理论上,对每一项合同义务,都可以配置违约责任的规定。但实际上,很多合同义务是宣示性或指引性的,当事人往往并没有给其加上违约责任的镣铐。

如果没有违约责任的约定,合同的执行效果将大打折扣。哪些情况构成违约,如何计算违约金等细节问题应当明确,不要笼统地规定"违约一方应当承担违约责任",否则很难执行违约责任。

许可费迟延给付的责任

对于许可费约定的缴付日期,被许可人应按期缴付,若有迟延,或者在报告中隐藏了应缴付之金额或少报产量等,则许可人可以在许可合同中规定违约金,及加计利息等事项。迟延利息原则上是按日罚息,不宜粗暴地一刀切规定违约金。比如,规定一旦延迟支付就承担合同金额20%的违约金。

赔偿条款

如果双方当事人因为违反合同义务,导致对方受到损失时,应当赔偿其损失,或在支付违约金不足以弥补损失时,应当继续赔偿损失。这方面的情形比较复杂,可以根据前述双方所承担的义务,协商决定哪些属于赔偿责任的范畴。

不可抗力

不可抗力是不能预见、不能避免且不能克服的客观情况,一般是人力所不能防范和控制的意外事件,如战争、地震、台风、严重的水灾、火灾等;政策与法律的变化也属于不可抗力的范围。不过,有的情形是否属于不可抗力,可能存在争议,为了处理这类事件,一般在合同条款中加上"以及双方同意的其他不可抗力"的规定(比如针对"新冠疫情"),使双方在执行合同中根据事件的具体情况灵活处理。因不可抗力而不能履行合同的,当事人可以免除违约责任。

四、许可合同终止规定

重视合同解除的约定事由

所谓**合同解除**,是指合同有效成立后,因一方或双方的意思表示,使基于合同发生的债权债务关系归于消灭的行为。合同的解除既能向过去发生效力,使合同关系溯及既往地消灭,发生恢复原状的效力,也能向将来发生效力,即不发生溯及既往的效力。合同解除通常被视为对违约的一种补救措施,是对违约方的制裁。因此,合同的解除主要适用于违约场合。

根据《民法典》第563条的规定,有下列情形之一的,当事人可以解除合同:(1)因不可抗力致使不能实现合同目的;(2)在履行期限届满前,当事人一方明确表示或者以自己的行为表明不履行主要债务;(3)当事人一方迟延履行主要债务,经催告后在合理期限内仍未履行;(4)当事人一方迟延履行债务或者有其他违约行为致使不能实现合同目的;(5)法律规定的其他情形。当然,合同当事人一方主张解除合同的,应当履行通知对方等程序。

根据《民法典》第562条,当事人可以约定一方解除合同的事由。解除合同的事由发生时,解除权人可以解除合同。因此,除了法定的合同解除事由,许可合同双方更要重视约定的解除事由,将不可容忍的严重违约行为作为许可合同解除的成就条件。比如:(1)当事人一方的违约行为致使不能实现合同目的,如许可人无法有效提供实施专利的技术支持;(2)被许可人严重延迟支付许可费,经催告仍未在合理期限内支付的;(3)被许可人实施专利或者使用技术秘密超越约定的范围的;(4)被许可人违反约定擅自许可第三人实施利用其知识产权的,(5)技术秘密在许可有效期内已经由他人公开的等。总之,合同各方需要审视一下哪些情形是你关心和担心的,以及该行业经常发生的风险是什么,然后考虑是否作为合同解除的条件写入其中。比如,如果许可人希望独占许可的被许可人的授权产品在第二年的销售额达到 5000 万元,否则,就可以解除合同。

合同终止条款

合同终止,是指合同的债权债务关系归于消灭,合同关系客观上不复存在。合同解除的,合同的权利义务关系也终止。合同终止与合同解除有些相似,都发生了债权债务关系归于消灭的效力,但是二者还是有所区别。合同终止只是使合同关系消灭,向将来发生效力,不产生恢复原状的效力。合同的终止虽然也适用于一方违约的情形,但主要是适用于非违约的情形,如合同因履行、双方协商一致、抵销、混同等终止。由此可见,合同终止的适用范围要比合同解除的适用范围广。

知识产权许可合同应当阐明在何种情况下,双方当事人有权终止合同。合同终止有两种情况:一种是合同期满自然终止,另一种是合同届满之前因种种原因造成合同中途终止,比如:(1)许可人发生破产的情形;(2)双方合意终止合同,等。

合同终止后的效果

许可合同的解除或终止会产生一系列的问题,如提成费的支付、技术的继续使用等,对此合同中都应作出明确的规定,以免引起纠纷。比如,对许可人而言,会期望以下的规定:
- 到期支付:被许可人立即支付所有已到期的许可费等费用;
- 技术资讯归还:被许可人立即返还所有技术手册等资讯;
- 禁止继续使用知识产权:被许可人不再被允许使用任何授权的知识产权或其技术改良;
- 清货期:这是指设定一个停止销售的明确期限,允许被许可人在停止生产后的一定期限内(如 2 个月)继续销售库存产品,逾期不能再对外销售。
- 保密责任:通常不因合同的终止而终止保密义务。

五、许可合同其他规定

权利维护条款

在专利许可合同中一定要约定好谁来负责专利权的维持,比如缴纳年费以维持专利的有效性,积极应对他人宣告专利无效的请求。商标权的维护包括商标注册续展、应对商标争议、反对他人相同或相似商标的注册申请等内容。这项义务通常是由许可人来承担,但是,不要以为许可人会很关心自己的知识产权,在有的情况下,如发生破产或者管理疏忽时,知识产权的维持极有可能会被遗忘了。

税费条款

税费是一个比较复杂的问题。在许可合同中,应明确规定税费条款,划分各种税费究竟应由哪一方负担。如果公司从境外引进技术的同时,还采购相关产品,则可能在为对方代扣代缴的同时被征收关税。公司可以咨询有关部门或专业机构,对合同条款及付费方式、付费时点作出合理约定,避免被双重征税。[①]

通知条款

许可合同的双方当事人可以在合同中指定主要的联系人,负责联系、通知、支付许可费、技术服务等。

许可备案条款

专利法、商标法等明确要求许可合同,应当报国家知识产权主管部门备案。根据《商标法》第43条第三款的规定,商标使用许可未经备案不得对抗善意第三人。因此,备案与否对于被许可人关系重大。

专利实施选择权

被许可人如果有机会,可以要求在许可合同中签订**选择权条款**（option license）,即许可人在一定期间（半年到一年）内保留专利,不向其他人许可,被许可人在此期间支付一定费用（选择权费）,以制造、使用等方式实施专利,但不得有销售行为。被许可人经过实施专利后评估专利的商业化价值,进而决定是否进一步正式取得专利许可。选择权条款的签署,主要是为了消除被许可人担心专利不成熟,难以商业化的疑虑,但通常也难以让许可人接受。

侵权责任豁免

有时许可合同在签订前,被许可人已有使用许可人知识产权的侵权事实。此时,被许可人应在合同中要求许可人不追究其既往之侵权行为,或者一次性解决掉过去的侵权问题。对于许可人其他密切相关的知识产权,以及正在申请中的专利或商标,被许可人可以一并要求授权或未来不得以此控诉被许可人。

反不正当竞争问题

在许可合同出现捆绑销售或不合理的附加条件等情形,有可能违反《反不正当竞争法》或《反垄断法》等法律,构成无效的条款。

---

① 国家知识产权局知识产权保护司编写:《企业知识产权保护指南》,知识产权出版社2022年版,第73页。

被诉侵权的处理

如果被许可人在实施利用知识产权的过程中,被第三人控诉侵犯其权利,应当如何处理,值得考虑。在绝大多数的许可合同中,许可人都不会担保授权专利的有效性、也不会去承担使被许可人免于遭受第三人控诉专利侵权的保护或赔偿义务。[1]

在某些情形下,许可人会对被许可人承担部分担保责任与义务。一般而言,由双方当事人平均分担实际的诉讼费用,或许可人同意在由被许可人支付的若干比例的许可费中,保留部分备于诉讼之用。假如许可人参与诉讼,则许可人通常会保留选择与掌控律师的权利。

特殊情况

虽然专利法规定了许可人的专利无效后,被许可人已支付的许可费一般不需要退还。但是,双方也可以在合同里面就此作出特别的约定。比如,如果被许可人首次支付的入门费过高,则可以约定如果合同生效后1年内专利被宣告无效的,许可人应当退还一定比例的入门费。

争议处理

对于许可合同争议的解决,当然可以向人民法院提起诉讼来解决,但这并不是一个最好的选择。因为打诉讼有很多的风险和弊端:

首先,诉讼打起来输赢难定。在判决未定之前,谁也不能保证自己胜券在握。而一场沸沸扬扬的知识产权许可纠纷,还会下挫当事人的股票价格和商业声誉。

其次,许可合同中经常涉及技术秘密,诉讼一旦打起来,难免风风火火,走漏风声。万一别人隔山观虎斗,在无意有意间探得技术秘密,岂不成了螳螂捕蝉,黄雀在后?官司双方无论输赢,都吃了大亏,让别人捡了便宜。

最后,合同双方当事人在诉讼进行过程中,往往对事态发展失去控制,只能付出昂贵的律师费和诉讼费,来看着双方律师在法庭上表演。[2]

因此,为了避免采取诉讼的方式来裁决争议,当事人往往会在许可合同中首先约定,双方以友好的方式协商解决争议。如果协商不成的,则以仲裁方式解决双方争议。仲裁具有一裁终局、保密性、快捷性等特点,可以有效地避免诉讼的缺陷。当然,仲裁并一定是最佳的选择,一旦仲裁员的理解或意见与你不一致,恰恰由于仲裁一裁终局的特点,让你无法对仲裁裁决寻求类似不服一审判决而上诉的救济途径。

---

[1] 参见 Kirsten Leute、Teri Willey:《剖析授权协议书》,载美国大学技术经理人协会:《技术移转实务指南》第八篇第1章,中国台湾技术经理人协会2004年编译发行。

[2] 参见李兆阳:《公司知识产权的保护和管理》,清华大学出版社2002年版,第101~102页。

在涉外许可合同中,更要注意仲裁方式的选择,选择好适用的法律和仲裁的地点,否则,仲裁带来的好处会荡然无存,甚至比诉讼还糟糕。比如,许可合同约定,对于争议的裁决适用瑞典的法律,并指定瑞典斯德哥尔摩商会仲裁院予以仲裁,这可能比在国内打官司还贵,而且极不方便。

六、许可合同结尾部分

当事人签章

在许可合同的结尾部分,须有双方当事人的亲笔签字或盖章。双方当事人应在所有合同正本上签字盖章,签字人应为双方当事人的合法代表或有正式授权书授权签字的人,包括法定代表人、委托代理人(有授权委托书)、非法人组织负责人、合伙企业的合伙人等。

自然人除签名外,在有些重要的合同中可以加捺指印,看似传统与落后,实际上在发生争议时更容易辨认和证明。特别要强调的是,自然人签名须使用其法定姓名,中国人不能签自己的英文名字,否则在诉讼时如何证明该英文名是否对应对方当事人,有可能是极其困难的事情。

机构当事人的公章可以盖在合同首页、尾部落款的单位名称处、日期处。一般应当盖骑缝印,不能只在签字页盖章。合同附件同样需要盖章。

签约时间与地点

——签约时间。如果双方的签字日期不一致,一般以最后一方的签字日期为签约日期。当然,许可合同的签约日期不一定是合同的生效日期。签约时间一定要完整,应具体到年月日。如果只写一个年份,未来确定诉讼时效是否已过时,可能会产生争议。

——生效时间。说明许可合同从何时开始执行,这是在法律上具有合同约束力与效力的起始日期。生效时间可以签约之前,也可以在签约之后,由双方自愿商定。很多时候,双方当事人通过约定一定条件的成就或期限的到来,作为合同生效的时间。生效时间可能见于绪言部分,也可能另外以条款特别注明,并非有一定的模式。实践中,有的合同根本就没有填写签约时间,但合同正文又规定自合同签字或盖章之日起生效,或自签约之日起1个月内付款。建议合同生效或付款条件等不要以签约时间为条件或计算日期,直接表述为本合同自一个确定的日期生效或在一个确定的时间范围付款,以避免前述尴尬的情形发生。

——签约地点。这是法院或仲裁机构选择适用法律的依据之一。如合同中没有明确规定适用的法律,这时签约地点就起着非常重要的作用。

合同语言

对于涉外的许可合同,应当在合同规定合同所使用的语言文字。中国公司特别应避免外方使用中方不熟悉或只有少数人熟悉的外文,应尽量选用比较通用的英语。当合同文本以中文和外文写成时,须申明中文和外文文本具有同等效力。如果中文与外文的合同文本存在差异,而约定以何者为准时,尤其要谨慎审查,小心里面存在陷阱。

合同附件

通常会有若干细项规定,置于许可合同的附件,作为合同正文的说明和补充。双方当事人须申明这些附件是合同不可分割的一部分,与合同正文具有同等效力。比如,专利许可合同的附件往往包括:
- 合同产品的型号、规格和技术参数;
- 技术资料内容清单和交付时间;
- 技术培训的安排;
- 许可人技术服务的安排;
- 产品考核验收标准与办法;
- 许可人有关合同产品的专利及专利申请的清单;
- 其他附件,有些合同还可以根据需要列出合同进度表、合同产品的零部件明细表等附件。

第3节 许可合同商务条款解读

一、许可内容

许可内容是整个许可合同的核心部分,不仅是许可合同中确定双方当事人各项责任、权利和义务的基础,而且也是将来执行许可合同,查核知识产权许可是否正确、可靠、完整的依据。这些条款的具体内容主要是商务洽谈需要解决问题。

许可的标的

许可标的即许可使用的知识产权。如果许可标的是多项专利、商标或作品,可以列一个清单作为附件。

——**明确许可标的的范围**。考虑到知识产权保护对象的无形性,必须通过某种方式特别明确许可的标的范围。比如,对商标而言,除了描述商标名称,附上商标图样以外,最好还要列上商标注册号,以及核定使用的商品或服务项目,并在附件中附上商标注册证的复印件。许可的注册商标应当与核准的注册商标保持一致性。

——**近似商标许可与否**。许可人可能在相同或类似的商品上拥有几个非常接近的注册商标,此时得考虑是否一并取得许可,或者排除许可人将这些相似商标继续向其他人许可的权利,特别是在获得独占许可的情形下,这会给消费者制造混淆。

——**相关技术信息披露**。有的许可人发放一件专利许可后,又抛出早已申请的另一专利,或早已获得的技术秘密,来找被许可人继续兜售许可,并以其能够有效弥补前一专利的技术缺陷或改善其实施效果相要挟,恶意敲诈或索取高额的许可费。为防止类似的状况出现,被许可人可以在许可合同中要求许可人保证,已经向被许可人告知是否还存在支持授权专利实施的相关技术成果。

许可的对象

对被许可人而言,其子公司(Subsidies)及其关联公司/附属公司(Associated Company/Affiliated Company)是否有权使用知识产权,最好也在合同条款中加以述明。否则合同的许可对象并不当然可以扩及其子公司或其他附属公司。所谓子公司及关联公司之定义如何,应首先加以解释清楚。以子公司为例,一般以母公司拥有该公司 50% 以上股份谓之其子公司。如前所述,也可以通过转授权的约定,来保障被许可人子公司或关联公司的使用权利。

但许可实践中,子公司的界定并不遵循法律或教材上的定义。例如:美国 AT&T 及荷兰飞利浦公司曾就交互授权包括 Microelectronics 相关专利而签下授权合同,AT&T 同意凡飞利浦子公司可免再付权利金,而依合同,飞利浦将其子公司以名单分别列出而并不依照一般定义,即不以飞利浦拥有超过 50% 股份为认定标准,因此,我国台湾台积电股份有限公司当时即在飞利浦公司所列出之子公司名单内,而被认定毋须支付权利金。[①]

在脱离应用场景的情形下,确定许可对象的范围有时不太容易。比如,A 公司是制造商,取得了生态纺织品认证标志(证明商标)权利人 C 的使用许可,A 公司在自己的产品上使用该认证标志商标自无异议。但是,如果 B 公司委托 A 公司制造产品,然后 A 公司在受托制造的产品上,既贴附 B 公司的商标,又贴附权利人 C 的认证标志商标,这是否违反许可协议呢?双方极可能产生不同的看法。

许可的方式

许可依其授权程度,可以分为独占许可、排他许可与普通许可等方式。这些不同的许可方式,决定了双方当事人享有不同的权利义务,拥有不同的商业利益。许可合同是采取独占许可、排他许可,还是普通许可的方式,必须审慎考虑哪一种方式可以对当事人产生最大的收益。

当事人约定许可方式时,不能只简单地写上独占、独家、排他或普通许可之类的字样,因为这些相近的语词非常容易让人误会,必须明确解释这些名词的含义,免得到时争执不休。如果当事人对许可的方式未约定或约定不明的,可以根据《民法典》第 510 条协商确定,如果不能协商确定的,则视为普通许可合同,详见表 13-1。

[①] 姜作利:《专利授权合约及技术移转合约之共同条款解析》,http://www.lawtrans.com/Article_Show.asp? ArticleID=1028,2007 年 8 月 29 日。

表 13-1　许可方式的优劣比较：站在被许可人的角度

许可方式	优势	劣势
独占许可	独占市场利益；可独立对第三人提起侵权诉讼	许可费高
排他许可	仅与许可方分享市场；在许可方不主张权利时，可以独立对第三人提起侵权诉讼	与许可方竞争，相对处于不利地位（可能被保留一些技术秘密）
普通许可	许可费低	面对多个同质的竞争者，商业竞争激烈

许可的权利

在知识产权家族中，专利权和著作权都拥有丰富的权利内容。比如，发明专利与实用新型专利拥有制造权、使用权、许诺销售权、销售权、进口权等权利，许可人应当明确到底将哪些权利许可给被许可人，并进一步明确其权利的范围。比如，专利权人许可的制造权是否包括委托他人制造，这对于需要将生产环节外包他人的被许可人尤其关键。著作权人希望把作品交给不同主体充分利用时，就需要对许可的权利进行精细的切割。比如，将小说的信息网络传播权许可给"微信读书"App，将小说的摄制权许可给电影制片厂商。

许可的地域

如果许可人对同一保护对象（发明、作品或商标）在全球多个国家拥有权利，可以许可他人在不同的地域范围使用其专利。除非被许可人拥有在全球产业化的能力，一般不建议授予被许可人全球范围内使用许可，尤其是独占许可，以免浪费许可资源。需要注意的是，许可地域也应加以定义，例如当许可地区为东南亚时，则东南亚具体包括哪些国家或地区，最好在许可合同中逐一列出，以免发生争议。

跨国公司在发放商标许可时，通常会在全球范围内划分不同被许可人的地理市场，比如在中国获得授权的公司只能在中国制造、使用和销售产品，不能出口到美国或欧洲等其他市场区域。这样做的目的是防止出现平行进口或灰色市场的状况。要防止平行进口，许可方应当在许可合同内约定被许可人利用商标权的地理范围。不过，许可合同的这种约定只能拘束被许可人。假若第三人从被许可人处购买使用了许可商标的产品，再销售到许可合同约定地理范围之外的市场，许可人是无法通过许可合同进行制止的，因为第三人不受许可合同约束。

许可的领域

考虑到知识产权的应用领域非常广泛，可以按使用领域划分许可的范围。许可人给予被许可人的知识产权使用许可限制在某个领域，比如特定的产业、产品、项目或场景，且称之为**使用领域授权**（License Field）。通过划分不同的使用领域，可以切割出更多的独占许可,寻求更多感兴趣或有实施能力的被许可人。这也称为**市场细分策略**,实质上是对知识产权的使用市场进行细分,然后在不同的领域分开进行授权。

——按专利应用产品划分。比如,一项成像的专利技术可以分别使用在相机、手机、医疗设备,以及其他有拍照功能的产品上,专利权人可以授予被许可人在手机上使用,而保留在相机等领域自己使用或许可第三人使用的权利。

——按具体使用项目划分。比如,将专利或技术秘密限定使用在某一工程项目中,在另外的项目中使用则需要重新取得许可。

——按作品利用场景划分。比如,影视作品的权利人曾将其作品的信息网络传播权,分别按用户观看视频的途径或设备(手机、电视或电视)分别给不同的使用人发放独占许可。

——按商标注册范围划分。一件注册商标可能指定多个商品(或服务)项目,在2013年修订的《商标法》施行后,一件注册商标指定的商品项目还可以跨越多个类别。如果商标许可的范围并不想包括指定使用的所有商品项目,则应当在合同中加以明确。事实上,有的被许可人的确并不需要全部的商品项目。

此外,授予生产许可的产品需要考虑到特殊OEM、ODM等代工产品,这些产品是否属于被许可的产品范围。

许可的时间

如果被许可人对知识产权的市场前景或技术价值,尚有疑虑或难以预期时,可以协商一个较短的许可期间,比如以3年为限,并约定在合同期满之后有优先续约的权利。在IP授权行业,玩具企业与IP授权合作的合同期限以2~3年为主,占到65.2%,其次1年及1年以下占比22.1%。2~3年的合同期限适中,既保证设计开模所需时间,又保证玩具企业可以较快地应对市场变化。[①]

对于专利许可的时间范围,一般不能超过专利保护的剩余期限,否则超过部分应属无效之许可。但许可人可以与被许可人在专利保护期限内,自由约定许可的时间,常见的有被许可专利之剩余有效期限为许可的时间范围。

二、许可对价

许可费的支付方式

许可费的支付方式由当事人自行约定,在许可实践中,存在多达数十种支付方式,包括了固定单价、费率、阶梯费率、折扣费率、年度最低许可费、入门费等诸多的形式。根据《民法典》第846条的规定,许可使用费的支付方式一般有以下四种方式:(1)一次总算一次总付,(2)一次总算分期支付,(3)提成支付,(4)提成支付附加预付入门费。约定提成支付的,可以按照产品价格、实施技术后新增的产值、利

[①] 中国玩具和婴童用品协会:《2021年中国品牌授权行业发展白皮书》,2021年4月。

润或者产品销售额的一定比例提成,也可以按照约定的其他方式计算。提成支付的比例可以采取固定比例、逐年递增比例或者逐年递减比例。[①] 其他的支付方式大多由此变通而来,详见表 13-2。

表 13-2 专利许可费支付方式的比较:从许可人的角度

许可费支付方式		优势	劣势
一次总算	分期支付	省略监督实施的麻烦	担心相比专利收益,许可费太低;一旦专利无效,丧失未支付许可费
	一次总付	省略监督实施的麻烦;一次获得利润,及时支付可避免专利无效而失去许可费	担心相比专利收益,许可费太低
提成支付(固定比例、逐年递增比例或者逐年递减比例等)		一旦专利收益显著,许可费也水涨船高	未实施或未成功实施,难有收益;一旦专利无效,提成支付终止;作为提成基准的销售额、利润等难以查明
入门费+提成支付		入门费收回部分或全部研发成本,许可费可随专利收益而水涨船高	未实施或未成功实施,难有收益;一旦专利无效,提成支付终止;作为提成基准的销售额、利润等难以查明

——一次总算一次总付

一次总算一次总付,是指许可费一次性算清金额,一次性支付给许可人。这种支付方式,多数时候比较难以让被许可人接受。因为知识产权无论是否能够实施利用,无论是否能够带来利润,被许可人都已经将许可费全部支付给了许可人,商业风险之大显而易见。另外,一次性支付许可费,对于中小企业也容易带来较大的财务压力。

当然,从另一方面讲,许可人可能也难以预测其知识产权的潜在价值,一旦通过"一次总算"确定了一个较低的许可费,恐怕等到被许可人通过知识产权大赚其钱时,自己将要追悔莫及。基于这种担心,许可人对于选择一次总算(无论是一次总付还是分期支付)的方式,都会比较谨慎。

——一次总算分期支付

一次总算分期支付,是指许可费一次性算清金额,但分期支付给许可人。对被许可人而言,其中的商业风险和一次总算一次总付差不多,只不过,这种支付方式可以缓解一次性支付许可费所带来的财务压力。另外,在合同执行过程中,一旦许可人的专利被无效,根据专利法的规定,就尚未履行支付的许可费部分,被许可人可以不再支付。

[①] 参见《民法典》:技术合同价款、报酬或者使用费的支付方式由当事人约定,可以采取一次总算、一次总付或者一次总算、分期支付,也可以采取提成支付或者提成支付附加预付入门费的方式。约定提成支付的,可以按照产品价格、实施专利和使用技术秘密后新增的产值、利润或者产品销售额的一定比例提成,也可以按照约定的其他方式计算。提成支付的比例可以采取固定比例、逐年递增比例或者逐年递减比例。

——提成支付

　　提成支付,是指许可费以销售额、利润或销售量等为基准,以一定的提成比例计算许可费支付给许可人。完全采用提成支付的方式,很多时候又让许可人很难接受。假设被许可人拿到知识产权许可后,根本就没有实施,或者产业化失败,即使提成比例高达60%,又哪有什么提成利益呢?

　　同样,一旦发生专利被无效的状况,许可人再也不能收到专利许可费的提成。可能此时此刻,被许可人还没有可供提成的销售额或利润之类的利益,结果,许可人折腾半天,分文未得。

　　——提成支付附加预付入门费

　　提成支付附加预付入门费,是指首先预付一定金额的许可费(入门费)给许可人,余额以销售额、利润等为基准,以一定比例计算许可费,支付给许可人。提成支付附加预付入门费的方式,对于许可人和被许可人双方当事人,相对都比较有利。

　　一方面,许可人至少有入门费作为利益的保障,同时又可以期待源源不断的提成利益。另一方面,被许可人不必一次性支付大笔的许可费,只需先缴纳相对较少的入门费,余下的许可费则通过提成支付。如此一来,许可合同的双方既共同分享了知识产权实施利用的商业利益,又共同承担了知识产权实施利用的经营风险。因此,在许可费支付的谈判中,提成支付附加入门费的支付方式最易于让合同双方当事人接受。

　　相对于单纯的提成支付,附加的入门费其实还有一大功用,一方面可以促使被许可人谨慎地评估是否接受知识产权许可,一方面可以促使被许可人积极地进行知识产权的产业化或商业化。至于入门费数额的大小,可以参酌知识产权的价值高低、许可方式的种类等因素,由双方自由协商。

　　许可费的支付还涉及付款方式、付款周期等问题,在此不作讨论。

　　许可费的计算基准

　　当知识产权许可费采用提成支付(或附加入门费)的方式时,还需要继续厘清提成的计算基准或计价基础。比如,技术许可费可以按照产品价格、实施技术后新增的产值、利润或者产品销售额作为提成计算的基准,也可以按照约定的其他方式计算提成。但在实务上,多是采取以销售额或净销售额(须定义其具体含义)作为提成的基准,因为诸如实施技术后新增的产值、利润,事实上很难加以判断和确定。计价基础是否包含包装费、运费、税费、保险费、促销折扣等,这都是需要讨论的细节。如果产品的销售量容易掌握的话,按照销售单位进行提成也是一个常见的选择。比如,许可他人在手表上使用商标权人的商标,则每售出一只手表就支付100元的商标使用费。

　　值得注意的是,如果专利只是涉及整个产品的一部分,比如手机的芯片,这时许可费应按照部件(单个芯片)还是按最终产品(手机)的价格来计算?理论上似乎没有实质性的区别,因为可以通过调整计算比例(费率)来实现最终支付费用的一致。但从谈判策略和许可实践上看,按最终产品计算许可费往往更有利于许可人。

许可费的计算比例

许可费提成支付的比例,可以采取固定比例、逐年递增比例或者逐年递减比例等方式,需要结合产业的特质和双方的意愿加以确定。但是,无论如何,在确定提成比例的多少时,都应该考虑到许可合同双方当事人皆可获利的可能性。

2015年2月,国家发展改革委对高通公司滥用市场支配地位实施排除、限制竞争的垄断行为依法作出处理,责令高通公司停止相关违法行为,处2013年度我国市场销售额8%的罚款,计60.88亿元。2015年2月9日,高通公司官网以《中国发改委接受高通整改计划》为题发布了一篇通讯稿,里面列出了其许可费的收取比例:对于为在中国使用而销售的品牌设备的高通3G和4G必要中国专利的许可,高通将会对3G设备(包括3G/4G在内的多模设备)收取5%的许可费,对不实施CDMA或WCDMA的4G设备(包括LTE-TDD在内的三模设备)收取3.5%的许可费,在上述每种情况中许可费基数为设备净售额的65%。

保底支付条款

保底支付是指当被许可人在一定期限内应当支付的许可费金额低于最低标准或合同预期时,则按双方确定的最低标准支付许可费。比如,合同约定被许可人按销售额的10%支付许可费,如果每年支付的使用费低于150万元,则按150万元支付。保底支付条款一方面是对提成支付的一种约束,防止因被许可人的业绩不佳而提成有限,另一方面也有监督合同履行的功能,积极督促被许可人积极实施许可合同。

有时双方谈判陷入僵局,或者许可人提出的条件过于苛刻时,可以采用"提成支付+保底支付"的模式来达成妥协。比如,许可人在独占许可合同中要求被许可人的专利授权产品在第3年的销售额须达到6000万元(提成支付的比例为5%),否则就可以解除合同。这个条件实在有些苛刻且充满了风险:如果被许可人努力实施专利,并积极销售,结果在第3年仍然只销售了5000万元,其实这个业绩并没有那么差,但却落得合同解除的后果,前期投入付之一炬,显然不太公平。事实上,许可人或许只是希望在第3年至少获得按6000万元计算的许可费而已(即不低于300万元),此时,被许可人可以提出调整合同条款的约定,以第3年保底支付300万元作为代价,换取许可人删除"解除合同"的权利。

许可费计算的分割

通常被许可人支付给许可人的费用里面,除了专利许可费以外,还包括其他的成分,比如技术秘密使用费、技术支持服务费,甚至商标使用费等。虽然这些费用都是支付给许可人的,但有时候还是建议把这些费用分割成许多份,分开计算,此即许可费分割。

例如,一份许可协议的许可费率为5%,可能采用下述的方式表达:

a. 许可费的3%,属于专利许可的费用,而

b. 许可费的2%,属于技术秘密、技术支持的费用。没有这些技术秘密、技术支持,相关专利产品可能都无法生产,或者不能有效地制造。

将许可费从结构上分割成这些独立的部分至少有三个理由:

a. 通过这种机制,许可人可能在没被授予专利的国家获得与专利无关的许可费。

b. 在一些国家,如果专利权被宣告无效,专利使用许可被终止,而许可人可能还保留与技术秘密、技术支持有关的部分,以便继续获得许可费,直到技术秘密进入公共领域、技术支持不再需要为止。[1]

c. 专利被无效后,不再需要支付许可费。如果专利许可费与技术秘密、技术支持的费用混在一起计算,此时,围绕专利的许可费是多少,技术秘密的使用费是多少,技术支持的服务费是多少,容易引起激烈的争执。

当然,一个打包的专利许可囊括了数以百计,甚至数以千计的专利或其他知识产权时,许可费的分割就不太现实了,因为这样操作的谈判成本和执行成本太高,此时**一揽子许可**反而是一种更经济的方式,即许可方将其数项知识产权捆绑在一起对外许可,并按统一的许可费标准打包许可。

---

[1] 参见 Philip Mendes:《医药行业中的使用许可和技术转让》,www.wipo.int,2007-08-01。

第5编
知识产权风险控制

【导读】

◇ 创新公司知识产权管理理念,将管理对象从权利本身转向业务导向的知识产权风险管控,以风险可控为手段,以支持业务发展为目标,管控知识产权可能给公司带来的各类风险,以及公司业务环节可能存在的知识产权风险。

◇ 作为知识产权管理的主要对象,风险无处不在,贯穿于公司的业务链和价值链,潜伏在公司的各个环节和各个流程。知识产权风险控制与知识产权资产管理、业务嵌入、价值实现等方面相互交织,难以割离。

◇ 鉴于知识产权本身的风险管理、业务环节的知识产权风险管理等问题在其他章节已有充分阐述,本编则聚焦于公司商业秘密的风险管理、面向IPO(尤其是科创板IPO)的知识产权审核风险控制,并分别从原告和被告的视角讨论了知识产权诉讼管理。

第14章 商业秘密风险管理[*]

❖ 思维导图

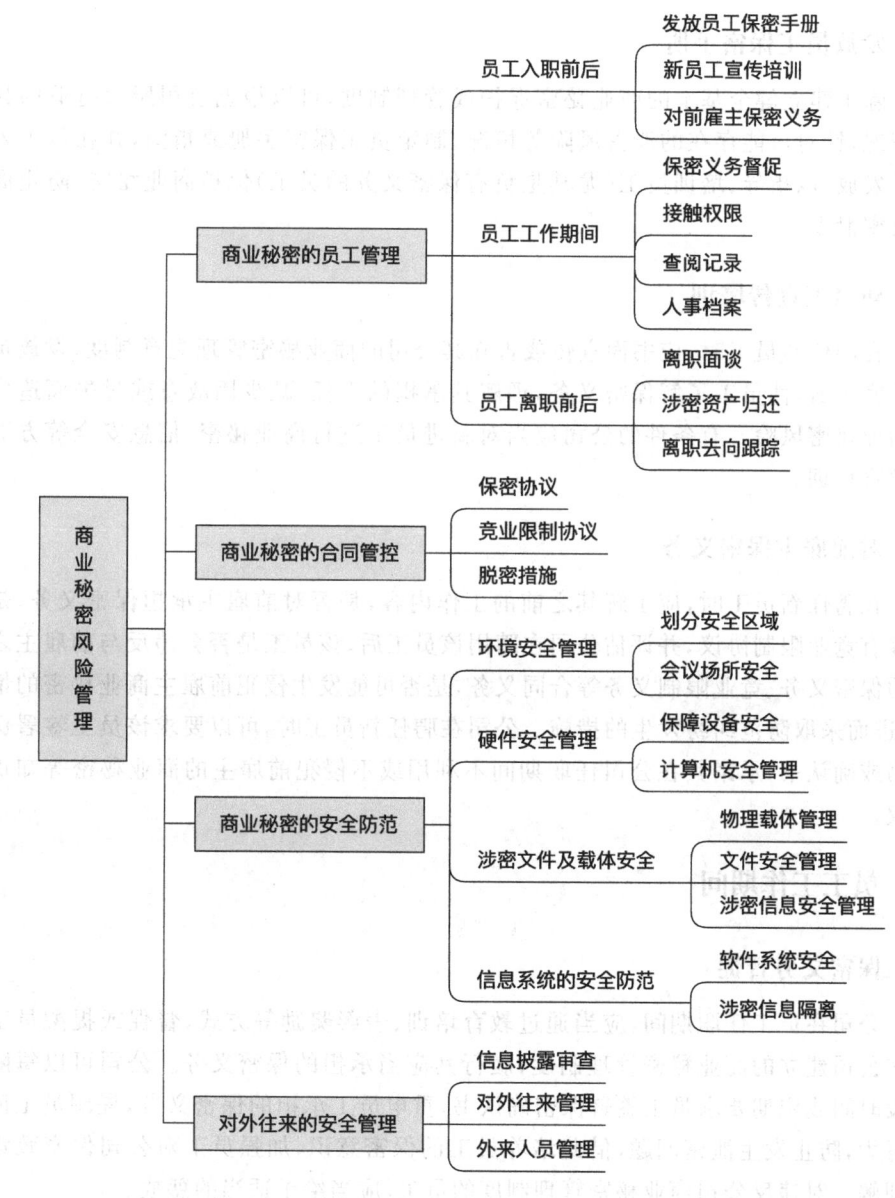

---

[*] 本章内容主要来自本人主持并主笔撰写的"浦东新区企业技术秘密管理指引"成果,该成果由浦东新区知识产权局在2012年发布。

第 1 节　商业秘密的员工管理

一、员工入职前后

发放员工保密手册

除了建立健全基本的商业秘密保护或管理制度,可以根据公司所属行业的具体情况,针对可能存在的泄密风险等情况,制定员工保密手册或指南,并在员工入职时发放,以指导、培训员工(尤其是负有保密义务的员工)保护商业秘密,防止商业秘密泄露。

新员工宣传培训

在聘任新员工时,应书面宣传或告知其公司的商业秘密管理规章制度,发放员工保密手册,使员工了解保密义务,理解其承担的责任,减少因故意或过失而造成的商业秘密风险。有条件的公司应当对新进员工进行商业秘密、信息安全等方面的教育培训。

对前雇主保密义务

在聘任新员工时,应了解其之前的工作内容,是否对前雇主承担保密义务,是否签有竞业限制协议,并评估公司在聘用该员工后,该员工是否会违反与前雇主之间的保密义务、竞业限制义务等合同义务,是否可能发生侵犯前雇主商业秘密的情形,进而采取防范纠纷发生的措施。公司在聘任新员工时,可以要求该员工签署保证书或确认书,承诺其在公司任职期间不利用或不侵犯前雇主的商业秘密等知识产权。

二、员工工作期间

保密义务督促

公司在员工任职期间,应当通过教育培训、表彰奖励等方式,督促或提醒员工遵守公司建立的商业秘密管理制度,履行其应当承担的保密义务。公司可以每隔一段时间或定期要求员工签署保密确认书,重申员工承担的保密义务,提醒员工谨慎行为,防止发生泄密问题,借此培养员工的保密意识,加强员工对公司保密政策的理解。对违反公司商业秘密管理制度的员工,应当给予适当的惩戒。

接触权限

公司应当根据商业秘密的重要程度,以及员工接触必要性等因素,对商业秘密设定不同的接触权限,仅对有接触权限的员工开放相应的商业秘密信息。员工对相应的商业秘密是否有接触权限,主要是根据员工的工作职责和工作任务,评估其是否有必要接触相应商业秘密。没有接触权限的员工需要接触相应商业秘密的,应当向商业秘密管理机构或管理人员申请,并由公司主管领导批准。接触权限删除。在员工离职或者不应保留相应接触权限时,应删除该员工对商业秘密信息及相关设施的接触或访问权限,或根据变化调整。

查阅记录

对统一存放、统一保管的商业秘密资料,应当做好员工查阅记录,包括查阅员工姓名、所属部门、接触时间、接触资料名称及其主要内容、经办人员等。目前,公司往往采用数据存储的方式供有权限的员工访问,此时系统都会留有访问记录,更方便记录和跟踪员工的商业秘密信息查阅行为。

人事档案

公司应当对新进员工建立人事档案材料,包括员工的学历、专业方向、劳动合同、岗位职责、工作任务书,以及接触过公司商业秘密的书面材料或电子痕迹档案等,为以后与员工发生商业秘密纠纷时提供证据。

三、员工离职前后

离职面谈

人力资源部门或相关部门在员工离职时应当进行面谈,并书面告知其负有的保密义务、竞业限制义务,以及其他约定或法定的注意事项,并让离职员工签字确认。

涉密资产归还

在员工离职时,应当要求其返还属于公司的一切物品,尤其是包含公司技术信息的计算机、文件材料等物品。商业秘密管理部门或相关部门应当出具离职员工已返还商业秘密资料、物品等证明后,人力资源部门才应当办理该员工的离职手续。

离职去向跟踪

公司人力资源部门或相关部门应当了解员工离职后的工作去向,并在一定期间内跟踪离职员工的工作去向,以便了解和评估离职员工是否违反竞业限制协议或其他保密义务。

◇公司瞭望：华为公司的员工规范

　　华为公司要求所有候选人在招聘面试入职环节签署《知识产权和商业秘密保护承诺书》，让候选人明确知晓华为公司尊重其他公司和个人保密信息的基本政策。华为的《员工聘用协议书》明确要求，雇员不得向华为公司披露或者在工作中使用第三方的技术秘密、商业秘密或其他知识产权，也不得在华为办公场所、工作电脑等中持有第三方保密信息。员工入职后，还要继续参加知识产权合法合规课程培训。

　　——来源：《尊重和保护知识产权是创新的必由之路——华为创新与知识产权白皮书》，2019年6月27日。

第2节　商业秘密的合同管控

　　公司可以根据法律法规的规定，结合本公司的实际情况与员工签署技术保密协议、竞业限制协议等合同，以保护和管理公司的商业秘密。保密协议、竞业限制协议等可以单独签署，也可以作为员工劳动合同等其他合同的一部分。在商业谈判、合作开发、商业交易等对外商业往来过程中，对可能涉及商业秘密的，应当签订技术保密协议。

一、保密协议

公司员工的保密协议

　　公司签署保密协议的对象为公司的管理人员、研发人员、行政管理人员，以及其他可能知悉商业秘密的员工。保密协议应当对保密内容作出比较明确的规定，或者说明如何确定保密内容的范围，并尽可能前瞻性地延伸到员工将来可能接触或掌握的保密内容。公司应当根据具体情况，对保密协议所确定的保密内容，及时调整、补充和完善。为有效执行保密协议，尤其是确定具体的保密内容，公司在商业秘密管理工作中，应当注意保存员工接触商业秘密的记录。

　　在公司技术项目立项等任务交付或安排的过程中，可以向参与员工明确保密义务，并签署承诺保密的确认书，该确认书可以注明其内容将作为先前保密协议的一部分，或其本身即构成保密协议。员工承担保密义务不一定仅限于其在公司的任职期间，根据商业秘密的重要程度和实际情况，可以要求员工在离职以后继续承担相应的保密义务。

　　公司可以通过保密协议，要求员工履行下列义务：(1)严格遵守保密制度，防止泄露商业秘密；(2)不得向他人泄露公司的商业秘密；(3)在受聘期间，不得私自到同行业的其他公司任职或工作；(4)未经公司书面同意，不得自行使用该商业秘密进行生产与经营活动，不得利用公司商业秘密自行进行新的研究和开发；(5)其他需要员工承担的合理义务。

商业往来中的保密协议

在对外商业往来中需要向对方提供商业秘密的，应当事先经过公司商业秘密管理机构批准。在以下情形中，应当与对方签订保密协议：(1)在以合作或委托方式与其他单位进行技术、产品的研究开发前，应约定保密条款或签订保密协议；(2)在商业谈判、业务交往过程中需要涉及商业秘密的，应当与对方签订保密协议；(3)任何涉及商业秘密的交易合同，包括但不限定于买卖合同、销售合同、服务合同、中介合同、加工合同、培训合同等，均应当设置保密条款。

二、竞业限制协议

公司可以明确告知并限制员工未经许可不得于在职期间与其他单位，尤其是竞争对手建立劳动关系，或者到存在竞争的单位从事兼职工作。[①] 此即在职竞业限制，更重要的是进行离职竞业限制。

离职竞业限制要求特定员工在解除或者终止劳动合同后，不得到与本单位生产或者经营同类产品、从事同类业务的有竞争关系的其他单位任职，或者自己开业生产或者经营同类产品、从事同类业务。公司可以与知悉或可能接触公司重要商业秘密的员工订立竞业限制协议，通常离职竞业限制协议主要与公司的高级管理人员、高级技术人员，以及掌握重要商业秘密的员工签署。对离职员工竞业限制的业务范围应当合理，最好在协议中明确列出。

离职竞业限制协议主要应当具备以下主要条款：(1)竞业限制的业务范围、地域范围；(2)竞业限制的期限；(3)经济补偿费的数额及支付方式；(4)违约责任；(5)其他需要约定的事项。根据《劳动合同法》的规定，离职员工的竞业限制期限一般不得超过2年。在离职员工的竞业限制期限内，公司应当向离职员工按月给予合理的经济补偿。

三、脱密措施

用人单位与掌握商业秘密的员工在劳动合同中约定保守商业秘密有关事项时，可以约定在劳动合同终止前或该员工提出解除劳动合同后的一定时间内(一般

[①] 《中华人民共和国公司法》第148条第一款："董事、监事、高级管理人员应当遵守法律、行政法规和公司章程，对公司负有忠实义务和勤勉义务。"《中华人民共和国公司法》第149条第一款："董事、高级管理人员不得有下列行为：……；(五)未经股东会或者股东大会同意，利用职务便利为自己或者他人谋取属于公司的商业机会，自营或者为他人经营与所任职公司同类的业务；……；(八)违反对公司忠实义务的其他行为"。

不超过6个月），调整其工作岗位，变更劳动合同中相关内容，使该员工脱离接触相关商业秘密的工作岗位。①

第3节　商业秘密的安全防范

一、环境安全管理

划分安全区域

公司应当将厂房、车间或办公场所等，划为安全区域，通过配备安全值班人员、设置门禁管制系统等，禁止外来人员未经允许的进入，并要求员工进入每一楼层或指定区域都需要刷卡制作成记录，并针对不同的进出人员作了不同的管制设计。对于研发部门、制造车间等公司在日常工作中经常产生、传递、使用和管理商业秘密的内部机构，集中制作、存放、保管商业秘密载体的场所，以及商业秘密产品研制、实验的场所，应当确定为商业秘密管理的重要部门或区域，并应当采取安装防盗报警装置、配备安全值班人员等严格的保密防护措施。涉及商业秘密管理的重要部门或区域的新建、改建工程项目要符合安全保密要求，采取的保密防护措施应当经公司商业秘密管理部门的审核，与工程建设同步计划、同步设计、同步建设、同步验收。

会议场所安全

涉及商业秘密的会议应当在具备安全保密条件的场所召开。商业秘密管理机构应当对与会人员进行身份确认，负责发放、回收或销毁涉密载体。并根据具体情况，禁止使用不适当的扩音设备，禁止使用手机等移动通信工具，禁止带入具有无线上网功能的便携式计算机，未经批准禁止带入具有摄录功能的设备等。涉密会议应当要求参会人员在会议报到单等材料上签名。会议应当指定专人记录和制作会议纪要，注明会议地点、参会人员。

二、硬件安全管理

保障设备安全

——**防止外部威胁**。公司应当设计和实施针对火灾、洪水、地震、爆炸、骚乱等天灾或人为灾难的物理保护措施，避免外部环境对于商业秘密相关设备安全管理

---

① 《上海市劳动合同条例》第15条第二款："对负有保守用人单位商业秘密义务的劳动者，劳动合同当事人可以就劳动者要求解除劳动合同的提前通知期在劳动合同或者保密协议中作出约定，但提前通知期不得超过六个月。在此期间，用人单位可以采取相应的脱密措施。"

造成威胁。同时,应当妥善安置及保护涉及商业秘密或与商业秘密管理相关的设备,减少来自环境的威胁或危害以及未经授权的访问,尤其应保护设备的电源供应安全、电缆传输安全,定期进行设备维护。

——**报废及维修管理**。计算机等设备报废之前,应当以毁坏、删除等适当的方式,确保其不存在任何涉及商业秘密的信息、数据、软件或结构等。设备维修或再利用之前,应当转移或清除其中存在的商业秘密信息,避免向无关维修人员或设备利用人员泄露商业秘密。

计算机安全管理

——**计算机登录安全**。应当要求员工,尤其是从事研究开发和掌握重要商业秘密的员工,应当对其使用的计算机或网络系统设置开机或登录密码等加密措施。前述设置的密码,尤其是计算机开机密码应当要求定期(如每个月或每3个月)更换。

——**计算机带出限制**。对于可能涉及掌握商业秘密内容的员工,尤其是从事研究开发的员工,应当禁止其携带计算机离开公司办公场所。未经商业秘密管理机构审批,可带出的便携式计算机不得存储涉及商业秘密的信息。

——**外接设备管理**。为保护重要的商业秘密,可以将特定计算机(如研究开发人员的计算机)的外接接口设置为禁用,也可以禁止员工将计算机移动存储介质或外部设备带入办公场所或带出办公场所。可以要求涉密计算机和信息系统禁止使用具有无线功能的外部设备。

三、涉密文件及载体安全

物理载体管理

制作、收发、传递、使用、复制、保存、维修和销毁商业秘密物理载体,应当注意保密工作。对文件资料、光盘、设备等商业秘密信息的物理载体,应当采取加锁或者采取其他物理防范措施,避免被窃取或者非法利用。为防止因存储商业秘密的设备或其他物理载体发生损坏、遗失、偷盗等情形而丧失商业秘密,公司应对商业秘密信息进行备份存储,并尽量分开保存。

文件安全管理

——**桌面清理措施**。要求员工下班前务必**清理桌面**(clean desk),不得遗留任何文件或资料数据在外,同时抽屉须上锁,以免被外人或其他不相关的员工无意获得。

——**文件打印管理**。对员工需要打印计算机或内部信息系统中的资料、信息的，可以设置审批程序，并在规定的打印部门集中打印，同时登记打印人姓名、所属部门、打印内容、打印张数、打印时间、打印用途等信息。

——**文件复制管理**。为便于识别和查核，对于员工需要复印公司的文件或其他资料的，可以设置专门的复印部门进行复印，并登记复印人姓名、所属部门、复印内容、复印张数、复印时间、复印用途等信息。未经公司商业秘密管理机构或管理人员的批准或者接触权限的明确允许，员工不得对商业秘密文件进行复制，包括复印、摘抄、印刷、扫描、拍照、下载、存储、对外散发等。

——**文件流通管制**。建立了一套完整的流通文件管制措施，比如内部文件传送，均使用密封且标示机密等级的封套（取代一般开放式卷宗），可避免发生误判机密等级与外泄问题。

——**涉密文件粉碎**。废弃的文件等材料，应当粉碎或其他方式的销毁处理，不能任意丢弃。公司可以购置若干纸张粉碎机或类似设备，合理分布于办公区域，以方便员工进行文件粉碎。

涉密信息安全管理

——**涉密电子文档带出限制**。员工因工作需要须携带涉及商业秘密的电子文件外出的，经过审查批准后，应当将该电子文件复制到无其他商业秘密内容的计算机或存储介质中，并将该计算机或存储介质带出公司。员工返回公司后，应当立即交还该计算或存储介质给相关管理机构，管理机构应当立即删除相关电子文件。

——**涉密电子信息管理**。对涉及商业秘密的电子信息载体，应当采取加锁、加密或者其他控制接触的防范措施，避免被窃取或者非法利用。涉及商业秘密的信息通过电子邮件、微信、QQ等方式进行传输时，应当采取密码保护措施。

四、信息系统的安全防范

软件系统安全

——**计算机信息系统保护**。涉密计算机信息系统应当采取身份鉴别、访问控制等技术保护措施，及时升级病毒和恶意代码样本库，进行病毒和恶意代码查杀，及时安装操作系统、数据库和应用系统的补丁程序。从互联网和其他公共信息网络下载信息、程序和软件工具等到涉密计算机及信息系统中应当加强管理与控制。

——**信息系统访问管理**。对于员工登录内部信息系统，应当采取实名制账户登录，并对信息输入和输出保留相关电子记录。对于内部信息系统中的技术信息，应当根据其重要程度等因素，设定不同的访问、复制或下载等权限，对拥有相应接触权限的员工开放；对于内部信息系统中非常重要的商业秘密信息，可以针对每次访问、复制或下载等操作，设置必要的审批程序。

——**计算机软件管理**。未经商业秘密管理机构审批,涉密计算机和信息系统用户终端禁止安装软件,禁止对涉密计算机和信息系统格式化或重装系统,禁止删除涉密计算机和信息系统的移动存储介质及外部设备等日志记录。

涉密信息隔离

　　——**安装数据加密系统**。可以开发或购买计算机或网络加密系统,确保涉密信息处于加密状态,使涉密文件在脱离加密系统(如对外发送、复制)后,无法打开或可识别。只有履行审查程序并解密后,文件才可以对外传播,并可以正常使用。

　　——**涉密信息区隔**。公司应当要求不得使用非涉密的计算机、信息系统和存储介质存储和处理涉及商业秘密的信息。同时,可以禁止将涉密计算机和信息系统接入公司内部非涉密信息系统。

　　——**互联网隔离**。对于存储有商业秘密的计算机或服务器,公司可以禁止连接外部的互联网和其他公共信息网络,或拆除涉密计算机中具有无线联网功能的硬件模块,以保护商业秘密的信息安全。在必要的情况下,可以禁止特定员工在上班期间以任何设备连接互联网或其他公共信息网络,尤其是从事邮件发送、信息发布等活动。

第4节　对外往来的安全管理

一、信息披露审查

　　公司各部门以及员工从事下列活动或行为,需要对外提供或公开公司拥有或者涉及公司的资料或信息(包括员工自己制作的PPT等)的,应当在对外提供或公开披露之前,将前述资料或信息提交公司商业秘密管理机构或管理人员审查,评估是否有可能泄露商业秘密,经过审查批准后,才可以对外提供或公开相关资料或信息:(1)进行公开的演讲、进修、考察、交流以及合作研究等活动;(2)利用广播、电影、电视、网络以及公开发行的报刊、书籍、图文资料和声像制品等媒体或媒介,进行宣传或发表文章;(3)进行产品展览、技术演示等活动;(4)接受新闻媒体采访;(5)通过网络发布内容,利用包括但不限于微信、微博、博客、BBS以及其他传递信息的新媒体等网络工具发布内容。[①]

　　[①] 《最高人民法院关于审理不正当竞争民事案件应用法律若干问题的解释》第4条第二款:"具有下列情形之一的,人民法院可以认定有关信息不构成不为公众所知悉:……;(三)该信息已经在公开出版物或者其他媒体上公开披露;(四)该信息已通过公开的报告会、展览等方式公开;(五)所属领域的相关人员从其他公开渠道可以获得该信息的;……。"

二、对外往来管理

——**对外往来的风险管控**。公司在对外业务往来时,应该加强商业秘密的保护和管理工作,应当培训员工注意识别在对外业务往来过程中的商业秘密风险,并在允许访问前实施适当的控制。当与客户接触时应当强调商业秘密的信息安全,在允许客户访问公司的商业秘密信息或资产之前应当检查所有可能的安全需求。

——**对外往来保密信息固定**。在对外往来中除了签署保密协议以外,还应当就其向对方交付的商业秘密信息,要求对方或其授权代表以签字或盖章的方式确认签收,并在签收的确认书中表明交付的商业秘密名称、资料目录、主要内容及交付时间等。必要时,可以将交付的商业秘密资料作为确认书的附件,一并要求对方签字或盖章。

三、外来人员管理

——**外部人员的管理**。对于客户等外部的人员需要接触公司的商业秘密信息时,应当参照对公司员工的管理,包括但不限于确保外部人员了解并理解其承担的保密责任,督促其遵守公司建立的商业秘密管理制度,在业务合作结束后收回全部属于公司的材料、设备等资产,并删除其对于商业秘密信息和信息处理设施的访问权限等。

——**参观访问管理**。公司接待客户、学生等外来人员参观访问时,应当事先划定专门的参观访问区域,事先规划好参观路线。接待外来人员参观访问时,应当提前获得参观访问人员名单及其工作单位、身份信息,并对参观访问人员进行适当筛查和审核,防止不宜接待的人员进入参观访问人员之中。参观访问涉及存在商业秘密的区域的,应当报请商业秘密管理机构和公司主管领导的批准,并做好相应的保密措施。参观访问应当尽量避开涉及重要商业秘密的敏感区域,尤其不要对重要的生产制造工艺进行演示,也应当避免对涉及商业秘密的事项进行介绍。

第 15 章 面向 IPO 的知识产权审核

❖ 思维导图

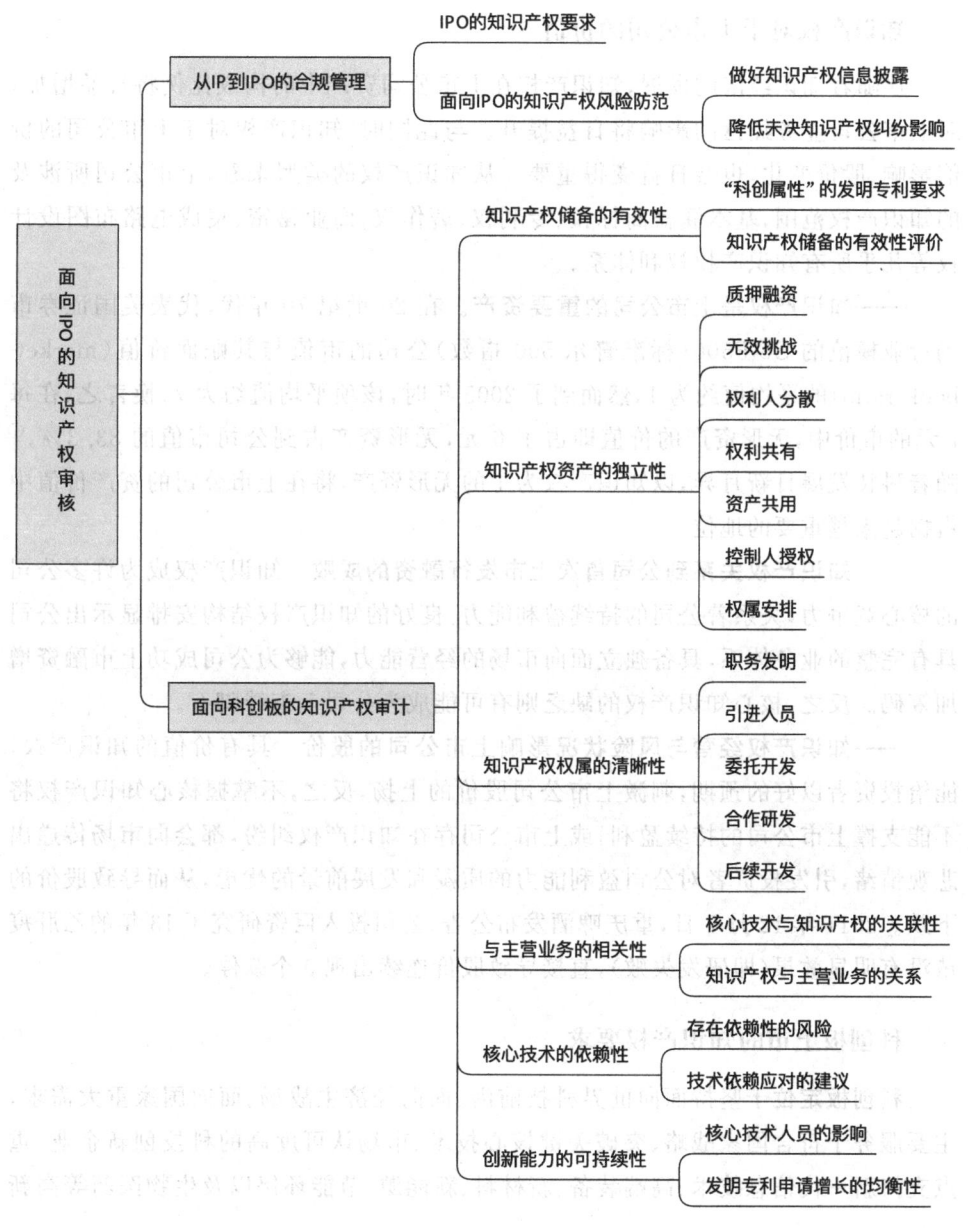

第1节 从 IP 到 IPO 的合规管理

一、IPO 的知识产权要求

知识产权对于上市公司的价值

伴随着知识经济的发展，知识产权在上市公司资产中的构成比例将日益增加，对上市公司业务经营的影响将日益提升。与此同时，知识产权对于上市公司的价值影响、股价变化，也会日益变得重要。从知识产权的类型来看，上市公司所涉及的知识产权范围，基本涵盖商标权、专利权、著作权、商业秘密、集成电路布图设计权等几乎所有知识产权权利体系。

——知识产权是上市公司的重要资产。在20世纪70年代，代表美国证券市场行业模范的 S&P500（标准普尔500指数）公司的市值与其账面价值（market-book ratio）的平均值约为1，然而到了2005年时，该项平均值约为7；换言之，在每7元的市价中，无形资产的价值即占了6元，无形资产占到公司市值的83.3%。[1] 随着科技发展日新月异，以知识产权为主的无形资产，将在上市公司的资产价值中占据越来越重要的地位。

——知识产权关系到公司首次上市发行融资的成败。知识产权成为许多公司的核心竞争力，关系着公司的持续盈利能力，良好的知识产权结构安排显示出公司具有完整的业务体系，具备独立面向市场的经营能力，能够为公司成功上市融资增加筹码。反之，核心知识产权的缺乏则有可能成为公司上市绊脚石。

——知识产权经营与风险状况影响上市公司的股价。具有价值的知识产权，能给投资者以好的预期，刺激上市公司股价的上扬，反之，不掌握核心知识产权将不能支撑上市公司的持续盈利，或上市公司存在知识产权纠纷，都会向市场传递出悲观情绪，引发投资者对公司盈利能力的质疑和发展前景的忧虑，从而导致股价的下跌。2011年12月7日，重庆啤酒发布公告，公司投入巨资研究了13年的乙肝疫苗没有明显效果（即研发失败），直接导致股价连续出现9个跌停。

科创板上市的知识产权要求

科创板定位于坚持面向世界科技前沿、面向经济主战场、面向国家重大需求，主要服务于符合国家战略、突破关键核心技术、市场认可度高的科技创新企业，重点支持新一代信息技术、高端装备、新材料、新能源、节能环保以及生物医药等高新

---

[1] 于磊、李璐：《上市公司知识产权结构及信息披露研究——基于沪市A股市场的统计分析》，《中国乡镇企业会计》2009年第3期。

技术产业和战略性新兴产业。在科创板 IPO 过程中,发行人(拟上市企业)的专利、商标、著作权、商业秘密等知识产权直接关系到发行人的核心竞争力、持续经营能力等,是审核机构(上市委员会)审核的关注重点。

2019 年 3 月 22 日,烟台睿创微纳技术股份有限公司递交了科创板第一份招股说明书。根据上海证券交易所网站披露的信息,截至 2022 年 7 月 12 日,科创板共受理 817 家公司的 IPO 申请。[①]

《上海证券交易所科创板股票上市规则》《科创板首次公开发行股票注册管理办法(试行)》《上海证券交易所科创板企业上市推荐指引》《公开发行证券的公司信息披露内容与格式准则第 41 号——科创板公司招股说明书》《公开发行证券的公司信息披露内容与格式准则第 42 号——首次公开发行股票并在科创板上市申请文件》等文件,对科创板拟上市企业的知识产权作出了相关规定和提出了相关要求,监管部门对科创板上市中的知识产权及其相关信息披露越来越重视,也提出了更高的要求。

从科创板审核现状来看,知识产权问询已成为审核必备,贯穿于整个上市全流程,拟上市企业平均被问询知识产权问题的数量在不断增加。根据六棱镜的统计,截至 2020 年 12 月 18 日科创板受理的 500 家公司,均被问及过知识产权问题,平均每个公司被问询 12.3 项。生物医药行业在问询轮次及知识产权问题数量两个维度均为第一名,排名第二的是高端装备行业。从知识产权类型来看,专利在所有行业里均最受关注,其他类型的知识产权问题因行业不同有所差异。[②]

比如,秦川物联在上市过程中共被问询 6 轮,每轮均涉及知识产权问题,知识产权问题数量总计 40 项,涉及问题类型包括但不限于 IP 与技术产品主营业务匹配或对应、价值贡献度、技术水平、内控管理、诉讼纠纷、自主可控、潜在风险、核心技术人员认定及变化。幸运的是,秦川物联最终成功上市,历时近 12 个月。

二、面向 IPO 的知识产权风险防范

做好知识产权信息披露

面向科创板上市,在知识产权资产规划储备、管理体系健全、风险管控、合规管理等方面,公司有诸多工作可做。这些内容本书其他章节已多有涉及,这里不再复述,仅针对几个问题略作介绍,首当其冲就是做好知识产权信息披露。设立科创板并试点注册制是资本市场的一项增量改革,其主要目标之一就是建立健全以信息披露为中心的股票发行上市制度。

---

① 上海证券交易所查询网址:http://star.sse.com.cn/renewal/。
② 六棱镜:《中国科创板 IPO 知识产权全景洞察与案例解析(2019—2020)》,2020 年 12 月。

从信息披露的角度,拟上市企业需要披露知识产权信息的内容包括:(1)披露与公司经营或业务相关的知识产权信息。(2)披露与公司知识产权相关的技术风险。(3)披露公司知识产权资产的完整性与稳定性。(4)披露知识产权资产重大变化或重大事件。(5)披露知识产权交易或合作信息。(6)涉及商业秘密的信息披露豁免。此外,与知识产权相关的财务会计信息也要求予以披露。

根据 2019 年证监会《公开发行证券的公司信息披露内容与格式准则第 41 号——科创板公司招股说明书》、2019 年上海证券交易所《科创板上市公司持续监管办法(试行)》、2020 年《上海证券交易所科创板企业发行上市申报及推荐暂行规定》、2020 年《上海证券交易所科创板股票发行上市审核问答》、2020 年《上海证券交易所科创板股票发行上市审核问答(二)》、2020 年证监会《首发业务若干问题解答》、2021 年《上海证券交易所科创板发行上市审核业务指南第 2 号——常见问题的信息披露和核查要求自查表》、2021 年《上海证券交易所科创板上市公司自律监管规则适用指引第 3 号——科创属性持续披露及相关事项》等文件,科创板拟上市企业应当充分披露投资者作出投资决策所必需的信息,信息披露应当遵循的真实、准确、完整、及时、公平五大原则。同时,科创板对信息披露有自己的特点:一是坚持发行人是信息披露的第一责任人。发行人披露的信息对于投资者作出价值判断和投资决策具有重大影响。二是建立了更加全面、深入和精准的信息披露制度体系。三是在发行审核环节,更加关注发行人信息披露的质量。四是在持续信息披露方面,科创板结合科创公司的特点,也作出了差异化的安排。

2021 年 2 月 1 日,《上海证券交易所科创板发行上市审核业务指南第 2 号——常见问题的信息披露和核查要求自查表》发布,内容包括科创板审核问答以及首发业务若干问题解答以及常见审核问题的披露要求、核查要求、参考规范。其中,与发行人核心技术和知识产权相关信息披露要求及核查要求主要涉及一些企业常见问询问题,例如:(1)科创板定位中的例外条款如何披露,(2)重大诉讼或仲裁需要披露的内容,(3)什么是主要依靠核心技术开展生产经营,(4)核心技术人员的认定及变动,(5)许可/受让/共有的专利披露什么,(6)合作研发核心技术及知识产权来源等。拟上市企业可以借助该《自查表》,检查是否满足相应的信息披露要求。

◇**案例:XJ 生物**

XJ 生物公司于 2002 年成立,主营业务为矿物微量元素产品的研发与推广,主要产品和技术应用于动物领域,营收主要来自农牧行业,2020 年申请科创板上市。在审核中,审核机构针对 XJ 生物属于科创板"生物医药"行业的具体理由及依据,XJ 生物的 53 项发明专利主营业务收入的关系,将董事长 70%工资、总经理 40%

工资计入研发费用是否符合规定等问题进行了重点问询。在问询回复及相关文件中，XJ 生物将所属行业修改为符合科创板定位的其他领域，将 53 项发明专利修改为 51 项，并修改研发费用的相关规定，将董事长和总经理薪酬统一在管理费用列报。

科创板上市委员会认为 XJ 生物的行业归属、研发投入和发明专利数量等多项科创属性指标信息披露前后不一致，在审核期间，XJ 生物曾修改其研发费用中的高管薪酬列支情况，表明其关于研发投入的内部控制存在缺陷，相关信息披露也未能达到注册制的要求，故对 XJ 生物作出终止审核决定。

降低未决知识产权纠纷的影响

近年来，一些公司在提交 IPO 申请前后，经常遭遇各类知识产权纠纷，尤以专利侵权纠纷最为常见。比如，纵横股份在 IPO 期间，共被起诉专利侵权的案件 5 件，其专利被提起无效宣告的案件也有 5 件。发动知识产权攻击的原因复杂，有的是确属知识产权正当维权，有的则是借机攻击竞争对手，有的则是基于索取赔偿或执行保障考量而踩点诉讼。公司一旦卷入知识产权纠纷，尤其是专利侵权诉讼，会引发公司持续经营能力的质疑，对公司上市计划造成负面影响。截至 2020 年 10 月 23 日，科创板 83 家上市终止的企业，大约 12 家企业因为知识产权纠纷撤回，占比约 14.5%。如白山科技、傲基科技、微导纳米、吉林中研等。

——未决知识产权（专利）纠纷的特性

拟上市企业遭遇的知识产权纠纷往往有以下特点：(1) 突发性。往往是在拟上市企业提交 IPO 前后发起诉讼，有时会导致临时取消上会审核。(2) 重大性。有的拟上市企业被请求无效的专利涉及几乎全部核心技术对应的专利，有的专利侵权纠纷则涉及全部产品或主营业务，主张的损害赔偿金额也比较巨大。(3) 未决性。多数纠纷处于诉讼或行政程序较为早期的阶段，尚未开庭审理或交换证据，导致 IPO 审核往往等不及结果出来。(4) 不对称性。从上市审核机构的角度，纠纷双方分歧巨大，没有司法行政机关或权威第三方的裁决或证明，主要依赖发行人及相关中介机构的说明及核查，或通过投诉举报信息中获得相关信息。而 IPO 的发行人也主张对方（原告）未全面展示支撑诉求的证据，而自己的重要应诉策略及关键证据因为未开庭也要求申请信息披露豁免。

——未决知识产权纠纷的影响

从以往的案例来看，拟上市企业如果在上市审核过程中，发生知识产权纠纷，尤其是专利侵权诉讼，有可能产生以下几种不利结果。

(1) 被取消上会审议。晶丰明源在科创板上市委员会审核会议的前一天（2019 年 7 月 22 日）收到了杭州矽力杰提起的 6 起专利侵权案件的起诉状。导致晶丰明源在审核会议的当天(2019年7月23日)被取消审议上市申请后,晶丰明源在2019年10月14日上市。

(2) 撤回IPO申请。因知识产权争议,发行人有可能主动撤回发行上市申请。安翰科技在首轮问询后即遭竞争对手专利侵权诉讼,竞争对手以安翰科技产品侵犯其8项专利权为由,向重庆市第一中级人民法院提起诉讼,索赔5000万元。由于相关诉讼涉及公司主营业务,诉讼周期较长,预计无法在审核时限内彻底解决上述诉讼事项,安翰科技于2019年11月撤回上市申请。2020年8月24日,安翰科技发布公告,竞争对手6件涉案专利因被宣告无效而撤诉,至于另外2项涉案专利,法院认定安翰科技的产品均未落入其权利保护范围。

(3) 终止发行上市审核。在发行人因知识产权诉讼主动撤回发行上市申请,或因知识产权诉讼导致上市审核机构认为发行人不符合发行条件、上市条件或者信息披露要求等原因,审核机构会终止发行上市审核。

(4) 延长上市时间。因中止审核等原因,导致上市审核延期通过。

(5) 被监管部门警告。BS科技公司就因为未及时披露诉讼风险而受到上交所的警告。

——降低未决知识产权纠纷影响的建议

(1) 最坏结果预计

在知识产权纠纷发生后,公司应及时作出最坏结果预计,充分释放未决风险,以承担较小的审核风险,并方便迅速准备后续应对策略。如果按最坏结果预计,也不构成重大不利影响,则可以充分披露信息,说明情况。比如,侵权诉讼即使判决赔偿或停止侵权,也仅仅影响占比不大的非主营业务或对主营业务影响较小,或被提出无效的专利不是核心技术,从而不影响公司持续经营或盈利能力。

(2) 充分信息披露

拟上市企业应当根据信息披露的法规要求,及时、完整、准确、真实地披露知识产权纠纷,并就知识产权纠纷对拟上市企业经营能力、核心产品销售、核心技术竞争优势等的影响进行充分的评估和信息披露。通常而言,对涉及专利纠纷的诉讼、无效审查程序的基本情况及进展,发行人对案件本身的分析与案件影响性分析的结论应当予以披露。对于诉讼策略与部分关键证据,比如第三方鉴定机构的鉴定意见详情、发行人对于自身产品型号与技术方案的分析等可以申请豁免披露。

(3) 第三方意见出具

发生知识产权纠纷后,可以寻求第三方的帮助,请求其介入调查并出具鉴定报告或不侵权分析报告,通过第三方的客观调查和报告,能够增强自身公司的可信赖度,尽量降低纠纷带来的负面影响。通常而言,如果第三方资质越有公信力,其意见越有说服力。

(4) 股东兜底承诺

当知识产权纠纷发生时,大股东兜底承担赔偿责任的方式能够在一定程度上消除上市进程中的障碍,值得科创板拟上市企业学习和借鉴。如晶丰明源案件中,公司两位实际控制人曾承诺"兜底",将承担判决结果确定的赔偿金或诉讼费用,及因诉讼案件导致的公司生产、经营损失。在南微医学案中,持有南微医学 90% 股份的前五大股东均自愿出具承诺函,承诺共同承担南微医学因执行波科公司专利诉讼案的判决结果或达成和解而需要承担的赔偿责任。

(5) 商业解决争议

面对诉讼,谨慎评估,通过购买许可、达成和解,花钱消灾也不失为一种争议解决的方式。比如,光峰科技曾起诉极米科技,极米科技以较为巨大的和解代价(包括 2500 万元的专利许可使用费、500 万元的一次性工程费用(NRE)及 5 年半的"战略合作"与光峰科技达成了和解。

(6) 剥离风险业务

如果拟上市企业在正式提出 IPO 之前,有对自己的业务进行过深入的风险调查评估,发现了有较高诉讼风险的业务,可以考虑将这部分业务剥离出来,比如卖给别人或成立一家新公司,总之不要装入上市主体之中,从而彻底划清侵权界限。当然,一方面,这是一个有些复杂的操作,是否有必要值得谨慎评估。另一方面,业务剥离也是有条件的,如果这部分业务是主营业务,或者剥离后仍然在法律上面临巨额赔偿,那么更要谨慎决策了。

当然,除了以上更偏重商业性或防御性的措施,主动应对必不可少,包括反击对方专利无效、反诉对方侵权等,总之,能够打击对方、遏制对方,能够获得更多谈判筹码,从而倒逼对方谈判或撤诉的任何法律武器甚至商业武器都可以动用起来。

第 2 节　面向科创板的知识产权审计

一、知识产权储备的有效性

"科创属性"中的发明专利要求

2021 年 4 月 16 日,中国证监会发布了《关于修改〈科创属性评价指引(试行)〉的决定》,在"3+5"评价体系的基础上修改为 4 项常规指标和 5 项例外条款的"4+5"评价体系。公司如满足 4 项常规指标,即可认为具有**科创属性**;如不同时满足 4 项常规指标,但是满足 5 项例外条款的任意 1 项,也可认为具有科创属性。

在 4 项常规指标中,其中一项要求"形成主营业务收入的发明专利(含国防专利)5 项以上,软件企业除外"。在 5 项例外条款中,其中一项是"形成核心技术和主营业务收入相关的发明专利(含国防专利)合计 50 项以上"。由上可见,"4+5"评价体系中对发明专利的数量要求分别是 5 项或 50 项。

评价科创属性的上述发明专利要求表面上是需要满足 5 项或 50 项的数量,实际上数量背后有条件要求,对于 4 项常规指标而言,发明专利须"形成主营业务收入";对于 5 项例外条款,发明专利须"形成核心技术和主营业务收入"。如果仅有一定数量规模的发明专利,但对主营业务收入没有贡献,或不是核心技术,事实上仍然不满足科创属性的要求。

对于同一技术方案在多国申请获得多个同族发明专利的情况,在过往案例中审核机构认为,没有相应海外销售的产品,其对应的同族专利,不应计数为"形成主营业务收入的发明专利"。例如,公司有同族中国专利 A 和美国专利 B,如果相应产品在中国销售,而没在美国销售,则 B 专利不是"形成主营业务收入的发明专利";反之,如果中国和美国都销售,则 A 和 B 都是"形成主营业务收入的发明专利"。

知识产权储备的有效性评价

从科创属性的角度,评价知识产权储备的有效性可以从以下方面着手:

——**发明专利的数量保障**。如果拥有的发明专利较少,会被质疑是否具有相应的研发能力支撑公司业务发展。而有的公司草率列示核心专利清单,甚至将实用新型专利都拿来凑数。为了快速获得发明专利,可以利用优先审查的通道,尤其是各地知识产权保护中心的快速审查、快速授权机制。同时,不要将发明创造同时提交发明和实用新型专利申请,这会极大延迟发明专利的审查授权。

——**核心技术的法律保护**。如果核心技术未取得任何专利,如何构建技术壁垒和专业门槛,如何有效应对新竞争对手进入,如何体现发行人的竞争优势,将成为一个难题。

——**发明专利的法律状态**。核心技术的专利仅限授权专利,不能包括专利申请。将快到期的发明专利都拿来凑指标也很危险。

——**技术来源的合法性**。技术来源必须进行合规性考量,包括评估是否属于发明人前任单位(雇主)的职务发明,创始人海外归来带来的技术是否存在权利瑕疵,通过受让、委托或合作开发而取得的专利是否合法或办理相应手续。

——**核心技术的依赖性**。如果科创板拟上市企业没有或较少拥有自行研发的发明专利,主要于依赖于合作开发、委托开发、受让取得而获得核心技术的发明专利,甚至仅获得发明专利使用许可,其科创属性将受到严重质疑,甚至被认为不符合上市条件。

"形成主营业务收入的发明专利"的体现

在 4 项常规指标中,其中一项要求"形成主营业务收入的发明专利(含国防专利)5 项以上,软件企业除外"。满足 5 项发明专利指标有一个基本前提是"形成主营业务收入",因此,科创板拟上市企业应当核查:

(1)确定与核心技术、主营业务产品相关的有效发明专利。已经申请但是还未授权的专利,建议不要列入。

（2）确定发明专利与核心技术、主营业务产品的对应关系。

（3）确定发明专利或者核心技术对主营业务营收的贡献度，确保专利或者核心技术符合科创板"形成主营业务收入"的要求。

（4）对形成主营业务收入的发明专利来源进行核查，如是非自主研发而是受让或合作研发取得，需要留意技术来源是否存在权属、利益纠纷，可能需要证明公司具有独立自主研发能力。

二、知识产权资产的独立性

知识产权资产的独立性要求

科创板拟上市企业需符合法律政策对发行人的独立性要求，包括资产完整、人员独立、财务独立、机构独立、业务独立，具有直接面向市场独立持续经营的能力。除了后续专门探讨的权属问题，知识产权资产的独立性主要涉及以下方面：

——**质押融资**。如果拟上市企业将核心知识产权进行了质押，那么该企业能否持续拥有和控制出质的知识产权存在较大的不稳定性，会让审核机构存在疑虑。

——**无效挑战**。拟上市企业专利被提起无效申请后，通常会因为涉及到企业核心技术的竞争力及持续经营能力的问题而引发审核机构的持续关注，要求发行人说明被申请无效的专利在发行人核心技术、产品中的运用情况及重要程度，专利无效是否会对发行人现有生产经营构成重大不利影响。此时，要充分说明专利的稳定性，证明专利无效可能性较低；或者说明该专利无效对主营业务不存在重大不利影响。

——**权利人分散**。母子公司对同一产品的技术进行分割，各自拥有一些专利或技术秘密的所有权，这会形成权利人分散，如果涉及核心产品或主营业务，则会存在独立性的挑战。

——**资产共用**。根据《上海证券交易所科创板上市公司自律监管规则适用指引第1号——规范运作》（上证发〔2020〕67号），控股股东、实际控制人不得与非生产型科创公司共用与经营有关的业务体系及相关资产，不得以显失公平的方式与科创公司共用商标、专利、非专利技术等，从而影响科创公司资产的完整性。

——**控制人授权使用**。根据《科创板股票发行上市审核问答（二）》，如果发行人存在从控股股东、实际控制人授权使用核心商标、专利、主要技术等无形资产的，应结合相关资产的具体用途、对发行人的重要程度、未投入发行人的原因、租赁或授权使用费用的公允性、是否能确保发行人长期使用、今后的处置方案等，充分论证该等情况是否对发行人资产完整和独立性构成重大不利影响。

天士力生物医药股份有限公司在上市发行审核过程中，审核机构就注意到，部分商标存在不能实现转让而需由天士力医药与天士力集团许可公司使用的情形，从而要求发行人说明：不能转让的商标具体情况、原因、是否属于重要商标，许可使用的情形是否将持续存在、维护成本以及对发行人生产经营的影响；上述事项是否影响发行人资产完整和业务独立性。

共有知识产权的权利行使和利益分配

科创板拟上市企业原始取得的共有知识产权经常产生于企业与高校开展产学研合作、与其他企业之间开展项目合作开发等情形。由于约定缺失或约定不明，共有人对共有知识产权处理不当，极易引发权属纠纷、合同纠纷等重大诉讼。科创板上市审核中对共有知识产权的关注要点主要包括：(1)共有知识产权形成原因、是否合法合规等；(2)共有权利行使方式及是否存在权利限制；(3)共有知识产权在发行人核心技术、产品中的运用情况及重要程度，是否会对发行人现有生产经营构成重大不利影响；(4)共有协议是否存在相关权益及利益分配的约定，是否存在潜在纠纷。(5)共有知识产权(发明专利)事项是否存在纠纷或潜在纠纷；(6)发行人是否对共有技术存在重大依赖，是否具有自主研发能力，是否具备直接面向市场独立持续经营的能力等。

考虑到科创板的定位，共有专利是上市问询的重点关注问题。为了避免对拟上市企业造成不利影响，产生不必要的纠纷及潜在纠纷，从而影响上市进程，建议：

(1)在满足技术需要的前提下，应当尽量降低共有发明专利数量在公司发明专利总量中的比例。

(2)如果相关技术成果系与他人合作开发或委托他人开发完成，则需注意共有专利尽可能不要涉及公司的核心技术，避免对共有方(合作方或被委托方)形成重大技术依赖，从而使得独立自主经营能力遭受质疑。

(3)在选择共有方时，原则上避免选择同行业领域内或有竞争关系的合作伙伴，避免共有方通过实施共有专利而与本公司形成竞争关系，从而影响拟上市企业的市场经营；

(4)公司与共有专利的另一方就专利使用应当进行明确约定。若共有专利涉及核心技术，对公司生产经营影响较大，公司应通过商业谈判途径获得共有专利权的全部权属(完整的所有权)。

(5)若公司无法通过商业谈判的途径获得共有专利权的全部权属，则可以通过合同明确约定由公司享有该共有专利的独占实施权并承担专利权维持及专利权保护义务，其他共有专利权人可以享有合理的经济补偿。

知识产权质押融资

如果存在知识产权质押融资，审核机构可能要求发行人说明：(1)质押的专利是否为公司核心专利，(2)专利质权实现的情形，(3)质押专利在发行人核心技术、产品中的运用情况及重要程度，质权实现是否会对发行人现有生产经营构成重大不利影响。因此，建议尽量避免在核心技术或产品对应专利上设定专利权质押。

如果已经存在知识产权质押,公司应当重点从质押背后涉及的交易情况、质押的目的、交易环节等方面进行展开说明,论证专利质押的合理性;并通过主动披露相关借款及质押的履行情况等信息,以及从专利是否涉及核心技术,相关产品营收占比大小等方面,充分说明知识产权押不会对发行人持续经营产生重大不利影响。

三、知识产权权属的清晰性

知识产权的权属风险问题

《科创板首次公开发行股票注册管理办法(试行)》第二章"发行条件"第12条规定:"发行人不存在主要资产、核心技术、商标等的重大权属纠纷,重大偿债风险,重大担保、诉讼、仲裁等或有事项。"针对拟上市企业的核心技术权属,审核机构(上市委员会)主要关注:(1)相关技术是否涉及权属共有、合作开发、许可转让、客户定制衍生技术、开发人员在原雇主工作期间的职务发明等权属瑕疵及具体情况;(2)该等权属瑕疵技术对发行人生产经营的重要程度,是否构成核心技术,是否会对发行人现有生产经营构成重大不利影响;(3)是否影响发行人资产完整性。

因此,拟上市企业应当提前排查权属风险,及时通过协商购买、获取授权、自研技术替代等方式解决权属瑕疵,尤其要注意:

——对于职务发明,公司与发明人之间的其成果的权利归属与利益分配是否清晰?

——对于引进人员,是否与其前任单位存在职务成果权属纠纷?

——对于委托开发,各方对成果的权利归属与利益分配是否清晰?

——对于合作研发,各方对成果的权利归属与利益分配是否清晰?

——对使用许可的专利进行后续开发,其成果权利归属与利益分配是否清晰?

引进发明人进行技术开发的权属风险

拟上市企业若从其他企业尤其是竞争对手引进发明人开发核心技术,尤其要处理好知识产权权属问题,避免与发明人原单位发生权属纠纷,从而给企业IPO带来较大影响。因为发明专利是否权属清晰、是否存在纠纷或潜在纠纷等问题,是上市审核机构通常关注的重点。

瑞晟智能在上市过程中,审核问询函的问题就包括:发行人核心技术人员是否曾签署竞业禁止、保密协议等相关文件,于发行人处任职是否合法合规,发行人现有核心技术和相关专利是否来自上述人员之前在其他公司任职时的职务发明,是否存在纠纷或潜在纠纷。和舰芯片的审核问询函也关心:知识产权的归属是否存在纠纷或潜在纠纷;知识产权是否涉及研发人员在原单位的职务成果,研发人员是否违反竞业禁止的有关规定,是否存在违反保密协议的情形。

可见,科创板上市企业应具备独立、自主、可持续的研发能力,应当重视潜在的职务发明权属问题,避免给科创板上市审核带来不必要的麻烦。因此,公司应当核查:(1)发明人在公司完成的职务发明,不属于原单位本职工作或分配任务的成果,不构成前任职单位的职务发明;(2)发明人在公司的发明创造未利用其他单位的物质技术条件。(3)核心技术人员没有在前任职单位离职后1年内申请专利的情形,根据《专利法实施细则》的规定,退休、调离原单位后或者劳动、人事关系终止后1年内作出的,与其在原单位承担的本职工作或者原单位分配的任务有关的发明创造,其专利申请权和专利权归属于原单位。

四、与主营业务的相关性

核心技术与知识产权的关联性

知识产权与主营业务的相关性首先要厘清核心技术与核心专利之间的对应关系,然后再是核心专利与主营业务之间的对应关系。科创板上市优先支持拥有关键核心技术的公司,科创板在定位、发行条件突出了对"核心技术"的核查。

首先,需要核查核心技术符合国家战略。符合科创板定位的六大行业为新一代信息技术领域、高端装备领域、新材料领域、新能源领域、节能环保领域、生物医药领域等。

其次,需要核查核心技术具有先进性,包括结合行业技术发展趋势,与行业技术水平比较,说明核心技术指标先进的程度;核心技术的科研实力和成果情况,包括获得重要奖项、承担的重大科研项目、核心学术期刊论文发表等。

最后,核查核心技术与发明专利相关联,判定方法就是分析确定核心技术的技术方案落入发明专利的保护范围。

知识产权与主营业务的关系

知识产权与公司主营业务之间的对应情况是科创板上市问询中一个最受关注的问题。公司可以通过专利的技术来源及其在产品中的应用的情况,来说明知识产权对主营业务的支撑,主要包含以下几个方面:

(1) 核心技术与公司专利的对应关系,相关专利申请数量和授权情况;

(2) 核心技术来源是否为自主研发;

(3) 核心技术的独特性和突破点,国内外技术水平的描述,技术迭代时间和未来发展方向;

(4) 核心技术与公司产品的对应关系,产品应用领域,成熟产品迭代周期及产品主流技术水平;

(5) 产品的生产数量,销售金额,销售占比;

(6) 产品在细分领域的市场占有率。

如果与公司主营业务有关的专利是受让获得的,尤其是在上市前突击受让获得的,容易引发审核机构对这些专利是否为核心技术,是否"专利凑数"、公司是否具有技术依赖性提出质疑。

有鉴于此,首先,在公司专利申请布局时,应当注意形成与主营业务相对应的核心专利。其次,应持续提升自主创新能力,尽可能地自主研发核心技术并形成相应的专利。最后,确有必要受让他人专利时,应当特别注意受让专利与本公司主营业务的一致性,避免产生受让专利无法与主营业务相对应的情况。

五、核心技术的依赖性

核心技术存在依赖性的风险

知识产权的依赖性表现在三个方面:(1)是否存在对外**技术依赖**。主要是指发行人对合作研发、受让专利技术等方面的依赖。比如,公司购买或被许可的专利较多,会被质疑是否存在对外技术依赖。如果拟上市企业未对引进或合作开发的核心产品或技术进行过实质性改进并作出实质性贡献,有可能进一步加剧审核机构对拟上市企业科创属性的质疑。(2)是否存在对核心技术人员的依赖。这是指核心知识产权对核心技术人员的依赖。(3)是否存在其他方面的依赖。包括对供应商、合作伙伴等的依赖。

有的科创板拟上市企业由于专利投入不够,或者忽视发明专利申请等原因,导致发明专利积累较少,不满足5项或50项的基本数量要求,或者虽然满足基本数量要求,但总的发明专利数量并不突出,因此,希望通过受让(对卖方而言是"转让")或使用许可获得发明专利,以增加数量规模,或强化公司的技术竞争力。通过受让、使用许可获得发明专利,并不违反科创板上市的相关政策法规。但是,以受让或许可方式获得发明专利的所有权或使用权,在科创板上市审核时,仍然存在科创属性不足的风险。比如,博拉网络2019年提交上市申请时,取得的21项发明专利均系从与其无关联关系的第三方受让取得,显然这不符合"科创属性"的要求。

对于受让取得的发明专利,在科创板上市审核时,将有可能是被问询的重点,包括要求发行人说明:(1)受让发明专利的具体情况,包括转让主体、原因、时间、对价、是否存在纠纷或潜在纠纷;(2)受让发明专利在发行人核心技术、产品中的运用情况及重要程度;(3)相关专利的发明人目前去向,发行人是否存在核心技术泄密风险、技术纠纷或潜在纠纷;(4)受让发明专利的受让决策程序、转让手续办理是否符合要求;(5)发行人持续经营能力是否依赖于转让取得的专利或相关单位等。

以使用许可的方式取得使用权的发明专利,在科创板上市审核时,将有可能是被问询的重点,包括要求发行人说明以下情形(类似受让发明专利的情形):(1)使用许可发明专利的具体情况,包括授权主体、使用许可发明专利的原因;(2)许可协议的主要内容,包括对价、许可的类型、期限、范围,许可实施是否具有排他性、是否存在限制或约束、许可协议的终止事由,是否存在触发协议终止的情形,授权许可事项的稳定性;(3)被许可发明专利在发行人核心技术、产品中的运用情况及重要程度,终止许可是否会对发行人现有生产经营构成重大不利影响;(4)授权许可事项是否存在纠纷或潜在纠纷;(5)许可方与发行人及其关联方是否存在关联关系;(6)发行人是否对许可技术存在重大依赖,是否具有自主研发能力,是否具备直接面向市场独立持续经营的能力等。

总体上,审核机构问询的重点在于,关注发行人有没有形成自主技术能力,有没有持续研发能力,核心技术或主营业务是否对外存在技术依赖。一言以蔽之,发行人因为受让发明专利过多,或核心技术、主营业务依赖于受让的发明专利,公司的科创属性将受到质疑。若发行人的核心技术或主营业务存在对许可方的重大技术依赖,或者被许可所涉产品成为公司核心技术产品,即使公司拥有自己的发明专利且数量可观,其科创属性仍然会受到质疑。

应对技术依赖质疑的策略建议

为了避免审核机构质疑发行人的自主技术能力、持续研发能力,尤其质疑核心技术或主营业务是否对外存在技术依赖,应当采取措施加以避免,或者应当具有合理理由消除质疑。以下是一些不完全的建议:

——提前进行专利布局,形成自主研发的核心技术发明专利。尤其要利用优先审查、快速审查等渠道尽早获得发明专利授权,满足科创属性的要求,避免临近上市才购买发明专利,"临时抱佛脚"。

——在满足技术需要的前提下,应当尽量降低通过合作、许可或受让等方式从第三方取得的发明专利数量在公司发明专利总量中的比例。

——受让的发明专利应当符合正常的交易逻辑,避免不正常的极低或极高的交易价格,或临近上市前夕突击购买大量发明专利。

——向毫无关联的第三方受让发明专利应当谨慎,须有合理理由排除故意强化科创属性的质疑。

——向供应商、股东受让发明专利或购买专利许可,须有合理理由消除没有自主技术能力、存在技术依赖性、存在利润不当转移等质疑。

——在签订许可协议的过程中,应当关注许可的类型、期限及地域范围以及新产生知识产权的归属。要确保许可的排他性、持续性,避免潜在的纠纷。

——避免对单一技术授权方产生重大依赖。充分披露授权期限届满后无法续期的风险,积极投入研发,寻求自研的可替代技术。

——如果所涉产品的销售收入金额以及占公司主营业务收入的比例较低,不属于公司核心技术产品或主营业务,也不存在对第三方的重大依赖,应当充分说明。

——对授权引进或合作开发的核心产品应当独立自主进行实质性改进,或者在合作开发所得的核心产品中作出实质性贡献,以表现公司具有自主技术能力和进一步持续创新的能力。

◇案例:HH 药物公司

HH 药物公司从 IPO 申请获受理以来,接连收到上市委的两轮问询。在问询中,审核机构要求 HH 药物披露"结合发行人已开展二期以上临床试验的核心产品均源自授权引进或合作研发的情况,说明发行人是否独立自主对引进或合作开发的核心产品进行过实质性改进且未对合作方构成持续技术依赖,说明发行人关于科创板定位的自我评价是否真实、准确、完整。"

HH 药物核心技术暂未取得直接相关专利。自主研发项目仅有 1 个涉及核心产品,而且还未取得专利授权,其余核心产品涉及的 7 个项目均为合作研发或授权引进取得。独立持有的已授权专利仅有 1 项,却与核心产品无关联。

科创板上市委员会审议认为,结合 HH 药物已开展二期以上临床试验的核心产品均源自授权引进或合作研发,公司报告期内持续委托合作方参与核心产品的外包研发服务等情况,认为公司未能准确披露其对授权引进或合作开发的核心产品是否独立自主进行过实质性改进,对合作方是否构成技术依赖,不符合《科创板首次公开发行股票注册管理办法》第 5 条和第 34 条,《上海证券交易所科创板股票发行上市审核规则》第 28 条的规定。结合科创板上市委员会审议意见,上交所决定对 HH 药物首次公开发行股票并在科创板上市申请予以终止审核。

六、创新能力的可持续性

核心技术人员的影响

原则上,核心技术人员通常包括公司技术负责人、研发负责人、研发部门主要成员、主要知识产权和技术秘密的发明人或设计人、主要技术标准的起草者等。核心技术人员对科创板拟上市企业的影响:

——当核心技术人员为外聘或者合作方或者在其他单位有兼职/主职时,该核心技术人员对本公司作出的创造性技术成果(专利、技术秘密等),有可能会有专利权属纠纷、竞业禁止争议等法律风险。

——核心技术人员的稳定性。科创板首次将核心技术人员稳定性列为发行条件之一,尤其是当公司存在对特定核心技术人员依赖性时,核心技术人员的稳定性更是需要关注。从科创板上市的角度,要注意评估核心技术人员离职是否对公司的核心技术研发及持续经营构成重大不利影响,因为核心技术人员的流失可能会为公司带来研发效率下降、创新链条中断与技术成果流失、业务资源流失等负面影响。

发明专利申请增长的均衡性

科创板上市企业必须要具备不断创新的机制和持续的研发能力，反映在公司专利申请的数量上，通常就要求公司的发明专利申请需要维持增长的均衡性。乐鑫信息在科创板上市审核时即被问询：发行人为集成电路设计企业，现有22项发明专利均于2015年之前取得。请发行人补充披露，2015年之后未取得新的发明专利的原因，是否存在相关技术水平处于"瓶颈"或重大技术难题无法突破的情况。

科创板拟上市企业专利申请是否需要维持增长的均衡性，某种程度上是对公司持续创新能力及专利管理能力的考察。公司在申请科创板上市之前，最好要注重公司专利申请的稳定增长，避免在某一年度特别是临近上市前夕突然增长几倍的专利申请，又突然连续几年没有专利申请。

如果公司发明专利申请主要集中在拟上市之前的报告期内，那么将有可能面临如何向上市审核机构证明该发明专利是正常申请，而不是为了科创板上市临时实施的"专利凑数"行为。如果公司发明专利申请距离拟上市之前的报告期时间较长，公司的发明专利可能会被认定为缺乏技术先进性的发明专利。有鉴于此，应当做好以下工作，为公司的科创属性带来某种形式上的合理性。

——尽量合理安排发明专利申请。拟上市企业应注重专利布局及申请管理。最好能在拟上市前3—5年（根据公司实际情况确定）相对均匀控制发明专利申请的数量，不要高低落差悬殊，从而避免"突击申请""专利凑数"的嫌疑。

——保留技术研发的记录和证据。公司在持续进行自主创新的过程中，应注意对技术研发过程的记录和保存。假如公司因为研发周期或者竞争策略等因素，没能合理控制发明专利的申请周期，但确实需要在上市前集中申请的情况下，能够提供相应的证据证明不存在"专利凑数"的问题。

◇案例：公司科创属性的审核

成都SR电子股份有限公司于2021年5月27日提交上市申请，上交所首轮问询时即指出："截至2020年6月末，发行人拥有发明专利不足5项，在超过5项发明专利后申报，是否存在拼凑科创属性评价指标（形成主营业务收入的发明专利5项以上）的情形"。该发行人在2020年6月末时所拥有的发明专利数量不足5项，但在其后不足1年的时间内便获得了9项发明专利，成功达到科创板上市对于企业发明专利数量要求的最低门槛（形成主营业务收入的发明专利5项以上）。从专利申请的时间来看，这9项专利均于2020年4月底至5月底间的1个月内集中申请，通过优先审查的方式，在提出专利申请后的6—11个月内获得授权。不由得引发上市委的特别关注,在首轮问询中上市委即要求成都 SR 电子股份有限公司答复其是否存在拼凑科创属性评价指标的情形。

KTW 公司申请上市时被关注到 41 项发明专利中有 30 项发明专利的授权时间都在 2017 年以前,报告期内获授发明专利时间集中在 2017 年,且 2019 年无新增获授发明专利,审核部门对其相关专利的先进性以及是否具备持续创新能力产生质疑,并最终撤回了上市申请。

第16章 知识产权诉讼管理

❖ 思维导图

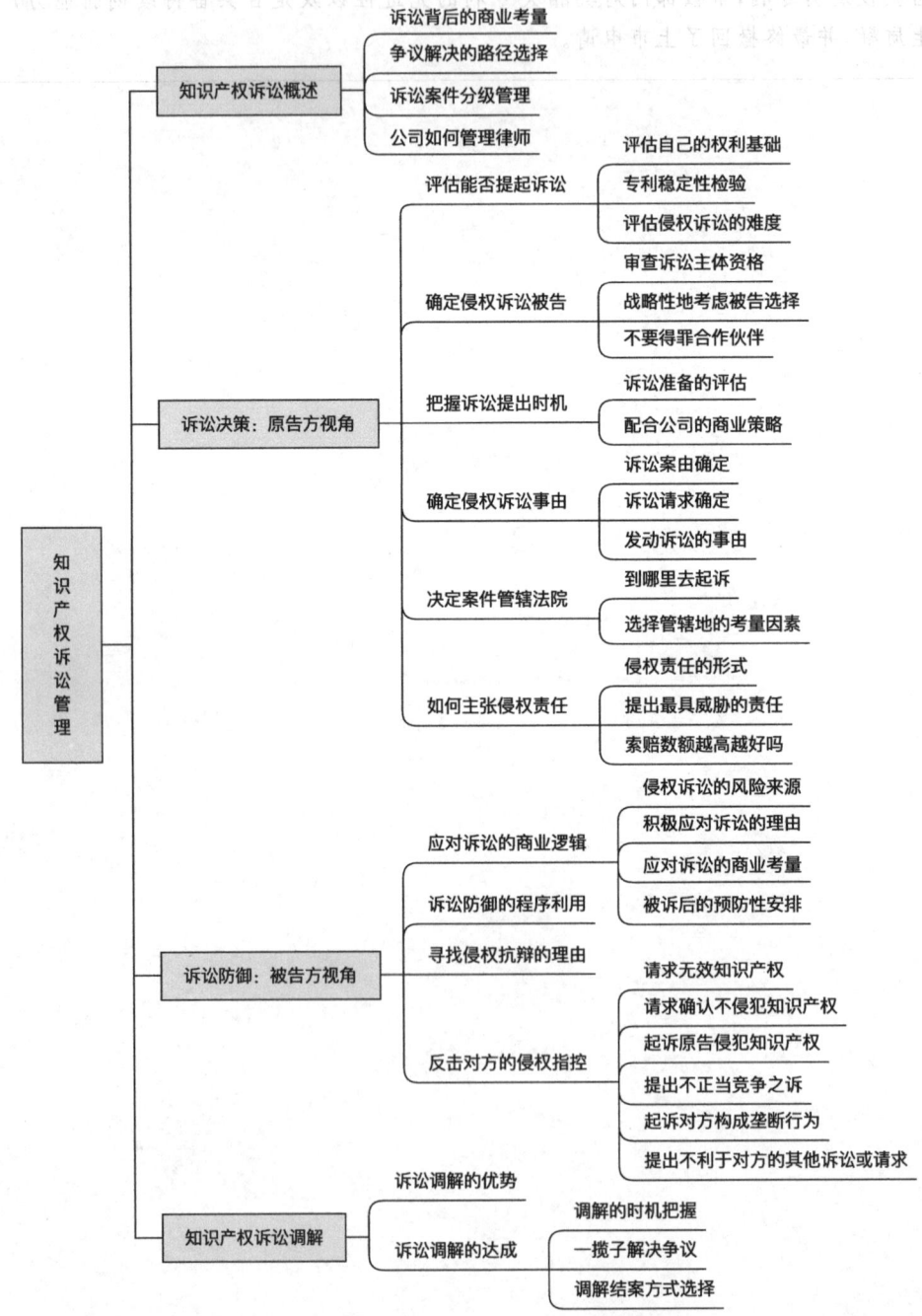

第 1 节　知识产权诉讼概述

一、诉讼背后的商业考量

知识产权侵权诉讼的商业目标

在为何发动诉讼的问题上,一定和公司内部管理层进行充分的沟通,务必确保诉讼目标与商业目标的协调统一。以下是提起知识产权侵权诉讼的一些常见目标,事实上,这些目标大多与商业考量紧密相连。**陶鑫良**(上海大学知识产权学院名誉院长)一向认为诉讼案件背后是市场份额争夺与商业利益的博弈,"法律背后是商业,案件背书是利益。醉翁之意不在酒,讼争本质是商战"。

——**制止侵权活动**。有的公司发动知识产权侵权诉讼,并不在意能否拿到赔偿,关键是要借机清扫市场制止侵权活动,消除无序的仿冒竞争。净化市场,也是给市场发出一个声音,让其他企业不敢跟风侵权。**杨涛**(伊顿公司亚太区知识产权律师,2019 年)指出,"侵权假冒产品会对品牌形象产生致命影响。短期来看,假货质量问题会引发恶性公关事件。长期来看,辨识能力低的消费者会将假货和品牌联系,会产生恶性循环,出现'劣币驱逐良币',苦心经营的品牌形象毁于一旦。"

——**获得侵权赔偿**。有的公司发动知识产权侵权诉讼,其基本目的是获得可观的侵权赔偿。

——**争夺市场份额**。有的公司发动知识产权侵权诉讼,是为了将竞争对手挤出市场,独占天下。

——**干扰对方上市**。有的公司向竞争对手发起诉讼,主要是借助知识产权干扰对方成功上市,防止其变成更强大的竞争对手。当然,也可能是借对方上市之际,用知识产权诉讼争取更多的赔偿或更好的和解条件。

——**配合 IP 交易**。有的公司进行侵权诉讼或以诉讼相威胁,只是迫使对方屈服,让对方高价购买商标或专利等知识产权,或者接受知识产权许可。

——**消耗被告资源**。侵权诉讼会给被告造成或大或小的干扰,并消耗其时间成本、经济资源。尤其是专利侵权诉讼,相对较高的律师费让一些中小企业胆战心惊,疲惫不堪,在经济上难以招架。

——**损害被告形象**。知识产权纠纷有可能成为媒体报道的焦点,被告可能因此深受其害,不仅有损长期树立的商业形象,而且可能动摇公司的信心。

——**借机广告宣传**。发动侵权诉讼的公司,有时经过巧妙运作,能够从媒体的报道中获益良多,至少借机做了广告宣传。所谓**诉讼营销**,即是如此。它是借诉讼之名,吸引媒体和公众关注,以提升品牌的知名度。在知识产权领域,诉讼营销已屡见不鲜。

——**实现商业合作**。有的公司利用侵权指控,逼迫被告走到谈判桌,与其开展商业合作。

——**震慑侵权人**。侵权诉讼是一个强烈的信号,可以给已有的或潜在的侵权人施加压力,有效减少自己的维权成本。特别是针对仿冒严重地区,通过一两场法律诉讼,尤其是刑事诉讼,往往可以起到杀鸡骇猴的效果。

——**认定驰名商标**。在前些年,驰名商标被当作广告资源使用,因此,不少公司打官司的目的不只是为了解决侵权问题,更主要是为了借助诉讼认定驰名商标。由于2014年施行的新《商标法》不再允许将驰名商标用于商业宣传,因此,为认定驰名商标而提起诉讼的情形可以说大为减少。当然,通过诉讼认定驰名商标仍然有其独特的法律价值。

——**树立典型/获奖案例**。知识产权领域(甚至整个法律领域)的案例评选并不少见,如果有一个恰当的案件(侵权行为较新颖、法律适用有价值等),有的权利人未尝不愿意去挑战,或许来年可以拿些奖项回来。

——**提升部门能见度**。有时候,知识产权部门(或法务部门)本身需要通过侵权诉讼宣示存在感,或者强化自身地位与作用,提高自己部门的声量和能见度。不可否认,发起侵权诉讼是提升公司知识产权部门地位的重要机会。

诉讼目的当然并不仅限于此,除了上述一些目标外,公司提起诉讼还可能有其个别化的商业考虑。**刘永刚**(艾默生电气公司中国区知识产权总监)曾经谈道:"有时我们打销售商,目的是教育一下生产商(生产商是公司客户),可以说点到为止,不伤和气,还有足够的压力传递给生产商。"此外,有的诉讼可能只是来自内部的驱动力。比如,有的公司法务部门需要支持销售部门移交或推动的案件,为销售部门关于侵权活动导致业绩下滑的结论提供诉讼支持。

◇**业界声音**

胡毅(中兴通讯股份有限公司首席知识产权诉讼官,2017年)通过第三方的数据分析和观察发现:"全球诉讼纠纷的频率其实就来自于全球国家GDP的排名。可以得出一个结论:从全球范围来讲,经济活跃度在哪里? GDP分布在哪里? 我们的纠纷就在哪里,市场也在哪里,消费群体也在哪里。根据来自第三方的数据检索信息,也可以得出一个结论:你的业务量越广,你的营收越高,相对来说你所遭遇的知识产权诉讼会越多。你在海外高风险的成熟的知识产权的市场份额占得越大,所遇到的知识产权诉讼就越多。"

——来源:2017中国企业知识产权经理人年会演讲发言,上海。

权利人的侵权容忍度

哥伦比亚大学法学院 Timothy Wu 教授指出，对版权产品的使用目前存在着一个灰色地带，即**"容忍使用"**（tolerated use）——目前存在着大量价值极低、由于交易成本过高而难以促成许可出现的侵权使用，而版权人由于成本收益的考量只能容忍其存在和发展，而无有效手段进行规制。[①] 事实上，在知识产权维权实践中，权利人的确存在不同程度的"容忍使用"，毕竟维权的预算有限、资源有限，不可能事无巨细，锱铢必较。当然，不同权利人对不同场景的侵权行为，容忍程度并不相同。

反过来，一些使用人也会利用权利人的**"侵权容忍度"**，打擦边球，轻微侵权，毕竟有利可图。比如，一些厂商会在销售或宣传时，会使用知名供应商或知名客户的品牌，以达到宣传的目的。品牌厂商虽有不满，但只要不太过分，往往不去计较，或仅发函制止，不会兴讼。当然，尽管不可能保证自己的产品百分百地不侵犯他人知识产权，但仍然需要重点排查核心技术是否存在知识产权风险，这不在权利人"容忍使用"的范围内。

二、争议解决的路径选择

及时处理侵权的重要性

及时发现知识产权侵权行为，并及时有效地打击，是公司知识产权得以可持续发展的保障。那么，如何发现他人的知识产权侵权行为呢？发现知识产权侵权的渠道有很多，公司可以透过各种渠道监视和收集侵权线索，比如通过展览会、产品广告、公司调查、消费者投诉、知识产权引证分析、知识产权授权公告监控、竞争对手监视、侵权举报奖励等。各个公司当然有不同的做法，有的公司甚至建立有专门的监控侵权的队伍。

有的发现侵权的渠道是比较主动的监视行为，有的则是比较被动的发现过程。从保护知识产权的角度，公司不能只是消极地发现侵权，等到市场上假货已经泛滥成灾时，才惊醒过来。主动出击，把侵权活动扼杀在摇篮中，当然是最好的选择。**杨涛**（伊顿公司亚太区知识产权律师，2019年）指出："在竞争对手之间，谁打击假冒侵权的态度坚决，谁的假货就少。因为原本的假冒者会转向同行业的其他打假弱势竞争品牌。"

如今，诉讼业务（包括仲裁、行政案件）管理已经属于一些公司的日常法律事务工作。比如，博世中国知识产权部在2021年的主要工作就包括公司名称、商标异议和商标侵权的处理：以博世为商品名称对第三方采取行动，约300家公司同意

---

① Timothy W. Tolerated Use[J]. Colum. J. L. & Arts,2008(31)：617.

变更公司名称；在中国提出大约200项商标异议。诉讼是一个专业性很强、程序较复杂的法律事务，本人著有《诉讼方法论》一书，虽然主要是从知识产权律师角度进行阐述的，但依然适用于公司法务或知识产权经理人阅读和参考。[①] 因此，本章仅就一些基本问题展开叙述。

制止侵权的替代性选择

发现了知识产权侵权行为，如何去制止它？法律为权利人提供了许多的选择和路线。不过，每一种选择都有其利弊得失，也各有其技巧策略，公司需要谨慎地作出决定。

——发函制止侵权活动。权利人可以让律师或法务人员发函警告侵权人，希望对方立即停止生产、销售，并回收市场上的侵权产品，并警告如果不停止侵权，权利人将采取相应的法律行动。

——向社会发布声明。权利人可以向自己的经销商、客户或者直接向社会发布澄清有关事实、谴责有关侵权的声明。对某些难以取证或定性困难的不当行为，有时发布声明是唯一的可选项。但要小心"言多必失""指名点姓"的谴责有可能招来对方"商业诋毁"的反击。

——向网络平台投诉。有的侵权行为完全可以通过向电商平台投诉来解决，借由"通知-删除"程序来下架侵权商品或断开侵权链接，这比行政执法、民事诉讼效率更高。

——请求行政机关查处。专利法、商标法、著作权法和反不正当竞争法都给权利人（或经营者）提供了行政查处侵权或不正当竞争行为的路径。其优势在于可以通过行政查处固定证据。有时权利人策略性地借助行政查处打击边缘目标对象，以固定证据去打击真正的诉讼目标对象。不过，行政执法不能直接处理侵权赔偿问题，而且专利行政执法受制于法律授权的原因，执法力度目前偏弱。需要强调的是，行政执法资源是有限的，不要滥用，要筛选出最有价值的打击目标，去请求行政执法。

——采取海关保护措施。很多侵权的产品都会通过海关进出，如果侵权商品出口，则会影响权利人的海外市场；如果侵权商品进口，则会影响权利人的国内市场。通过在海关总署进行知识产权（特别是商标）备案，可以有机会通过海关控制侵权商品进出口。

——采用刑事打击措施。刑事打击是对侵权人最有震慑力的手段。目前，我国《刑法》规定了七种知识产权犯罪，即侵犯著作权罪、销售侵权复制品罪、假冒注册商标罪、销售假冒注册商标的商品罪和非法制造、销售非法制造的注册商标标识罪、假冒专利罪、侵犯商业秘密罪。如果侵权人的行为触犯了刑法的规定，并达到

---

① 袁真富：《诉讼方法论：知识产权律师执业思维与办案逻辑》，清华大学出版社2020年版。

了刑事犯罪的标准,权利人可以向公安机关报案,启动刑事诉讼的程序。当然,启动刑事程序的立案并不容易。

◇专栏：如何寄发侵权警告函

发函警告侵权人,也是权利人解决侵权问题的一种救济途径。侵权警告函的写法可以根据不同情况而采取灵活的处理,侵权警告函的口气可以强硬,也可以缓和。侵权警告函一般应载明以下内容：

——权利人享有的权利,比如,专利权的基本情况或者商标注册情况；

——希望对方停止进行或需予赔偿的某种侵权行为；

——希望对方在何时就此作出答复；

——如果对方不作答复,权利人可能采取的措施等。

通常情况下,以下情形适合寄发侵权警告函：

1. 不严重的侵权活动。有的侵权行为在权利人看来并不太严重,或者这些侵权行为可能处于不知情的、非恶意的状态（如经销商的善意销售）,那么,权利人向侵权人寄发简单的警告函,可以将轻微的、无心的侵权快速平息下去,从而提高维权效率、减少维权成本,缩小侵权所带来的损失和负面影响。

2. 诉讼价值不大的侵权行为。比如,针对淘宝上贩卖侵权产品的小卖家,大动干戈将其诉诸法庭,从经济上或者时间上考虑可能得不偿失。如果事先寄发侵权警告函,甚至直接通过淘宝旺旺这个聊天工具发送侵权警告,都能发挥事半功倍的效果。相信多数侵权卖家收到警告后,都会认真考虑是否停止销售侵权商品。

3. 希望尽快停止的侵权行为。有的权利人对于制止侵权行为表现得非常紧迫,希望尽快地向对方发出侵权的信号,并且尽快平息侵权。由于准备诉讼或行政查处的周期相对较长,未必能满足公司尽快遏制侵权产品蔓延的期许,此时,只能先行以侵权警告函充当先锋。

4. 不想诉讼解决的侵权行为。一些不太好讼的公司为了避免陷入诉讼大战中,或者一些有意发放权利许可的公司希望事先与对方接触谈一下,则更喜欢以侵权警告的方式,试探和谈的可能性。如果能够与侵权人以授权、合作、象征性赔偿等或者单纯停止侵权的方式和平收场,并能基本达到目的,自然最为妥当。

但要注意的是,如果侵权人不只是要求单纯的停止侵权,还期望获得赔偿或者有其他特定的目标,那么,寄发警告函之前必须切实做好诉讼前的调查取证工作,否则被告收到侵权警告后,可能立即有所防御,导致不易取证的情况发生。

当然,侵权警告函是否寄发,何时寄发,在什么情况下寄发,以及是否在诉讼前寄发,在实践中权利人或其律师都会视具体情况而进行充分的评估。事实上,有时寄发侵权警告函还有较多的策略性考虑。比如,对于淘宝等电子商务平台上的侵权人,可以观察对方收到侵权警告函的反应,并结合其他调查而来的事实等因素,来综合评估是否值得对其采取诉讼手段。

此外，对于公司内部法务而言，作为公司的支持性部门，迅速地寄发侵权警告函，也是支持公司业务部门的一种姿态或态度。否则，针对市场、销售等部门反馈过来的侵权活动，甚至公司管理层十分关注的侵权行为，如果法务部门不及时地采取行动作为回应，很可能在公司内部受到打击侵权不力的评价甚至指责。很显然，相比于诉讼手段，寄发警告函是成本最低、反应最快、执行最容易的方式之一。

——来源：袁真富：《侵权警告函：寄发与回应》，载《中国知识产权》2015年第2期。

争议解决的商业思维嵌入

制止侵权的途径有许多种，民事诉讼只是救济途径之一。其实，权利人要不要采取民事诉讼去解决侵权问题，还有更多的商业或现实考虑。比如，一向重视食品安全的婴幼儿食品，由于担心诉讼曝光后影响消费者的信心，即使发现假货后会采取工商执法甚至刑事打击的措施加以制止，也未必会诉诸民事诉讼。因为有的消费者在得知这些侵权诉讼后，会忧虑自己购买的是不是假货，干脆转投竞争对手的产品。

不只是诉讼与否的决策有商业考量的问题，整个诉讼过程都需要嵌入商业思维。以举证为例，任何一个合格的法务或律师都清楚，不是所有的证据都可以拿到法庭上去"坦诚相见"。提交该证据是否会对当事人产生不利的影响或后果，包括商业上的影响。比如，某个证据虽然可以拿来支持被告的现有技术抗辩，但又暴露了价格或利润。再如，在新产品方法专利侵权诉讼中，被告要证明自己没有使用原告的专利方法，可能需要提交自己使用的生产工艺，然而又担心原告可能因此而掌握了自己更加先进的工艺技术，甚至担心自己的技术秘密由此泄露。

诉讼结案同样有商业考量的机会。比如，采用可替代的商业方案，与对手进行诉讼和解、调解，双方化干戈为玉帛、化竞争为合作。此外，一些诉讼在某种程度上会反映了公司的商业运营或流程存在着瑕疵。法务进行诉讼管理工作，必须针对公司运营漏洞提出商业改进报告。

三、诉讼案件分级管理

分级管理的必要性

对于有的公司而言，大大小小的案件不少，应当分级管理诉讼案件。分级的标准可能是标的大小、影响大小等，可以根据公司规模、业务特点，确定诉讼业务管理的分级管理标准。通常采用按标的大小和按案件性质结合的办法，确定案件的管理层级。

为了全面客观地评估案件情况，有效执行诉讼策略，对一些大案、要案可以编制诉讼方案,制定可行的诉讼策略及最佳方案,充分预见并积极应对各种不确定性及风险。当然,对于诉讼而言,只有可行方案,没有标准答案。

案件分级　投入不同

诉讼案件的分级管理也决定了成本和资源的投入不同。对一些常规的、无争议的案子,比如个别的图片侵权案件,不必寻找大律所、名律师;对于标的较大、争议较强的案子,可能需要大律所、名律师的加持。**张伟**(万科集团法务部总经理,2017年)提到,"我们一线公司有一个案子,是2011年买的一块地,交易价格接近30个亿。当时这家一线公司在当地花了5万元请了一家律所做尽调,这么大一个项目才5万元律师费,可以肯定这家律所人不多,能力也让人怀疑,结果做的尽调成果令人不敢恭维,该发现的重大风险没有揭示出来。几年之后,这个项目发生了纠纷,标的额3个多亿。……如果我们有更好的管理办法,绝对不会允许聘请一个只要求5万元律师费就敢承接几十亿项目的律所。"[1]虽然这里的案件不是知识产权案件,但其中的道理是相通的。

事实上,如果聘请的律师与案件的标的、难度或复杂性不匹配,也是有风险的。一旦案件败诉,请了便宜律师很可能也是法务一个背锅的理由。如果一个案件连聘请红圈所都败下阵来,说明这不是法务的问题,当然也不是律师的问题,是有客观上难以胜诉的问题。

四、公司如何管理律师

公司管理律师的方式

公司可以建立**法律服务供应商管理**机制,通过评价、监督和管理外聘律师。《诉讼方法论》一书介绍了一些相对常见的公司管理律师的方式。

——**用不重要的业务观察**。对于法律业务持续性较强的公司,有可能尝试着先委托一两个不那么重要的案件给新聘的律师,借此了解一下律师的专业能力、敬业精神、管理水平、沟通能力等,从而决定是否可以作为长期合作的伙伴,或者是否属于交付重要业务的对象。

——**多家供应商直接竞争**。越来越多的大公司同时拥有多家律师事务所作为供应商,在同一业务领域也可能把多家竞争性的律师事务所同时列在供应商名单上,甚至一些重要案件在评估阶段会同时委托两家以上事务所的律师进行分析评估。

——**设计不同的付费模式**。不同的付费模式也会影响律师的工作热情,甚至

---

[1] 张伟:《万科集团诉讼管理》,"2017年中国商事诉讼论坛暨经济新常态下民商事诉讼业务新发展研讨会"会议发言,2017年2月25日。

工作质量。比如，风险代理费或"基础代理费＋风险代理费"的费用支付模式，有可能会激励律师的工作热情，风险越大，收益越大。但也不是那么绝对，比如原告以判决赔偿金额的30%作为风险代理费提成，如果在办案过程中发现连胜诉的机会没有，更何况赔偿呢，也即当风险大到已经无利可图时，反而完全浇灭了律师风险代理的办案热情。

——**参与诉讼案件庭审**。参与诉讼案件庭审，并不意味着公司法务也要作为代理人上庭（当然也可以的借机上庭学习诉讼）。事实上，公司法务在法庭全程旁听，本身就体现了公司对案件的重视程度，并对代理律师施加了监督压力。

——**汇报流程跟踪控制**。即使律师不主动沟通，公司也会定期要求听取律师的诉讼进展汇报，从而鞭策律师不断完成工作成果，持续推进诉讼进展。一些大公司的强势法务，更是时时掌握案件进展，不只是担当汇报听取人的角色，更是参与诉讼攻防策略的指挥者。[①]

优质律师资源占领

公司法务可以挑选和积累一些优秀的律师组成"律师信息库"，包括这些律师的执业地、擅自领域、收费偏好等。一旦遭遇重要诉讼，可以迅速聘请适格的律师服务。

有的大公司在诉讼较多的城市，或发生争议较多的地方，签署大量的法律顾问协议。其实这些公司的业务量未必有那么多，但它们利用律师利益冲突的规则，将这些优质的律师事务所及律师资源占领了，让竞争对手与其诉讼时，选择优秀律师的余地变得更小。

第2节 诉讼决策：原告方视角

一、评估能否提起诉讼

评估自己的权利基础

权利人（原告方）如果决定提起诉讼，还要充分评估权利人自身的权利基础。由于专利、商标等知识产权可以接受无效等挑战，如果自己的权利并不稳固，极有可能赔了夫人又折兵，侵权官司没有打赢，反而失去了知识产权。

——**权利是否存在**。比如，被员工带走利用的客户名单，是否属于受保护的商业秘密。

——**权利是否稳定**。比如，专利是否满足新颖性、创造性等授权条件，商标的显著性是否过低，免得起诉对方后，被对方提出无效宣告。越是权利人的核心专利，或是核心业务的专利，越是要在专利的稳定性上谨慎评估，可以找几家服务机

---

① 袁真富：《诉讼方法论：知识产权律师执业思维与办案逻辑》，清华大学出版社2020年版，第61~62页。

构背对背检索并评估专利的稳定性,以获得更准确的结论。

——**权利是否使用**。在商标侵权诉讼中,这个问题尤其重要。根据《商标法》第 64 条第一款的规定,如果注册商标专用权人不能证明此前三年内实际使用过该注册商标,也不能证明因侵权行为受到其他损失的,被控侵权人不承担赔偿责任。

同时,在起诉前认真地讨论和评估一下对方的行为是否构成侵权,是否存在侵权抗辩事由,是十分值得的。考虑到知识产权侵权判断的专业性,很多问题往往存在争议,必要时可以求助专家或资深的同行或前辈进行讨论。

专利稳定性检验

当一件专利有比较高的可能性被用于诉讼但诉讼还不是很紧迫时,可以考虑采用以第三人名义无效自己专利的手段来巩固专利权的稳定性,也即找出一些无效证据,并对这些无效证据进行各种组合,结合各种无效理由,来无效自己的专利。这一专利强化策略的好处主要体现在两个方面:一方面,可以根据证据情况对权利要求进行修改,使专利权更稳定,有利于加快后续维权程序的进度;另一方面,当这些理由和证据被考虑了,但仍然不能无效掉自己的专利时,根据一事不再理原则,给后续的其他请求人提出无效请求设置较多的证据障碍,从而提高了专利权的稳定性。但需要说明的是,此种手段适用于无效证据较少且专利权本身的稳定性尚可的情形,应用时应注意评估相应的风险。[①]

评估侵权诉讼的难度

从法律的角度,评估侵权诉讼的困难性也可以是多维度的,这里主要介绍两个层面的观察视角:

——**是否存在取证难度**

方法专利的侵权诉讼、商业秘密的侵权诉讼,都是难度极高的诉讼,其原因在于取证太难,甚至关键证据的取证完全依赖于法院保全。有的案子如果不能取得法院诉前保全,一旦打草惊蛇,后续取证或许变成不可能。此外,有的诉讼取证的成本太高,比如涉嫌侵权的机器,如果做购买公证,买一台的价格就要 50 万元。更有甚者,有的侵权产品根本无法通过公开渠道购买,一旦试图购买就会暴露诉讼动机,对方直接就不卖了。

——**是否属于争议性案件**

有的案件虽然事实清楚、证据确凿,但是否构成侵权、是否构成不正当竞争,争议极大。这类争议案件的特点是胜诉不确定性大、诉讼成本相对高,但是也有好处,那就是法院重视程度高、判决宣传效果好。有的公司法务愿意花公司的钱学习,挑战这样的大案、名案,有的公司法务则不愿意承担这样的风险。

---

① 唐立平:《浅谈专利布局的后期管理》,中国企业知识产权研究院,2016-01-06。

二、确定侵权诉讼被告

审查当事人的诉讼主体资格

在知识产权侵权诉讼中，原告通常是商标注册人、专利权人等权利人，或者是有诉权的被许可人，包括独占使用的被许可人，权利人明确表示不起诉的排他使用被许可人，权利人明确授权可以独立诉讼的普通使用被许可人。

从知识产权侵权人的角度，大致有制造商、销售商、许诺销售商、进口商或帮助侵权人等若干类型。站在权利人的立场，应当从这些侵权人中快速锁定可能的被告，然后展开相应的调查。当存在诸多侵权人时，公司作为权利人应该向谁主张权利？是全线出击还是各个击破？如果权利人并不想拉长战线，分散力量，可以针对这些侵权人，估算其侵权行为对权利人利益损害的程度，从而排出知识产权侵权诉讼的优先顺序，伺机而动，逐个出击。

在提起诉讼前，应当对方当事人以及自身的诉讼主体资格及相关情况进行审查或调查，包括原告和被告名称、目前法律状态、是否具备独立法人资格、是否被吊销营业执照或注销等情况。当然，也要评估目标诉讼主体在法律关系上是不是适格的被告，如果对方的行为根本就不构成侵权（或者被判侵权的可能性极低），或者对方不构成帮助侵权，除非有特别的商业目的，就没有必要发起诉讼。

战略性地考虑被告选择

面对各类侵权人，有的喜欢诉有赔偿能力的被告以方便执行，有的喜欢诉威胁最大的竞争对手以收复市场，有的则喜欢诉大公司以一战成名。总之，选择谁来做被告，有时也要有那么一点点战略性的思考。

选择被告时，需要考量诉讼目标及判决执行等因素，比如：

——基于诉讼管辖，起诉销售商（或作为共同被告）。选择起诉销售商可以"制造"管辖地的连接点，以将管辖地转移到心仪的法院（发达地区或本地法院）。

——基于判决执行，选择有赔偿能力的被告。这样方便执行，否则赢了官司却赔了钱。如果能揭开被告公司面纱，把法定代表人个人告进来，或者把被告的上下游的供应商告进来，更有利于将来判决的顺利执行。

——基于诉讼难易，先选择较小的公司。

——基于阻止侵权扩散，优先打击批发商，或者行销规模较大的公司。

——基于竞争策略，选择威胁最大的竞争对手或者销售商。即使对方目前对自身的影响不大，但是，如果它是一个成长性较好的公司，或者可以预见该公司在资源、运营等方面，足以在将来构成重大竞争威胁，也可能会考虑尽快消灭它的侵权行为。

——基于广告宣传，选择大企业，特别是跨国公司、上市公司。如果小公司能够击败跨国公司,说不定还能一战成名,大大提高声誉,自己也会从赔偿金或和解中受益匪浅。

——基于许可策略,如果该侵权人是权利人发放许可的潜在客户,那么起诉他,完全可以将诉讼转化为许可的机遇。

——基于合作考虑,避免选择公司的客户、渠道商或其他合作伙伴等。

不要得罪合作伙伴

在基于管辖等需要打算一并起诉销售商时,需要考虑一下,会不会因此得罪对方而招致公司产品下架的制裁。特别是当销售商是苏宁云商或京东这样的电子商务平台时,虽然诉讼目标并不是针对它,但次数多了也足以招来反感。有时候,被诉的销售商可能将诉讼的压力传导给公司的销售部门,引起来自公司内部的诘问。总之,不要因为一件诉讼,与公司的客户或合作伙伴(特别是那些连锁的零售超市或电商平台)发生对立,甚至把它们送到被告的怀抱。

三、把握诉讼提出时机

诉讼准备的评估

起诉时机的选择在不同案件中是不一样的,但基本的原则是不可仓促行事。有的原告在诉讼中常常因为证据不足,或自己权利存在瑕疵,或对方根本不侵权,给自己造成被动,以至酿成更大损失。除非有极其急迫的要求,启动诉讼应当建立在准备充分的前提下,当然,要防止起诉时已超过 3 年的诉讼时效。准备充分与否主要从以下方面加以评估:

——**法律研究是否完成**。通过必要的法律检索与研究,明确启动诉讼的法律依据和诉由为何,判断提起诉讼的理由是否充分,诉讼请求能否得到法院的支持。比如,本案能否适用《反不正当竞争法》第 2 条的一般条款,受理法院(或其上级法院)既有的判决是否支持本案委托人的主张。

——**证据是否已经足够**。至少以立案所需要的证据标准来考量,证据是否足够支撑本案委托人(权利人)的主张。证据是否符合法律的要求,是否满足立案的条件。以高额赔偿为目的的诉讼,更要考量主张赔偿方面的证据是否足够充分,能否在预期的开庭前完成赔偿证据的举证工作。事实上,证据准备情况是影响起诉时机的重要因素。

——**利弊权衡是否抉择**。有的权利人自身权利也有瑕疵,比如权利人使用的商标由"AA+BBB"构成,对 AA 这部分自己有商标注册,但 BBB 这部分由第三人注册了商标。如果对擅自使用 AA 这部分的侵权人发动商标侵权诉讼,有没有可能引来第三人对自己发动 BBB 这部分的商标侵权指控呢?

——**不利事实是否清理**。比如,有的权利人在官网上发表的对侵权人的声明,超出了维权的界限,有可能构成商业诋毁。如果这些事实有没有进行清理,在诉讼启动后,极有可能引发被告的反诉。

配合公司的商业策略

公司何时发动诉讼,也不完全是由诉讼准备情况来决定的。作为商业活动的一部分,诉讼的启动自然也带入了商业考量。比如:

——消灭竞争,及时诉讼。如果侵权人已经给公司带来了严峻的竞争威胁,公司更倾向于尽快采取法律行动,甚至有可能在诉讼之前,选择更快的行政执法。

——放水养鱼,延迟诉讼。当侵权并不构成对权利人的竞争时,权利人可能更愿意放水放鱼,静观其成,等待侵权人达到一定规模再去诉讼,收网捕鱼,不仅给侵权人以沉重打击,而且也能获得更多赔偿。

——反制工具,应势诉讼。有的公司早就掌握了竞争对手的侵权事实,但一直"隐忍不发",将诉讼作为"战略工具"进行储备。一旦对方向自己发动诉讼,才会立即进行诉讼反击,达成诉讼攻击平衡。

——干扰上市,适时诉讼。有的权利人在等待一个最佳时机来向侵权人发动诉讼,而对方上市融资前夕就是一个好时机。

——妨碍签单,择机诉讼。有的权利人挑选在影响较大的展览会开幕前,向被告公司发起商标侵权诉讼,干扰被告的客户与其下单签约。凡此种种,不胜枚举。

四、确定侵权诉讼事由

诉讼案由确定

根据了解的案情确定诉讼案由:商标侵权、著作权侵权、专利侵权、不正当竞争,或者权属纠纷等。具体案由要结合最高人民法院的《民事案件案由规定》进行确定,同时可以根据法律规定、司法政策、同类案件裁判结果、法律理论等进行判断。

部分案件可以有两个甚至两个以上的案由,特别是对于定性存在争议或困难的案件,比如同时提出商标侵权与不正当竞争。但在实践中有可能遇到立案庭的挑战,要么不允许双案由组合,要么不允许某些组合(比如著作权与不正当竞争两个案由组合),要么立案庭只给立一个案由,然后让你到业务庭开庭再增加案由,诸如此类。

诉讼请求确定

根据案件具体事实、法律责任形式,以及诉讼的期望或要求,综合考虑确定诉讼请求,包括请求停止侵害、赔偿损失、赔礼道歉、消除影响等责任形式。确定诉讼请求前,必须确定公司的需求或诉讼目标。诉讼目标可以反映在诉状的诉讼请求上,明确地传递给对方当事人,尤其是基于法律而提出的停止侵权、赔偿损失等。作为诉讼背后期望的更详细及真实的目标,可以根据案件进展,以和解、调解或者其他方式推进，未必反映在诉讼请求上。

发动诉讼的事由

由于知识产权保护的交叉性、重合性，以及公司知识产权布局的多层化、全面化，使得公司的产品通常享受到多种知识产权的保护。比如：产品的不同部分，可能各自拥有知识产权，如产品形状有外观设计专利保护，产品品牌有注册商标保护，产品包装图案有著作权保护。

基于知识产权保护的此种特殊性，权利人往往会针对侵权人的一个或一系列侵权行为，提起较为复杂的权利主张和侵权指控，比如指控对方同时侵犯专利权、商标权、著作权，以及构成不正当竞争等（当然，视具体情形而定，法院有可能要求分案诉讼）。当然，用什么去起诉，还包括用什么内容的权利起诉。对于著作权和邻接权而言，权利内容复杂丰富，是起诉对方侵犯信息网络传播权，还是侵犯广播权，须斟酌考虑。

面对单一的侵权人，甚至单一的侵权事实，有时仍然可以主张多种或多个知识产权侵权。一方面是为了周延地主张权利，另一方面是为了防止成为定性争议的牺牲品。有的案情虽然明了，但如何定性（比如店招上的商标使用到底是侵犯权利人的商品商标权，还是服务商标权），各方的意见并不一致，尤其是法院的态度可能与当事人的期望不一样。所以，权利人可能提出多种请求，增加诉讼成功的几率。

五、决定案件管辖法院

到哪里去起诉

不要以为在哪里打官司效果都一样，选择一个有利的诉讼地点，也是诉讼成功的一个重要因素。在选择管辖地之前，需要对知识产权案件管辖的规定足够熟悉，比如，了解涉及驰名商标认定的案件有特别规定，从而需要查明当地中级人民法院是否具有管辖权。在实践中，由于被告住所地是固定不变的，因此选择不同的侵权行为地，成为改变管辖地的一个很好的策略。

必须提醒的是，尽管权利人通过转移诉讼管辖地，有可能获得有利的判决结果，但如果被告不处于案件审理法院的管辖区域，判决可能在被告的住所地很难执行，或者很不方便执行。所以，不要一律排斥在被告的住所地诉讼。事实上，有的权利人还偏要到被告的住所地去起诉，主要希望在当地起到宣传震慑其他侵权人的作用。

选择管辖地的考量因素

进行诉讼决策时，对于案件管辖地的选择，可以综合考虑以下因素：

——立案是否方便容易？
——法院的审判水平如何？

——法院的审理速度如何？
——法院既往判决的裁判观点是否有利？
——法院的判赔力度如何？
——证据保全等申请是否便利？
——判决是否易于执行？
——是否便于沟通（包括保全申请、鉴定申请、举证期限延长、执行等事项的正常沟通）？
——到法院是否交通方便？
——差旅等成本是否在可控范围？
——会不会有地方保护问题？
——委托人以往在该院处理案件的效果如何？
——其他有利因素的考量，如在当地起诉属于中级人民法院管辖。

六、如何主张侵权责任

侵权责任的形式

根据我国《民法典》第 179 条的规定，承担民事责任的方式主要有 11 种：(1)停止侵害；(2)排除妨碍；(3)消除危险；(4)返还财产；(5)恢复原状；(6)修理、重作、更换；(7)继续履行；(8)赔偿损失；(9)支付违约金；(10)消除影响、恢复名誉；(11)赔礼道歉。不过，在知识产权侵权诉讼中，承担民事责任的方式主要是停止侵害、消除影响、赔偿损失等责任，只有在侵害到著作权中的精神权利（人身权利）时，权利人才能向侵权人主张赔礼道歉的责任。

事实上，最受关注的侵权责任还是赔偿损失。《著作权法》《商标法》和《专利法》等法律关于赔偿数额计算的规定，并不完全一致。总体上有"按照权利人因被侵权所受到的实际损失确定""按照侵权人因侵权所获得的利益确定"，或在"权利人的实际损失或者侵权人的违法所得不能确定时"按照法定赔偿确定这几种计算方式。同时，商标侵权赔偿和专利侵权赔偿还可以参照商标或专利许可使用费的倍数合理确定。值得注意的是，经过修订后，从《民法典》到《商标法》《反不正当竞争法》《专利法》和《著作权法》都支持原告主张惩罚性赔偿。

提出最具威胁的责任

在一个漫长的诉讼中，什么是对被告最具威胁的侵权责任呢？有的被告最担心的不是赔偿，而是停止侵权（包括诉前或诉中禁令），特别是受到侵权指控的产品还要继续销售时；有的被告随时可以终止侵权的业务，他可能最担心的是高额赔偿问题。

这么笼统的描述还有些宽泛，但的确要根据案件特别是被告的具体情况来确定。比如，当你指控一家上市公司侵犯专利权，如果只主张 200 万元赔偿，它可能无动于衷。如果主张的赔偿提高到1000万元,它可能就要紧张了,因为这时它需要将这个诉讼进行信息披露,这有可能对股价造成影响。

同样,对于一家正在谋求IPO的公司,当提出100万元的赔偿主张,虽然它仍然会认真对待,但未必有诚意和你谈和解,当提出1个亿的赔偿时,它极可能主动找你好好谈一下,因为这个量级的赔偿完全可能打断它上市的步伐。

目前,中国正在建立和完善信用体系,包括知识产权信用体系。对于被执行人具有履行能力而不履行生效法律文书确定的义务,并具有法定情形之一,人民法院应当将其纳入失信被执行人名单,依法对其进行信用惩戒。2022年1月,《国家知识产权局知识产权信用管理规定》也公布施行。这些规则的执行对于因侵权或违法而构成失信行为的主体,将有很强的威慑和惩戒作用。

索赔数额越高越好吗

要获得高额判赔,首先得提出高额的赔偿主张。目前在我国知识产权诉讼中,提出数千万元、数亿元,甚至数十亿元赔偿要求的案件越来越多,相应的判赔金额也是水涨船高。不过,主张的赔偿数额越高越好吗?

当然,那些没有扎实的赔偿证据支撑,甚至侵权与否的定性都困难的案子,提出高额索赔,本身就是不理性的行为。这里假定确实有较多的证据支持高额赔偿的计算,即便如此,如果不是基于策略考虑,高额的索赔和判赔反而会给原告带来更大的挑战:

——原告诉请的赔偿数额越高,越会刺激被告聘请更优秀的律师,调动更高层的资源应对。

——在高额索赔的案子中,被告更有动力去"釜底抽薪",直接将你的权利基础给废掉,比如请求宣告专利权无效或宣告商标注册无效。

——法院对天价索赔的判决会更加谨慎,反而可能拖累审理速度。

——如果法院判出了高额赔偿,可能会让被告跟你"拼命",并最大化地动员资源去争取改判。

——对于高额赔偿,被告(或被告的控制人、股东)更没有支付意愿或支付能力。即使法院支持高额赔偿,在执行阶段可能会遇到极大的阻力或障碍。

第3节 诉讼防御:被告方视角

一、应对诉讼的商业逻辑

侵权诉讼的风险来源

每年都有大量的侵权诉讼涌现出来,这些侵权诉讼的风险主要来自:

——**竞争对手**。竞争对手提起的侵权诉讼,通常是专利、商标、商业秘密诉讼,以及软件著作权诉讼,只有这些类型的诉讼才能更好地打击竞争对手。

——**合作单位**。公司产业链的上下游企业、供应商或者其他合作方,也是常见的发动诉讼的主体,有可能是因为合同争议,也可能是因为侵权争议。

——**NPE**。这些拥有专利等知识产权但不从事产品生产或业务运营的机构,通常把诉讼作为重要的营利模式。

——**其他权利人**。当发现侵权之后,提起诉讼是权利人(包括知识产权被许可人等)的诉讼权利,即使这些权利人的身份不是竞争对手,也不是NPE。

积极应对诉讼的理由

既然权利人提起诉讼可以有很多的理由或目标,同样,被告方(或被控侵权方)积极应对诉讼也有很多的理由,让对方的诉讼目标不能得逞。**姜银鑫**(现任中微半导体设备(上海)股份有限公司法务及知识产权副总裁)2016年在介绍其公司应对的一个诉讼案件后指出,"应对诉讼的价值在于:(1)对方以知识产权为武器阻止我们起步、发展的企图破灭。(2)赢得业界认可、对手尊重,使海内外客户更信任。(3)以战止战,赢得和平发展空间。此案以后,几年内没有诉讼发生。"

从财务上看,作为被告一旦败诉将可能给公司带来较大甚至巨大的直接或间接损失。直接损失包括因判决而带来的停产、停售、停用损失,给付给权利人的赔偿金额。间接损失包括已投入的开发、生产、销售等资源的损失,因违约而支付给上下游企业的赔偿,因判决侵权导致的盈利能力降低,市场份额的丢失,商誉受损,融资机会丧失等。[①] 可见,败诉损失绝不等于侵权赔偿,积极应诉必须认真对待。

应对诉讼的商业考量

——**成本收益的平衡**

应对诉讼不能只考虑法律问题,也需要商业逻辑,首当其冲的是成本与收益考虑。上海有一家公司与合作伙伴一起被权利人诉上法院,提出了以百万元计的侵权赔偿。依照当时法院普遍的判赔标准,即使败诉也不需要承担如此"高额"的赔偿。但合作伙伴趁机以该案为由延期支付应付账款,表示须结案后再行支付,而这笔账款高达亿元计。众所周知,一个知识产权诉讼经过一审、二审结案,能在一年内结案并不容易,如果拖上一两年,仅这笔应付账款的利息都超过索赔金额了。最后,这家公司权衡再三,全额支付了权利人主张的赔偿金额,和解条件只有一个,立即撤诉。显然,这里和解结案的考量因素主要是一个商业上的考量。

——**借助友商力量**

在应对重大诉讼时,特别是海外诉讼时,建立诉讼联盟,分担成本,共享资源,

---

① 国家知识产权局知识产权保护司:《企业知识产权保护指南》,知识产权出版社2022年版,第66~67页。

联合作战,这也非常重要。即使不建立诉讼联盟,利用人脉和社会资源,适当借助友商的力量也能发挥重要作用。深圳一家初创企业在欧洲遭遇了同行的专利侵权警告,经过专利分析后,该公司法务认为有机会挑战该专利的有效性,然而这需要不菲的资金支出,该初创企业力有不逮。最终,该公司法务以消除共同的专利威胁为目标,说服了国内预算丰富的友商(同行公司),"借刀杀人",由友商出资拔除了这个专利"眼中钉"。

被诉后的预防性安排

知识产权侵权诉讼是一个风险极高、前景难以预测的法律游戏。任何受到侵权指控的被告,在诉讼过程之中,甚至在诉讼来临之前,都必须认真地对待这些问题:如果侵权成立将会怎么办?如何降低侵权诉讼带来的负面影响?而解决这些问题的方式,除了继续应对诉讼,还应当根据实际情况,作出预防性的安排,下列是一些常见的措施。

——**暂停涉嫌侵权产品销售**。如果被告经过知识产权侵权的评估,认为知识产权侵权的风险较大,那么,可以考虑暂停侵权产品的销售,尤其是被告还有顾客满意的替代品,停止销售受到指控的侵权产品,可以降低败诉后可能的赔偿数额。

——**取得客户支持**。有的知识产权权利人在诉讼结果尚不明朗时,就给被告的客户发出侵权警告或通知,要求或暗示其不要销售或使用"侵权产品"。为避免卷入侵权诉讼,一些客户有时宁愿放弃销售或使用被控侵权的产品。被告如果无法做到停止销售,对产品不侵权又充满信心,则应当及时与客户进行沟通,说明事实,寻求共识和支持,设法安抚客户仍然购买现有产品,必要时可以签署知识产权不侵权的保证书,并为公司提供补偿的保证,如果公司被起诉侵权,被告愿意派出律师支持应诉,并承担一切法律上的责任。

——**开展回避设计**。在专利诉讼中,如果原告想独占市场,被告难以通过和解取得授权时,应当考虑开展专利的回避设计,开发替代产品。由于专利侵权诉讼的时间很长,少则一二年,多则三四年,对于一些技术并不复杂的产品,完全有时间在诉讼结束前,推出不侵权的新产品。通过回避设计,推陈出新,可以让被告在受到停止侵权的裁决而无法生产被判侵权的主打产品后,不至于陷入瘫痪。

——**利用剩余市场**。作为一个策略性的考虑,可以将侵权产品制造、销售、使用的地域,转移至权利人未取得知识产权保护的国家或地区。由于知识产权具有地域性,如果在其他国家或地区,原告没有取得专利、商标等知识产权授权,则在这些地方使用其知识产权,不会构成侵权。

针对知识产权侵权诉讼而采取的策略或措施,在诉讼实践中千变万化,又因时因地而各有不同,这里无法揭其全貌。比如,争取诉前或诉中的侵权和解、通过公司并购消灭侵权争议等措施,都可以认为是因应知识产权侵权诉讼的策略安排。

二、诉讼防御的程序利用

能否提出主体资格异议

在知识产权诉讼中，对侵权行为有起诉权的仅限于特定的权利人。有权提起知识产权侵权诉讼的主体包括两类：一类是知识产权权利人；另一类是知识产权侵权纠纷中的利害关系人。利害关系人的范围，主要包括知识产权许可合同的被许可人、合法继承人等。《最高人民法院关于审理商标民事纠纷案件适用法律若干问题的解释》（法释〔2002〕32号）第4条规定，此处的利害关系人，包括注册商标使用许可合同的被许可人、注册商标财产权利的合法继承人等。在发生注册商标专用权被侵害时，独占使用许可合同的被许可人可以向人民法院提起诉讼；排他使用许可合同的被许可人可以和商标注册人共同起诉，也可以在商标注册人不起诉的情况下，自行提起诉讼；普通使用许可合同的被许可人经商标注册人明确授权，可以提起诉讼。

在知识产权侵权诉讼中，作为被告一方，如果发现原告的主体资格并不适格，应当提出主体资格异议，比如商标普通使用许可合同的被许可人未得到商标注册人的明确授权，可以提出异议，从而在程序上消灭对方的起诉权。当然，被告也可以提出充分的证据，证明自己不是适格的被告，从而脱离诉讼的纠缠。

能否提出管辖权异议

在中国，知识产权案件的管辖绝对是一门复杂的学问。如果你有时间翻阅有关知识产权管辖的各类规定，真的会发现是越理越乱。不同类型的知识产权案件管辖各有差异，集中管辖与跨区域管辖又相互交叉，导致知识产权案件的管辖规则不仅变动不居，而且交错如网，关键是，这"网"还有好几层。

近年来，知识产权审判可谓中国司法改革先行先试的重要领域。随着知识产权法院、知识产权法庭，以及互联网法院的推出，都会伴随着知识产权案件管辖的变化。比如，2014年广州知识产权法院的设立，集中管辖广东省除深圳以外的专利等技术类知识产权案件，立即解除了广东其他中级人民法院（不包括深圳）的相关案件的管辖权。几乎每个跨区域管辖的知识产权法庭的设立，都会搅动当地原有的知识产权管辖格局。知识产权案件在级别管辖和地域管辖方面的规则本身已经"乱如麻"，却又存在太多的例外情形。[①]

如果受理原告起诉的人民法院不属于有权管辖此案的法院，被告应当及时在

[①] 关于知识产权管辖的问题，可以详细参阅袁真富：《诉讼方法论：知识产权律师执业思维与办案逻辑》，清华大学出版社2020年版，第5.3章节。

答辩中提出管辖异议。提出管辖异议，一方面可以避免对方利用管辖法院，进行地方保护主义；另一方面改变管辖法院，有可能会减少自己的诉讼成本，并提高对方诉讼成本；此外，有些被告在诉讼过程中提出管辖异议，是为了拖延诉讼时间，以做好充分的应诉准备或者另有其他打算。

能否提出证据异议

在某种程度上讲，打官司就是打证据。证据是法官在审理案件时认定过去发生事实存在的重要依据，任何一件诉讼都需要通过证据或证据链再现还原事件的本来面目。在民事诉讼中，证据应该满足以下四个要求：

——**关联性**。证据与待证事实之间必须具有一定的联系。依据联系的紧密程度，可以将证据分为直接证据和间接证据。

——**合法性**。合法性包括四个方面：一是证据主体合法，即形成证据的主体及收集证据的主体必须符合法律的要求；二是证据收集方式合法，即证据的收集方式没有违反法律禁止性规定、没有严重侵害他人合法权益、没有严重违背公序良俗；三是证据程序合法，即证据必须经过法律规定的诉讼程序，否则不能作为定案证据；四是证据形式合法，即证据在种类和形式上须符合法律的规定。

——**真实性**。真实性有形式上的真实与内容上的真实之分。形式上的真实，指证据的载体或证据本身必须真实，而不论其是否反映了案件的真实情况；内容上的真实，是指证据的内容能够反映案件的真实情况或待证事实，这是证据真实性的实质内容。

——**证明力**。也称证据力、证明效力，是指证据对案件事实有无证明作用及证明作用的程度。不仅要考察证明力的有无，还要考察证明力的大小。证明力较大，就能证明待证事实；证明力较小，就证明不了待证事实。因此，具有"三性"（关联性、合法性、真实性）的证据，未必就有证明力；具有证明力的证据，未必就能证明待证事实。[1]

证据对于一场诉讼的成败，起着十分关键的作用。如果能够否定原告的证据，不但可能降低知识产权侵权的程度，或者降低侵权赔偿的数额，而且甚至可能赢得不侵权的胜利。被告在知识产权侵权诉讼中，要仔细分析研究原告所提供的证据，检视其是否具有合法性、真实性和关联性，并积极开展于己有利的证据搜集工作，做到知己知彼，心中有数，以便进行有的放矢的质证。

此外，还可以审查原告的主张是否已过诉讼时效。如果超过诉讼时效的抗辩理由成立，对方的侵权指控将会被法院驳回，被告公司因此可以免除承担侵权赔偿的责任。兹不详述。

---

[1] 王新平：《民事诉讼证据运用与实务技巧》，中国民主法制出版社 2017 年版，第 7~14 页。

三、寻找侵权抗辩的事由

发生知识产权侵权纠纷后，被告的公司要善于综合运用法律上的各种侵权抗辩事由。有的时候，一些侵权抗辩事由的运用，对于纠纷的解决具有四两拨千斤的作用。侵权抗辩的事由很多，比如商标侵权的抗辩事由包括商标已经失效的抗辩（如注册商标没有续展、已被撤销等）、不构成商标侵权的抗辩（如主张商标不近似、商品不类似、不会产生混淆等）、在先使用的抗辩、正当使用（合理使用）的抗辩等；著作权侵权的抗辩事由包括独立创作、权利用尽、合理使用、法定许可等抗辩。下面着重介绍常见的**专利侵权抗辩事由**。

——**专利权已经失效的抗辩**。如果原告的专利权已经超过专利保护期而终止、已经因未按规定缴纳年费被终止、已经被书面声明放弃、已经被专利复审委员会宣告无效的，那么原告的专利权已经失效，不再具有法律效力。

——**未落入保护范围的抗辩**。如果运用全面覆盖原则比较原告专利（发明与实用新型）与被告涉嫌侵权物，发现涉嫌侵权物（产品或方法）缺少原告的专利权利要求中记载的技术特征，或者涉嫌侵权物的技术特征与原告专利的技术特征相比，有一项或者一项以上的技术特征存在本质区别（排除等同原则的适用）；或者通过对比分析，发现被告侵权产品的外观与原告外观设计专利（以表示在专利申请文件中的图片或者照片中的该产品的外观设计为准）不相同或也不近似，那么根据专利法的规定，被告的产品未落入原告的专利保护范围，可以据此主张不侵权。

——**禁止反悔原则的抗辩**。被告可以通过国家知识产权局了解专利权人原始的专利申请档案，包括申请过程中审查员的审查意见通知书、专利申请人的陈述意见书、专利申请人对专利申请所作修改前的文本及修改的原因等，这样才有可能判断专利权人是否违背了禁止反悔原则。

——**现有技术或设计的抗辩**。《专利法》第67条明确规定，在专利侵权纠纷中，被控侵权人有证据证明其实施的技术或者设计属于现有技术或者现有设计的，不构成侵犯专利权。所谓现有技术或设计是指专利申请日以前在国内外为公众所知的技术或设计。

——**专利权用尽的抗辩**。所谓专利权用尽，是指享有专利保护的产品，由专利权人或其授权的人（合称权利人）首次销售或通过其他方式转移给他人以后，权利人即无权干涉该产品的使用和流通。换言之，权利人已经用尽了相关专利权，不能再度行使。《专利法》第75条第1项明确规定，"专利产品或者依照专利方法直接获得的产品，由专利权人或者经其许可的单位、个人售出后，使用、许诺销售、销售、进口该产品的"，不视为侵犯专利权。

——**在先使用权的抗辩**。我国《专利法》第75条第2项明确规定了在先使用权的存在："在专利申请日前已经制造相同产品、使用相同方法或者已经作好制造、使用的必要准备，并且仅在原有范围内继续制造、使用的"，不视为侵犯专利权。

对依据在先使用权产生的产品的销售行为,也不视为侵犯专利权。

——**临时过境的抗辩**。我国《专利法》第 75 条第 3 项明确规定,"临时通过中国领陆、领水、领空的外国运输工具,依照其所属国同中国签订的协议或者共同参加的国际条约,或者依照互惠原则,为运输工具自身需要而在其装置和设备中使用有关专利的",不视为侵犯专利权。

——**科研和实验使用的抗辩**。我国《专利法》第 75 条第 4 项明确规定,"专为科学研究和实验而使用有关专利的",不视为侵犯专利权。由于此种情形并非直接将专利投入生产经营,无损于专利权人的利益,并可借此促进科学技术的发展和进步,因此专利法并不加以限制。

——**药品和医疗器械审批的抗辩**。根据《专利法》第 75 条第 5 项明确规定,"为提供行政审批所需要的信息,制造、使用、进口专利药品或者专利医疗器械的,以及专门为其制造、进口专利药品或者专利医疗器械的",不视为侵犯专利权。该规定主要是为专利期满后的药品和医疗器械的仿制者提供专利侵权的豁免,使其可以在药品和医疗器械的专利期满前,通过制造、使用、进口该专利药品或者专利医疗器械,提供行政审批所需要的信息,完成上市前的审批手续,使仿制的药品和医疗器械可以在其专利期满后迅速上市。

——**无知侵权的抗辩**。所谓无知侵权,是指当事人没有合理的理由,知道其行为侵犯了他人的专利权。我国《专利法》第 77 条规定:"为生产经营目的使用、许诺销售或者销售不知道是未经专利权人许可而制造并售出的专利侵权产品,能证明该产品合法来源的,不承担赔偿责任"可见,在专利法上,无知侵权只是不承担赔偿责任,对于停止侵权等民事责任,仍然需要承担。

四、反击对方的侵权指控

当公司被别人告上法庭时,在传统上都会给外界产生负面的联想,因为一般人都对被告有着一种先入为主的负面印象。因此,很多被告总是不太愿意一直坐在被告的位置上,他们需要反攻,发起针对原告(或指控人)的挑战。反击侵权指控的目的除了扭转被动的局面外,有时是为了打压对方咄咄逼人的气势,甚至迫使其坐到谈判桌前,促成双方的和解谈判。

请求无效知识产权

在专利、商标等知识产权的授权程序中,由于审查人员的工作经验、认识水平不同,对有关法规理解、掌握不同,加之在信息检索上有时不可避免地会出现漏检,同时,在专利授权、商标注册的判断基准上又存在着客观上的不确定性,因此,一些不符合法律规定的发明创造、商业标志也能够获得专利权和商标权。特别是我国专利法对实用新型和外观设计的专利申请实行形式审查制,因此,有大量的不符合专利法规定的实用新型和外观设计专利申请也获得了专利权。既然如此,在知识产权侵权诉讼中,被告如果认为原告的专利或商标不符合法律规定的授权条件,可以通过法定程序请求宣告专利权或注册商标无效。

请求确认不侵犯知识产权

在最高人民法院颁布的《民事案件案由规定》中,确认不侵害专利权纠纷、确认不侵害商标权纠纷、确认不侵害著作权纠纷、确认不侵害计算机软件著作权纠纷等已经作为独立的民事案由列入其中。在现实世界里,有些权利人四处散发知识产权侵权的警告函,威慑竞争对手及其公司,但并不打算与之走上法庭,或者通过其他途径,辩明知识产权侵权的是非,协商解决争议的办法。如此一来,受到侵权警告但又无辜的公司却背上了侵权的黑锅,并且无处争辩是非,陷入被动的境地,不仅商业信誉严重受损,而且大量公司因担心侵权问题纷纷流失。为了变被动为主动,受到侵权警告的企业提起诉讼,请求确认不侵犯知识产权诉讼,便成为脱离侵权这个泥潭的重要法宝。

通常,在满足下列条件的情形下,公司针对权利人提出确认不侵犯知识产权之诉,比较容易被法院所接受:(1)公司已经受到权利人实际的侵权威胁。比如,权利人已经向公司发出了明确的侵权警告,已经向公司客户或者合作伙伴等发出知识产权侵权警告等。否则,如果公司没有受到实际的知识产权侵权威胁,则确认不侵犯知识产权之诉没有成立的基础。(2)权利人在合理的期限内,一直迟延向法院起诉(或行政投诉)。(3)受到知识产权侵权威胁的公司,因此而受到经济损失或信誉损害。

起诉原告侵犯知识产权

对于拥有自主知识产权的被告而言,如果发现指控自己侵犯知识产权的原告,其产品也有侵害自己专利权、商标权、著作权等知识产权的问题时,可以迅速向原告提出知识产权侵权指控,通过知识产权反击对方,达到互相制衡的目标。不过,尽管起诉原告侵犯自己的知识产权也具有相当强大的威慑力,对改善侵权的负面形象助益甚巨,但是,向原告发起知识产权侵权诉讼时,不能盲目和冲动,应当有根有据,否则,不仅达不到预定的目的,反倒浪费自己的时间和金钱。

提出不正当竞争之诉

有的权利人发动知识产权侵权指控乃至诉讼,可能是无中生有,或别有深意,根本目的不在于赢得诉讼,而在于打压竞争对手,比如把已经无效的专利拿来指控竞争对手,或者毫无根据地散播被告侵权成立的信息,借此打击被告。此时,被告可以向原告提起不正当竞争之诉,以消除自己因被控侵权带来的不良形象,挽回自己的商业信誉。

起诉对方构成垄断行为

我国《反垄断法》第 68 条特别提到:"经营者依照有关知识产权的法律、行政法规规定行使知识产权的行为,不适用本法;但是,经营者滥用知识产权,排除、限制竞争的行为,适用本法。"事实上,反垄断法的许多条款都可以适用于知识产权领域。比如,《反垄断法》第 17 条规定:"禁止具有竞争关系的经营者达成下列垄断协议:……;(四)限制购买新技术、新设备或者限制开发新技术、新产品",该条可以禁止专利权人限制被许可人购买新技术、新设备或者限制开发新技术、新产品,诸如此类,兹不详述。

因此,公司如果认为知识产权权利人利用侵权指控或侵权诉讼,强迫、威胁自己签订或接受不公平的协议、条件,或者从事其他限制竞争的活动,构成垄断行为的,可以援引《反垄断法》等法律的规定,向对方提起垄断之诉。

提出不利于对方的其他诉讼或请求

考虑到反击对方知识产权侵权指控的主要目的,在于压制对方的诉讼攻势,或者提供交易的法律筹码等,因此,凡是不利于对方的类似诉讼或请求,都可列入考虑范围,并不限于前述五种情形,只要能够有效地打击和遏制对方咄咄逼人、毫不让步的气势,扭转自己比较被动的状态,为改变自己的谈判地位增添重要筹码,即是成功的反击。

第 4 节 知识产权诉讼调解

一、诉讼调解的优势

知识产权诉讼最终达成调解(和解),是再正常不过的事情。根据最高人民法院发布的《中国法院知识产权司法保护状况(2016 年)》所披露的数据显示,在 2016 年,全国地方各级人民法院知识产权民事一审案件调解撤诉率达到 64.21%,二审案件调解撤诉率达到 27.44%。2020 年,最高人民法院知识产权法庭审结民事二审实体案件 1742 件,调解撤诉率为 36%(撤诉案件也多为在法庭主持下当事人达成和解而申请撤诉)。为何这么多案件以调解结案而非以判决结案?了解诉讼调解背后的独特优势,即可获得解锁秘密的钥匙。

处理的优先性

基层法院案多人少的矛盾比较突出,不少法官手头未结的案子少则数十,多则数百,如果按庭审程序走,案件开庭可能被安排在立案后较长的时间。如果双方当事人愿意调解,往往可以见缝插针,向法官申请提前到法院协商调解。法官一般情况下也会优先安排,早日结案,皆大欢喜。

执行的便利性

对于原告而言,调解最大的优势是可履行性强,相比于判决执行更加便于履行,因为当事人达成的调解协议是自愿妥协的结果。在有的诉讼调解中,还须以被告履行相应义务来作为签署调解的生效条件。在以小额赔偿或诸如商标转让之类作为和解条件时,还可以要求被告现场履行,如支付赔偿金或者现场签署商标转让协议(须立即去公证,且在调解协议中声明以商标转让合同公证为其生效条件)。

诉求的灵活性

调解经人民法院准许可以超出诉讼请求,因此,双方当事人诉求的表达与满足也相对比较灵活,通常会将与诉讼标的高度关联的事项一并纳入解决范围,有助于当事人将同一案件有关的争议一并解决,免去后顾之忧。

在调解过程中还可以提出一些程序上的要求。比如,被告需要将确认不侵权的调解书发送给多个经销商,且要求原件,那么可以和法官协商,给出多份调解书原件。

调解的终局性

只要调解过程不违反自愿原则,调解协议内容不违反法律规定,则当事人不能提起上诉(或再审),因而调解是一种终局式的纠纷解决方式,是双方当事人终结漫长诉讼的理想方式。事实上,调解结果的终局性也为法官所好,以调解的方式解决争议,可以避免错案,可以避免当事人找麻烦。

结果的安全性

有的案件双方争议较大,法官作出一审判决,容易出现上诉,调解也免除了当事人上诉从而遭遇改判的后顾之忧。有时候,二审法官在不同意一审判决结果时,也会积极促进上诉人与被上诉人进行和解,既避免了改判的问题(毕竟这对一审法官还是有影响的),又平和地解决了双方争议。

内容的秘密性

调解或和解达成的协议内容通常是保密的,不能对外公开。这是有些被告最喜欢的一点,特别是案件涉及的信息比较敏感时,保密是最佳的策略选择。不过,进行维权的原告(权利人)可能就不太喜欢这一点,他希望既拿到赔偿,又能去宣传。因此,不排除个别原告仅仅是通过调解来试探被告的底线。

成本的经济性

在法院"案多人少"的现实背景下,调解作为一种成本较低的纠纷解决方式,简单、快捷,一直受到法官的青睐,因为调解可以大大降低法官的办案负担,比如不用写判决书。越早达成的调解(如立案调解、庭前调解),越是受法官欢迎,因为这样节约的工作量越多。

此外,如果案件标的不大,而相比之下要耗费不少的司法资源;或者案件过于稀松平常,甚至单调乏味(比如使用他人图片侵权的著作权案件),法官都不愿意花费太多的时间开庭审理,这时,调解是很多法官的优先选择。

事实上,有的法官甚至非常热衷于促成调解。诸多调解结案的诉讼,委实离不开承办法官的"晓之以理,动之以情"的耐心劝解,甚至"威逼利诱"。对于阅案无数的法官而言,要找出当事人值得接受调解的理由,可谓信手拈来。有时甚至只需援引此前类似案件的判决结果,并透过这其中穿透而来的阵阵不乐观情绪,就可以直接消灭原告把诉讼进行到底的士气。

二、诉讼调解的达成

当事人同意调解的原因

当事人即使在诉讼请求上有所牺牲(比如,原告牺牲部分甚至全部赔偿请求),也同意诉讼调解,有着多方面的原因:

——诉讼和解能实现诉讼目标。诉讼本身只是策略手段而非最终目的,只要能够实现诉讼目标,自然不排斥达成和解(以调解方式达成),甚至和解还能创造双赢。

——诉讼结果的不确定性,让双方都存在败诉风险,谁也不能保证是最终的赢家。

——持续的诉讼成本开支太高,不如投入研发创新或营销活动。

——诉讼过程的复杂性、耗费时间的长期性,牵扯公司正常的生产经营。

——受制于对方对抗性诉讼反击的压力……

诉讼调解的时机把握

把握调解的时机是促进调解成功的一半。正确的时机,有助于己方在后续谈判中获取心理优势。一般而言,可根据案件的实际情况选择提出调解的时机,比如:

——对于己方能够实现财产保全的案件,提出调解的时机一般在完成财产保全之后。保全措施能让对方当事人的财产出现流动性障碍,此时提出调解可以占据谈判的有利位置。

——对于现有证据材料不利于我方的案件,应该以合理的方式提出庭前调解。对方在庭审前很可能不了解我方的证据准备情况,此时为了合理掩盖己方劣势,充分利用庭前信息不对称的条件,在庭审前提出调解。

——对于现有证据材料充分,但法律适用争议较大、判决结果难以把控的案件,最佳方案是在庭审完成之后再提出调解。通过庭审攻防可以让对方对裁判解决的不确定性有充分的了解。①

夏锋(时任霍尼韦尔北亚区首席知识产权顾问,2015年)指出,"刑事案件中的民事和解要考虑公安的态度,在公安阶段和解应当谨慎,因为这样会打击公安办案的积极性。在具体案件中可以刑事结果判断是否和解,同时不能让民事和解影响刑事判决的结果。"

调解方案:一揽子解决争议

和商务谈判一样,调解的谈判同样有赖于经验的积累。无论是法官主持下的调解,还是原告与被告在庭外的和解协商,通常都是数轮艰辛的协调谈判,你来我往的讨价还价。必须强调的是,要想调解结案,必须学会妥协,否则就很难达成"和为贵"。调解协议通常会就一些定性或用词进行激烈的争议,比如是否阐明侵权成立,是否可以用"补偿"代替"赔偿"字样,这时就需要一定的妥协。

调解方案如何制订,并无规则可循,只能因时因事,因地制宜。特别是对于被告而言,在考虑调解时,最好一揽子解决相关的争议,避免给当事人遗漏风险。调解前,最好了解和调查本案的背景,比如是否存在关联案件,是否存在未被原告发现的侵权事实,然后在调解时以适当的条款和措辞将这些风险消除。比如:

——免除其他的相同侵权事实

比如,被告可能在多种不同系列、不同规格、不同型号的产品上,使用了原告的知识产权(专利或商标),但是,作为一种诉讼策略,原告可能只是起诉了一个系列、一种规格或一款型号的产品,此时协商和解时,绝对不要只解决本案中争议的侵权行为,否则在和解之后,又会有一波知识产权侵权诉讼等着你,因此,必须一并解决所有的相同性质的侵权事实。

——消除可能发生的新诉讼

在一件商标侵权案件的开庭期间,原告公司的总经理不太会保守秘密,在庭审过程中一怒之下,对被告宣称:"你等着,我们还要告你们侵犯著作权"。这其实是一个商标案件,当然,这是一个图形商标。因此,在最后调解时,被告坚持要求原告必须书面承诺,不仅要撤回本案中的商标诉讼,还得保证不得就同一系争商标向被告提出任何知识产权诉讼(包括著作权诉讼)。

因此,在最后调解时,即使一度僵持不下,被告也始终坚持要求原告必须书面承诺,不仅要撤回本案中的商标侵权诉讼,还得保证不得就同一系争商标向被告及其销售商提出任何知识产权诉讼(包括著作权诉讼)。被告拒绝妥协的原因在于,

---

① 蔡金兰:《诉讼调解的时机把握与谈判技巧》,天同诉讼圈,2019-04-27。

它用以交换原告撤回商标侵权诉讼的法律筹码只有一个,必须抓住机会堵住所有可能的法律攻击。

——免除关联公司的侵权责任

上海的 A 公司因为在文化创意类产品上使用了原告 7 幅漫画作品,而被法院判决赔偿 35 万元人民币,要知道这 7 幅漫画作品其实是同一个简单卡通形象的系列造型设计,平均 1 幅作品被判赔 5 万元人民币,在中国当前赔偿力度普遍不大的司法实践中,已经算得上"巨额赔偿"了。A 公司后来也爽快地支付了赔偿,但是,A 公司的爽气并没有换来平安。

时隔一年后,它又被原告请进了法院,而且因为同样的漫画作品,同样的侵权产品。不过,严格讲,原告这次起诉的不是同一个被告,而是之前被告 A 公司的关联公司 B。其实,从法律上讲,A 公司和 B 公司似乎也不属于"关联公司",从工商登记信息来看,两家公司在名称(包括字号和行业描述)、法定代表人、股东构成、注册地址、产品品牌等方面,完全找不出任何法律上的联系,但实际上,他们又的确是同一家公司披的两个马甲,同一个老板,同一个运营团队,同一个实际办公场所。之所以如此运营,据说公司老板的定位是,A 公司主攻特许加盟店,B 公司主攻批发市场。

事实上,诚实的 A 公司在被判决侵权后,不仅立即履行支付了赔偿金,而且全面停产了侵权产品,并删掉了 A 公司网站上的侵权产品介绍。不过,A 公司忘记了自己还有另一个马甲 B 公司,虽然 B 公司也停产了侵权产品,但 B 公司网站上仍然有这个侵权产品的介绍页面。原告正是公证了这个网页,并将 B 公司"再"次送上了法庭。

显然,A 公司在执行赔偿时,没有趁机和原告讨论一下 B 公司的责任豁免问题。最后,B 公司不得不再次支付了 3 万元的赔偿金,换回一纸和解协议,这个时候,B 公司想起了还有一个马甲 C 公司,于是,在协议中要求原告"不再追究此前 B 公司及 A 公司、C 公司使用原告作品(而且不限于本案涉及的 7 幅不同造型的漫画形象)的责任"。[①]

调解结案的方式选择

调解结案的方式主要有两种:

一是双方当事人签署和解协议,并由原告向法院申请撤诉,法院出具准予撤诉的裁定,不载明和解协议内容。

二是双方当事人签署和解协议,同时法院出具调解书,调解书简要载明双方和解协议的内容。

调解前,须结合诉讼目的,对调解结案形式作出选择。比如,基于原告的立场,

---

① 袁真富:《诉讼和解方案的疏漏》,《中国知识产权》2014 年第 11 期。

因法院盖章的调解书简要载明了被告的侵权事实及解决方案,可用以威胁同行业的其他涉嫌侵权人,因此,倾向于要求获得调解书。

事实上,选择调解书的重要考量,即是其具有强制执行的效力,在一方不履行的情况下,另一方可以申请强制执行。比如,一方当事人未当庭完成给付且有违约、拖延履行等可能的,另一方当事人就应当倾向于要求获得调解书,以便将来申请强制执行。

#　第6编
知识产权组织管理

【导读】

◇ 公司知识产权管理的架构模式呈现出多元化、开放式的结构。以法务、研发、行政、营销、风控等导向的组织形态最为常见,其肩负的知识产权职能也不拘一格。应当通过知识产权价值可视化,提升知识产权部门能见度。

◇ 在管理层的支持下,厘清各部门的知识产权职责,并辅以适当的激励与考核机制,是推进公司知识产权工作跨部门协作的不二法门。公司知识产权业务不可能孤立运行,或多或少要与身处其间的知识产权生态系统发生互动。

◇ 文化是一种软实力,知识产权文化建设能够促进知识产权价值认同,进而助推知识产权工作开展。透过公司知识产权的物态文化、制度文化和行为文化的建设,最终塑造尊重知识产权价值、敬畏知识产权风险等心态文化。

第17章　公司知识产权管理架构

❖ 思维导图

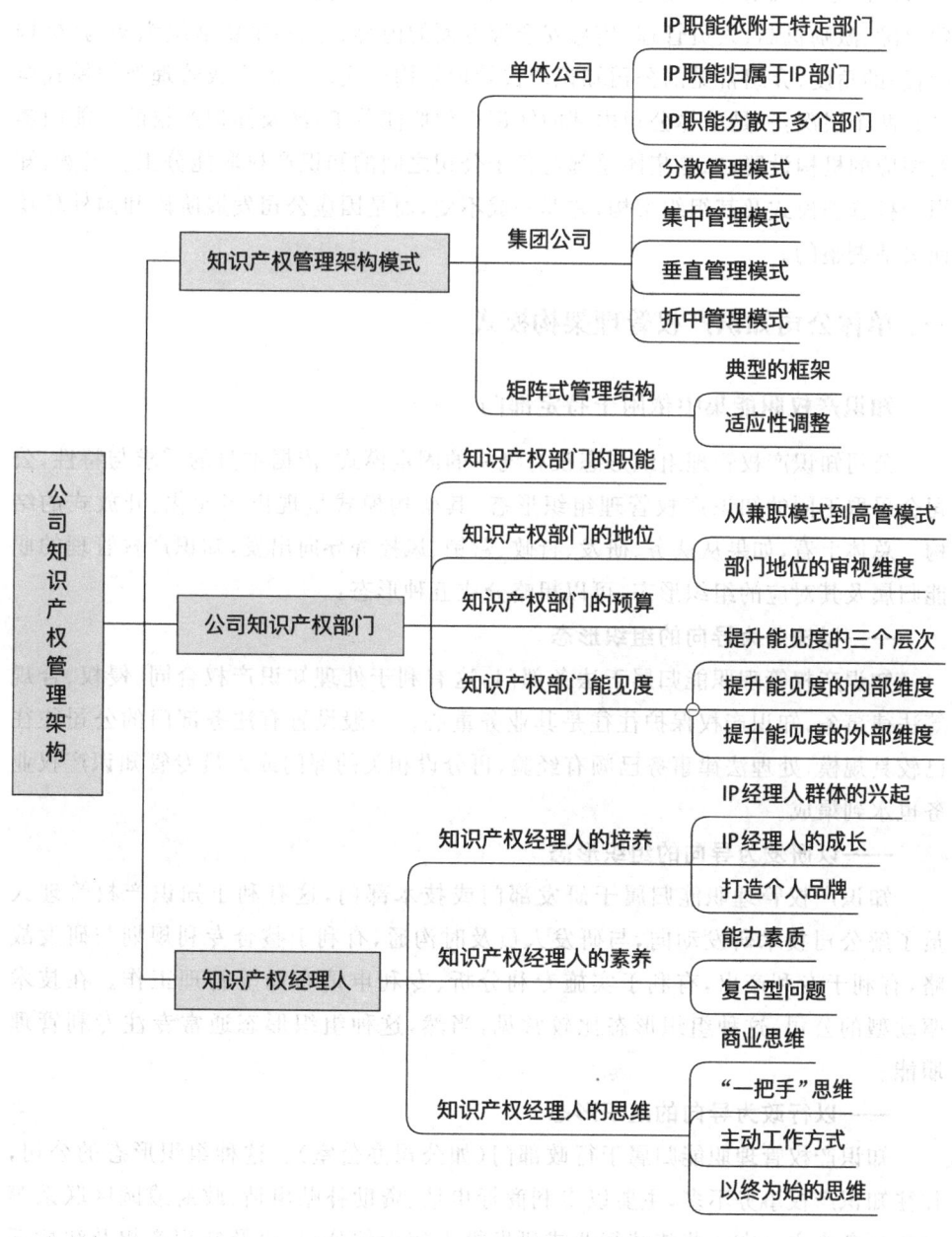

第1节 知识产权管理架构模式

知识产权管理模式是指公司对其知识产权进行管理所依据的各种有关制度和所形成的运行机制的总和,从广义上讲,它涉及知识产权的权利归属、组织架构、经费保障、激励机制、人员管理、信息安全等方面的内容。这些主要从组织架构(机构设置)的角度,介绍常见的公司知识产权管理架构模式。知识产权管理架构模式至少有两个层次:一是单体公司内部的知识产权职能分工,涉及知识产权的职能归属及相应的机构设置;二是集团总部与各子公司之间的知识产权职能分工。当然,知识产权管理模式及其组织架构,并非一成不变,而是因应公司发展阶段和内外环境而灵活调整的。

一、单体公司知识产权管理架构模式

知识产权职能集中依附于特定部门

公司知识产权管理组织形态没有统一的固定模式,依据本身的需求与特性,公司会采取不同的知识产权管理组织形态,其架构模式呈现出多元化、开放式的结构。总体上看,如果从法务、研发、行政、营销、风控等导向出发,知识产权管理的职能归属及其对应的组织形态,可以粗略分成五种形态:

——以法务为导向的组织形态

知识产权管理职能归属于法务部门,这有利于处理知识产权合同、侵权、合规等法律事务,知识产权保护往往是其业务重心。一般设置有法务部门的公司往往已较具规模,处理法律事务已颇有经验,再分设相关的部门或人员专管知识产权业务也水到渠成。

——以研发为导向的组织形态

知识产权管理职能归属于研发部门或技术部门,这有利于知识产权管理人员了解公司技术研发动向,与研发人员及时沟通,有利于整合专利规划与研发战略,有利于专利产出,有利于实施专利分析、专利申请布局等管理工作。在技术驱动型的公司,这种组织形态比较常见,当然,这种组织形态通常专注专利管理职能。

——以行政为导向的组织形态

知识产权管理职能归属于行政部门(如公司办公室)。这种组织形态的公司,往往知识产权事务不多,主要以专利商标申请、资助补贴申请、政府或园区联系等日常事务为主。在一些传统行业或研发投入较少的公司,以及知识产权及法律部门尚未建立的创业公司或中小企业,这种组织形态比较常见。

——以营销为导向的组织形态

知识产权管理职能归属于技术转移部门或市场营销部门，有利于了解知识产权的市场需求，有利于知识产权许可，以进行授权谈判、合同履行监督等管理工作。在一些专注知识产权运营的公司，会有这种组织形态的架构。此外，一些以商标事务为主的公司，也可能将知识产权（商标）职能放在市场营销相关的部门，仅仅是因为商标与品牌关联密切。

——以风控为导向的组织形态

知识产权管理职能归属于风控部门，侧利于控制公司业务体系的知识产权风险。东旭集团将知识产权风控中心设置于集团的风控总部下，由投资风控中心、融资风控中心、采购风控中心，以及重大项目的风控中心等几大核心部门构成风控体系。对重大的知识产权风控事项走董事长直报通道。这样的机构设置一方面提高了知识产权部门在公司的地位和话语权，同时也为知识产权工作与公司核心业务的深度融合提供了机会和平台。[①]

上述各种形态的知识产权管理组织形态，既各有优势，又各有缺陷。比如置于研发部门的组织形态，无法有效发挥全面管理知识产权的作用。而置于法务部门和营销部门的组织形态，又难以支持公司的研发活动。因此，有的公司会根据知识产权的业务重点，不断调整知识产权管理的组织形态。

总体上看，以研发、法务及行政为导向的知识产权管理组织形态较为常见。多数集中管理知识产权职能的公司，将知识产权职能统一划分在大法务体系、研发体系。对于知识产权人员不是很多的情况，也有寄放在总经理办公室、行政体系、财务体系等部门的情形。

知识产权职能独立归属于知识产权部门

随着公司规模的扩张，知识产权事务的增长，尤其是知识产权业务的专业性增强，一些大公司开始设置相对独立的**知识产权部门**，或与法务等部门合署，称之为"法律合规与知识产权部""知识产权与法务部"，系统整合了与研发、行政、法务、运营和决策有关的各种知识产权管理工作。当然，一些新近成立的科技公司，考虑到知识产权的重要性，在成立之初即建设有独立的知识产权部门。此种模式可提升知识产权业务的地位，但运营成本相对较高。不过，即使拥有"知识产权部"的名义，其独立性和业务范围仍然各有差异。

——处于不同层级的知识产权部门

有的公司的知识产权部门是与研发部门、法务部门平行的，独立性相对较强，甚至直接面向公司总裁或副总裁汇报工作，这些知识产权部门或者由法务部门分

---

① 张晓煜：《风控模式下的企业知识产权管理》，强国知产，2017-02-28。

离而出,或者从研发部门孕育而出。但有的公司的知识产权部门虽然名为"知识产权部",其实仍然隶属或依附于法务部、研发部等部门,层级并不高,也不直接向公司最高管理层汇报工作。腾讯公司主要创始人、法务系统的创建者**陈一丹**先生在讲座中谈道:2012年,腾讯公司第二次对公司业务架构进行调整,法务也进行调整,线下不再是法务部,是三个部门:首先是法务综合部,第二个是合规交易部,第三个是知识产权部。①

——管理不同职能的知识产权部门

有的公司的知识产权部门未必都能管理所有的知识产权业务。很多知识产权部门虽然拥有相对独立的地位,甚至有独立的预算,但可能主要管理专利、商标等知识产权申请、异议、无效、维持等非诉职能,并不涉及侵权争议解决等事宜。

可以预见,随着公司对知识产权的依赖性越来越强,关注度越来越高,未来很多公司,特别是科技型的公司,将会逐渐建立相对独立知识产权部门,以因应知识产权业务增长的需要。一些知识产权业务较多的大公司,虽然开始设置相对独立的知识产权部门,但逐渐倾向于采用矩阵式知识产权管理结构,后面再专门阐述。

知识产权职能分散隶属于多个部门

有的公司基于组织架构和业务特点的考虑,也会将知识产权职能分散。无论是否设置有独立的知识产权部门,其知识产权职能都有可能分散管理。典型的职能分散方式有:

——技术类 IP 业务与非技术类 IP 业务分散管理

一些研发投入较大、研发人员较多的公司会将专利、软件著作权等技术类知识产权管理职能隶属于研发部门,以全力支持研发部门的知识产权事务。而版权、商标等非技术类知识产权管理职能则隶属于法务、总裁办甚至党群等部门。专利事务与其他知识产权事务相比,某种程度上专业性更强、集中度更高、差异化较大,因此,即使是一些大公司在对待知识产权业务时,也会将专利与非专利业务分散管理。由于商业秘密的特殊性,涉及商业秘密的信息管控或物理管控职能在一些公司属于信息安全部门的职能范围。

——知识产权申请确权与法律业务分散管理

有的公司将专利申请确权业务交由研发部门或其下属的专利部门管理但包括专利在内的知识产权合同、侵权、合规管理等事务,仍然交由法务部门处理。因为研发部门的专利管理人员往往是技术出身,对纯粹的知识产权法律事务并不擅长。这导致知识产权在其生命周期的不同时期归属于不同的部门负责。

---

① 陈一丹:《法律创造价值——腾讯法务之道》,中南财经政法大学专题讲座,2014年4月18日。

——知识产权非诉业务与诉讼业务分散管理

有的公司将专利商标等申请、确权、合同等非诉业务交由独立的知识产权部门处理,但涉及侵权诉讼等争议解决时,又由法务部门主导。总体上,将知识产权非诉业务和诉讼业务进行了管理切割。

知识产权业务牵涉面众多,即使公司有独立性较强的知识产权部门,仍然需要将一些知识产权相关业务分散到各个部门协调支持或配合。比如,技术交底应当由研发部门完成,即使是专利评估也需要研发、市场、法务等各个部门的参与,但它们并不是知识产权业务的主管或专责部门。

二、集团公司知识产权管理架构模式

与单体公司相比,集团公司在创造协同效应、资源集中组织等方面具有独特的竞争优势。在大型的集团公司知识产权管理中,知识产权管理架构的安排很大程度上与其知识产权所有权架构有强烈的关联,[①]总体上看,如何解决集团总部与各子公司之间"集中管理"与"独立自主"的矛盾,是集团公司关心的重点。

分散管理模式

分散管理模式是集团及其各子公司各自管理其知识产权业务。比如,子公司对其研发成果独立进行价值评估,并委托专利代理机构,以自己的名义申请专利。在这种各自为战、完全独立的管理模式下,集团公司通常不要求控制子公司的知识产权所有权,也不直接经营子公司知识产权资产,各子公司负担各自的知识产权管理费用。当集团总部也有独立产生并管理的专利、商标等知识产权时,此种分散管理模式亦可谓**平行管理模式**,即集团总部与各子公司平行管理其知识产权,既不集中管理,也互不交叉。

此种管理模式的优势在于,知识产权管理模式简单清楚,便于与技术人员、专利代理师沟通,管理职责及费用分担等比较清晰。缺点在于集团总部与子公司各自为阵,有可能造成浪费资源,不能形成集中优势,各子公司知识产权申请质量及管理水平参差不齐。

集中管理模式

集中管理模式是将集团子公司的知识产权业务统一归属于集团总部统一管理。主要体现在知识产权申请、确权、运营(如转让、许可、作价入股)、诉讼等事务上集中到集团总部知识产权部门统筹负责。比如,子公司技术部门负责提交技术交底,集团总部知识产权部门审核后,负责统一委托专利代理机构处理专利申请事务,且以集团公司或行使总部管理职能的子公司的名义申请专利。

---

① 参见本书第 3 章第 2 节。

此种管理模式的优势在于集中控制知识产权业务，统一调配知识产权管理资源，相对于各子公司都建立知识产权部门或配备知识产权人员，该模式的管理成本相对较低。缺点在于集团知识产权部门远离一线，对子公司的实际生产经营情况不了解，与各子公司技术人员缺乏沟通，业务流程较长、决策效率不高。因此，集中管理模式适用于集团子公司不多或各子公司涉及的 IP 事务较少的情形。

从知识产权管理的角度来看，知识产权交由集团总部集中管理更有利于集团的统一发展。但是，考虑到现实情况又不得不取折中之道。比如，有的子公司在申请认定或维持高新技术企业资质或申请当地科技项目或园区项目等政府项目时，需要以自己的名义申请专利。如果知识产权权属均集中到集团总部，将不利于各子公司满足前述需求。

垂直管理模式

垂直管理模式即集团公司在集中管理的基础上，将总部部分知识产权管理人员外派到各子公司，但是人事关系及其考核晋升仍然保留在集团总部。[①] 这是基于集中管理模式进行的改进。

此种管理模式可以克服知识产权管理人员远离一线的弊端，但是总部与外派的知识产权管理人员距离较远，可能出现管理失控、人员懈怠的问题。不过，随着互联网远程办公及各类会议软件的兴起，在很多公司法务部或知识产权部门的人员分散各地办公的情形日益常见，此种弊端可以通过加强沟通和考核加以克服。

折中管理模式

折中管理模式即分散管理、统一协调的模式，具体而言，各子公司拥有相对独立的知识产权管理职能，但接受集团总部的统一指导、协调管理。比如，集团总部制定统一的发明人奖酬制度和核心品牌使用规则，并在各子公司执行，同时与下属子公司的知识产权部门保持业务上的指导甚至领导关系。有时，集团总部还会对一些核心品牌或核心专利掌控知识产权所有权及管理权限。四环制药集团知识产权管理即采用"集中＋分散"的模式。子公司设立专利事务部，集团知识产权部负责落实集团知识产权工作规划，管控并运维其知识产权资产。

折中管理模式的核心在于"折中"，所以在实践中表现形式必然丰富多彩。它可以根据集团总部的实际情况作出灵活的调整，既不要求高度集中控制，也不希望完全分散管理。具体执行的折中管理模式的优劣，主要与公司对知识产权管理的期望、知识产权管理的执行状况有关系。比如，子公司分散拥有的知识产权能否符合集团集中经营管理的需要，总部制定的知识产权政策制度或工作规划能否在子

[①] 浩然鸿鹄：《大型集团企业的知识产权管理模式探讨》，IPRdaily，2020-09-18。

公司落地等。在实践中,在后面阐述的所谓"矩阵式管理模式"其实也属于折中管理模式的组织表现。

集中管控"强"与"弱"

无论是集中管理、垂直管理,还是折中管理或矩阵式管理,集团总部都需要或多或少对各子公司的知识产权事务进行管控。虽无固定的管理模式,但从集团总部的管控角度,有强弱之分:(1)强管控模式:虽然知识产权管理呈分散化的形态,但知识产权权属、诉讼等核心事务的主导权仍然掌握在集团总部。(2)弱管控模式:知识产权主要业务分散在子公司管理,集团总部主要进行制度协调或业务备案管理,不太介入具体的业务执行。

比如,某集团采用"分散管理、统一协调"的架构模式。在分散管理方面,知识产权权属和运营(如转让、许可、作价入股)等事务,尤其是权属归属和日常管理(如代理机构的选择、专利年费缴纳)等仍然由集团总部和各子公司各自管理。原则上按照"谁研发、谁所有、谁管理、谁利用"的基本原则进行管理。在统一协调方面,由集团总部来统一协调集团的知识产权事务,包括知识产权管理制度统一设计(申请制度、专利分级标引、专利淘汰制度等)、知识产权诉讼事务统一协调、子公司知识产权资产备案、子公司知识产权代理机构统一备案等。此种管理模式即为弱管控模式。当然,等时机成熟后,亦可调整为强管控模式。

三、矩阵式知识产权管理结构

矩阵式知识产权管理结构的典型框架

前述单体公司的几种知识产权管理职能归属及其组织形式,主要属于直线职能制组织结构,信息传递具有纵向的特点,难以胜任公司内部信息畅通与共享的要求。由于知识产权部门本身往往并不产生知识产权,需要与研发部门、营销部门等职能/业务部门互为依靠,互为支持,才能发挥最大化作用。因此,公司在规划配置知识产权部门时,应当从组织层级的设计上,保障知识产权部门的权限范围或人员配置能够触及公司各项经营机能,以有利于整合与研发、行政、运营和决策有关的各种知识产权管理职责。

为加强部门之间以信息为纽带的横向协调,一些知识产权业务较多的大公司逐渐倾向于**矩阵式知识产权管理结构**,即在公司内部设立独立的知识产权部门(如知识产权部),并通过向其他职能/业务部门派驻知识产权人员,或在其他职能/业务部门设置专利工程师或联络人员等方式,与各职能/业务部门建立联络关系,从而支持整个公司的知识产权活动。比如,**赵杰**(比亚迪股份有限公司知识产权及法务处总经理,2021年)介绍到:"比亚迪拥有一支百人规模的知识产权工作团队,其中既有设立于集团层面的专职知识产权人员,也有分布于各产品事业部的专利工程师。专利工程师组织各事业部进行专利挖掘和专利申请,专职知识产权人员依据提报的方案给予风险评估、申请意见及保护策略指导,双方相互配合,成为企业知识产权合规、保护和管理的主力军。"①

典型的矩阵式管理结构框架设计如图 17-1 所示。在这种架构下,在公司领导或决策层设置独立的知识产权部门,与研发部、法务部、营销部、人力资源部等职能/业务部门比肩而立,直接面向公司最高领导层负责。同时,在研发部、法务部等与知识产权联系较为紧密的职能/业务部门,设置专职或兼职的知识产权工作人员,这些工作人员由知识产权部和其他相关部门双重领导,起到知识产权部门与其他职能/业务部门信息沟通的桥梁作用。

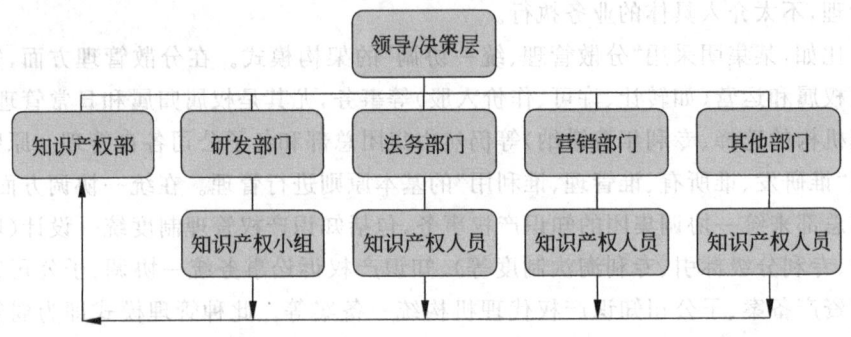

图 17-1　知识产权部门的典型框架设计

必须指出的是,知识产权部门只是集中处理知识产权事务的组织机构,但在一个组织体内,不能认为只有知识产权部门的人员才应该关心知识产权问题。"事实上,市场营销和产品策划人员、工程师和产品设计人员、产品推广和广告宣传人员都应该高度重视知识产权。更不必说,公司董事会、首席执行官、首席财务官、公司和其他经理人员必须要对知识产权有充分的了解并给予高度的关注。"②

矩阵式知识产权管理结构的适应调整

前述典型的矩阵式知识产权管理结构只适合于知识产权事务比较多,知识产权管理人员也比较多的大型公司,对于中小企业或知识产权事务相对较少的大公司而言并不合适,因为设置独立的知识产权部门需要较大的运营成本和管理成本。

根据公司的组织架构和实际情况,可以在前述典型框架设计的基础上,进行调整,以适合公司各自专利等管理工作的需要。比如:

——省略独立的知识产权部,在领导/决策层下面设置一个松散性质的知识产权领导小组(或委员会)。由公司正职或副职领导兼任知识产权领导小组组长,负

---

① 赵杰:《比亚迪基于绿色战略发展的知识产权合规管理实践》,《深圳法治评论》2021 年第 3 期。
② [美]亚历山大·I.波尔托拉克、保罗·J.勒纳:《知识产权精要》,英文版序二,中国人民大学出版社。

责管理公司总体的知识产权事务或重要的知识产权决策,比如专利发展目标、职务发明奖励、专利制度制定等。尤其是公司知识产权战略的实施,需要实行高度集中、高效能和比较稳定的指挥,所以,应该设立知识产权领导小组,直属主管知识产权的相关公司领导。

——在公司各具体职能/业务部门(比如研发部门、法务部门)中设置知识产权小组或安排知识产权人员。其中,根据公司的具体需要和发展重心在某一个职能/业务部门(一般是在研发部门或法务部门)里面设置一个知识产权工作小组,集中负责和执行公司的知识产权事务。比如,在技术研发占据重心的公司,可以在研发部门设置知识产权工作小组,全面负责专利信息检索、专利申请、专利维持、专利淘汰等事务,同时也协助或参与法务部门、营销部门、人事部门等处理知识产权侵权争议、知识产权许可、知识产权培训等与知识产权相关的事务。在这种架构下,法务部门、营销部门等其他部门可以不设置专职的知识产权专业人员,但在各种工作会议和相关活动中,尤其是与知识产权可能有关的事务中,应当邀请研发部门知识产权工作小组的工作人员参加,以整体把握、全面推进,并适当调整知识产权战略等知识产权工作的开展实施(如图 17-2 所示)。

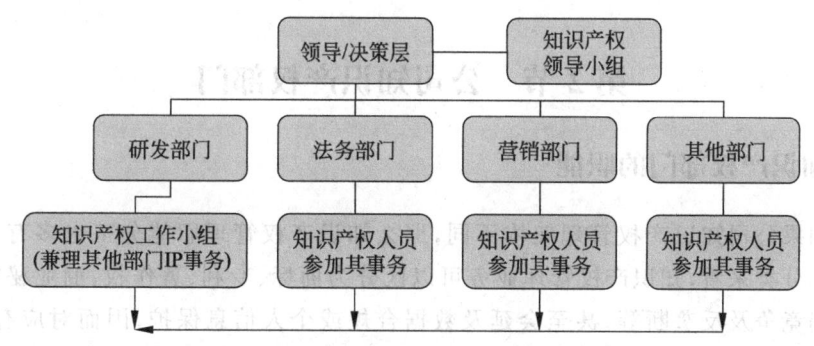

图 17-2 调整后的知识产权部门设计

集团公司的矩阵式管理模式

集团公司仍然可以采用矩阵式管理模式,即各子公司配置的知识产权管理人员在行政上隶属于各子公司管理层领导,在业务上受到集团总部知识产权部门的管理及指导,由子公司相关部门负责人及总部知识产权部门双重考核。以专利申请为例,子公司的技术交底书和专利申请文件由子公司知识产权管理人员审核后,再由集团知识产权部门复核,然后由子公司知识产权管理人员委托专利代理事务所处理。子公司及其知识产权管理人员拥有诸多自主权,集团总部知识产权部门主要发挥监督与质量把控的作用。[①]

---

① 浩然鸿鹄:《大型集团企业的知识产权管理模式探讨》,IPRdaily 2020-09-18。

◇ **公司瞭望：中粮集团的知识产权组织架构**

中粮集团分为三级组织架构：集团层面负责资源统筹、战略布局和项目管理；资产层面负责特定业务模块的运营和管理，目前业务模块主要是食品板块、粮油板块、地产板块和金融板块；执行层面负责具体公司、项目或者利润点的经营和维护。三级组织均有法务部或法务团队。知识产权部处于集团层面，负责知识产权战略的草拟，整合内外部力量形成知识产权体系性的保护网络。顶层的位置，专业的团队，科层化的法务梯队支持，为知识产权部发挥业务主导作用奠定了基础。但底层法务的知识产权运营素质偏低，三级结构带来的信息传导失真，知识产权部在集团层面与其他平行部门的协调成本过大，无不挑战着中粮知识产权法务的智慧与能力。

——来源：周多（中粮集团高级法律顾问）：一流的知识产权法务应该是怎样的？，IPRdaily，2016-08-25。

第2节 公司知识产权部门

一、知识产权部门的职能

如果公司知识产权管理架构不同，那么知识产权管理职能分工也多有差异。从法律分类来看，知识产权管理业务可以区分为商标、专利、著作权、商业秘密、反不正当竞争及反垄断等，甚至会延及数据合规或个人信息保护，因而对应有商标组、专利组、版权组和综合组等部门内部设置。当然，有的公司是按技术领域、业务部门划分对应的知识产权工作组。从最全面的角度审视，知识产权部门[①]的职能主要涉及以下方面：

——**战略规划**：根据公司发展目标及竞争环境等因素，制定并实施公司知识产权战略，并持续优化；建设并改进知识产权管理体系，统筹规划公司（及子公司）的知识产权规划和布局，协同公司和业务、产品、技术负责人，完善专利商标策略和相关工作规划等。

——**部门管理**：制定知识产权部门发展规划、年度工作目标和计划，制定部门工作分工、年度预算，做好绩效管理。组建并管理知识产权团队，统筹规划并指导部门知识产权相关的各项工作的开展；做好人才引进和培养计划，开展职业规划、提升团队能力、激励员工成长等。

---

① 本节的知识产权部门，泛指行使知识产权管理职能的部门，包括但不限于知识产权部、法务部等。

——**制度建设**：建立健全公司知识产权管理相关的制度，完善知识产权管理标准和流程。比如，完善公司知识产权考核及奖励制度并予以实施，制定专利管理办法、专利申请流程管理办法、职务发明奖酬办法等。

——**权利管理**：负责专利、商标、著作权等知识产权申请、登记、续展、维持、淘汰等事务，负责商标异议、审查意见答复、专利复审、专利及商标无效等管理工作；负责专利流程管理和负责专利质量管理等。基于公司管理和业务需要，进行专利挖掘、负责专利申请文件撰写，提案评审、全球化专利布局，加强研发成果及公司知识产权资产管理，理顺集团内部知识产权归属及使用规则等。

——**业务支持**：跨部门沟通协作，支持业务部门及行政支持部门的知识产权管理或活动开展；协同研发部门完成专利检索与专利分析，提供有效建议（风险提示、规避意见、无效策略等）；负责并购、收购、重组、投资或项目合作等业务的知识产权风险调查、评估和防控，负责IPO过程中的知识产权管理等。

——**经营管理**：推进知识产权收储、运营和许可，负责知识产权有关的谈判、交易等工作，实现知识产权价值。负责处理知识产权转让、许可、质押以及价值评估等事务，尤其是起草、签订并监督执行相应的合同；负责知识产权相关项目的申报，负责公司政府扶持项目申报、答辩及后续跟踪事务等。

——**风险控制**：开展研发项目的专利风险评估，负责商业秘密与信息安全管理等。负责FTO分析，规避和管理知识产权风险；协助技术团队为产品提供开源合规等解决方案；负责合同中知识产权条款的审核；打造知识产权维权保护和侵权防控体系；软件正版化合规管理及各个业务环节的著作权风险管控；关注竞争对手及行业的知识产权动向，提供知识产权相关的风险预警和专业建议等。

——**争议解决**：负责商标、著作权等领域的打假维权工作，向侵权人寄发侵权警告函；处理他人的侵权指控，负责知识产权权属、侵权诉讼事宜，进行与知识产权有关的调解、仲裁等；协助律师事务所等进行知识产权诉讼证据收集或应诉工作等。

——**海外风控**：组织进行海内外专利、商标申请和布局；防范海外展会或上市的知识产权风险，进行海外风险预警与保护；评估与管理国外专利代理机构，负责全球范围内各类知识产权纠纷、诉讼等争议处理等。

——**合作管理**：专利、商标、著作权等代理机构、评估机构及律师事务所等服务机构的筛选、评估、协调和沟通；参与供应商、经销商等合作伙伴的知识产权管理和生态建设。

——**对外交流**：组织或参与各类知识产权研讨会议，加强与行政机关、司法机关、立法机关以及行业组织等的沟通和协调，尤其是负责与国家及地方知识产权主管部门各项对接工作。

——**信息管理**：管理研发记录、技术交底书、知识产权合同、广告宣传证据、权利证书等相关信息或档案查阅、更新、管理等。建立完善专利信息数据库，掌握知识产权相关的行业动态,以及政策法律案例更新,并推进公司知识产权信息系统建设。

——**培训提升**:制订和有序开展知识产权培训计划,通过举办讲座、印发资讯等方式,培育员工的知识产权意识;培养员工专利检索、技术交底撰写、专利识别等业务技能。通过举办活动,开展知识产权文化建设等。

——**其他事务**:不在上述范围内的、与知识产权相关的各种业务或事务。

经过一番仔细梳理,可以发现知识产权管理工作的涵盖面十分丰富,当然,并不要求所有的知识产权部门都应完全具备前述职能,根据公司发展阶段、业务模式、战略规划等具体情况,并结合行业特点、竞争状况等应当有所侧重,所谓"有所为,有所不为"。此外,有的职能可以分散给法务部门、营销部门集中处理,知识产权部门仅协助执行即可。对于很多知识产权事务,知识产权部门应当与研发部门、营销部门、人事部门等部门进行良好的沟通和配合,否则难以实行。

◇公司瞭望:知名公司的知识产权部门职能

华为大中华终端法务部团队负责知识产权、营销、消费者权益保护、政企、隐私、竞争、人力、零售、电商等专业领域的合规工作,处理知识产权纠纷、危机事件、法律争议,参与业务领域立法、法律解读工作,并负责完善大中华区业务的合规赋能体系等。

微创医疗知识产权与法务部统筹管理集团及其子公司的知识产权与法务工作,知识产权工作包括知识产权战略与规划、知识产权申请与布局、知识产权风险识别与控制、知识产权维权与诉讼、知识产权运营、知识产权宣传与培训以及知识产权政府项目与资助。在知识产权运营方面,团队统筹管理集团及子公司投资并购、产学医研、技术引进、投后管理等业务,具体涉及IP尽职调查、价值评估、专利许可转让和产业化等工作。

富士康工业互联网-法务与知识产权团队负责对公司日常事务以及项目进行法律支持和业务咨询,协助处理公司及关联企业重大诉讼及仲裁案件;负责处理公司国内外企业合规相关事宜,就海内外各类合规事宜提供法律支持,对相关业务部门进行合规培训;对公司投资、融资项目提供法律支援、对证券类业务提供法律支持;对公司知识产权的整体目标、经营模式、经营策略、加值运用以及对外攻防等,负责策略研究、制度制定和监督执行。

腾讯音乐知识产权及诉讼维权团队下设知识产权业务团队、维权业务团队和诉讼业务团队,知识产权业务团队负责集团专利、商标、著作权、域名、商业秘密等各项知识产权的授权确权、许可及运营管理;维权业务团队负责集团各项知识产权的监测和保护;诉讼业务团队负责集团争议解决法律事务。

贝壳集团法务中心-商标及版权部主要负责集团范围内(含下设各子、分公司、事业线)的商标、版权基础保护和处理侵权、维权事务、确保集团公司的知识产权免遭不可控的风险、为公司的合规治理及经营发展提供知产方面的管理与保护措施。商标及版权部下设知产事务组和维权组，主要工作职责包括：搭建集团和各条业务线的知识产权体系，建立和完善知识产权制度；处理商标、版权、域名相关的基础保护和管理维护工作，包括但不限于申请登记、日常监测、流程处理等工作；处理商标、版权、域名相关的谈判、购买、许可、转让、质押等知识产权运营工作等。

京东集团法律合规与知识产权部负责日常运营法律支持：草拟、修改及审核合同文本，商务谈判；运营规则、营销规范的审核；法律培训；合同原件的存储、管理、调取；业务及交易模式创新和升级评估；客户投诉及行政处罚案件应对处理；履约纠纷和重大争议的诉前解决及跟踪管理；关注行业法律、法规动态，法律研究，同步新规适用；投资并购、诉讼联动支持；公司知识产权申请、维护支持。

——来源：《2021年中国优秀企业法务团队TOP50》，知产力，2022-01-21。

二、知识产权部门的地位

知识产权部门进阶：从兼职模式到高管模式

绝大多数公司不可能一蹴而就，直接设置知识产权部门，并赋予丰富的知识产权职能。通常会经历一个过程，可以概括为几个模式：

——**兼职模式**。通常是公司在某个非知识产权的岗位上要求应承担某些知识产权职责。这种情形下管理人员往往是兼带从事专利、商标申请及相关的流程类、碎片性事务。初创公司即使重视研发投入，也很少做到刚成立就配备专职知识产权人员，更不用说配备知识产权团队了。

——**专职模式**。公司设置有专门的知识产权职位或岗位，赋予其知识产权职务、职权和责任。专职的知识产权经理人能够更好地将知识产权事务嵌入到公司业务体系之中。

——**团队模式**。公司建立有知识产权团队，并分化出不同的知识产权职位或岗位。比如，在法务部建立一支知识产权团队，有的负责知识产权申请确权等事务，有的负责打假维权及争议解决等业务。在2021年，作业帮法务团队在15人左右，其中知识产权团队5人，主要负责集团商标、专利、著作权全流程工作。

——**部门模式**。公司建立有专门的知识产权职能部门，并拥有知识产权部门负责人(经理、总监或部长)。比如，在法务体系下设置知识产权部，甚至设置独立的知识产权部门。正大天晴知识产权中心由三个部门组成，由副总裁级别直属管理，承担集团公司全部知识产权业务，知识产权中心共有专利工作者29名。

——**高管模式**。公司在决策管理层设置有知识产权高级管理人员，比如设置有首席知识产权官(CIPO)、知识产权副总裁、专利总经理、总法律顾问等(当然，高管的职务头衔也有虚实之分)。此时该公司的知识产权业务通常已具有较高的地位,亦建立有专门的知识产权部门或团队。微创医疗知识产权团队由知识产权副总裁领导,团队有30名资深的专业人员组成,其中负责知识产权的员工共15人。

知识产权部门地位的审视维度

总体上讲,在创新投入较多、技术竞争激烈、知识产权数量较多的公司,知识产权部门的地位通常也比较高。但具体衡量一个公司的知识产权部门是否拥有较高的地位,可以从以下方面审视:

——**位阶**:向谁汇报工作。知识产权部门负责人是向谁汇报工作,接受谁的考核?直接向管理层(副总裁等)汇报工作,与直接向法务或技术部门负责人汇报工作,显然表明了知识产权部门的地位高低不同。四环制药知识产权部即由集团董事长直接领导,实施知识产权一把手工程。通常,知识产权部门位阶越高,距离最高管理层越近,越有利于与公司管理层的沟通,并影响公司知识产权决策,其地位当然越高。当然,只有知识产权在公司的地位和作用日益突出和明显,才有可能,才有必要成立相对独立且层级较高知识产权部门。

——**体量**:团队数量规模。知识产权团队人员数量,最直接表明了公司知识产权业务多少及重要程度。华为法务部成立于1995年,截至2015年年底,全球法务部员工共计500多名;其中,包括近300名知识产权员工和200多名法律员工(约140名本地外籍律师);知识产权部在北京、上海、南京、北美、欧洲设有分部。当然,数量不是绝对的,因为有的公司倾向于将知识产权业务外包给服务机构,导致内部知识产权人员规模相对较小。

——**财务**:预算独立性。知识产权管理需要支出许多成本,包括人事薪资、办公成本、知识产权申请费用、维护费用、调查费用、律师费用、专家费用等。知识产权部门的有效运行必须依赖经费保障,否则整体性的知识产权管理活动,在公司内部难以广泛而深入地推展。有的公司知识产权部门拥有独立的财务预算,有的公司对案件没有独立的预算,需要临时申请,比如当发现侵权行为后,临时向业务部门或管理层申请案件预算。当然,即使有独立的财务预算,也要看这些预算的资金量有多大,以及预算覆盖的范围有多大。

——**财务审批权限**。这是衡量公司知识产权部门地位的另一个观察指标。比如,有的公司知识产权部门负责人可以独立决定100万元的业务支出,但有的负责人仅能独立审批2万元以内的事项,超出的则要层报上级审批。

——**部门营收能力**。虽然知识产权部门通常被定义为成本中心,但也要合理运用知识产权实现收益,包括收取许可费、获得转让收入,或者通过知识产权质押、知识产权入股等方式实现筹融资金。有的公司知识产权部门能够通过诉讼索赔等方式展示自己的营收能力。比如,华录百纳风控法务中心在2021年通过诉讼、仲裁等法律程序和谈判,帮助北京华录百纳公司作为原告/申请人取得9902万余元的胜诉支持结果,其中实现回款4351万余元;避免对外承担责任约5469.08万元。这显然可以提升该等公司知识产权部门的话语权,并争取更多的财务预算。

——**业务嵌入及支持情况**。如果知识产权部门能够嵌入公司业务流程,支持业务部门降低或控制风险,有效达成工作目标,甚至实现公司的战略目标,那么知识产权部门更能赢得尊重。

三、知识产权部门的预算

预算有据可依

知识产权部门与财务部门之间重要的工作交集是预算管理,因为部门预算通常需要财务部门审核通过。知识产权部门应当制订详细的工作计划,并根据工作计划列明预算,让预算有据可依。预算投入到哪里?包括人力成本支出、设备采购、软件配置、数据采集、发明奖励、专利申请及维持费用等。预算要细化到具体项目(如培训费、邮寄费用、差旅费),有的公司知识产权部门把一年要寄多少份快递都计划清楚,然后据此列上快递费的预算。

通常来讲,除了人力资源成本(工资、社保等),公司与知识产权有关的预算(业务成本)包括六个部分:[1]

——获得和维持知识产权产生的费用,包括因申请、答复、维持、续展、异议、无效、复审、变更、检索分析、翻译等产生的官方收费和中介服务费用。

——购买或使用他人知识产权产生的费用,包括购买专利或商标许可、软件购买或正版化、技术服务费等。

——与知识产权相关的员工激励费用,主要是针对发明人或成果转化人的奖励和报酬。

——购买知识产权数据库或管理工具的费用,包括专利数据库购买或使用费、知识产权管理系统建设及维护费用、年费管理软件购买或使用费用等。

——知识产权打假维权、争议解决产生的费用,包括调查取证费、公证费、诉讼费、律师费、服务费、咨询费、赔偿金等。

——其他费用。包括与知识产权事务或业务有关的各类项目申报费用、荣誉申报费用、媒体费用、保险费、培训费、会议费、差旅费、邮寄费、办公支出等。如果公司有知识产权运营业务,还涉及与运营有关的支出。

预算保持适度

制作预算应当与公司发展阶段相适应,具有合理性。比如,预算与公司业绩增

---

[1] 参见国家知识产权局知识产权保护司编写:《企业知识产权保护指南》,知识产权出版社2022年版,第73~74页。

长相适应,一般不超过公司的业绩增长。同时,也要保持一定的前瞻性,不能只限于专利申请,预算可以稍有冗余。

王飞(上海连尚网络科技公司知识产权总监)认为:每个企业的专利投入有高有低,但大体上都与收入、利润、研发成本、研发人员数量这几个数据相关。专利布局的基础目的是竞争,所以在确定预算之前,建议看一看同行公司的布局情况,在此基础上确定自己的专利预算。可以参考以下两个值:一是专利投入与研发投入的比例;二是产品研发人员人均专利数量。[①]

预算分类制作

有的公司知识产权部门才十余人,但一年的财务预算高达几千万元,这很容易受到财务部门的"刁难"。事实上,预算的大部分都是支持专利申请费用、专利年费缴纳、专利检索分析、知识产权诉讼等业务费用。因此,为方便财务部门审核,不至于财务的"大刀"一砍,发生"误伤",应当将预算分类单列。

——知识产权部门运行预算,包括员工工资福利、培训支出、差旅费、日常办公支出等。这部分预算相对稳定,可预见性较强,可控性较好。

——知识产权业务支持预算,包括专利申请费、专利年费、检索分析费、专利奖励、打假调查、侵权诉讼,以及相应的服务费等,这些费用其实主要是支持研发体系或市场销售体系的支出。有些费用可以与相关部门一起分摊,如专利申请费用可以摊到研发费用中去,奖励费用可算入人事行政部门的预算。

——知识产权风险准备金。主要是被动面对争议解决时需要用到的预算,比如被诉著作权侵权、专利被请求宣告无效、商标撤三争议等。这需要根据当前业务潜在的法律风险进行预估。

◇**业界声音**

王晓丹(时任深圳市大疆创新科技有限公司副总裁,2018年)指出:一个知识产权部门预算再多,也是有限的,要把钱花在最核心的业务上。比如,我们会根据专利的创新程度做一定的分级,不可能所有专利都一视同仁对待,第一档是最好的专利,找相对比较好的代理所来写,专利布局的国家多一些;如果只是一个很小的创新点,那在中国布局专利就行了,找一个相对便宜的代理所来写。做好分级管理,可以更好利用资源。

——来源:2018浦东企业总裁知识产权高级研修班演讲发言。

---

① 林炮勤主编:《IP之道2——中国互联网企业知识产权实践集结》,知识产权出版社2022年版,第25页。

四、知识产权部门能见度

提升知识产权部门能见度的三个层次

借用丹尼尔·戴扬（Daniel Dayan）对"社会能见度"的分析[①]，可以认为，**能见度**（visibilit，又称可见性）是指能否被看见、能否被注意到，以及获得的注意力是否达到一定规模。提升知识产权部门的能见度涉及三个层次的内容：

——"能否被看见"，即是否拥有被看见的内容或条件，且被呈现出来。前述知识产权价值或业绩可视化的作用之一，就是让知识产权部门拥有被看见的内容或条件。当然，知识产权价值可视化并不是知识产权部门"被看见、被注意到"的唯一路径。

——"能否被注意到"，即被呈现出来后能否进入目标对象的视野、被关注到。提升知识产权部门的能见度，就是让公司上上下下、内内外外，尤其是公司管理层或政府主管部门看见公司知识产权的价值，看到知识产权部门的业绩。大多数情况下，提升能见度是面向公司内部（主要是管理层）的，但有时也可以面向外部（如政府主管部门、媒体或同行）。

——被关注的程度是否"达到一定规模"。为了收获更多的注意力，有必要采取更积极的措施，创造更多的机会，来促进知识产权价值的可视性，提升知识产权部门的能见度。

提升知识产权部门能见度的内部维度

——**抓住做原告的机会**。如果知识产权部门能够抓住公司做原告的机会，做成一些成功的大案和要案，或利用杀手级专利狠狠地打击竞争对手，如通过侵权诉讼遏制竞争对手的 IPO 计划，必然会提升管理层对知识产权部门的重视度。

——**借助知识产权危机**。有时候，公司被他人起诉其实也是一次"被看见"的机会。如果公司一直不打官司，没有争议，没有刺激，老板（以及其他部门领导）可能就会慢慢忘记知识产权部门的存在。因此，知识产权部门不妨需要来一场"战争"，无论是做原告还是做被告，都可以在老板面前刷一下存在感。

——**借助主管领导视察**。如果能邀请政府领导到公司视察、指导知识产权工作，不仅能证明公司知识产权部门的业务能力或影响力，也能提升管理层对知识产权的价值认知。

——**契合公司战略愿景**。如果知识产权能够契合公司的战略愿景，支持公司的战略发展，自然会提升知识产权的价值和地位。比如，公司计划登录科创板上市，但公司的发明专利在数量和质量等方面须满足科创板上市的"科创属性"要求。

[①] Daniel Dayan. Conquering Visibility, Conferring Visibility: Visibility Seekers and Media Performance. International Journal of Communication, vol.7, no.1, 2013. p.139.

如果知识产权部门能够及时为公司决策管理层提供发明专利储备与布局的支撑，那么也会得到管理层很好的反馈。

——**邀请公司领导参与**。知识产权部门在建设知识产权文化、举办知识产权重大活动时，要积极争取公司领导的认可，得到公司领导的支持，邀请公司领导的参与，尤其是最高领导的认可、支持与参与，对于提升知识产权部门的能见度将发挥关键作用。

——**传递知识产权资讯**。行业内影响重大、巨额赔偿的知识产权诉讼，往往会对公司管理层造成很大的震动。因此，可以将值得管理层关注的公司内外资讯，包括业内重大诉讼、国家重要政策、公司知识产权动态、竞争对手知识产权信息等，透过专报、月报等方式传递给管理层。比如，针对高层定制专利工作月报，在推送专利月报过程中，可以通俗易懂地介绍一件本月完成的典型专利申请，使高层逐步了解专利保护的内容，与其业务的关联度等。①

——**知识产权内部培训**。知识产权培训要契合到公司培训体系中，例如新员工入职培训、新晋管理干部培训、技术骨干晋级培训当中。当然，也应积极主动，适时开展各类定制的主题培训或特定主题的宣贯培训。要借助知识产权内部培训，提升知识产权价值的认知度和知识产权部门的能见度。

◇**业界声音**

刘光华（欢聚时代知识产权总监，2017年）认为：专利培训具有一种社交属性，是连接专利部门与其他组织的重要纽带。专利培训并不仅仅是一种教育工作，也不仅仅是专利流程、信息的衔接，它还是专利情怀和专利理想的连接，是一种让不同组织基于专利产生共同认知、达到琴瑟和鸣的渠道，用时髦的话说，是一种社会化营销活动。专利部门需要通过专利培训这种营销推广，让专利信息在公司的所有组织体内进行顺畅的流转，从而打通公司专利管理的任督二脉。培训的最终目的是传播理念、传授知识、讲解流程、疏通渠道，综合运用各种渠道来进行广泛传播，提高培训的影响力，会起到事半功倍的作用。

——来源：柯晓鹏、林炮勤主编：《IP之道》，企业管理出版社2017年版，第13～19页。

提升知识产权部门能见度的外部维度

借助政策资源、社会资源，比如被评选优秀知产经理人/优秀法务团队，或受聘为高校特邀研究员，也是提升公司知识产权部门能见度的一种方式。比如，虎牙直

---

① 赵刚：《公司专利工作的逻辑与价值》，载柯晓鹏、林炮勤主编：《IP之道》，企业管理出版社2017年版，第208～214页。

播法务合规部在2021年通过荣誉奖励、对外交流等方式,扩大团队外部影响力,最终提升虎牙公司认可度、美誉度和知名度。2021年团队共计参加对外大中型活动10多场,获得外部荣誉奖励20余项。

通过新闻报道公司知识产权动态,获得各类知识产权相关荣誉,进入各类知识产权有关的排名,入选各类知识产权十大案例,发表知识产权会议主题发言等,都可以视为从公司外部提升内部知产部门能见度的方式。

第3节 知识产权经理人

一、知识产权经理人的培养

知识产权经理人群体的兴起

"十三五"期间(2016—2020年),全国知识产权人才队伍快速壮大,达到69万人。《知识产权人才"十四五"规划》提出到2025年,知识产权人才队伍规模超过100万人。知识产权人才可以分为企业知识产权人才、知识产权服务人才、知识产权行政管理人才、知识产权审查人才、知识产权师资人才等。其中知识产权服务人才对应的服务业又可以划分为知识产权代理服务、知识产权法律服务、知识产权信息服务、知识产权商用化服务、知识产权咨询服务、知识产权培训服务等六大服务门类。[①]

本书基于公司知识产权管理的视角,主要关注企业知识产权人才,业内常以**"知识产权经理人"**代指,即在企业中从事知识产权工作的人员,在实践中有不同的层级和称谓,如知识产权专员、经理、总监,甚至总经理、副总裁等。从角色上区分,知识产权部门的工作人员通常有部门负责人、知识产权法务人员、知识产权(专利)工程师、流程事务人员等角色。

2015年版《中华人民共和国职业分类大典》在"经济与金融专业人员"类下增加了"知识产权专业人员"小类。2019年6月,人力资源社会保障部印发《关于深化经济专业人员职称制度改革的指导意见》,明确"知识产权专业的职称名称为助理知识产权师、知识产权师、高级知识产权师、正高级知识产权师"。从此,**知识产权师**作为国家专属于知识产权经理人的职称,开始列入职称评审体系,并有专门的职称考试。

自2008年以来,经过多年的人才积聚,已经在企业界逐渐汇聚了一大批知识产权经理人,并发展壮大,自成一体,为知识产权人才队伍增添了新的活力。在上海、深圳、北京等地也相继成立了以知识产权经理人为主体的沙龙或俱乐部,并在

---

① 参见2012年11月国家知识产权局、发展改革委、科技部、农业部、商务部、工商总局、质检总局、版权局、林业局等部委联合印发的《关于加快培育和发展知识产权服务业的指导意见》。

全国产生了广泛的影响。与此相适应,一批活跃的知识产权经理人脱颖而出,凭借其娴熟的专业背景、丰富的从业经验,把知识产权策略运用于公司研发经营等环节中,为公司带来了显著效益。未来我国公司将会涌现出更多优秀的知识产权管理者,助推公司获得更大的发展。

◇ **数据:知识产权人才需求地域分布**

据智诚人才的不完全统计,2018年间全国人才招聘市场累计21 855家企事业单位发布283 788条知识产权人才招聘信息。人才需求量基本可以反映出知识产权人才的区域分布特点,比较全国各地招聘岗位数量可以看出,广东省、北京市、上海市、江苏省、浙江省知识产权人才分布非常密集,其中北京、上海、广东的知识产权人才数量更是占据了全国数量的73%,一线城市的知识产权人才数量远远超过其他地区;四川省、重庆市、陕西省等西部地区知识产权发展迅速,成为IP人才强省主要代表;湖北省、河南省等中部地区知识产权人才数量较为稳定。上述地区以外的省合计只占0.32%,知识产权人才的区域分布极不均衡(图17-3)。(来源:智诚人才)

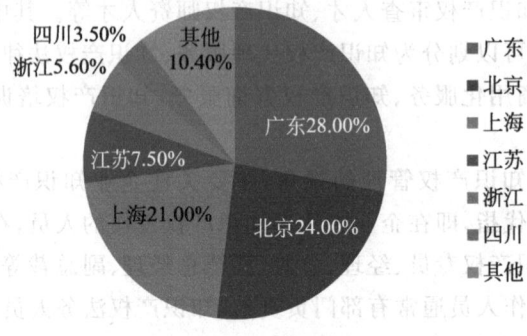

图17-3 知识产权人才区域分布

知识产权经理人的成长

据统计,截至2022年3月,有105所中国高校开设了知识产权本科专业,开展知识产权研究生培养的高校超过138所。自20世纪90年代北京大学知识产权学院(1993年成立)和上海大学知识产权学院(1994年成立)设立以来,已有50余所中国高校建立了知识产权学院,高校为知识产权事业发展输送了大量的知识产权人才。

随着经济增长模式逐步向创新驱动转变,懂法律、知管理、会经营、能操作的知识产权技能型、实务型应用人才,最受企业和服务业的欢迎。上海大学知识产权学院名誉院长**陶鑫良**教授指出,"我国当前和今后主要应当大量培养知识产权应用人才和实务人才,少量培养知识产权理论研究人才和高端人才"。除了高校强化知识产权实务知识讲授和实务技能训练以外,公司更应当积极作为,共同担当起知识产权经理人的培养责任。事实上,知识产权经理人的成长、成才,离不开知识产权职业经历的实践锻炼,而且公司里面很多知识产权管理人员并非知识产权或法律"科班"出身,而来自其他专业背景的人才"转型"。

——**建立培养新人的带教机制**。IBM有一个很好的"师徒制度",就是刚入门的年轻人都会去找一个师傅,来指点迷津。许履尘(前美国IBM总部资深知识产权授权工程师)说:"我当初一开始写专利的时候感到非常困难,但当有这些经验丰富的高手指点迷津时,就好像打开了一扇窗户,豁然开朗,发现原来是那么简单的一回事。"[①]一些中国公司也建立了类似的"师徒制度",为新晋入职的员工(尤其是应届毕业生),配备了专门的带教师傅,让年轻人一对一地向前辈学习。

——**建立内部培训体系**。建立和采用完整的知识管理系统、培养制度、知识和经验分享制度。除了岗位入职培训、定期或不定期的业务培训,更要发挥知识管理的作用,将一些操作流程及经验固化,编撰成业务指引,让新人能够尽快熟悉业务操作。

——**给员工授权赋能**。赋能(empower)是和授权联系在一起使用的,授权赋能是指授给别人更多的权力,让他更有做事的可能性空间。因此,赋能就是赋予更大的做事的可能性空间,从而使组织或成员具备一种能力获得感。赋能要求知识产权部门领导适当放权、授权,增强组织的灵活性,更好地应对不确定环境。

——**鼓励参与对外交流**。鼓励员工积极参与政府部门、行业协会、社会组织等主办的各类培训及会议,支持员工发表主题发言或主题演讲,甚至发表文章或参与著作编撰。在不损害公司商业秘密或商业形象的前提下,公司应当对知识产权经验分享秉持开放性的态度,这有利于中国公司知识产权管理水平及经理人素质的整体提升。

打造经理人的个人品牌

和律师一样,知识产权经理人同样要打造个人品牌(也称为个人IP),为自己的职业成长增值加分。同时,经理人的个人魅力也会带动公司的品牌形象,体现公司知识产权管理的水平。打造个人品牌至少分四个层次。

第一个层次是打造人品。这是底层的人设,是为人处事的根基。根基不稳,大厦将倾!

第二个层次是打造专业。即使细分到知识产权,也要继续专注特定领域,持续经营特色标签。

[①] 李淑莲:《IBM前专利高管详解如何提升专利质量》,《北美智权报》(http://cn.naipo.com),2015年4月7日。

第三个层次是打造案例。成功的、特色的案例就是个人实力的峰值,专业能力的表征。

第四个层次是打造荣誉。各种奖项、称号等荣誉,是个人综合能力的沉淀,社会评价的凝结。

值得说明的是,作为一种个人增值策略,知识产权经理人在成长过程中,应当争取为自己增值加分的荣誉或称号,比如参评中国杰出知识产权经理人、中国优秀法务TOP50等。国家知识产权局评选或选拔有全国知识产权领军人才、百名知识产权高层次人才培养人选、全国专利信息师资人才等,这些官方的称号更能提升个人的职业价值。

二、知识产权经理人的素养

知识产权经理人的能力素质

知识产权经理人的综合素质能力结构可以分为品德、知识、技能和业绩等四个方面。知识产权经理人也可以分为高级、中级、初级等几个级别,各个不同级别知识产权人才的能力素质要求应该存在一定的差异。**刘建**(中国企业知识产权研究院院长,2016年)认为:"知识产权经理人能力素质模型,应当包括三方面的能力:专业能力、管理能力、沟通与组织能力,这三方面能力的比例,应该是4:3:3。"

由于工作性质的差异、工作岗位的不同,有的知识产权经理人侧重研发支持人才,有的侧重经营管理,有的侧重法律事务。对不同类型的知识产权经理人,其能力素质,尤其是在知识、技能和业绩上,也应该有着不同的具体要求,这些不同的具体要求可以体现在具体的细化的评价指标体系中。

公司所处的发展阶段和面临的竞争环境差异,对经理人的素质要求会因时而异。早期公司的知识产权人员更多关注专利商标申请与储备,当许可谈判、诉讼纠纷起来之后,又会向这方面投入精力。总体上讲,随着公司从小到大,从弱变强,知识产权工作也将从防御布局、成本管控,向价值获取、业务支持过渡,对知识产权经理人的能力素质要求也会越来越高,反过来这也是推动知识产权经理人不断成长的动力。

能力素质结构及其指标体系虽然能够描绘理想的人才标准(表17-1),但诸多能力素质指标实在难以在招聘面试时加以考查,因此,从招聘网站的需求描述上,可以看到,国内公司对知识产权经理人主要从以下几个方面进行评价(根据工作岗位、职位高低等会有所选择或侧重):

(1)**学历专业**:知识产权/法律类专业,专利类岗位通常优先有理工类专业背景;一般要求本科以上学历,甚至更倾向于硕士以上学历。

(2)**工作经验**:较多公司要求一定年限的企业知识产权工作经验或律师/代理人工作经验,甚至要求有本公司业务专业领域工作经验、团队经验或管理经验。有时,还会看重海外工作经历、同行头部公司工作经历或审查员经历。

表 17-1　知识产权人才能力素质指标体系（以法律事务类为例）

类型	一级指标	二级指标
品德 （15%）	政治思想表现（20%）	诚信意识、学习意愿、服务精神、主动性等
	职业道德（40%）	责任意识、忠诚度等
	协作精神（40%）	团队精神、协作意识、人际关系适应能力、岗位变动适应能力、灵活性等
知识 （25%）	法律知识（50%）	司法考试通过情况、其他专业水平考试情况、从业年限等
	管理知识（30%）	技术管理知识、风险管理知识等
	相关专业技术知识（10%）	学历背景、相关专业技术知识、技能等
	政策知识（10%）	法律政策、产业政策等
技能 （30%）	实务技能（70%）	诉讼应对能力、合同审查能力、纠纷处理能力、法律谈判能力、法律文件撰写能力、国际交流能力等
	辅助能力（30%）	计算机操作能力、外语能力、计划能力、学习能力、组织能力、沟通能力、指导能力、信息搜寻能力、判断能力、决策能力、问题解决能力、团队领导能力、合作能力、人际理解力、洞察力、影响力、冲突管理、关系营造、经济头脑/成本意识、远见等
业绩 （30%）	工作成果（60%）	法律纠纷处理业绩、任务完成情况、职责履行情况等
	社会认可情况（20%）	受邀讲座情况、主题发言情况、媒体采访、业内评价等
	获奖情况（20%）	奖励、表彰情况等

（3）**专业能力**：根据知识产权部门职能及岗位职责，提出相应的专业能力要求。比如，专利经理或专利工程师，通常要求在专利检索和分析、技术交底与专利挖掘、专利规划和布局、专利申请流程和撰写策略、知识产权政策法律研究等方面拥有专业能力。

（4）**语言能力**：有的职位要求较强的英语等外语能力，并以英语六级证书或其他外语证书作为要求或优先考虑事项。

（5）**资格证书**：通常会要求专利代理师资格证书、法律职业资格证书等，甚至要求相应的执业经验。

（6）**性格特质**：比如，工作热情，诚信正直，踏实稳重，责任心强，学习能力强，抗压能力强，执行力强等。

（7）**其他素养**：比如，具有较强的书面表达能力、人际沟通能力、协调能力或问题解决能力；严谨认真的工作态度，良好的敬业和团队协作精神等。

概言之，知识产权经理人应当具有法律能力、管理能力、商业化能力以及技术能力（专利类人才），如此才能胜任知识产权专业工作，实现知识产权管理目标。更重要的是，一个卓越的知识产权经理人不仅要具有优良的敬业精神、职业素养和专业能力，更要有观察的智慧和思考的习惯，善于从繁杂的事务和繁重的业务中总结管理经验、提炼管理智慧，形成自己工作的价值观和方法论。

知识产权人才的复合型问题

近年来,很多论点强调知识产权人才必须具备复合性的知识结构。值得注意的是,一些主张却是将知识产权人才素质的复合性,限制在理工专业背景＋知识产权法学背景的复合性。这显然是出自一种纯粹的专利人才视野,专利代理、专利管理的确需要理工背景的复合型知识产权人才,甚至是经过一段时间知识产权业务培训的技术人才。

从专业背景构成来看,目前知识产权从业人员可以分为两类:一是技术类知识产权从业人员,如专利工程师、专利分析师、专利经理等,往往需要理工背景的加持;二是非技术类知识产权从业人员,主要是负责商标注册、作品登记、知识产权诉讼等业务的人员,与理工背景没有关联性。对于一些科技主导型或者技术驱动型的公司而言,技术类知识产权从业人员远高于非技术类人员;而对于品牌或者内容主导型公司,非技术类知识产权从业人员则占了较大的比例,甚至这些公司更偏爱法律背景的知识产权人员。

由此可见,知识产权还包括商标、版权等技术含量并不高的领域,并非专利一统天下;而文化创意产业等诸多产业领域对于知识产权人才也不看重理工背景的出身。更值得注意的是,即使是大型的高科技公司,也将知识产权岗位不断裂变为商标经理、专利经理等岗位,或者定位于商标打假、专利分析等不同的职责要求,因此,没有理工背景的知识产权人才同样可以在高科技公司中寻到合适的岗位。[1]

换言之,知识产权人才素质的复合化是一个值得鼓励的方向,但不能简化为理工专业背景与知识产权法律专业的复合,而应该扩展到知识产权法律与管理的复合,甚至知识产权与外语、金融等领域的知识复合。随着公司知识产权职能的发展和延伸,其对知识产权经理人的知识背景或专业背景会有更广泛的接纳度。

三、知识产权经理人的思维

商业思维

知识产权经理人不仅要具有专业的法律素养,更要具有商业思维——这大概是资深知识产权经理人给刚入职的新人和未毕业的大学生给予最多的提醒。知识产权不只是法律问题,更是商业问题,甚至战略问题。对于资深知识产权经理人而言,更要有这样的企业家精神。**曲晓阳**(时任西门子东北亚区知识产权顾问,2013年)指出:"一定要把法律的框架、法律的规定和商业的影响结合起来,如何能够把你的方案、把你的建议的商业影响最大化,要有这样的战略思维。跟 CEO、跟管

---

[1] 袁真富:《高校知识产权人才培养:现状、问题与趋势》,《中国发明与专利》2013 年第 10 期。

委员会的人汇报的时候,如果是单纯的法律观点就没有人要听你在讲什么,必须紧紧地和公司运行的商业策略契合起来。"

知识产权经理人应从法律、技术、管理、商务、财务等多维度综合思考,简言之,不仅要有法律视野,更要有商业思维,才能协同公司经营发展。比如,基于立场的不同,外部的专利代理师与公司内部的专利工程师(或其他担当类似职责的 IP 人员)可能会产生一些冲突。专利代理师往往更关心申请文件的质量本身,而专利工程师还会考虑权利要求的合理布局,以支持公司运营活动。比如,在答复审查意见环节,为了获得专利授权,专利代理师往往会建议接受对权利要求范围大为限缩的修改建议。但专利工程师则会考虑限缩权利要求之后授权的专利还能否发挥独占市场、阻隔竞争对手的效用。有的大公司为了撰写更高质量的专利,对一些重要的发明反而不外包给代理师撰写,而是交由内部的专利工程师负责撰写,以确保专利申请更能支持公司的业务运营。

"一把手"思维

公司管理层关心的是业务如何发展,能达到什么财务指标,如果知识产权经理人作为法务人员,经常讲法律风险,那么两者的思维就不在一个层面。因此,知识产权经理人应当站在管理层的角度去考虑要做什么,在法律上如何给予支持,怎么让它成为可能。**郭世栈**(原华为公司知识产权部部长)指出:"要换位思考,站在公司一把手的角度去思考,比如公司应该怎么发展,法律上应该怎么做,这样跟公司的管理层才有一个共同的语言体系、共同的思维体系。"

主动工作方式

作为内部法律顾问,知识产权经理人应当与公司其他部门主动合作,深入业务、熟悉业务、服务业务,以业务为中心,直接为业务指出发展道路。知识产权经理人与外部律师不一样,在为公司业务提供知识产权风险评估时,不能简单地说"NO",而是要帮助业务部门解决问题,通过主动风险管理,运用知识产权专业技能解决未来的知识产权风险。法务工作是去控制风险,支持业务开展。而不是被风险控制,变得裹足不前。**李鸿儒**(中国好丽友知识产权负责人,2021 年)指出:"知识产权管理不是计件按份完工,它需要企业知识产权人员具有比较高的个人主观能动性,根据业务情况、市场变化等主动为企业预警风险、布局保护、肃清市场。"

比如,市场部门精心挑选或设计的商标名称,在申请前的商标检索中发现存在在先注册商标的阻挡,此时知识产权经理人不是简单地否定这个商标申请,而是考虑是否有机会主动通过"撤三"等方式消除商标申请的障碍。再如,新产品立项检索时发现专利障碍,协助研发部门开展回避设计,绕开专利侵权障碍,减少购买许可的成本。

以终为始的思维

以终为始(begin with the end in mind),是史蒂芬·柯维在《高效人士的七个习惯》中提到的第二个习惯。**以终为始**,要求想清楚了目标,然后努力实现之。以终为始,是以结果为导向,站在终点看起点,思考如何从头做起。当然,以终为始首先得明确"终点"是什么,即目标是什么,否则努力就缺乏方向。知识产权经理人在工作实践中,也需要养成以终为始的习惯。比如,为了防止他人抢注商标,思考如何采取商标申请及布局策略;从供应链安全的角度,思考如何进行关键供应商管理。

以终为始,意味着长线思维,而不是短期行为。要想获得真正意义上的成功,就必须培养自己真正着眼长远的能力。比如,从长远打击侵权使用的角度,应当思考专利权利要求架构及其保护范围的适当性,而不是为了获得专利而撰写专利,这可能会让专利权利要求的保护范围很狭窄,不利于未来的侵权诉讼。

以终为始,意味着善始善终。从目标出发,从目标倒推,更能清楚地知道达成目标需要做什么,需要如何努力。以目标或未来的视角看待当前,能让现在的所有行动和策略更加聚焦,从一开始就要做好规划,做好细节。比如,基于吸引风险投资的目标,从一开始就要思考如何围绕主营或核心业务进行专利布局和专利组合。

第 18 章 公司知识产权组织协同

❖ 思维导图

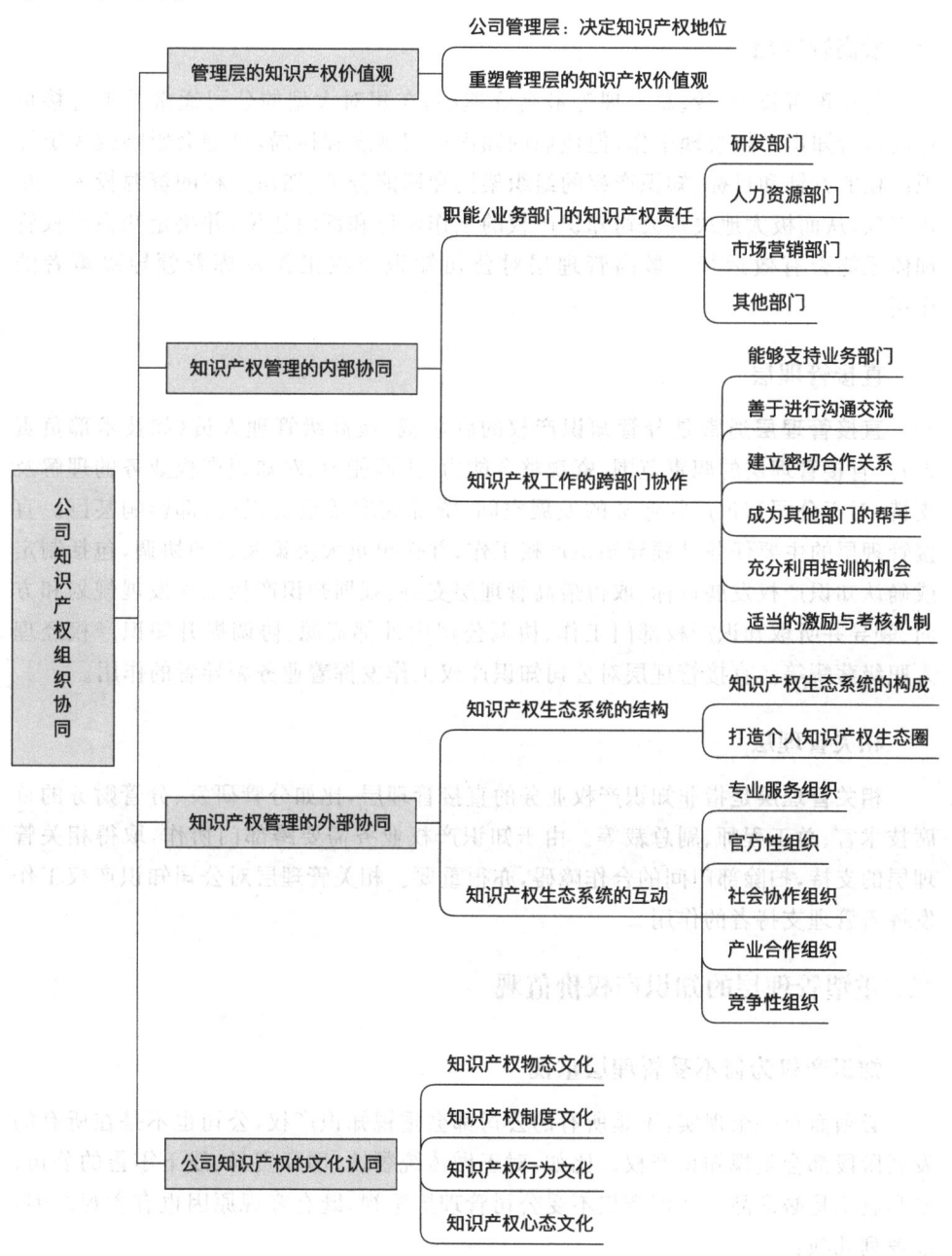

第1节 管理层的知识产权价值观

一、公司管理层：决定知识产权地位

最高管理层

公司董事长、总裁、总经理等最高管理层，在相对大型的公司通常并不直接负责或执行知识产权管理工作，但他们的知识产权观念和格局，可能会影响或决定知识产权的方针和目标、知识产权的组织架构和职能分工、知识产权的资源投入等重要事项，从而极大地决定公司知识产权的工作定位和部门地位，并决定知识产权管理体系能否有效运行。最高管理层对公司知识产权工作发挥着领导决策者的作用。

直接管理层

直接管理层通常是分管知识产权的副总裁，或高级管理人员（如技术部负责人）。直接管理层的职责范围、资源整合能力、协调能力、对知识产权业务的理解及支持，对于公司知识产权业务的发展空间、资源获取及重要程度，都影响甚巨。直接管理层的主要任务是领导知识产权工作，并作出重大决策及资源协调，包括制定或确认知识产权发展目标、取得最高管理层支持、规划知识产权工作发展规划和方向、领导并听取知识产权部门工作、协调公司内外部资源、协调提升知识产权经理人职级薪酬等。直接管理层对公司知识产权工作发挥着业务领导者的作用。

相关管理层

相关管理层是指非知识产权业务的直接管理层，比如分管研发、分管财务的首席技术官、总工程师、副总裁等。由于知识产权业务需要跨部门协作，取得相关管理层的支持，扫除部门间的合作障碍，亦很重要。相关管理层对公司知识产权工作发挥着管理支持者的作用。

二、重塑管理层的知识产权价值观

知识产权为何不受管理层重视

必须面对一个现实，不是所有的公司都会重视知识产权，公司也不是在所有的发展阶段都会重视知识产权。比如，对于做传统餐饮、国际贸易、线下零售的公司，专利就不是必需品。知识产权不受公司管理层重视，既有客观原因也有主观原因，兹罗列几项：

——**知识产权不是核心利益**。虽然知识产权在当前的经济发展中地位日渐重

要，但对于不少公司而言，由于行业特点、发展阶段、竞争环境等原因，知识产权对公司经营的贡献度仍然不够高，不在核心利益的位置。甚至一些公司只是把知识产权当作公司形象的化妆品，对外宣传的玩具箱，而不是发展壮大的竞争工具和市场利器。**宋柳平**（华为公司高级副总裁，2016年）曾向国内大企业知识产权主管提出一个问题：各自列出自身企业申请专利最主要的三个目的是什么。"我得到的回答是：第一个目的是获得申请高新技术资质，第二个目的是获得专利资助，第三个目的是完成领导交办任务，还有一些其他目的，比如上市估值、评定职称、获得项目等。"显然，这些发展专利的目标与公司的核心利益关系不大。

——**知识产权与主营业务关联性弱**。知识产权的组织结构、发展策略、资源投入等都与公司主营业务的竞争保护、风险管控、竞争环境等密切关联，如果知识产权与主营业务偶有碎片化关联，甚至长期脱节、各自为政，自然不会受到重视。

——**知识产权影响的延迟性**。知识产权对公司业务发展的影响往往具有延迟性，包括效益的延迟和风险的延迟。比如，专利要发挥经济效用，往往需要长期布局，假以时日；而专利撰写质量好坏，需等到无效挑战或侵权诉讼之时才能一见分晓。正是因为知识产权管理活动难以迅速发挥经济效用，需要经过相当长的时间及资金投入才能产出效益或显现成果。所以，许多公司管理层对于知识产权工作缺乏足够的兴趣。

——**领导者没有直接利益感受**。对于知识产权，大多数公司的领导者既没有尝试甜头，比如因知识产权许可获得经济收益，因知识产权诉讼获得竞争优势；也没有尝试到苦头，比如，受到竞争对手的专利攻击，或者被判决高额赔偿。只有当公司遭遇知识产权重大困境或者灾难性后果时，领导才会对知识产权管理工作重视有加。担任过强生公司首席专利顾问**比尔·弗兰克**曾说过，"我同其他专利顾问们聊过，他们说只有在确实发生了一些糟糕的事情以后才能够得到管理层的注意。"

——**人治传统的心理影响**。长期以来，企业家受累于人治传统的惯性思维，仍然缺乏现代法治观念，认为知识产权有麻烦，可以找政府、找关系，而不是建立系统性的知识产权风险管控体系。像华为、中兴等公司为何重视知识产权管理，很大程度上由其参与国际竞争的知识产权环境所决定，越是国际化程度越高的科技公司，往往对知识产权越发重视。

◇ 业界声音

王海波（华夏泰和科技公司董事长，曾任中兴通讯法务中心副主任、首席知识产权官，2017年）指出：创新型企业对知识产权业务的核心诉求，大体分为两点，第一，知识产权业务能帮助保护它的创新成果，使得别人拿不走。第二，知识产权业务能帮助他扩大市场份额,打击竞争对手,实现商业竞争的目的。知识产权这个业务只有紧紧围绕着这两个核心目标,它才会被企业家和决策层所重视关注。我们不能埋怨老板不重视知识产权,老板真的很忙,采购、销售、市场、生产、仓储、质量、工程、财务、人事,哪一个不比你重要,我们唯有满足这两个目标,满足这两个方向才能得到老板的重视。

——来源:2017浦东企业总裁知识产权高级研修班演讲发言。

像管理者那样思考知识产权

管理思维越来越受到人们的重视,"像管理者那样思考"一定程度上有利于知识产权工作争取管理层的支持。知识产权管理部门及经理人,首先要和管理层有共同语言,才能够有良好的沟通。公司决策或高级管理层更关注知识产权事关公司全局意义和长远利益,更关心知识产权与商业经营的关联。管理层可能会问很多"为什么",比如为什么要专利布局?为什么要打这个诉讼?为什么要花这么多钱?为什么需要这么多人?

如何改变管理层轻视知识产权管理职能的做法?如何塑造管理层的知识产权价值观?需要知识产权部门和经理人向公司管理层尤其是最高位置的决策管理层进行观念上的持续引导,并采取措施让管理层认可知识产权的价值贡献。

——**挖掘管理层关注的价值**。如果能及时为公司挖掘出知识产权的价值,比如带来许可收益、提升竞争优势、获得重大荣誉等,将会更快地塑造或改变管理层的知识产权价值观。只有管理层表现出对知识产权价值的持续认可,才能将公司知识产权的价值取向和价值定位引领到更高的层级。

——**工作量化与业绩亮化**。在很多公司,知识产权难以成为核心业务,主要原因是知识产权部门一般表现为成本部门,难以量化其产生的价值。因此,知识产权部门要想办法通过工作量化,让知识产权业绩可视化;通过业绩量化,提升部门能见度。借助价值可视化对管理层,尤其是最高管理层形成积极影响,并在关键时刻提供重要的支持。

——**将知识产权与收益挂钩**。公司管理层及财务部门往往习惯将知识产权当作费用或成本中心来对待,知识产权经理人应当熟悉财税知识,积极发挥知识产权资产作为避税工具、市值管理工具的价值,在更高层次上提升管理层对知识产权的价值认知。

——**整理提供"一把手"信息**。站在公司管理层尤其是"一把手"(最高领导)的角度,思考哪些知识产权信息是值得关注的?这些"一把手信息"既包括公司内部的,也包括公司外部的,可以是关于知识产权如何提高竞争力,也可以是忽视知识产权会发生怎样的重大风险。比如,(1)"一把手"案例:苹果公司与深圳唯冠在法院主持人就 IPAD 商标纠纷签订调解协议,双方以 6000 万美元一揽子解决商标权属纠纷;侵权人王龙集团公司等盗用香料"香兰素"技术秘密,被最高人民法院知识产权法庭判赔偿技术秘密权利人 1.59 亿元人民币等。(2)"一把手"政策:《专利法》第四次修改将专利侵权的法定赔偿数额上限提升到 500 万人民币,《国务院关于新形势下加快知识产权强国建设的若干意见》将故意侵犯知识产权行为情况纳入企业和个人信用记录等。

第 2 节 知识产权管理的内部协同

一、职能/业务部门的知识产权责任

超越知识产权部门

知识产权业务不只是 IP 部门的事,知识产权价值的发挥有赖于各业务部门的配合。以专利挖掘为例,如果研发部门不配合,专利工程师同样是巧妇难为无米之炊。专利布局更是与研发工作密不可分。针对本行业竞争对手进行专利分析,更能有的放矢,这需要市场或销售部门提供主要竞争对手的信息。专利诉讼更离不开技术部门,甚至市场部门的配合。[①] 因此,知识产权管理要超越知识产权部门,将知识产权业务嵌入全组织协同,进行全流程管理。

考虑到每个公司的部门各有差异,即使部门名称相同,其职能划分也未必完全相同。因此,这里只是勾勒一下各个职能/业务部门与知识产权可能的交集事项,这些事项可能由知识产权部门主导或负责,其他部门协助支持;也可能是其他部门主导或负责,知识产权部门协助支持。由于知识产权部门与法务部门天然密切,甚至混为一体(部门名称将"知识产权"与"法务""合规"等并列,如"知识产权与法务部"),不少公司就直接将知识产权职能纳入法务部。因此,不再就知识产权部门与法务部门的如何划分职责、如何协同支持进行讨论(表 18-1)。

表 18-1 公司专利事务的协同配合

管理事项	研发技术人员	专利管理人员	专利代理人
专利挖掘	• 介绍研发项目及新产品设计相关内容	• 分析、确定可申请专利的技术点	—
专利技术交底	• 填写技术交底书 • 介绍技术方案	• 指导研发技术人员填写技术交底书 • 了解技术交底书的内容	

[①] 李阳:《IP 价值与公司部门协同管理》,载柯晓鹏、林炮勤主编:《IP 之道》,企业管理出版社 2017 年版,第 19~25 页。

续表

管理事项	研发技术人员	专利管理人员	专利代理人
现有技术检索	• 协助专利管理人员分析所检索到的现有技术	• 完成现有技术检索 • 与研发技术人员沟通分析现有技术检索结果 • 完善技术交底书 • 评估是否申请专利及待申请专利的类型	—
专利申请评估	• 参与专利申请评估，从技术的角度评估是否有申请专利必要性	• 主导专利申请评估，从法律、公司市场、运营战略的角度评估是否有申请专利的必要性	—
专利申请文件撰写	—	• 向专利代理人提供技术交底书 • 向专利代理人解释技术方案 • 向专利代理人解释所检索到的现有技术方案	• 完成撰写专利申请文件初稿
专利申请文件质量审核	• 对专利申请文件进行书面审核 • 参与专利申请合议会议	• 与研发技术人员一起对专利申请文件进行书面审核 • 主导专利申请合议会议	• 解释专利申请文件初稿 • 参与专利申请合议会议 • 根据专利管理人员的建议完善专利申请文件

来源：王乃莹：从企业专利申请管理的视角 探讨如何获取高质量专利申请文件，知识产权那点事，2015-11-27。

研发部门的知识产权责任

研发部门是专利、软件等技术类知识产权产生的源泉，因此，知识产权部门与研发部门的协同是很多技术主导型公司知识产权管理的第一要务，从专利挖掘、专利申请到专利淘汰、专利诉讼等，都需要研发部门的支持与配合。

可以说，涉及提交技术交底、专利挖掘、专利检索、专利分析、发明评估、专利筛选、专利撰写、专利申请、专利布局、专利无效、专利回避、专利标引、专利组合、专利池、专利淘汰、专利监控等各项专利事务，以及商业（技术）秘密管理、代码管理、软件正版化等事务，研发部门都有参与的空间或机会。诸如技术交底、发明评估、专利淘汰等工作甚至直接由研发部门主导或负责，知识产权部门反而扮演支持配合的角色。当然，保密事项可以说是所有部门都应负担的职责，后面亦不再逐一列明。

人力资源部门的知识产权责任

知识产权工作可以贯穿人才的招聘、培养、激励,直到离职。招聘员工时要注意把控商业秘密风险(员工使用从原单位带来的机密信息)、竞业限制风险(员工违反竞业限制协议)和舆情风险(特别是从竞争对手批量"挖墙脚"时)。[①]

华为公司要求所有候选人在招聘面试入职环节签署《知识产权和商业秘密保护承诺书》,让候选人明确知晓华为尊重其他公司和个人保密信息的基本政策。华为的《员工聘用协议书》明确要求,雇员不得向华为披露或者在工作中使用第三方的技术秘密、商业秘密或其他知识产权,也不得在华为办公场所、工作电脑等中持有第三方保密信息。员工入职后,还要继续参加知识产权合法合规课程培训。

知识产权宣传培训、绩效考核及奖励支持是提升 IP 管理执行力的"三板斧"。要用好这"三板斧",需要充分调动和借用人事资源部门的力量和资源。[②] 因此,将知识产权工作融入公司人事资源管理中,需要人力资源部门的大力支持与协同配合。一些与人力资源部门有关的知识产权工作,可以包括:

——发布招聘信息应注意合规,避免虚假宣传(如销量、利税)招致违法甚至成为索赔依据。

——在招聘信息中描述工作内容时尤其要谨慎提及软件名称(如精通 Cadence 和 PCB 设计工具),以免招致软件厂商按图索骥,前来打击盗版。

——在研发和知识产权部门的支持下,通过专利信息("发明人"著录项目信息)发掘和联系核心技术人员。

——招聘面试时,对应聘的技术人员做好尊重原单位商业秘密的责任告知。

——协助对入职员工(尤其针对高级别人才)进行竞业限制、保密义务、职务发明等方面的尽职调查。

——在劳动合同中视情况加入知识产权权属、商业秘密保护或竞业限制等条款,或单独与核心员工就前述事项签署独立协议。

——尤其要注意新进员工 1 年内完成的发明创造,是否系归属于原单位所有的职务成果,并采取相应措施防范风险。

——共同或协助开展入职保密教育、专利撰写培训等知识产权宣传培训。

——共同或协助开展发明奖酬、专利或发明人评优等知识产权相关的表彰或激励,包括物质激励与精神激励。

——在尊重发明人署名等方面建立和谐劳动关系。

——做好离职环节的知识产权风险把控,包括涉及商业秘密或职务成果的文

---

① 国家知识产权局知识产权保护司编写:《企业知识产权保护指南》,知识产权出版社 2022 年版,第 39~41 页。

② 李阳:《IP 价值与公司部门协同管理》,载柯晓鹏、林炮勤主编:《IP 之道》,企业管理出版社 2017 年版,第 19~25 页。

件、物品等交接或归还。

——离职面谈时重申员工的商业秘密保护义务或要求,以及确认当前商业秘密义务的执行情况。

——员工离职后竞业限制义务的持续跟踪管理。

——支持将专利指标作为职称评定、升职加薪及获得奖励的依据。

——开展对知识产权部门或人员的考核,包括业绩贡献、资源获取、团队建设、制度建设、荣誉资质等方面的考核。

——对其他部门及人员加入知识产权方面的考核指标或因素,比如研发部门的专利提案数量、市场或采购部门引发的侵权风险情况等。

市场营销部门的知识产权责任

由于市场营销活动可见性较强,一旦有侵权行为更容易被发现及取证,因而市场营销部门应当具有一定的商标、著作权等知识产权知识及意识,防控知识产权风险。市场营销部门应当在知识产权部门的专业支持下,针对目标市场进行知识产权环境扫描、针对竞争对手进行知识产权情况扫描,提前了解并降低、规避可能的风险。一些常见的与市场营销部门有关的知识产权工作包括:

——品牌命名的合规管理,避免设计明显不符合商标法要求的品牌或LOGO。

——产品包装、广告文案等商标、著作权等侵权风险的防范。

——市场推广及广告合同中的知识产权权属约定。

——市场推广及广告宣传合作方的知识产权不侵权担保要求。

——专利标识、商标标识印制的合规管理和规范管理。

——在市场营销活动开展后,协助构建知识产权侵权动态监视机制。

——协助涉及知识产权问题的营销活动危机处理。

——保留商标使用、产品推广等证据等。

其他部门的知识产权责任

——制造部门:提交工艺改进的技术提案,负责生产场所商业秘密保护等。

——销售部门:负责发现、识别和提供侵权信息;协助起草或签署销售协议中的知识产权权属、担保、免责、风险处理等条款;协助处理销售、物流等环节出现的知识产权平台投诉、行政执法、侵权诉讼等争议;协助在合同、发票等各种销售相关凭证中载明注册商标,以留下使用证据;协助规范经销商的商标使用等。

——售后部门:负责报告要求售后维持支持的侵权产品,及时侵权产品投诉的及时反馈等。

——采购部门:协助采购环节的知识产权风险调查,及知识产权担保等条款的谈判与签署等。

——商务部门:协助招投标的知识产权策略制定及风险管控等。

——信息安全部门：负责商业秘密的管理，尤其是技术与物理防控等。

——公共关系部门：负责对外公开信息的审核等。

——财务部门：落实执行发明人奖酬，支持知识产权预算及落地，进行知识产权资产化，对知识产权申请、维持等费用进行入账处理，对知识产权放弃、许可等处置进行财务处理，协助发票等财务证据的固定等。

——总经理或总裁办公室：负责与知识产权相关的接待，与知识产权有关的发文等。

◇业界声音

王活涛（时任腾讯知识产权部助理总经理，2013年）谈道："现在很多公司的知识产权部是一个独立的部门，但要使公司的各个相关部门都参与进来。第一个要参与进来的部门是研发部门，……人事部门也要参与进来，像卓越研发奖、专利奖、文化衫等，如果人力资源部门不支持你很难做下去。比如，我们要做一个新的奖项，为了表彰研发人员的专利贡献，人力资源部不同意的话你根本做不了。我们设计了一个很好的积木形状的奖牌，人力资源部就说这个设计很好，他们要用，我们也给要他用啊，因为后面还要得到他很多支持。"

知识产权管理一定是所有管理人员的职责，我们不要理解为知识产权管理是知识产权部的职责，如果这样理解我们工作很难推行。如果我们把它理解为管理人员，包括中高层管理人员的职责，那么中高层只要他一参与进来这些工作很好做的，一般来说一个公司建立知识产权管理高层肯定是要支持的，中层是要执行的，但是中层通常都不支持，为什么呢？因为这个要占他的人力，又跟他的KPI没有关系，他自己的KPI还很紧张，他还要拿一些人力支持你做这个，他觉得这个如果是你的职责的话他通常都不愿意支持。但是一旦认为是他自己的职责，比如研发部门的中层管理者认为申请专利是自己的职责，他们每年要完成多少指标自己制定，怎么完成？寻求知识产权部，这时知识产权部就是一个资源部门。

——来源：王活涛："企业知识产权文化建设"，2013中国企业知识产权经营管理高峰论坛主题发言，2013年11月6日，上海大学。

二、知识产权工作的跨部门协作

促进跨部门协作的"五入"

沈剑锋（时任中兴通讯知识产权部长，2017年）曾指出，多数公司知识产权业务管理存在几个典型问题：(1) **业务孤立化**：知识产权业务与产品市场脱节，无法对公司经营价值链目标提供有效支持。(2) **业务碎片化**：知识产权各业务模块呈碎片状态，无法形成有效整合，各自为战。(3)**管理随机化**：各业务流程归属不同机构管辖，关键时间节点缺乏常态、持续、闭环管控机制。这些问题的存在，很大程度上来源于知识产权业务及职能缺乏系统设计，以及知识产权部门与其他业务部门跨部门协作机制没有理顺。**丁宇**(现任ABB知识产权副总裁)在2017年东方知识产权俱乐部(OIPC)年会上指出："公司内部跨部门是需要紧密合作的，但是责任也需要划清楚，如果责任不划清楚后续出了问题很难落实。比如，如果一个专利申请被专利局驳了，这个责任谁承担？研发部承担还是知识产权部门承担？"

管理的效率不仅来自分工，更来自协同。因此，知识产权全组织协同除了知识产权部门的职能发挥，还依赖于各部门的支持、跨部门的协作。现代管理理论之父**切斯特·巴纳德**(Chester I. Barnard)说："经理人员的职能，重在维持一个庞大而复杂的协作能力的体系。"如何实现公司内部的知识产权跨部门协作，可谓"八仙过海，各显神通"，依靠的不仅仅是专业能力。知识产权部门可以从意识提升、培训落地、流程规范、奖惩引导等方面开展与其他部门的协作。

为实现知识产权全组织协同，尤其是跨部门协作的目标，公司知识产权管理应当做到"五入"：

——职责嵌入：知识产权管理职责是从公司管理层到各部门人员都应当承担的一部分职责，这是跨部门协作的基础。比如，员工聘用、培训、考核、薪酬、离职等人事流程都应包含知识产权内容，并与知识产权部门相互支持配合。

——业务介入：知识产权工作要"嵌入"到研发、采购、销售、人事管理等业务环节，这是跨部门协作的路径。**李富山**(曾任腾讯专利运营总监，2017年)指出："企业知识产权最主要的价值，第一步是要支撑主营业务，每个企业都有供应链、研发、市场、销售、投资和上下游合作。"

——财务投入：任何组织目标的执行都需要经费保障和成本支出。应当专列知识产权财务预算，支持知识产权职能的落地执行，这是跨部门协作的保障。

——考核进入：无论是业务部门的协同支持，还是行政部门的协同配合，都需要发挥考核机制的激励甚至惩罚作用，这是跨部门协作的动力。

——文化融入：知识产权文化要融入公司行政管理和业务流程中，公司上下都要有尊重知识产权的观念，都要有知识产权的风险意识，这是跨部门协作的内因。

能够支持业务部门

知识产权部门应当主动参与公司实际经营的过程，并积极参加公司各部门业务会议，深度了解公司运作，让知识产权管理为业务部门产生价值、化解风险。当然，要让业务部门认识到知识产权的重要性，并主动寻求知识产权部门的支持，外部知识产权法律风险的刺激，比如收到侵权警告函，同样会起到关键作用。因此，在外力助推之下，知识产权部门须把握时机，顺势参与。

知识产权部门对业务部门的支持，可以体现在以下方面（但不限于此）：

——主动识别研发、采购、并购等业务环节中的知识产权风险。

——积极解决业务部门面临的问题或紧迫的风险，比如将他人威胁本公司主营业务的专利无效。

——支持公司的重大决策。比如，通过调查评估被并购对象核心业务的专利组合，为是否并购交易的决策提供支持。

——为投资合作、专利入股、字号使用等重要业务问题提供战略性的意见。

——降低了业务部门的成本支出。通过赢得侵权诉讼，避免了产品侵权的高额赔偿。

——为业务部门增加了经济收益、竞争优势或提升了附加值。比如，通过专利许可获得了现金收益。

——促进业务部门的目标实现。比如，通过知识产权警告击退了参与投标竞争的同行，助力公司成功中标。

善于进行沟通交流

一方面进行感情投资，通过部门聚会、户外拓展等活动，加强沟通交流，建立并增进私人感情，特别是争取公司中层的支持；另一方面要换位思考，了解需求，设身处地站在对方的角度思考问题、解决问题。比如，与市场部门协作时，首先选择短平快的争议解决方式（如警告函），动辄采用那些长周期、复杂多变及不确定性较高的知识产权诉讼，容易会让市场部门知难而退。

再以财务沟通为例，知识产权部门宜事先根据知识产权工作项目的重要性对付款优先级进行排序。比如，维护类＞诉讼类＞申请类，核心专利申请费＞普通专利申请费。这样财务部门就可以根据优先权重安排付款，在公司财务吃紧的情况作出妥当的安排。

建立密切合作关系

建立联络人机制。为了保持密切沟通，可以考虑在研发等重要部门建立联络人机制，定期会晤。最好参与到研发部门的项目会议中去，面对面接触，更有利于了解研发的最近动态，及时提供知识产权支持。

主动让权。比如，将专利申请、淘汰的决策权交由研发部门负责，主动让权，避免强势介入。

相互合作。比如，与人力资源部共同颁发专利奖项，举办知识产权培训，也为对方完成工作量，增添业绩亮点。

成为其他部门的帮手

让知识产权部门成为其他部门的帮手而不是负担。如果专利工程师能够帮助研发人员挖掘发明点、完善交底书、充实实施例、撰写出高质量的申请文件,自然会得到研发人员的青睐和信任,并让研发人员愿意、乐意和专利工程师沟通。

尽量减少协作部门的工作量。比如,向研发部门提供技术交底书参考范本,并对每个栏位需要填写的内容进行简单明了的文字说明。向研发部门提供专利分析报告,节约研发时间,降低研发成本。

充分利用培训的机会

知识产权工作的持续推进需要依靠不断的宣贯、培训。对制造或研发型的公司,培训对象主要有三类人:管理层、研发团队、IP人员。效果良好的培训,将有效增加协作部门的工作配合与支持度。

——提前规划。培训内容需要根据公司阶段、员工的创新水平、市场竞争的激烈程度进行系统性规划培训主题及培训内容,并通过公司制度加以保障。

——精心准备。精心包装培训内容,直扣人心。精心制作海报、PPT,华丽呈现,抓人眼球。培训可以利用高新申报、政府资助、行业热点事件等顺势而为,借势而上,甚至造势而前。

——高管支持。有机会最好说服公司高管、部门主管列席培训现场,能发表讲话最好不过。

——内容为王。培训前进行摸底调查,针对性选题。以专利为例,经常会遇到的选题有专利基础知识、公司专利流程及制度、专利技术挖掘、专利交底书撰写、专利信息检索与利用、专利侵权判定及规避设计、专利情报分析等。

——师资强大。授课专家因人而异,针对中高层的意识及战略培训,可以聘请外部专家,所谓外来和尚好念经。针对专利挖掘,可以请资历丰富的专利工程师或专利代理师担任。授课专家的授课经验、专业能力与演讲技巧,对于培训的效果至关重要。

——主题聚焦。一次培训集中攻克一个主题即可,控制时间,切勿贪多。

——增加互动。比如,培训结束进行现场答题(不宜多,游戏性质为佳),并给予奖励,让培训学员有参与感。

适当的激励与考核机制

供适当激励机制有助于促进知识产权的跨部门协作,比如向提交专利申请提案的发明人,颁发专利奖金、奖牌。有的公司设立年度知识产权贡献优秀团队、优秀授权专利奖项评审等,评选的过程及结果宣传,都是有效的激励手段。事实上,针对知识产权贡献而颁发荣誉证书,也是研发人员职业生涯的一抹亮色。

对业务部门进行**绩效考核**已是当前公司推进工作的不二法门,将知识产权(尤其是专利)产出数量及质量,作为研发部门的绩效考核指标,甚至作为研发人员能力和技术水平的衡量标志。

◇专栏：知识产权的跨部门协作

作为支撑部门之一，知识产权部要确保部门间的顺畅协作，但跨部门同时也意味着存在管理风险。从人力资源管理的角度出发，以跨部门工作的特殊性为切入点，通过区分管理对象，引入"能力管理"和"绩效管理"维度，也许能够解决跨部门协作的问题。

01 跨部门的向上管理

所谓向上管理，管理对象主要是位阶高又与知识产权存在业务关联的部门。知识产权部门在企业中的位置决定了向上管理的对象，位于研发体系、法务体系以及综合管理体系的不同位置会带来不同的管理方式。以笔者所工作过的某研究院为例，知识产权处于研发体系，主管技术研发的副院长及高级工程师是向上管理的核心对象。进行管理的目标在于让管理对象了解知识产权对研发的意义，进而理解、同意、支持知识产权工作的开展。

向上管理首要厘清的问题是管理对象的思维模式，即"愿不愿"在知识产权投入。若是知识产权文化欠缺的企业，则需要呈现足够的事实及理由来表现建立企业知识产权体系、规避知识产权风险、挖掘知识产权资产对企业运营的正向作用来争取"意愿"。

给予管理对象足够的有效激励会有事半功倍的效果。由于此类对象在企业运营中多为中高层，物质激励已起不到足够的推动作用，实际参与知识产权工作及实现与知识产权工作相关的企业战略目标是对此类管理对象的最有效激励，让管理对象的岗位使命感、责任感得到内在满足。

02 跨部门的同级管理

所谓同级管理，管理对象包括能够与知识产权产生关联的兄弟部门，此类部门缺少与知识产权工作的直接业务往来，但又与知识产权有着千丝万缕的联系，如作为专利富矿的研发部门，高危商版风险的品牌市场部门。管理具体表现为部门间协同合作，目标在于让管理对象支持、认同、参与知识产权工作。

管理对象思维模式的问题仍然集中在"愿不愿"，即是否愿意参加到知识产权工作中。一方面需要进行宣导及培训，让管理对象理解知识产权工作的目的；另一方面需要将知识产权工作嵌入其日常工作中。

同级管理的"有效激励"主要是注重参与度。有必要将知识产权与管理对象的本职工作相融合，例如研发全流程的知识产权嵌入。物质激励将有助于提升管理对象参与知识产权工作的积极性，但物质激励并非首要激励因素，目标部门的价值在与知识产权的交融中得到提升才是同级管理有效激励的重点。

03 跨部门的向下管理

这里的向下管理特指在开展知识产权工作时从事具体工作的其他部门成员，如在专利布局工作中的研发工程师、产品经理，在商标布局中的市场销售及品牌专员。

向下管理是知识产权工作落地环节，人力资源视角主要关注的是"能不能"的问题，即"员工能力"的构建，同时更应当注重"有效激励"中的物质激励。

管理对象多受所在部门指派以项目成员的身份参与知识产权工作，足够的激励将有助于提升实际参与者的积极性，此处多以物质激励为主，适时的非物质激励。具体的绩效管理会出现在向下管理中，合理制定KPI考核指标一方面会督促管理对象实际参与知识产权工作，另一方面可以作为发放激励的参考。

综上所述，跨部门开展知识产权工作中，需要向上管理要支持，通过向上管理契合内在动机，转变思维模式；同级管理重参与，满足内在动机的同时又兼顾参与度；向下管理给激励，通过管理对象的实际情况，以适当激励来促进与知识产权工作的配合度。

——摘自王旭（华夏泰和副总裁）：从人力资源的角度思考知识产权的跨部门工作，华泰创新，2021-08-02。感谢作者授权使用。

第3节 知识产权管理的外部协同

一、知识产权生态系统的结构

知识产权生态系统的定义

国外研究很早就将自然生态学引入商业领域并构建了商业生态系统的基本理论框架。1993年，Moore教授首次提出了"商业生态系统"的概念。[1] 2004年，Mirva and Elisa提出，商业生态系统是具有一定关联的组织组成的一个动态结构系统，这些组织包括企业、研究机构、政府机构等与系统有关的组织，并表现为竞争、合作以及协同进化等特征。[2]

知识产权商业生态系统可以定义为以一个商业组织为核心，由具有知识产权业务关联性的组织所构成的一个合作、协同甚至竞争的动态系统，可以简称为**知识产权生态系统或知识产权生态圈**。公司知识产权业务不可能孤立运行，或多或少

---

[1] 郭建军：《知识产权战略与商业生态系统》，《知识产权》2015年第7期，第80～85页。

[2] Pehoniemi Mirva, Vuori Elisa. Business ecosystems the new approach to complex adaptive business environments. Conference Proceedings of Ebrf, Tampem, Finland, 2004: 269.

要与知识产权生态系统的各个组织发生互动,甚至共同提升,很多时候表现为组织间的资源供给、互补或者影响。

知识产权生态系统的构成

以公司为中心的视角看,构成知识产权生态系统的各类组织主要包括:

——**专业服务组织**:律师事务所、知识产权代理机构、知识产权评估公司、知识产权数据库公司、公证或鉴定机构、金融机构等。

——**官方性组织**:立法机构(全国人大等)、司法机关(法院等)、政府机构(知识产权局、海关等)、国际组织(WIPO等)等。

——**社会协作组织**:行业协会、媒体、行业联盟、高校、研究所、培训机构等。

——**产业合作组织(产业链)**:公司供应商、经销商、用户(客户)等。

——**竞争性组织**:同行竞争者、标准专利竞争者等。

这些组织与公司之间基于不同的知识产权需求,而各有不同的关系和链接。比如,律师事务所可以为公司提供专业的服务资源,给予知识产权争议解决等法律支持;高校知识产权学院可以为公司提供学术资源,进行知识产权前沿问题的信息供给。而公司可以从产业发展的角度,通过立法建议或会议研讨的方式向立法机构、政府部门、司法机关提出相应的知识产权诉求。由于这些协同互动会表现出极其复杂的形态,后面仅按前述的组织类型,列举一些较为常见的协同表现。

打造个人知识产权生态圈

西班牙著名作家**塞万提斯**说过:"重要的不在于你是谁生的,而在于你跟谁交朋友。"知识产权经理人需要广交朋友,打造自己的"生态圈""智囊团",在你需要咨询或帮助的时候,能够发表意见、提供思路、协调资源、给予支持。实际上,这是考验知识产权经理人的人际交往能力,从广义上讲,这是知识产权生态圈的一种表现。

哪些人可以进入自己的"生态圈"甚至成为"智囊团"?业内法务人员(特别是业内同行)、专业律师、专利代理人、商标代理人、法官、检察官、主管官员、法学专家、鉴定专家、协会领导、媒体记者等,都可以!因为他们均各有所长,各有资源。如何打造个人知识产权生态圈?

——**应多参加行业活动**。无论是申请加入专业协会,还是积极参加专业会议,都是认识业内同行、行业大咖、资深专家或政府官员的好机会,甚至也是良师益友叙旧的好场合。

——**最好建立专业形象**。当进入职场时,在圈子里遇见的大多是从未谋面的陌生人,此时,"专业形象"往往就是你结识新朋友的"流量密码"。所以,拥有自己的个人IP,才能更好地打开人脉圈。

——**有帮助他人的热情**。如果平时热情为他人答疑解惑,提供帮助,当有所需要时,他人也会投桃报李,积极施以援手。**卡耐基**曾说:"一个人的成功,15%是靠专业知识,85%是靠人际关系与处事能力。"

二、知识产权生态系统的互动

与专业服务组织的协同互动

在知识产权业务开展过程中,公司及其知识产权部门与律师事务所、知识产权代理机构、知识产权评估公司、知识产权数据库公司、知识产权管理咨询公司、知识产权调查机构、公证或鉴定机构、金融机构等专业服务组织的互动可谓最为频繁。以专利申请为例,公司知识产权部门与专利代理服务机构将就代理费用、技术交底书、专利申请文件、专利审查意见答复等事宜进行持续互动交流,并互相给予服务或资源支持。比如,为有效激励专利代理服务机构的工作热情,公司知识产权部门可以根据财务部门的付款规律,提前做好财务安排,避免迟延支付甚至拖欠专利代理服务费,并与代理服务机构约定好付款周期,留足付款心理预期。

公司内部团队和外部服务团队存在分工配合,能够相互支持,但不能完全依赖外部服务团队,因为外部服务团队不可能像内部团队那样了解公司的业务细节及背景。**邹亦雄**(时任美的集团首席知识产权顾问,2020年)谈道:"比如出口管制,如果公司没有内部专门负责出口管制的人,没有办法通过外部顾问完全把控风险,因为把内部复杂的业务信息浓缩到一个邮件再传递到外部,有太多的信息被丢失了,外部律所只能根据给他提供的信息给出一个建议,但实际上内部情况比给出去的信息要复杂得多,无法保证能把所有东西都写出来。"

但无论如何,即使对于拥有强大知识产权部门的公司,获得外部资源的支持也是相当重要的。公司在与这些服务机构合作过程中,一是要建立良好合作关系,达到优势互补,资源互用的效果。二是要加强服务管理,并建立评估、反馈、淘汰机制,三是要做好成本控制,避免预算失控。可以分级管理,做好资源分配。

与官方性组织的协同互动

官方性组织主要是各级立法机构,主要是全国人大及公司所在地的地方各级人大;国家知识产权局及其下属单位如专利审查协作中心;各地方知识产权主管部门,主要是公司所在地、公司产品主要销售地、业务运营地的知识产权局、市场监管部门、版权执法部门;各级司法机构,主要是法院、检察院、公安局等;与知识产权业务相关的其他政府部门,包括各地方商务委员会、海关等;以及世界知识产权组织等国际组织。

在与官方性组织的协同互动中,参与立法或政策制定是一个典型的表现。由于知识产权法律法规、政策措施的创设、修改或废止,例如职务发明权属安排与利益分配法律规则的制定,知识产权侵权认定标准的调整,知识产权侵权赔偿标准及举证责任的变化,专利申请资助政策的取消等,都会对公司生产经营中的知识产权管理带来较大的影响。因此,近年来,开始有大公司积极关注法律政策,并致力于类似"立法游说"的活动。

代表众多外资公司的中国外商投资协会优质品牌保护委员会(下称品保委,QBPC)自2000年以来,一直积极提供立法建议和进行政府沟通。品保委主席**丁宇**(现任ABB知识产权副总裁)在2020年11月表示:"20年来,品保委积极参与和推动了知识产权领域重大问题的讨论和研究,除了积极参与推动中国相关知识产权法律法规的制订、修改和完善之外,品保委还成为中国与国际知识产权交流合作的纽带,品保委在此方面的努力和贡献,也得到了中国相关政府部门和国际各方的高度评价与认可。"

任峰(松下知识产权部部长,2016年)发表演讲时介绍,松下中国注重与中国政府部门及相关机构的合作,从2011年到2015年,其对法律修改提出建议18次,包括商标法、专利法、职务发明条例等。近年来,国内领先的公司,如华为、腾讯等公司在知识产权立法、司法及执法问题上,也非常注重与官方组织进行互动交流。**柯晓鹏**(时任维诺信知识产权部总经理,2018年)指出:"我们要积极参与到跟监管部门、司法机关互动之中,可能我们很难去改变宏观环境,但我们可以尝试影响一个地区、一个区域的政策环境,去协助创建一个能实现激励创新回报的(知识产权)定价机制。"

与社会协作组织的协同互动

随着知识产权业务专业性和开放性的增强,公司及其知识产权部门与行业协会、行业联盟、高校、研究所、媒体、培训机构、业内同行等协同互动开始变得频繁起来。最常见的形式就是参与知识产权会议发言,甚至共同主办知识产权会议。

行业协会是沟通政府与公司之间的桥梁,政府部门制定的知识产权政策一般要通过行业协会贯彻到各公司,而公司也可以通过行业协会反馈公司对政府的期望,例如打击侵权,假冒产品等。行业协会在应对知识产权风险,尤其是诉讼、许可方面,可能会起到十分重要的作用。公司遭遇了知识产权诉讼、美国"337"调查、反倾销调查等,单个公司势单力薄,应对起来捉襟见肘,而协会联盟出面可以发挥协调作用,团结行业公司,形成应诉联盟,一方面可以形成规模效应,整合各种资源和力量,另一方面,公司间分担应诉费用与成本,显著降低了公司负担。在许可谈判中,协会联盟利用规模效应,可以为会员公司争取优惠的许可条件,降低公司许可成本。[1]

与产业合作组织的协同互动

公司产业链上下游的供应商、经销商、用户(客户)等产业合作组织,虽然不是

---

[1] 韩婧:《浅谈公司知识产权风险管理》,中国公司知识产权研究院(公众号),2017-08-28。

知识产权专业服务上的合作,而是公司业务层面上的合作(如零部件供应等),但在知识产权管理上仍有协同互动的较大空间。比如,公司与客户(下游厂商)在知识产权风险共担上的承诺。

与竞争性组织的协同互动

即使是同行竞争者、标准专利竞争者等竞争性组织,依然有合作支持的机会。比如,在 2013 年,华为公司与其他友商共同以 5.25 亿美元成功竞购柯达数字成像技术专利包,减少行业的潜在专利诉讼争议。事实上,同业竞争者的专利攻击、专利竞赛等知识产权活动,正是公司管理层重视知识产权的主要刺激源泉,某种程度上,竞争性组织的存在还会提升公司知识产权部门的地位。

◇业界声音

于帮清(联合利华北亚区品牌保护首席代表,2019 年)谈道:"(维权)也要和其他权利人合作,像日化行业,如果发现一起假冒案件的话,基本上会有多家权利人公司的产品受到侵犯,这就要求我们要形成一个统一战线,特别是在打假维权这一块,我们有时候开玩笑:在生意场上大家可能是敌人,但是在维权这条战线大家是战友,生意归生意,维权归维权,大家要共同支持同一个联合行动,只有这样才能把案件做好,才能推出更多的有影响力的刑事案件。"

——来源:2019 年松江区企业总裁知识产权高级研修班演讲发言。

第 4 节　公司知识产权的文化认同

一、知识产权文化结构

文化结构的四个层次

根据《辞海》的定义,现代意义上的**文化**在从广义上是指人类社会历史实践过程中所创造的物质财富和精神财富的总和。文化是**一种软实力**——这是哈佛大学**约瑟夫·奈**(Joseph Nye)教授于 1990 年提出来的概念,意指"运用吸引力和说服力,而不是运用武力或金钱就能达到目的的能力。"对文化结构的划分有多种方式,冯天瑜先生将文化划分为物态文化、制度文化、行为文化、心态文化四个层面。[①]本书将借用文化结构这一分类来阐述知识产权文化的类型。

---

① 冯天瑜:《中华文化生态论纲》,长江文艺出版社 2021 年版。

——**物态文化**,指人的物质生产活动及其产品的总和,是看得见摸得着的具体实在的事物。物态文化关注的不只是"物"这个载体,更是"物"所反映的精神现象。

——**制度文化**,指人们在社会实践中建立的规范自身行为和调节相互关系的准则。法律、政策、文件、程序以及相应的文本,都是制度文化的载体。

——**行为文化**,指人在长期社会交往中约定俗成的习惯和风俗,它是一种社会的、集体的行为,不是个人的随心所欲。如果某一行为呈现制度化(institutionalization)的特征,亦可以归入广义上的制度文化。

——**心态文化**,指人们的社会心理和社会的意识形态,包括人们的价值观念、审美情趣、思维方式以及由此而产生的文学艺术作品。这一层级的文化亦被称为意识文化、观念文化或精神文化。

作为文化的一种,**知识产权文化**是人类在知识产权及相关活动中产生的、影响知识产权事务的精神现象的总和,主要是指人们关于知识产权的认知、态度、信念、价值观以及涉及知识产权的行为方式。[①] 文化认同的本质是价值认同,马维野先生认为,努力形成"崇尚智慧、鼓励创新、诚信守法、善于竞争"的社会氛围,是知识产权文化建设的目标。公司知识产权文化建设,能够促进知识产权价值认同,进而助推知识产权工作开展。

基于布迪厄资本理论的文化建构

法国思想大师**皮埃尔·布迪厄**认为有四种主要的资本,分别是:经济资本、文化资本、社会资本和符号资本。每一种资本都有着自身的运行规则,并且不同的资本会相互转化。

——**经济资本**,是指生产商品、服务的金钱和物质资料,由不同生产要素(诸如土地、工厂、劳动、货币等)、经济财产、各种收入以及各种经济利益组成。

——**文化资本**,指借助于各种教育行动传递的文化物品,包括习惯、态度、语言、风格、教育程度、格调、生活方式以及待人接物的方式等。文化资本可以转化为资格证书、教育文凭等形式。

——**社会资本**,指当一个人拥有某种持久性的社会关系网络时,这种社会关系便成为他实际或潜在拥有的资源。可以理解成俗称的关系、人脉,包括与朋友、老师、同学、同事、同行等群体的关系。

——**符号资本**,是指运用符号使占有不同形态的前述三种资本合法化。现实生活中人们通过各种感知范畴,认可上述各种资本的占有和存在逻辑,即可认为上述资本有着符号资本的形式。可以理解为类似"荣誉""信用"等符号标签。

如果布迪厄的资本理论落实到公司知识产权管理中,知识产权部门向上争取公司管理层的资金投入,向下对发明人发放专利奖酬,即是经济资本的体现。知识

[①] 马维野:《论文化和知识产权文化》,《中国知识产权报》,2005年9月30日。

产权部门参与知识产权生态圈,与业务部门进行感情投资,此为社会资本的范畴。知识产权部门通过设立专利墙营造尊重知识产权的氛围,鼓励经理人获取知识产权师或参与各类培训,此即文化资本的表现。知识产权部门对外争取中国专利金奖、"中国优秀企业法务团队 TOP50""年度中国杰出知识产权经理人"等荣誉,以及在公司内部设立专利奖项、优秀专利分析师等称号,是为符号资本的逻辑。

知识产权管理部门及其负责人可以借助布迪厄的资本理论,并结合前述文化结构的层次,思考应该打造何种资本来吸引公司管理层、其他业务部门以及本部门员工的关注,或发挥其激励作用。**杨金**(德国博西家用电器集团大中华区知识产权高级总监,2020 年)谈道:"博西家电发起了一个活动——创新日,租一个五星级酒店高大上的会场,把研发工程师都请到现场,给他们搭舞台展示他们的创新。他们向公司领导层、向公司同行讲述他们自己很得意的作品(成果),非常自豪。这种感觉远远比给他几千块钱、一万块钱、两万块钱带来的激励大得多。"这种精神激励其实就是一种特别的荣誉,是授予研发工程师的符号资本。

二、知识产权物态文化

知识产权物态文化的表现

知识产权物态文化是指以物的形态表现或象征的知识产权文化。作为承载知识产权文化的物品,有的是通过生产经营历史形成的,有的则是知识产权部门专门创造的。知识产权物态文化可以非常丰富,常见的载体以下类型:

——物品类:与知识产权有关的纪念品、台历、笔记本、文化衫,甚至专利产品等。

——奖品类:知识产权奖杯、奖牌、奖状、证书等。

——环境类:专利墙、创新者脚印、知识产权培训室或展厅、宣传长廊等。

——宣传类:知识产权宣传语、海报、电子显示屏、电梯广告等。

——内容类:知识产权手册、著作等。

——其他任何与知识产权有关的物态化的事物。

知识产权物态文化往往并不是孤立存在的,可能它是制度文化或行为文化的结果的物质形态。比如,专利奖牌、证书显然是公司专利评比行为的结果,而这些评比行为通常也有明确的制度依据。

知识产权物态文化可视化设计

在持久的企业生命周期中,企业文化是长期的竞争优势。一旦决定塑造公司知识产权文化,知识产权部门应当思考如何将其融入工作场所之中。知识产权物态文化,可以将知识产权文化以可见的方式,无缝连接进工作场所的展示设计中,打造沉浸式的文化体验,提供可视化的文化熏陶,从而营造激励创新、尊重知识产权的氛围,持续传递知识产权价值观。

根据顶级咨询公司德勤(Deloitte)的研究,"94%的高管和88%的员工认为,独特的工作场所文化对企业的成功至关重要。"工作空间与企业文化之间的正确结合,可以激发、激励和提升公司的价值。以专利墙为例,很多国内公司开始学习高通公司,打造自己的专利墙。专利墙可以陈列在公司专门的展厅,也可以设置在公司的办公区,如楼道、休息区等。显然而见,位于办公区的专利墙更有宣传效果,因为它深入员工的工作场所,能够提供更直接的文化体验,而展厅更多地是面向外来的参观者。

因此,公司知识产权文化的建设需要有意地进行可视化创意"设计",事实上作为物态文化的载体,如纪念品、奖牌、环境宣传等,都有极大的设计空间和创意发挥。比如,公司老板和各级员工可能知道公司拥有一些专利,甚至拥有很多专利,但只是知道数量,专利印象并不会深刻。如果把公司每年最重要的专利列表,以专利为主线制作公司创新年谱,或者按照公司发展史上的里程碑产品,逐一列出对应的专利,以一种直观而又有美感的方式展示出来,公司管理层和普通员工才能更好地看见和理解专利价值。遵循同样的思路,内容行业的公司也可以将年度维权的案件数量甚至赔偿数额进行年度记录,制成一张张亮丽、优美的成绩单,在 4·26 世界知识产权日等适当时机,通过展板、显示屏等适当方式展示,效果必定理想。

三、知识产权制度文化

管理制度的体系化程度

顾名思义,**知识产权制度文化**是以制度文本形式存在的知识产权文化。公司知识产权文化氛围的营造,离不开制度支撑。公司知识产权的业务运行和流程管理,也有依赖于制度保障。比如,商业秘密涉及研发、生产、经营、管理各个环节,也涉及技术、人事、财务、经营、信息、档案、保卫等众多部门。因此,需要制定一系列商业秘密管理制度和管理办法,来规范商业秘密事项的产生和认定、密级确定及保密期限、涉密载体的使用和销毁、对外接待、员工保密等方面。如果没有一个成熟完整的管理制度,商业秘密的保护可能无从谈起。往往是公司越大,制度越多,内容越细,程序越繁,表单越杂,当然其制度的体系化程度也越高。

——**制定单一的知识产权管理制度**。单一制度模式不一定就代表只有一个制度文件,只是通过数量极为有限的制度文件相对全面系统地规定了公司的知识产权事务。比如,制定《××公司知识产权管理办法》,一般适用于规模较小、知识产权事务不多的公司。其制度体系化程度较低。

——**制定体系化的知识产权管理制度**。单一的知识产权管理制度或许不足以适应工作的需要和事务的繁杂,需要制定更有针对性的细则或办法,形成数量较多、架构完整的制度体系。比如,华润雪花法律合规部先后完成《知识产权管理制度》《知识产权交易管理办法》《域名、通用网址和无线网址管理制度》《商标使用证据收集工作指引》《商标打假维权操作指引》等制度建设。有的公司单单知识产权方面的制度文件就足以印制成册,厚如字典。

——**配备操作性更强的规程或文本**。在制定综合性知识产权管理制度之外,再配以具体的流程、程序、指引等操作规程,或表单、文本、模版等记录文件。比如,针对研发、制造、销售、市场以及投资并购、对外合作等业务环节面临的知识产权风险,再具体制定风控流程指南,进行风险识别、评估及处置。通过制度执行,与业务部门进行密切的动态沟通,控制业务体系的风险(表18-2)。

管理制度的可用性要求

——**制度具有完备性**。要求知识产权管理制度应当预见公司可能发生,并需要规范的绝大多数知识产权事项,而且应针对这些事项进行合理的规范。各个层级的知识产权管理制度之间应当相互支撑,互不冲突,保持内容和表达的一致性。

——**制度具有针对性**。由于行业特点、经营规模以及成长阶段等因素的不同,公司之间千差万别,应当结合自己的管理特点和实际状况,制定最适合的知识产权管理制度。

——**制度具有可执行性**。如果只有宏观的知识产权管理制度,没有相关配套的操作规程,没有相应的组织保障和决策程序,仍然不足以有效实施。因此,整个制度体系不仅要规定具体的知识产权事项,还要规范完成各种事项的组织机构、程序或流程,甚至提供相应的表单或模版(合同范本等)。

——**制度具有可约束性**。"徒法不足以自行",知识产权管理制度应当规定考核机制和奖惩措施,强化制度的执行力。

——**制度具有可持续性**。公司战略调整灵活、竞争环境复杂多变,知识产权工作与时俱进,因此,知识产权管理制度需要经常征询意见,定期评估,持续完善。

表 18-2　公司部分操作规程或记录文件示例

操作规程	记录文件
• 技术交底书撰写指南	• 知识产权(专利、商标)申请报告
• 专利检索分析程序	• 技术交底书模版
• 专利申请评估指引	• 商标检索分析报告
• 专利资产审计指引	• 知识产权台账(专利、商标、著作权)
• 发明奖励工作流程	• 知识产权奖励发放登记表
• 知识产权培训工作流程	• 知识产权风险监控记录
• 海关保护工作指引	• 知识产权纠纷记录台账
• 商标使用证据收集工作指引	• 竞争对手知识产权信息分析报告
• 商标打假维权操作指引	• 专利实施许可合同范本
……	• 保密协议/条款模版
	• 知识产权法律法规及其他要求一览表
	……

管理制度的激励性作用

在某种程度上,追求制度的完备性并没有什么问题,但对于可用资源较少的公司而言,如何制定出有激励性的制度,即使这些制度数量并不多,但其重要性和有效性可能更受关注。比如,通过制度的颁布和实施,让知识产权业绩与晋升或奖金相关,从而激发研发创新的积极性,尤其是激发其支持专利申请的热情。

达闼科技创立伊始就发布了一项知识产权激励政策——"**专利合伙人计划**"。**王振凯**(时任达闼科技法务总监,2018年)介绍"专利合伙人计划"的核心内容包含职务发明奖励、高质量专利奖励、专利运用奖励等,通过"专利合伙人计划"给予员工投资机会,只要员工对专利的创造、申请、运营等起到推动作用,员工的收益就会在后续公司专利转让和维权中得到体现。"专利合伙人计划"收益明确,可预期性强,且规则稳定不易变,因此员工的积极性高涨,经常会利用周末来撰写专利申请提案。所以,每周一早上是知识产权部门收到关于专利邮件最多的时候,王振凯称之为"星期一现象"。①

◇公司瞭望:专利合伙人计划

2015年,达闼科技在成立之初就创立一项名为"专利合伙人"的机制。公司与研发人员的关系由单纯的雇佣关系转化成为合伙与合伙的关系,合伙人机制也重构了发明人与公司、人才与激励回报、人才与专利资产、发明人与公司和利益相关者之间的关系,充分重视了知识型人才的创新意愿和回报体系,在公司内部形成了一个健康创新价值交换体系。具体来说,包含以下几个方面的奖励机制:

——职务发明奖励机制。职务发明奖励分为两个部分,首先是专利申请奖,专利申请获得受理通知书后,奖励以上职务发明奖金的40%;取得专利授权证书后,奖励余下的60%。

——高质量专利奖励机制。专利需要"量质并重""以质量牵引数量"。专利合伙人计划规定了:专利如果写入国际、国家标准中且在实施标准时为必须使用的专利(standards-essential patent,SEP)或者根据公司《专利管理办法》被认定为其他类型的高价值专利的,按一定金额进行追加奖励,奖励金的50%奖给此专利发明人,其余50%奖给价值提升人员。

——专利运用奖励机制。参照按照商业实践以及公司所处的实际经营现状,专利合伙人计划规定:首先,属于对专利侵权公司进行维权产生的经济收入,将此赔偿额的10%作为奖励金对相关人员进行奖励。其中:奖励金的50%奖给此专

---

① 裴宏:《达闼科技:"专利合伙人"打造高价值专利》,《科学之友(上半月)》2018年第12期,第33~35页。

利发明人,奖励金的50%给予维权的相关人员进行奖励;其次,通过转让产生的经济收入,将此经济收入的10%作为奖励金对相关人员进行奖励。其中:奖励金的50%奖给此专利发明人,奖励金的50%给予相关人员进行奖励。

简言之,专利合伙人的核心是:第一,明确提出来高价值专利导向和运营导向的激励;第二,明确奖励范围不单是发明人,还包含利益相关者;第三,明确公司和员工的利益分成比例;第四,明确员工不但在职,即使离职以后计划也依然有效。

——摘自王振凯(时任达闼科技法务总监):《专利合伙人制度下公司专利经营机制研究》,IPRdaily,2019-07-05。感谢作者授权使用。

四、知识产权行为文化

知识产权行为文化是指以活动、言语等行为,尤其以重复出现的固定化的制度化行为体现的知识产权文化。制度文本相对而言是死的,一经产生就开始有僵化的趋势。但行为本身是活的,是一个活动的过程,充满了变化性和创造力,因此,打造知识产权行为文化是提升知识产权意识与观念的最佳路径之一。同样,这些"行为"本身可能有"制度"支持。一些在实践中被运用的知识产权行为文化"载体"有:

——**公司发文**。比如,将专利奖项等的颁布通过公司发文的方式进行制度化操作。

——**报告发布**。比如,华为公司在2020年、2021年连续两年发布《尊重和保护知识产权是创新的必由之路——华为创新和知识产权白皮书》。

——**会议活动**。比如,2021年4月26日——第21届世界知识产权日,广联达举行了首届"知识产权大会",会议包括员工创新故事分享、董事长等管理层专利颁奖和专利墙揭幕仪式等环节。再如,博西家电每年举办创新日活动,给研发工程师搭建展示其创新(专利)的舞台。

——**评比活动**。比如,自2015年起,华为公司定期举办"十大发明"(Top Invention)的评选活动,旨在对未来有潜力开创新的产品系列、成为产品重要商业特性,产生巨大商业价值的发明或专利技术给予及时肯定和奖励;鼓励突破,营造创新文化,促进产品与技术创新。[①]

——**表彰活动**。比如,公司通过年度总结会议、电子邮件、内部刊物,以及发文等形式,对知识产权先进个人、先进事迹等进行公开表彰。腾讯公司就给当年最优秀的专利(如年度特等专利)进行金钱、证书或奖牌奖励。有的大公司的知识产权部门,在有丰厚的预算或足够的话语权时,还会给配合度较高的其他部门颁发奖项。

——**仪式纪念**。比如,在若干年后的某个庆祝仪式上,将公司首个专利权证书

[①] 《尊重和保护知识产权是创新的必由之路——华为创新和知识产权白皮书》,2020年。

找出来原样复印,并同时向发明人颁发首个专利发明人证书。

——**价值尊重**。比如,对外签署协议支付专利许可费;集团公司总部向子公司使用其商标进行收费,子公司向集团内部关联公司使用其专利进行收费等。

——**图表制作**。比如,将公司产品发布、重大事件、成长历程与相应专利进行关联,制作专利进化(发展)史的图表,张贴于适当场所或应用于适当场合。

——**制度执行**。制度本身的执行活动也可以是一种行为文化,特别是类似职务发明奖酬发放这样行为特征明显的制度活动,比如前述的"专利合伙人计划"的开展,获得国家重大专利奖项给予"荣誉假"。

——**庆功活动**。比如,腾讯公司专利部门曾经在公司专利突破 100 件时举办了庆功酒会,并邀请公司创始人、政府部门主管领导参与。如果公司知识产权部门与研发部门或市场部门合力化解一个重大知识产权风险后,联合聚餐庆祝,也不失为一种行为文化。

——**日常宣传**。在每年的世界知识产权日(4 月 26 日)前后,不仅政府、法院等机构会举办声势浩大的宣传活动,一些公司同样会借机、借势宣传知识产权。当然,知识产权的宣传并不受知识产权日的时间限制,可以常年贯穿在日常经营活动中。

◇**公司瞭望:IBM 的创新管理**

前美国 IBM 总部资深知识产权授权工程师**许履尘**认为,IBM 的创新文化是这家企业成为世界第一专利大厂的关键要素之一。他说:"当我在 IBM 产生第一个专利的时候,我还是一个新人。当时公司里面有一个高层主管以早餐会的方式来接待我们这些专利发明人,和我们有一些交流互动,让我们这些新鲜的发明人觉得自己很重要。试想一个新人平常都不会看到这些高层主管,也不知道他们是在干什么的,但当你产生出第一件专利的时候,他们会出来跟你握手、照相、互动……就让我觉得自己非常重要。"所以,他建议主管要意识到员工的表现,如果他们是有好的表现的话,应该适时给予鼓励。很多重视专利的公司都会有类似的措施,像是日本大厂日亚化,对于专利有贡献的员工也会颁奖表扬,而且获得的专利越重要,颁奖仪式就越盛大。

——来源:李淑莲,《IBM 前专利高管详解如何提升专利质量》,《北美智权报》(http://cn.naipo.com),2015 年 4 月 7 日。

五、知识产权心态文化

知识产权心态文化,是指关于知识产权的意识或观念,以及由此而生的思维方式、心理态度。在观念里打上知识产权的烙印，是最高级的知识产权文化形态，知识产权工作在公司上下才能更好地推进。在某种程度上，知识产权的物态文化、制度文化和行为文化，都是指向最终的结果——知识产权心态文化。总体上看，公司各个层级的知识产权意识或观念并不完全相同：

——**公司管理层**：应当认可知识产权价值，敬畏知识产权风险，尤其是愿意为知识产权付费，无论是在公司内部愿意进行知识产权资金投入，还是对外愿意为专利许可、软件正版化等支付成本。公司最高领导层对知识产权工作的具体支持，比如参与专利颁奖仪式，对于培育和形成公司知识产权心态文化至关重要。

——**公司中层干部**：应当理解并承担知识产权职责，支持知识产权业务。王活涛（时任腾讯知识产权部助理总经理，2013年）谈到："中层干部是最难搞定的团体，这个团体有他的业绩的需求，一定要让他认为知识产权也是他的工作职责，要让他有担当。一旦中层干部觉得这是他的工作职责，是他产品必须要走的过程就好了。"

——**公司基层员工**：应当养成尊重知识产权的意识，了解知识产权侵权风险，了解知识产权责任及奖惩规则。在聘用、培训、考核、薪酬、晋升、离职等人事流程中包含知识产权的要素，对于基层员工的知识产权意识培养非常重要。

华为公司自成立以来陆续颁布了多项关于第三方知识产权保护的管理规定，如《关于尊重第三方知识产权及其他合法权益的管理规定》《华为员工商业行为准则》《关于尊重与保护他人商业秘密的管理规定》《第三方软件管理办法》《开源软件及软件开源管理办法》《华为公司商标管理办法》等管理制度，对员工在经营活动中严格保护第三方保密信息、商业软件、专利、商标等各类知识产权明确了详细的要求。华为公司通过付费合法地获取他人的专利技术进行使用。自2001年签署第一份专利许可合同至今，历史累计（截至2019年）支付专利使用费超过60亿美元，其中接近80%是支付给美国公司。[①] 这些事实，既是华为知识产权制度文化、行为文化的具体表现，实质上也是知识产权心态文化的内在体现。

一个历史悠久的大公司，比如德国博世公司，在1909年就成立了知识产权部门，不需要刻意去给公司管理层或各个业务部门灌输知识产权观念。但对于初创企业而言，仍然需要知识产权观念的原始积累。当然，这些初创公司最为常见的培养心态文化的方式是培训、讲座，以及新闻宣传等成本较低的形式。

◇公司瞭望：腾讯公司的专利证书

公司每一件专利授权以后，证书都是属于公司的，发明人并没有得到什么，很多发明人就说我不在乎你奖励我几千块钱，我就喜欢要这个证书，但是这个证书不

[①] 《尊重和保护知识产权是创新的必由之路——华为创新与知识产权白皮书》，2019年6月。

能给他。后来腾讯就把所有授权的专利证书按一比一的比例复印,盖上公司的章,再做了一个证书的封皮,把它装好发给发明人,很多发明人觉得这是很珍贵的东西。腾讯公司专利部门曾对第一件专利专门做了一个证书,让马化腾(腾讯公司董事会主席兼首席执行官)给发明人颁奖,有马化腾的签字,发明人拿到的是意外惊喜。

——来源:王活涛:"企业知识产权文化建设",2013 中国企业知识产权经营管理高峰论坛主题发言,2013 年 11 月 6 日,上海大学宝山校区。

主要参考文献

1. [美]苏珊娜·S.哈里森、帕特里克·H.沙利文.董事会里的爱迪生：领先企业如何实现其知识产权的价值.第2版.何越峰主译.北京：知识产权出版社,2017。
2. [美]凯文·里韦特、戴维·克兰.尘封的商业宝藏——启用商战新的秘密武器：专利权.北京：中信出版社,2002。
3. [美]马歇尔·菲尔普斯、戴维·克兰.烧掉舰船——微软称霸全球的知识产权战略.北京：东方出版社,2010。
4. [美]马克·R.哈里根、理查德·F.韦加德.商业秘密资产管理（2016）——信息资产管理指南.北京：知识产权出版社,2017。
5. 朱雪忠主编.知识产权管理.第3版.北京：高等教育出版社,2022。
6. 肖延高等.知识产权管理：理论与实践.北京：科学出版社,2016。
7. 袁真富.诉讼方法论：知识产权律师执业思维与办案逻辑.北京：清华大学出版社,2020。
8. 袁真富.专利经营管理.北京：知识产权出版社,2011。
9. 袁真富,苏和秦.商标战略管理.北京：知识产权出版社,2007。
10. 袁真富等.企业技术秘密管理指引.法务收藏家.2017-12-12。
11. 袁建中.企业知识产权管理理论与实务.北京：知识产权出版社,2011。
12. 柯晓鹏,林炮勤主编.IP之道.北京：企业管理出版社,2017。
13. 林炮勤主编.IP之道2——中国互联网企业知识产权实践集结.北京：知识产权出版社,2022。
14. 周延鹏.知识产权全球营销获利圣经.北京：知识产权出版社,2015。
15. 柔侠.IP授权商业化：从入门到精通.北京：电子工业出版社,2020。
16. 陈磊.知识产权金融.北京：法律出版社,2021。
17. 马天旗主编.专利挖掘.北京：知识产权出版社,2016。
18. 国家知识产权局知识产权保护司.企业知识产权保护指南.北京：知识产权出版社,2022。
19. 美国大学技术经理人协会.技术移转实务指南.中国台湾技术经理人协会2004年编译发行。
20. 六棱镜.中国科创板IPO知识产权全景洞察与案例解析（2019—2020）.2020年12月。
21. 国家知识产权局协调司等.海外专利布局实务指引.2014。
22. 国家知识产权局.商标审查审理指南2021.2021-11。

IP 关键词索引*

第 1 章 重塑对待知识产权的观念

序号	关键词	章节	属性	序号	关键词	章节	属性
1	知识产权依赖度	1.1	Ⅰ类	12	微笑曲线	1.1	Ⅰ类
2	专利悬崖	1.1	Ⅰ类	13	知识产权化生存	1.1	Ⅱ类
3	知识产权密集型产业	1.1	Ⅰ类	14	诉讼战/专利战	1.1	Ⅱ类
4	专利竞赛	1.1	Ⅰ类	15	杀手级专利	1.1	Ⅰ类
5	专利封锁线	1.1	Ⅱ类	16	诉讼爆炸	1.1	Ⅱ类
6	专利丛林	1.1	Ⅰ类	17	惩罚性赔偿	1.1	Ⅰ类
7	知识产权竞争力	1.1	Ⅱ类	18	NPE	1.1	Ⅰ类
8	知识产权立国	1.1	Ⅱ类	19	专利流氓	1.1	Ⅰ类
9	高通税	1.1	Ⅱ类	20	法律资产	1.2	Ⅰ类
10	知识产权专卖店	1.1	Ⅰ类	21	商业资产	1.2	Ⅰ类
11	知识产权变现	1.1	Ⅰ类	22	策略资产	1.2	Ⅰ类

第 2 章 揭开知识产权管理的面纱

序号	关键词	章节	属性	序号	关键词	章节	属性
23	知识产权管理目标	2.1	Ⅰ类	33	价值阶层	2.2	Ⅰ类
24	资产权利化	2.1	Ⅰ类	34	业务嵌入	2.2	Ⅰ类
25	业务自由度	2.1	Ⅰ类	35	行政支持	2.2	Ⅰ类
26	法律价值	2.1	Ⅰ类	36	优先权期限延伸策略	2.3	Ⅰ类
27	商业价值	2.1	Ⅰ类	37	法律资源主义	2.3	Ⅱ类
28	技术价值	2.1	Ⅰ类	38	知识产权"假"管理	2.3	Ⅱ类
29	垄断能力	2.1	Ⅰ类	39	知识产权"空"管理	2.3	Ⅱ类
30	变现能力	2.1	Ⅰ类	40	知识产权管理	2.3	Ⅰ类
31	交换能力	2.1	Ⅰ类	41	权利管理	2.3	Ⅰ类
32	知识产权管理体系结构	2.2	Ⅲ类	42	价值实现	2.3	Ⅰ类

* 说明：1. IP(知识产权)关键词列表的目的在于了解本书与公司知识产权管理相对密切且相对重要的知识点，如同在知识产权管理星空图上遍布的繁星。从定义角度分为三类：Ⅰ类：一般是指在本书中给出了定义的重要概念(或术语)；Ⅱ类：本书无标准定义但有内涵解读的概念；Ⅲ类：本书无标准定义及内涵解读，但有内容阐述的概念或知识点。2. 属于背景性或公知性的知识或概念，比如知识产权、专利申请、商标注册、作品登记、专利资助、知识产权强国建设、尼斯分类、专利攻击等，本书一般未作定义。即使偶有定义的，也未必在此收录。3. 有的关键词(如专利组合)虽然在第 2 章出现，但到第 4 章才首次给出精确定义或有更详细的论述，则将其归属于第 4 章的关键词。表中"1.1"表示该关键词在第 1 章第 1 节。以此类推。

续表

序号	关键词	章节	属性	序号	关键词	章节	属性
43	风险控制	2.3	Ⅰ类	47	产品生命周期的知识产权管理	2.3	Ⅰ类
44	全类型覆盖管理	2.3	Ⅰ类	48	全业务嵌入管理	2.3	Ⅰ类
45	全生命周期管理	2.3	Ⅰ类	49	全球化布局管理	2.3	Ⅰ类
46	知识产权生命周期管理	2.3	Ⅰ类	50	全组织协同管理	2.3	Ⅰ类

第3章 打造知识产权工具箱

序号	关键词	章节	属性	序号	关键词	章节	属性
51	知识产权储备/工具箱	3.1	Ⅲ类	67	权利保护交叉性	3.1	Ⅲ类
52	知识产权权利类型	3.1	Ⅱ类	68	权利的可规避性	3.1	Ⅲ类
53	专利储备	3.1	Ⅲ类	69	权利的延伸性	3.1	Ⅲ类
54	专利密度	3.1	Ⅲ类	70	公司知识产权所有权架构	3.2	Ⅲ类
55	专利筹码	3.1	Ⅲ类	71	集中式所有权架构	3.2	Ⅲ类
56	自主研发	3.1	Ⅲ类	72	分散式所有权架构	3.2	Ⅲ类
57	联合开发	3.1	Ⅲ类	73	平行式所有权架构	3.2	Ⅲ类
58	委托开发	3.1	Ⅲ类	74	混合式所有权架构	3.2	Ⅲ类
59	合作开发	3.1	Ⅲ类	75	关联式所有权架构	3.2	Ⅲ类
60	许可使用	3.1	Ⅲ类	76	分离式所有权架构	3.2	Ⅲ类
61	知识产权并购	3.1	Ⅲ类	77	关联交易	3.2	Ⅲ类
62	以终为始	3.1	Ⅲ类	78	知识产权税务筹划	3.3	Ⅲ类
63	权利的全覆盖	3.1	Ⅲ类	79	官费	3.3	Ⅲ类
64	权利的确定性	3.1	Ⅲ类	80	成本控制	3.3	Ⅲ类
65	权利的稳定性	3.1	Ⅲ类	81	商标全类注册	3.3	Ⅲ类
66	侵权行为可视化	3.1	Ⅰ类				

第4章 专利布局的维度与方法

序号	关键词	章节	属性	序号	关键词	章节	属性
82	专利布局	4.1	Ⅰ类	92	消失的专利	4.2	Ⅰ类
83	专利组合	4.1	Ⅰ类	93	专利布局模式	4.3	Ⅲ类
84	专利池	4.1	Ⅰ类	94	特定的阻绝与回避设计	4.3	Ⅲ类
85	专利布局维度	4.2	Ⅲ类	95	策略型专利	4.3	Ⅲ类
86	同时申请策略/双申请策略	4.2	Ⅲ类	96	地毯式专利布局	4.3	Ⅰ类
87	巴黎公约途径	4.2	Ⅰ类	97	专利围墙	4.3	Ⅰ类
88	PCT途径	4.2	Ⅰ类	98	包绕式专利布局	4.3	Ⅰ类
89	国际优先权/外国优先权	4.2	Ⅰ类	99	堡垒式专利布局	4.3	Ⅰ类
90	高价值专利	4.2	Ⅰ类	100	卫星式专利布局	4.3	Ⅰ类
91	专利质量	4.2	Ⅰ类	101	组合式专利布局	4.3	Ⅰ类

第 5 章 基于防御的商标布局

序号	关键词	章节	属性	序号	关键词	章节	属性
102	商标布局维度	5.1	Ⅲ类	113	申请在先原则	5.1	Ⅰ类
103	商标布局	5.1	Ⅰ类	114	商标本土化思维	5.1	Ⅲ类
104	商标挖掘	5.1	Ⅰ类	115	商标注册国际化战略	5.1	Ⅲ类
105	商标储备	5.1	Ⅰ类	116	马德里商标国际注册	5.1	Ⅰ类
106	防御商标	5.1	Ⅰ类	117	欧盟商标(EUTM)注册	5.1	Ⅰ类
107	联合商标	5.1	Ⅰ类	118	组合商标分拆	5.2	Ⅱ类
108	系列商标	5.1	Ⅰ类	119	商业标识一体化	5.2	Ⅰ类
109	商品分类表	5.1	Ⅲ类	120	商品指定的防御层级	5.2	Ⅲ类
110	应用场景	5.1	Ⅲ类	121	程序用尽	5.2	Ⅱ类
111	一标一类	5.1	Ⅰ类	122	商标"撤三"	5.2	Ⅰ类
112	一标多类	5.1	Ⅰ类				

第 6 章 知识产权审计与维护

序号	关键词	章节	属性	序号	关键词	章节	属性
123	知识产权审计	6.1	Ⅰ类	137	单一品牌模式	6.2	Ⅰ类
124	知识产权质量审计	6.1	Ⅰ类	138	混合品牌模式	6.2	Ⅰ类
125	知识产权资产审计	6.1	Ⅰ类	139	独立品牌模式	6.2	Ⅰ类
126	知识产权管理体系审计	6.1	Ⅰ类	140	不相关品牌模式	6.2	Ⅰ类
127	专利价值审计	6.1	Ⅰ类	141	商标分级	6.2	Ⅰ类
128	黄金级专利	6.1	Ⅰ类	142	商业秘密	6.2	Ⅰ类
129	白银级专利	6.1	Ⅰ类	143	绝密级信息	6.2	Ⅰ类
130	青铜级专利	6.1	Ⅰ类	144	机密级信息	6.2	Ⅰ类
131	黑铁级专利	6.1	Ⅰ类	145	秘密级信息	6.2	Ⅰ类
132	专利资产标引	6.2	Ⅰ类	146	信息解密	6.2	Ⅰ类
133	专利信息标引	6.2	Ⅰ类	147	知识产权期限管理	6.3	Ⅰ类
134	专利资产标引维度	6.2	Ⅲ类	148	作品登记	6.3	Ⅰ类
135	专利稽核	6.2	Ⅰ类	149	知识产权淘汰	6.3	Ⅰ类
136	诉讼储备标引	6.2	Ⅰ类	150	商标维持的合规管理	6.3	Ⅲ类

第 7 章 技术研发的专利管理

序号	关键词	章节	属性	序号	关键词	章节	属性
151	协同创新	7.1	Ⅰ类	157	研发成果保护	7.1	Ⅲ类
152	战略联盟	7.1	Ⅰ类	158	技术措施	7.1	Ⅰ类
153	研发风险管控	7.1	Ⅲ类	159	数字版权管理	7.1	Ⅰ类
154	知识产权评议	7.1	Ⅰ类	160	专利预警	7.2	Ⅰ类
155	开源软件	7.1	Ⅰ类	161	后续开发	7.2	Ⅰ类
156	研发过程支持	7.1	Ⅲ类	162	后续改进开发	7.2	Ⅰ类

续表

序号	关键词	章节	属性	序号	关键词	章节	属性
163	后续外围开发	7.2	Ⅰ类	187	3T原则	7.4	Ⅰ类
164	专利回避设计	7.2	Ⅰ类	188	专利挖掘	7.4	Ⅰ类
165	洁净室程序	7.2	Ⅰ类	189	发明收割	7.4	Ⅰ类
166	权属管理	7.2	Ⅰ类	190	专利挖掘五步法	7.4	Ⅰ类
167	职务成果	7.2	Ⅰ类	191	专利筛选	7.4	Ⅰ类
168	委托成果	7.2	Ⅰ类	192	垃圾专利	7.4	Ⅰ类
169	合作成果	7.2	Ⅰ类	193	问题专利	7.4	Ⅰ类
170	研发记录	7.3	Ⅰ类	194	错误专利	7.4	Ⅰ类
171	专利信息	7.3	Ⅰ类	195	技术可视度	7.4	Ⅰ类
172	失效专利	7.3	Ⅰ类	196	侵权可视度	7.4	Ⅰ类
173	人才评价	7.3	Ⅰ类	197	专利申请文件质量/专利撰写质量	7.4	Ⅲ类
174	专利分析	7.3	Ⅰ类	198	专利申请容错率	7.4	Ⅰ类
175	专利定量分析	7.3	Ⅰ类	199	权利要求	7.4	Ⅲ类
176	专利定性分析	7.3	Ⅰ类	200	意图限定/特意排除	7.4	Ⅰ类
177	专利地图	7.3	Ⅰ类	201	侵权可视性	7.4	Ⅰ类
178	专利管理地图	7.3	Ⅰ类	202	产品权利要求优先	7.4	Ⅰ类
179	专利技术地图	7.3	Ⅰ类	203	单侧撰写原则	7.4	Ⅰ类
180	专利导航	7.3	Ⅰ类	204	产业链覆盖原则	7.4	Ⅰ类
181	发明人奖酬	7.3	Ⅰ类	205	捐献原则	7.4	Ⅰ类
182	技术提案奖金	7.3	Ⅰ类	206	防御性公开/技术公开	7.4	Ⅰ类
183	专利申请奖金	7.3	Ⅰ类	207	合规	7.4	Ⅰ类
184	专利取得奖金	7.3	Ⅰ类	208	知识产权合规管理	7.4	Ⅰ类
185	专利运用奖酬	7.3	Ⅰ类	209	非正常申请专利行为	7.4	Ⅰ类
186	技术交底书/发明报告	7.4	Ⅰ类				

第8章 品牌设计的商标管理

序号	关键词	章节	属性	序号	关键词	章节	属性
210	商标注册条件	8.1	Ⅲ类	219	弱显著性商标	8.2	Ⅲ类
211	商标显著性	8.1	Ⅰ类	220	商标第二含义	8.2	Ⅰ类
212	非功能性	8.1	Ⅰ类	221	文字商标独特设计	8.3	Ⅲ类
213	商标回避设计	8.1	Ⅰ类	222	商标囤积	8.4	Ⅰ类
214	通用性标识	8.2	Ⅰ类	223	商标恶意囤积	8.4	Ⅰ类
215	描述性标识	8.2	Ⅰ类	224	恶俗商标	8.4	Ⅲ类
216	示意性标识	8.2	Ⅰ类	225	商标检索	8.5	Ⅲ类
217	任意性标识	8.2	Ⅰ类	226	恶意抢注	8.5	Ⅰ类
218	臆造性标识	8.2	Ⅰ类	227	职业注标人/商标炒家	8.5	Ⅰ类

第 9 章 供应链上的知识产权管理

序号	关键词	章节	属性	序号	关键词	章节	属性
228	供应链	9.0	Ⅰ类	237	供应商知识产权保证/担保	9.2	Ⅰ类
229	生产/制造	9.1	Ⅲ类	238	关键供应商	9.2	Ⅰ类
230	自由实施(FTO)	9.1	Ⅰ类	239	多元化采购	9.2	Ⅰ类
231	专利无效挑战策略	9.1	Ⅰ类	240	软硬件分离	9.2	Ⅰ类
232	认证标志	9.1	Ⅰ类	241	供应链专利布局	9.2	Ⅲ类
233	瑕疵产品管控	9.1	Ⅲ类	242	商标印制管理	9.2	Ⅲ类
234	生产模具控制	9.1	Ⅲ类	243	物流	9.3	Ⅰ类
235	定牌加工(OEM)	9.1	Ⅰ类	244	知识产权海关保护	9.3	Ⅱ类
236	采购	9.2	Ⅰ类	245	商标认证	9.3	Ⅲ类

第 10 章 销售链上的知识产权管理

序号	关键词	章节	属性	序号	关键词	章节	属性
246	销售链	10.1	Ⅰ类	258	赠品促销	10.2	Ⅰ类
247	市场营销	10.1	Ⅰ类	259	产品翻新	10.2	Ⅰ类
248	专利标识标注合规	10.1	Ⅲ类	260	经销商	10.2	Ⅲ类
249	注册商标标示	10.1	Ⅰ类	261	客户管理	10.2	Ⅲ类
250	未注册商标标示	10.1	Ⅰ类	262	商标指示性合理使用	10.2	Ⅰ类
251	埋伏营销/隐性营销/隐性市场	10.1	Ⅰ类	263	服务指示	10.2	Ⅰ类
252	清洁场馆原则	10.1	Ⅰ类	264	平行使用	10.2	Ⅰ类
253	商标名称通用化/商标退化	10.1	Ⅰ类	265	产品出口	10.3	
254	商标使用标准化	10.1	Ⅰ类	266	平行进口	10.3	Ⅰ类
255	销售环节	10.2	Ⅲ类	267	实质性改变	10.3	Ⅲ类
256	联名销售/品牌联名	10.2	Ⅰ类	268	剩余市场策略	10.3	Ⅰ类
257	试验/试用	10.2	Ⅰ类	269	同族专利	10.3	Ⅰ类

第 11 章 知识产权价值利用

序号	关键词	章节	属性	序号	关键词	章节	属性
270	价值属性	11.1	Ⅲ类	276	专利制衡力	11.1	Ⅰ类
271	知识产权资本化	11.1	Ⅰ类	277	价值层次	11.1	Ⅲ类
272	价值转型	11.1	Ⅲ类	278	第一财产权利	11.1	Ⅰ类
273	核心业务部门	11.1	Ⅰ类	279	市场获益	11.1	Ⅰ类
274	职能支持部门	11.1	Ⅰ类	280	维权获益	11.1	Ⅰ类
275	FTO 检索	11.1	Ⅰ类	281	知识产权贯标	11.1	Ⅰ类

续表

序号	关键词	章节	属性	序号	关键词	章节	属性
282	形象价值	11.1	Ⅰ类	310	专利联盟	11.2	Ⅰ类
283	知识产权价值可视化	11.1	Ⅰ类	311	防御性专利联盟	11.2	Ⅰ类
284	服务贡献可视化	11.1	Ⅰ类	312	LOT（License on Transfer）模式	11.2	Ⅰ类
285	商业贡献可视化	11.1	Ⅰ类	313	知识产权评估	11.2	Ⅰ类
286	荣誉贡献可视化	11.1	Ⅰ类	314	知识产权托管	11.2	Ⅰ类
287	媒体曝光率	11.1	Ⅰ类	315	知识产权出资/作价入股	11.3	Ⅰ类
288	驰名商标	11.1	Ⅰ类	316	知识产权质押/出质	11.3	Ⅰ类
289	资源贡献可视化	11.1	Ⅰ类	317	知识产权信托	11.3	Ⅰ类
290	司法定价	11.2	Ⅰ类	318	著作权集体管理	11.3	Ⅰ类
291	"侵权即战略"	11.2	Ⅱ类	319	知识产权证券化（ABS）	11.3	Ⅰ类
292	知识产权运营	11.2	Ⅰ类	320	知识产权保险	11.3	Ⅰ类
293	知识产权产业化	11.2	Ⅰ类	321	知识产权投资基金	11.3	Ⅰ类
294	知识产权孵化	11.2	Ⅰ类	322	知识产权融资租赁	11.3	Ⅰ类
295	专利搁置	11.2	Ⅰ类	323	诉讼金融/诉讼融资/第三方资助	11.3	Ⅰ类
296	知识产权交易	11.2	Ⅰ类	324	知识产权份额化	11.3	Ⅰ类
297	技术转移	11.2	Ⅰ类	325	艺术品份额化交易	11.3	Ⅲ类
298	知识产权转让	11.2	Ⅰ类	326	知识产权组合策略	11.4	Ⅲ类
299	交叉许可	11.2	Ⅰ类	327	专利与技术秘密搭配	11.4	Ⅰ类
300	专利开放许可	11.2	Ⅰ类	328	专利联营	11.4	Ⅰ类
301	专利免费许可	11.2	Ⅰ类	329	专利池	11.4	Ⅰ类
302	知识产权金融	11.2	Ⅰ类	330	标准必要专利	11.4	Ⅰ类
303	胡萝卜许可	11.2	Ⅰ类	331	专利标准化	11.4	Ⅰ类
304	大棒许可	11.2	Ⅰ类	332	卖点专利	11.4	Ⅰ类
305	基于维权驱动的版权运营模式	11.2	Ⅰ类	333	诉讼营销	11.4	Ⅰ类
306	欲擒故纵策略	11.2	Ⅰ类	334	护城河	11.4	Ⅰ类
307	知识产权增值策略	11.2	Ⅰ类	335	税务管理	11.4	Ⅰ类
308	专利主张实体/专利货币化实体	11.2	Ⅰ类	336	高新技术企业认定	11.4	Ⅲ类
309	知识产权联盟	11.2	Ⅰ类	337	黑材料	11.4	Ⅰ类

第 12 章 知识产权交易管理

序号	关键词	章节	属性	序号	关键词	章节	属性
338	许可交易流程管理	12.1	Ⅲ类	347	权利金堆叠	12.1	Ⅰ类
339	许可目标	12.1	Ⅲ类	348	群狼战术	12.1	Ⅰ类
340	许可标的	12.1	Ⅲ类	349	许可对象	12.1	Ⅲ类
341	独占许可	12.1	Ⅰ类	350	专利引证	12.1	Ⅰ类
342	排他许可	12.1	Ⅰ类	351	尽职调查	12.2	Ⅰ类
343	普通许可	12.1	Ⅰ类	352	知识产权交易尽职调查	12.2	Ⅲ类
344	IP 授权/许可	12.1	Ⅰ类	353	专利交易尽职调查	12.2	Ⅲ类
345	许可定价	12.1	Ⅲ类	354	商标交易尽职调查	12.2	Ⅲ类
346	商标仓库	12.1	Ⅰ类				

第 13 章 知识产权许可合同

序号	关键词	章节	属性	序号	关键词	章节	属性
355	合同起草	13.1	Ⅲ类	369	许可合同终止	13.2	Ⅲ类
356	合同范本	13.1	Ⅰ类	370	选择权	13.2	Ⅰ类
357	通用条款	13.1	Ⅰ类	371	侵权责任豁免	13.2	Ⅱ类
358	商务条款	13.1	Ⅰ类	372	许可内容	13.3	Ⅲ类
359	合同审核	13.1	Ⅲ类	373	使用领域授权/市场细分策略	13.3	Ⅰ类
360	合同监督	13.1	Ⅲ类	374	许可对价	13.3	Ⅲ类
361	鉴于条款	13.2	Ⅰ类	375	一次总算一次总付	13.3	Ⅰ类
362	定义条款	13.2	Ⅰ类	376	一次总算分期支付	13.3	Ⅰ类
363	合同执行保障	13.2	Ⅲ类	377	提成支付	13.3	Ⅰ类
364	最惠待遇	13.2	Ⅰ类	378	提成支付附加预付入门费	13.3	Ⅰ类
365	回馈授权	13.2	Ⅰ类	379	保底支付	13.3	Ⅰ类
366	转授权	13.2	Ⅰ类	380	许可费分割	13.3	Ⅱ类
367	违约责任	13.2	Ⅲ类	381	一揽子许可	13.3	Ⅰ类
368	不可抗力	13.2	Ⅰ类				

第 14 章 商业秘密风险管理

序号	关键词	章节	属性	序号	关键词	章节	属性
382	商业秘密的员工管理	14.1	Ⅲ类	387	离职竞业限制	14.2	Ⅰ类
383	接触权限	14.1	Ⅰ类	388	脱密措施	14.2	Ⅰ类
384	离职面谈	14.1	Ⅰ类	389	商业秘密的安全防范	14.3	Ⅲ类
385	商业秘密的合同管控	14.2	Ⅲ类	390	桌面清理	14.3	Ⅰ类
386	保密协议	14.2	Ⅲ类	391	对外往来的安全管理	14.4	Ⅲ类

第15章　面向IPO的知识产权审核

序号	关键词	章节	属性	序号	关键词	章节	属性
392	科创板定位	15.1	Ⅲ类	397	知识产权权属的清晰性	15.2	Ⅲ类
393	未决知识产权纠纷	15.1	Ⅲ类	398	与主营业务的相关性	15.2	Ⅲ类
394	科创属性	15.2	Ⅱ类	399	核心技术的依赖性	15.2	Ⅲ类
395	知识产权储备的有效性	15.2	Ⅲ类	400	技术依赖	15.2	Ⅱ类
396	知识产权资产的独立性	15.2	Ⅲ类	401	创新能力的可持续性	15.2	Ⅲ类

第16章　知识产权诉讼管理

序号	关键词	章节	属性	序号	关键词	章节	属性
402	知识产权诉讼管理	16.0	Ⅲ类	410	知识产权诉讼防御	16.3	Ⅲ类
403	容忍使用/侵权容忍度	16.1	Ⅱ类	411	预防性安排	16.3	Ⅲ类
404	争议解决路径	16.1	Ⅲ类	412	专利侵权抗辩事由	16.3	Ⅲ类
405	侵权警告函	16.1	Ⅲ类	413	现有技术或设计抗辩	16.3	Ⅱ类
406	案件分级管理	16.1	Ⅲ类	414	专利权用尽	16.3	Ⅰ类
407	法律服务供应商管理/律师管理	16.1	Ⅲ类	415	无知侵权	16.3	Ⅰ类
408	知识产权诉讼决策	16.2	Ⅲ类	416	侵权指控反击	16.3	Ⅲ类
409	专利稳定性检验	16.2	Ⅰ类	417	知识产权诉讼调解	16.4	Ⅲ类

第17章　公司知识产权管理架构

序号	关键词	章节	属性	序号	关键词	章节	属性
418	知识产权管理模式	17.1	Ⅰ类	428	团队模式	17.2	Ⅰ类
419	知识产权部门	17.1	Ⅰ类	429	部门模式	17.2	Ⅰ类
420	分散管理模式	17.1	Ⅰ类	430	高管模式	17.2	Ⅰ类
421	集中管理模式	17.1	Ⅰ类	431	知识产权部门地位	17.2	Ⅲ类
422	垂直管理模式	17.1	Ⅰ类	432	知识产权预算	17.2	Ⅲ类
423	折中管理模式	17.1	Ⅰ类	433	能见度	17.2	Ⅰ类
424	矩阵式知识产权管理结构	17.1	Ⅰ类	434	知识产权经理人	17.3	Ⅰ类
425	知识产权部门职能	17.2	Ⅲ类	435	知识产权师	17.3	Ⅰ类
426	兼职模式	17.2	Ⅰ类	436	复合型人才	17.3	Ⅱ类
427	专职模式	17.2	Ⅰ类	437	"一把手"思维	17.3	Ⅱ类

第18章　公司知识产权组织协同

序号	关键词	章节	属性	序号	关键词	章节	属性
438	知识产权价值观	18.1	Ⅲ类	441	跨部门协作	18.2	Ⅲ类
439	"一把手"信息	18.1	Ⅲ类	442	业务孤立化	18.2	Ⅰ类
440	内部协同	18.2	Ⅲ类	443	业务碎片化	18.2	Ⅰ类

续表

序号	关键词	章节	属性	序号	关键词	章节	属性
444	管理随机化	18.2	Ⅰ类	451	布迪厄的资本理论	18.4	Ⅲ类
445	绩效考核	18.2	Ⅲ类	452	知识产权物态文化	18.4	Ⅰ类
446	外部协同	18.3	Ⅲ类	453	知识产权制度文化	18.4	Ⅰ类
447	知识产权商业生态系统/知识产权生态圈	18.3	Ⅰ类	454	专利合伙人计划	18.4	Ⅰ类
448	文化	18.4	Ⅰ类	455	知识产权行为文化	18.4	Ⅰ类
449	软实力	18.4	Ⅰ类	456	知识产权心态文化	18.4	Ⅰ类
450	知识产权文化	18.4	Ⅰ类				

后记：平凡之路

一、碎片化记录

2000 年

6月。适值《知识产权法》期末考试，主考（亦主讲）这门课程的程德安老师告诉我文章在《中华商标》发表了。这是作者撰写的第一篇知识产权专业文章——《知识产权视角：商标的选择》，当时大学本科三年级，文笔稚嫩，却机缘巧合采用了知识产权管理思维。

2004 年

8月。在上海大学延长校区举行的知识产权学科会议上，陶鑫良老师倡导开设面向知识产权实务的课程。作者刚刚研究生毕业留校任教，决定迎接挑战，承担了《知识产权经营管理》的课程设计和教学尝试。

2005 年

3月。给上海大学法学专业本科生开讲《知识产权经营管理》课程，起初几年都在大幅调整讲授内容，课程结构变动不居。至 2015 年，终将课程内容体系较为稳定地划分为"管理绪论、权利管理、业务嵌入、价值利用、行政支持（组织保障）"等版块，比较接近本书的体系结构。

11月。应华东政法大学知识产权学院邀请在长宁校区交谊楼做学术报告：《知识产权管理：策略与风险》，这是作者第一次受邀做学术讲座，亦是知识产权管理主题。

2006 年

5月。主持"中国船舶重工集团第七一一所专利战略研究"项目，这是作者主持的第一个企业知识产权项目。截至 2022 年 6 月，作者担任负责人主持的 50 余个各类项目中，与企业知识产权相关的研究项目，占比达到 40% 左右。

7月。应游闽键先生邀请，担任上海知识产权研究所常务副所长。此后，以此为平台组织了诸多知识产权法律及管理实务主题的研讨会或沙龙。

2007 年

9月。出版《商标战略管理》（合著）。此后又撰写或参编了《专利经营管理》

（独著，2011年）、《知识产权管理指南》（副主编，2015年）、《知识经济与企业知识产权管理》（参编，2019年）等企业知识产权管理方面的著作。

11月。为上海大学知识产权方向的研究生开设《企业知识产权战略与策略》课程。这届学生有的已成为知名企业的知识产权骨干甚至负责人。

2010年

2月。受聘为《中国知识产权》杂志专栏作家，以独特的文风和务实的视角撰写专栏文章，主要观察和评价企业知识产权问题。每月1篇，持续到2016年。

2011年

1月。出版《专利经营管理》，加上2007年出版的《商标战略管理》，为本书提供了研究积累和写作铺陈。

12月。应邀参加深圳名企知识产权经理人沙龙（CEIPS）第三届年会，这是当时以国内企业知识产权经理人为主体的活动平台。参会期间，作者决定在上海发起筹办类似的平台。

2012年

2月。与柯晓鹏、于帮清、刘永刚、陈军、林华、杨涛、鲁周煌等13人在上海共同发起成立东方知识产权俱乐部（OIPC），以知识产权实务探讨、学术交流、经验分享和友情联络为主要宗旨。迄今为止，是上海乃至全国最具活力的知识产权实务交流平台之一。

7月。应邀组织策划"苏州市知识产权总裁高级研修班"，拉开了作者组织策划知识产权"总裁班"的序幕。

2013年

11月。决定撰写本书《公司知识产权管理：思路与策略》，因忙于各种事务，将计划交稿时间从2014年年底拖到了2022年夏天。在2020年寒假前，原本一鼓作气写了18万字，结果新冠疫情来袭，打断写作进程，再次动笔又推迟到了2022年的寒假。

2014年

3月。为温州知识产权学院的高职学生开设公司商标管理课程。2013年，跟随陶鑫良教授，与叶珺君、许春明一起参与创办温州知识产权学院，其主要人才培养目标是培养中小企业知识产权实务管理人才。

2015年

3月。应邀为华东政法大学知识产权专业博士研究生班主讲《知识产权管理专题研究》课程,持续至今。自此,作者的企业知识产权管理类课程实现了从专科生、本科生、硕士研究生到博士研究生的大学学历层次全覆盖。相当长一段时间,在两地(上海、温州)三校(上大、华政和温州三地知识产权学院)来回奔波,讲授内容侧重不同的知识产权管理课程。

9月。在浦东新区知识产权局的支持下,组织举办第一届"浦东新区企业总裁知识产权高级研修班",持续至今。2018年8月,开始组织举办松江区企业总裁知识产权高级研修班,并持续至今。这十余期知识产权总裁班,邀请了众多知名企业的知识产权高管授课。期间,作者开始指导研究生系统整理这些业界大腕的发言记录,以资引用。

2016年

10月。应中国企业知识产权研究院刘建院长邀请,支持"腾龙四期"培训班在上海大学延长校区举办。借天时地利人和之便,旁听了诸多课程,受益良多。

2017年

4月。受聘为深圳大学法学院/知识产权学院特聘教授。此后开始为深圳大学知识产权实务高级研修班讲授"企业知识产权管理与运营"专题课程。

2018年

11月。为上海大学知识产权专业本科生开设《商标法务管理》,此后又陆续开设《企业知识产权战略》《知识产权管理》课程。

2019年

12月。对近年来企业知识产权经理人的会议发言和实务文章进行了摘录整理,近60万字。后又持续增加,一共积累了超过200位企业知识产权经理人的"语录",作为本书撰写的实务参考,其中一些言论已署名收录于本书。

2020年

8月。出版《诉讼方法论》,主要面向律师实务,而本书主要面向企业法务。如果以知识产权法学为主体,这两本著作则可谓知识产权实务操作之双轮,技能提升之双翼!

2021年

11月。组织申报成功上海市知识产权培训基地。在填写申报书时略作估算,作者组织举办的会议80%以上均面向企业知识产权实务,尤其是管理实务。而作者在全国各地数以百场的知识产权培训或讲座,超过80%也是以知识产权管理为主题。

2022年

7月。本书《公司知识产权管理:思路与策略》书稿撰写完成,共6编18章。虽有缺憾、有局限,毕竟以多年所学所思、所见所闻,而集百家之长,成一家之言。

以上,鸡毛蒜皮而已,即为孕育本书的平凡记录。

二、本书显著性

重塑框架结构

围绕公司管理实践,从资产管理、业务嵌入、价值实现、风险控制和组织管理等5个方面勾勒了知识产权管理的体系架构、内容模块和观察视角。

再造知识体系

覆盖超过456个知识产权管理的关键词或知识点,展现了公司知识产权管理的基本思路和运用策略,再现了公司知识产权的管理场景和知识图谱。

释放知识储备

基于授课和演讲而积累了超过3000页的知识产权管理课件,体现了作者18年的教学心得体会和行业观察思考,释放了作者沉淀多年的知识储备。

博采众家之长

整理了超过200位企业知识产权经理人的会议发言、实务文章,借鉴其实务经验和智慧思考,呈现了产业界知识产权管理的战略思维和新鲜经验。

提升阅读体验

书中内容简练,搭配图表,并穿插"专栏""案例""经验""业界声音""公司瞭望"等栏目,增强了图书内容的呈现效果和阅读体验。

三、不完全致谢

18年来,师生互动,教学相长,每届学生的课堂演讲让作者亦屡有斩获,本书也署名收录有袁雯卿、孙文静、董婕、宋春雨、俞顾烨宇等几位同学课程小论文的部分内容。在本书初稿完成后,侯吉祥同学协助制作了展现本书内容要点的课件(PPT),高敏同学则协助完成了每章的思维导图。部分研究生还协助整理了各个知识产权"总裁班"等培训或会议的演讲摘要,作为本书写作的素材积累。

陶鑫良教授提笔作序，来自美团、米其林、罗氏制药等知名企业的多名业界大腕署名推荐，让我感念于心。数十位业界同仁的智慧语录，已署名收录，点缀书间，尚未一一知会，在此一并致谢，同时亦向专业编辑此书的李文彬老师致以谢意。

在俄乌局势、新冠疫情的夹击之下，全球经济寒流涌动，但知识产权热流依旧。惟愿世界和平、国家富强、人民安康，而知识产权事业永续发展、持续提升。

感谢这个时代的馈赠！

袁真富
2022 年 8 月 1 日于上海黄浦